U0915879

CHONGQING SURVEY YEARBOOK

重庆

2010

国家统计局重庆调查总队 重庆市统计局 编

NBS SURVEY OFFICE IN CHONGQING
CHONGQING MUNICIPAL BUREAU OF STATISTICS

中国统计出版社
China Statistics Press

（京）新登字 041 号

图书在版编目（CIP）数据

重庆调查年鉴. 2010：汉英对照 / 国家统计局重庆调查总队编. -- 北京：中国统计出版社，2010.8
ISBN 978-7-5037-6007-5

Ⅰ. ①重… Ⅱ. ①国… Ⅲ. ①统计资料－重庆市－2010－年鉴－汉、英 Ⅳ. ① C832.719-54

中国版本图书馆 CIP 数据核字 (2010) 第 144922 号

重庆调查年鉴　2010

作　　者 / 国家统计局重庆调查总队　重庆市统计局
责任编辑 / 佘竞雄　尹　伊
责任校对 / 夏政然　滕　红
封面设计 / 滕　红
出版发行 / 中国统计出版社
通信地址 / 北京市西城区三里河月坛南街 57 号　中国统计出版社
邮　　编 / 100826
电　　话 / (010)63376907
E - mail / yearbook@gj.stats.cn
印　　刷 / 重庆市世嘉印务有限公司
经　　销 / 新华书店
开　　本 / 297 x 210 毫米 1/16
字　　数 / 90 万字
印　　张 / 25
印　　数 / 400 本
版　　别 / 2010 年 8 月第 1 版
版　　次 / 2010 年 8 月第 1 次印刷
书　　号 / ISBN 978-7-5037-6007-5/C · 2374
定　　价 / 220.00 元

《重庆调查年鉴 2010》

CHONGQING SURVEY YEARBOOK 2009

编辑说明

一、《重庆调查年鉴》是真实地反映重庆城乡居民生活、消费和生产价格变动、农业生产和农业经济发展、规模以下工业及企业集团和企业景气状况等方面的权威性工具书。《重庆调查年鉴》是《重庆统计年鉴》相关部分内容的深化和补充。

二、《重庆调查年鉴—2010》一书分为综合分析篇和调查数据篇。其中调查数据篇分为六章，即：一、综合；二、人民生活；三、物价；四、农业和农村；五、企业景气；六、规下工业及外资企业。为方便读者使用，主要章节末附有《主要统计指标解释》。

三、本年鉴调查数据篇第四章中有关农业方面2006年以后的数据为第二次农业普查衔接数据，读者在使用资料时，如与以往年份有出入，均以本年鉴为准。

四、本年鉴所使用的计量单位，除部分面积单位使用亩或万亩外，其他均为国际统一标准计量单位。

五、本年鉴统计表中，“#”表示其中的主要项，“空格”表示统计指标无数据。

六、在本年鉴的编辑过程中得到了有关单位和部门的大力支持与协助，在此我们深表谢意！由于我们的水平有限，书中难免有欠缺与不当，敬请广大读者批评指正，以促进我们不断提高编辑水平。

EDITOR' S NOTES

I. *Chongqing Survey Yearbook* is an authoritative reference book that reflects truly the urban and Rural people's living conditions, price changes of consumer and Producer, agricultural production and development of agricultural economy, industrial enterprises below designated size and enterprise groups, status of business survey indices and other fields. *Chongqing Survey Yearbook* is related contents deepening and supplementary of *Chongqing Statistical Yearbook.*

II. *Chongqing Survey Yearbook 2010* contains comprehensive analysis part and survey data part, which survey data part contains 6 chapters, including 1.Comprehensive Statistics, 2.People's Livelihood, 3. Prices, 4.Agriculture and Rural Areas, 5.Enterprise Business Survey Indices. 6.Industrial Enterprises below Designated Size and Foreign-funded Enterprises. For ease of use, Explanatory Notes on Main Statistical Indicators are provided at the end of main chapters.

III. In Chapter 4, survey data part of the yearbook, Part of the data about agriculture in 2006 and 2007 are Convergence data to the Second Agricultural Census. If readers find differences to previous yearbooks, please take this yearbook as final.

IV. The units of measurement used in this yearbook are international standard measurement units except that unit of area is partly used mu or 10 000 mu.

V. In this yearbook, "#" indicates that the major items of total; "(blank)" indicates that the date not available.

VI. We are particularly grateful to vigorous assistances of various circles during edition. Due to our limited level and hasty time, faults and shortage are unavoidable. Any criticism or suggestion is appreciated in order to improve editing capability.

目 录

CONTENTS

一 综合

Comprehensive Statistics

二 人民生活

People's Livelihood

三 市场物价

Market Price

四　农业农村

Agriculture and Rural Areas

五　企业景气

Enterprise Survey Index

六 规下工业及外资企业

Industrial Enterprises below Designated Size and Foreign-funded Enterprises

（一）

综合

Comprehensive Statistics

1-1 行政区划 (2009 年)
Administrative Divisions (2009)

单位：个 unit

地 区	Region	乡 Townships	镇 Towns	街道办事处 Urban Sub-district Offices	居委会 Neighborhood Committees	村委会 Village Committees
重庆市	**Chongqing**	**267**	**578**	**164**	**2175**	**8803**
一小时经济圈	**One Hour Economic Sphere**	**29**	**288**	**133**	**1371**	**3795**
渝中区	Yuzhong District			12	76	
大渡口区	Dadukou District		3	5	44	32
江北区	Jiangbei District		3	9	71	51
沙坪坝区	Shapingba District		11	14	119	86
九龙坡区	Jiulongpo District		11	7	90	106
南岸区	Nan'an District		7	7	78	63
北碚区	Beibei District		12	5	57	119
渝北区	Yubei District		12	12	92	241
巴南区	Banan District		14	8	77	198
万盛区	Wansheng District		8	2	30	57
双桥区	Shuangqiao District		2	1	9	13
涪陵区	Fuling District	6	12	8	77	339
长寿区	Changshou District		14	4	24	223
江津区	Jiangjin District		22	4	78	185
合川区	Hechuan District		23	7	56	331
永川区	Yongchuan District		16	7	50	210
南川区	Nanchuan District	16	15	3	58	192
綦江县	Qijiang County		17	3	47	314
潼南县	Tongnan County	3	17	2	21	281
铜梁县	Tongliang County	3	22	3	57	269
大足县	Dazu County		22	2	49	242
荣昌县	Rongchang County		15	6	75	92
璧山县	Bishan County	1	10	2	36	151
渝东北翼	**Northeast of Chongqing**	**126**	**210**	**25**	**624**	**3672**
万州区	Wanzhou District	12	29	11	184	448
梁平县	Liangping County	8	24	2	24	315
城口县	Chengkou County	17	6	2	15	188
丰都县	Fengdu County	7	21	2	48	347
垫江县	Dianjiang County	4	21		56	245
忠县	Zhongxian County	6	22		46	319
开县	Kaixian County	13	21	6	65	439
云阳县	Yunyang County	16	24	2	76	433
奉节县	Fengjie County	14	16		54	332
巫山县	Wushan County	14	11		30	308
巫溪县	Wuxi County	15	15		26	298
渝东南翼	**Southeast of Chongqing**	**112**	**80**	**6**	**180**	**1336**
黔江区	Qianjiang District	12	12	6	63	156
武隆县	Wulong County	14	12		24	187
石柱县	Shizhu County	15	17		27	214
秀山县	Xiushan County	18	14		32	235
酉阳县	Youyang County	25	14		8	270
彭水县	Pengshui County	28	11		26	274

注：居委会个数包含社区居委会数；北部新区的居委会和村委会数已分别分解到九龙坡和渝北区。
Note:Number of residents' committees include community residents' committees.Residents' committees and village party committees in New North Zone are counted in part of Jiulongpo District or Yubei District.

1-2 户籍人口与常住人口（1978-2009年）
Household Registered Population and Resident Population(1978-2009)

单位：万人、%　　　　[illegible] 000 persons, %

年份 Year	户籍总人口 Household Registered Population	农业 Agriculture	非农业 Non-agriculture	常住人口 Resident Population	城镇 Urban	乡村 Rural	城镇化率 Rate of Urban Population
1978	2635.56	2304.66	330.90				
1980	2664.79	2291.51	373.28				
1985	2768.26	2310.89	457.37				
1986	2807.60	2343.23	464.37				
1987	2845.14	2370.06	475.08				
1988	2873.34	2390.36	482.98				
1989	2897.01	2405.25	491.76				
1990	2920.90	2427.92	492.98				
1991	2938.99	2439.61	499.38				
1992	2950.78	2438.94	511.84				
1993	2964.92	2438.27	526.65				
1994	2985.59	2440.41	545.18				
1995	3001.77	2442.33	559.44				
1996	3022.77	2445.65	577.12	2875.30	848.21	2027.0[illegible]	29.5
1997	3042.92	2448.34	594.58	2873.36	890.74	1982.6[illegible]	31.0
1998	3059.69	2445.66	614.03	2870.75	935.86	1934.8[illegible]	32.6
1999	3072.34	2437.18	635.16	2860.37	981.11	1879.2[illegible]	34.3
2000	3091.09	2430.20	660.89	2848.82	1013.88	1834.9[illegible]	35.6
2001	3097.91	2408.39	689.52	2829.21	1058.12	1771.0[illegible]	37.4
2002	3113.83	2392.38	721.45	2814.83	1123.12	1691.7[illegible]	39.9
2003	3130.10	2376.18	753.92	2803.19	1174.55	1628.64	41.9
2004	3144.23	2358.40	785.83	2793.32	1215.42	1577.90	43.5
2005	3169.16	2351.88	817.28	2798.00	1265.95	1532.05	45.2
2006	3198.87	2353.44	845.43	2808.00	1311.29	1496.71	46.7
2007	3235.32	2358.35	876.97	2816.00	1361.35	1454.65	48.3
2008	3257.05	2349.67	907.38	2839.00	1419.09	1419.91	50.0
2009	3275.61	2326.92	948.69	2859.00	1474.92	1384.[illegible]3	51.6

1-3 各区县户籍人口与常住人口 (2009 年)
Household Registered Population and Resident Population by Region of Chongqing (2009)

单位：万人、% 10 000 persons, %

地 区	Region	户籍总人口 Household Registered Population	农业人口 Agriculture Population	非农业人口 Non-agriculture Population	常住人口 Resident Population	城镇人口 Urban Population	乡村人口 Rural Population	城镇化率 Rate of Urban Population
重庆市	**Chongqing**	**3275.61**	**2326.92**	**948.69**	**2859.00**	**1474.92**	**1384.08**	**51.59**
一小时经济圈	**One Hour Economic Sphere**	**1829.44**	**1127.97**	**701.47**	**1725.26**	**1108.83**	**616.43**	**64.27**
渝中区	Yuzhong District	58.50	0.00	58.50	71.84	71.84	0.00	100.00
大渡口区	Dadukou District	23.27	4.34	18.93	27.72	27.72	0.00	100.00
江北区	Jiangbei District	53.54	6.28	47.26	69.62	69.62	0.00	100.00
沙坪坝区	Shapingba District	76.70	17.37	59.33	91.42	91.42	0.00	100.00
九龙坡区	Jiulongpo District	80.62	20.65	59.97	100.82	100.82	0.00	100.00
南岸区	Nan'an District	58.37	9.42	48.95	71.52	71.52	0.00	100.00
北碚区	Beibei District	63.58	32.34	31.24	73.14	53.76	19.38	73.50
渝北区	Yubei District	98.48	50.08	48.40	97.62	67.43	30.19	69.07
巴南区	Banan District	87.50	57.65	29.85	90.79	64.82	25.97	71.40
万盛区	Wansheng District	26.90	13.44	13.46	25.57	18.52	7.05	72.43
双桥区	Shuangqiao District	5.01	1.90	3.11	4.79	4.52	0.27	94.36
涪陵区	Fuling District	114.51	79.33	35.18	103.17	57.51	45.66	55.74
长寿区	Changshou District	90.10	67.43	22.67	76.80	38.82	37.98	50.55
江津区	Jiangjin District	149.16	107.83	41.33	127.94	71.17	56.77	55.63
合川区	Hechuan District	154.27	120.00	34.27	128.54	67.64	60.90	52.62
永川区	Yongchuan District	110.34	79.95	30.39	93.42	52.72	40.70	56.43
南川区	Nanchuan District	66.42	54.00	12.42	55.09	25.74	29.35	46.72
綦江县	Qijiang County	94.65	71.46	23.19	84.31	33.04	51.27	39.19
潼南县	Tongnan County	93.28	80.85	12.43	71.87	21.89	49.98	30.46
铜梁县	Tongliang County	82.73	67.11	15.62	62.96	24.03	38.93	38.17
大足县	Dazu County	95.66	76.60	19.06	77.04	27.80	49.24	36.09
荣昌县	Rongchang County	83.33	63.79	19.54	65.89	25.15	40.74	38.17
璧山县	Bishan County	62.52	46.15	16.37	53.38	21.33	32.05	39.96
渝东北翼	**Northeast of Chongqing**	**1083.84**	**890.20**	**193.64**	**851.39**	**292.35**	**559.04**	**34.34**
万州区	Wanzhou District	172.82	118.22	54.60	154.22	81.51	72.71	52.85
梁平县	Liangping County	91.08	77.99	13.09	71.57	23.89	47.68	33.38
城口县	Chengkou County	24.37	21.21	3.16	18.87	4.14	14.73	21.94
丰都县	Fengdu County	82.42	66.30	16.12	64.17	19.32	44.85	30.11
垫江县	Dianjiang County	94.22	79.32	14.90	72.27	23.28	48.99	32.21
忠县	Zhongxian County	100.39	83.47	16.92	74.27	22.58	51.69	30.40
开县	Kaixian County	161.57	139.23	22.34	115.48	38.80	76.68	33.60
云阳县	Yunyang County	134.21	114.43	19.78	101.36	30.36	71.00	29.95
奉节县	Fengjie County	106.15	90.87	15.28	85.47	25.45	60.02	29.78
巫山县	Wushan County	62.97	52.37	10.60	49.78	13.51	36.27	27.14
巫溪县	Wuxi County	53.64	46.79	6.85	43.93	9.51	34.42	21.65
渝东南翼	**Southeast of Chongqing**	**362.33**	**308.75**	**53.58**	**282.35**	**73.74**	**208.61**	**26.12**
黔江区	Qianjiang District	52.68	40.96	11.72	43.86	15.03	28.83	34.27
武隆县	Wulong County	41.08	34.36	6.72	34.53	10.90	23.63	31.57
石柱县	Shizhu County	53.92	44.48	9.44	43.11	10.63	32.48	24.66
秀山县	Xiushan County	64.54	55.17	9.37	49.77	12.47	37.30	25.06
酉阳县	Youyang County	81.81	72.95	8.86	57.23	12.36	44.87	21.60
彭水县	Pengshui County	68.30	60.83	7.47	53.85	12.35	41.50	22.93

1-4 就业人员及就业结构（1985-2009年）
Number of Employed Persons and Its Composition(1985-2009)

单位：万人 10 000 persons

年份 Year	就业人员总计 Total Employed Persons	按产业分 By industry			按城乡分 By Urban and Rural Areas	
		第一产业 Primary Industry	第二产业 Secondary Industry	第三产业 Tertiary Industry	城镇 Urban Areas	乡村 Rural Areas
1985	1432.03	1042.22	223.37	166.44	269.37	1162.66
1986	1469.13	1048.32	241.66	179.15	275.35	1193.78
1987	1507.33	1064.06	258.93	184.34	282.39	1224.94
1988	1512.49	1056.49	262.83	193.17	288.70	1223.79
1989	1540.03	1082.41	263.81	193.81	291.29	1248.74
1990	1569.34	1103.04	263.86	202.44	296.92	1272.42
1991	1620.67	1130.47	275.72	214.48	307.87	1312.80
1992	1662.58	1118.59	277.77	266.22	313.51	1349.07
1993	1658.95	1088.70	287.88	282.37	310.05	1348.90
1994	1729.55	1062.90	301.13	365.52	326.75	1402.80
1995	1709.26	1018.30	310.88	380.08	347.06	1362.20
1996	1719.43	1001.89	320.31	397.23	463.98	1255.45
1997	1715.40	989.07	313.77	412.56	483.74	1231.66
1998	1710.97	979.48	303.18	428.31	505.22	1205.75
1999	1699.06	959.71	296.12	443.23	518.40	1180.66
2000	1690.00	938.12	292.94	458.94	547.97	1142.03
2001	1680.38	912.30	293.38	474.70	570.80	1109.58
2002	1654.51	873.79	295.02	485.70	579.17	1075.34
2003	1634.77	838.33	299.43	497.01	590.28	1044.49
2004	1623.85	817.91	302.30	503.64	603.97	1019.88
2005	1611.57	794.81	304.87	511.89	620.27	991.30
2006	1605.45	776.56	308.23	520.66	633.99	971.46
2007	1620.86	753.67	325.99	541.20	663.65	957.21
2008	1646.44	747.30	338.78	560.36	688.74	957.70
2009	1668.83	733.68	355.69	579.46	717.88	950.95

1-5 地区生产总值及构成（1978-2009 年）
Gross Domestic Product and Its Composition(1978-2009)

单位：亿元、%、元 100 million yuan, %, yuan

年份 Year	全市生产总值 Gross Domestic Product	按产业分 By Industry			分产业比重 Composition by Industry			本市人均生产总值 Per Capita GDP
		第一产业 Primary Industry	第二产业 Secondary Industry	第三产业 Tertiary Industry"	第一产业 Primary Industry	第二产业 Secondary Industry	第三产业 Tertiary Industry	
1978	71.70	24.81	34.46	12.43	34.6	48.1	17.3	287
1979	80.98	28.79	38.21	13.98	35.6	47.2	17.2	321
1980	90.68	32.57	42.42	15.69	35.9	46.8	17.3	357
1981	97.20	36.32	43.69	17.19	37.4	44.9	17.7	379
1982	108.08	40.62	47.14	20.32	37.6	43.6	18.8	419
1983	120.01	45.44	50.56	24.01	37.9	42.1	20.0	461
1984	141.64	50.66	60.63	30.35	35.8	42.8	21.4	542
1985	164.32	53.73	73.49	37.10	32.7	44.7	22.6	624
1986	184.60	60.06	81.38	43.16	32.5	44.1	23.4	694
1987	206.73	62.69	90.77	53.27	30.3	43.9	25.8	766
1988	261.27	75.00	117.61	68.66	28.7	45.0	26.3	958
1989	303.75	81.99	135.84	85.92	27.0	44.7	28.3	1103
1990	327.75	100.40	135.62	91.73	30.6	41.4	28.0	1181
1991	374.18	109.49	154.00	110.69	29.3	41.2	29.5	1338
1992	461.32	117.28	194.40	149.64	25.4	42.1	32.5	1641
1993	608.53	141.99	272.17	194.37	23.3	44.7	32.0	2156
1994	833.60	196.19	376.75	260.66	23.5	45.2	31.3	2935
1995	1123.06	264.19	492.67	366.20	23.5	43.9	32.6	3931
1996	1315.12	287.56	568.99	458.57	21.9	43.3	34.8	4574
1997	1509.75	307.21	650.40	552.14	20.3	43.1	36.6	5253
1998	1602.38	300.89	675.64	625.85	18.8	42.2	39.0	5579
1999	1663.20	286.16	697.81	679.23	17.2	42.0	40.8	5804
2000	1791.00	284.87	760.03	746.10	15.9	42.4	41.7	6274
2001	1976.86	294.90	841.95	840.01	14.9	42.6	42.5	6963
2002	2232.86	317.87	958.87	956.12	14.2	42.9	42.9	7912
2003	2555.72	339.06	1135.31	1081.35	13.3	44.4	42.3	9098
2004	3034.58	428.05	1376.91	1229.62	14.1	45.4	40.5	10845
2005	3467.72	463.40	1564.00	1440.32	13.4	45.1	41.5	12404
2006	3907.23	386.38	1871.65	1649.20	9.9	47.9	42.2	13939
2007	4676.13	482.39	2368.53	1825.21	10.3	50.7	39.0	16629
2008	5793.66	575.40	3057.78	2160.48	9.9	52.8	37.3	20490
2009	6530.01	606.80	3448.77	2474.44	9.3	52.8	37.9	22920

注：本表人均地区生产总值按常住人口计算。

Note:Per capita GDP in this table is calculated by resident population.

1-6 各区县生产总值及构成（2009 年）
Gross Domestic Product and Its Composition by Region(2009)

单位：亿元、%、元　　　　100 million yuan, %, yuan

地 区	Region	全市生产总值 Gross Domestic Product	按产业分 By Industry 第一产业 Primary Industry	第二产业 Secondary Industry	第三产业 Tertiary Industry	分产业比重 Composition by Industry 第一产业 Primary Industry	第二产业 Secondary Industry	第三产业 Tertiary Industry	人均生产总值 Per Capita GDP
重庆市	**Chongqing**	**6530.01**	**606.8**	**3448.77**	**2474.44**	**9.29**	**52.81**	**3[illegible].89**	**22920**
一小时经济圈	**One Hour Economic Sphere**	**5079.38**	**357.63**	**2742.22**	**1979.53**	**7.04**	**53.99**	**3[illegible].97**	**29573**
渝中区	Yuzhong District	468.364	0	20.8628	447.5012	0.00	4.45	9[illegible].55	65505
大渡口区	Dadukou District	149.5622	1.63	99.1173	48.8149	1.09	66.27	32.64	54446
江北区	Jiangbei District	325.3546	2.6267	126.2074	196.5205	0.81	38.79	6[illegible].40	47051
沙坪坝区	Shapingba District	347.6947	4.3763	169.9561	173.3623	1.26	48.88	4[illegible].86	38286
九龙坡区	Jiulongpo District	500.0291	6.2876	236.0966	257.6449	1.26	47.22	5[illegible].53	49916
南岸区	Nan'an District	300.1501	3.3421	184.2198	112.5882	1.11	61.38	3[illegible].51	42307
北碚区	Beibei District	192.3567	8.3989	117.0639	66.8939	4.37	60.86	3[illegible].78	26525
渝北区	Yubei District	459.4015	17.1363	251.7039	190.5613	3.73	54.79	4[illegible].48	47503
巴南区	Banan District	243.3339	24.3683	122.3739	96.5917	10.01	50.29	3[illegible].70	26988
万盛区	Wansheng District	40.0125	4.3227	20.7303	14.9595	10.80	51.81	3[illegible].39	15725
双桥区	Shuangqiao District	31.51	0.2855	25.8455	5.379	0.91	82.02	1[illegible].07	66128
涪陵区	Fuling District	249.2853	40.7971	130.8594	77.6288	16.37	52.49	3[illegible].14	19517
长寿区	Changshou District	228.7492	33.2542	102.3177	93.1773	14.54	44.73	4[illegible].73	17822
江津区	Jiangjin District	244.0761	25.9026	127.3651	90.8084	10.61	52.18	3[illegible].20	26173
合川区	Hechuan District	114.7261	20.2733	53.9293	40.5235	17.67	47.01	3[illegible].32	20874
永川区	Yongchuan District	140.965	23.1664	61.0283	56.7703	16.43	43.29	4[illegible].27	16761
南川区	Nanchuan District	95.5856	23.7325	30.3984	41.4547	24.83	31.80	4[illegible].37	13321
綦江县	Qijiang County	127.797	18.4031	70.7724	38.6215	14.40	55.38	3[illegible].22	20348
潼南县	Tongnan County	118.6283	20.3722	55.6878	42.5683	17.17	46.94	3[illegible].88	15432
铜梁县	Tongliang County	129.9825	22.4792	69.4803	38.023	17.29	53.45	2[illegible].25	19777
大足县	Dazu County	128.0463	10.6576	75.0572	42.3315	8.32	58.62	3[illegible].06	24169
荣昌县	Rongchang County	355.0379	26.644	197.2924	131.1015	7.50	55.57	3[illegible].93	34517
璧山县	Bishan County	176.3812	19.1779	86.6454	70.5579	10.87	49.12	4[illegible].00	23043
渝东北翼	**Northeast of Chongqing**	**1095.71**	**184.69**	**537.4**	**373.62**	**16.86**	**49.05**	**3[illegible].10**	**12894**
万州区	Wanzhou District	386.4546	29.8938	197.9724	158.5884	7.74	51.23	4[illegible].04	25132
梁平县	Liangping County	92.5479	17.2677	35.739	39.5412	18.66	38.62	4[illegible].73	12958
城口县	Chengkou County	20.8889	3.6545	9.7889	7.4455	17.49	46.86	3[illegible].64	11082
丰都县	Fengdu County	65.7076	14.4818	25.0369	26.1889	22.04	38.10	3[illegible].86	10252
垫江县	Dianjiang County	94.6825	17.5419	43.5527	33.5879	18.53	46.00	3[illegible].47	13120
忠县	Zhongxian County	93.6896	18.4718	38.2024	37.0154	19.72	40.78	3[illegible].51	12637
开县	Kaixian County	123.0269	26.7021	50.9418	45.383	21.70	41.41	3[illegible].89	10668
云阳县	Yunyang County	74.6052	20.2869	23.1571	31.1612	27.19	31.04	4[illegible].77	7370
奉节县	Fengjie County	85.5842	18.4296	28.0408	39.1138	21.53	32.76	4[illegible].70	10036
巫山县	Wushan County	41.9065	10.1685	14.7501	16.9879	24.26	35.20	4[illegible].54	8440
巫溪县	Wuxi County	30.9436	7.7851	10.0104	13.1481	25.16	32.35	4[illegible].49	7056
渝东南翼	**Southeast of Chongqing**	**354.92**	**64.48**	**169.15**	**121.29**	**18.17**	**47.66**	**3[illegible].17**	**12603**
黔江区	Qianjiang District	79.0985	9.2548	38.5311	31.3126	11.70	48.71	3[illegible].59	18090
武隆县	Wulong County	53.9074	11.7761	20.9307	21.2006	21.85	38.83	3[illegible].33	12541
石柱县	Shizhu County	62.1158	9.807	29.7373	22.5715	15.79	47.87	3[illegible].34	12516
秀山县	Xiushan County	47.6985	12.4034	17.4357	17.8594	26.00	36.55	3[illegible].44	8350
酉阳县	Youyang County	58.1401	11.7951	23.3397	23.0053	20.29	40.14	3[illegible].57	10822
彭水县	Pengshui County	59.2003	9.4449	20.2246	29.5308	15.95	34.16	4[illegible].38	17192

注：本表人均地区生产总值按常住人口计算。2008 年经济普查后为保持 GDP 数据的历史可比性，按照国际惯例，对 200[illegible] 年以前的 GDP 历史数据进行了修订，与以往年份年鉴数据有出入，请以最新年度年鉴数据为准。

Note: Per capita GDP in this table is calculated by resident population.For keeping the historical data of GDP's comparability,data of GDP before 2008's Economic Census are revised according to international practice,so data in the table are different form the previous-year yearbook.Please see the latest annual yearbook as the standard data.

1-7 财政收入与支出（1996-2009 年）
Financial Revenue and Expenditure (1996-2009)

单位：亿元 100 million yuan

年份 Year	财政收入 Financial Revenue	地方财政收入 Local Financial Revenue	一般预算收入 General Budgetary Revenue	中央两税（四税）收入 Revenue of Two/Four Central Level Taxes	地方财政支出 Local Financial Expenditure	一般预算支出 General Budgetary Expenditure
1996	94.27	54.94	54.94	39.33	79.42	79.42
1997	118.06	74.53	59.31	43.53	115.16	101.01
1998	133.89	85.80	71.13	48.08	135.95	125.76
1999	140.29	89.89	76.73	50.40	162.37	150.24
2000	163.24	104.46	87.24	58.78	202.46	187.64
2001	196.18	126.41	106.12	69.77	255.55	237.55
2002	269.46	157.87	126.07	99.14	345.07	305.86
2003	341.28	206.93	161.56	120.55	391.36	341.58
2004	462.96	302.44	200.62	143.52	485.12	395.72
2005	581.19	394.96	256.81	165.66	625.35	487.35
2006	742.17	529.46	317.72	194.48	820.19	594.25
2007	1057.29	788.56	442.70	249.19	1102.35	768.39
2008	1290.18	963.34	577.57	302.36	1448.56	1016.01
2009	1535.40	1165.71	681.82	340.31	1806.07	1318.09

注：财政收入 2002 年前为地方财政收入与中央两税（增值税和消费税）之和，2002 年起为地方财政收入、中央四税收入和其他中央收入之和。其中其他中央收入不含关税，自 2003 年起包含车辆购置税（以下各表同）。

Note: Financial revenue before 2002 is the sum of local financial revenue and two central level tax revenue (value-added tax and consumption tax), whereas since 2002 it is the sum of local financial revenue, four central level tax revenue and other central level revenue. Other central level revenue excludes tariff, however since 2003 vehicle purchasing tax is also included (the same applies to the following tables).

1-8 金融机构（含外资）存贷款年末余额（1996-2009年）

Year-end Deposit and Loan Balances of Financial Institutions (Including Foreign-funded) (1996-2009)

单位：亿元 100 million yuan

年份 Year	本外币存款余额 Total Deposit Balance of RMB and Foreign Currencies	人民币存款余额 Total Deposit Balance of RMB	企业存款 Enterprise Deposits	储蓄存款 Urban and Rural Saving Deposits	本外币贷款余额 Total Loan Balance of RMB and Foreign Currencies	人民币贷款余额 Total Loan Balance of RMB	短期贷款 Short-term Loans	中长期贷款 Medium & Long-term Loans
1996	885.91	846.43	266.42	500.71	968.71	913.93	601.1[illegible]	219.05
1997	1147.92	1098.67	429.42	580.67	1224.01	1156.13	873.1[illegible]	248.06
1998	1359.52	1306.04	483.80	724.54	1443.65	1358.61	978.5[illegible]	299.59
1999	1638.21	1580.80	544.00	909.10	1693.64	1611.68	1093.[illegible]9	398 22
2000	1982.21	1904.71	645.54	1085.36	1966.40	1881.29	1246.[illegible]1	470.70
2001	2377.99	2294.05	750.81	1317.17	1969.97	1871.98	1043.[illegible]4	631.26
2002	2903.42	2821.04	909.43	1595.01	2338.17	2244.72	1191.70	754.57
2003	3512.82	3438.61	1098.15	1896.56	2976.67	2774.81	1378.85	1010.69
2004	4105.09	4039.61	1230.85	2189.73	3309.13	3246.28	1362.75	1346.91
2005	4784.76	4727.72	1337.05	2545.85	3779.28	3719.52	1471.36	1810.83
2006	5587.50	5519.75	1551.98	2949.05	4443.84	4388.28	1510.73	2392.26
2007	6662.36	6576.68	1997.71	3228.15	5197.08	5131.69	1597.12	3220.70
2008	8102.00	8021.95	2377.48	3988.96	6384.03	6320.81	1617.52	4093.50
2009	11084.82	10933.00	3770.43	4908.68	8856.56	8766.06	149[illegible].85	6563.63

主要指标解释

行政区划 指国家对行政区域的划分。根据宪法规定，我国的行政区划分如下：（1）全国分为省、自治区、直辖市；（2）省、自治区分为自治州、县、自治县、市；（3）自治州分为县、自治县、市；（4）县、自治县分为乡、民族乡、镇；（5）直辖市和较大的市分为区、县；（6）国家在必要时设立的特别行政区。

可比价格 指计算各种总量指标所采用的扣除了价格变动因素的价格，可进行不同时期总量指标的对比。按可比价格计算总量指标有两种方法：一种是直接用产品产量乘某一年的不变价格计算；另一种是用价格指数进行缩减。

不变价格 指以同类产品某年的平均价格作为固定价格，用于计算各年的产品价值。按不变价格计算的产品价值消除了价格变动因素，不同时期对比可以反映生产的发展速度。新中国成立后，随着工农业产品价格水平的变化，国家统计局先后五次制定了全国统一的工业产品不变价格和农业产品不变价格。从 1952 年到 1957 年使用 1952 年工（农）业产品不变价格，从 1957 年到 1970 年使用 1957 年不变价格，从 1971 年到 1980 年使用 1970 年不变价格，从 1981 年到 1990 年使用 1980 年不变价格，从 1991 年开始使用 1990 年不变价格。

平均增长速度 平均增长速度表明社会经济现象在一个较长的时期内逐期平均增长变化的程度，它不能根据各个环比增长速度直接求得，但与平均发展速度之间存在着一定的数量关系：平均增长速度＝平均发展速度－1。

平均发展速度是一种根据环比发展速度计算的序时平均数，由于各时期对比的基础不同，所以计算平均发展速度不能采用一般的序时平均数的计算方法，计算方法分为水平法和累计法。水平法，又称几何平均法，即将环比发展速度按连乘法用几何平均数公式计算。累计法，也称方程法，根据一段时期内各年发展水平总和与基期水平的关系，列出方程式计算平均发展速度。水平法着重考虑最后一年所达到的发展水平；累计法着重考虑整个时期累计发展水平的总量。

本《年鉴》内所列的平均增长速度，除固定资产投资用“累计法”计算外，其余均用“水平法”计算。从某年到某年平均增长速度的年份，均不包括基期年在内。如建国四十三年以来的平均增长速度是以 1949 年为基期计算的，则写为 1950-1992 年平均增长速度，其余类推。

国内（地区）生产总值（GDP） 是按市场价格计算的一个国家（或地区）所有常住单位在一定时期内生产活动的最终成果。国内（地区）生产总值有三种表现形态，即价值形态、收入形态和产品形态。从价值形态看，它是所有常住单位在一定时期内所生产的全部货物和服务价值超过同期中间投入的全部非固定资产货物和服务价值的差额，即所有常住单位的增加值之和；从收入形态看，它是所有常住单位在一定时期内所创造并分配给常住单位和非常住单位的初次分配收入之和；从产品形态看，它是所有常住单位在一定时期内最终使用的货物和服务价值与货物和服务净出口价值之和。在实际核算中，国内（地区）生产总值的三种表现形态表现为三种计算方法，即生产法、收入法和支出法。三种方法分别从不同的方面反映国内（地区）生产总值及其构成。

三次产业 三产业的划分是世界上较为常用的产业结构分类，但各国的划分不尽一致。我国的三次产业划分是：

第一产业是指农业、林业、畜牧业、渔业和农林牧渔服务业。

第二产业是指采矿业，制造业，电力、煤气及水的生产和供应业，建筑业。

第三产业是指除第一、二产业以外的其他行业。

Explanatory Notes on Main Statistical Indicators

Division of Administrative Areas refers to the division of administrative areas by the state. The relative laws stipulate that1) the whole country is divided into provinces, autonomous regions and municipalities directly under the Central Government; 2) provinces and autonomous regions are further divided into autonomous prefectures, counties, autonomous counties and cities; 3) autonomous prefectures are divided into counties, autonomous counties and cities; 4) counties and autonomous counties are further divided into townships, ethnic townships and towns; 5) municipalities and large cities are divided into districts and counties; 6) the state shall, when necessary, establish special administrative regions

Comparable Prices refer to prices that are used to remove the factors of price change in calculating economic aggregates, so as to facilitate comparison of aggregates over time. Two methods are used for calculating economic aggregates at comparable prices: (a) Multiplying the output of products by their constant prices of certain year. (b) Deflation of data at current prices by relevant price index.

Constant Price refers to the average price of a given product in certain year, which is used for comparison of output value over time. As the output value at constant prices removers the factor of price changes, it reflects the trend of production development over time. Since 1949,with the changes in general price level, the State Statistical Bureau has issued nationally unified constant prices five times: the 1952 constant prices for 1949-1957;the 1957 constant prices for 1957-1971;the 1970 constant prices for 1971-1981;the 1980 constant prices for 1981-1990; and the 1990 constant prices have been used since 1991.

Average Annual Growth Rate shows the average growth rate of social and economic development during a longer period. It can not be directly calculated by chain based growth rate. The relation is:

Average Annual Growth Rate = Average Speed of Development － 1

Average speed of development is the time series average of speed which calculated by chain based. Because the reference bases during the different periods are not same, average speed of development can not be calculated by the general method. Level approach and accumulative approach for calculating average speed of development rate are applied. The "level approach", or the method of calculating the geometric average, is derived by the formula of geometric average of the chain-based speeds of development, or comparing the level of the last year of the interval with that of the beginning year; the other is called the "accumulative approach" or the "algebraic average", "equation" method, which is derived by the summation of the actual figure of each year in the interval divided by the figure in the base year. The level approach focuses on the level of the last year, while the accumulative approach emphasizes the aggregate development in the duration.

The average annual growth rates listed in the Yearbook are calculated by the level approach except for the growth rate of investment in fixed assets. The base year is not listed in the duration for which average annual growth rates are computed. For instance, the average annual growth rate of the 43 years since 1949 is shown as the average annual growth rate of 1950-1992 without showing the base year 1949.

Gross Domestic Product (GDP) refers to the final products at market prices produced by all resident units in a country (or a region) during a certain period of time. Gross domestic product is expressed in three different forms, i.e. value added, income, and products respectively. The form of value added refers to the total value of all products and services produced by all resident units during a certain period of time minus total value of intimidate input of materials and services of the nature of non-fixed assets or the summation of the value added of all resident units; the form of income includes all the income created by all resident units and distributed primarily to all resident and non-resident units; the form of products refers to all final goods and services of final use by all resident units plus the value of net exports of goods and services. In the practice of national accounting, gross domestic product is calculated with three approaches, i.e. product approach, income approach and expenditure approach, which reflect gross domestic product and its composition from different aspects.

Three Strata of Industry Classification of economic activities into three strata of industry is a common practice in the world, although the grouping varies to some extent form country to country. In China economic activities are categorized into the following three strata of industry:

Primary industry refers to agriculture, forestry, animal husbandry and fishery and services in support of these industries.

Secondary industry refers to mining and quarrying, manufacturing, production and supply of electricity, water and gas, and construction.

Tertiary industry refers to all other economic activities not included in the primary or secondary industries.

（二）

人民生活

People's Livelihood

2-1 城市居民家庭人口与就业情况（1979-2009 年）
Population and Employment of City Households（1979-2009）

年份 Year	调查户数（户） Number of Households Surveyed (household)	家庭人口（人/户） Household Size(person/ household)	有收入者人数（人/户） Number of Persons Having Income (person/ household)	就业人口数（人/户） Number of Employees (person/ household)	离退休人数（人/户） Number of Persons Retired(person /household)	其他有收入者人数（人/户） Number of Others Having Income (person/ household)	无收入者人数（人/户） Number of Persons Having Non-income(person /household)	平均每个就业者负担人数（人） Number of Dependents per Employee (person)
1979	55	4.47	2.27	2.27			2.20	1.97
1980	300	3.96	2.29	2.11	0.18		1.67	1.88
1981	300	4.01	2.34	2.16	0.18		1.67	1.86
1982	300	3.99	2.43	2.23	0.20		1.56	1.79
1983	300	3.91	2.40	2.19	0.21		1.51	1.78
1984	300	3.89	2.38	2.21	0.17		1.51	1.76
1985	400	3.49	2.28	2.01	0.27		1.21	1.73
1986	400	3.41	2.25	2.01	0.24		1.16	1.70
1987	400	3.40	2.23	2.00	0.23		1.17	1.70
1988	400	3.31	2.25	1.87	0.38		1.06	1.77
1989	400	3.18	2.19	1.71	0.47	0.01	0.99	1.86
1990	300	3.12	2.19	1.73	0.45	0.01	0.93	1.81
1991	300	3.10	2.21	1.88	0.31	0.02	0.89	1.65
1992	300	3.16	2.31	2.04	0.26	0.01	0.84	1.55
1993	300	3.11	2.27	1.94	0.33	0.01	0.84	1.61
1994	300	3.03	2.17	1.89	0.28	0.01	0.86	1.61
1995	300	3.01	2.11	1.87	0.24	0.00	0.90	1.61
1996	300	3.08	2.23	2.00	0.22	0.00	0.85	1.54
1997	300	3.06	2.17	1.92	0.24	0.00	0.89	1.60
1998	300	3.01	2.11	1.86	0.25	0.00	0.89	1.62
1999	300	3.03	2.19	1.77	0.42	0.00	0.84	1.71
2000	300	3.05	2.19	1.72	0.47	0.00	0.86	1.78
2001	300	3.05	2.20	1.69	0.51	0.00	0.85	1.80
2002	300	3.05	2.24	1.50	0.65	0.09	0.81	2.03
2003	300	2.97	2.31	1.62	0.60	0.09	0.66	1.83
2004	300	3.02	2.36	1.61	0.67	0.09	0.67	1.88
2005	300	3.13	2.41	1.63	0.70	0.08	0.72	1.92
2006	300	3.10	2.39	1.72	0.61	0.06	0.70	1.80
2007	950	2.98	2.36	1.70	0.62	0.05	0.62	1.75
2008	950	2.95	2.34	1.62	0.66	0.06	0.60	1.82
2009	950	2.93	2.36	1.59	0.72	0.05	0.57	1.84

2-2 主要年份城市居民各收入组家庭的人口与就业情况
Population and Employment of City Households in Main Years

单位：%、人 %,person

按可支配收入九等分不等距分组	Divided to Nine Unequal-space Groups by Disposable Income	2000年				
		人口比重 Proportion	平均每户家庭人口 Population Per Household	平均每户有收入者人数 Average Number of Persons Having Income Per Household	#平均每户就业人口数 #Average Number of Employees Per Household	平均每个就业者负担人数 Number of Dependents per Employee (person)
总平均	**Average**	**100.0**	**3.05**	**2.19**	**1.72**	**1.77**
最低收入户	Lowest Income Households	10.7	3.27	1.99	1.61	2.04
#困难户	Poor Households	5.4	3.29	1.96	1.54	2.14
低收入户	Low Income Households	10.4	3.17	2.13	1.58	2.01
中等偏下户	Lower Middle Income Households	21.6	3.29	2.40	1.72	1.91
中等收入户	Middle Income Households	19.7	3.01	2.09	1.67	1.80
中等偏上户	Upper Middle Income Households	18.5	2.81	2.18	1.64	1.71
高收入户	High Income Households	9.7	2.95	2.26	1.97	1.50
最高收入户	Highest Income Households	9.4	2.86	2.20	1.91	1.50

2-2 主要年份城市居民各收入组家庭的人口与就业情况
Population and Employment of City Households in Main Years

续表 1 (continued 1) 单位：%、人 %,person

按可支配收入九等分不等距分组	Divided to Nine Unequal-space Groups by Disposable Income	2005年				
		人口比重 Proportion	平均每户家庭人口 Population Per Household	平均每户有收入者人数 Average Number of Persons Having Income Per Household	#平均每户就业人口数 #Average Number of Employees Per Household	平均每个就业者负担人数 Number of Dependents per Employee (person)
总平均	**Average**	**100.0**	**3.13**	**2.41**	**1.63**	**1.92**
最低收入户	Lowest Income Households	10.6	3.47	2.28	1.37	2.53
#困难户	Poor Households	5.2	3.68	2.26	1.34	2.75
低收入户	Low Income Households	11.9	3.61	2.63	1.64	2.20
中等偏下户	Lower Middle Income Households	21.2	3.27	2.48	1.62	2.02
中等收入户	Middle Income Households	20.2	3.12	2.40	1.71	1.82
中等偏上户	Upper Middle Income Households	17.5	2.80	2.34	1.48	1.89
高收入户	High Income Households	9.1	2.89	2.22	1.70	1.70
最高收入户	Highest Income Households	9.6	2.93	2.47	1.94	1.51

2-2 主要年份城市居民各收入组家庭的人口与就业情况
Population and Employment of City Households in Main Years

续表 2(continued) 单位：%、人 %,person

按可支配收入九等分不等距分组	Divided to Nine Unequal-space Groups by Disposable Income	2008 年				
		人口比重 Proportion	平均每户家庭人口 Population Per Household	平均每户有收入者人数 Average Number of Persons Having Income Per Household	# 平均每户就业人口数 #Average Number of Employees Per Household	平均每个就业者负担人数 Number of Dependents per Employee (person)
总平均	**Average**	**100.0**	**2.95**	**2.34**	**1.62**	**1.82**
最低收入户	Lowest Income Households	10.1	3.13	1.95	1.03	3.06
# 困难户	Poor Households	5.0	3.12	1.82	0.77	4.05
低收入户	Low Income Households	10.6	3.15	2.36	1.47	2.14
中等偏下户	Lower Middle Income Households	20.5	2.97	2.35	1.40	2.12
中等收入户	Middle Income Households	21.7	3.07	2.45	1.69	1.82
中等偏上户	Upper Middle Income Households	19.8	2.94	2.46	1.78	1.65
高收入户	High Income Households	10.0	2.91	2.46	2.02	1.44
最高收入户	Highest Income Households	7.5	2.28	2.03	1.81	1.26

2-2 主要年份城市居民各收入组家庭的人口与就业情况
Population and Employment of City Households in Main Years

续表 3(continued) 单位：%、人 %,person

按可支配收入九等分不等距分组	Divided to Nine Unequal-space Groups by Disposable Income	2009 年				
		人口比重 Proportion	平均每户家庭人口 Population Per Household	平均每户有收入者人数 Average Number of Persons Having Income Per Household	# 平均每户就业人口数 #Average Number of Employees Per Household	平均每个就业者负担人数 Number of Dependents per Employee (person)
总平均	**Average**	**100.0**	**2.93**	**2.36**	**1.59**	**1.84**
最低收入户	Lowest Income Households	10.9	3.22	2.07	1.31	2.46
# 困难户	Poor Households	5.6	3.33	1.93	1.15	2.90
低收入户	Low Income Households	10.4	3.14	2.33	1.30	2.42
中等偏下户	Lower Middle Income Households	20.4	2.98	2.41	1.49	2.00
中等收入户	Middle Income Households	20.4	2.99	2.47	1.53	1.95
中等偏上户	Upper Middle Income Households	19.9	2.88	2.44	1.76	1.64
高收入户	High Income Households	9.2	2.67	2.27	1.75	1.53
最高收入户	Highest Income Households	8.9	2.62	2.23	1.91	1.37

2-3 城市居民居住条件（1980-2009 年）
Housing Conditions of City Households（1980-2009）

年份 Year	住房面积（㎡/人） Space for Housing (sq.m/person)	使用卫生设备的构成（%） Composition of Sanitary Installation Using(%)			
		有厕所浴室 With Toilet and Bathroom	有厕所无浴室 Only With Toilet	公用卫生设备 Public Toilet and Bathroom	无卫生设备 Without Sanitary Installation
1980	3.87				
1981	4.41				
1982	4.87				
1983	5.36	0.7	21.0	17.1	61.2
1984	5.69	2.1	25.2	16.9	55.9
1985	6.58	0.8	36.3	23.7	39.2
1986	6.68	5.4	38.6	18.7	37.3
1987	7.28	3.3	43.9	20.7	32.1
1988	7.64	3.3	42.8	20.6	33.3
1989	8.40	3.5	39.3	18.8	38.3
1990	8.90	1.3	50.0	17.3	30.7
1991	7.06	0.7	56.0	15.0	28.3
1992	6.75	52.0	9.3	16.0	22.7
1993	6.98	51.7	10.3	14.7	23.0
1994	7.30	53.3	10.3	16.3	20.0
1995	8.13	54.7	15.0	12.0	18.0
1996	8.00	63.7	10.0	10.3	15.7
1997	8.65	59.0	15.3	9.3	16.0
1998	9.21	66.3	14.7	9.0	10.0
1999	9.51	70.7	13.3	6.0	9.7
2000	10.72	75.0	12.3	6.3	6.3
2001	11.47	82.0	8.3	5.0	4.7
2002	19.56	88.3	3.0	7.0	1.8
2003	21.29	88.5	3.9	5.3	2.3
2004	22.76	87.7	5.0	4.7	2.7
2005	22.17	84.7	7.3	5.0	3.0
2006	24.52	84.3	10.3	3.7	1.7
2007	27.31	94.6	2.2	2.3	1.0
2008	27.34	94.5	1.9	2.1	1.6
2009	27.41	95.5	2.0	1.6	1.0

注：本表“住房面积”指标的口径在 2001 年及以前为居住面积，2002 年及以后为建筑面积。
Note:"Space for Housing"in this table refers to living floor space before 2002, whereas since 2002 it refers to residential floor space of buildings.

2-3 城市居民居住条件（1980-2009 年）
Housing Conditions of City Households（1980-2009）

续表 (continued)

年份 Year	用水的来源构成（%） Composition of Water Utilization (%)		使用炊用燃料的构成（%） Composition of Cooking Fuel (%)		
	自来水 Tap Water	其他 Others	管道燃气 Pipeline Gas	液化石油气 Liquified Petroleum Gas	其他 Others
1980					
1981					
1982					
1983	99.7	0.4			
1984	97.9	2.1			
1985	100.0	0.0	42.0	0.0	58.0
1986	100.0	0.0	71.6	0.0	28.4
1987	100.0	0.0	78.0	0.0	22.0
1988	99.5	0.5	80.7	0.0	19.3
1989	99.8	0.3	75.8	0.5	23.8
1990	100.0	0.0	83.0	0.0	16.0
1991	100.0	0.0	85.7	0.0	14.3
1992	100.0	0.0	86.3	0.0	13.7
1993	100.0	0.0	86.0	0.0	13.7
1994	100.0	0.0	89.3	0.3	10.3
1995	100.0	0.0	92.0	0.3	7.3
1996	100.0	0.0	93.7	0.7	5.3
1997	100.0	0.0	92.3	1.0	6.3
1998	100.0	0.0	96.0	1.0	3.0
1999	100.0	0.0	93.7	2.3	3.7
2000	100.0	0.0	96.0	1.3	2.7
2001	100.0	0.0	96.0	2.0	2.0
2002	100.0	0.0	94.8	4.2	1.1
2003	100.0	0.0	92.4	6.3	1.3
2004	99.7	0.3	91.7	8.0	0.3
2005	100.0	0.0	95.7	2.7	1.7
2006	100.0	0.0	97.0	1.3	1.7
2007	100.0	0.0	93.9	5.2	1.0
2008	100.0	0.0	96.9	0.8	2.3
2009	100.0	0.0	98.8	0.4	0.8

2-4 城市居民家庭每百户耐用消费品拥有量（1980-2009 年）
Number of Durable Consumer Goods Owned per 100 City Households (1980-2009)

单位：台、辆、部　　set, unit

年份 Year	洗衣机 Washing Machine	电冰箱 Refrigerator	空调机 Air Conditioner	微波炉 Microwave Oven	热水器 Water Heater	摩托车 Motocycle	家用汽车 Family Car
1980	3.00						
1981	2.70						
1982	5.30	0.30					
1983	12.70	1.00				0.00	
1984	30.70	2.00				0.00	
1985	48.80	13.30				0.25	
1986	61.80	27.00				0.25	
1987	73.50	44.80				0.25	
1988	76.00	60.00				0.50	
1989	75.50	66.50				0.00	
1990	83.00	82.00	0.70			1.33	
1991	88.67	87.67	2.67			0.33	
1992	88.00	90.33	4.33		58.33	0.33	
1993	89.33	88.00	8.00		59.00	0.33	
1994	90.60	91.30	15.30		64.33	0.00	
1995	91.70	93.30	29.30		66.33	0.67	
1996	94.00	96.70	52.00		75.00	1.67	
1997	89.67	98.67	59.33	8.00	76.33	0.67	
1998	95.00	98.00	68.33	18.00	81.33	1.33	
1999	95.00	99.33	74.33	27.67	80.00	1.00	
2000	94.67	99.67	81.33	36.33	83.33	1.00	
2001	97.00	98.67	85.67	40.00	84.00	1.67	
2002	98.19	98.92	106.89	52.11	92.14	2.06	
2003	97.67	98.00	126.67	58.67	92.00	2.00	
2004	99.33	99.67	152.33	66.33	96.33	2.33	0.33
2005	100.33	102.00	156.67	71.00	94.33	2.67	0.67
2006	103.67	105.00	174.33	81.67	102.67	3.33	1.67
2007	95.10	100.13	164.30	70.29	98.47	2.40	3.50
2008	96.82	100.68	166.52	72.57	99.93	3.97	5.20
2009	98.46	101.89	172.95	78.51	101.11	3.78	5.90

注：由于 2008 年调查样本全部轮换，故对 2007 年部分数据进行了调整。

Note: Since survey sample rotation in 2008, part of data in 2007 are adjusted.

2-4 城市居民家庭每百户耐用消费品拥有量（1980-2009 年）
Number of Durable Consumer Goods Owned per 100 City Households (1980-2009)

续表 (continued) 单位：台、辆、部 set, unit

年份 Year	电话 Telephone	移动电话 Mobile Telephone	彩色电视机 Color TV Set	摄像机 Video Camera	照相机 Camera	家用计算机 Computer
1980					1.00	
1981					3.00	
1982					5.00	
1983			0.70		5.80	
1984			2.70		10.70	
1985			15.80		19.00	
1986			26.80		25.30	
1987			37.00		27.00	
1988			50.50		27.75	
1989			62.25		27.25	
1990			73.67		30.33	
1991			78.67		34.33	
1992			83.67		39.67	
1993			86.67		38.67	
1994			91.00		38.70	
1995	25.67		98.70		37.70	
1996	45.33		107.30		48.70	
1997	56.67	2.00	107.00	0.67	53.33	4.00
1998	69.00	7.33	116.67	1.33	58.67	5.00
1999	69.70	12.67	120.67	1.33	61.00	10.00
2000	83.67	18.33	132.00	2.00	58.00	13.67
2001	87.00	34.33	138.67	2.33	55.67	17.33
2002	94.64	53.94	142.17	1.53	46.22	25.33
2003	97.67	95.67	150.67	3.67	48.33	34.67
2004	96.00	128.33	153.33	4.67	52.67	43.67
2005	94.33	154.33	155.33	3.67	50.67	51.33
2006	95.00	187.00	164.33	6.67	51.33	70.00
2007	91.21	172.29	149.92	7.13	37.90	63.57
2008	86.46	179.46	145.42	9.02	36.62	65.27
2009	86.26	188.66	149.39	10.07	40.92	72.96

2-5 城市居民主要食品购买量（1979-2009 年）
Purchases of Major Foods in City Households（1979-2009）

单位：千克 / 人　　kg/person

年份 Year	粮食 Grain	大米 Rice	食用植物油 Edible Vegetable Oil	鲜菜 Fresh Vegetables	鲜瓜果 Fresh Melon and Fruits	猪肉 Pork
1979	110.20		3.20	126.30	12.60	22.10
1980	121.41		4.05	136.78	19.53	27.81
1981	134.39		4.86	145.27	15.68	28.10
1982	133.38		5.90	162.74	17.15	28.85
1983	130.00		6.21	162.00	21.57	26.17
1984	127.29		6.33	159.97	28.57	25.55
1985	114.43		6.20	157.97	27.38	29.55
1986	112.88	64.30	7.72	162.79	39.24	29.99
1987	110.97	66.31	7.20	154.98	37.33	29.06
1988	119.27	75.51	7.22	152.08	34.13	29.90
1989	129.61	90.00	6.70	157.83	29.88	29.66
1990	125.97	85.23	7.93	158.65	35.11	30.47
1991	106.47	70.07	6.50	152.03	37.74	29.83
1992	89.19	67.95	7.83	125.56	34.21	23.66
1993	79.87	62.58	8.05	128.65	40.11	24.30
1994	80.11	61.79	8.05	115.21	43.25	23.34
1995	80.27	59.84	8.05	114.60	39.81	25.12
1996	72.57	52.86	9.26	111.49	44.39	24.22
1997	71.14	52.16	8.47	106.79	44.51	22.01
1998	66.52	50.04	9.46	104.71	43.24	20.76
1999	68.29	51.33	8.90	113.08	45.72	22.84
2000	69.12	51.46	9.77	121.29	45.53	23.27
2001	68.16	50.91	10.25	113.68	47.80	20.25
2002	69.04	48.65	11.28	127.70	42.53	30.93
2003	64.35	43.21	8.09	119.85	47.10	30.49
2004	67.16	44.46	11.96	132.20	41.43	33.29
2005	64.71	43.53	11.17	124.56	40.69	29.95
2006	41.32	39.70	11.06	122.61	46.95	25.10
2007	44.23	42.65	13.53	122.86	45.08	26.37
2008	47.30	45.40	14.03	130.96	42.11	30.35
2009	46.37	44.68	14.83	128.79	44.66	29.56

2-5 城市居民主要食品购买量（1979-2009 年）
Purchases of Major Foods in City Households（1979-2009）

续表 (continued) 单位：千克 / 人 kg/person

年份 Year	家禽 Poultry	鲜蛋 Fresh Eggs	鲜乳品 Fresh Dairy Products	鱼虾 Fish and Shrimp	食糖 Sugar	酒 Liquor
1979	1.50	3.90			2.10	3.14
1980	3.48	4.75		4.78	3.90	3.51
1981	3.63	4.29		5.29	4.22	3.89
1982	3.87	5.17		5.52	4.50	4.32
1983	4.79	6.06		5.52	3.47	5.89
1984	6.10	7.80		5.38	4.08	7.22
1985	6.92	7.99		5.38	3.82	7.95
1986	8.18	7.51	7.53	6.48	4.22	8.62
1987	8.74	6.82	7.48	5.67	3.65	7.90
1988	7.54	6.05	8.92	4.68	4.48	8.31
1989	7.26	5.32	9.36	5.26	3.48	8.28
1990	7.12	6.31	9.31	6.06	3.67	10.98
1991	7.67	7.56	7.72	5.79	2.61	11.20
1992	9.02	8.75	8.73	5.19	3.19	11.35
1993	8.73	9.21	8.38	5.19	3.11	11.74
1994	8.21	9.96	8.26	6.35	3.13	9.25
1995	8.61	10.14	6.66	6.87	2.84	9.50
1996	8.34	10.74	7.75	7.30	2.93	7.62
1997	8.96	11.13	7.17	6.95	2.72	6.92
1998	9.59	10.53	10.18	8.70	2.50	8.12
1999	10.47	10.15	12.25	8.16	2.72	8.31
2000	11.95	10.32	15.26	7.80	3.03	9.20
2001	11.66	10.81	18.53	7.52	3.09	9.76
2002	14.16	9.49	18.16	8.50		8.20
2003	15.28	10.02	23.36	9.00		9.37
2004	13.24	10.09	23.38	10.26		9.24
2005	12.67	9.43	20.30	9.79		9.55
2006	9.98	8.82	23.52	9.11		10.77
2007	11.12	9.26	24.37	9.96		8.61
2008	12.92	9.68	21.66	10.46		6.83
2009	13.27	9.43	22.65	10.86		7.21

2-6 城市居民总收入（1979-2009 年）
Total Income of City Households(1979-2009)

单位：元 / 人 　　　　yuan/person

年份 Year	总收入 Total Income	工资性收入 Income from Wages and Salaries	经营净收入 Net business Income	财产性收入 Income from Properties	转移性收入 Income from Transfer	可支配收入 Disposable Income
1979	**358.12**					**354.54**
1980	**500.45**					**411.47**
1981	**480.58**					**475.78**
1982	**510.30**					**505.20**
1983	**542.48**					**535.46**
1984	**621.00**					**616.25**
1985	**822.93**					**812.40**
1986	**993.72**					**983.99**
1987	**1118.25**					**1108.71**
1988	**1288.57**					**1277.89**
1989	**1464.96**					**1448.98**
1990	**1711.08**					**1691.13**
1991	**1913.35**					**1891.90**
1992	**2217.93**	1803.50	16.51	35.84	367.50	**2195.33**
1993	**2805.31**	2193.63	13.52	32.76	566.14	**2780.62**
1994	**3651.42**	3042.86	9.13	30.96	570.05	**3634.33**
1995	**4397.66**	3743.46	10.17	36.77	608.03	**4375.43**
1996	**5036.83**	4424.43	26.67	48.62	537.06	**5022.96**
1997	**5322.57**	4644.83	33.97	30.75	613.03	**5302.05**
1998	**5463.45**	4745.75	28.18	31.60	657.92	**5442.84**
1999	**5848.01**	4740.60	45.83	37.14	1024.44	**5828.43**
2000	**6197.06**	4838.91	65.35	22.79	1263.18	**6176.30**
2001	**6599.33**	5049.85	117.90	35.34	1403.57	**6572.30**
2002	**7663.32**	5190.98	188.48	44.90	2238.96	**7238.07**
2003	**8671.91**	6288.55	114.13	80.80	2188.43	**8093.67**
2004	**9910.09**	7162.69	228.53	109.67	2409.20	**9220.96**
2005	**11079.68**	7849.05	492.44	188.22	2549.97	**10243.99**
2006	**12548.91**	9266.42	525.23	192.87	2564.39	**11569.74**
2007	**14754.38**	10907.23	599.29	248.72	2999.13	**13715.25**
2008	**16740.41**	12282.68	715.80	216.97	3524.95	**15708.74**
2009	**18729.26**	13214.37	926.83	235.14	4352.92	**17191.10**

2-7 城市居民总收入构成（1992-2009 年）
Composition of Total Income of City Households (1992-2009)

单位：%　　　　　　　　　　　　　　　　　　　　　　　　　　%

年份 Year	总收入 Total Income	工资性收入 Income from Wages and Salaries	经营净收入 Net Business Income	财产性收入 Income from Properties	转移性收入 Income from Transfer
1992	**100.0**	81.3	0.7	1.6	16.6
1993	**100.0**	78.2	0.5	1.2	20.2
1994	**100.0**	83.3	0.3	0.8	15.6
1995	**100.0**	85.1	0.2	0.8	13.8
1996	**100.0**	87.8	0.5	1.0	10.7
1997	**100.0**	87.3	0.6	0.6	11.5
1998	**100.0**	86.9	0.5	0.6	12.0
1999	**100.0**	81.1	0.8	0.6	17.5
2000	**100.0**	78.1	1.1	0.4	20.4
2001	**100.0**	76.5	1.8	0.5	21.3
2002	**100.0**	67.7	2.5	0.6	29.2
2003	**100.0**	72.5	1.3	0.9	25.2
2004	**100.0**	72.3	2.3	1.1	24.3
2005	**100.0**	70.8	4.4	1.7	23.0
2006	**100.0**	73.8	4.2	1.5	20.4
2007	**100.0**	73.9	4.1	1.7	20.3
2008	**100.0**	73.4	4.3	1.3	21.1
2009	**100.0**	70.6	4.9	1.3	23.2

2-8 城市居民收入年增长率（1980-2009 年）
Annual Growth Rate of Total Income of City Households (1980-2009)

单位：%　　%

年份 Year	总收入 Total Income	工资性收入 Income from Wages and Salaries	经营净收入 Net Business Income	财产性收入 Income from Properties	转移性收入 Income from Transfer	可支配收入 Disposable Income
1980	**39.7**					**16.1**
1981	**-4.0**					**15.6**
1982	**6.2**					**6.2**
1983	**6.3**					**6.0**
1984	**14.5**					**15.1**
1985	**32.5**					**31.8**
1986	**20.8**					**21.1**
1987	**12.5**					**12.7**
1988	**15.2**					**15.3**
1989	**13.7**					**13.4**
1990	**16.8**					**16.7**
1991	**11.8**					**11.9**
1992	**15.9**					**16.0**
1993	**26.5**	21.6	-18.1	-8.6	54.1	**26.7**
1994	**30.2**	38.7	-32.5	-5.5	0.7	**30.7**
1995	**20.4**	23.0	11.4	18.8	6.7	**20.4**
1996	**14.5**	18.2	162.2	32.2	-11.7	**14.8**
1997	**5.7**	5.0	27.4	-36.8	14.1	**5.6**
1998	**2.6**	2.2	-17.0	2.8	7.3	**2.7**
1999	**7.0**	-0.1	62.6	17.5	55.7	**7.1**
2000	**6.0**	2.1	42.6	-38.6	23.3	**6.0**
2001	**6.5**	4.4	80.4	55.1	11.1	**6.4**
2002	**16.1**	2.8	59.9	27.1	59.5	**10.1**
2003	**13.2**	21.1	-39.4	80.0	-2.3	**11.8**
2004	**14.3**	13.9	100.2	35.7	10.1	**13.9**
2005	**11.8**	9.6	115.5	71.6	5.8	**11.1**
2006	**13.3**	18.1	6.7	2.5	0.6	**12.9**
2007	**17.6**	17.7	14.1	29.0	17.0	**18.5**
2008	**13.5**	12.6	19.4	-12.8	17.5	**14.5**
2009	**11.9**	7.6	29.5	8.4	23.5	**9.4**

2-9 城市居民可支配收入分组（2000-2009 年）
Statistics on City Households Grouped by Disposable Income (2000-2009)

单位：元 / 人 yuan/person

年份 Year	总平均 **Average**	最低收入户 Lowest Income Households	困难户 Poor Households	低收入户 Low Income Households	中等偏下户 Lower Middle Income Households
2000	**6176.30**	3159.30	2845.27	4006.90	4642.49
2001	**6572.30**	2934.48	2710.34	3904.33	4995.97
2002	**7238.07**	2563.43	2097.04	3751.71	4782.72
2003	**8093.67**	3508.79	2844.73	4663.95	5879.77
2004	**9220.96**	3683.87	3091.00	5362.20	6789.50
2005	**10243.99**	4026.92	3445.44	5775.63	7405.65
2006	**11569.74**	4748.73	4130.43	6845.58	8626.90
2007	**13715.25**	5884.29	5235.38	8040.70	10060.65
2008	**15708.74**	6904.09	6045.20	9332.16	11642.42
2009	**17191.10**	7605.53	6681.49	10618.69	13022.55

2-9 城市居民可支配收入分组（2000-2009 年）
Statistics on City Households Grouped by Disposable Income (2000-2009)

续表 (continued) 单位：元 / 人 yuan/person

年份 Year	中等收入户 Middle Income Households	中等偏上户 Upper Middle Income Households	高收入户 High Income Households	最高收入户 Highest Income Households
2000	5813.07	7251.70	8755.64	12612.79
2001	6059.88	7640.29	9821.28	15286.78
2002	6257.32	8279.05	10926.47	19675.70
2003	7654.09	9743.29	11794.43	16168.21
2004	8614.42	10676.06	13598.56	20523.36
2005	9416.82	11828.82	15256.97	23077.36
2006	10638.02	13074.35	16606.61	25564.60
2007	12468.83	15646.00	19605.94	31020.80
2008	14438.19	18031.07	22352.84	34715.89
2009	15698.82	19437.33	24690.70	35928.21

2-10 城市居民总支出（1979-2009年）
Total Expenditure of City Households (1979-2009)

单位：元/人　　　　yuan/person

年份 Year	总支出 Total Expenditure	消费性支出 Consumption Expenditure	财产性支出 Property Expenditure	转移性支出 Transferred Expenditure	社保支出 Social Security Expenditure	购房与建房支出 Expenditure on House Purchasing and Construction
1979	**342.01**	323.95				
1980	**475.82**	451.66				
1981	**472.46**	445.31				
1982	**496.09**	470.99				
1983	**517.93**	493.48				
1984	**581.38**	551.69				
1985	**815.11**	771.13				
1986	**984.58**	893.84				
1987	**1116.15**	1043.86				
1988	**1398.50**	1323.17				
1989	**1457.06**	1382.66				
1990	**1665.78**	1569.97				
1991	**1863.84**	1754.20				
1992	**2061.93**	1928.63				
1993	**2618.28**	2397.08				
1994	**3667.29**	3126.56				
1995	**4377.20**	4051.53				
1996	**5062.72**	4467.12				
1997	**5430.71**	4919.63				
1998	**5979.71**	4956.80				
1999	**6089.13**	5376.69				
2000	**6175.57**	5471.70				
2001	**6668.70**	5724.90				
2002	**7985.13**	6360.20	9.36	568.34	366.51	680.72
2003	**8584.79**	7118.06	63.07	760.89	505.83	136.95
2004	**10235.87**	7973.05	80.88	912.90	588.37	680.67
2005	**10832.21**	8623.29	96.44	916.32	707.92	488.24
2006	**12157.10**	9398.69	76.05	1040.08	842.00	800.28
2007	**14655.03**	10876.12	149.14	1422.49	877.91	1329.32
2008	**15151.82**	12269.32	89.36	1537.71	862.86	392.58
2009	**17371.80**	13507.30	133.08	1583.45	1341.24	806.72

2-11 城市居民总支出构成（1979-2009 年）
Composition of Total Expenditure of City Households(1979-2009)

单位：% %

年份 Year	总支出 Total Expenditure	消费性支出 Consumption Expenditure	财产性支出 Property Expenditure	转移性支出 Transferred Expenditure	社保支出 Social Security Expenditure	购房与建房支出 Expenditure on House Purchasing and Construction
1979	**100.0**	94.7				
1980	**100.0**	94.9				
1981	**100.0**	94.3				
1982	**100.0**	94.9				
1983	**100.0**	95.3				
1984	**100.0**	94.9				
1985	**100.0**	94.6				
1986	**100.0**	90.8				
1987	**100.0**	93.5				
1988	**100.0**	94.6				
1989	**100.0**	94.9				
1990	**100.0**	94.2				
1991	**100.0**	94.1				
1992	**100.0**	93.5				
1993	**100.0**	91.6				
1994	**100.0**	85.3				
1995	**100.0**	92.6				
1996	**100.0**	88.2				
1997	**100.0**	90.6				
1998	**100.0**	82.9				
1999	**100.0**	88.3				
2000	**100.0**	88.6				
2001	**100.0**	85.8				
2002	**100.0**	79.7	0.1	7.1	4.6	8.5
2003	**100.0**	82.9	0.7	8.9	5.9	1.6
2004	**100.0**	77.9	0.8	8.9	5.7	6.6
2005	**100.0**	79.6	0.9	8.5	6.5	4.5
2006	**100.0**	77.3	0.6	8.6	6.9	6.6
2007	**100.0**	74.2	1.0	9.7	6.0	9.1
2008	**100.0**	81.0	0.6	10.1	5.7	2.6
2009	**100.0**	77.8	0.8	9.1	7.7	4.6

2-12 城市居民总支出年增长率（1980-2009 年）
Annual Growth Rate of Total Expenditure of City Households (1980-2009)

单位：%　　　　　　　　　　　　　　　　　　　　　　　　　　　　　　%

年份 Year	总支出 Total Expenditure	消费性支出 Consumption Expenditure	财产性支出 Property Expenditure	转移性支出 Transferred Expenditure	社保支出 Social Security Expenditure	购房与建房支出 Expenditure on House Purchasing and Construction
1980	**39.1**	39.4				
1981	**-0.7**	-1.4				
1982	**5.0**	5.8				
1983	**4.4**	4.8				
1984	**12.3**	11.8				
1985	**40.2**	39.8				
1986	**20.8**	15.9				
1987	**13.4**	16.8				
1988	**25.3**	26.8				
1989	**4.2**	4.5				
1990	**14.3**	13.5				
1991	**11.9**	11.7				
1992	**10.6**	9.9				
1993	**27.0**	24.3				
1994	**40.1**	30.4				
1995	**19.4**	29.6				
1996	**15.7**	10.3				
1997	**7.3**	10.1				
1998	**10.1**	0.8				
1999	**1.8**	8.5				
2000	**1.4**	1.8				
2001	**8.0**	4.6				
2002	**19.7**	11.1				
2003	**7.5**	11.9	573.8	33.9	38.0	-79.9
2004	**19.2**	12.0	28.2	20.0	16.3	397.0
2005	**5.8**	8.2	19.2	0.4	20.3	-28.3
2006	**12.2**	9.0	-21.1	13.5	18.9	63.9
2007	**20.5**	15.7	96.1	36.8	4.3	66.1
2008	**3.4**	12.8	-40.1	8.1	-1.7	-70.5
2009	**14.7**	10.1	48.9	3.0	55.4	105.5

2-13 城市居民消费性支出（1979-2009 年）
Consumption Expenditure of City Households (1979-2009)

单位：元/人　　yuan/person

年份 Year	消费性支出 Consumption Expenditure	1. 食品支出 Food	2. 衣着支出 Clothing	3. 居住支出 Residence	4. 家庭设备用品及服务支出 Household Facilities, Articles and Services	5. 医疗保健支出 Health Care and Medical Services	6. 交通和通讯支出 Transport and Communications	7. 文教娱乐用品及服务支出 Education, Culture and Recreation Services	8. 其他商品及服务支出 Miscellaneous Goods and Services
1979	**323.95**	200.53							
1980	**451.66**	238.48							
1981	**445.31**	258.73							
1982	**470.99**	279.77							
1983	**493.48**	302.50							
1984	**551.69**	331.01							
1985	**771.13**	399.45							
1986	**893.84**	474.63							
1987	**1043.86**	546.98							
1988	**1323.17**	682.76							
1989	**1382.66**	793.65							
1990	**1569.97**	857.20							
1991	**1754.20**	927.97							
1992	**1928.63**	1047.51	236.60	135.99	173.10	46.94	47.43	157.61	83.45
1993	**2397.08**	1267.63	310.09	151.61	226.85	60.05	76.93	206.85	97.07
1994	**3126.56**	1679.18	395.24	189.28	246.58	82.34	136.01	276.84	121.09
1995	**4051.53**	2049.92	551.94	231.81	322.41	113.07	254.42	373.56	154.40
1996	**4467.12**	2241.01	636.93	279.11	322.37	137.15	266.55	431.75	152.25
1997	**4919.63**	2297.86	589.61	370.51	381.31	164.19	327.49	626.21	162.45
1998	**4956.80**	2262.19	571.69	454.63	340.55	185.90	370.95	604.78	166.11
1999	**5376.69**	2303.29	589.99	479.31	407.77	236.55	437.55	730.05	192.18
2000	**5471.70**	2308.70	551.14	491.99	380.36	293.23	461.00	785.74	199.54
2001	**5724.90**	2337.65	589.28	544.87	379.88	334.05	492.70	861.02	185.45
2002	**6360.20**	2418.95	618.61	594.50	454.18	429.62	615.01	1065.06	164.27
2003	**7118.06**	2702.34	735.01	741.60	475.36	459.69	790.26	1025.99	187.81
2004	**7973.05**	3015.32	779.68	903.22	474.15	537.95	865.45	1200.52	196.77
2005	**8623.29**	3135.65	849.53	882.41	583.50	629.32	929.92	1391.11	221.85
2006	**9398.69**	3415.92	1038.98	954.56	615.74	705.72	976.02	1449.49	242.26
2007	**10876.12**	4024.76	1317.93	981.38	723.50	812.32	1271.44	1439.32	305.47
2008	**12269.32**	4803.06	1467.00	1173.60	878.04	960.32	1142.08	1498.95	346.28
2009	**13507.30**	5020.22	1690.57	1179.64	1101.43	1081.22	1366.52	1620.20	447.50

2-14 城市居民消费性支出构成（1979-2009 年）
Composition of Consumption Expenditure of City Households (1979-2[illegible]09)

单位：%　　　　　　　　　　　　　　　　　　　　　　　　　　　　　　%

年份 Year	消费性支出 **Consumption Expenditure**	1. 食品支出 Food	2. 衣着支出 Clothing	3. 居住支出 Residence	4. 家庭设备用品及服务支出 Household Facilities, Articles and Services	5. 医疗保健支出 Medicine and Medical Services	6. 交通和通讯支出 Transport and Communica-tions	7. 文教娱乐用品及服务支出 Education, Culture and Recreation Services	8. 其他商品及服务支出 Miscellaneous Goods and Services
1979	**100.0**	61.9							
1980	**100.0**	52.8							
1981	**100.0**	58.1							
1982	**100.0**	59.4							
1983	**100.0**	61.3							
1984	**100.0**	60.0							
1985	**100.0**	51.8							
1986	**100.0**	53.1							
1987	**100.0**	52.4							
1988	**100.0**	51.6							
1989	**100.0**	57.4							
1990	**100.0**	54.6							
1991	**100.0**	52.9							
1992	**100.0**	54.3	12.3	7.1	9.0	2.4	2.5	8.[illegible]	4.3
1993	**100.0**	52.9	12.9	6.3	9.5	2.5	3.2	8.[illegible]	4.0
1994	**100.0**	53.7	12.6	6.1	7.9	2.6	4.4	8.[illegible]	3.9
1995	**100.0**	50.6	13.6	5.7	8.0	2.8	6.3	9.[illegible]	3.8
1996	**100.0**	50.2	14.3	6.2	7.2	3.1	6.0	9.[illegible]	3.4
1997	**100.0**	46.7	12.0	7.5	7.8	3.3	6.7	12[illegible]	3.3
1998	**100.0**	45.6	11.5	9.2	6.9	3.8	7.5	12[illegible]	3.4
1999	**100.0**	42.8	11.0	8.9	7.6	4.4	8.1	13[illegible]	3.6
2000	**100.0**	42.2	10.1	9.0	7.0	5.4	8.4	14[illegible]	3.6
2001	**100.0**	40.8	10.3	9.5	6.6	5.8	8.6	15[illegible]	3.2
2002	**100.0**	38.0	9.7	9.3	7.1	6.8	9.7	16[illegible]	2.6
2003	**100.0**	38.0	10.3	10.4	6.7	6.5	11.1	14[illegible]	2.6
2004	**100.0**	37.8	9.8	11.3	5.9	6.7	10.9	15[illegible]	2.5
2005	**100.0**	36.4	9.9	10.2	6.8	7.3	10.8	16[illegible]	2.6
2006	**100.0**	36.3	11.1	10.2	6.6	7.5	10.4	15[illegible]	2.6
2007	**100.0**	37.0	12.1	9.0	6.7	7.5	11.7	1[illegible]	2.8
2008	**100.0**	39.1	12.0	9.6	7.2	7.8	9.3	1[illegible]	2.8
2009	**100.0**	37.2	12.5	8.7	8.2	8.0	10.1	1[illegible]	3.3

2-15 城市居民消费性支出年增长率（1980-2009 年）
Annual Growth Rate of Consumption Expenditure of City Households (1980-2009)

单位：%　　　　　　　　　　　　　　　　　　　　　　　　　　%

年份 Year	消费性支出 Consumption Expenditure	1. 食品支出 Food	2. 衣着支出 Clothing	3. 居住支出 Residence	4. 家庭设备用品及服务支出 Household Facilities, Articles and Services	5. 医疗保健支出 Medicine and Medical Services	6. 交通和通讯支出 Transport and Communications	7. 文教娱乐用品及服务支出 Education, Culture and Recreation Services	8. 其他商品及服务支出 Miscellaneous Goods and Services
1980	**39.4**	18.9							
1981	**-1.4**	8.5							
1982	**5.8**	8.1							
1983	**4.8**	8.1							
1984	**11.8**	9.4							
1985	**39.8**	20.7							
1986	**15.9**	18.8							
1987	**16.8**	15.2							
1988	**26.8**	24.8							
1989	**4.5**	16.2							
1990	**13.5**	8.0							
1991	**11.7**	8.3							
1992	**9.9**	12.9							
1993	**24.3**	21.0	31.1	11.5	31.1	27.9	62.2	31.2	16.3
1994	**30.4**	32.5	27.5	24.8	8.7	37.1	76.8	33.8	24.7
1995	**29.6**	22.1	39.6	22.5	30.8	37.3	87.1	34.9	27.5
1996	**10.3**	9.3	15.4	20.4	0.0	21.3	4.8	15.6	-1.4
1997	**10.1**	2.5	-7.4	32.7	18.3	19.7	22.9	45.0	6.7
1998	**0.8**	-1.6	-3.0	22.7	-10.7	13.2	13.3	-3.4	2.3
1999	**8.5**	1.8	3.2	5.4	19.7	27.2	18.0	20.7	15.7
2000	**1.8**	0.2	-6.6	2.6	-6.7	24.0	5.4	7.6	3.8
2001	**4.6**	1.3	6.9	10.7	-0.1	13.9	6.9	9.6	-7.1
2002	**11.1**	3.5	5.0	9.1	19.6	28.6	24.8	23.7	-11.4
2003	**11.9**	11.7	18.8	24.7	4.7	7.0	28.5	-3.7	14.3
2004	**12.0**	11.6	6.1	21.8	-0.3	17.0	9.5	17.0	4.8
2005	**8.2**	4.0	9.0	-2.3	23.1	17.0	7.4	15.9	12.7
2006	**9.0**	8.9	22.3	8.2	5.5	12.1	5.0	4.2	9.2
2007	**15.7**	17.8	26.8	2.8	17.5	15.1	30.3	-0.7	26.1
2008	**12.8**	19.3	11.3	19.6	21.4	18.2	-10.2	4.1	13.4
2009	**10.1**	4.5	15.2	0.5	25.4	12.6	19.7	8.1	29.2

2-16 城市居民消费性支出按收入分组（1986-2009 年）
Consumption Expenditure of City Households Grouped by Income（1986-2009）

单位：元/人 yuan/person

年份 Year	总平均 **Average**	最低收入户 Lowest Income Households	困难户 Poor Households	低收入户 Low Income Households	中等偏下户 Lower Middle Income Households
1986	**893.84**	599.20	565.89	722.60	812.10
1987	**1043.86**	680.60	630.58	787.45	921.73
1988	**1323.17**	756.33	690.61	1028.03	1137.35
1989	**1382.66**	811.12	757.32	941.35	1261.37
1990	**1569.97**	1026.94	1015.52	1207.94	1266.87
1991	**1754.20**	1059.44	1063.54	1282.62	1467.55
1992	**1928.63**	1246.30	1212.67	1386.18	1578.80
1993	**2397.08**	1449.06	1291.94	1567.12	1934.67
1994	**3126.56**	1836.22	1478.29	2057.05	2766.61
1995	**4051.53**	2023.25	1776.50	2501.32	3242.72
1996	**4467.12**	2568.36	2388.60	3305.82	3702.06
1997	**4919.63**	2522.96	2214.39	3402.10	4068.54
1998	**4956.80**	2593.37	2225.06	3448.77	3968.07
1999	**5376.69**	2883.08	2587.16	3772.70	4411.57
2000	**5471.70**	3127.33	3161.57	3876.47	4386.74
2001	**5724.90**	3112.08	2884.79	3961.46	4599.23
2002	**6360.20**	3390.72	3216.69	4112.66	4783.35
2003	**7118.06**	3454.96	2610.05	4757.07	5293.24
2004	**7973.05**	3640.96	3203.92	5673.82	6510.41
2005	**8623.29**	3938.46	3217.48	5313.79	6668.72
2006	**9398.69**	5066.64	4679.69	6397.30	8112.58
2007	**10876.12**	5793.38	5268.82	7181.80	9024.66
2008	**12269.32**	5764.84	4904.56	8338.57	9942.95
2009	**13507.30**	6305.75	4997.34	9462.22	11141.20

2-16 城市居民消费性支出按收入分组（1986-2009 年）
Consumption Expenditure of City Households Grouped by Income (1986-2009)

续表 (continued) 单位：元 / 人 yuan/person

年份 Year	中等收入户 Middle Income Households	中等偏上户 Upper Middle Income Households	高收入户 High Income Households	最高收入户 Highest Income Households
1986	943.97	1015.61	1169.23	1330.37
1987	1079.48	1141.86	1346.66	1525.06
1988	1289.30	1528.18	1722.32	2139.32
1989	1374.25	1583.51	1787.93	2208.97
1990	1569.96	1781.55	2009.41	2619.86
1991	1672.91	2005.56	2372.77	2845.69
1992	1957.88	2063.42	2593.85	2985.05
1993	2391.81	2667.79	3288.30	3756.16
1994	3017.91	3589.01	4663.08	5267.52
1995	3745.35	4566.16	5289.81	7229.95
1996	4539.47	4762.75	5436.61	7074.45
1997	4547.55	5762.54	5897.53	8876.61
1998	4587.47	5635.33	7191.19	7905.32
1999	4806.83	6254.73	7008.75	9630.18
2000	5227.31	6240.35	6656.68	10144.54
2001	5678.89	6382.05	7707.29	10883.08
2002	5912.01	7349.47	8834.79	13127.56
2003	7137.38	8394.15	9446.50	13213.66
2004	7608.36	8749.23	10440.66	16290.81
2005	7956.81	10575.08	11745.59	17143.08
2006	8898.53	9350.93	12852.12	18721.48
2007	10445.74	11784.37	13615.36	21854.17
2008	11790.87	13295.77	17040.58	24224.89
2009	12922.33	14494.29	18629.99	25690.46

2-17 城市居民收支情况（2002-2009年）
Statistics on Income and Expenditure of City Households (2002-2009)

单位：元/人 yuan/person

指 标	Item	2002年	2003年	2004年	2005年
一、全年总收入	**Annual Total Income**	**7663.32**	**8671.91**	**9910.09**	**11079.15**
#可支配收入	Disposable Income	7238.07	8093.67	9220.96	10243.46
(一) 工资性收入	Income from Wages and Salaries	5190.98	6288.55	7162.69	7848.52
#工资及补贴收入	Wage and Subsidies	5018.17	6147.90	7009.97	7744.88
(二) 经营净收入	Net Business Income	188.48	114.13	228.53	492.44
(三) 财产性收入	Income from Properties	44.90	80.80	109.67	188.22
#利息收入	Interest Income	9.64	15.89	18.14	22.64
股息与红利收入	Dividend and Bonus	2.48	17.34	9.28	4.94
保险收益	Insurance Proceeds	0.22	2.75	0.00	9.54
出租房屋收入	Income from Renting Houses	28.60	39.14	63.03	128.63
(四) 转移性收入	Income from Transfer	2238.96	2188.43	2409.20	2549.97
#养老金或离退休金	Pensions and Retirement Pay	1663.67	1702.85	1904.42	2176.08
社会救济收入	Social Relief	36.33	35.82	48.68	51.76
#低保收入	Income from Resident Lowest Social Security				
保险收入	Insurance	32.83	19.33	9.07	11.37
赡养收入	Supporting Income	26.03	39.21	78.59	26.01
捐赠收入	Donation	146.59	129.08	130.47	131.25
二、全年总支出	**Annual Total Expenditure**	**7985.13**	**8584.79**	**10235.87**	**10832.21**
(一) 消费性支出	Consumption Expenditure	6360.20	7118.06	7973.05	8623.29
(二) 财产性支出	Property Expenditure	9.36	63.07	80.88	96.44
#非生产性贷款利息支出	Payout of the Non-productive Interests	8.92	62.99	80.44	96.44
(三) 转移性支出	Transferred Expenditure	568.34	760.89	912.90	916.32
#交纳所得税	Paid Personal Income	17.20	19.47	41.18	65.89
捐赠支出	Donation	568.34	414.17	565.20	514.51
赡养支出	Support Expenditure	17.20	227.76	209.55	239.44
#在外就学子女费用	Out-of-town Education Expenditure of Children	103.40	144.55	106.11	119.09
各种非储蓄保险支出	Non-endowment Assurance Expenditure	44.82	24.38	32.03	27.84
(四) 社会保障支出	Social Security Expenditure	366.51	505.83	588.37	707.92
#个人交纳的养老基金	Personal Paid Pension Fund	154.48	233.19	260.20	338.05
个人交纳的住房公积金	Personal Paid Public Accumulation Fund For Housing Construction	171.49	228.36	247.68	255.87
个人交纳的医疗基金	Personal Paid Medical Care Fund	10.54	19.28	43.42	62.44
个人交纳的失业基金	Personal Paid Unemployment Fund	16.85	15.80	20.12	23.21
(五) 购房与建房支出	Expenditure on House Purchasing and Construction	680.72	136.95	680.67	488.24
#购房	House Purchasing	680.72	133.58	679.73	488.24

2-17 城市居民收支情况（2002-2009 年）
Statistics on Income and Expenditure of City Households (2002-2009)

续表 (continued) 单位：元 / 人 yuan/person

指 标	Item	2006 年	2007 年	2008 年	2009 年
一、全年总收入	**Annual Total Income**	**12548.91**	**14754.38**	**16740.41**	**18729.26**
#可支配收入	Disposable Income	11569.74	13715.25	15708.74	17191.10
（一）工资性收入	Income from Wages and Salaries	9266.42	10907.23	12282.68	13214.37
#工资及补贴收入	Wage and Subsidies	9094.25	10696.88	12063.90	12969.37
（二）经营净收入	Net Business Income	525.23	599.29	715.80	926.83
（三）财产性收入	Income from Properties	192.87	248.72	216.97	235.14
#利息收入	Interest Income	19.35	38.70	35.42	47.24
股息与红利收入	Dividend and Bonus	23.19	40.63	7.70	15.07
保险收益	Insurance Proceeds	2.37	5.38	1.56	5.30
出租房屋收入	Income from Renting Houses	136.32	153.29	149.64	152.84
（四）转移性收入	Income from Transfer	2564.39	2999.13	3524.95	4352.92
#养老金或离退休金	Pensions and Retirement Pay	2183.20	2583.32	3001.27	3738.57
社会救济收入	Social Relief	33.94	29.91	70.16	61.24
#低保收入	Income from Resident Lowest Social Security		6.62	52.59	44.74
保险收入	Insurance	10.26	4.67	7.72	8.73
赡养收入	Supporting Income	18.45	42.87	76.39	78.74
捐赠收入	Donation	142.48	177.73	184.67	193.98
二、全年总支出	**Annual Total Expenditure**	**12157.10**	**14655.03**	**15151.82**	**17371.80**
（一）消费性支出	Consumption Expenditure	9398.69	10876.12	12269.32	13507.30
（二）财产性支出	Property Expenditure	76.05	149.12	89.36	133.08
#非生产性贷款利息支出	Payout of the Non-productive Interests	70.39	135.88	77.60	121.32
（三）转移性支出	Transferred Expenditure	1040.08	1422.49	1537.71	1583.45
#交纳所得税	Paid Personal Income	67.62	83.51	76.65	79.37
捐赠支出	Donation	594.40	866.32	1018.35	1046.03
赡养支出	Support Expenditure	258.22	318.85	294.29	293.38
#在外就学子女费用	Out-of-town Education Expenditure of Children	137.72	186.55	120.80	94.48
各种非储蓄保险支出	Non-endowment Assurance Expenditure	39.12	59.44	56.01	52.76
（四）社会保障支出	Social Security Expenditure	842.00	877.91	862.86	1341.24
#个人交纳的养老基金	Personal Paid Pension Fund	417.21	430.49	453.17	850.04
个人交纳的住房公积金	Personal Paid Public Accumulation Fund For Housing Construction	300.36	315.32	273.72	285.84
个人交纳的医疗基金	Personal Paid Medical Care Fund	84.63	91.58	97.40	150.79
个人交纳的失业基金	Personal Paid Unemployment Fund	26.17	28.65	26.52	32.44
（五）购房与建房支出	Expenditure on House Purchasing and Construction	800.28	1329.32	392.58	806.72
#购房	House Purchasing	800.28	1329.32	392.58	806.71

2-18 城市居民消费性支出情况（2002-2009 年）
Statistics on Consumption Expenditure of City Households (2002-2009)

单位：元 / 人 yuan/person

指 标	Item	2002 年	2003 年	2004 年	2005 年
消费性支出	**Consumption Expenditure**	**6360.20**	**7118.06**	**7973.05**	**8623.29**
# 服务性消费支出	Consumption Expenditure for Services	1883.88	2019.74	2443.77	2689.82
一、食 品	Food	2418.95	2702.34	3015.32	3135.65
# 粮食	Grain	164.58	168.39	225.84	218.13
食用植物油	Edible Vegetable Oil	85.94	98.37	106.22	91.00
肉类	Meat	388.29	410.74	457.60	486.44
禽类	Poultry	185.75	205.83	204.74	206.14
蛋类	Eggs	65.45	71.53	78.08	73.37
水产品类	Aquatic Products	97.62	110.75	122.10	122.24
鲜菜	Fresh Vegetables	223.46	235.14	277.04	286.20
糖烟酒饮料类	Sugar,Tobacco,Liquor and Beverages	262.75	299.89	320.90	349.14
奶及奶制品	Milk and Dairy Products	134.61	178.21	183.91	168.05
二、衣 着	Clothing	618.61	735.01	779.68	849.53
# 服 装	Garments	443.73	526.98	579.31	626.15
三、居 住	Residence	594.50	741.60	903.22	882.41
# 租赁房房租	Expenditure on Renting Houses	52.58	70.06	75.64	92.40
住房装潢	House Decoration	134.88	165.87	306.57	261.43
水	Water	64.48	85.33	89.13	89.07
电	Electricity	181.35	240.99	238.65	252.25
管道煤气	Pipeline Gas	105.68	117.57	120.50	111.24
物业管理费	Property Management Fee	9.39	22.20	37.86	35.91
四、家庭设备用品及服务	Household Facilities,Articles and Services	454.18	475.36	474.15	583.50
五、医疗保健	Medicial Care	429.62	459.69	537.95	629.32
# 药品费	Medicine Expense	284.72	299.89	335.94	361.34
医疗费	Medicial Care Expense	112.25	109.64	139.19	198.06
六、交通和通讯	Transport and Communications	615.01	790.26	865.45	929.92
# 交通	Transport	250.23	293.58	327.78	324.43
# 购买家庭交通工具	Purchase of Family Vehicles	0.56	50.08	7.92	12.98
市内公共交通费	City Public Transport Fares	126.98	131.01	158.44	172.27
出租汽车费	Taxi Fares	35.36	42.21	51.79	38.13
通信	Communications	364.78	496.68	537.67	605.49
# 购买通信工具	Purchase of Communication Facilities	60.92	79.20	65.92	98.18
通信服务	Communication Services	303.86	417.48	471.74	507.31
七、教育娱乐文化服务	Education,Culture and Recreation Services	1065.06	1025.99	1200.52	1391.11
# 教育	Education	632.98	565.07	667.79	772.52
八、其他商品与服务	Miscellaneous Goods and Services	164.27	187.81	196.77	221.85

2-18 城市居民消费性支出情况（2002-2009 年）
Statistics on Consumption Expenditure of City Households (2002-2009)

续表 (continued) 单位：元 / 人 yuan/person

指 标	Item	2006 年	2007 年	2008 年	2009 年
消费性支出	**Consumption Expenditure**	**9398.69**	**10876.12**	**12269.32**	**13507.30**
#服务性消费支出	Consumption Expenditure for Services	2969.28	3132.01	3253.66	3556.60
一、食 品	Food	3415.92	4024.76	4803.06	5020.22
#粮食	Grain	212.43	254.65	283.81	292.58
食用植物油	Edible Vegetable Oil	91.91	156.20	217.62	188.10
肉类	Meat	430.01	614.72	885.58	772.13
禽类	Poultry	204.92	279.24	339.31	353.79
蛋类	Eggs	73.73	90.55	101.39	101.77
水产品类	Aquatic Products	135.89	151.77	200.18	218.80
鲜菜	Fresh Vegetables	319.47	356.64	417.12	479.34
糖烟酒饮料类	Sugar,Tobacco,Liquor and Beverages	390.91	418.89	455.66	520.20
奶及奶制品	Milk and Dairy Products	187.78	206.32	241.79	267.03
二、衣 着	Clothing	1038.98	1317.93	1467.00	1690.57
#服 装	Garments	746.33	964.61	1074.54	1253.70
三、居 住	Residence	954.56	981.38	1173.60	1179.64
#租赁房房租	Expenditure on Renting Houses	90.57	67.54	97.11	45.88
住房装潢	House Decoration	183.27	186.36	216.50	231.82
水	Water	108.69	112.96	116.02	122.19
电	Electricity	333.49	324.68	339.53	365.76
管道煤气	Pipeline Gas	132.72	154.69	162.91	180.20
物业管理费	Property Management Fee	51.09	65.09	79.52	96.60
四、家庭设备用品及服务	Household Facilities,Articles and Services	615.74	723.50	878.04	1101.43
五、医疗保健	Medicial Care	705.72	812.32	960.32	1081.22
#药品费	Medicine Expense	393.45	449.71	511.44	587.91
医疗费	Medicial Care Expense	224.89	257.24	339.46	358.37
六、交通和通讯	Transport and Communications	976.02	1271.44	1142.08	1366.52
#交通	Transport	336.57	592.17	512.49	695.44
#购买家庭交通工具	Purchase of Family Vehicles	2.37	128.43	50.11	157.72
市内公共交通费	City Public Transport Fares	194.72	225.00	186.06	211.27
出租汽车费	Taxi Fares	43.30	48.60	58.82	57.52
通信	Communications	639.46	679.28	629.59	671.08
#购买通信工具	Purchase of Communication Facilities	67.33	111.13	129.91	100.61
通信服务	Communication Services	572.13	568.15	499.67	570.47
七、教育娱乐文化服务	Education,Culture and Recreation Services	1449.49	1439.32	1498.95	1620.20
#教育	Education	816.61	724.13	650.46	628.42
八、其他商品与服务	Miscellaneous Goods and Services	242.26	305.47	346.28	447.50

2-19 各收入组城市居民的收支情况 (2008 年)

Statistics on Income and Expenditure of City Households Grouped by Income (2008)

单位：元 / 人 yuan/person

指 标	Item	总平均 Average	最低收入户 Lowest Income Households	困难户 Poor Households	低收入户 Low Income Households	中等偏下户 Lower Middle Income Households
一、全年总收入	**Annual Total Income**	**16740.41**	**7347.84**	**6508.88**	**10030.58**	**12308.63**
# 可支配收入	Disposable Income	15708.74	6904.09	6045.20	9332.16	11642.42
(一) 工资性收入	Income from Wages and Salaries	12282.68	4098.30	3389.17	5993.82	7305.95
# 工资及补贴收入	Wage and Subsidies	12063.90	3882.57	3063.62	5853.69	7145.76
(二) 经营净收入	Net Business Income	715.80	344.06	199.64	639.17	928.58
(三) 财产性收入	Income from Properties	216.97	95.51	99.92	62.99	49.26
# 利息收入	Interest Income	35.42	21.49	16.18	14.02	10.86
股息与红利收入	Dividend and Bonus	7.70	0.54		2.2	
保险收益	Insurance Proceeds	1.56				
出租房屋收入	Income from Renting Houses	149.64	62.90	75.37	31.09	23.92
(四) 转移性收入	Income from Transfer	3524.95	2809.98	2820.15	3334.66	4024.84
# 养老金或离退休金	Pensions and Retirement Pay	3001.27	2075.75	1967.38	2842.09	3498.54
社会救济收入	Social Relief	70.16	401.16	606.22	161.26	33.83
# 低保收入	Income from Resident Lowest Social Security	52.59	309.86	439.92	118.99	21.22
保险收入	Insurance	7.72	14.25	26.14	17.99	1.98
赡养收入	Supporting Income	76.39	53.73	47.18	94.56	86.80
捐赠收入	Donation	184.67	114.96	65.57	101.36	224.03
二、全年总支出	**Annual Total Expenditure**	**15151.82**	**6467.03**	**5526.73**	**9803.19**	**11540.94**
(一) 消费性支出	Consumption Expenditure	12269.32	5764.84	4904.56	8338.57	9942.95
(二) 财产性支出	Property Expenditure	89.36	5.03	5.33	69.52	30.14
# 非生产性贷款利息支出	Payout of the Non-productive Interests	77.60	2.41	4.87	69.07	28.94
(三) 转移性支出	Transferred Expenditure	1537.71	342.76	240.54	783.59	995.73
# 交纳所得税	Paid Personal Income	76.65	1.82	0.84	0.13	8.63
捐赠支出	Donation	1018.35	273.76	202.45	527.22	759.27
赡养支出	Support Expenditure	294.29	51.35	24.81	210.76	160.81
# 在外就学子女费用	Out-of-town Education Expenditure of Children	120.80	23.05	5.20	102.26	86.77
各种非储蓄保险支出	Non-endowment Assurance Expenditure	56.01	2.19	0.65	9.3	18.55
(四) 社会保障支出	Social Security Expenditure	862.86	354.40	376.30	611.50	572.13
# 个人交纳的养老基金	Personal Paid Pension Fund	453.17	280.14	304.09	451.12	341.01
个人交纳的住房公积金	Personal Paid Public Accumulation Fund For Housing Construction	273.72	45.65	40.49	86.86	126.33
个人交纳的医疗基金	Personal Paid Medical Care Fund	97.40	21.18	23.56	57.94	79.18
个人交纳的失业基金	Personal Paid Unemployment Fund	26.52	7.17	8.09	12.8	17.73
(五) 购房与建房支出	Expenditure on House Purchasing and Construction	392.58				
# 购房	House Purchasing	392.58				

2-19 各收入组城市居民的收支情况 (2008 年)
Statistics on Income and Expenditure of City Households Grouped by Income(2008)

续表 1(continued) 单位：元 / 人　　yuan/person

指　标	Item	中等收入户 Middle Income Households	中等偏上户 Upper Middle Income Households	高收入户 High Income Households	最高收入户 Highest Income Households
一、全年总收入	**Annual Total Income**	**15294.52**	**19376.16**	**23922.67**	**36801.00**
#可支配收入	Disposable Income	14438.19	18031.07	22352.84	34715.89
(一) 工资性收入	Income from Wages and Salaries	10827.81	14597.98	19481.55	32568.26
#工资及补贴收入	Wage and Subsidies	10656.33	14412.71	19320.43	31748.67
(二) 经营净收入	Net Business Income	796.89	634.92	813.01	595.16
(三) 财产性收入	Income from Properties	117.40	352.39	489.47	547.93
#利息收入	Interest Income	25.41	52.02	54.86	103.37
股息与红利收入	Dividend and Bonus	6.79	7.86	6.64	49.89
保险收益	Insurance Proceeds		1.46	11.77	
出租房屋收入	Income from Renting Houses	64.04	263.61	414.58	302.28
(四) 转移性收入	Income from Transfer	3552.43	3790.87	3138.63	3089.65
#养老金或离退休金	Pensions and Retirement Pay	3104.49	3373.15	2718.26	2118.86
社会救济收入	Social Relief	27.86	0.98	21.34	
#低保收入	Income from Resident Lowest Social Security	18.60	0.98	21.34	
保险收入	Insurance	9.39	7.31	4.36	1.23
赡养收入	Supporting Income	41.15	50.94	3.37	339.98
捐赠收入	Donation	136.69	221.24	248.99	228.04
二、全年总支出	**Annual Total Expenditure**	**14034.64**	**16748.95**	**22377.29**	**32117.59**
(一) 消费性支出	Consumption Expenditure	11790.87	13295.77	17040.58	24224.89
(二) 财产性支出	Property Expenditure	105.77	95.92	203.60	154.61
#非生产性贷款利息支出	Payout of the Non-productive Interests	83.79	77.58	182.23	149.75
(三) 转移性支出	Transferred Expenditure	1389.32	1764.38	2183.94	4499.72
#交纳所得税	Paid Personal Income	16.94	96.68	148.46	482.65
捐赠支出	Donation	1081.90	1135.90	1374.04	2357.20
赡养支出	Support Expenditure	153.00	347.34	497.75	1062.25
#在外就学子女费用	Out-of-town Education Expenditure of Children	30.94	133.03	188.50	500.20
各种非储蓄保险支出	Non-endowment Assurance Expenditure	53.95	81.90	70.91	204.26
(四) 社会保障支出	Social Security Expenditure	748.68	1159.20	1325.95	1469.94
#个人交纳的养老基金	Personal Paid Pension Fund	416.82	623.65	556.89	442.95
个人交纳的住房公积金	Personal Paid Public Accumulation Fund For Housing Construction	208.53	363.32	527.08	800.25
个人交纳的医疗基金	Personal Paid Medical Care Fund	91.41	120.04	162.22	159.88
个人交纳的失业基金	Personal Paid Unemployment Fund	26.78	35.69	48.84	35.08
(五) 购房与建房支出	Expenditure on House Purchasing and Construction		433.68	1623.22	1768.43
#购房	House Purchasing		433.68	1623.22	1768.43

2-19 各收入组城市居民的收支情况(2009 年)
Statistics on Income and Expenditure of City Households Grouped by Income (2009)

续表 2(continued) 单位：元 / 人 yuan/person

指　标	Item	总平均 Average	最低收入户 Lowest Income Households	困难户 Poor Households	低收入户 Low Income Households	中等偏下户 Lower Middle Income Households
一、全年总收入	**Annual Total Income**	**18729.26**	**8460.08**	**7233.11**	**11413.6**	**14284.32**
#可支配收入	Disposable Income	17191.10	7605.53	6681.49	10618.6	13022.55
(一) 工资性收入	Income from Wages and Salaries	13214.37	4814.05	3950.31	6220.6	8328.75
#工资及补贴收入	Wage and Subsidies	12969.37	4558.80	3738.64	6106.2	8153.07
(二) 经营净收入	Net Business Income	926.83	762.20	610.70	785.6	1355.57
(三) 财产性收入	Income from Properties	235.14	37.46	40.51	81.3	91.42
#利息收入	Interest Income	47.24	19.94	20.14	13.4	19.75
股息与红利收入	Dividend and Bonus	15.07				35.83
保险收益	Insurance Proceeds	5.30				1.10
出租房屋收入	Income from Renting Houses	152.84	7.58		62.3	19.48
(四) 转移性收入	Income from Transfer	4352.92	2846.36	2631.58	4326.0	4508.57
#养老金或离退休金	Pensions and Retirement Pay	3738.57	2184.50	1839.06	3898.6	4005.67
社会救济收入	Social Relief	61.24	316.04	479.18	62.0	57.39
#低保收入	Income from Resident Lowest Social Security	44.74	240.47	356.09	32.0	47.15
保险收入	Insurance	8.73	46.44	20.51	5.3	0.51
赡养收入	Supporting Income	78.74	54.25	92.44	68.2	59.42
捐赠收入	Donation	193.98	81.31	59.79	104.3	136.00
二、全年总支出	**Annual Total Expenditure**	**17371.80**	**7456.48**	**5758.76**	**10939.8**	**14427.85**
(一) 消费性支出	Consumption Expenditure	13507.30	6305.75	4997.34	9462.2	11141.20
(二) 财产性支出	Property Expenditure	133.08	25.75		44.5	38.08
#非生产性贷款利息支出	Payout of the Non-productive Interests	121.32	25.75		44.5	37.97
(三) 转移性支出	Transferred Expenditure	1583.45	380.03	312.97	745.2	1238.95
#交纳所得税	Paid Personal Income	79.37	0.22		1.	30.13
捐赠支出	Donation	1046.03	308.48	264.13	575.7	940.12
赡养支出	Support Expenditure	293.38	46.42	42.48	103.8	149.33
#在外就学子女费用	Out-of-town Education Expenditure of Children	94.48	24.06	28.28	61.	39.67
各种非储蓄保险支出	Non-endowment Assurance Expenditure	52.76	6.76	5.44	5.	54.36
(四) 社会保障支出	Social Security Expenditure	1341.24	744.96	448.45	687.	1121.27
#个人交纳的养老基金	Personal Paid Pension Fund	850.04	624.58	385.83	525.	774.62
个人交纳的住房公积金	Personal Paid Public Accumulation Fund For Housing Construction	285.84	60.14	27.09	85.	167.92
个人交纳的医疗基金	Personal Paid Medical Care Fund	150.79	43.84	27.59	58.	145.25
个人交纳的失业基金	Personal Paid Unemployment Fund	32.44	11.64	7.94	15.	23.33
(五) 购房与建房支出	Expenditure on House Purchasing and Construction	806.72				888.35
#购房	House Purchasing	806.71				888.28

2-19 各收入组城市居民的收支情况（2009 年）
Statistics on Income and Expenditure of City Households Grouped by Income (2009)

续表 3(continued) 单位：元 / 人 yuan/person

指　标	Item	中等收入户 Middle Income Households	中等偏上户 Upper Middle Income Households	高收入户 High Income Households	最高收入户 Highest Income Households
一、全年总收入	**Annual Total Income**	**17028.64**	**21225.09**	**26799.12**	**39067.40**
#可支配收入	Disposable Income	15698.82	19437.33	24690.70	35928.21
（一）工资性收入	Income from Wages and Salaries	11326.28	15429.85	21280.76	33110.21
#工资及补贴收入	Wage and Subsidies	11220.59	15188.23	20943.75	32328.10
（二）经营净收入	Net Business Income	627.44	1034.33	618.93	1072.94
（三）财产性收入	Income from Properties	226.06	119.22	486.47	1000.66
#利息收入	Interest Income	48.06	24.06	91.80	186.64
股息与红利收入	Dividend and Bonus	13.03	0.33	25.46	29.95
保险收益	Insurance Proceeds			24.81	31.13
出租房屋收入	Income from Renting Houses	145.04	74.68	339.51	737.59
（四）转移性收入	Income from Transfer	4848.86	4641.68	4412.95	3883.59
#养老金或离退休金	Pensions and Retirement Pay	4413.52	3928.11	3635.52	2835.49
社会救济收入	Social Relief	25.55	17.93	20.60	
#低保收入	Income from Resident Lowest Social Security	19.78	15.57		
保险收入	Insurance	6.99		5.44	15.76
赡养收入	Supporting Income	51.43	105.82	80.15	163.96
捐赠收入	Donation	175.34	287.20	210.54	373.96
二、全年总支出	**Annual Total Expenditure**	**15882.22**	**18173.42**	**24061.58**	**37730.63**
（一）消费性支出	Consumption Expenditure	12922.33	14494.29	18629.99	25690.46
（二）财产性支出	Property Expenditure	80.10	135.42	243.24	582.97
#非生产性贷款利息支出	Payout of the Non-productive Interests	76.71	131.70	242.21	466.31
（三）转移性支出	Transferred Expenditure	1431.94	1846.91	2422.41	3605.52
#交纳所得税	Paid Personal Income	30.82	38.36	142.56	518.57
捐赠支出	Donation	1072.87	1159.76	1424.41	1967.88
赡养支出	Support Expenditure	170.81	413.14	537.06	883.00
#在外就学子女费用	Out-of-town Education Expenditure of Children	39.18	159.95	174.30	233.64
各种非储蓄保险支出	Non-endowment Assurance Expenditure	48.52	76.61	86.66	75.21
（四）社会保障支出	Social Security Expenditure	1180.74	1628.00	1833.77	2488.76
#个人交纳的养老基金	Personal Paid Pension Fund	825.43	1000.61	1036.59	1173.57
个人交纳的住房公积金	Personal Paid Public Accumulation Fund For Housing Construction	197.54	346.44	529.78	859.35
个人交纳的医疗基金	Personal Paid Medical Care Fund	126.89	195.03	199.99	296.71
个人交纳的失业基金	Personal Paid Unemployment Fund	26.36	43.85	37.41	79.96
（五）购房与建房支出	Expenditure on House Purchasing and Construction	267.11	68.81	932.17	5362.92
#购房	House Purchasing	267.11	68.81	932.17	5362.92

2-20 各收入组城市居民的消费性支出情况 (2008 年)
Statistics on Consumption Expenditure of City Households Grouped by Income (2008)

单位：元/人 yuan/person

项　　目	Item	总平均 Average	最低收入户 Lowest Income Households	困难户 Poor Households	低收入户 Low Income Households	中等偏下户 Lower Middle Income Households
消费性支出	**Consumption Expenditure**	**12269.32**	**5764.84**	**4904.56**	**8338.5[illegible]**	**9942.95**
#服务性消费支出	Consumption Expenditure for Services	3253.66	1008.91	783.66	2104.6[illegible]	2444.14
一、食 品	Food	4803.06	3159.56	2638.76	3976.2[illegible]	4367.99
#粮食	Grain	283.81	266.55	246.55	291.7[illegible]	274.82
食用植物油	Edible Vegetable Oil	217.62	203.72	170.86	210.5[illegible]	212.49
肉类	Meat	885.58	728.10	625.05	838.1[illegible]	930.01
禽类	Poultry	339.31	228.29	173.25	288.1[illegible]	334.51
蛋类	Eggs	101.39	83.71	74.93	92.0[illegible]	97.40
水产品类	Aquatic Products	200.18	151.22	122.31	171.5[illegible]	188.00
鲜菜	Fresh Vegetables	417.12	412.37	376.14	409.5[illegible]	411.45
糖烟酒饮料类	Sugar,Tobacco,Liquor and Beverages	455.66	261.35	173.98	358.4[illegible]	377.04
奶及奶制品	Milk and Dairy Products	241.79	135.37	89.54	207.2[illegible]	213.40
二、衣　着	Clothing	1467.00	449.47	417.60	722.2[illegible]	1075.02
#服　装	Garments	1074.54	304.58	294.24	465.7[illegible]	783.67
三、居　住	Residence	1173.60	620.17	588.55	819.7[illegible]	908.64
#租赁房房租	Expenditure on Renting Houses	97.11	84.50	80.12	49.9[illegible]	91.52
住房装潢	House Decoration	216.50	46.81	94.58	163.3[illegible]	141.40
水	Water	116.02	78.04	69.79	89.9[illegible]	108.86
电	Electricity	339.53	231.04	184.26	267.1[illegible]	304.59
管道煤气	Pipeline Gas	162.91	133.29	126.27	154.6[illegible]	149.16
物业管理费	Property Management Fee	79.52	14.75	5.16	25.2[illegible]	57.64
四、家庭设备用品及服务	Household Facilities,Articles and Services	878.04	308.58	293.28	452.1[illegible]	596.01
五、医疗保健	Medicial Care	960.32	423.18	348.47	708.3[illegible]	1051.07
#药品费	Medicine Expense	511.44	287.47	257.46	412.4[illegible]	567.47
医疗费	Medicial Care Expense	339.46	111.43	73.69	249.1[illegible]	392.06
六、交通和通讯	Transport and Communications	1142.08	324.76	244.65	642.7[illegible]	820.18
#交通	Transport	512.49	113.98	82.97	257.2[illegible]	384.20
#购买家庭交通工具	Purchase of Family Vehicles	50.11	0.03	0.07	0.4[illegible]	26.12
市内公共交通费	City Public Transport Fares	186.06	86.46	55.76	170.8[illegible]	164.04
出租汽车费	Taxi Fares	58.82	9.26	5.74	20.1[illegible]	31.89
通信	Communications	629.59	210.78	161.69	385.4[illegible]	435.97
#购买通信工具	Purchase of Communication Facilities	129.91	32.68	29.97	48.4[illegible]	82.51
通信服务	Communication Services	499.67	178.10	131.72	336.9[illegible]	353.46
七、教育娱乐文化服务	Education,Culture and Recreation Services	1498.95	369.50	302.98	838.4[illegible]	927.24
#教育	Education	650.46	228.71	189.20	555.2[illegible]	444.15
八、其他商品与服务	Miscellaneous Goods and Services	346.28	109.63	70.26	178.8[illegible]	196.79

2-20 各收入组城市居民的消费性支出情况 (2008 年)
Statistics on Consumption Expenditure of City Households Grouped by Income (2008)

续表 1(continued) 单位：元 / 人 yuan/person

项 目	Item	中等收入户 Middle Income Households	中等偏上户 Upper Middle Income Households	高收入户 High Income Households	最高收入户 Highest Income Households
消费性支出	**Consumption Expenditure**	**11790.87**	**13295.77**	**17040.58**	**24224.89**
#服务性消费支出	Consumption Expenditure for Services	2993.23	3767.60	4763.74	7113.62
一、食 品	Food	4848.00	5022.97	5652.72	7321.43
#粮食	Grain	291.53	279.27	268.85	332.77
食用植物油	Edible Vegetable Oil	214.01	226.87	208.49	257.17
肉类	Meat	901.12	870.19	873.76	1058.86
禽类	Poultry	343.41	353.81	391.66	441.02
蛋类	Eggs	99.35	105.30	106.19	136.56
水产品类	Aquatic Products	193.87	200.93	242.41	293.55
鲜菜	Fresh Vegetables	413.93	402.51	420.66	497.23
糖烟酒饮料类	Sugar,Tobacco,Liquor and Beverages	450.67	504.93	630.40	678.51
奶及奶制品	Milk and Dairy Products	236.51	280.96	283.76	348.17
二、衣 着	Clothing	1337.41	1683.97	2386.07	3339.24
#服 装	Garments	954.95	1231.24	1775.30	2618.33
三、居 住	Residence	1021.36	1199.98	1716.57	2709.37
#租赁房房租	Expenditure on Renting Houses	93.10	117.27	118.35	117.36
住房装潢	House Decoration	130.33	298.84	239.78	700.89
水	Water	116.58	125.80	134.16	166.00
电	Electricity	333.56	347.03	410.47	573.38
管道煤气	Pipeline Gas	179.69	161.11	176.21	187.74
物业管理费	Property Management Fee	82.56	85.55	127.15	205.73
四、家庭设备用品及服务	Household Facilities,Articles and Services	810.83	916.01	1353.11	2398.83
五、医疗保健	Medicial Care	818.36	1126.59	970.93	1701.70
#药品费	Medicine Expense	471.77	568.94	494.62	770.87
医疗费	Medicial Care Expense	223.39	419.75	325.97	755.18
六、交通和通讯	Transport and Communications	1222.46	1182.56	1772.11	2533.16
#交通	Transport	559.89	490.78	770.22	1300.66
#购买家庭交通工具	Purchase of Family Vehicles	179.53	27.06	0.01	12.09
市内公共交通费	City Public Transport Fares	166.35	214.77	227.32	313.21
出租汽车费	Taxi Fares	54.06	69.22	104.94	168.67
通信	Communications	662.56	691.78	1001.89	1232.50
#购买通信工具	Purchase of Communication Facilities	131.83	137.22	254.49	293.58
通信服务	Communication Services	530.73	554.56	747.40	938.92
七、教育娱乐文化服务	Education,Culture and Recreation Services	1404.62	1779.56	2541.88	3414.78
#教育	Education	563.33	810.81	1049.04	1105.83
八、其他商品与服务	Miscellaneous Goods and Services	327.84	384.13	647.19	806.37

2-20 各收入组城市居民的消费性支出情况 (2009 年)
Statistics on Consumption Expenditure of City Households Grouped by Income (2009)

续表 2(continued) 单位：元 / 人 yuan/person

项　　目	Item	总平均 Average	最低收入户 Lowest Income Households	困难户 Poor Households	低收入户 Low Income Households	中等偏下户 Lower Middle Income Households
消费性支出	**Consumption Expenditure**	**13507.30**	**6305.75**	**4997.34**	**9462.[illegible]**	**11141.20**
#服务性消费支出	Consumption Expenditure for Services	3556.60	1379.04	933.40	2473.[illegible]	2560.01
一、食 品	Food	5020.22	3281.76	2706.69	4127.[illegible]	4748.61
#粮食	Grain	292.58	261.92	241.02	289.[illegible]	308.49
食用植物油	Edible Vegetable Oil	188.10	152.32	150.26	158.[illegible]	200.40
肉类	Meat	772.13	651.51	546.33	761.6[illegible]	784.17
禽类	Poultry	353.79	247.36	189.73	319.[illegible]	335.71
蛋类	Eggs	101.77	80.66	69.23	85.[illegible]	100.48
水产品类	Aquatic Products	218.80	172.24	140.57	181.[illegible]	206.67
鲜菜	Fresh Vegetables	479.34	452.99	428.30	453.[illegible]	481.20
糖烟酒饮料类	Sugar,Tobacco,Liquor and Beverages	520.20	249.88	204.62	342.[illegible]	503.47
奶及奶制品	Milk and Dairy Products	267.03	169.63	139.70	240.[illegible]	243.98
二、衣　着	Clothing	1690.57	437.41	325.65	959.6[illegible]	1319.52
#服　装	Garments	1253.70	297.49	222.88	658.4[illegible]	954.02
三、居　住	Residence	1179.64	637.17	526.96	760.5[illegible]	867.59
#租赁房房租	Expenditure on Renting Houses	45.88	89.07	50.53	50.[illegible]	47.23
住房装潢	House Decoration	231.82	6.72	13.68	0.0[illegible]	49.44
水	Water	122.19	91.67	79.51	99.2[illegible]	113.90
电	Electricity	365.76	240.54	198.64	297.5[illegible]	322.11
管道煤气	Pipeline Gas	180.20	148.90	131.80	162.[illegible]	176.15
物业管理费	Property Management Fee	96.60	36.29	39.64	41.4[illegible]	72.56
四、家庭设备用品及服务	Household Facilities,Articles and Services	1101.43	319.44	283.58	511.5[illegible]	835.77
五、医疗保健	Medicial Care	1081.22	437.34	290.33	772.4[illegible]	946.33
#药品费	Medicine Expense	587.91	262.54	191.44	445.7[illegible]	535.75
医疗费	Medicial Care Expense	358.37	144.95	79.16	272.1[illegible]	284.46
六、交通和通讯	Transport and Communications	1366.52	418.11	275.91	728.6[illegible]	1038.88
#交通	Transport	695.44	146.36	97.36	269.4[illegible]	477.67
#购买家庭交通工具	Purchase of Family Vehicles	157.72				122.11
市内公共交通费	City Public Transport Fares	211.27	97.34	68.05	159.2[illegible]	200.57
出租汽车费	Taxi Fares	57.52	12.91	8.81	14.8[illegible]	38.79
通信	Communications	671.08	271.74	178.56	459.2[illegible]	561.21
#购买通信工具	Purchase of Communication Facilities	100.61	34.97	12.21	66.3[illegible]	80.04
通信服务	Communication Services	570.47	236.77	166.35	392.8[illegible]	481.16
七、教育娱乐文化服务	Education,Culture and Recreation Services	1620.20	649.13	492.19	1312.5[illegible]	1055.35
#教育	Education	628.42	407.27	361.46	698.5[illegible]	363.91
八、其他商品与服务	Miscellaneous Goods and Services	447.50	125.39	96.02	289.6[illegible]	329.15

2-20 各收入组城市居民的消费性支出情况 (2009 年)
Statistics on Consumption Expenditure of City Households Grouped by Income (2009)

续表 3(continued) 单位：元 / 人　　yuan/person

项　目	Item	中等收入户 Middle Income Households	中等偏上户 Upper Middle Income Households	高收入户 High Income Households	最高收入户 Highest Income Households
消费性支出	**Consumption Expenditure**	**12922.33**	**14494.29**	**18629.99**	**25690.46**
#服务性消費支出	Consumption Expenditure for Services	3379.08	3904.52	5197.38	7516.65
一、食 品	Food	4977.76	5456.52	6307.87	6415.12
#粮食	Grain	289.14	290.45	313.21	285.76
食用植物油	Edible Vegetable Oil	191.51	193.67	207.95	193.82
肉类	Meat	767.49	801.54	838.25	767.95
禽类	Poultry	373.38	381.71	426.69	370.68
蛋类	Eggs	95.75	112.60	125.16	111.68
水产品类	Aquatic Products	208.75	250.35	259.78	250.11
鲜菜	Fresh Vegetables	488.69	479.53	518.14	471.92
糖烟酒饮料类	Sugar,Tobacco,Liquor and Beverages	548.13	546.33	835.22	614.80
奶及奶制品	Milk and Dairy Products	248.99	302.41	314.78	373.25
二、衣 着	Clothing	1618.80	1895.44	2782.53	3381.22
#服 装	Garments	1180.97	1441.69	2127.94	2549.76
三、居 住	Residence	1145.07	1147.90	1738.06	2581.06
#租赁房房租	Expenditure on Renting Houses	53.92	23.79	46.40	18.70
住房装潢	House Decoration	123.77	231.28	466.63	1191.44
水	Water	122.28	128.36	156.33	152.39
电	Electricity	362.14	384.81	496.34	516.05
管道煤气	Pipeline Gas	183.95	188.39	193.35	204.51
物业管理费	Property Management Fee	96.24	110.67	149.02	198.78
四、家庭设备用品及服务	Household Facilities,Articles and Services	941.99	1174.23	1796.04	2776.18
五、医疗保健	Medicial Care	1301.57	1229.01	1230.62	1487.13
#药品费	Medicine Expense	714.78	678.69	651.08	678.83
医疗费	Medicial Care Expense	470.53	391.79	377.24	520.01
六、交通和通讯	Transport and Communications	1122.11	1341.23	1552.65	4419.53
#交通	Transport	458.77	564.97	610.91	3298.48
#购买家庭交通工具	Purchase of Family Vehicles	1.52	9.53	1.55	1493.59
市内公共交通费	City Public Transport Fares	202.74	244.09	273.16	306.71
出租汽车費	Taxi Fares	51.77	69.15	82.96	162.15
通信	Communications	663.34	776.26	941.74	1121.05
#购买通信工具	Purchase of Communication Facilities	75.75	131.15	174.50	172.02
通信服务	Communication Services	587.59	645.11	767.24	949.03
七、教育娱乐文化服务	Education,Culture and Recreation Services	1442.77	1732.59	2580.14	3543.04
#教育	Education	561.03	642.22	994.76	1148.27
八、其他商品与服务	Miscellaneous Goods and Services	372.27	517.37	642.08	1087.17

2-21 城市居民收支按每人每月可支配收入分组 (2008 年)
Income and Expenditure of City Households Grouped by Capita Monthly Disposable Income(2008)

单位：元 / 人　　　　yuan/person

指　标	Item	总平均 Average	200 元以下	200-400 元	400-600 元	600-800 元
一、全年总收入	**Annual Total Income**	**16740.41**	**9312.77**	**4838.61**	**6865.7[illegible]**	**9146.12**
# 可支配收入	Disposable Income	15708.74	-8324.61	3916.70	6162.6[illegible]	8427.45
(一) 工资性收入	Income from Wages and Salaries	12282.68	4320.91	2434.49	3975.72	5449.61
# 工资及补贴收入	Wage and Subsidies	12063.90	4320.91	2337.19	3829.32	5319.61
(二) 经营净收入	Net Business Income	715.80	681.21	419.11	531.82	549.74
(三) 财产性收入	Income from Properties	216.97	1589.48	46.07	49.69	27.84
# 利息收入	Interest Income	35.42		22.32	14.75	9.26
股息与红利收入	Dividend and Bonus	7.70				0.87
保险收益	Insurance Proceeds	1.56				
出租房屋收入	Income from Renting Houses	149.64	1589.48	23.75	34.93	17.15
(四) 转移性收入	Income from Transfer	3524.95	2721.17	1938.93	2308.51	3118.93
# 养老金或离退休金	Pensions and Retirement Pay	3001.27	2277.14	982.39	1898.55	2768.07
社会救济收入	Social Relief	70.16	89.69	744.72	188.42	140.22
# 低保收入	Income from Resident Lowest Social Security	52.59	89.69	518.75	159.34	95.82
保险收入	Insurance	7.72		13.23	18.75	2.59
赡养收入	Supporting Income	76.39	103.81	23.66	35.87	40.17
捐赠收入	Donation	184.67	150.53	25.48	36.55	51.50
二、全年总支出	**Annual Total Expenditure**	**15151.82**	**31837.66**	**7494.18**	**8725.97**	**10038.59**
(一) 消费性支出	Consumption Expenditure	12269.32	13377.39	6181.38	7408.91	8564.07
(二) 财产性支出	Property Expenditure	89.36		31.51	21.63	48.11
# 非生产性贷款利息支出	Payout of the Non-productive Interests	77.60		31.18	21.65	46.49
(三) 转移性支出	Transferred Expenditure	1537.71	1161.64	510.93	713.18	824.71
# 交纳所得税	Paid Personal Income	76.65	255.51	37.06	34.22	32.82
捐赠支出	Donation	1018.35	778.37	296.13	390.39	544.85
赡养支出	Support Expenditure	294.29	121.12	110.13	209.04	176.99
# 在外就学子女费用	Out-of-town Education Expenditure of Children	120.80		11.63	115.88	76.77
各种非储蓄保险支出	Non-endowment Assurance Expenditure	56.01		40.06	41.33	11.24
(四) 社会保障支出	Social Security Expenditure	862.86	17298.63	770.36	582.25	601.69
# 个人交纳的养老基金	Personal Paid Pension Fund	453.17	15644.17	388.80	394.53	383.52
个人交纳的住房公积金	Personal Paid Public Accumulation Fund For Housing Construction	273.72	1502.44	300.46	103.39	133.77
个人交纳的医疗基金	Personal Paid Medical Care Fund	97.40	145.58	46.49	66.78	64.20
个人交纳的失业基金	Personal Paid Unemployment Fund	26.52	5.18	10.99	11.68	15.59
(五) 购房与建房支出	Expenditure on House Purchasing and Construction	392.58				
# 购房	House Purchasing	392.58				

2-21 城市居民收支按每人每月可支配收入分组(2008 年)
Income and Expenditure of City Households Grouped by Capita Monthly Disposable Income(2008)

续表 1(continued) 单位：元 / 人 yuan/person

指 标	Item	800-1000 元	1000-1500 元	1500-2000 元	2000 元以上
一、全年总收入	**Annual Total Income**	**11571.53**	**15551.69**	**21666.50**	**38065.84**
#可支配收入	Disposable Income	10782.37	14595.49	20543.52	36265.94
(一) 工资性收入	Income from Wages and Salaries	7582.24	11225.27	16077.81	31834.07
#工资及补贴收入	Wage and Subsidies	7473.44	11082.89	15825.21	31137.87
(二) 经营净收入	Net Business Income	632.07	657.65	871.74	1150.56
(三) 财产性收入	Income from Properties	67.73	122.66	259.06	954.02
#利息收入	Interest Income	16.37	17.07	58.77	126.71
股息与红利收入	Dividend and Bonus	0.95	0.71	12.92	42.81
保险收益	Insurance Proceeds	1.33		6.73	2.57
出租房屋收入	Income from Renting Houses	47.00	91.32	145.80	678.56
(四) 转移性收入	Income from Transfer	3289.48	3546.12	4457.90	4127.20
#养老金或离退休金	Pensions and Retirement Pay	3007.83	3232.02	3868.23	2607.40
社会救济收入	Social Relief	43.51	29.83	16.86	5.82
#低保收入	Income from Resident Lowest Social Security	37.58	19.79	16.60	5.82
保险收入	Insurance	18.10	3.06	10.58	1.92
赡养收入	Supporting Income	40.29	42.01	135.51	215.87
捐赠收入	Donation	46.58	70.27	253.54	860.53
二、全年总支出	**Annual Total Expenditure**	**12431.14**	**14541.29**	**18211.20**	**27872.03**
(一) 消费性支出	Consumption Expenditure	10364.61	11827.70	14824.38	21343.72
(二) 财产性支出	Property Expenditure	80.43	86.49	132.77	159.06
#非生产性贷款利息支出	Payout of the Non-productive Interests	80.30	71.11	103.76	142.42
(三) 转移性支出	Transferred Expenditure	1146.48	1369.23	1803.95	3739.71
#交纳所得税	Paid Personal Income	19.59	45.88	84.91	305.06
捐赠支出	Donation	845.67	928.60	1271.09	2273.68
赡养支出	Support Expenditure	180.25	241.69	300.75	803.64
#在外就学子女费用	Out-of-town Education Expenditure of Children	77.94	111.09	135.81	258.97
各种非储蓄保险支出	Non-endowment Assurance Expenditure	52.92	65.98	47.16	115.12
(四) 社会保障支出	Social Security Expenditure	689.07	820.10	945.20	1373.17
#个人交纳的养老基金	Personal Paid Pension Fund	389.77	410.43	456.66	551.74
个人交纳的住房公积金	Personal Paid Public Accumulation Fund For Housing Construction	181.35	262.39	316.64	631.01
个人交纳的医疗基金	Personal Paid Medical Care Fund	78.03	105.32	125.20	134.49
个人交纳的失业基金	Personal Paid Unemployment Fund	23.71	30.10	35.89	34.93
(五) 购房与建房支出	Expenditure on House Purchasing and Construction	150.55	437.77	504.90	1256.36
#购房	House Purchasing	150.55	437.77	504.90	1256.36

2-21 城市居民收支按每人每月可支配收入分组（2009 年）
Income and Expenditure of City Households Grouped by Capita Monthly Disposable Income (2009)

续表 2(continued) 单位：元 / 人 　　　　yuan/person

指　标	Item	总平均 Average	200 元以下	200-400 元	400-600 元	600-800 元
一、全年总收入	**Annual Total Income**	**18729.26**	**6466.49**	**5006.17**	**7157.[illegible]**	**9567.81**
#可支配收入	Disposable Income	17191.10	-4635.01	3654.13	6147.4[illegible]	8501.75
(一) 工资性收入	Income from Wages and Salaries	13214.37	4339.16	3142.93	4059.[illegible]	5448.80
#工资及补贴收入	Wage and Subsidies	12969.37	4272.19	3033.93	3989.8[illegible]	5341.95
(二) 经营净收入	Net Business Income	926.83	836.71	326.34	656.6[illegible]	781.76
(三) 财产性收入	Income from Properties	235.14	213.16	3.40	9.2[illegible]	28.17
#利息收入	Interest Income	47.24	51.99	3.40	4.8[illegible]	8.57
股息与红利收入	Dividend and Bonus	15.07				
保险收益	Insurance Proceeds	5.30				
出租房屋收入	Income from Renting Houses	152.84	161.17		4.0[illegible]	16.35
(四) 转移性收入	Income from Transfer	4352.92	1077.44	1533.50	2431.4[illegible]	3309.08
#养老金或离退休金	Pensions and Retirement Pay	3738.57	773.94	872.38	1992.[illegible]	2977.95
社会救济收入	Social Relief	61.24	89.24	491.23	227.[illegible]	84.91
#低保收入	Income from Resident Lowest Social Security	44.74	50.95	477.10	138.0[illegible]	72.72
保险收入	Insurance	8.73		8.63	18.[illegible]	33.98
赡养收入	Supporting Income	78.74	49.89	28.33	4.[illegible]	20.80
捐赠收入	Donation	193.98		14.77	21.[illegible]	35.54
二、全年总支出	**Annual Total Expenditure**	**17371.80**	**25242.49**	**8545.85**	**10069.[illegible]**	**10852.67**
(一) 消费性支出	Consumption Expenditure	13507.30	12676.26	6687.11	8336.2[illegible]	9048.90
(二) 财产性支出	Property Expenditure	133.08	265.07	82.29	157.8[illegible]	37.51
#非生产性贷款利息支出	Payout of the Non-productive Interests	121.32	265.07	60.13	42.[illegible]	37.21
(三) 转移性支出	Transferred Expenditure	1583.45	1795.43	531.25	699.5[illegible]	838.68
#交纳所得税	Paid Personal Income	79.37	492.36	18.23	29.8[illegible]	31.42
捐赠支出	Donation	1046.03	1105.90	437.05	430.4[illegible]	559.70
赡养支出	Support Expenditure	293.38	118.97	58.02	130.6[illegible]	110.43
#在外就学子女费用	Out-of-town Education Expenditure of Children	94.48		18.53	55.0[illegible]	43.55
各种非储蓄保险支出	Non-endowment Assurance Expenditure	52.76		11.27	66.7[illegible]	55.32
(四) 社会保障支出	Social Security Expenditure	1341.24	10505.72	1245.21	873.5[illegible]	927.59
#个人交纳的养老基金	Personal Paid Pension Fund	850.04	6973.11	672.29	625.2[illegible]	653.71
个人交纳的住房公积金	Personal Paid Public Accumulation Fund For Housing Construction	285.84	815.06	245.85	137.3[illegible]	145.91
个人交纳的医疗基金	Personal Paid Medical Care Fund	150.79	780.38	305.47	82.6[illegible]	100.88
个人交纳的失业基金	Personal Paid Unemployment Fund	32.44	22.40	18.47	14.4[illegible]	21.81
(五) 购房与建房支出	Expenditure on House Purchasing and Construction	806.72			1.9[illegible]	
#购房	House Purchasing	806.71			1.9[illegible]	

2-21 城市居民收支按每人每月可支配收入分组 (2009 年)
Income and Expenditure of City Households Grouped by Capita Monthly Disposable Income (2009)

续表 3(continued) 单位：元 / 人　　yuan/person

指　标	Item	800-1000 元	1000-1500 元	1500 元以上
一、全年总收入	**Annual Total Income**	**11986.24**	**16152.32**	**30560.67**
＃可支配收入	Disposable Income	10811.77	14736.00	28579.48
（一）工资性收入	Income from Wages and Salaries	7064.39	11151.23	23045.27
＃工资及补贴收入	Wage and Subsidies	6978.04	11006.77	22535.02
（二）经营净收入	Net Business Income	812.60	778.24	1277.58
（三）财产性收入	Income from Properties	47.36	74.97	614.66
＃利息收入	Interest Income	14.33	18.75	115.64
股息与红利收入	Dividend and Bonus	0.20	3.53	42.86
保险收益	Insurance Proceeds		0.64	15.77
出租房屋收入	Income from Renting Houses	28.97	43.42	406.91
（四）转移性收入	Income from Transfer	4061.90	4147.88	5623.16
＃养老金或离退休金	Pensions and Retirement Pay	3794.19	3834.94	4402.70
社会救济收入	Social Relief	44.99	37.23	31.08
＃低保收入	Income from Resident Lowest Social Security	32.03	29.35	15.37
保险收入	Insurance	6.08	0.14	9.06
赡养收入	Supporting Income	24.77	32.00	189.17
捐赠收入	Donation	29.76	63.98	503.48
二、全年总支出	**Annual Total Expenditure**	**14382.05**	**15174.47**	**25009.32**
（一）消费性支出	Consumption Expenditure	10384.98	12304.21	19018.51
（二）财产性支出	Property Expenditure	37.34	99.53	240.37
＃非生产性贷款利息支出	Payout of the Non-productive Interests	36.93	94.97	231.24
（三）转移性支出	Transferred Expenditure	964.60	1385.92	2538.17
＃交纳所得税	Paid Personal Income	17.04	26.77	187.24
捐赠支出	Donation	638.90	991.22	1593.47
赡养支出	Support Expenditure	160.03	220.44	537.10
＃在外就学子女费用	Out-of-town Education Expenditure of Children	77.17	82.74	144.57
各种非储蓄保险支出	Non-endowment Assurance Expenditure	54.69	47.88	57.30
（四）社会保障支出	Social Security Expenditure	1045.08	1273.64	1664.78
＃个人交纳的养老基金	Personal Paid Pension Fund	720.78	864.72	937.14
个人交纳的住房公积金	Personal Paid Public Accumulation Fund For Housing Construction	181.16	229.67	461.09
个人交纳的医疗基金	Personal Paid Medical Care Fund	113.66	136.10	195.29
个人交纳的失业基金	Personal Paid Unemployment Fund	22.33	32.16	44.92
（五）购房与建房支出	Expenditure on House Purchasing and Construction	1950.05	111.17	1547.50
＃购房	House Purchasing	1950.05	111.13	1547.50

2-22 城市居民消费按每人每月可支配收入分组(2008 年)
Consumption Expenditure of City Households Grouped by Capita Monthly Disposable Income (2008)

单位：元/人 yuan/person

指标	Item	总平均 Average	200 元以下	200-400 元	400-600 元	600-800 元
消费性支出	**Consumption Expenditure**	**12269.32**	**13377.39**	**6181.38**	**7408.91**	**8564.07**
#服务性消费支出	Consumption Expenditure for Services	3253.66	6904.85	1299.28	1647.60	1957.61
一、食 品	Food	4803.06	3603.62	2951.62	3459.94	4193.82
#粮食	Grain	283.81	265.58	223.63	275.31	288.56
食用植物油	Edible Vegetable Oil	217.62	196.95	170.77	197.27	230.10
肉类	Meat	885.58	613.10	569.18	758.17	849.21
禽类	Poultry	339.31	269.04	193.94	254.95	315.29
蛋类	Eggs	101.39	93.12	71.30	86.93	102.34
水产品类	Aquatic Products	200.18	154.79	144.52	154.39	192.02
鲜菜	Fresh Vegetables	417.12	289.20	363.81	395.50	428.19
糖烟酒饮料类	Sugar,Tobacco,Liquor and Beverages	455.66	461.90	204.14	298.22	360.75
奶及奶制品	Milk and Dairy Products	241.79	215.68	141.46	179.64	213.53
二、衣 着	Clothing	1467.00	1033.37	649.89	663.54	787.24
#服 装	Garments	1074.54	831.33	484.05	469.78	528.68
三、居 住	Residence	1173.60	522.54	851.17	785.42	775.24
#租赁房房租	Expenditure on Renting Houses	97.11	61.18	38.36	71.52	75.43
住房装潢	House Decoration	216.50		292.71	173.32	52.92
水	Water	116.02	86.38	91.03	91.48	97.68
电	Electricity	339.53	180.65	219.34	245.31	286.62
管道煤气	Pipeline Gas	162.91	87.45	133.77	137.06	155.12
物业管理费	Property Management Fee	79.52	101.93	42.70	40.00	47.23
四、家庭设备用品及服务	Household Facilities,Articles and Services	878.04	951.38	271.64	425.91	461.63
五、医疗保健	Medicial Care	960.32	2627.36	400.74	657.03	697.51
#药品费	Medicine Expense	511.44	587.42	306.52	422.32	436.66
医疗费	Medicial Care Expense	339.46	1991.37	87.05	183.07	182.05
六、交通和通讯	Transport and Communications	1142.08	1079.15	524.86	587.76	651.31
#交通	Transport	512.49	424.63	189.07	279.79	272.19
#购买家庭交通工具	Purchase of Family Vehicles	50.11			32.62	0.98
市内公共交通费	City Public Transport Fares	186.06	181.50	74.79	108.40	156.40
出租汽车费	Taxi Fares	58.82	66.87	19.60	23.85	25.35
通信	Communications	629.59	654.52	335.80	307.97	379.12
#购买通信工具	Purchase of Communication Facilities	129.91		75.93	53.20	45.38
通信服务	Communication Services	499.67	654.52	259.87	254.77	333.75
七、教育娱乐文化服务	Education,Culture and Recreation Services	1498.95	3005.40	406.14	661.75	809.71
#教育	Education	650.46	2736.39	239.39	357.69	444.17
八、其他商品与服务	Miscellaneous Goods and Services	346.28	554.58	125.31	167.55	187.62

2-22 城市居民消费按每人每月可支配收入分组 (2008 年)
Consumption Expenditure of City Households Grouped by Capita Monthly Disposable Income (2008)

续表 1 (continued) 单位: 元 / 人 yuan/person

指标	Item	800-1000 元	1000-1500 元	1500-2000 元	2000 元以上
消费性支出	**Consumption Expenditure**	**10364.61**	**11827.70**	**14824.38**	**21343.72**
#服务性消费支出	Consumption Expenditure for Services	2663.10	3174.01	3940.07	6267.86
一、食 品	Food	4354.06	4726.98	5372.39	6787.99
#粮食	Grain	280.60	279.66	286.57	304.27
食用植物油	Edible Vegetable Oil	197.15	214.57	225.39	246.05
肉类	Meat	866.65	871.52	937.39	1062.00
禽类	Poultry	323.23	336.69	383.63	418.29
蛋类	Eggs	94.02	102.28	106.08	115.18
水产品类	Aquatic Products	186.50	190.15	217.12	270.96
鲜菜	Fresh Vegetables	400.39	409.73	419.10	465.01
糖烟酒饮料类	Sugar,Tobacco,Liquor and Beverages	377.33	453.47	537.91	716.07
奶及奶制品	Milk and Dairy Products	218.92	240.03	291.09	303.92
二、衣 着	Clothing	1077.13	1360.95	1886.46	3217.03
#服 装	Garments	756.02	971.14	1411.53	2496.25
三、居 住	Residence	1049.01	1040.19	1623.00	1920.66
#租赁房房租	Expenditure on Renting Houses	112.78	85.08	125.59	126.32
住房装潢	House Decoration	231.77	122.12	474.66	339.98
水	Water	105.01	117.43	124.47	158.98
电	Electricity	318.32	335.54	379.42	475.03
管道煤气	Pipeline Gas	154.53	164.78	170.70	190.88
物业管理费	Property Management Fee	63.48	74.83	102.55	154.52
四、家庭设备用品及服务	Household Facilities,Articles and Services	676.04	790.79	1217.29	1841.57
五、医疗保健	Medicial Care	892.09	958.36	1097.52	1469.66
#药品费	Medicine Expense	490.54	495.30	559.09	702.91
医疗费	Medicial Care Expense	265.49	362.48	401.38	609.57
六、交通和通讯	Transport and Communications	841.83	1198.56	1459.21	2045.20
#交通	Transport	323.84	537.22	669.16	991.72
#购买家庭交通工具	Purchase of Family Vehicles	6.52	121.41	25.74	31.86
市内公共交通费	City Public Transport Fares	161.68	186.53	227.81	267.28
出租汽车费	Taxi Fares	37.13	54.60	87.43	131.60
通信	Communications	517.98	661.33	790.05	1053.48
#购买通信工具	Purchase of Communication Facilities	89.18	144.88	168.12	260.61
通信服务	Communication Services	428.80	516.46	621.93	792.87
七、教育娱乐文化服务	Education,Culture and Recreation Services	1245.22	1442.05	1731.27	3240.14
#教育	Education	580.04	638.54	562.75	1370.92
八、其他商品与服务	Miscellaneous Goods and Services	229.24	309.83	437.24	821.47

2-22 城市居民消费按每人每月可支配收入分组 (2009 年)

Consumption Expenditure of City Households Grouped by Capita Monthly Disposable Income (2009)

续表 2(continued) 单位：元 / 人　　　　yuan/person

指标	Item	总平均 Average	200 元以下	200-400 元	400-600 元	600-800 元
消费性支出	**Consumption Expenditure**	**13507.30**	**12676.26**	**6687.11**	**8336.2[illegible]**	**9048.90**
#服务性消费支出	Consumption Expenditure for Services	3556.60	3036.88	1624.25	2036.[illegible]	2315.83
一、食 品	Food	5020.22	4467.27	2961.31	3755.8[illegible]	4078.25
#粮食	Grain	292.58	223.23	229.93	268.4[illegible]	283.89
食用植物油	Edible Vegetable Oil	188.10	173.31	142.26	162.1[illegible]	173.47
肉类	Meat	772.13	671.82	511.28	655.[illegible]	703.85
禽类	Poultry	353.79	325.17	231.72	282.[illegible]	312.74
蛋类	Eggs	101.77	101.82	79.58	92.[illegible]	93.07
水产品类	Aquatic Products	218.80	175.94	145.14	177.7[illegible]	195.21
鲜菜	Fresh Vegetables	479.34	436.83	371.95	470.4[illegible]	467.01
糖烟酒饮料类	Sugar,Tobacco,Liquor and Beverages	520.20	448.10	235.02	305.1[illegible]	343.80
奶及奶制品	Milk and Dairy Products	267.03	211.27	165.18	192.[illegible]	238.19
二、衣 着	Clothing	1690.57	1981.63	750.88	836.7[illegible]	835.98
#服 装	Garments	1253.70	1488.38	511.69	584.3[illegible]	586.57
三、居 住	Residence	1179.64	889.81	604.51	734.[illegible]	851.84
#租赁房房租	Expenditure on Renting Houses	45.88	30.40	63.30	84.[illegible]	56.39
住房装潢	House Decoration	231.82			11.7[illegible]	118.59
水	Water	122.19	144.50	91.21	103.[illegible]	103.29
电	Electricity	365.76	378.82	217.68	276.[illegible]	294.21
管道煤气	Pipeline Gas	180.20	164.31	138.56	158.[illegible]	160.27
物业管理费	Property Management Fee	96.60	129.09	64.10	63.[illegible]	49.61
四、家庭设备用品及服务	Household Facilities,Articles and Services	1101.43	1039.95	439.12	562.4[illegible]	522.23
五、医疗保健	Medicial Care	1081.22	1108.88	484.15	675.2[illegible]	707.46
#药品费	Medicine Expense	587.91	723.75	310.33	371.8[illegible]	401.51
医疗费	Medicial Care Expense	358.37	137.77	112.17	234.[illegible]	241.69
六、交通和通讯	Transport and Communications	1366.52	1337.67	423.58	610.5[illegible]	740.57
#交通	Transport	695.44	669.54	147.35	237.2[illegible]	280.22
#购买家庭交通工具	Purchase of Family Vehicles	157.72	1.78	0.02		
市内公共交通费	City Public Transport Fares	211.27	119.62	92.04	124.3[illegible]	159.83
出租汽车费	Taxi Fares	57.52	92.54	16.12	20.9[illegible]	28.45
通信	Communications	671.08	668.12	276.23	373.3[illegible]	460.35
#购买通信工具	Purchase of Communication Facilities	100.61		29.37	47.3[illegible]	67.83
通信服务	Communication Services	570.47	668.12	246.85	326.[illegible]	392.52
七、教育娱乐文化服务	Education,Culture and Recreation Services	1620.20	1320.65	889.45	989.2[illegible]	1082.35
#教育	Education	628.42	664.67	651.88	456.9[illegible]	588.43
八、其他商品与服务	Miscellaneous Goods and Services	447.50	530.41	134.12	171.5[illegible]	230.22

2-22 城市居民消费按每人每月可支配收入分组 (2009 年)
Consumption Expenditure of City Households Grouped by Capita Monthly Disposable Income (2009)

续表 3 (continued) 单位：元 / 人　　yuan/person

指标	Item	800-1000 元	1000-1500 元	1500 元以上
消费性支出	**Consumption Expenditure**	**10384.98**	**12304.21**	**19018.51**
#服务性消费支出	Consumption Expenditure for Services	2335.45	3138.61	5354.13
一、食 品	Food	4497.93	4963.17	5988.72
#粮食	Grain	293.08	299.03	297.03
食用植物油	Edible Vegetable Oil	179.71	190.77	201.53
肉类	Meat	762.66	766.91	843.90
禽类	Poultry	339.06	350.24	398.99
蛋类	Eggs	104.72	97.77	111.12
水产品类	Aquatic Products	203.59	213.35	251.89
鲜菜	Fresh Vegetables	483.94	479.64	488.97
糖烟酒饮料类	Sugar,Tobacco,Liquor and Beverages	464.03	520.46	661.14
奶及奶制品	Milk and Dairy Products	254.87	253.17	317.70
二、衣 着	Clothing	1122.41	1489.38	2645.90
#服 装	Garments	811.26	1074.84	2024.59
三、居 住	Residence	985.06	1038.47	1648.48
#租赁房房租	Expenditure on Renting Houses	46.87	40.73	40.16
住房装潢	House Decoration	65.15	116.85	523.50
水	Water	111.06	120.84	140.04
电	Electricity	310.25	362.94	442.43
管道煤气	Pipeline Gas	173.56	183.52	192.70
物业管理费	Property Management Fee	71.15	87.15	141.72
四、家庭设备用品及服务	Household Facilities,Articles and Services	779.64	927.76	1758.76
五、医疗保健	Medicial Care	870.84	976.81	1514.53
#药品费	Medicine Expense	549.87	559.69	748.83
医疗费	Medicial Care Expense	218.69	294.82	563.62
六、交通和通讯	Transport and Communications	871.92	1076.04	2299.72
#交通	Transport	358.20	439.89	1374.58
#购买家庭交通工具	Purchase of Family Vehicles	0.51	4.86	484.11
市内公共交通费	City Public Transport Fares	185.05	213.14	262.02
出租汽车费	Taxi Fares	27.07	50.23	97.09
通信	Communications	513.72	636.15	925.15
#购买通信工具	Purchase of Communication Facilities	67.63	94.48	148.15
通信服务	Communication Services	446.09	541.67	777.00
七、教育娱乐文化服务	Education,Culture and Recreation Services	1026.07	1456.94	2401.67
#教育	Education	338.99	531.80	903.25
八、其他商品与服务	Miscellaneous Goods and Services	231.12	375.64	760.72

2-23 城镇居民家庭基本情况（2008-2009年）
Basic Statistics on Urban Households (2008-2009)

指　标	Item	2008	2009
平均每户家庭人口（人）	**Population Per Household (person)**	**2.93**	**2.92**
平均每户就业人数（人）	**Average Number of Employees Per Household (person)**	**1.58**	**1.57**
#国有经济单位	State-owned	0.62	0.61
城镇集体经济单位	Urban Collective-owned	0.07	0.07
城镇个体私营经济	Urban Individual and Private	0.54	0.56
平均每人全年总收入（元）	**Per Capita Total Annual Income (yuan)**	**15217.73**	**16990.30**
#可支配收入	Disposable Income	14367.55	15748.67
工薪收入	Income from Wages	10957.62	11824.00
#工资及补贴收入	Wage and Subsidies	10749.91	11554.51
经营净收入	Net Business Income	788.26	1018.76
财产性收入	Income from Properties	205.94	253.98
转移性收入	Income from Transfer	3265.92	3893.57
平均每人全年消费支出（元）	**Per Capita Annual Consumption Expenditure (yuan)**	**11146.80**	**12144.06**
#服务性消费支出	Consumption Expenditure for Services	2801.01	2997.67
食　品	Food	4418.34	4576.23
#粮　食	Grain	273.17	293.78
衣　着	Clothing	1294.30	1503.49
#服　装	Garments	947.72	1103.76
家庭设备用品及服务	Household Facilities,Articles and Services	842.09	1043.06
医疗保健	Medicine and Medical Services	878.25	982.73
交通和通讯	Transportation and Communications	1044.36	1189.03
教育娱乐文化服务	Education, Culture and Recreation Services	1267.03	1351.90
#教　育	Education	536.43	538.88
居　住	Residence	1096.82	1120.60
#住　房	Housing	418.79	385.73
杂项商品与服务	Miscellaneous Goods and Services	305.60	377.02

2-24 按可支配收入分组的城镇居民家庭情况（2008年）
Statistics on Urban Households by Disposable Income (2008)

项　目	Item	合计 Total	按平均每人每月可支配收入分组		
			200元以下 Below 200 yuan	200-400元 200-400 yuan	400-600元 400-600 yuan
比　重（%）	Composition (%)	100.00	0.36	3.53	11.11
平均每户家庭人口数（人）	Population Per Household (person)	2.93	3.32	3.16	3.10
平均每户就业人口数（人）	Average Number of Employees Per Household (person)	1.58	1.19	1.19	1.33
平均每户就业面（%）	Percentage of Employed Persons Per Household (%)	53.9	35.8	37.7	42.9
平均每一就业者负担人数（人）	Number of Persons Supported by Each Employee (person)	1.85	2.79	2.66	2.33
平均每人每月总收入（元）	Per Capita Monthly Total Income (yuan)	1268.14	502.82	358.98	545.93
#可支配收入	Disposable Income	1197.30	-349.21	318.59	507.46
平均每人每月消费性支出（元）	Per Capita Monthly Consumption Expenditure(yuan)	928.90	718.87	443.82	560.53
#服务性消费支出	Consumption Expenditure for Services	233.42	276.29	76.22	114.39

2-24 按可支配收入分组的城镇居民家庭情况（2008年）
Statistics on Urban Households by Disposable Income (2008)

项　目	Item	按平均每人每月可支配收入分组 By Per Capita Monthly Disposable Income			
		600-800元 600-800 yuan	800-1000元 800-1000 yuan	1000-1500元 1000-1500 yuan	1500元以上 Over 1500 yuan
比　重（%）	Composition (%)	17.0	15.8	28.4	23.8
平均每户家庭人口数（人）	Population Per Household (person)	3.06	3.01	2.92	2.68
平均每户就业人口数（人）	Average Number of Employees Per Household (person)	1.43	1.57	1.66	1.77
平均每户就业面（%）	Percentage of Employed Persons Per Household (%)	46.7	52.2	56.8	66.0
平均每一就业者负担人数（人）	Number of Persons Supported by Each Employee (person)	2.14	1.92	1.76	1.51
平均每人每月总收入（元）	Per Capita Monthly Total Income (yuan)	745.19	948.64	1281.02	2396.27
#可支配收入	Disposable Income	698.57	893.67	1210.95	2286.65
平均每人每月消费性支出（元）	Per Capita Monthly Consumption Expenditure(yuan)	666.96	797.89	965.10	1442.18
#服务性消费支出	Consumption Expenditure for Services	143.03	191.01	249.67	396.18

2-25 按可支配收入分组的城镇居民家庭情况（2009 年）
Statistics on Urban Households by Disposable Income (2009)

项　　目	Item	合 计 Total	按平均每人每月可支配收入分组		
			200 元以下 Below 200 yuan	200-400 元 200-400 yuan	400-600 元 400-600 yuan
比　重（%）	Composition (%)	100	0.56	2.79	8.33
平均每户家庭人口数（人）	Population Per Household (person)	2.92	3.02	3.21	3.18
平均每户就业人口数（人）	Average Number of Employees Per Household (person)"	1.57	1.42	1.29	1.42
平均每户就业面（%）	Percentage of Employed Persons Per Household (%)"	53.77	47.02	40.19	44.65
平均每一就业者负担人数（人）	Number of Persons Supported by Each Employee (person)"	1.86	2.13	2.49	2.24
平均每人每月总收入（元）	Per Capita Monthly Total Income (yuan)	1415.86	465.11	391.89	570.92
#可支配收入	Disposable Income	1312.39	-397.22	312.30	509.11
平均每人每月消费性支出（元）	Per Capita Monthly Consumption Expenditure (yuan)	1012.01	778.59	583.38	595.60
#服务性消费支出	Consumption Expenditure for Services	249.81	166.08	140.58	130.27

2-25 按可支配收入分组的城镇居民家庭情况（2009 年）
Statistics on Urban Households by Disposable Income (2009)

项　　目	Item	按平均每人每月可支配收入分组 By Per Capita Monthly Disposable Income			
		600-800 元 600-800 yuan	800-1000 元 800-1000 yuan	1000-1500 元 1000-1500 yuan	1500 元以上 Over 1500 yuan
比　重（%）	Composition (%)	13.40	15.20	31.69	27.90
平均每户家庭人口数（人）	Population Per Household (person)	3.10	3.09	2.89	2.69
平均每户就业人口数（人）	"Average Number of Employees Per Household (person)"	1.45	1.52	1.58	1.69
平均每户就业面（%）	"Percentage of Employed Persons Per Household (%)"	46.77	49.19	54.67	62.83
平均每一就业者负担人数（人）	"Number of Persons Supported by Each Employee (person)"	2.14	2.03	1.83	1.59
平均每人每月总收入（元）	Per Capita Monthly Total Income (yuan)	769.66	973.07	1316.30	2521.93
#可支配收入	Disposable Income	702.78	895.84	1219.73	2376.39
平均每人每月消费性支出（元）	Per Capita Monthly Consumption Expenditure (yuan)	685.25	799.17	982.95	1521.26
#服务性消费支出	Consumption Expenditure for Services	155.64	177.24	233.94	410.99

2-26 城镇居民家庭平均每人全年消费性支出及构成（2008年）
Capita Annual Consumption Expenditures of Urban Households and Its Composition (2008)

项　目	Item	总平均 Overall Average	最低收入户 Lowest Income Households	困难户 Poor Households	低收入户 Low Income Households	中等偏下户 Lower Middle Income Households
消费支出（元）	**Consumption Expenditure (yuan)**	**11146.80**	**5213.68**	**4777.83**	**7053.70**	**8849.24**
#服务性消费支出	Consumption Expenditure for Services	2801.01	822.00	777.83	1457.64	2058.45
食　品	Food	4418.34	2662.46	2421.38	3355.76	3899.94
#粮油类	Grain and Oils	589.85	482.02	444.60	549.25	585.46
#粮　食	Grain	273.17	223.40	202.34	248.09	275.47
肉禽蛋水产品类	Meat, Poultry, Eggs and Aquatic Products	1470.76	1039.60	976.52	1315.91	1404.37
#肉　类	Meat	898.24	694.86	667.40	861.33	893.72
蔬菜类	Vegetables	425.45	333.59	301.54	384.51	417.91
糖烟酒饮料类	Sugar,Tobacco,Liquor and Beverages	411.06	226.80	201.07	301.53	337.40
糕点、奶及奶制品	Cakes, Milk and Dairy Products	269.52	137.71	118.91	168.49	225.43
衣　着	Clothing	1294.30	491.32	486.72	696.25	884.56
#服　装	Garments	947.72	334.08	338.02	496.84	625.75
家庭设备用品及服务	Household Facilities,Articles and Services	842.09	355.91	269.46	501.68	563.82
医疗保健	Medicine and Medical Services	878.25	412.84	368.39	522.40	798.10
交通和通讯	Transport and Communications	1044.36	364.24	364.05	539.44	804.77
教育娱乐文化服务	Education,Culture and Recreation Services	1267.03	294.69	272.69	652.72	850.47
#教　育	Education	536.43	188.47	185.37	387.02	435.66
居　住	Residence	1096.82	515.51	457.16	633.64	866.75
#住　房	Housing	418.79	99.70	49.67	99.08	255.49
杂项商品与服务	Miscellaneous Goods and Services	305.60	116.71	137.98	151.81	180.81
消费支出构成（%）	**Composition of Consumption Expenditure (%)**	**100.0**	**100.0**	**100.0**	**100.0**	**100.0**
#服务性消费支出	Consumption Expenditure for Services	25.1	15.8	16.3	20.7	23.3
食　品	Food	39.6	51.1	50.7	47.6	44.1
衣　着	Clothing	11.6	9.4	10.2	9.9	10.0
家庭设备用品及服务	Household Facilities,Articles and Services	7.6	6.8	5.6	7.1	6.4
医疗保健	Medicine and Medical Services	7.9	7.9	7.7	7.4	9.0
交通和通讯	Transport and Communications	9.4	7.0	7.6	7.6	9.1
教育娱乐文化服务	Education,Culture and Recreation Services	11.4	5.7	5.7	9.3	9.6
居　住	Residence	9.8	9.9	9.6	9.0	9.8
杂项商品与服务	Miscellaneous Goods and Services	2.7	2.2	2.9	2.2	2.0

2-26 城镇居民家庭平均每人全年消费性支出及构成（2008年）
Capita Annual Consumption Expenditures of Urban Households and Its Composition (2008)

项　目	Item	中等收入户 Middle Income Households	中等偏上户 Upper Middle Income Households	高收入户 High Income Households	最高收入户 Highest Income Households
消费支出（元）	**Consumption Expenditure (yuan)**	**10480.71**	**12641.22**	**15250.55**	**22131.97**
#服务性消费支出	Consumption Expenditure for Services	2507.52	3381.71	3914.58	6708.88
食　品	Food	4397.73	4939.57	5468.73	6698.48
#粮油类	Grain and Oils	601.02	628.45	596.32	668.37
#粮　食	Grain	281.54	292.61	264.62	310.94
肉禽蛋水产品类	Meat, Poultry, Eggs and Aquatic Products	1542.11	1583.02	1607.90	1774.40
#肉　类	Meat	948.20	939.01	908.57	999.48
蔬菜类	Vegetables	433.98	451.03	447.55	506.63
糖烟酒饮料类	Sugar,Tobacco,Liquor and Beverages	389.81	477.70	585.82	621.08
糕点、奶及奶制品	Cakes, Milk and Dairy Products	261.04	320.20	380.89	422.06
衣　着	Clothing	1120.36	1473.23	2138.01	2933.35
#服　装	Garments	817.83	1055.37	1590.80	2281.06
家庭设备用品及服务	Household Facilities,Articles and Services	800.58	802.03	1391.79	2037.36
医疗保健	Medicine and Medical Services	916.33	1119.52	797.26	1572.86
交通和通讯	Transport and Communications	927.12	1263.10	1551.22	2223.78
教育娱乐文化服务	Education,Culture and Recreation Services	1089.16	1462.57	1893.63	3450.21
#教　育	Education	394.53	677.33	663.29	1269.93
居　住	Residence	950.85	1271.97	1446.06	2463.30
#住　房	Housing	296.21	529.85	616.41	1396.40
杂项商品与服务	Miscellaneous Goods and Services	278.58	309.23	563.86	752.62
消费支出构成（%）	**Composition of Consumption Expenditure (%)**	**100.0**	**100.0**	**100.0**	**100.0**
#服务性消费支出	Consumption Expenditure for Services	23.9	26.8	25.7	30.3
食　品	Food	42.0	39.1	35.9	30.3
衣　着	Clothing	10.7	11.7	14.0	13.3
家庭设备用品及服务	Household Facilities,Articles and Services	7.6	6.3	9.1	9.2
医疗保健	Medicine and Medical Services	8.7	8.9	5.2	7.1
交通和通讯	Transport and Communications	8.8	10.0	10.2	10.0
教育娱乐文化服务	Education,Culture and Recreation Services	10.4	11.6	12.4	15.6
居　住	Residence	9.1	10.1	9.5	11.1
杂项商品与服务	Miscellaneous Goods and Services	2.7	2.4	3.7	3.4

2-27 城镇居民家庭平均每人全年消费性支出及构成（2009年）
Capita Annual Consumption Expenditures of Urban Households and Its Composition (2009)

项　目	Item	总平均 Overall Average	最低收入户 Lowest Income Households	困难户 Poor Households	低收入户 Low Income Households	中等偏下户 Lower Middle Income Households
消费支出（元）	**Consumption Expenditure (yuan)**	**12144.06**	**6510.73**	**5129.46**	**7642.77**	**9492.67**
#服务性消费支出	Consumption Expenditure for Services	2997.67	1413.52	1070.66	1696.61	2144.13
食　品	Food	4576.23	2845.42	2367.36	3402.63	4040.14
#粮油类	Grain and Oils	577.95	466.13	425.65	518.83	565.57
#粮　食	Grain	293.78	244.24	221.35	263.06	297.10
肉禽蛋水产品类	Meat, Poultry, Eggs and Aquatic Products	1373.74	954.56	866.46	1170.10	1256.27
#肉　类	Meat	790.94	594.85	556.96	718.39	749.08
蔬菜类	Vegetables	509.10	409.31	378.04	459.13	480.08
糖烟酒饮料类	Sugar,Tobacco,Liquor and Beverages	476.97	275.76	176.91	301.57	427.08
糕点、奶及奶制品	Cakes, Milk and Dairy Products	281.38	146.52	114.13	185.29	248.50
衣　着	Clothing	1503.49	600.40	447.99	755.70	1119.19
#服　装	Garments	1103.76	421.65	310.02	517.57	797.37
家庭设备用品及服务	Household Facilities,Articles and Services	1043.06	457.84	279.48	577.36	725.86
医疗保健	Medicine and Medical Services	982.73	411.23	334.22	714.92	799.62
交通和通讯	Transport and Communications	1189.03	535.34	381.57	577.74	763.71
教育娱乐文化服务	Education,Culture and Recreation Services	1351.90	676.01	540.62	797.23	943.96
#教　育	Education	538.88	424.13	354.54	471.20	431.88
居　住	Residence	1120.60	848.77	716.72	628.56	832.43
#住　房	Housing	385.73	354.66	264.94	112.86	193.39
杂项商品与服务	Miscellaneous Goods and Services	377.02	135.72	61.49	188.63	267.77
消费支出构成（%）	**Composition of Consumption Expenditure (%)**	**100.0**	**100.0**	**100.0**	**100.0**	**100.0**
#服务性消费支出	Consumption Expenditure for Services	24.7	21.7	20.9	22.2	22.6
食　品	Food	37.7	43.7	46.2	44.5	42.6
衣　着	Clothing	12.4	9.2	8.7	9.9	11.8
家庭设备用品及服务	Household Facilities,Articles and Services	8.6	7.0	5.4	7.6	7.6
医疗保健	Medicine and Medical Services	8.1	6.3	6.5	9.4	8.4
交通和通讯	Transport and Communications	9.8	8.2	7.4	7.6	8.0
教育娱乐文化服务	Education,Culture and Recreation Services	11.1	10.4	10.5	10.4	9.9
居　住	Residence	9.2	13.0	14.0	8.2	8.8
杂项商品与服务	Miscellaneous Goods and Services	3.1	2.1	1.2	2.5	2.8

2-27 城镇居民家庭平均每人全年消费性支出及构成（2009 年）
Capita Annual Consumption Expenditures of Urban Households and Its Composition (2009)

项 目	Item	中等收入户 Middle Income Households	中等偏上户 Upper Middle Income Households	高收入户 High Income Households	最高收入户 Highest Income Households
消费支出（元）	**Consumption Expenditure (yuan)**	**11509.11**	**13811.37**	**16783.60**	**22811.45**
#服务性消费支出	Consumption Expenditure for Services	2676.53	3358.99	4668.76	6567.17
食 品	Food	4583.51	5253.60	5861.86	6350.78
#粮油类	Grain and Oils	593.77	615.74	629.08	629.32
#粮 食	Grain	302.94	301.70	321.57	317.50
肉禽蛋水产品类	Meat, Poultry, Eggs and Aquatic Products	1407.23	1560.20	1633.27	1558.59
#肉 类	Meat	824.60	866.55	886.15	823.73
蔬菜类	Vegetables	523.53	559.50	564.30	546.92
糖烟酒饮料类	Sugar,Tobacco,Liquor and Beverages	501.58	528.09	674.60	680.09
糕点、奶及奶制品	Cakes, Milk and Dairy Products	280.93	337.33	353.01	420.58
衣 着	Clothing	1452.42	1791.15	2076.36	3226.41
#服 装	Garments	1051.80	1337.85	1559.75	2433.70
家庭设备用品及服务	Household Facilities,Articles and Services	940.26	1260.07	1413.63	2328.57
医疗保健	Medicine and Medical Services	1078.25	1127.66	1411.03	1287.93
交通和通讯	Transport and Communications	941.11	1304.35	1861.05	3141.27
教育娱乐文化服务	Education,Culture and Recreation Services	1124.57	1513.55	2080.18	3233.06
#教 育	Education	437.66	517.86	825.77	1038.74
居 住	Residence	1041.61	1125.32	1541.57	2340.09
#住 房	Housing	338.57	288.63	554.49	1273.04
杂项商品与服务	Miscellaneous Goods and Services	347.38	435.67	537.91	903.34
消费支出构成（%）	**Composition of Consumption Expenditure (%)**	**100.0**	**100.0**	**100.0**	**100.0**
#服务性消费支出	Consumption Expenditure for Services	23.3	24.3	27.8	28.8
食 品	Food	39.8	38.0	34.9	27.8
衣 着	Clothing	12.6	13.0	12.4	14.1
家庭设备用品及服务	Household Facilities,Articles and Services	8.2	9.1	8.4	10.2
医疗保健	Medicine and Medical Services	9.4	8.2	8.4	5.6
交通和通讯	Transport and Communications	8.2	9.4	11.1	13.8
教育娱乐文化服务	Education,Culture and Recreation Services	9.8	11.0	12.4	14.2
居 住	Residence	9.1	8.1	9.2	10.3
杂项商品与服务	Miscellaneous Goods and Services	3.0	3.2	3.2	4.0

2-28 城镇居民家庭平均每人全年购买的主要商品数量（2008 － 2009 年）
Capita Purchases of Major Commodities in Urban Households (2008-2009)

指　　标	Item	2008	2009
粮食（千克）	Grain (kg)	48.73	51.15
鲜菜（千克）	Fresh Vegetables (kg)	130.87	134.91
食用植物油（千克）	Edible Plant Oil (kg)	13.73	14.19
猪肉（千克）	Pork (kg)	31.56	31.37
牛羊肉（千克）	Beef and Mutton (kg)	2.56	3.21
家禽（千克）	Poultry (kg)	12.66	12.35
鲜蛋（千克）	Fresh Eggs (kg)	9.13	9.09
鱼虾（千克）	Fish and Shrimp (kg)	9.57	9.97
鲜乳品（千克	Fresh Dairy Products (kg)	18.08	17.36
酒类（千克）	Wine (kg)	6.93	7.17
茶叶（千克）	Tea (kg)	0.23	0.30
鲜瓜果（千克）	Fresh Melons and Fruits (kg)	38.24	41.07
服装（件）	Clothing (piece)	6.61	7.34
鞋类（双）	Shoes (pair)	3.02	3.18

2-29 城镇居民家庭平均每百户年末耐用消费品拥有量（2008 — 2009 年）

Number of Durable Consumer Goods Owned per 100 Urban Households at Year-end (2008-2009)

指　标	Item	2008	2009
摩托车（辆）	Motorcycles (vehicle)	8.67	10.97
电冰箱（台）	Refrigerators (unit)	99.96	100.23
洗衣机（台）	Washing Machines (unit)	96.40	96.76
彩色电视机（台）	Color TV Sets (unit)	141.56	144.61
组合音响（套）	Hi-Fi Stereo Component System (set)	32.67	33.69
摄像机（架）	Video Cameras (unit)	7.54	7.32
照相机（架）	Cameras (unit)	33.14	32.87
钢 琴（架）	Pianos (unit)	1.85	1.76
中高档乐器（件）	Medium and High Grade Musical Instruments (piece)	2.62	2.74
微波炉（台）	Micro-wave Ovens (unit)	66.12	66.65
空调器（台）	Air Conditioners (unit)	155.12	151.13
淋浴热水器（台）	Showers (unit)	99.70	99.56
健身器材（套）	Health Equipments (set)	4.15	4.64
家用电脑（台）	Personal Computers (unit)	58.21	62.03
普通电话（部）	Fixed Telephones (unit)	87.71	86.00
移动电话（部）	Mobile Telephones (unit)	176.74	180.50

2-30 各区县城镇居民可支配收入（2009 年）
Disposable Income of Urban Households by Region of Chongqing (2009)

单位：元 / 人 yuan/person

地 区	Region	城镇居民可支配收入 Disposable Income of Urban Households
重庆市	**Chongqing**	**15749**
一小时经济圈	**One Hour Economic Sphere**	
渝中区	Yuzhong District	18063
大渡口区	Dadukou District	17183
江北区	Jiangbei District	17263
沙坪坝区	Shapingba District	17361
九龙坡区	Jiulongpo District	17210
南岸区	Nan'an District	17210
北碚区	Beibei District	17184
渝北区	Yubei District	17187
巴南区	Banan District	17181
万盛区	Wansheng District	11305
双桥区	Shuangqiao District	17185
涪陵区	**Fuling District**	**15109**
长寿区	Changshou District	14927
江津区	Jiangjin District	14939
合川区	Hechuan District	14878
永川区	Yongchuan District	15138
南川区	Nanchuan District	14329
綦江县	Qijiang County	14452
潼南县	Tongnan County	13980
铜梁县	Tongliang County	15503
大足县	**Dazu County**	**14697**
荣昌县	Rongchang County	14918
璧山县	Bishan County	15842
渝东北翼	Northeast of Chongqing	
万州区	Wanzhou District	14918
梁平县	Liangping County	14039
城口县	Chengkou County	11053
丰都县	Fengdu County	12073
垫江县	Dianjiang County	14215
忠县	Zhongxian County	13913
开县	Kaixian County	12385
云阳县	Yunyang County	11233
奉节县	Fengjie County	11261
巫山县	Wushan County	12323
巫溪县	Wuxi County	10323
渝东南翼	Southeast of Chongqing	
黔江区	Qianjiang District	12379
武隆县	Wulong County	13927
石柱县	Shizhu County	12766
秀山县	Xiushan County	13104
酉阳县	Youyang County	10457
彭水县	Pengshui County	11430

2-31 全国各地区城市居民可支配收入（1996-2009 年）
Disposable Income of City Households by Region of the Nation (1996-2009)

单位：元 / 人　　　　yuan/person

地 区	Region	1996 年	1997 年	1998 年	1999 年	2000 年	2001 年	2002 年
全 国	**National Total**	**4838.90**	**5160.32**	**5425.05**	**5854.02**	**6279.98**	**6859.58**	**7702.80**
东部地区	**Eastern Region**							
北 京	Beijing	7332.01	7813.16	8471.98	9182.76	10349.69	11577.78	12462.48
天 津	Tianjin	5937.71	6608.39	7110.54	7649.83	8140.50	8958.71	9337.56
河 北	Hebei	4442.81	4958.67	5084.64	5365.03	5661.16	5984.82	6679.68
辽 宁	Liaoning	4207.23	4518.10	4617.24	4898.61	5357.79	5797.01	6524.52
上 海	Shanghai	8178.48	8438.89	8773.10	10931.64	11718.01	12883.46	13249.80
江 苏	Jiangsu	5185.70	5765.20	6017.85	6538.20	6800.23	7375.10	8177.64
浙 江	Zhejiang	6955.79	7358.72	7836.76	8427.95	9279.16	10464.67	11715.60
福 建	Fujian	5172.90	6143.64	6485.63	6859.81	7432.26	8313.08	9189.36
山 东	Shandong	4690.28	5190.79	5380.08	5808.96	6489.97	7101.08	7614.48
广 东	Guangdong	8157.81	8561.71	8839.68	9125.92	9761.57	10415.19	11137.20
海 南	Hainan	4926.43	4849.93	4852.87	5338.31	5358.32	5838.84	6822.72
中部地区	**Central Region**							
山 西	Shanxi	3702.69	3989.92	4098.73	4343.61	4724.11	5391.05	6234.36
吉 林	Jilin	3805.53	4190.58	4206.64	4480.01	4810.00	5340.46	6260.16
黑龙江	Heilongjiang	3768.31	4090.72	4268.50	4595.14	4912.88	5425.87	6100.32
安 徽	Anhui	4512.77	4599.27	4770.47	5064.60	5293.55	5668.80	6032.40
江 西	Jiangxi	3780.20	4071.32	4251.42	4720.58	5103.58	5506.02	6335.64
河 南	Henan	3755.44	4093.62	4219.42	4532.36	4766.26	5267.42	6245.40
湖 北	Hubei	4364.04	4673.15	4826.36	5212.82	5524.54	5855.98	6788.64
湖 南	Hunan	5052.18	5209.74	5434.26	5815.37	6218.73	6780.56	6958.56
西部地区	**Western Region**							
重 庆	Chongqing	5022.96	5302.05	5442.84	5828.43	6176.30	6572.30	7238.07
四 川	Sichuan	4482.70	4763.26	5127.08	5477.89	5894.27	6360.47	6610.80
贵 州	Guizhou	4221.24	4441.91	4565.39	4934.02	5122.21	5451.91	5944.08
云 南	Yunnan	4977.95	5558.29	6042.78	6178.68	6324.64	6797.71	7240.44
西 藏	Tibet	6556.28	6671.70	6789.15	6908.67	7426.32	7869.00	8079.12
陕 西	Shaanxi	3809.64	4001.30	4220.24	4654.06	5124.24	5483.73	6330.84
甘 肃	Gansu	3553.94	3592.43	4009.61	4475.23	4916.25	5382.91	6151.44
青 海	Qinghai	3834.21	3999.36	4240.13	4703.44	5169.96	5853.73	6170.52
宁 夏	Ningxia	3612.12	3836.54	4112.41	4472.91	4912.40	5544.17	6067.44
新 疆	Xinjiang	4649.06	4844.72	5000.79	5319.76	5644.86	6395.04	6898.56
内蒙古	Inner Mongolia	3431.81	3944.67	4353.02	4770.53	5129.05	5535.89	6051.24
广 西	Guangxi	5033.33	5110.29	5412.24	5619.54	5834.43	6665.73	7315.32

2-31 全国各地区城市居民可支配收入（1996-2009 年）
Disposable Income of City Households by Region of the Nation (1996-2009)

续表 (continued) 单位：元 / 人　　yuan/person

地 区	Region	2003 年	2004 年	2005 年	2006 年	2007 年	2008 年	2009 年
全　国	**National Total**	**8472.20**	**9422.00**	**10499.35**	**11759.45**	**13785.79**	**15780.68**	**17174.65**
东部地区	**Eastern Region**							
北 京	Beijing	13882.62	15637.84	17652.95	19977.52	21988.71	24724.89	26738.48
天 津	Tianjin	10312.91	11467.16	12638.55	14283.09	16357.35	19422.53	21402.01
河 北	Hebei	7239.06	7951.31	9107.09	10304.56	11690.47	13441.09	14718.25
辽 宁	Liaoning	7240.58	8007.56	9107.55	10369.61	12300.39	14392.69	15761.38
上 海	Shanghai	14867.49	16682.82	18645.03	20667.91	23622.73	26674.90	28837.78
江 苏	Jiangsu	9262.46	10481.93	12318.57	14084.26	16378.01	18679.52	20551.72
浙 江	Zhejiang	13179.53	14546.38	16293.77	18265.10	20573.82	22726.66	24610.81
福 建	Fujian	9999.54	11175.37	12321.31	13753.28	15505.42	17961.45	19576.83
山 东	Shandong	8399.91	9437.80	10744.79	12192.24	14264.70	16305.41	17811.04
广 东	Guangdong	12380.43	13627.65	14769.94	16015.58	17699.30	19732.86	21574.72
海 南	Hainan	7259.25	7735.78	8123.94	9395.13	10996.87	12607.84	13750.85
中部地区	**Central Region**							
山 西	Shanxi	7005.03	7902.86	8913.91	10027.70	11564.95	13119.05	13996.55
吉 林	Jilin	7005.17	7840.61	8690.62	9775.07	11285.52	12829.45	14006.27
黑龙江	Heilongjiang	6678.90	7470.71	8272.51	9182.31	10245.28	11581.28	12565.98
安 徽	Anhui	6778.03	7511.43	8470.68	9771.05	11473.58	12990.35	14085.74
江 西	Jiangxi	6901.42	7559.64	8619.66	9551.12	11451.69	12866.44	14021.54
河 南	Henan	6926.12	7704.90	8667.97	9810.26	11477.05	13231.11	14371.56
湖 北	Hubei	7321.98	8022.75	8785.94	9802.65	11485.80	13152.86	14367.48
湖 南	Hunan	7674.20	8617.48	9523.97	10504.67	12293.54	13821.16	15084.31
西部地区	**Western Region**							
重 庆	Chongqing	8093.67	9220.96	10243.99	11569.74	12590.78	14367.55	15748.67
四 川	Sichuan	7041.87	7709.87	8385.96	9350.11	11098.28	12633.38	13839.40
贵 州	Guizhou	6569.23	7322.05	8151.13	9116.61	10678.40	11758.76	12862.53
云 南	Yunnan	7643.57	8870.88	9265.90	10069.89	11496.11	13250.22	14423.93
西 藏	Tibet	8765.45	9167.42	9431.18	8941.08	11130.93	12481.51	13544.41
陕 西	Shaanxi	6806.35	7492.47	8272.02	9267.70	10763.34	12857.89	14128.76
甘 肃	Gansu	6657.24	7376.74	8086.82	8920.59	10012.34	10969.41	11929.78
青 海	Qinghai	6745.32	7319.67	8057.85	9000.35	10276.06	11648.30	12691.85
宁 夏	Ningxia	6530.48	7217.87	8093.64	9177.26	10859.33	12931.53	14024.70
新 疆	Xinjiang	7173.54	7503.42	7990.15	8871.27	10313.44	11432.10	12257.52
内蒙古	Inner Mongolia	7012.90	8122.99	9136.79	10357.99	12377.84	14430.84	15849.19
广 西	Guangxi	7785.04	8689.99	9286.70	9898.75	12200.44	14146.04	15451.48

注：此表 2007 年起重庆数据为城镇居民数据．
Note:In this table the data of Chongqing since 2007 refers to the data of urban Households.

2-32 全国各地区城市居民收入构成(2009年)
Income Composition of City Households by Region of the Nation (2009)

单位：元/人、%　　　　yuan/person, %

地 区	Region	总收入 Total Income	按来源分 By Sources			
			工资性收入 Income from Wages and Salaries	经营净收入 Net Business Income	财产性收入 Income from Properties	转移性收入 Income from Transfer
全 国	**National Total**	**18858.09**	**12382.11**	**1528.68**	**431.84**	**4515.45**
东部地区	**Eastern Region**					
北 京	Beijing	30673.68	21105.61	1095.45	586.72	7885.90
天 津	Tianjin	23565.67	14389.10	847.23	305.31	8024.04
河 北	Hebei	15675.75	9830.57	977.23	193.71	4674.23
辽 宁	Liaoning	17757.70	10420.60	1553.18	239.81	5544.11
上 海	Shanghai	32402.97	23172.36	1434.88	473.40	7322.32
江 苏	Jiangsu	22494.94	13480.72	2139.83	381.71	6492.69
浙 江	Zhejiang	27119.30	16701.04	3294.48	1414.52	5709.26
福 建	Fujian	21692.35	14211.49	2054.95	1172.76	4253.15
山 东	Shandong	19336.91	13985.83	1379.02	412.76	3559.30
广 东	Guangdong	24116.46	16898.88	2459.83	736.55	4021.20
海 南	Hainan	14909.28	9678.65	1531.70	424.46	3274.46
中部地区	**Central Region**					
山 西	Shanxi	14983.15	9741.38	944.42	252.39	4044.97
吉 林	Jilin	15155.16	9482.13	1307.31	145.73	4219.98
黑龙江	Heilongjiang	13689.85	8356.66	1224.29	88.94	4019.96
安 徽	Anhui	15691.94	10362.39	1023.48	272.87	4033.20
江 西	Jiangxi	15047.19	9789.79	1153.45	239.83	3864.13
河 南	Henan	15408.04	9910.46	1202.69	164.85	4130.05
湖 北	Hubei	15698.11	10331.51	1232.29	296.63	3837.68
湖 南	Hunan	16078.12	9854.09	1744.37	419.17	4060.49
西部地区	**Western Region**					
重 庆	Chongqing	16990.30	11824.00	1018.76	253.98	3893.57
四 川	Sichuan	15323.76	10132.43	1132.13	305.38	3753.81
贵 州	Guizhou	13793.38	9005.57	1135.05	134.34	3518.42
云 南	Yunnan	15680.27	9641.68	1092.29	1043.93	3902.38
西 藏	Tibet	14978.95	13326.40	378.07	218.30	1056.18
陕 西	Shaanxi	15311.29	10775.37	544.30	152.30	3839.30
甘 肃	Gansu	12918.04	9182.24	690.41	59.49	2985.90
青 海	Qinghai	14150.25	9341.26	835.48	45.70	3927.81
宁 夏	Ningxia	15550.75	9597.11	2036.14	281.15	3636.36
新 疆	Xinjiang	13602.18	10232.91	974.62	115.77	2278.88
内蒙古	Inner Mongolia	16951.35	11267.40	1737.04	363.81	3583.10
广 西	Guangxi	17032.89	11193.64	1385.85	493.36	3960.05

注：此表重庆数据为城镇居民收入数据.
Note:In this table the data of Chongqing refers to the income of urban households.

2-32 全国各地区城市居民收入构成 (2009 年)
Income Composition of City Households by Region of the Nation (2009)

续表 (continued) 单位：元 / 人、%

yuan/person, %

地区	Region	收入构成 Composition of Income			
		工资性收入 Income from Wages and Salaries	经营净收入 Net Business Income	财产性收入 Income from Properties	转移性收入 Income from Transfer
全 国	**National Total**	**65.66**	**8.11**	**2.29**	**23.94**
东部地区	**Eastern Region**				
北 京	Beijing	68.81	3.57	1.91	25.71
天 津	Tianjin	61.06	3.60	1.30	34.05
河 北	Hebei	62.71	6.23	1.24	29.82
辽 宁	Liaoning	58.68	8.75	1.35	31.22
上 海	Shanghai	71.51	4.43	1.46	22.60
江 苏	Jiangsu	59.93	9.51	1.70	28.86
浙 江	Zhejiang	61.58	12.15	5.22	21.05
福 建	Fujian	65.51	9.47	5.41	19.61
山 东	Shandong	72.33	7.13	2.13	18.41
广 东	Guangdong	70.07	10.20	3.05	16.67
海 南	Hainan	64.92	10.27	2.85	21.96
中部地区	**Central Region**				
山 西	Shanxi	65.02	6.30	1.68	27.00
吉 林	Jilin	62.57	8.63	0.96	27.85
黑龙江	Heilongjiang	61.04	8.94	0.65	29.36
安 徽	Anhui	66.04	6.52	1.74	25.70
江 西	Jiangxi	65.06	7.67	1.59	25.68
河 南	Henan	64.32	7.81	1.07	26.80
湖 北	Hubei	65.81	7.85	1.89	24.45
湖 南	Hunan	61.29	10.85	2.61	25.25
西部地区	**Western Region**				
重 庆	Chongqing	69.59	6.00	1.49	22.92
四 川	Sichuan	66.12	7.39	1.99	24.50
贵 州	Guizhou	65.29	8.23	0.97	25.51
云 南	Yunnan	61.49	6.97	6.66	24.89
西 藏	Tibet	88.97	2.52	1.46	7.05
陕 西	Shaanxi	70.38	3.55	0.99	25.07
甘 肃	Gansu	71.08	5.34	0.46	23.11
青 海	Qinghai	66.01	5.90	0.32	27.76
宁 夏	Ningxia	61.71	13.09	1.81	23.38
新 疆	Xinjiang	75.23	7.17	0.85	16.75
内蒙古	Inner Mongolia	66.47	10.25	2.15	21.14
广 西	Guangxi	65.72	8.14	2.90	23.25

注：此表重庆数据根据城镇居民数据计算.

Note:In this table the data of Chongqing refers to the data of urban households.

2-33 全国各地区城市居民消费性支出（1996-2009 年）
Consumption Expenditure of City Households by Region of the Nation (1996-2009)

单位：元 / 人　　　　yuan/person

地 区	Region	1996 年	1997 年	1998 年	1999 年	2000 年	2001 年	2002 年
全　国	**National Total**	**3919.47**	**4185.64**	**4331.61**	**4615.91**	**4998.00**	**5309.01**	**6029.88**
东部地区	**Eastern Region**							
北 京	Beijing	5729.52	6531.81	6970.83	7498.48	8493.49	8922.72	10284.60
天 津	Tianjin	4679.61	5204.15	5471.01	5851.53	6121.04	6987.22	7191.96
河 北	Hebei	3424.35	4003.71	3834.43	4026.30	4348.47	4479.75	5069.04
辽 宁	Liaoning	3493.02	3719.91	3890.74	3989.93	4356.06	4654.42	5342.64
上 海	Shanghai	6763.12	6819.94	6866.41	8247.69	8868.19	9336.10	10464.00
江 苏	Jiangsu	4057.50	4533.57	4889.43	5010.91	5323.18	5532.74	6042.60
浙 江	Zhejiang	5764.27	6170.14	6217.93	6521.54	7020.22	7952.39	8713.08
福 建	Fujian	4248.47	4935.95	5181.45	5266.69	5638.74	6015.11	6631.68
山 东	Shandong	3770.99	4040.63	4143.96	4515.05	5022.00	5252.41	5596.44
广 东	Guangdong	6736.09	6853.48	7054.09	7517.81	8016.91	8099.63	8988.12
海 南	Hainan	3815.28	3908.57	3832.44	4017.75	4082.56	4367.85	5459.64
中部地区	**Central Region**							
山 西	Shanxi	3035.59	3228.71	3267.70	3492.98	3941.87	4123.01	4710.96
吉 林	Jilin	3037.32	3408.03	3449.74	3661.68	4020.87	4337.22	4973.88
黑龙江	Heilongjiang	3110.92	3213.42	3303.15	3481.74	3824.44	4192.36	4461.96
安 徽	Anhui	3607.43	3693.55	3777.41	3901.81	4232.98	4517.65	4736.52
江 西	Jiangxi	2942.11	3199.61	3266.81	3482.33	3623.56	3894.51	4549.32
河 南	Henan	3009.35	3378.02	3415.65	3497.53	3830.71	4110.17	4504.68
湖 北	Hubei	3713.51	3855.59	4074.38	4340.55	4644.50	4804.79	5608.92
湖 南	Hunan	4098.26	4317.16	4370.95	4799.51	5218.79	5546.22	5574.72
西部地区	**Western Region**							
重 庆	Chongqing	4467.12	4919.63	4956.80	5376.69	5471.70	5724.90	6360.24
四 川	Sichuan	3787.59	4092.59	4382.59	4499.19	4855.78	5176.17	5413.08
贵 州	Guizhou	3572.78	3555.69	3799.38	3964.35	4278.28	4273.90	4598.28
云 南	Yunnan	4007.48	4537.08	5032.67	4941.26	5185.31	5252.60	5827.92
西 藏	Tibet	4536.68			5309.12	5554.42	5994.39	
陕 西	Shaanxi	3211.24	3462.33	3538.52	3953.25	4276.67	4637.74	5378.04
甘 肃	Gansu	2838.52	2946.27	3099.36	3681.50	4126.47	4420.31	5064.24
青 海	Qinghai	3177.78	3300.49	3580.47	3903.76	4185.73	4698.59	5042.52
宁 夏	Ningxia	3038.95	3271.32	3379.82	3547.99	4200.50	4595.40	5104.92
新 疆	Xinjiang	3457.14	3887.06	3714.10	4163.98	4422.93	4931.40	5636.40
内蒙古	Inner Mongolia	2767.84	3032.30	3105.74	3468.99	3927.75	4195.62	4859.88
广 西	Guangxi	4339.42	4452.70	4381.09	4587.22	4852.31	5224.73	5413.44

2-33 全国各地区城市居民消费性支出（1996-2009 年）
Consumption Expenditure of City Households by Region of the Nation (1996-2009)

续表 (continued) 单位：元 / 人 yuan/person

地 区	Region	2003 年	2004 年	2005 年	2006 年	2007 年	2008 年	2009 年
全 国	**National Total**	**6510.94**	**7182.00**	**7942.88**	**8696.55**	**9997.47**	**11242.80**	**12264.55**
东部地区	**Eastern Region**							
北 京	Beijing	11123.84	12200.00	13244.20	14825.41	15330.44	16460.26	17893.30
天 津	Tianjin	7867.53	8802.00	9653.26	10548.05	12028.88	13422.47	14801.35
河 北	Hebei	5439.77	5819.00	6699.67	7343.49	8234.97	9086.73	9678.75
辽 宁	Liaoning	6077.92	6543.00	7369.27	7987.49	9429.73	11231.48	12324.58
上 海	Shanghai	11040.34	12631.00	13773.41	14761.75	17255.38	19397.89	20992.35
江 苏	Jiangsu	6708.58	7332.00	8621.82	9628.59	10715.15	11977.55	13153.00
浙 江	Zhejiang	9712.89	10636.00	12253.74	13348.51	14091.19	15158.30	16683.48
福 建	Fujian	7356.26	8161.00	8794.41	9807.71	11055.13	12501.12	13450.57
山 东	Shandong	6069.35	6674.00	7457.31	8468.40	9666.61	11006.61	12012.74
广 东	Guangdong	9636.27	10695.00	11809.87	12432.22	14336.87	15527.97	16857.50
海 南	Hainan	5502.43	5802.00	5928.79	7126.78	8292.89	9408.48	10086.65
中部地区	**Central Region**							
山 西	Shanxi	5105.38	5654.00	6342.63	7170.94	8101.84	8806.55	9355.10
吉 林	Jilin	5492.10	6069.00	6794.71	7352.64	8560.30	9729.05	10914.44
黑龙江	Heilongjiang	5015.19	5568.00	6178.01	6655.43	7519.28	8622.97	9629.60
安 徽	Anhui	5064.34	5711.00	6367.67	7294.73	8531.90	9524.04	10233.98
江 西	Jiangxi	4914.55	5338.00	6109.39	6645.54	7810.73	8717.37	9739.99
河 南	Henan	4941.60	5294.00	6038.02	6685.18	7826.72	8837.46	9566.99
湖 北	Hubei	5963.25	6399.00	6736.56	7397.32	8701.18	9477.51	10294.07
湖 南	Hunan	6082.62	6885.00	7504.99	8169.30	8990.72	9945.52	10828.23
西部地区	**Western Region**							
重 庆	Chongqing	7118.06	7973.00	8623.29	9398.69	9890.31	11146.80	12144.06
四 川	Sichuan	5759.21	6371.00	6891.27	7524.81	8691.99	9679.14	10860.20
贵 州	Guizhou	4948.98	5494.00	6159.29	6848.39	7758.69	8349.21	9048.29
云 南	Yunnan	6023.56	6837.00	6996.90	7379.81	7921.83	9076.61	10201.81
西 藏	Tibet	8045.34	8338.00	8617.11	6192.57	7532.07	8323.54	9034.31
陕 西	Shaanxi	5666.54	6233.00	6656.46	7553.28	8427.06	9772.07	10705.67
甘 肃	Gansu	5298.91	5937.00	6529.20	6974.21	7875.78	8308.62	8890.79
青 海	Qinghai	5400.24	5759.00	6245.26	6530.11	7512.39	8203.17	8786.52
宁 夏	Ningxia	5330.34	5821.00	6404.31	7205.57	7817.28	9558.29	10280.00
新 疆	Xinjiang	5540.61	5774.00	6207.52	6730.01	7874.27	8669.36	9327.55
内蒙古	Inner Mongolia	5419.14	6219.00	6928.60	7666.61	9281.46	10827.04	12369.87
广 西	Guangxi	5763.50	6446.00	7032.80	6791.95	8151.26	9627.40	10352.38

注：此表 2007 年起重庆数据为城镇居民数据．

Note:In this table the data of Chongqing since 2007 refers to consumption expenditure of urban households.

2-34 全国各地区城市居民消费性支出构成(2009 年)

Composition of Consumption Expenditure of City Households by Region of the Nation (2009)

单位：元/人 yuan/person

地 区	Region	生活消费总支出 Total Consumption Expenditure	1. 食品支出 Food	2. 衣着支出 Clothing	3. 居住支出 Residence	家庭设备用品及服务支出 Household Facilities, Articles and Services
全 国	**National Total**	**12264.55**	**4478.54**	**1284.20**	**1228.91**	**786.94**
东部地区	**Eastern Region**					
北 京	Beijing	17893.30	5936.11	1795.68	1290.22	1225.68
天 津	Tianjin	14801.35	5404.53	1362.56	1505.70	911.92
河 北	Hebei	9678.75	3250.77	1190.19	1142.83	628.49
辽 宁	Liaoning	12324.58	4680.85	1338.84	1293.00	607.51
上 海	Shanghai	20992.35	7344.83	1593.08	1913.22	1365.39
江 苏	Jiangsu	13153.00	4773.67	1297.95	1148.85	923.32
浙 江	Zhejiang	16683.48	5604.72	1614.66	1485.90	828.96
福 建	Fujian	13450.57	5336.36	1171.88	1394.91	859.06
山 东	Shandong	12012.74	3954.34	1548.75	1280.04	885.04
广 东	Guangdong	16857.50	6225.22	1064.33	1814.00	1052.57
海 南	Hainan	10086.65	4507.81	581.66	1000.32	585.72
中部地区	**Central Region**					
山 西	Shanxi	9355.10	3071.93	1162.00	1319.45	563.82
吉 林	Jilin	10914.44	3637.32	1419.12	1394.94	543.69
黑龙江	Heilongjiang	9629.60	3397.41	1403.72	1026.77	547.87
安 徽	Anhui	10233.98	4051.40	1080.06	1219.83	589.73
江 西	Jiangxi	9739.99	3881.56	1053.01	935.44	761.85
河 南	Henan	9566.99	3272.75	1270.74	1004.37	684.79
湖 北	Hubei	10294.07	4160.51	1210.32	999.49	759.24
湖 南	Hunan	10828.23	4174.55	1146.25	1074.69	798.40
西部地区	**Western Region**					
重 庆	Chongqing	12144.06	4576.23	1503.49	1120.60	1043.06
四 川	Sichuan	10860.20	4391.73	1178.38	973.02	679.16
贵 州	Guizhou	9048.29	3755.61	1012.14	747.57	589.35
云 南	Yunnan	10201.81	4460.58	1102.14	943.67	393.22
西 藏	Tibet	9034.31	4581.60	1086.42	689.76	356.86
陕 西	Shaanxi	10705.67	3988.57	1209.96	1018.23	683.51
甘 肃	Gansu	8890.79	3359.30	1169.70	801.21	559.06
青 海	Qinghai	8786.52	3548.85	1043.40	790.50	505.32
宁 夏	Ningxia	10280.00	3432.23	1260.58	1128.12	636.88
新 疆	Xinjiang	9327.55	3386.33	1357.05	856.78	552.50
内蒙古	Inner Mongolia	12369.87	3772.63	1857.19	1246.21	797.77
广 西	Guangxi	10352.38	4129.55	855.60	1021.11	754.79

注：此表重庆数据为城镇居民消费性支出数据.
Note:In this table the data of Chongqing refers to consumption expenditure of urban households.

2-34 全国各地区城市居民消费性支出构成(2009 年)
Composition of Consumption Expenditure of City Households by Region of the Nation (2009)

续表 (continued) 单位：元 / 人 yuan/person

地 区	Region	5. 医疗保健支出 Medical Care	6. 交通和通讯支出 Transport and Communications	7. 文教娱乐用品及服务支出 Education,Culture and Recreation Services	8. 其他商品及服务支出 Miscellaneous Goods and Services
全 国	**National Total**	**856.41**	**1682.57**	**1472.76**	**474.21**
东部地区	**Eastern Region**				
北 京	Beijing	1389.45	2767.85	2654.98	833.32
天 津	Tianjin	1273.38	1968.37	1740.85	634.05
河 北	Hebei	971.29	1151.15	982.21	361.83
辽 宁	Liaoning	1018.44	1493.17	1283.68	609.09
上 海	Shanghai	1002.14	3498.65	3138.98	1136.06
江 苏	Jiangsu	808.37	1721.87	1968.03	510.94
浙 江	Zhejiang	984.62	3290.63	2295.32	578.67
福 建	Fujian	591.50	1993.77	1504.96	598.13
山 东	Shandong	885.16	1719.68	1332.97	406.75
广 东	Guangdong	925.62	2979.88	2168.88	627.01
海 南	Hainan	604.15	1548.76	961.95	296.28
中部地区	**Central Region**				
山 西	Shanxi	789.92	1095.77	1070.60	281.61
吉 林	Jilin	1120.44	1305.45	1028.06	465.42
黑龙江	Heilongjiang	978.79	922.77	956.85	395.41
安 徽	Anhui	716.87	1013.38	1225.36	337.36
江 西	Jiangxi	550.25	1145.16	1066.94	345.78
河 南	Henan	875.52	1033.99	1048.14	376.70
湖 北	Hubei	694.61	953.69	1208.46	307.75
湖 南	Hunan	784.66	1233.82	1207.72	408.14
西部地区	**Western Region**				
重 庆	Chongqing	982.73	1189.03	1351.90	377.02
四 川	Sichuan	648.31	1416.49	1150.73	422.38
贵 州	Guizhou	535.43	983.13	1146.35	278.71
云 南	Yunnan	708.78	1587.19	798.69	207.53
西 藏	Tibet	352.31	1062.83	465.84	438.68
陕 西	Shaanxi	863.36	1071.48	1430.22	440.35
甘 肃	Gansu	746.77	894.35	1025.47	334.95
青 海	Qinghai	701.37	975.91	889.32	331.86
宁 夏	Ningxia	921.86	1363.63	1075.88	460.82
新 疆	Xinjiang	684.01	1198.65	855.53	436.70
内蒙古	Inner Mongolia	992.73	1557.03	1504.36	641.96
广 西	Guangxi	538.17	1598.68	1111.13	343.33

注：此表重庆数据为城镇居民数据 .
Note:In this table the data of Chongqing refers to consumption expenditure of urban households.

2-35 农村居民家庭基本情况（1978-2009 年）
Basic Information of Rural Households (1978-2009)

年份 Year	调查户数（户）Number of Households Surveyed (household)	常住人口（人 / 户）Avergae Number of Permanent Residents (person/ household)	参加养老保险人数人 / 户）Number of person in endowment insurance (person/ household)	参加医疗保险人数（人 / 户）Number of person in medical insurance (person/ household)	整、半劳动力（人 / 户）Average Number of Full/ Semi Labour Force(person/ household)	#整劳动力（人 / 户）Average Number of Full Labour Force (person/ household)	平均每个劳动力负担人口（人）Average Number of Dependents per Labour Force (person)
1978	130	5.07			2.32		2.18
1979	170	4.86			2.29		2.13
1980	330	4.85			2.41		2.02
1981	350	4.87			2.50		1.95
1982	370	4.88			2.45		1.99
1983	560	5.19			2.96		1.75
1984	740	5.03			2.90		1.74
1985	1540	4.63			2.81		1.65
1986	1540	4.58			2.85		1.61
1987	1540	4.51			2.87		1.57
1988	1540	4.40			2.89		1.53
1989	1540	4.31			2.92		1.47
1990	1800	4.21			2.93		1.44
1991	1800	4.20			2.88		1.46
1992	1800	4.12			2.88		1.43
1993	1800	4.05			2.90		1.39
1994	1800	3.98			2.88		1.38
1995	1800	3.90			2.83	2.35	1.38
1996	1800	3.85			2.70	2.24	1.43
1997	1800	3.82			2.69	2.01	1.42
1998	1800	3.71			2.61		1.42
1999	1800	3.68			2.59		1.42
2000	1800	3.70			2.63	1.85	1.41
2001	1800	3.66			2.56	1.78	1.43
2002	1800	3.65			2.62	1.75	1.39
2003	1800	3.65			2.69	1.73	1.36
2004	1800	3.67	0.04	0.08	2.72	1.71	1.35
2005	1800	3.71	0.05	0.19	2.80	1.74	1.33
2006	1800	3.68	0.06	1.36	2.80	1.75	1.31
2007	1800	3.67	0.01	3.38	2.80	1.74	1.31
2008	1800	3.70	0.03	3.58	2.80	1.69	1.30
2009	1800	3.61	-	-	2.78	1.64	1.31

2-36 农村劳动力性别和年龄状况（2003-2009 年）
Composition of Rural Labour Force by Age and Sex (2003-2009)

单位：%　　%

年份 Year	年龄结构 By Age					性别结构 By Sex	
	20 岁以下 Below Age of 20	21-30 岁 21-30	31-40 岁 31-40	41-50 岁 41-50	51 岁以上 Above Age of 51	男 Male	女 Female
2003	7.4	18.7	26.1	20.6	27.2	53.1	46.9
2004	7.4	17.9	25.1	20.2	29.4	53.1	46.9
2005	7.5	16.2	25.6	20.8	29.9	52.2	47.8
2006	6.8	15.2	25.5	20.5	32.0	52.2	47.8
2007	5.7	15.1	24.7	20.9	33.6	52.2	47.8
2008	4.5	15.7	23.0	21.6	35.1	52.2	47.8
2009	4.5	15.3	21.4	22.7	36.1	52.2	47.8

2-37 农村劳动力文化状况（1997-2009 年）
Composition of Rural Labour Force by Education Background (1997-2009)

单位：%、年　　%, year

年份 Year	劳动力文化结构 Composition of Labour Force by Education Background						人均受教育年限 Average Capita Educated Years
	不识字 Illiteracy	小学 Primary School	初中 Junior Secondary School	高中 Senior Secondary School	中专 Secondary Technical School	大专及以上 Junior College and Above	
1997	7.1	45.3	41.5	5.2	0.6	0.2	7.19
1998	6.9	45.1	41.5	5.5	0.9	0.2	7.24
1999	6.2	45.1	42.3	5.3	0.9	0.2	7.29
2000	6.2	43.4	42.9	5.7	1.5	0.3	7.38
2001	6.6	41.6	44.2	5.8	1.4	0.4	7.40
2002	6.6	41.3	44.3	6.0	1.6	0.3	7.42
2003	6.9	40.1	46.5	4.9	1.4	0.3	7.39
2004	7.5	37.6	47.1	6.0	1.4	0.4	7.45
2005	6.1	37.2	47.6	6.4	2.0	0.7	7.63
2006	6.0	35.3	49.1	6.6	2.2	0.8	7.72
2007	5.8	35.5	49.2	6.4	2.2	0.8	7.72
2008	6.5	36.9	46.9	6.4	2.5	1.0	7.71
2009	6.7	35.0	47.6	7.3	2.2	1.2	7.67

2-38 农村居民经营耕地和拥有固定资产（1978-2009年）
Cultivated Land and Fixed Assets Owned in Rural Households（1978-2009）

单位：亩/人、元/户 mu/person、yuan/household

年份 Year	经营耕地面积 Area of Cultivated Land	年末拥有生产性固定资产原值 Original Value of Productive Fixed Assets Owned at Year-end			
		合计 Total	一产业 Primary Industry	二产业 Secondary Industry	三产业 Tertiary Industry
1978	0.89	18.14			
1979	0.74	15.99			
1980	0.78	13.52			
1981	0.89	18.19			
1982	0.86	41.65			
1983	1.09	73.28			
1984	1.11	81.10			
1985	1.14	97.91			
1986	1.15	109.01			
1987	1.15	118.56			
1988	1.14	135.30			
1989	1.13	126.98			
1990	1.01	131.80			
1991	0.99	168.34			
1992	0.98	194.01			
1993	1.00	245.68			
1994	0.95	271.09			
1995	0.95	343.93			
1996	0.93	477.80			
1997	0.92	482.16			
1998	0.99	490.11			
1999	0.99	489.84			
2000	1.02	544.00	424.91	31.62	87.47
2001	1.01	615.61	500.01	27.16	88.44
2002	1.00	650.96	515.58	31.22	104.16
2003	0.95	694.04	558.19	10.99	124.86
2004	0.95	711.81	599.17	13.55	99.10
2005	0.96	837.34	686.05	95.12	56.17
2006	0.99	910.84	756.17	14.88	139.78
2007	1.01	1053.80	884.52	18.87	150.41
2008	1.02	1184.71	981.05	20.86	182.80
2009	1.09	1266.11	1060.03	23.36	182.72

2-39 农村居民主要农副产品出售量（1978-2009 年）
Quantity of Sales in Major Agricultural and Subsidiary Products in Rural Households (1978-2009)

单位：千克 / 人　　kg/person

年份 Year	粮食 Grain	# 稻谷 Rice	油菜籽 Rapeseeds	蔬菜 Vegetables	水果 Fruits	猪 Pigs	家禽 Poultry	禽蛋 Eggs	水产品 Aquatic Products
1978	13.7		0.05	30.7	1.0	13.3	0.27	1.15	0.21
1979	15.2		0.06	35.6	1.3	15.4	0.31	1.21	0.27
1980	22.8		0.08	39.1	1.5	16.5	0.38	1.23	0.29
1981	23.4		0.84	54.3	1.8	16.9	0.42	1.16	0.35
1982	27.6		1.53	62.0	3.4	18.4	0.51	1.19	0.33
1983	101.6		5.78	117.7	16.3	22.2	0.92	1.41	0.42
1984	104.5		4.20	101.0	20.9	24.8	1.04	1.96	0.55
1985	80.4		4.42	93.4	11.3	28.5	1.21	2.09	0.71
1986	89.6		4.84	99.0	12.4	29.4	1.05	2.05	1.44
1987	85.4		4.65	90.4	11.6	28.7	1.12	1.97	1.37
1988	81.7		4.99	85.7	10.8	27.4	0.97	1.95	0.98
1989	72.9		4.46	71.7	9.6	25.3	0.94	1.90	0.61
1990	70.0		6.74	45.8	20.6	23.7	0.92	1.80	0.58
1991	58.5		7.88	79.6	27.4	30.5	1.04	1.70	0.47
1992	45.2		5.37	64.7	13.1	32.7	1.50	1.88	0.44
1993	36.1		3.12	77.6	30.4	31.3	1.64	2.01	1.03
1994	44.5		2.17	62.8	39.1	31.7	1.36	1.66	1.35
1995	52.7		3.85	55.8	33.2	31.4	1.22	1.14	1.76
1996	49.0		3.22	52.1	28.1	36.2	1.34	1.32	1.46
1997	43.8		2.26	47.2	27.6	33.2	1.57	1.04	1.61
1998	49.6		3.51	71.8	32.0	33.7	1.77	1.14	2.29
1999	44.5		2.82	78.1	33.3	34.4	2.60	1.20	2.45
2000	58.3	41.3	4.43	66.0	17.4	41.8	4.80	2.10	4.23
2001	72.6	54.8	3.17	64.7	20.5	37.5	3.62	1.47	4.23
2002	60.6	47.0	3.70	57.9	20.8	38.9	3.92	1.56	3.69
2003	72.5	56.7	5.27	70.0	25.7	45.5	4.69	1.32	5.07
2004	68.6	54.2	4.65	107.3	19.1	50.6	3.03	1.16	5.79
2005	69.7	50.1	6.05	104.8	25.4	48.9	5.65	1.04	6.15
2006	64.7	47.6	3.07	118.0	42.3	47.7	3.90	1.46	3.82
2007	77.6	58.4	3.88	131.6	40.7	40.5	3.92	4.10	3.71
2008	76.2	55.2	4.81	113.9	45.0	41.5	3.59	2.37	3.75
2009	103.0	75.6	4.88	148.1	45.2	48.9	4.49	7.89	6.04

2-40 农村居民主要食品消费量（1978-2009 年）
Consumption of Major Foods by Rural Households (1978-2009)

单位：千克 / 人　　kg/person

年份 Year	粮食 Grain	#稻谷 Rice	食用油 Cooking oil	#植物油 Vegetable Oil	蔬菜及制品 Vegetables and Processed Products	水果 Fruits	肉禽及制品 Meat, Poultry and Processed Products
1978	304.24		3.09		165.34		21.26
1979	364.29		3.46		173.59		25.14
1980	295.29		3.25		122.16		23.25
1981	314.89		4.25		168.29		30.02
1982	289.99		3.92		168.85		24.58
1983	314.85		4.54		202.13		31.12
1984	326.50		4.55		198.40		31.48
1985	298.87		3.70		192.30		22.47
1986	266.00		4.25		180.92		22.73
1987	268.83		3.67		116.22		20.09
1988	265.92		3.52		155.80		20.20
1989	253.20		3.40		163.25		21.87
1990	253.52		3.56		163.83		21.50
1991	250.27		5.18		172.45		24.03
1992	226.96		5.14		162.91		24.66
1993	256.39		6.36		123.80		21.82
1994	263.09		4.99		144.46		21.81
1995	248.86		4.86		147.46		23.54
1996	245.23		5.34		149.90		25.85
1997	245.50		5.46		173.02		25.30
1998	237.13		5.79		171.83		27.28
1999	236.49		5.88		166.11		29.12
2000	210.00	170.87	5.59	1.70	175.60	8.35	28.55
2001	218.04	177.49	6.61	2.76	158.51	10.94	27.22
2002	228.79	189.14	6.67	2.62	157.28	10.15	28.14
2003	216.51	186.68	3.34	2.17	154.70	9.06	30.27
2004	213.66	183.28	3.08	1.95	166.85	12.07	30.74
2005	217.09	182.27	4.49	3.39	152.33	10.15	34.11
2006	205.93	176.85	4.08	2.24	144.46	9.36	33.73
2007	194.60	166.70	4.73	3.00	144.41	9.65	31.10
2008	191.38	163.41	4.83	3.07	135.37	10.53	30.62
2009	196.88	158.28	5.22	3.43	122.74	10.88	33.54

2-40 农村居民主要食品消费量（1978-2009 年）
Consumption of Major Foods by Rural Households (1978-2009)

续表 (continued) 单位：千克 / 人　　kg/person

年份 Year	# 猪肉 Pork	家禽 Poultry	蛋类 Eggs	奶及奶制品 Milk and Dairy Products	水产品 Aquatic Products	食糖 Sugar	酒 Liquor
1978		0.45	0.92		0.26		1.55
1979		0.68	1.40		0.40		2.32
1980		0.45	1.68		0.43		3.12
1981		1.09	2.34		0.65		5.13
1982		0.60	2.33		0.48		7.51
1983		1.01	2.63		0.49		6.01
1984		1.40	3.41		0.68		5.37
1985		0.70	2.17		0.24		5.51
1986		0.73	1.90		0.31		5.92
1987		0.63	2.14		0.36		5.56
1988		0.52	1.95		0.35		6.22
1989		0.68	2.03		0.39		4.11
1990		0.51	2.24		0.38		4.01
1991		0.53	2.66		0.42		4.48
1992		0.57	2.68		0.33		4.63
1993		0.72	2.61		0.53		6.21
1994		0.75	2.88		0.71		7.15
1995		0.80	2.75		0.64		5.65
1996		1.14	3.15		0.89		6.24
1997		1.39	3.39		1.12		6.39
1998		1.64	4.35		1.21		6.50
1999		1.80	4.99		1.60		6.77
2000	26.35	2.01	4.58	0.06	1.47	2.22	7.26
2001	25.02	2.10	4.63	0.09	1.63	2.50	8.65
2002	25.65	2.33	4.60	0.26	1.70	4.40	7.93
2003	27.91	2.21	3.98	0.18	1.84	2.44	7.98
2004	27.85	2.78	6.10	0.18	2.05	2.27	8.50
2005	30.08	3.82	6.53	0.49	2.20	1.95	10.40
2006	30.29	3.34	6.87	0.77	2.28	1.91	12.26
2007	27.51	3.45	5.77	1.21	3.13	2.03	12.53
2008	25.31	4.22	6.16	1.17	2.85	2.01	12.80
2009	27.72	4.09	6.31	1.23	3.36	2.06	13.22

2-41 农村居民居住条件（1978-2009 年）
Housing Conditions of Rural Households (1978-2009)

单位：㎡ / 人、%　　sq.m/person,%

年份 Year	住房面积 Per Capita Floor Space of Houses	#钢筋混凝土结构面积 Reinforced Concrete Structure	农户使用卫生设备的构成 Composition of Sanitary Installation Used in Rural Households			农户饮用水的来源构成 Composition of Water Utilization		
			使用水冲式 Flushing Toilet	使用旱厕 Dry Pail Latrine	无厕所 Without Toilet	自来水 Tap Water	井水 Well Water	其他 Others
1978	10.84	0.01						
1979	11.91	0.03						
1980	12.38	0.05						
1981	14.55	0.08						
1982	14.61	0.09						
1983	16.92	0.19						
1984	17.95	0.23						
1985	18.04	0.28						
1986	18.06	0.29						
1987	18.23	0.32						
1988	19.03	0.41						
1989	19.29	0.46						
1990	19.37	0.58						
1991	21.52	1.34						
1992	21.94	1.82						
1993	22.01	2.23						
1994	22.55	2.73						
1995	23.50	2.90						
1996	24.44	3.34						
1997	24.74	3.43						
1998	26.50	4.17						
1999	26.67	4.19						
2000	29.58	4.90	2.83	72.00	25.17	12.44	64.22	23.34
2001	31.00	5.71	4.61	76.22	19.17	15.67	62.00	22.33
2002	31.02	6.09	3.94	77.50	18.56	15.28	60.50	16.72
2003	31.45	8.27	4.94	71.61	23.44	15.11	60.83	19.56
2004	32.49	9.79	4.94	73.17	21.89	13.61	64.17	17.33
2005	32.91	9.75	11.89	75.67	12.44	15.78	65.78	14.44
2006	34.30	9.34	12.39	72.57	14.94	17.28	62.94	15.39
2007	34.56	9.47	12.39	75.33	12.28	17.67	64.39	14.17
2008	35.03	10.85	12.83	76.94	10.23	18.89	64.94	16.17
2009	35.73	13.00	16.94	74.44	8.61	21.67	62.33	16.00

2-42 农村居民家庭每百户耐用消费品拥有量（1986-2009 年）
Number of Durable Consumer Goods Owned Per 100 Rural Households (1986-2009)

单位：台、辆、部、架　　　set,unit

年份 Year	洗衣机 Washing Machine	电冰箱 Refrigerator	空调机 Air Conditioner	抽油烟机 Exhaust Fan	微波炉 Microwave Oven	热水器 Water Heater	自行车 Bicycle
1986							11.56
1987	0.19	0.06					12.79
1988	0.13	0.06					15.58
1989	0.39	0.06					19.09
1990	0.32	0.06					19.48
1991	0.73	0.07					20.20
1992	1.47	0.27					22.53
1993	1.27	0.27					26.00
1994	1.53	0.47					26.20
1995	1.87	0.93					26.80
1996	3.20	1.53					23.27
1997	2.80	2.73					19.47
1998	5.72	3.33					22.72
1999	5.89	3.94					21.56
2000	8.94	5.67	0.17	0.50	0.17	2.78	16.11
2001	9.56	6.22	0.17	0.50	0.22	3.28	18.17
2002	11.28	8.39	0.22	0.39	0.28	4.44	17.50
2003	15.89	8.89	0.39	0.33	0.39	4.44	16.94
2004	18.83	10.22	0.94	0.72	0.44	6.33	16.89
2005	21.50	13.56	2.17	1.33	0.78	6.39	14.06
2006	27.67	20.11	3.44	1.44	1.22	6.39	13.89
2007	32.78	28.50	5.17	0.61	3.11	9.06	13.39
2008	36.22	32.67	6.67	0.94	4.67	9.28	13.83
2009	42.11	43.61	10.11	1.50	5.50	14.89	11.97

2-42 农村居民家庭每百户耐用消费品拥有量（1986-2009 年）
Number of Durable Consumer Goods Owned Per 100 Rural Households (1986-2009)

续表 (continued) 单位：台、辆、部、架 set, unit

年份 Year	摩托车 Motocycle	电话 Telephone	移动电话 Mobile Telephone	彩色电视机 Color TV Set	影碟机 Video Disc Player	照相机 Camera	家用计算机 Computer
1986	0.13			0.13		0.13	
1987	0.13			0.39		0.13	
1988	0.06			0.39		0.19	
1989	0.06			0.35		0.19	
1990	0.06			0.52		0.19	
1991	0.13			0.57		0.20	
1992	0.13			0.73		0.21	
1993	0.13			2.07		0.23	
1994	0.26			2.80		0.26	
1995	0.60			4.07		0.33	
1996	1.33			7.20		0.40	
1997	1.20			11.20		0.67	
1998	2.06			18.67		1.33	
1999	2.56			24.06		1.33	
2000	3.67	16.44	0.89	31.33	13.56	1.00	
2001	5.17	25.22	4.11	40.44	19.17	0.78	
2002	6.33	31.17	8.33	47.89	20.22	1.33	
2003	7.78	43.72	20.06	53.33	25.00	1.50	
2004	9.67	52.22	27.89	63.22	30.89	1.00	0.11
2005	12.56	59.83	49.33	79.22	36.00	1.28	0.17
2006	15.78	65.06	60.72	84.00	37.33	1.06	0.44
2007	17.61	62.17	82.06	89.28	40.17	1.00	1.44
2008	19.50	60.11	98.28	94.33	39.28	1.89	1.11
2009	22.33	56.94	107.78	95.28	42.61	1.56	1.83

2-43 农村居民总收入（1978-2009 年）
Capita Annual Income of Rural Households (1978-2009)

单位：元 / 人 yuan/person

年份 Year	总收入 Total Income	工资性收入 Income from Wages and Salaries	家庭经营性收入 Income from Household Operations	财产性收入 Income from Properties	转移性收入 Income from Transfer
1978	**149.53**	2.09	122.51	0.25	24.68
1979	**184.93**	5.21	156.51	0.32	22.89
1980	**207.86**	6.47	179.60	0.33	21.46
1981	**274.70**	12.56	231.83	0.35	29.96
1982	**297.41**	21.20	252.30	0.48	23.43
1983	**369.51**	22.93	321.76	2.39	22.43
1984	**411.50**	20.71	364.08	0.96	25.75
1985	**418.83**	28.70	364.21	2.51	23.41
1986	**486.09**	34.14	419.88	3.08	28.99
1987	**507.73**	41.74	435.12	1.66	29.21
1988	**616.54**	51.49	531.81	1.74	31.50
1989	**709.60**	77.61	600.66	3.53	27.80
1990	**808.59**	88.18	677.51	5.81	37.09
1991	**910.41**	101.24	755.31	7.90	45.96
1992	**962.25**	112.59	783.92	8.17	57.57
1993	**1051.74**	132.53	830.86	3.28	85.07
1994	**1449.05**	159.44	1159.92	24.07	105.62
1995	**1896.59**	251.03	1497.19	28.67	119.70
1996	**2246.53**	276.47	1743.27	32.12	194.67
1997	**2475.33**	318.88	1912.02	14.93	229.50
1998	**2542.14**	414.81	1850.44	23.07	253.82
1999	**2484.69**	500.58	1730.61	21.29	232.21
2000	**2594.95**	623.32	1793.41	8.53	169.69
2001	**2709.49**	696.50	1788.01	15.74	209.24
2002	**2828.69**	783.12	1812.91	17.17	215.49
2003	**2922.12**	858.50	1821.44	34.17	208.01
2004	**3341.19**	931.69	2191.41	33.06	185.03
2005	**3782.99**	1088.80	2441.54	30.69	221.96
2006	**3841.21**	1309.91	2208.52	27.29	268.50
2007	**4532.40**	1559.30	2563.67	43.76	365.67
2008	**5443.73**	1764.64	3239.95	50.90	388.24
2009	**5798.81**	1919.68	3298.28	67.80	513.05

2-44 农村居民现金收入（1978-2009 年）
Capita Annual Cash Income of Rural Households (1978-2009)

单位：元 / 人　　　　yuan/person

年份 Year	现金收入 Cash Income	工资性收入 Income from Wages and Salaries	家庭经营性收入 Income from Household Operations	财产性收入 Income from Properties	转移性收入 Income from Transfer
1978	**75.43**	2.09	48.41	0.25	24.68
1979	**94.86**	5.21	66.44	0.32	22.89
1980	**105.78**	6.47	77.52	0.33	21.46
1981	**157.56**	12.56	114.69	0.35	29.96
1982	**165.83**	21.20	120.72	0.48	23.43
1983	**201.29**	22.93	153.54	2.39	22.43
1984	**234.36**	20.71	186.94	0.96	25.75
1985	**260.61**	28.70	205.99	2.51	23.41
1986	**319.97**	34.14	253.76	3.08	28.99
1987	**345.79**	41.74	273.18	1.66	29.21
1988	**407.23**	51.49	322.50	1.74	31.50
1989	**463.15**	77.61	354.25	3.53	27.76
1990	**453.63**	88.18	322.62	5.81	37.02
1991	**511.69**	101.24	356.64	7.90	45.91
1992	**545.89**	112.59	368.64	8.17	56.49
1993	**617.57**	132.51	398.18	3.28	83.60
1994	**846.96**	158.87	570.29	12.97	104.83
1995	**1019.08**	250.70	640.73	11.74	115.91
1996	**1229.89**	276.17	738.18	21.35	194.19
1997	**1372.38**	318.73	810.18	14.90	228.57
1998	**1552.73**	414.79	864.09	20.75	253.10
1999	**1532.58**	500.15	780.00	20.36	232.07
2000	**1627.80**	623.28	827.74	8.35	168.43
2001	**1752.07**	696.45	831.17	15.54	208.91
2002	**1858.50**	783.12	843.33	17.16	214.89
2003	**2019.62**	857.81	930.43	33.82	197.56
2004	**2267.56**	931.57	1129.56	30.87	175.56
2005	**2653.07**	1087.60	1315.30	30.08	220.09
2006	**2834.55**	1307.49	1234.76	25.33	266.97
2007	**3405.99**	1556.89	1442.53	41.53	365.05
2008	**4173.83**	1761.43	1977.06	49.02	386.33
2009	**4624.85**	1917.23	2135.37	61.74	510.52

2-45 农村居民纯收入（1978-2009）
Capita Annual Net Income of Rural Households (1978-2009)

单位：元 / 人　　yuan/person

年份 Year	纯收入 Net Income	按收入来源分 By Source				按收入形态分 By Form	
		工资性收入 Income from Wages and Salaries	家庭经营性收入 Income from Household Operations	财产性收入 Income from Properties	转移性收入 Income from Transfer	现金纯收入 Net Cash Income	实物纯收入 Net Income in Kind
1978	**126.01**	2.09	117.98	0.25	5.69	39.96	86.05
1979	**150.18**	5.21	139.12	0.32	5.53	50.82	99.36
1980	**163.33**	6.47	149.77	0.33	6.76	57.05	106.28
1981	**229.18**	12.56	208.83	0.35	7.44	85.98	143.20
1982	**236.68**	21.20	206.33	0.48	8.67	90.48	146.20
1983	**277.69**	22.93	241.41	2.39	10.96	110.20	167.49
1984	**310.59**	20.71	276.56	0.96	12.36	125.30	185.29
1985	**325.24**	28.70	280.80	2.51	13.23	133.58	191.66
1986	**358.86**	34.14	311.29	3.08	10.35	153.74	205.12
1987	**385.82**	41.74	332.64	1.66	9.78	172.66	213.16
1988	**457.54**	51.49	393.75	1.74	10.56	208.41	249.13
1989	**510.09**	77.61	416.84	3.53	12.11	235.61	274.48
1990	**586.73**	88.18	481.12	5.81	11.62	279.50	307.23
1991	**628.89**	101.24	500.94	7.90	18.81	303.73	325.16
1992	**677.46**	112.59	530.59	8.17	26.11	330.40	347.06
1993	**748.08**	132.53	556.81	3.28	55.46	389.89	358.19
1994	**1018.24**	159.44	764.75	24.07	69.98	544.81	473.43
1995	**1270.41**	251.03	910.88	28.67	79.83	714.82	555.59
1996	**1479.05**	276.47	1031.99	32.12	138.47	816.10	662.95
1997	**1692.36**	318.88	1194.82	14.93	163.73	906.90	785.46
1998	**1801.17**	414.81	1174.03	23.07	189.26	1051.52	749.65
1999	**1835.54**	500.58	1142.83	21.29	170.84	1087.45	748.09
2000	**1892.44**	623.32	1155.63	8.53	104.96	1122.51	769.93
2001	**1971.18**	696.50	1136.62	15.74	122.32	1222.52	748.66
2002	**2097.58**	783.12	1164.79	17.17	132.50	1317.36	780.22
2003	**2214.55**	858.50	1185.12	34.17	136.76	1525.31	689.24
2004	**2510.41**	931.69	1418.84	33.06	126.82	1716.99	793.41
2005	**2809.32**	1088.80	1541.48	30.69	148.35	1989.21	820.11
2006	**2873.83**	1309.91	1349.57	27.29	187.07	2206.64	667.20
2007	**3509.29**	1559.30	1639.82	43.76	266.41	2701.82	807.47
2008	**4126.21**	1764.64	2016.64	50.90	294.03	3224.26	901.96
2009	**4478.35**	1919.68	2111.65	67.80	379.23	3665.54	812.82

2-46 农村居民纯收入构成（1978-2009 年）
Composition of Capita Annual Net Income of Rural Households (1978-2009)

单位：%　　　　　　　　　　　　　　　　　　　　　　　　　　%

年份 Year	纯收入 **Net Income**	按收入来源分 By Source				按收入形态分 By Form	
		工资性收入 Income from Wages and Salaries	家庭经营性收入 Income from Household Operations	财产性收入 Income from Properties	转移性收入 Income from Transfer	现金纯收入 Net Cash Income	实物纯收入 Net Income in Kind
1978	**100.0**	1.7	93.6	0.2	4.5	31.7	68.3
1979	**100.0**	3.5	92.6	0.2	3.7	33.8	66.2
1980	**100.0**	4.0	91.7	0.2	4.1	34.9	65.1
1981	**100.0**	5.5	91.1	0.2	3.2	37.5	62.5
1982	**100.0**	9.0	87.2	0.2	3.7	38.2	61.8
1983	**100.0**	8.3	86.9	0.9	3.9	39.7	60.3
1984	**100.0**	6.7	89.0	0.3	4.0	40.3	59.7
1985	**100.0**	8.8	86.3	0.8	4.1	41.1	58.9
1986	**100.0**	9.5	86.7	0.9	2.9	42.8	57.2
1987	**100.0**	10.8	86.2	0.4	2.5	44.8	55.2
1988	**100.0**	11.3	86.1	0.4	2.3	45.6	54.4
1989	**100.0**	15.2	81.7	0.7	2.4	46.2	53.8
1990	**100.0**	15.0	82.0	1.0	2.0	47.6	52.4
1991	**100.0**	16.1	79.7	1.3	3.0	48.3	51.7
1992	**100.0**	16.6	78.3	1.2	3.9	48.8	51.2
1993	**100.0**	17.7	74.4	0.4	7.4	52.1	47.9
1994	**100.0**	15.7	75.1	2.4	6.9	53.5	46.5
1995	**100.0**	19.8	71.7	2.3	6.3	56.3	43.7
1996	**100.0**	18.7	69.8	2.2	9.4	55.2	44.8
1997	**100.0**	18.8	70.6	0.9	9.7	53.6	46.4
1998	**100.0**	23.0	65.2	1.3	10.5	58.4	41.6
1999	**100.0**	27.3	62.3	1.2	9.3	59.2	40.8
2000	**100.0**	32.9	61.1	0.5	5.5	59.3	40.7
2001	**100.0**	35.3	57.7	0.8	6.2	62.0	38.0
2002	**100.0**	37.3	55.5	0.8	6.3	62.8	37.2
2003	**100.0**	38.8	53.5	1.5	6.2	68.9	31.1
2004	**100.0**	37.1	56.5	1.3	5.1	68.4	31.6
2005	**100.0**	38.8	54.9	1.1	5.3	70.8	29.2
2006	**100.0**	45.6	47.0	0.9	6.5	76.8	23.2
2007	**100.0**	44.4	46.7	1.2	7.6	77.0	23.0
2008	**100.0**	42.8	48.9	1.2	7.1	78.1	21.9
2009	**100.0**	42.9	47.2	1.5	8.5	81.9	18.1

2-47 农村居民纯收入年增长率（1979-2009 年）
Annual Growth Rate of Capita Net Income of Rural Households (1978-2009)

单位：% %

年份 Year	纯收入 Net Income	按收入来源分 By Source				按收入形态分 By Form	
		工资性收入 Income from Wages and Salaries	家庭经营性收入 Income from Household Operations	财产性收入 Income from Properties	转移性收入 Income from Transfer	现金纯收入 Net Cash Income	实物纯收入 Net Income in Kind
1979	**19.2**	149.3	17.9	-2.8	28.0	27.2	15.5
1980	**8.8**	24.2	7.7	22.2	3.1	12.3	7.0
1981	**40.3**	94.1	39.4	10.1	6.1	50.7	34.7
1982	**3.3**	68.8	-1.2	16.5	37.1	5.2	2.1
1983	**17.3**	8.2	17.0	26.4	397.9	21.8	14.6
1984	**11.8**	-9.7	14.6	12.8	-59.8	13.7	10.6
1985	**4.7**	38.6	1.5	7.0	161.5	6.6	3.4
1986	**10.3**	19.0	10.9	-21.8	22.7	15.1	7.0
1987	**7.5**	22.3	6.9	-5.5	-46.1	12.3	3.9
1988	**18.6**	23.4	18.4	8.0	4.8	20.7	16.9
1989	**11.5**	50.7	5.9	14.7	102.9	13.1	10.2
1990	**15.0**	13.6	15.4	-4.0	64.6	18.6	11.9
1991	**7.2**	14.8	4.1	61.9	36.0	8.7	5.8
1992	**7.7**	11.2	5.9	38.8	3.4	8.8	6.7
1993	**10.4**	17.7	4.9	112.4	-59.9	18.0	3.2
1994	**36.1**	20.3	37.3	26.2	633.8	39.7	32.2
1995	**24.8**	57.4	19.1	14.1	19.1	31.2	17.4
1996	**16.4**	10.1	13.3	73.5	12.0	14.2	19.3
1997	**14.4**	15.3	15.8	18.2	-53.5	11.1	18.5
1998	**6.4**	30.1	-1.7	15.6	54.5	15.9	-4.6
1999	**1.9**	20.7	-2.7	-9.7	-7.7	3.4	-0.2
2000	**3.1**	24.5	1.1	-38.6	-59.9	3.2	2.9
2001	**4.2**	11.7	-1.6	16.5	84.5	8.9	-2.8
2002	**6.4**	12.4	2.5	8.3	9.1	7.8	4.2
2003	**5.6**	9.6	1.7	3.2	99.0	15.8	-11.7
2004	**13.4**	8.5	19.7	-7.3	-3.2	12.6	15.1
2005	**11.9**	16.9	8.6	17.0	-7.2	15.9	3.4
2006	**2.3**	20.3	-12.4	26.1	-11.1	10.9	-18.6
2007	**22.1**	19.0	21.5	42.4	60.4	22.4	21.0
2008	**17.6**	13.2	23.0	16.3	10.4	19.3	11.7
2009	**8.5**	8.8	4.7	33.2	29.0	13.7	-9.9

2-48 农村居民纯收入按五等分分组（1997-2009 年）
Capita Net Income of Rural Households by Quintile (1997-2009)

单位：元 / 人 yuan/person

年份 Year	纯收入 Net Income	低收入户 Low Income Households	中下收入户 Lower Middle Income Households	中等收入户 Middle Income Households	中上收入户 Upper Middle Income Households	高收入户 High Income Households
1997	**1692.36**	846.24	1251.13	1567.27	1964.48	2938.41
1998	**1801.17**	895.31	1330.22	1683.20	2154.13	3410.40
1999	**1835.54**	881.29	1313.14	1704.89	2199.05	3466.56
2000	**1892.44**	911.55	1340.78	1729.50	2278.93	3668.39
2001	**1971.18**	916.15	1411.15	1820.88	2401.34	3773.71
2002	**2097.58**	1023.19	1501.00	1929.86	2468.75	4065.75
2003	**2214.55**	1027.56	1578.53	2038.56	2647.95	4396.16
2004	**2510.41**	1176.57	1827.74	2363.01	3054.04	4759.67
2005	**2809.32**	1269.44	2008.48	2677.60	3471.97	5320.22
2006	**2873.83**	1292.50	2064.22	2705.61	3583.85	5472.67
2007	**3509.29**	1510.87	2505.26	3341.30	4376.16	6835.96
2008	**4126.21**	1577.92	2832.39	3862.33	5180.63	8264.23
2009	**4478.35**	1663.57	3037.99	4162.10	5571.86	9133.02

2-49 农村居民家庭经营纯收入及结构、速度（1996-2009年）
Net Income of Rural Households from Household Operations and Its Composition & Growth Rate (1996-2009)

单位：元/人、%

yuan/person, %

年份 Year	家庭经营纯收入 Net Income from Household Operations	#一产业收入 Primary Industry	种植业 Farming	畜牧业 Animal Husbandry	二产业收入 Secondary Industry	三产业收入 Tertiary Industry
1996	1031.99	943.15	730.68	179.20	43.49	45.35
1997	1194.82	1082.25	809.58	253.56	54.15	58.42
1998	1174.03	1020.13	721.06	278.61	76.12	77.78
1999	1142.83	985.63	678.67	285.18	71.81	85.39
2000	1155.63	1027.75	685.82	310.25	43.30	84.58
2001	1136.62	1027.00	670.03	328.46	35.31	74.31
2002	1164.79	1051.65	680.56	336.04	25.48	87.66
2003	1185.12	1062.68	679.71	336.22	22.36	100.08
2004	1418.84	1327.83	838.90	446.45	14.79	76.22
2005	1541.48	1406.38	953.32	410.91	19.59	115.51
2006	1349.57	1176.85	806.12	319.34	28.58	144.15
2007	1639.82	1460.83	934.97	474.93	23.28	155.71
2008	2016.64	1784.70	1100.39	640.40	27.51	204.43
2009	2111.65	1834.56	1167.69	600.26	35.28	241.80
构成	Composition					
1996	100.0	91.4	70.8	17.4	4.2	4.4
1997	100.0	90.6	67.8	21.2	4.5	4.9
1998	100.0	86.9	61.4	23.7	6.5	6.6
1999	100.0	86.2	59.4	25.0	6.3	7.5
2000	100.0	88.9	59.3	26.8	3.7	7.3
2001	100.0	90.4	58.9	28.9	3.1	6.5
2002	100.0	90.3	58.4	28.8	2.2	7.5
2003	100.0	89.7	57.4	28.4	1.9	8.4
2004	100.0	93.6	59.1	31.5	1.0	5.4
2005	100.0	91.2	61.8	26.7	1.3	7.5
2006	100.0	87.2	59.7	23.7	2.1	10.7
2007	100.0	89.1	57.0	29.0	1.4	9.5
2008	100.0	88.5	54.6	31.8	1.4	10.1
2009	100.0	86.9	55.3	28.4	1.7	11.5
年增长	Annual Growth Rate					
1997	15.8	14.7	10.8	41.5	24.5	28.8
1998	-1.7	-5.7	-10.9	9.9	40.6	33.1
1999	-2.7	-3.4	-5.9	2.4	-5.7	9.8
2000	1.1	4.3	1.1	8.8	-39.7	-0.9
2001	-1.6	-0.1	-2.3	5.9	-18.5	-12.1
2002	2.5	2.4	1.6	2.3	-27.8	18.0
2003	1.7	1.0	-0.1	0.1	-12.2	14.2
2004	19.7	25.0	23.4	32.8	-33.9	-23.8
2005	8.6	5.9	13.6	-8.0	32.5	51.5
2006	-12.4	-16.3	-15.4	-22.3	45.9	24.8
2007	21.5	24.1	16.0	48.7	-18.5	8.0
2008	23.0	22.2	17.7	34.8	18.1	31.3
2009	4.7	2.8	6.1	-6.3	28.3	18.3

2-50 主要年份农村居民收入情况
Income Conditions of Rural Households in Main Years

单位：元 / 人 yuan/person

指 标	Item	2000 年	2005 年	2008 年	2009 年
一、总收入	**Total Income**	**2594.95**	**3782.99**	**5443.73**	**5798.81**
1. 工资性收入	Income from Wages and Salaries	623.32	1088.80	1764.64	1919.68
# 在本地劳动得到收入	Income from Local Labour	184.75	303.23	505.58	578.80
外出从业得到收入	Income from Emmigrant Labour	363.47	712.60	1151.07	1223.39
2. 家庭经营收入	Income from Household Operations	1793.36	2441.54	3239.95	3298.28
第一产业	Primary Industry	1561.55	2245.46	2940.58	2948.72
# 农　业	Farming	832.51	1204.00	1438.31	1529.83
牧　业	Animal Husbandry	685.36	974.25	1423.42	1317.20
第二产业	Secondary Industry	49.41	28.66	38.31	57.11
第三产业	Tertiary Industry	182.39	167.42	261.05	292.45
# 交通运输、邮电业	Transport,Post and Telecommunication Services	82.96	37.03	74.39	94.48
批零贸易、餐饮业	wholesales,Retail Trade and Catering Services	29.75	76.40	102.95	125.82
3. 财产性收入	Income from Properties	8.53	30.69	50.90	67.80
4. 转移性收入	Income from Transfer	159.98	221.96	388.24	513.05
二、纯收入	**Net Income**	**1892.44**	**2809.32**	**4126.21**	**4478.35**
1. 工资性收入	Income from Wages and Salaries	623.32	1088.80	1764.64	1919.68
# 在本地劳动得到收入	Income from Local Labour	184.75	303.23	505.58	578.80
外出从业得到收入	Income from Emmigrant Labour	363.47	712.60	1151.07	1223.39
2. 家庭经营收入	Income from Household Operations	1155.63	1541.48	2016.64	2111.65
第一产业	Primary Industry	1018.52	1406.38	1784.70	1834.56
# 农　业	Farming	637.12	953.32	1100.39	1167.69
牧　业	Animal Husbandry	349.33	410.91	640.40	600.26
第二产业	Secondary Industry	32.67	19.59	27.5[illegible]	35.28
第三产业	Tertiary Industry	140.78	115.51	204.4[illegible]	241.80
# 交通运输、邮电业	Transport,Post and Telecommunication Services	34.19	21.60	56.6[illegible]	76.05
批零贸易、餐饮业	Wholeesals,Retail Trade and Catering Services	22.41	49.00	71.8[illegible]	105.34
3. 财产性收入	Income from Properties	8.53	30.69	50.9[illegible]	67.80
4. 转移性收入	Income from Transfer	104.96	148.35	294.0[illegible]	379.23
三、现金收入	**Cash Income**	**1621.90**	**2653.07**	**4173.8[illegible]**	**4624.85**
1. 工资性收入	Income from Wages and Salaries	623.27	1087.60	1761.4[illegible]	1917.23
# 在本地劳动得到收入	Income from Local Labour	184.72	303.22	505.5[illegible]	578.77
外出从业得到收入	Income from Emmigrant Labour	363.46	712.53	1150.0[illegible]	1222.88
2. 家庭经营收入	Income from Household Operations	827.71	1315.30	1977.0[illegible]	2135.37
第一产业	Primary Industry	595.91	1119.52	1678.3[illegible]	1785.88
# 农　业	Farming	160.07	333.07	506.2[illegible]	637.37
牧　业	Animal Husbandry	399.28	722.65	1097.1[illegible]	1051.51
第二产业	Secondary Industry	49.41	28.66	38.0[illegible]	57.11
第三产业	Tertiary Industry	182.39	167.11	260.6[illegible]	292.38
# 交通运输、邮电业	Transport,Post and Telecommunication Services	82.96	37.03	74.3[illegible]	94.48
批零贸易、餐饮业	Wholeesals,Retail Trade and Catering Services	29.75	76.40	102.9[illegible]	125.82
3. 财产性收入	Income from Properties	12.19	30.08	49.0[illegible]	61.74
4. 转移性收入	Income from Transfer	158.73	220.09	386.3[illegible]	510.52

2-51 农村居民总支出（1978-2009 年）
Total Expenditure of Rural Households (1978-2009)

单位：元 / 人　　　　yuan/person

年份 Year	总支出 Total Expenditure	家庭经营性收入支出 Expenditure for Household Operations	购置生产性固定资产支出 Productive Fixed Assets Expenditure	税费支出 Taxes and Fee	生活消费支出 Consumption Expenditure	财产性支出 Property Expenditure	转移性支出 Transferred Expenditure
1978	**145.53**	10.39	0.32	10.42	116.53	1.32	6.55
1979	**189.76**	18.56	0.48	11.57	139.01	2.43	17.71
1980	**201.19**	20.76	1.02	13.01	149.11	1.98	15.31
1981	**277.31**	35.78	1.96	10.56	207.33	2.36	19.32
1982	**295.94**	40.64	4.50	14.86	214.23	2.65	19.06
1983	**366.23**	86.55	7.58	12.16	234.31	3.47	22.16
1984	**382.51**	92.29	6.37	15.81	245.12	2.37	20.55
1985	**424.03**	98.77	4.61	16.34	275.81	1.96	26.54
1986	**473.18**	106.04	6.21	19.12	312.34	2.33	27.14
1987	**535.04**	123.01	10.59	23.24	346.40	2.66	29.14
1988	**653.61**	164.56	7.07	21.79	427.19	2.76	30.24
1989	**737.83**	206.87	7.87	24.05	463.47	2.80	32.77
1990	**806.20**	220.66	5.65	25.62	519.26	3.60	31.41
1991	**887.34**	259.61	6.60	25.84	558.44	3.46	33.39
1992	**933.91**	272.83	12.72	24.22	573.65	7.95	42.54
1993	**1095.98**	301.37	11.69	24.31	694.60	6.88	57.13
1994	**1462.47**	447.57	18.32	41.05	879.26	7.12	69.15
1995	**1775.27**	520.21	21.90	50.02	1097.52	4.80	80.82
1996	**2214.23**	668.92	34.14	54.88	1328.18	6.34	121.77
1997	**2272.66**	675.98	30.23	58.22	1389.99	9.43	108.81
1998	**2212.38**	581.69	20.24	62.05	1417.08	13.52	117.80
1999	**2109.85**	515.02	12.95	58.45	1388.64	10.02	124.77
2000	**2165.60**	543.49	34.20	58.03	1395.53	7.31	127.04
2001	**2250.39**	552.40	16.89	57.96	1475.16	8.01	139.97
2002	**2282.28**	561.28	23.60	43.44	1497.72	5.60	150.64
2003	**2333.87**	550.56	19.02	39.48	1583.31	6.73	134.77
2004	**2773.43**	696.42	33.26	28.69	1853.94	3.53	157.59
2005	**3273.44**	838.96	71.54	5.28	2142.12	2.23	213.31
2006	**3293.95**	791.06	62.15	7.16	2205.21	1.66	226.72
2007	**3756.05**	846.33	86.86	7.27	2526.70	1.98	286.92
2008	**4422.08**	1139.12	47.80	5.21	2884.92	1.86	340.35
2009	**4753.32**	1097.23	79.26	5.00	3142.14	2.27	418.08

2-52 农村居民生活消费总支出（1978-2009 年）
Total Consumption Expenditure of Rural Households (1978-2009)

单位：元 / 人　　yuan/person

年份 Year	生活消费支出 **Consumption Expenditure**	食品支出 Food	衣着支出 Clothing	居住支出 Residence	家庭设备用品及服务支出 Household Facilities, Articles and Services	交通和通讯支出 Transport and Communications	文教娱乐用品及服务支出 Education, Culture and Recreation Services	医疗保健支出 Medicine and Medical Services	其他商品及服务支出 Miscellaneous Goods and Services
1978	**116.53**	86.28	12.73	7.61	6.66	1.65	0.70	0.37	0.53
1979	**139.01**	101.34	16.44	10.23	7.51	1.36	0.96	0.52	0.65
1980	**149.11**	101.58	17.99	13.36	11.12	2.01	1.18	0.95	0.92
1981	**207.33**	136.06	23.45	23.69	16.23	4.32	1.32	1.35	0.91
1982	**214.23**	140.52	23.05	25.41	18.67	3.29	1.25	1.29	0.75
1983	**234.31**	156.84	25.72	25.55	19.78	3.15	1.13	1.43	0.71
1984	**245.12**	166.36	24.49	27.14	18.86	3.94	2.15	1.51	0.67
1985	**275.81**	176.30	29.06	31.35	27.97	3.23	4.66	2.79	0.45
1986	**312.34**	198.04	30.23	39.69	30.73	4.36	5.18	3.45	0.66
1987	**346.40**	215.47	27.20	49.18	35.66	5.25	8.34	4.11	1.19
1988	**427.19**	258.63	34.64	66.38	45.71	5.79	9.15	4.96	1.93
1989	**463.47**	285.71	35.10	67.53	50.56	6.35	10.31	5.76	2.15
1990	**519.26**	330.10	36.10	72.97	52.23	7.56	12.67	6.35	1.28
1991	**558.44**	356.50	38.08	76.04	54.61	8.34	14.55	7.19	3.13
1992	**573.65**	359.97	39.27	79.74	56.04	10.17	15.91	8.96	3.59
1993	**694.60**	425.71	38.97	122.66	48.15	12.73	26.13	15.66	4.59
1994	**879.26**	558.27	50.11	130.27	56.06	14.64	40.15	23.17	6.59
1995	**1097.52**	710.47	57.77	139.46	52.55	16.50	77.46	34.43	8.88
1996	**1328.18**	839.94	72.77	175.96	66.30	20.82	97.73	43.44	11.22
1997	**1389.99**	914.48	66.79	165.19	65.77	23.17	103.12	40.64	10.83
1998	**1417.08**	868.84	67.68	192.75	71.26	33.87	117.88	48.35	16.45
1999	**1388.64**	843.25	67.72	186.98	67.01	37.11	119.29	50.22	17.06
2000	**1395.53**	747.55	61.96	199.07	66.76	61.31	154.52	68.87	35.49
2001	**1475.16**	798.61	60.91	198.51	67.34	75.25	157.10	86.05	31.39
2002	**1497.72**	835.52	63.56	183.11	66.22	80.76	162.58	75.92	30.05
2003	**1583.31**	831.63	70.49	212.38	76.68	102.40	180.28	89.42	20.03
2004	**1853.94**	1039.00	79.08	201.03	74.80	119.67	198.65	115.31	26.40
2005	**2142.12**	1130.35	95.96	231.15	95.78	163.05	249.71	142.65	33.47
2006	**2205.21**	1150.98	113.28	254.17	117.98	186.57	189.73	159.68	32.82
2007	**2526.70**	1376.00	136.34	263.73	138.34	208.69	195.97	168.57	39.06
2008	**2884.92**	1537.59	160.34	328.97	167.74	238.43	211.83	197.15	42.87
2009	**3142.14**	1542.12	198.60	406.36	209.37	260.33	237.38	242.60	45.38

2-53 农村居民生活消费总支出构成（1978-2009 年）
Composition of Consumption Expenditure of Rural Households (1978-2009)

单位：% | %

年份 Year	生活消费总支出 Consumption Expenditure	食品支出 Food	衣着支出 Clothing	居住支出 Residence	家庭设备用品及服务支出 Household Facilities, Articles and Services	交通和通讯支出 Transport and Communications	文教娱乐用品及服务支出 Education, Culture and Recreation Services	医疗保健支出 Medicine and Medical Services	其他商品及服务支出 Miscellaneous Goods and Services
1978	**100.0**	74.0	10.9	6.5	5.7	1.4	0.6	0.3	0.5
1979	**100.0**	72.9	11.8	7.4	5.4	1.0	0.7	0.4	0.5
1980	**100.0**	68.1	12.1	9.0	7.5	1.4	0.8	0.6	0.6
1981	**100.0**	65.6	11.3	11.4	7.8	2.1	0.6	0.7	0.4
1982	**100.0**	65.6	10.8	11.9	8.7	1.5	0.6	0.6	0.4
1983	**100.0**	66.9	11.0	10.9	8.4	1.3	0.5	0.6	0.3
1984	**100.0**	67.9	10.0	11.1	7.7	1.6	0.9	0.6	0.3
1985	**100.0**	63.9	10.5	11.4	10.1	1.2	1.7	1.0	0.2
1986	**100.0**	63.4	9.7	12.7	9.8	1.4	1.7	1.1	0.2
1987	**100.0**	62.2	7.9	14.2	10.3	1.5	2.4	1.2	0.3
1988	**100.0**	60.5	8.1	15.5	10.7	1.4	2.1	1.2	0.5
1989	**100.0**	61.7	7.6	14.6	10.9	1.4	2.2	1.2	0.5
1990	**100.0**	63.6	7.0	14.1	10.1	1.5	2.4	1.2	0.3
1991	**100.0**	63.8	6.8	13.6	9.8	1.5	2.6	1.3	0.6
1992	**100.0**	62.8	6.9	13.9	9.8	1.8	2.8	1.6	0.6
1993	**100.0**	61.3	5.6	17.7	6.9	1.8	3.8	2.3	0.7
1994	**100.0**	63.5	5.7	14.8	6.4	1.7	4.6	2.6	0.8
1995	**100.0**	64.7	5.3	12.7	4.8	1.5	7.1	3.1	0.8
1996	**100.0**	63.2	5.5	13.3	5.0	1.6	7.4	3.3	0.8
1997	**100.0**	65.8	4.8	11.9	4.7	1.7	7.4	2.9	0.8
1998	**100.0**	61.3	4.8	13.6	5.0	2.4	8.3	3.4	1.2
1999	**100.0**	60.7	4.9	13.5	4.8	2.7	8.6	3.6	1.2
2000	**100.0**	53.6	4.4	14.3	4.8	4.4	11.1	4.9	2.5
2001	**100.0**	54.1	4.1	13.5	4.6	5.1	10.7	5.8	2.1
2002	**100.0**	55.8	4.2	12.2	4.4	5.4	10.9	5.1	2.0
2003	**100.0**	52.5	4.5	13.4	4.8	6.5	11.4	5.7	1.3
2004	**100.0**	56.0	4.3	10.8	4.0	6.5	10.7	6.2	1.4
2005	**100.0**	52.8	4.5	10.8	4.5	7.6	11.7	6.7	1.6
2006	**100.0**	52.2	5.1	11.5	5.4	8.5	8.6	7.2	1.5
2007	**100.0**	54.5	5.4	10.4	5.5	8.3	7.8	6.7	1.5
2008	**100.0**	53.3	5.6	11.4	5.8	8.3	7.3	6.8	1.5
2009	**100.0**	49.1	6.3	12.9	6.7	8.3	7.6	7.7	1.4

2-54 农村居民生活消费总支出年增长率（1979-2009 年）
Annual Growth Rate of Consumption Expenditure of Rural Households（1979-2009）

单位：% %

年份 Year	生活消费总支出 Consumption Expenditure	食品支出 Food	衣着支出 Clothing	居住支出 Residence	家庭设备用品及服务支出 Household Facilities, Articles and Services	交通和通讯支出 Transport and Communications	文教娱乐用品及服务支出 Education, Culture and Recreation Services	医疗保健支出 Medicine and Medical Services	其他商品及服务支出 Miscellaneous Goods and Services
1979	**19.3**	17.5	29.1	34.4	12.8	-17.6	37.1	40.5	22.6
1980	**7.3**	0.2	9.4	30.6	48.1	47.8	22.9	82.7	41.5
1981	**39.0**	33.9	30.4	77.3	46.0	114.9	11.9	42.1	-1.1
1982	**3.3**	3.3	-1.7	7.3	15.0	-23.8	-5.3	-4.4	-17.6
1983	**9.4**	11.5	11.6	0.6	5.9	-4.3	-9.6	10.9	-5.3
1984	**4.6**	6.1	-4.8	6.2	-4.7	25.1	90.3	5.6	-5.6
1985	**12.5**	6.0	18.7	15.5	48.3	-18.0	116.7	84.8	-32.8
1986	**13.2**	12.3	4.0	26.6	9.9	35.0	11.2	23.7	46.7
1987	**10.9**	8.8	-10.0	23.9	16.0	20.4	61.0	19.1	80.3
1988	**23.3**	20.0	27.4	35.0	28.2	10.3	9.7	20.7	62.2
1989	**8.5**	10.5	1.3	1.7	10.6	9.7	12.7	16.1	11.4
1990	**12.0**	15.5	2.8	8.1	3.3	19.1	22.9	10.2	-40.5
1991	**7.5**	8.0	5.5	4.2	4.6	10.3	14.8	13.2	144.5
1992	**2.7**	1.0	3.1	4.9	2.6	21.9	9.3	24.6	14.7
1993	**21.1**	18.3	-0.8	53.8	-14.1	25.2	64.2	74.8	27.9
1994	**26.6**	31.1	28.6	6.2	16.4	15.0	53.7	48.0	43.6
1995	**24.8**	27.3	15.3	7.1	-6.3	12.7	92.9	48.6	34.7
1996	**21.0**	18.2	26.0	26.2	26.2	26.2	26.2	26.2	26.2
1997	**4.7**	8.9	-8.2	-6.1	-0.8	11.3	5.5	-6.4	-3.4
1998	**1.9**	-5.0	1.3	16.7	8.3	46.2	14.3	19.0	51.9
1999	**-2.0**	-2.9	0.1	-3.0	-6.0	9.6	1.2	3.9	3.7
2000	**0.5**	-11.3	-8.5	6.5	-0.4	65.2	29.5	37.1	108.0
2001	**5.7**	6.8	-1.7	-0.3	0.9	22.7	1.7	24.9	-11.6
2002	**1.5**	4.6	4.4	-7.8	-1.7	7.3	3.9	-11.8	-6.6
2003	**5.7**	-0.5	10.9	16.0	15.8	26.8	10.4	17.8	-31.7
2004	**17.1**	24.9	12.2	-5.3	-2.5	16.9	10.2	29.0	31.7
2005	**15.5**	8.8	21.3	15.0	28.0	36.2	25.7	23.7	26.9
2006	**2.9**	1.8	18.0	10.0	23.2	14.4	-24.0	11.9	-2.0
2007	**14.6**	19.6	20.4	3.8	17.3	11.9	3.3	5.6	19.0
2008	**14.2**	11.7	17.6	24.7	21.3	14.2	8.1	17.0	9.7
2009	**8.9**	0.3	23.9	23.5	24.8	9.2	12.1	23.0	5.9

2-55 农村居民生活消费总支出按收入五等分分组（2000-2009 年）
Per Capita Consumption Expenditure of Rural Households by Income Quintile (2000-2009)

单位：元 / 人　　yuan/person

年份 Year	生活消费总支出 Consumption Expenditure	低收入户 Low Income Households	中下收入户 Lower Middle Income Households	中等收入户 Middle Income Households	中上收入户 Upper Middle Income Households	高收入户 High Income Households
2000	**1395.53**	894.91	1116.75	1295.78	1757.16	2126.20
2001	**1475.16**	929.58	1213.00	1456.43	1659.00	2342.13
2002	**1497.72**	948.42	1195.02	1424.01	1782.13	2381.59
2003	**1583.31**	1013.04	1267.34	1455.88	1787.55	2697.13
2004	**1853.94**	1323.55	1438.51	1776.61	2141.96	2878.43
2005	**2142.12**	1619.40	1882.43	1964.93	2356.67	3150.05
2006	**2205.21**	1528.18	1770.57	2164.35	2513.85	3388.07
2007	**2526.70**	1724.15	2060.77	2531.78	2940.95	3780.79
2008	**2884.92**	2081.28	2288.94	2726.24	3325.54	4394.85
2009	**3142.14**	2273.59	2457.10	3134.42	3615.85	4624.39

2-56 各收入组农村居民的消费率（2000-2009 年）
Consumption Rate of Rural Households Income Groups (2000-2009)

单位：%　　%

年份 Year	总平均 Average	低收入户 Low Income Households	中下收入户 Lower Middle Income Households	中等收入户 Middle Income Households	中上收入户 Upper Middle Income Households	高收入户 High Income Households
2000	**73.7**	98.2	83.3	74.9	77.1	58.0
2001	**74.8**	101.5	86.0	80.0	69.1	62.1
2002	**71.4**	92.7	79.6	73.8	72.2	58.6
2003	**71.5**	98.6	80.3	71.4	67.5	61.4
2004	**73.9**	112.5	78.7	75.2	70.1	60.5
2005	**76.3**	127.6	93.7	73.4	67.9	59.2
2006	**76.7**	118.2	85.8	80.0	70.1	61.9
2007	**72.0**	114.1	82.3	75.8	67.2	55.3
2008	**69.9**	131.9	80.8	70.6	64.2	53.2
2009	**70.2**	136.7	80.9	75.3	64.9	50.6

2-57 农村居民现金支出（1978-2009 年）
Cash Expenditure of Rural Households (1978-2009)

单位：元 / 人 yuan/person

年份 Year	现金支出 Cash Expenditure	生产费用支出 Expenditure for Household Operations	税费支出 Taxes and Fee	生活消费支出 Consumption Expenditure	财产性支出 Property Expenditure	转移性支出 Transferred Expenditure
1978	**57.12**	9.04	4.11	37.53	1.32	5.00
1979	**79.35**	13.82	5.50	42.27	2.43	15.33
1980	**83.76**	16.61	5.95	45.06	1.98	14.16
1981	**142.39**	32.12	7.51	82.81	2.36	17.59
1982	**150.74**	37.71	9.82	83.41	2.65	17.15
1983	**187.85**	51.97	10.06	101.99	3.47	20.36
1984	**204.56**	63.52	11.72	107.78	2.37	19.17
1985	**231.17**	67.03	12.14	124.99	1.96	25.05
1986	**268.96**	77.14	14.03	149.27	2.33	26.19
1987	**306.99**	92.51	18.03	165.38	2.66	28.41
1988	**382.49**	115.17	20.68	214.92	2.76	28.96
1989	**460.43**	139.03	23.90	264.18	2.80	30.52
1990	**440.74**	124.63	25.37	259.23	3.60	27.91
1991	**495.61**	154.55	24.66	282.45	3.46	30.49
1992	**529.39**	164.19	24.02	296.45	7.95	36.78
1993	**594.26**	178.84	22.79	343.64	6.88	42.11
1994	**780.18**	241.39	34.62	448.81	7.12	48.24
1995	**968.62**	285.76	43.30	568.82	4.80	65.94
1996	**1243.07**	352.74	47.74	734.84	6.33	101.42
1997	**1306.70**	383.51	56.95	748.31	9.42	108.51
1998	**1377.31**	378.96	61.61	806.59	13.50	116.65
1999	**1329.92**	323.28	57.11	814.91	10.00	124.62
2000	**1516.77**	401.63	54.13	927.23	6.89	126.89
2001	**1583.16**	383.90	55.21	996.13	8.01	139.91
2002	**1623.86**	416.82	43.24	1007.88	5.60	150.32
2003	**1672.00**	382.11	38.65	1111.06	6.73	133.45
2004	**1896.91**	476.04	28.55	1231.90	3.53	156.89
2005	**2343.95**	630.11	4.85	1494.18	2.23	212.58
2006	**2407.19**	571.67	7.12	1600.58	1.66	226.16
2007	**2774.53**	649.64	7.27	1829.29	1.98	286.35
2008	**3355.09**	862.78	5.15	2145.18	1.86	340.11
2009	**3750.88**	867.97	4.96	2458.54	2.27	417.16

2-58 农村居民生活消费现金支出（1978-2009 年）
Cash Consumption Expenditure of Rural Households (1978-2009)

单位：元 / 人 yuan/person

年份 Year	生活消费现金支出 Cash Consumption Expenditure	食品支出 Food	衣着支出 Clothing	居住支出 Residence	家庭设备用品及服务支出 Household Facilities, Articles and Services	交通和通讯支出 Transport and Communications	文教娱乐用品及服务支出 Education, Culture and Recreation Services	医疗保健支出 Medicine and Medical Services	其他商品及服务支出 Miscellaneous Goods and Services
1978	**37.53**	15.55	8.26	5.39	5.08	1.65	0.70	0.37	0.53
1979	**42.27**	18.43	9.18	5.68	5.49	1.36	0.96	0.52	0.65
1980	**45.06**	18.58	9.71	5.36	6.35	2.01	1.18	0.95	0.92
1981	**82.81**	36.64	15.08	9.07	14.12	4.32	1.32	1.35	0.91
1982	**83.41**	36.53	15.47	8.58	16.25	3.29	1.25	1.29	0.75
1983	**101.99**	46.76	17.06	13.92	17.83	3.15	1.13	1.43	0.71
1984	**107.78**	49.30	17.78	14.64	17.79	3.94	2.15	1.51	0.67
1985	**124.99**	49.12	23.75	16.13	24.86	3.23	4.66	2.79	0.45
1986	**149.27**	60.92	25.69	18.89	30.12	4.36	5.18	3.45	0.66
1987	**165.38**	66.50	24.72	20.20	35.07	5.25	8.34	4.11	1.19
1988	**214.92**	84.67	31.13	32.06	45.23	5.79	9.15	4.96	1.93
1989	**264.18**	105.95	34.83	48.30	50.53	6.35	10.31	5.76	2.15
1990	**259.23**	101.28	33.02	44.96	52.11	7.56	12.67	6.35	1.28
1991	**282.45**	107.23	37.94	49.55	54.52	8.34	14.55	7.19	3.13
1992	**296.45**	114.18	37.23	50.41	56.00	10.17	15.91	8.96	3.59
1993	**343.64**	134.90	36.90	65.52	47.21	12.73	26.13	15.66	4.59
1994	**448.81**	177.97	47.07	83.41	55.81	14.64	40.15	23.17	6.59
1995	**568.82**	229.63	55.42	94.95	51.55	16.50	77.46	34.43	8.88
1996	**734.84**	274.79	72.75	147.80	66.30	20.82	97.73	43.44	11.21
1997	**748.31**	295.36	66.70	142.72	65.77	23.17	103.12	40.64	10.83
1998	**806.59**	322.08	67.62	129.23	71.11	33.87	117.88	48.35	16.45
1999	**814.91**	319.57	67.67	137.44	66.55	37.11	119.29	50.22	17.06
2000	**927.23**	299.85	61.96	178.49	66.75	61.31	154.52	68.87	35.48
2001	**996.13**	339.09	60.80	179.11	67.34	75.25	157.10	86.05	31.39
2002	**1007.88**	367.73	63.56	161.07	66.22	80.76	162.58	75.92	30.04
2003	**1111.06**	376.75	70.49	195.52	76.20	102.40	180.28	89.42	20.00
2004	**1231.90**	440.91	79.08	177.49	74.40	119.67	198.65	115.31	26.39
2005	**1494.18**	509.51	95.95	204.16	95.68	163.05	249.71	142.65	33.47
2006	**1600.58**	577.76	113.27	223.51	117.24	186.57	189.73	159.68	32.83
2007	**1829.29**	712.18	136.34	230.61	137.87	208.69	195.97	168.57	39.06
2008	**2145.18**	841.31	160.32	285.59	167.70	238.43	211.83	197.15	42.87
2009	**2458.54**	895.62	198.55	369.71	208.97	260.33	237.38	242.60	45.38

2-59 主要年份农村居民支出情况
Statistics on Expenditure of Rural Households in Main Years

单位：元 / 人 　　　　yuan/person

指 标	Item	1996 年	2000 年	2006 年	2008 年	2009 年
一、总支出	**Total Expenditure**	**2214.23**	**2165.60**	**3293.95**	**4422.[illegible]**	**4753.32**
1. 家庭经营费用支出	Expenditure for Household Operations	668.92	543.49	791.06	1139.[illegible]	1097.23
第一产业	Primary Industry	631.39	482.63	730.89	1085.[illegible]	1038.53
第二产业	Secondary Industry	22.22	14.11	9.61	9.[illegible]	20.27
第三产业	Tertiary Industry	15.31	46.75	50.56	44.[illegible]	38.44
2. 购置生产性固定资产支出	Purchase of Productive Fixed Assets	34.14	34.20	62.15	47.[illegible]	79.26
3. 税费支出	Taxes and Fees	54.88	58.03	7.16	5.[illegible]	5.00
4. 生活消费支出	Expenditure on Household Consumption	1328.18	1395.53	2205.21	2884.[illegible]	3142.14
食　品	Food	839.94	747.55	1150.98	1537.[illegible]	1542.12
衣　着	Clothing	72.77	61.96	113.28	160.[illegible]	198.60
居　住	Residence	175.96	199.07	254.17	328.[illegible]	406.36
家庭设备、用品及服务	Household Facilities,Articles and Services	66.30	66.76	117.98	167.[illegible]	209.37
医疗保健	Medicine and Medical Services	43.44	68.87	159.68	238.[illegible]	260.33
交通和通讯	Transport and Communications	20.82	61.31	186.57	211.[illegible]	237.38
文教娱乐用品及服务	Education, Culture and Recreation Services	97.73	154.52	189.73	197.[illegible]	242.60
其他商品和服务	Miscellaneous Goods and Services	11.22	35.49	32.83	42.[illegible]	45.38
5. 财产性支出	Expenditure on Properties	6.34	7.31	1.66	1.[illegible]	2.27
6. 转移性支出	Expenditure on Transfers	121.77	127.04	226.72	340.[illegible]	418.08
二、现金支出	**Cash Expenditure**	**1243.07**	**1516.77**	**2407.19**	**3355.[illegible]**	**3750.88**
1. 家庭经营费用支出	Expenditure for Household Operations	318.60	367.43	509.52	812.[illegible]	779.36
第一产业	Primary Industry		292.55	449.60	759.[illegible]	720.67
第二产业	Secondary Industry		14.11	9.61	9.[illegible]	20.27
第三产业	Tertiary Industry		60.77	50.32	43.[illegible]	38.42
2. 购置生产性固定资产支出	Purchase of Productive Fixed Assets	34.14	34.20	62.15	47.[illegible]	79.26
3. 税费支出	Taxes and Fees	47.74	54.13	7.12	5.[illegible]	4.96
4. 生活消费支出	Expenditure on Household Consumption	734.84	927.23	1600.58	2145.[illegible]	2458.54
食　品	Food	274.79	299.85	577.76	841.[illegible]	895.62
衣　着	Clothing	72.75	61.96	113.27	160.[illegible]	198.55
居　住	Residence	147.80	178.49	223.51	285.[illegible]	369.71
家庭设备、用品及服务	Household Facilities,Articles and Services	66.30	66.75	117.24	167.[illegible]	208.97
医疗保健	Medicine and Medical Services	43.44	68.87	159.68	238.[illegible]	260.33
交通和通讯	Transport and Communications	20.82	61.31	186.57	211.[illegible]	237.38
文教娱乐用品及服务	Education, Culture and Recreation Services	97.73	154.52	189.73	197.[illegible]	242.60
其他商品和服务	Miscellaneous Goods and Services	11.21	35.48	32.83	42.[illegible]	45.38
5. 财产性支出	Expenditure on Properties	6.33	6.89	1.66	1.[illegible]	2.27
6. 转移性支出	Expenditure on Transfers	101.42	126.89	226.16	340.[illegible]	417.16

2-60 各收入组农村居民的收支情况（2008 年）
Statistics on Income and Expenditure of Rural Households Grouped by Income (2008)

单位：元 yuan

指 标	Item	总平均 Average	低收入户 Low Income Households	中低收入户 Lower Middle Income Households
一、平均每人总收入	**Per Capita Total Income**	**5443.73**	**2799.61**	**3830.79**
#现金收入	Cash Income	4173.83	1912.33	2766.68
二、平均每人纯收入	**Per Capita Net Income**	**4126.21**	**1577.92**	**2832.39**
工资性收入	Income from Wages and Salaries	1764.64	779.60	1336.19
#在本地劳动收入	Income from Local Labour	505.58	320.86	393.63
外出从业收入	Income from Emmigrant Labour	1151.07	426.39	895.97
家庭经营纯收入	Income from Household Operations	2016.64	623.95	1259.58
#一产业	Primary Industry	1784.70	618.53	1178.90
财产性收入	Income from Properties	50.90	12.51	24.46
转移性收入	Income from Transfer	294.03	161.87	212.17
三、平均每人总支出	**Per Capita Total Expenditure**	**4422.08**	**3430.31**	**3461.65**
#现金支出	Cash Expenditure	3355.09	2537.31	2522.04
四、人均生活消费总支出	**Per Capita Consumption Expenditure**	**2884.92**	**2081.28**	**2288.94**
食 品	Food	1537.59	1212.00	1346.52
衣 着	Clothing	160.34	105.27	129.69
居 住	Residence	328.97	214.55	189.68
家庭设备用品及服务	Household Facilities, Articles and Services	167.74	103.19	120.24
医疗保健	Medicine and Medical Services	197.15	143.47	154.78
交通通讯	Transport and Communications	238.43	159.33	186.52
文教娱乐用品及服务	Education,Culture and Recreation Services	211.83	125.06	134.63
#教育	Education	140.72	81.55	73.56
其他商品及服务	Miscellaneous Goods and Services	42.87	18.41	26.87

2-60 各收入组农村居民的收支情况（2008 年）
Statistics on Income and Expenditure of Rural Households Grouped by Income (2008)

续表 1(continued) 单位：元 yuan

指 标	Item	中等收入户 Middle Income Households	中高收入户 High Income Households	高收入户 High Income Households
一、平均每人总收入	**Per Capita Total Income**	**5002.84**	**6499.37**	**10316.85**
#现金收入	Cash Income	3803.67	5129.76	8309.30
二、平均每人纯收入	**Per Capita Net Income**	**3862.33**	**5180.63**	**8264.23**
工资性收入	Income from Wages and Salaries	1802.25	2331.26	2932.71
#在本地劳动收入	Income from Local Labour	592.79	622.90	657.31
外出从业收入	Income from Emmigrant Labour	1160.42	1538.74	1989.03
家庭经营纯收入	Income from Household Operations	1778.91	2490.57	4564.94
#一产业	Primary Industry	1578.30	2149.58	3927.37
财产性收入	Income from Properties	30.59	54.41	154.99
转移性收入	Income from Transfer	250.57	304.39	611.58
三、平均每人总支出	**Per Capita Total Expenditure**	**4076.55**	**4903.19**	**6814.27**
#现金支出	Cash Expenditure	2990.15	3765.36	5458.60
四、人均生活消费总支出	**Per Capita Living Expenditure for Consumption**	**2726.24**	**3325.54**	**4394.85**
食 品	Food	1553.18	1715.98	1991.86
衣 着	Clothing	166.11	190.67	231.21
居 住	Residence	212.53	327.33	794.62
家庭设备用品及服务	Household Facilities, Articles and Services	147.12	234.13	263.45
医疗保健	Medicine and Medical Services	165.74	213.31	340.56
交通通讯	Transport and Communications	215.17	302.99	364.03
文教娱乐用品及服务	Education,Culture and Recreation Services	227.80	283.44	325.20
#教育	Education	162.13	191.93	221.21
其他商品及服务	Miscellaneous Goods and Services	38.59	57.69	83.90

2-60 各收入组农村居民的收支情况（2009 年）
Statistics on Income and Expenditure of Rural Households Grouped by Income (2009)

续表 2(continued) 单位：元 yuan

指 标	Item	总平均 Average	低收入户 Low Income Households	中低收入户 Lower Middle Income Households
一、平均每人总收入	**Per Capita Total Income**	**5798.81**	**2833.97**	**4037.77**
#现金收入	Cash Income	4624.85	2021.79	3007.50
二、平均每人纯收入	**Per Capita Net Income**	**4478.35**	**1663.57**	**3037.99**
工资性收入	Income from Wages and Salaries	1919.68	777.34	1384.69
#在本地劳动收入	Income from Local Labour	578.80	271.23	415.32
外出从业收入	Income from Emmigrant Labour	1223.39	468.46	916.71
家庭经营纯收入	Income from Household Operations	2111.65	646.32	1387.25
#一产业	Primary Industry	1834.56	655.74	1269.17
财产性收入	Income from Properties	67.80	28.10	31.43
转移性收入	Income from Transfer	379.23	211.82	234.62
三、平均每人总支出	**Per Capita Total Expenditure**	**4753.32**	**3558.36**	**3644.77**
#现金支出	Cash Expenditure	3750.88	2677.55	2706.32
四、人均生活消费总支出	**Per Capita Living Expenditure for Consumption**	**3142.14**	**2273.59**	**2457.10**
食 品	Food	1542.12	1190.81	1338.21
衣 着	Clothing	198.60	132.34	147.53
居 住	Residence	406.36	337.35	217.33
家庭设备用品及服务	Household Facilities, Articles and Services	209.37	119.99	153.41
医疗保健	Medicine and Medical Services	242.60	162.61	196.97
交通通讯	Transport and Communications	260.33	147.98	208.40
文教娱乐用品及服务	Education,Culture and Recreation Services	237.38	151.23	169.54
#教育	Education	167.26	105.34	127.01
其他商品及服务	Miscellaneous Goods and Services	45.38	31.28	25.70

2-60 各收入组农村居民的收支情况（2009年）
Statistics on Income and Expenditure of Rural Households Grouped by Income (2009)

续表 3(continued) 单位：元 yuan

指 标	Item	中等收入户 Middle Income Households	中高收入户 High Income Households	高收入户 High Income Households
一、平均每人总收入	**Per Capita Total Income**	**5514.27**	**6934.13**	**10975.46**
#现金收入	Cash Income	4350.63	5648.36	9260.80
二、平均每人纯收入	**Per Capita Net Income**	**4162.10**	**5571.86**	**9133.02**
工资性收入	Income from Wages and Salaries	1949.45	2599.09	3285.36
#在本地劳动收入	Income from Local Labour	617.91	803.10	886.82
外出从业收入	Income from Emmigrant Labour	1231.87	1649.55	2105.11
家庭经营纯收入	Income from Household Operations	1854.72	2511.22	4806.75
#一产业	Primary Industry	1677.81	2192.82	3877.96
财产性收入	Income from Properties	48.39	56.10	203.11
转移性收入	Income from Transfer	309.54	405.45	837.81
三、平均每人总支出	**Per Capita Total Expenditure**	**4787.10**	**5372.39**	**6989.69**
#现金支出	Cash Expenditure	3808.96	4295.01	5802.43
四、人均生活消费总支出	**Per Capita Living Expenditure for Consumption**	**3134.42**	**3615.85**	**4624.39**
食 品	Food	1541.81	1736.80	2040.50
衣 着	Clothing	209.51	245.07	284.45
居 住	Residence	451.28	401.57	690.39
家庭设备用品及服务	Household Facilities, Articles and Services	224.14	247.00	336.94
医疗保健	Medicine and Medical Services	194.53	285.51	414.90
交通通讯	Transport and Communications	222.43	354.49	412.26
文教娱乐用品及服务	Education,Culture and Recreation Services	251.41	301.73	346.60
#教育	Education	185.16	224.86	212.45
其他商品及服务	Miscellaneous Goods and Services	39.32	43.68	98.35

2-61 各区县农村居民纯收入（1996-2009 年）
Net Income of Rural Households by Region of Chongqing (1996-2009)

单位：元／人 yuan/person

地 区	Region	1996 年	1997 年	1998 年	1999 年	2000 年	2001 年	2002 年
重庆市	**Chongqing**	**1479.05**	**1692.36**	**1801.17**	**1835.54**	**1892.44**	**1971.18**	**2097.58**
一小时经济圈	**One Hour Economic Sphere**	**1798.99**	**2077.68**	**2211.31**	**2291.52**	**2373.16**	**2454.22**	**2585.60**
大渡口区	Dadukou District	2020.00	2573.00	2710.00	2861.00	2910.00	3034.93	3186.85
江北区	Jiangbei District	2117.00	2689.00	2711.00	2815.00	2931.00	3013.91	3151.28
沙坪坝区	Shapingba District	1929.00	2362.00	2568.00	2716.00	2861.00	2979.07	3140.04
九龙坡区	Jiulongpo District	1889.70	2403.00	2705.63	2801.39	2937.51	3018.42	3164.08
南岸区	Nan'an District	2438.00	2418.00	2621.00	2847.00	2951.00	3070.12	3263.04
北碚区	Beibei District	1826.00	2060.00	2203.00	2293.00	2435.00	2550.16	2704.11
渝北区	Yubei District	1905.51	2094.38	2232.48	2306.92	2404.35	2479.00	2622.23
巴南区	Banan District	1850.00	2161.00	2281.00	2331.00	2371.00	2451.08	2579.57
万盛区	Wansheng District	1820.00	2107.00	2240.00	2245.00	2300.00	2400.03	2524.03
双桥区	Shuangqiao District	2072.00	2172.00	2297.00	2370.00	2470.00	2562.06	2710.86
涪陵区	Fuling District	1339.20	1500.00	1691.80	1788.70	1822.00	1891.79	2005.67
长寿区	Changshou District	1728.00	2077.00	2206.00	2260.00	2362.00	2434.96	2538.87
江津区	Jiangjin District	1854.00	2117.00	2237.00	2317.00	2400.00	2492.22	2667.00
合川区	Hechuan District	1929.00	2194.00	2350.00	2398.00	2453.00	2512.16	2625.25
永川区	Yongchuan District	1975.00	2176.00	2323.00	2415.00	2455.00	2557.70	2685.39
南川区	Nanchuan District	1582.25	1903.22	2001.16	2030.90	2082.16	2141.45	2242.79
綦江县	Qijiang County	1771.00	2247.67	2256.25	2306.68	2367.83	2412.82	2526.22
潼南县	Tongnan County	1485.00	1707.00	1863.00	1931.00	2103.00	2164.30	2282.64
铜梁县	Tongliang County	1687.73	1908.14	2033.38	2237.00	2435.00	2552.24	2701.73
大足县	Dazu County	1928.00	2195.00	2314.00	2389.00	2388.00	2485.17	2612.56
荣昌县	Rongchang County	1925.00	2179.00	2353.00	2378.00	2392.00	2453.25	2555.03
璧山县	Bishan County	1916.00	2189.00	2313.00	2411.00	2478.00	2560.29	2707.36
渝东北翼	**Northeast of Chongqing**							
万州区	Wanzhou District	1302.74	1511.64	1635.55	1615.16	1651.24	1707.63	1802.06
梁平县	Liangping County	1480.10	1721.93	1762.46	1804.28	1849.10	1906.03	2009.93
城口县	Chengkou County	1145.00	1032.00	1136.00	1239.00	1337.00	1386.92	1467.85
丰都县	Fengdu County	1255.86	1449.24	1549.53	1609.76	1640.35	1711.38	1810.22
垫江县	Dianjiang County	1250.31	1519.31	1625.59	1678.54	1846.68	1938.46	2062.32
忠县	Zhongxian County	1289.00	1505.00	1638.00	1686.00	1765.00	1731.00	1822.40
开县	Kaixian County	1279.00	1481.00	1616.00	1596.00	1578.00	1621.23	1722.13
云阳县	Yunyang County	1243.00	1445.00	1474.00	1482.00	1458.00	1445.97	1553.37
奉节县	Fengjie County	1221.00	1331.00	1372.00	1225.00	1285.00	1337.86	1446.16
巫山县	Wushan County	1139.39	1344.05	1415.32	1224.30	1261.15	1321.89	1453.20
巫溪县	Wuxi County	1023.00	1124.00	1192.00	1224.00	1258.00	1299.26	1369.79
渝东南翼	**Southeast of Chongqing**							
黔江区	Qianjiang District	1188.95	1381.90	1416.96	1364.69	1405.21	1509.98	1580.46
武隆县	Wulong County	1215.00	1482.00	1452.00	1505.00	1615.00	1665.52	1802.35
石柱县	Shizhu County	1090.00	1166.00	1206.00	1246.00	1308.00	1380.00	1530.00
秀山县	Xiushan County	967.00	1094.00	1178.00	1213.00	1263.00	1354.41	1448.67
酉阳县	Youyang County	907.00	1099.00	1169.00	1254.00	1298.00	1357.86	1403.00
彭水县	Pengshui County	1092.00	1169.00	1233.00	1340.00	1375.00	1428.08	1536.52

2-61 各区县农村居民纯收入（1996-2009 年）

Net Income of Rural Households by Region of Chongqing (1996-2009)

续表 (continued) 单位：元 / 人 yuan/person

地 区	Region	2003 年	2004 年	2005 年	2006 年	2007 年	2008 年	2009 年
重庆市	**Chongqing**	**2214.55**	**2510.41**	**2809.32**	**2873.83**	**3509.29**	**4126.[illegible]1**	**4478.35**
一小时经济圈	**One Hour Economic Sphere**	**2739.21**	**3122.90**	**3536.09**	**3601.26**	**4378.86**	**5183.[illegible]6**	**5780.36**
大渡口区	Dadukou District	3382.00	3812.12	4320.64	4789.64	5888.67	6907.02	7611.54
江北区	Jiangbei District	3355.51	3747.67	4280.27	4728.27	5692.58	673[illegible].[illegible]4	7444.00
沙坪坝区	Shapingba District	3334.07	3814.30	4331.37	4796.37	5693.11	6734.32	7421.07
九龙坡区	Jiulongpo District	3356.40	3760.09	4283.03	4743.03	5700.82	6726.97	7440.00
南岸区	Nan'an District	3474.87	3965.19	4523.24	5004.24	6103.19	7196.52	7955.19
北碚区	Beibei District	2875.00	3280.34	3670.27	3813.00	4627.39	5529.94	6179.16
渝北区	Yubei District	2777.37	3168.10	3479.38	3604.38	4384.96	5216.79	5803.30
巴南区	Banan District	2715.10	3124.49	3474.86	3606.86	4384.88	5207.92	5780.96
万盛区	Wansheng District	2644.91	2998.00	3241.63	3267.63	3974.29	4629.61	5079.44
双桥区	Shuangqiao District	2869.43	3275.08	3672.71	3742.71	4567.11	5380.06	5968.56
涪陵区	Fuling District	2153.40	2528.52	2779.79	2853.94	3499.27	4168.43	4651.13
长寿区	Changshou District	2678.86	3034.12	3369.06	3480.06	4158.57	4901.41	5437.08
江津区	Jiangjin District	2841.99	3233.63	3629.03	3691.03	4535.37	[illegible]	6041.04
合川区	Hechuan District	2771.67	3149.55	3537.59	3594.59	4426.27	5267.38	5877.34
永川区	Yongchuan District	2841.73	3234.19	3626.69	3681.69	4523.22	5380.06	5987.18
南川区	Nanchuan District	2354.24	2717.48	3057.41	3165.61	3839.18	4561.98	5075.79
綦江县	Qijiang County	2653.04	3031.06	3397.51	3418.51	4102.03	4760.73	5237.00
潼南县	Tongnan County	2441.70	2804.70	3158.31	3199.31	3849.17	4508.53	4991.05
铜梁县	Tongliang County	2867.08	3270.75	3663.04	3715.04	4552.53	5387.92	5953.55
大足县	Dazu County	2752.12	3118.44	3483.39	3529.39	4230.69	5035.08	5604.03
荣昌县	Rongchang County	2688.27	3048.42	3426.49	3488.49	4328.71	5156.08	5743.87
璧山县	Bishan County	2875.41	3285.44	3681.75	3751.75	4601.83	5449.32	6047.11
渝东北翼	**Northeast of Chongqing**		**2139.93**	**2409.71**	**2530.09**	**3077.29**	**3639.[illegible]5**	**4036.48**
万州区	Wanzhou District	1925.13	2287.09	2582.13	2739.13	3334.61	[illegible]	4469.81
梁平县	Liangping County	2135.27	2521.37	2812.69	2919.81	3562.56	4210.95	4657.00
城口县	Chengkou County	1568.88	1830.56	1965.57	2075.32	2383.89	2806.09	3096.11
丰都县	Fengdu County	1924.75	2193.01	2430.34	2479.05	3027.64	359[illegible].[illegible]8	3992.00
垫江县	Dianjiang County	2223.28	2614.32	2988.50	3099.50	3732.08	4332.94	4766.25
忠县	Zhongxian County	1928.72	2281.85	2602.49	2750.49	3386.68	[illegible]	4527.50
开县	Kaixian County	1851.13	2186.40	2471.22	2607.22	3210.12	3832.67	4274.96
云阳县	Yunyang County	1684.19	1973.87	2222.89	2336.89	2845.25	3349.44	3700.13
奉节县	Fengjie County	1589.55	1885.81	2106.67	2231.67	2716.54	3178.08	3499.07
巫山县	Wushan County	1585.04	1834.29	2030.94	2145.12	2578.50	2995.96	3306.64
巫溪县	Wuxi County	1485.00	1703.22	1928.30	2028.96	2409.80	2803.08	3078.00
渝东南翼	**Southeast of Chongqing**		**1932.93**	**2136.66**	**2271.69**	**2734.52**	**3242.[illegible]6**	**3603.65**
黔江区	Qianjiang District	1715.57	1967.91	2128.73	2278.73	2828.33	3332.06	3696.17
武隆县	Wulong County	1942.32	2203.37	2408.34	2456.80	2934.71	3474.99	3862.70
石柱县	Shizhu County	1686.00	2002.00	2296.26	2457.26	3002.35	[illegible]	3997.80
秀山县	Xiushan County	1552.35	1836.52	1968.95	2172.17	2609.15	3101.58	3447.00
酉阳县	Youyang County	1510.11	1744.53	1888.98	2030.98	2354.08	2778.05	3081.69
彭水县	Pengshui County	1673.97	1961.82	2125.22	2232.22	2673.87	3174.28	3517.01

2-62 各区县农村居民纯收入构成（2008 年）
Net Income of Rural Households by Region of Chongqing (2008)

单位：元 / 人 yuan/person

地 区	Region	纯收入 Net Income	工资性收入 Income from Wages and Salaries	家庭经营性收入 Income from Household Operations	财产性收入 Income from Properties	转移性收入 Income from Transfer
重庆市	**Chongqing**	**4126.21**	**1764.64**	**2016.64**	**50.90**	**294.03**
一小时经济圈	**One Hour Economic Sphere**	**5183.16**	**2374.53**	**2340.61**	**150.27**	**317.75**
渝中区	Yuzhong District					
大渡口区	Dadukou District	6907.02	3634.35	2776.74	308.51	187.42
江北区	Jiangbei District	6734.40	3634.70	2581.36	241.35	276.99
沙坪坝区	Shapingba District	6734.32	3881.88	1731.29	605.86	515.29
九龙坡区	Jiulongpo District	6726.97	3886.65	1383.04	1019.85	437.43
南岸区	Nan'an District	7196.52	2949.64	3195.55	406.06	645.26
北碚区	Beibei District	5529.94	3425.74	1537.93	126.09	440.18
渝北区	Yubei District	5216.79	2264.34	2456.40	160.62	335.96
巴南区	Banan District	5207.92	2214.80	2551.36	153.16	288.60
万盛区	Wansheng District	4629.61	2646.31	1455.38	78.32	449.59
双桥区	Shuangqiao District	5380.06	2550.57	2152.56	484.52	192.41
涪陵区	Fuling District	4168.43	1627.13	2268.17	58.74	214.39
长寿区	Changshou District	4901.41	2267.90	2168.59	114.70	350.21
江津区	Jiangjin District	5411.00	2321.88	2631.04	166.53	291.54
合川区	Hechuan District	5267.38	2437.95	2190.58	183.88	454.96
永川区	Yongchuan District	5380.06	2694.80	2283.81	93.52	307.93
南川区	Nanchuan District	4561.98	2028.56	2279.93	37.17	216.32
綦江县	Qijiang County	4760.73	2692.43	1721.59	53.44	293.26
潼南县	Tongnan County	4508.53	1927.07	2305.68	73.40	202.55
铜梁县	Tongliang County	5387.92	2140.10	2701.61	154.08	392.13
大足县	Dazu County	5035.08	2108.52	2551.35	128.65	246.56
荣昌县	Rongchang County	5156.08	1512.57	3438.53	7.26	197.71
璧山县	Bishan County	5449.32	2381.01	2609.27	59.25	399.78
渝东北翼	**Northeast of Chongqing**	**3639.15**	**1707.29**	**1625.10**	**41.10**	**265.66**
万州区	Wanzhou District	3998.00	1968.28	1712.94	36.78	280.00
梁平县	Liangping County	4210.95	2468.15	1449.00	25.34	268.46
城口县	Chengkou County	2806.09	1236.56	1332.28	13.06	224.19
丰都县	Fengdu County	3591.18	1372.56	1736.72	68.60	413.29
垫江县	Dianjiang County	4332.94	2138.90	1900.75	73.86	219.47
忠县	Zhongxian County	4056.90	1521.79	2074.04	103.63	357.45
开县	Kaixian County	3832.67	1763.49	1769.47	25.87	273.83
云阳县	Yunyang County	3349.44	1732.09	1314.42	65.56	237.37
奉节县	Fengjie County	3178.08	1421.08	1523.06	2.39	231.55
巫山县	Wushan County	2995.96	1066.85	1701.80	23.82	203.49
巫溪县	Wuxi County	2803.08	1411.10	1195.87	10.77	185.33
渝东南翼	**Southeast of Chongqing**	**3242.16**	**1191.61**	**1798.23**	**82.63**	**169.68**
黔江区	Qianjiang District	3332.06	1108.07	1862.39	146.86	214.74
武隆县	Wulong County	3474.99	1228.73	1985.85	24.88	235.52
石柱县	Shizhu County	3579.10	1373.76	2007.92	55.85	141.57
秀山县	Xiushan County	3101.58	1205.61	1716.13	90.77	89.06
酉阳县	Youyang County	2778.05	985.85	1505.40	51.49	235.31
彭水县	Pengshui County	3174.28	1237.41	1704.69	120.67	111.50

2-62 各区县农村居民纯收入构成（2009 年）
Net Income of Rural Households by Region of Chongqing (2009)

续表 (continued) 单位：元 / 人 yuan/person

地 区	Region	纯收入 Net Income	工资性收入 Income from Wages and Salaries	家庭经营性收入 Income from Household Operations	财产性收入 Income from Properties	转移性收入 Income from Transfer
重庆市	**Chongqing**	**4478.35**	**1919.68**	**2111.65**	**67.80**	**379.23**
一小时经济圈	**One Hour Economic Sphere**	**5780.36**	**2729.81**	**2475.62**	**180.80**	**394.14**
渝中区	Yuzhong District					
大渡口区	Dadukou District	7611.54	3980.07	3060.63	351.20	219.64
江北区	Jiangbei District	7444.00	4009.25	2652.87	356.54	425.36
沙坪坝区	Shapingba District	7421.07	4259.13	1865.95	706.82	589.18
九龙坡区	Jiulongpo District	7440.00	4343.07	1470.07	1162.28	464.58
南岸区	Nan'an District	7955.19	3324.43	3444.07	484.37	702.32
北碚区	Beibei District	6179.16	3942.52	1597.90	176.79	461.96
渝北区	Yubei District	5803.30	2660.34	2554.91	178.45	409.60
巴南区	Banan District	5780.96	2764.27	2470.57	193.89	352.23
万盛区	Wansheng District	5079.44	2995.49	1460.41	103.17	520.37
双桥区	Shuangqiao District	5968.56	3110.58	1877.60	278.96	701.42
涪陵区	Fuling District	4651.13	2051.31	2286.18	57.20	256.43
长寿区	Changshou District	5437.08	2501.36	2254.97	209.84	470.92
江津区	Jiangjin District	6041.04	2608.69	2844.50	203.01	384.83
合川区	Hechuan District	5877.34	2903.02	2264.86	218.26	491.19
永川区	Yongchuan District	5987.18	3152.93	2322.15	139.72	372.38
南川区	Nanchuan District	5075.79	2235.76	2484.00	84.70	271.33
綦江县	Qijiang County	5237.00	3002.86	1765.64	57.73	410.77
潼南县	Tongnan County	4991.05	2124.91	2529.23	44.08	292.83
铜梁县	Tongliang County	5953.55	2307.51	3001.65	174.37	470.02
大足县	Dazu County	5604.03	2346.06	2841.71	132.50	283.76
荣昌县	Rongchang County	5743.87	2062.36	3364.52	9.48	307.50
璧山县	Bishan County	6047.11	2671.78	2834.54	81.45	459.34
渝东北翼	**Northeast of Chongqing**	**4036.48**	**1916.82**	**1758.80**	**49.27**	**311.59**
万州区	Wanzhou District	4469.81	2158.91	1881.76	43.75	385.39
梁平县	Liangping County	4657.00	2748.84	1544.77	61.09	302.30
城口县	Chengkou County	3096.11	1544.97	1165.59	145.28	240.27
丰都县	Fengdu County	3992.00	1755.27	1743.58	67.58	425.58
垫江县	Dianjiang County	4766.25	2390.12	2034.37	84.55	257.21
忠县	Zhongxian County	4527.50	1697.96	2307.52	113.42	408.60
开县	Kaixian County	4274.96	1972.91	1961.13	32.28	308.64
云阳县	Yunyang County	3700.13	1939.59	1465.21	22.07	273.26
奉节县	Fengjie County	3499.07	1584.80	1610.11	3.69	300.46
巫山县	Wushan County	3306.64	1128.66	1907.42	26.99	243.56
巫溪县	Wuxi County	3078.00	1560.22	1326.61	16.68	174.49
渝东南翼	**Southeast of Chongqing**	**3603.65**	**1330.08**	**1972.75**	**87.31**	**213.51**
黔江区	Qianjiang District	3696.17	1261.68	2037.59	160.39	236.50
武隆县	Wulong County	3862.70	1327.16	2083.14	38.33	414.06
石柱县	Shizhu County	3997.80	1563.02	2191.93	84.04	158.82
秀山县	Xiushan County	3447.00	1300.51	1948.74	99.29	98.46
酉阳县	Youyang County	3081.69	1163.93	1616.13	55.11	246.52
彭水县	Pengshui County	3517.01	1354.82	1939.80	81.65	140.74

2-63 各区县农村居民生活消费支出（1996-2009 年）
Consumption Expenditure of Rural Households by Region of Chongqing (1996-2009)

单位：元 / 人 yuan/person

地 区	Region	1996 年	1997 年	1998 年	1999 年	2000 年	2001 年	2002 年
重庆市	**Chongqing**	**1328.18**	**1389.99**	**1417.08**	**1388.64**	**1395.53**	**1475.16**	**1497.72**
一小时经济圈	**One Hour Economic Sphere**	**1567.86**	**1638.18**	**1671.46**	**1687.11**	**1724.44**	**1819.02**	**1872.78**
渝中区	Yuzhong District							
大渡口区	Dadukou District	1537.00	1673.00	1613.00	1660.00	1623.00	1643.97	1801.29
江北区	Jiangbei District	1689.00	1924.00	1687.00	1608.00	1756.00	2415.10	2478.88
沙坪坝区	Shapingba District	1533.00	1820.00	2091.00	2616.00	2472.00	2753.16	2708.26
九龙坡区	Jiulongpo District	1823.01	1900.42	1770.24	2063.61	2150.02	2213.95	2344.53
南岸区	Nan'an District	1726.00	1682.00	1649.00	1953.00	1931.00	1887.09	2370.00
北碚区	Beibei District	1813.00	1884.00	1819.00	1869.00	1762.00	1674.52	2486.00
渝北区	Yubei District	1370.23	1595.33	1776.19	1647.90	1912.22	2321.79	2197.11
巴南区	Banan District	1639.00	2058.00	1849.00	1603.00	1681.00	1959.47	1887.98
万盛区	Wansheng District	1676.00	1696.00	1601.00	1730.00	1697.00	1734.48	1942.00
双桥区	Shuangqiao District	1076.00	1234.00	1497.00	1786.00	2144.00	2350.55	2343.00
涪陵区	Fuling District	1127.30	1109.90	1441.20	1238.90	1276.10	1419.19	1440.17
长寿区	Changshou District	1706.00	1518.00	1851.00	1644.00	1840.00	2049.23	2027.81
江津区	Jiangjin District	1637.00	1657.00	1590.00	1619.00	1701.00	1724.29	1791.45
合川区	Hechuan District	1719.00	1797.00	1684.00	1583.00	1563.00	1816.21	1857.59
永川区	Yongchuan District	1483.00	1587.00	1630.00	1792.00	1839.00	2043.65	1846.14
南川区	Nanchuan District	1593.48	1723.56	1620.84	1755.63	1704.10	1747.47	1697.84
綦江县	Qijiang County	1594.00	1764.00	1900.00	1657.00	1842.00	1810.00	1864.14
潼南县	Tongnan County	1471.00	1402.00	1386.00	1494.00	1454.00	1408.87	1509.05
铜梁县	Tongliang County	1439.71	1465.21	1462.77	1657.56	1824.23	1755.66	1896.86
大足县	Dazu County	1543.46	1427.24	1733.72	1726.00	1581.93	1659.49	1617.90
荣昌县	Rongchang County	1752.00	1722.00	1536.00	1739.00	1754.00	1408.58	1458.84
璧山县	Bishan County	1749.00	2004.00	1865.00	2096.00	1835.00	2011.31	2008.00
渝东北翼	**Northeast of Chongqing**							
万州区	Wanzhou District	1210.52	1203.15	1179.16	1083.89	1297.42	1492.14	1449.19
梁平县	Liangping County	1170.63	1259.57	1473.55	1430.55	1238.03	1225.84	1532.30
城口县	Chengkou County	993.00	987.00	960.00	948.00	904.00	1108.55	1283.84
丰都县	Fengdu County	610.29	705.32	645.34	1167.50	1517.00	1668.40	1625.00
垫江县	Dianjiang County	1031.57	1182.67	1274.67	1369.69	1297.60	1350.49	1633.12
忠县	Zhongxian County	1142.00	1302.00	1300.00	1460.00	1407.00	1440.95	1468.72
开县	Kaixian County	1049.00	1069.00	1259.00	1154.00	1305.00	1134.11	1284.97
云阳县	Yunyang County	1153.00	1335.00	1458.00	1240.00	1254.00	1115.04	1208.84
奉节县	Fengjie County	1081.00	1148.00	1112.00	908.00	981.00	1048.61	1074.42
巫山县	Wushan County	981.25	966.56	961.75	991.89	1080.40	1179.34	1165.43
巫溪县	Wuxi County	1085.00	1046.00	969.00	1067.00	1060.00	1283.63	1474.92
渝东南翼	**Southeast of Chongqing**							
黔江区	Qianjiang District	1100.11	1322.08	1266.88	1186.18	1195.80	1382.71	1555.45
武隆县	Wulong County	1058.00	1057.00	1118.00	1131.00	1031.00	1164.84	1402.78
石柱县	Shizhu County	1265.00	1186.00	1189.00	1152.00	1091.00	1203.70	1480.65
秀山县	Xiushan County	963.48	1015.93	1078.01	1110.75	1136.59	1042.93	1166.70
酉阳县	Youyang County	1163.19	1242.74	1163.60	1036.00	1060.00	1381.76	1410.51
彭水县	Pengshui County	1043.00	1213.00	1182.00	1065.00	1136.76	1345.41	1393.90

2-63 各区县农村居民生活消费支出（1996-2009 年）

Consumption Expenditure of Rural Households by Region of Chongqing (1996-2009)

续表 (continued) 单位：元 / 人　　　　yuan/person

地　区	Region	2003 年	2004 年	2005 年	2006 年	2007 年	2008 年	2009 年
重庆市	**Chongqing**	**1583.31**	**1853.94**	**2142.12**	**2205.21**	**2526.70**	**288[illegible]2**	**3142.14**
一小时经济圈	**One Hour Economic Sphere**	**1991.60**	**2349.26**	**2655.44**	**2799.22**	**3185.58**	**361[illegible]6**	**3891.67**
渝中区	Yuzhong District							
大渡口区	Dadukou District	2281.09	2704.10	3208.83	3449.14	3517.37	391[illegible]0	4462.95
江北区	Jiangbei District	2604.28	2889.92	3336.04	3556.50	4182.98	456[illegible]2	4979.74
沙坪坝区	Shapingba District	2645.83	2972.40	3352.51	3715.85	4506.25	531[illegible]7	5953.21
九龙坡区	Jiulongpo District	2604.07	3143.83	3691.75	3829.22	4542.20	509[illegible]7	5369.63
南岸区	Nan'an District	2652.00	3092.00	3650.98	4153.90	4618.41	535[illegible]2	6000.15
北碚区	Beibei District	2672.00	3009.00	3336.94	3498.55	3912.76	464[illegible]4	5116.43
渝北区	Yubei District	2248.03	2557.15	3020.78	3509.51	3757.52	416[illegible]9	4472.10
巴南区	Banan District	1991.63	2319.21	2549.59	2587.65	3075.63	368[illegible]3	4085.93
万盛区	Wansheng District	2058.00	2490.00	2707.56	2747.53	3227.72	359[illegible]4	3579.15
双桥区	Shuangqiao District	2422.00	2751.00	3067.29	2903.44	3308.07	360[illegible]2	3734.33
涪陵区	Fuling District	1481.07	1773.12	1977.18	2049.62	2334.86	272[illegible]6	2993.25
长寿区	Changshou District	2157.52	2071.47	2409.33	2585.13	2947.44	319[illegible]6	3251.36
江津区	Jiangjin District	1880.80	2350.00	2656.89	2758.24	3242.44	362[illegible]1	4071.50
合川区	Hechuan District	2019.22	2372.00	2668.73	2847.76	3424.72	384[illegible]3	4214.99
永川区	Yongchuan District	1832.49	2401.33	2761.53	2765.49	3220.68	381[illegible]4	3677.35
南川区	Nanchuan District	1612.69	2208.18	2354.20	2390.47	2776.50	308[illegible]6	3014.70
綦江县	Qijiang County	2086.94	2460.60	2790.72	3006.58	3480.72	405[illegible]1	4785.50
潼南县	Tongnan County	1559.90	1960.52	2176.87	2180.40	2395.66	276[illegible]1	2938.56
铜梁县	Tongliang County	2281.45	2465.36	2676.68	2866.25	3026.92	339[illegible]9	3588.57
大足县	Dazu County	1787.60	2174.23	2456.43	2563.91	2880.05	325[illegible]2	3235.22
荣昌县	Rongchang County	1527.45	1996.00	2287.49	2462.75	2472.36	261[illegible]5	2946.29
璧山县	Bishan County	2050.00	2365.00	2697.89	2858.17	3599.17	399[illegible]4	4137.87
渝东北翼	**Northeast of Chongqing**		**1720.80**	**1976.82**	**2046.78**	**2418.37**	**276[illegible]5**	**3065.10**
万州区	Wanzhou District	1410.62	1712.73	1897.57	2125.32	2651.16	313[illegible]4	3645.80
梁平县	Liangping County	1712.80	2117.85	2436.63	2493.49	3038.11	379[illegible]6	3952.68
城口县	Chengkou County	1492.00	1617.39	1822.30	1841.55	2194.72	236[illegible]2	2442.25
丰都县	Fengdu County	1678.00	1680.00	1881.55	1949.94	2125.19	215[illegible]5	2212.88
垫江县	Dianjiang County	1760.68	2197.14	2548.66	2513.53	2784.55	309[illegible]7	3662.30
忠县	Zhongxian County	1502.12	1757.33	2026.04	2116.56	2780.85	330[illegible]2	3415.87
开县	Kaixian County	1340.67	1561.38	1772.94	1877.96	2145.60	234[illegible]3	2578.04
云阳县	Yunyang County	1322.05	1579.09	1847.16	1883.93	2087.70	234[illegible]0	2476.71
奉节县	Fengjie County	1107.15	1368.69	1763.78	1737.78	1965.63	229[illegible]1	2705.42
巫山县	Wushan County	1277.53	1561.74	1801.23	1769.78	2076.84	237[illegible]4	2757.05
巫溪县	Wuxi County	1612.25	1879.20	2088.14	2184.17	2628.62	279[illegible]5	3298.25
渝东南翼	**Southeast of Chongqing**		**1829.72**	**1971.84**	**2057.04**	**2384.30**	**272[illegible]6**	**3003.68**
黔江区	Qianjiang District	1602.20	1964.00	2138.26	2293.06	2721.30	319[illegible]0	3342.95
武隆县	Wulong County	1515.90	1548.97	1900.61	1899.97	2185.83	238[illegible]1	2863.43
石柱县	Shizhu County	1559.00	1984.00	2172.77	2370.71	2940.70	337[illegible]5	3602.09
秀山县	Xiushan County	1291.84	1585.74	1703.52	1723.61	1879.77	220[illegible]8	2457.24
酉阳县	Youyang County	1530.60	1889.00	2020.63	2036.80	2307.67	264[illegible]4	2887.72
彭水县	Pengshui County	1402.69	1755.64	1906.17	2030.12	2278.31	258[illegible]1	2875.01

2-64 各区县农村居民生活消费支出构成（2008 年）
Composition of Consumption Expenditure of Rural Households by Region of Chongqing (2008)

单位：元 / 人 yuan/person

地 区	Region	生活消费总支出 Consumption Expenditure	食品支出 Food	衣着支出 Clothing	居住支出 Residence	家庭设备用品及服务支出 Household Facilities, Articles and Services
重庆市	**Chongqing**	**2884.92**	**1537.59**	**160.34**	**328.97**	**167.74**
一小时经济圈	**One Hour Economic Sphere**	**3616.26**	**1866.95**	**199.94**	**465.00**	**213.74**
大渡口区	Dadukou District	3913.80	1973.15	284.88	508.98	200.54
江北区	Jiangbei District	4569.62	2192.04	287.40	229.27	174.32
沙坪坝区	Shapingba District	5311.37	2471.64	463.37	604.66	390.43
九龙坡区	Jiulongpo District	5097.67	2515.70	385.18	552.22	250.66
南岸区	Nan'an District	5357.22	2437.62	383.29	648.58	329.78
北碚区	Beibei District	4646.04	2190.78	384.19	552.09	325.59
渝北区	Yubei District	4168.49	2280.70	240.30	259.27	188.88
巴南区	Banan District	3683.13	1855.74	188.09	590.08	198.00
万盛区	Wansheng District	3594.24	1657.10	240.81	380.91	233.15
双桥区	Shuangqiao District	3607.52	1765.59	321.10	702.08	263.43
涪陵区	Fuling District	2721.26	1449.33	141.08	288.64	210.43
长寿区	Changshou District	3199.16	1647.13	196.30	247.81	187.29
江津区	Jiangjin District	3622.11	1938.95	200.10	404.69	200.22
合川区	Hechuan District	3845.03	2178.63	193.48	456.31	209.12
永川区	Yongchuan District	3816.04	1837.43	171.67	477.11	256.77
南川区	Nanchuan District	3085.66	1535.31	170.24	570.72	213.96
綦江县	Qijiang County	4053.31	2118.36	177.97	709.11	239.14
潼南县	Tongnan County	2767.81	1598.24	134.90	348.00	120.70
铜梁县	Tongliang County	3399.29	1691.26	172.71	594.57	141.65
大足县	Dazu County	3253.72	1716.76	108.36	648.60	141.89
荣昌县	Rongchang County	2610.85	1266.83	124.29	284.66	284.56
璧山县	Bishan County	3997.94	2234.02	196.44	445.92	308.21
渝东北翼	**Northeast of Chongqing**	**2764.85**	**1465.99**	**142.10**	**343.20**	**136.06**
万州区	Wanzhou District	3133.14	1521.67	166.92	520.29	167.62
梁平县	Liangping County	3792.66	1980.54	212.42	407.40	171.13
城口县	Chengkou County	2366.22	1251.33	118.39	176.62	93.62
丰都县	Fengdu County	2153.95	1141.29	85.36	283.24	91.72
垫江县	Dianjiang County	3090.87	1487.04	155.74	336.79	200.42
忠县	Zhongxian County	3305.22	1823.07	88.88	461.46	184.23
开县	Kaixian County	2341.93	1181.68	133.16	295.60	91.43
云阳县	Yunyang County	2346.70	1374.03	104.02	258.78	126.06
奉节县	Fengjie County	2296.81	1333.84	171.95	218.51	58.83
巫山县	Wushan County	2370.84	1224.81	146.47	349.17	119.23
巫溪县	Wuxi County	2790.55	1632.95	137.37	278.80	184.52
渝东南翼	**Southeast of Chongqing**	**2729.66**	**1428.99**	**144.82**	**435.77**	**136.23**
黔江区	Qianjiang District	3195.20	1699.54	191.09	375.49	201.89
武隆县	Wulong County	2385.31	1277.36	137.76	298.87	132.83
石柱县	Shizhu County	3377.75	1762.48	118.46	673.44	68.64
秀山县	Xiushan County	2205.38	1129.65	143.76	347.87	129.00
酉阳县	Youyang County	2649.34	1359.60	112.38	461.31	170.84
彭水县	Pengshui County	2582.51	1354.27	162.26	463.67	115.34

2-64 各区县农村居民生活消费支出构成（2008 年）
Composition of Consumption Expenditure of Rural Households by Region of Chongqing (2008)

续表 1(continued) 单位：元 / 人　　yuan/person

地 区	Region	交通和通讯支出 Transport and Communications	文教娱乐用品及服务支出 Education, Culture and Recreation Services	医疗保健支出 Health Care and Medical Services	其他商品及服务支出 Miscellaneous Goods and Services
重庆市	**Chongqing**	**238.43**	**211.83**	**197.15**	**42.87**
一小时经济圈	**One Hour Economic Sphere**	**272.82**	**278.20**	**265.36**	**54.26**
大渡口区	Dadukou District	171.41	342.44	395.59	36.83
江北区	Jiangbei District	372.27	515.17	744.17	54.98
沙坪坝区	Shapingba District	463.64	573.20	271.75	72.68
九龙坡区	Jiulongpo District	290.29	484.60	518.71	100.31
南岸区	Nan'an District	438.23	636.77	410.14	72.82
北碚区	Beibei District	370.61	379.84	351.34	91.60
渝北区	Yubei District	303.81	287.05	554.21	54.27
巴南区	Banan District	239.43	231.65	298.13	82.00
万盛区	Wansheng District	376.56	360.94	321.03	23.75
双桥区	Shuangqiao District	169.43	220.76	137.67	27.46
涪陵区	Fuling District	206.72	209.32	172.76	42.98
长寿区	Changshou District	276.18	329.73	256.88	57.86
江津区	Jiangjin District	290.90	301.94	225.77	59.53
合川区	Hechuan District	294.59	216.97	248.87	47.06
永川区	Yongchuan District	437.42	318.12	279.98	37.54
南川区	Nanchuan District	254.66	144.82	142.24	53.71
綦江县	Qijiang County	314.55	219.63	217.23	57.30
潼南县	Tongnan County	135.91	236.07	151.38	42.60
铜梁县	Tongliang County	206.71	294.12	251.95	46.31
大足县	Dazu County	209.78	191.38	199.42	37.53
荣昌县	Rongchang County	194.26	203.68	198.39	54.18
璧山县	Bishan County	272.49	230.74	249.76	60.37
渝东北翼	**Northeast of Chongqing**	**230.63**	**213.22**	**196.37**	**37.28**
万州区	Wanzhou District	232.48	249.25	194.30	80.61
梁平县	Liangping County	440.78	286.61	262.88	30.90
城口县	Chengkou County	166.05	241.28	283.17	35.76
丰都县	Fengdu County	146.85	163.70	214.26	27.53
垫江县	Dianjiang County	266.56	299.54	267.04	77.74
忠县	Zhongxian County	179.59	292.76	224.42	50.80
开县	Kaixian County	208.89	209.80	208.43	12.93
云阳县	Yunyang County	185.08	123.72	161.24	13.78
奉节县	Fengjie County	199.24	175.70	131.02	7.72
巫山县	Wushan County	240.77	147.55	107.98	34.86
巫溪县	Wuxi County	220.13	144.80	159.08	32.90
渝东南翼	**Southeast of Chongqing**	**209.85**	**198.61**	**144.79**	**30.59**
黔江区	Qianjiang District	236.69	207.82	237.71	44.96
武隆县	Wulong County	240.19	165.93	113.97	18.40
石柱县	Shizhu County	199.51	339.52	180.47	35.22
秀山县	Xiushan County	193.28	135.76	103.65	22.41
酉阳县	Youyang County	191.87	194.34	119.48	39.52
彭水县	Pengshui County	197.70	152.62	112.96	23.69

2-64 各区县农村居民生活消费支出构成（2009 年）
Composition of Consumption Expenditure of Rural Households by Region of Chongqing (2009)

续表 2(continued) 单位：元 / 人 yuan/person

地 区	Region	生活消费总支出 Consumption Expenditure	食品支出 Food	衣着支出 Clothing	居住支出 Residence	家庭设备用品及服务支出 Household Facilities, Articles and Services
重庆市	**Chongqing**	**3142.14**	**1542.12**	**198.60**	**406.36**	**209.37**
一小时经济圈	**One Hour Economic Sphere**	**3891.67**	**1915.93**	**230.33**	**538.28**	**269.77**
大渡口区	Dadukou District	4462.95	2072.16	442.50	657.54	309.41
江北区	Jiangbei District	4979.74	2310.25	276.81	665.74	249.36
沙坪坝区	Shapingba District	5953.21	2665.39	636.00	600.77	433.21
九龙坡区	Jiulongpo District	5369.63	2436.44	377.49	850.69	310.47
南岸区	Nan'an District	6000.15	2483.31	453.56	989.81	427.09
北碚区	Beibei District	5116.43	2342.43	427.55	601.19	359.19
渝北区	Yubei District	4472.10	2367.35	263.05	578.16	278.87
巴南区	Banan District	4085.93	1999.86	208.73	771.53	226.72
万盛区	Wansheng District	3579.15	1546.72	254.96	418.63	248.40
双桥区	Shuangqiao District	3734.33	1851.90	328.25	320.10	231.81
涪陵区	Fuling District	2993.25	1504.60	170.45	398.54	223.45
长寿区	Changshou District	3251.36	1669.29	203.63	277.36	229.53
江津区	Jiangjin District	4071.50	2034.38	237.49	541.22	302.50
合川区	Hechuan District	4214.99	2183.23	224.74	490.04	253.09
永川区	Yongchuan District	3677.35	1741.26	207.89	477.76	236.37
南川区	Nanchuan District	3014.70	1476.82	181.26	458.84	204.92
綦江县	Qijiang County	4785.50	2261.75	215.89	801.92	528.86
潼南县	Tongnan County	2938.56	1617.87	169.40	333.85	145.96
铜梁县	Tongliang County	3588.57	1768.27	175.49	597.48	164.72
大足县	Dazu County	3235.22	1667.76	117.98	522.21	185.64
荣昌县	Rongchang County	2946.29	1405.35	151.69	375.21	337.84
璧山县	Bishan County	4137.87	2233.86	194.67	582.60	302.99
渝东北翼	**Northeast of Chongqing**	**3065.10**	**1554.09**	**164.67**	**398.23**	**192.12**
万州区	Wanzhou District	3645.80	1692.64	209.98	630.32	222.22
梁平县	Liangping County	3952.68	1932.66	255.61	432.45	196.19
城口县	Chengkou County	2442.25	1296.47	131.73	247.49	114.58
丰都县	Fengdu County	2212.88	1140.02	94.21	261.09	105.90
垫江县	Dianjiang County	3662.30	1756.52	193.94	302.66	271.72
忠县	Zhongxian County	3415.87	1818.03	98.99	483.77	208.50
开县	Kaixian County	2578.04	1322.37	153.67	364.89	112.33
云阳县	Yunyang County	2476.71	1340.55	112.08	173.20	362.92
奉节县	Fengjie County	2705.42	1443.50	187.07	420.98	88.62
巫山县	Wushan County	2757.05	1449.65	157.59	448.33	120.88
巫溪县	Wuxi County	3298.25	1721.31	157.94	387.66	243.22
渝东南翼	**Southeast of Chongqing**	**3003.68**	**1503.80**	**159.74**	**486.86**	**168.42**
黔江区	Qianjiang District	3342.95	1669.79	212.31	422.68	219.41
武隆县	Wulong County	2863.43	1411.84	159.31	455.67	184.20
石柱县	Shizhu County	3602.09	1822.62	120.98	794.29	138.43
秀山县	Xiushan County	2457.24	1250.52	152.60	307.86	159.61
酉阳县	Youyang County	2887.72	1390.63	119.54	471.70	161.14
彭水县	Pengshui County	2875.01	1475.34	190.89	474.61	147.73

2-64 各区县农村居民生活消费支出构成（2009 年）
Composition of Consumption Expenditure of Rural Households by Region of Chongqing (2009)

续表 3(continued) 单位：元 / 人 yuan/person

地 区	Region	交通和通讯支出 Transport and Communications	文教娱乐用品及服务支出 Education, Culture and Recreation Services	医疗保健支出 Health Care and Medical Services	其他商品及服务支出 Miscellaneous Goods and Services
重庆市	**Chongqing**	**260.33**	**237.38**	**242.60**	**45.38**
一小时经济圈	**One Hour Economic Sphere**	**303.34**	**292.79**	**280.62**	**60.61**
大渡口区	Dadukou District	357.01	295.71	260.99	67.64
江北区	Jiangbei District	333.80	360.64	634.08	149.06
沙坪坝区	Shapingba District	483.15	572.96	409.98	151.76
九龙坡区	Jiulongpo District	350.39	457.00	479.82	107.33
南岸区	Nan'an District	421.73	608.73	526.43	89.50
北碚区	Beibei District	457.28	411.89	394.39	122.50
渝北区	Yubei District	344.82	258.95	316.02	64.87
巴南区	Banan District	243.99	248.97	320.47	65.66
万盛区	Wansheng District	493.30	279.78	315.56	21.81
双桥区	Shuangqiao District	155.97	319.87	511.58	14.85
涪陵区	Fuling District	247.58	211.38	188.85	48.41
长寿区	Changshou District	290.59	290.43	244.14	46.39
江津区	Jiangjin District	317.76	307.92	268.55	61.66
合川区	Hechuan District	348.43	339.42	318.95	57.10
永川区	Yongchuan District	381.89	336.19	249.91	46.10
南川区	Nanchuan District	276.02	209.40	143.33	64.11
綦江县	Qijiang County	373.85	297.31	262.74	43.19
潼南县	Tongnan County	192.26	274.08	157.22	47.92
铜梁县	Tongliang County	213.05	314.55	296.47	58.55
大足县	Dazu County	254.72	173.60	272.59	40.72
荣昌县	Rongchang County	193.17	205.67	233.59	43.77
璧山县	Bishan County	291.77	223.89	240.42	67.68
渝东北翼	**Northeast of Chongqing**	**250.71**	**243.14**	**222.50**	**39.63**
万州区	Wanzhou District	258.34	255.31	283.76	93.23
梁平县	Liangping County	492.60	320.87	293.48	28.83
城口县	Chengkou County	206.98	280.87	142.91	21.21
丰都县	Fengdu County	157.81	160.77	268.11	24.98
垫江县	Dianjiang County	309.63	424.27	323.36	80.20
忠县	Zhongxian County	196.82	326.32	250.41	33.03
开县	Kaixian County	192.94	204.55	203.92	23.38
云阳县	Yunyang County	185.49	136.31	144.80	21.37
奉节县	Fengjie County	196.29	225.97	129.82	13.18
巫山县	Wushan County	237.65	137.97	172.52	32.45
巫溪县	Wuxi County	314.39	238.80	197.43	37.50
渝东南翼	**Southeast of Chongqing**	**236.35**	**212.38**	**191.42**	**44.71**
黔江区	Qianjiang District	277.35	253.31	252.61	35.49
武隆县	Wulong County	278.70	217.71	130.55	25.44
石柱县	Shizhu County	205.12	201.48	291.80	27.37
秀山县	Xiushan County	182.40	203.02	143.50	57.75
酉阳县	Youyang County	236.67	237.34	193.85	76.85
彭水县	Pengshui County	241.31	163.29	135.54	46.31

2-65 全国各地区农村居民纯收入（1996-2009 年）
Net Income of Rural Households by Region of the Nation (1996-2009)

单位：元 / 人 yuan/person

地 区	Region	1996 年	1997 年	1998 年	1999 年	2000 年	2001 年	2002 年
全 国	**National Total**	**1926.07**	**2090.13**	**2161.98**	**2210.34**	**2253.30**	**2366.40**	**2475.63**
东部地区	**Eastern Region**							
北 京	Beijing	3561.94	3661.68	3952.32	4226.59	4604.50	5025.50	5398.48
天 津	Tianjin	2999.68	3243.68	3395.70	3411.11	3622.40	3947.72	4278.71
河 北	Hebei	2054.95	2286.01	2405.32	2441.50	2478.90	2603.60	2685.16
辽 宁	Liaoning	2149.98	2301.48	2579.79	2501.04	2355.60	2557.93	2751.34
上 海	Shanghai	4846.13	5277.02	5406.84	5409.11	5596.40	5870.87	6223.55
江 苏	Jiangsu	3029.32	3269.85	3376.78	3495.20	3595.10	3784.71	3979.79
浙 江	Zhejiang	3462.99	3684.22	3814.56	3948.39	4253.70	4582.34	4940.36
福 建	Fujian	2492.49	2785.67	2946.37	3091.39	3230.50	3380.72	3538.83
山 东	Shandong	2086.31	2292.12	2452.83	2549.58	2659.20	2804.51	2947.65
广 东	Guangdong	3183.46	3467.69	3527.14	3628.95	3654.50	3769.79	3911.90
海 南	Hainan	1746.08	1916.90	2018.31	2087.46	2182.30	2226.47	2423.20
中部地区	**Central Region**							
山 西	Shanxi	1557.19	1738.26	1858.60	1772.62	1905.60	1956.05	2149.82
吉 林	Jilin	2125.56	2186.29	2383.60	2260.59	2022.50	2182.22	2300.99
黑龙江	Heilongjiang	2181.86	2308.29	2253.10	2165.93	2148.20	2280.28	2405.24
安 徽	Anhui	1607.72	1808.75	1863.06	1900.29	1934.60	2020.04	2117.56
江 西	Jiangxi	1869.63	2107.28	2048.00	2129.45	2135.30	2231.60	2306.45
河 南	Henan	1579.19	1733.89	1864.05	1948.36	1985.80	2097.86	2215.74
湖 北	Hubei	1863.62	2102.23	2172.24	2217.08	2268.60	2352.16	2444.06
湖 南	Hunan	1792.25	2037.06	2064.85	2127.46	2197.20	2299.46	2397.92
西部地区	**Western Region**							
重 庆	Chongqing	1479.05	1692.36	1801.17	1835.54	1892.40	1971.18	2097.58
四 川	Sichuan	1459.09	1680.69	1789.17	1843.47	1903.60	1986.99	2107.64
贵 州	Guizhou	1276.67	1298.54	1334.46	1363.07	1374.20	1411.73	1489.91
云 南	Yunnan	1229.28	1375.50	1387.25	1437.63	1478.60	1533.74	1608.64
西 藏	Tibet	1353.26	1194.51	1231.50	1309.46	1330.80	1404.01	1462.27
陕 西	Shaanxi	1165.10	1273.30	1405.59	1455.86	1443.90	1490.80	1596.25
甘 肃	Gansu	1100.59	1185.07	1393.05	1357.28	1428.70	1508.61	1590.30
青 海	Qinghai	1173.80	1320.63	1424.79	1466.67	1490.50	1557.32	1668.94
宁 夏	Ningxia	1397.80	1512.50	1721.17	1754.15	1724.30	1823.05	1917.36
新 疆	Xinjiang	1290.01	1504.43	1600.14	1473.17	1618.10	1710.44	1863.26
内蒙古	Inner Mongolia	1602.34	1780.19	1981.48	2002.93	2038.20	1973.37	2086.02
广 西	Guangxi	1703.13	1875.28	1971.90	2048.33	1864.50	1944.33	2012.60

2-65 全国各地区农村居民纯收入（1996-2009 年）
Net Income of Rural Households by Region of the Nation (1996-2009)

续表 (continued) 单位：元 / 人　　yuan/person

地 区	Region	2003 年	2004 年	2005 年	2006 年	2007 年	2008 年	2009 年
全　国	**National Total**	**2622.20**	**2936.00**	**3254.76**	**3587.04**	**4140.40**	**4760.62**	**5153.17**
东部地区	**Eastern Region**							
北 京	Beijing	5601.50	6170.00	7346.26	8275.47	9439.63	10661.92	11668.59
天 津	Tianjin	4566.00	5020.00	5579.87	6227.94	7010.06	7910.78	8687.56
河 北	Hebei	2853.40	3171.00	3481.64	3801.82	4293.43	4795.46	5149.67
辽 宁	Liaoning	2934.40	3307.00	3690.21	4090.40	4773.43	5576.48	5958.00
上 海	Shanghai	6653.90	7066.00	8247.77	9138.65	10144.62	11440.26	12482.94
江 苏	Jiangsu	4239.30	4754.00	5276.00	5813.23	6561.01	7356.47	8003.54
浙 江	Zhejiang	5389.00	5944.00	6659.95	7334.81	8265.15	9257.93	10007.31
福 建	Fujian	3733.90	4089.00	4450.36	4834.75	5467.08	6196.07	6680.18
山 东	Shandong	3150.50	3507.00	3930.55	4368.33	4985.34	5641.43	6118.77
广 东	Guangdong	4054.60	4366.00	4690.49	5079.78	5624.04	6399.79	6906.93
海 南	Hainan	2588.10	2818.00	3003.91	3255.53	3791.37	4389.97	4744.36
中部地区	**Central Region**							
山 西	Shanxi	2299.20	2590.00	2890.66	3180.92	3665.66	4097.24	4244.10
吉 林	Jilin	2530.40	3000.00	3264.31	3641.13	4191.34	4932.74	5265.91
黑龙江	Heilongjiang	2508.90	3005.00	3221.27	3552.43	4132.29	4855.59	5206.76
安 徽	Anhui	2127.50	2499.00	2640.97	2969.08	3556.27	4202.49	4504.30
江 西	Jiangxi	2457.50	2787.00	3128.89	3459.53	4044.70	4697.19	5075.01
河 南	Henan	2235.70	2553.00	2870.58	3261.03	3851.60	4454.24	4806.95
湖 北	Hubei	2566.80	2890.00	3099.22	3419.35	3997.48	4656.38	5035.26
湖 南	Hunan	2532.90	2838.00	3117.74	3389.62	3904.20	4512.46	4909.04
西部地区	**Western Region**							
重 庆	Chongqing	2214.60	2510.00	2809.32	2873.83	3509.29	4126.21	4478.35
四 川	Sichuan	2229.90	2519.00	2802.78	3002.38	3546.69	4121.21	4462.05
贵 州	Guizhou	1564.70	1722.00	1876.96	1984.62	2373.99	2796.93	3005.41
云 南	Yunnan	1697.10	1864.00	2041.79	2250.46	2634.09	3102.60	3369.34
西 藏	Tibet	1690.80	1861.00	2077.90	2434.96	2788.20	3175.82	3531.72
陕 西	Shaanxi	1675.70	1867.00	2051.85	2260.19	2644.69	3136.46	3437.55
甘 肃	Gansu	1673.10	1852.00	1979.88	2134.05	2328.92	2723.79	2980.10
青 海	Qinghai	1794.10	1958.00	2151.20	2358.37	2683.78	3061.24	3346.15
宁 夏	Ningxia	2043.30	2320.00	2508.89	2760.14	3180.84	3681.42	4048.33
新 疆	Xinjiang	2103.20	2245.00	2482.15	2737.28	3182.97	3502.90	3883.10
内蒙古	Inner Mongolia	2267.70	2606.00	2988.87	3341.88	3953.10	4656.18	4937.80
广 西	Guangxi	2094.50	2305.00	2494.67	2770.50	3224.05	3690.34	3980.44

2-66 全国各地区农村居民纯收入及其构成（2009 年）
Net Income of Rural Households and Its Composition by Region of the Nation (2009)

单位：元/人、%　　yuan/person,%

地区	Region	纯收入 Net Income	按来源分 By Source 工资性收入 Income from Wages and Salaries	家庭经营性收入 Income from Household Operations	财产性收入 Income from Properties	转移性收入 Income from Transfer
全　国	**National Total**	**5153.17**	**2061.25**	**2526.78**	**167.20**	**397.95**
东部地区	**Eastern Region**					
北 京	Beijing	**11668.59**	7326.19	1539.98	1268.61	1533.81
天 津	Tianjin	**8687.56**	4408.33	3551.58	267.53	460.12
河 北	Hebei	**5149.67**	2251.01	2440.44	123.90	334.31
辽 宁	Liaoning	**5958.00**	2239.75	3017.31	205.51	495.43
上 海	Shanghai	**12482.94**	8671.00	590.17	932.81	2288.96
江 苏	Jiangsu	**8003.54**	4238.54	2938.67	325.60	500.73
浙 江	Zhejiang	**10007.31**	5090.15	3869.56	487.90	559.70
福 建	Fujian	**6680.18**	2678.35	3330.18	199.93	471.71
山 东	Shandong	**6118.77**	2496.57	3129.28	196.11	296.81
广 东	Guangdong	**6906.93**	4089.69	2017.39	357.66	442.19
海 南	Hainan	**4744.36**	972.68	3426.30	56.08	289.30
中部地区	**Central Region**					
山 西	Shanxi	**4244.10**	1789.93	1919.76	205.12	329.29
吉 林	Jilin	**5265.91**	869.02	3436.75	290.86	669.29
黑龙江	Heilongjiang	**5206.76**	1019.61	3326.69	241.04	619.42
安 徽	Anhui	**4504.32**	1882.42	2238.62	117.00	266.27
江 西	Jiangxi	**5075.01**	2018.98	2685.31	80.41	290.31
河 南	Henan	**4806.95**	1621.75	2890.57	56.01	238.62
湖 北	Hubei	**5035.26**	1900.54	2828.53	58.37	247.81
湖 南	Hunan	**4909.04**	2234.01	2257.33	81.19	336.51
西部地区	**Western Region**					
重 庆	Chongqing	**4478.35**	1919.68	2111.65	67.80	379.23
四 川	Sichuan	**4462.05**	1821.37	2072.88	94.75	473.05
贵 州	Guizhou	**3005.41**	1074.32	1537.57	81.90	311.63
云 南	Yunnan	**3369.34**	684.95	2279.02	127.52	277.85
西 藏	Tibet	**3531.72**	914.08	1956.50	148.25	512.90
陕 西	Shaanxi	**3437.55**	1428.46	1570.16	92.60	346.32
甘 肃	Gansu	**2980.10**	994.94	1583.23	34.06	367.87
青 海	Qinghai	**3346.15**	1081.59	1666.24	117.00	481.32
宁 夏	Ningxia	**4048.33**	1518.94	2111.60	63.08	354.71
新 疆	Xinjiang	**3883.10**	461.49	3069.57	121.26	230.77
内蒙古	Inner Mongolia	**4937.80**	900.42	3277.50	137.34	622.55
广 西	Guangxi	**3980.44**	1465.22	2228.23	41.49	245.50

2-66 全国各地区农村居民纯收入及其构成（2009 年）
Net Income of Rural Households and Its Composition by Region of the Nation (2009)

续表 (continued) 单位：元 / 人、% Yuan/person, %

地 区	Region	收入构成 Composition of Income			
		工资性收入 Income from Wages and Salaries	家庭经营性收入 Income from Household Operations	财产性收入 Income from Properties	转移性收入 Income from Transfer
全　　国	**National Total**	**40.00**	**49.03**	**3.24**	**7.72**
东部地区	**Eastern Region**				
北 京	Beijing	62.79	13.20	10.87	13.14
天 津	Tianjin	50.74	40.88	3.08	5.30
河 北	Hebei	43.71	47.39	2.41	6.49
辽 宁	Liaoning	37.59	50.64	3.45	8.32
上 海	Shanghai	69.46	4.73	7.47	18.34
江 苏	Jiangsu	52.96	36.72	4.07	6.26
浙 江	Zhejiang	50.86	38.67	4.88	5.59
福 建	Fujian	40.09	49.85	2.99	7.06
山 东	Shandong	40.80	51.14	3.21	4.85
广 东	Guangdong	59.21	29.21	5.18	6.40
海 南	Hainan	20.50	72.22	1.18	6.10
中部地区	**Central Region**				
山 西	Shanxi	42.17	45.23	4.83	7.76
吉 林	Jilin	16.50	65.26	5.52	12.71
黑龙江	Heilongjiang	19.58	63.89	4.63	11.90
安 徽	Anhui	41.79	49.70	2.60	5.91
江 西	Jiangxi	39.78	52.91	1.58	5.72
河 南	Henan	33.74	60.13	1.17	4.96
湖 北	Hubei	37.74	56.17	1.16	4.92
湖 南	Hunan	45.51	45.98	1.65	6.85
西部地区	**Western Region**				
重 庆	Chongqing	42.87	47.15	1.51	8.47
四 川	Sichuan	40.82	46.46	2.12	10.60
贵 州	Guizhou	35.75	51.16	2.73	10.37
云 南	Yunnan	20.33	67.64	3.78	8.25
西 藏	Tibet	25.88	55.40	4.20	14.52
陕 西	Shaanxi	41.55	45.68	2.69	10.07
甘 肃	Gansu	33.39	53.13	1.14	12.34
青 海	Qinghai	32.32	49.80	3.50	14.38
宁 夏	Ningxia	37.52	52.16	1.56	8.76
新 疆	Xinjiang	11.88	79.05	3.12	5.94
内蒙古	Inner Mongolia	18.24	66.38	2.78	12.61
广 西	Guangxi	36.81	55.98	1.04	6.17

2-67 全国各地区农村居民消费支出（1996-2009 年）
Consumption Expenditure of Rural Households by Region of the Nation (1996-2009)

单位：元 / 人 yuan/person

地区	Region	1996 年	1997 年	1998 年	1999 年	2000 年	2001 年	2002 年
全　国	**National Total**	**1572.08**	**1617.15**	**1590.33**	**1577.42**	**1670.11**	**1741.09**	**1834.31**
东部地区	**Eastern Region**							
北 京	Beijing	2564.51	2692.62	2873.20	3122.13	3425.71	3552.07	3731.68
天 津	Tianjin	1957.39	1882.32	1976.70	1905.18	1995.61	2050.89	2163.55
河 北	Hebei	1398.94	1394.81	1298.54	1338.37	1365.23	1429.81	1476.42
辽 宁	Liaoning	1763.57	1790.22	1702.68	1617.64	1753.54	1786.28	1781.26
上 海	Shanghai	3867.86	4227.90	4206.89	3866.76	4137.61	4753.23	5301.82
江 苏	Jiangsu	2414.43	2487.74	2336.78	2293.57	2337.46	2374.66	2620.29
浙 江	Zhejiang	2701.69	2838.97	2890.65	2806.62	3230.88	3479.17	3692.89
福 建	Fujian	1913.25	1994.26	2025.09	2038.57	2409.69	2503.07	2583.16
山 东	Shandong	1652.51	1626.27	1595.09	1679.75	1770.75	1904.95	1997.83
广 东	Guangdong	2584.16	2617.65	2683.18	2645.86	2646.02	2703.36	2825.01
海 南	Hainan	1288.98	1287.03	1246.12	1260.93	1483.90	1357.43	1602.85
中部地区	**Central Region**							
山 西	Shanxi	1174.29	1145.42	1056.45	1047.18	1149.01	1221.58	1354.64
吉 林	Jilin	1513.19	1623.83	1471.46	1347.91	1553.35	1661.69	1680.20
黑龙江	Heilongjiang	1537.30	1549.10	1464.64	1371.61	1540.35	1604.53	1674.20
安 徽	Anhui	1309.35	1336.57	1333.05	1302.48	1321.50	1412.41	1475.80
江 西	Jiangxi	1553.10	1569.16	1538.24	1607.43	1642.66	1720.01	1784.88
河 南	Henan	1206.43	1270.52	1240.30	1163.98	1315.83	1375.60	1451.51
湖 北	Hubei	1636.41	1660.13	1699.43	1572.90	1555.61	1649.18	1745.63
湖 南	Hunan	1736.71	1815.79	1889.17	1903.81	1942.94	1990.33	2068.74
西部地区	**Western Region**							
重 庆	Chongqing	1328.18	1389.99	1417.08	1388.64	1395.53	1475.16	1497.72
四 川	Sichuan	1358.03	1440.48	1440.77	1426.07	1484.59	1497.52	1591.99
贵 州	Guizhou	1068.09	1065.70	1094.39	1069.81	1096.64	1098.39	1137.57
云 南	Yunnan	1209.16	1318.07	1312.31	1269.33	1270.83	1336.25	1381.54
西 藏	Tibet	773.02	805.26	710.26	767.14	1116.59	1123.71	1000.29
陕 西	Shaanxi	1097.59	1215.49	1181.38	1161.10	1251.21	1331.03	1490.76
甘 肃	Gansu	986.34	976.27	939.55	880.65	1084.00	1127.37	1153.29
青 海	Qinghai	1052.33	1085.38	1117.79	1133.63	1218.23	1330.45	1386.08
宁 夏	Ningxia	1235.67	1249.57	1327.63	1269.68	1417.13	1388.79	1418.12
新 疆	Xinjiang	1346.57	1395.03	1450.29	1282.49	1236.45	1350.23	1411.73
内蒙古	Inner Mongolia	1437.62	1559.59	1577.12	1533.72	1614.91	1554.59	1647.04
广 西	Guangxi	1399.07	1375.66	1414.76	1457.43	1487.96	1550.62	1686.11

2-67 全国各地区农村居民消费支出（1996-2009 年）

Consumption Expenditure of Rural Households by Region of the Nation (1996-2009)

续表 (continued) 单位：元 / 人 yuan/person

地 区	Region	2003 年	2004 年	2005 年	2006 年	2007 年	2008 年	2009 年
全 国	**National Total**	**1943.30**	**2184.70**	**2555.40**	**2829.00**	**3223.85**	**3660.[illegible]8**	**3993.45**
东部地区	**Eastern Region**							
北 京	Beijing	4147.30	4616.90	5315.70	5724.50	6399.27	7284.[illegible]5	8897.59
天 津	Tianjin	2319.50	2642.10	3036.00	3341.10	3538.31	382[illegible].[illegible]3	4273.15
河 北	Hebei	1600.10	1834.90	2165.70	2495.30	2786.77	312[illegible].[illegible]5	3349.74
辽 宁	Liaoning	1884.10	2073.00	2805.90	3066.90	3368.16	3814.[illegible]3	4254.03
上 海	Shanghai	5669.60	6328.80	7277.90	8006.00	8844.88	911[illegible].[illegible]7	9804.37
江 苏	Jiangsu	2704.40	2992.50	3567.10	4135.20	4786.15	532[illegible].[illegible]7	5804.45
浙 江	Zhejiang	4285.10	4659.10	5433.00	6057.20	6801.60	7534.[illegible]9	7731.70
福 建	Fujian	2715.50	3015.60	3292.60	3591.40	4053.47	4661.[illegible]4	5015.72
山 东	Shandong	2133.20	2389.30	2735.80	3143.80	3621.57	407[illegible].[illegible]5	4417.18
广 东	Guangdong	2927.30	3240.80	3707.70	3886.00	4202.32	487[illegible].[illegible]6	5019.81
海 南	Hainan	1644.80	1745.40	1969.10	2232.20	2556.56	288[illegible]1	3088.56
中部地区	**Central Region**							
山 西	Shanxi	1434.40	1636.50	1877.70	2253.30	2682.57	309[illegible].[illegible]4	3304.76
吉 林	Jilin	1815.60	1971.20	2306.00	2700.70	3065.44	344[illegible].[illegible]4	3902.90
黑龙江	Heilongjiang	1661.70	1837.40	2544.60	2618.20	3117.44	384[illegible].[illegible]3	4241.27
安 徽	Anhui	1596.30	1813.70	2196.20	2420.90	2754.04	328[illegible].[illegible]1	3655.02
江 西	Jiangxi	1907.60	2095.50	2483.70	2676.60	2994.49	3309.[illegible]1	3532.66
河 南	Henan	1444.50	1664.10	1891.60	2229.30	2676.41	304[illegible].[illegible]1	3388.47
湖 北	Hubei	1801.60	2089.00	2430.20	2732.50	3090.00	3652.[illegible]7	3725.24
湖 南	Hunan	2139.20	2472.30	2756.40	3013.30	3377.38	380[illegible].[illegible]7	4020.87
西部地区	**Western Region**							
重 庆	Chongqing	1583.31	1853.92	2142.12	2205.21	2526.70	288[illegible].[illegible]2	3142.14
四 川	Sichuan	1747.00	2015.70	2274.20	2395.00	2747.27	312[illegible].[illegible]4	4141.40
贵 州	Guizhou	1185.20	1296.30	1552.40	1627.10	1913.71	216[illegible]7	2421.95
云 南	Yunnan	1405.70	1571.00	1789.00	2195.60	2637.18	2990.[illegible]1	2924.85
西 藏	Tibet	1030.10	1470.70	1723.80	2002.20	2217.62	219[illegible].[illegible]9	2399.47
陕 西	Shaanxi	1455.40	1618.10	1896.50	2181.00	2559.59	297[illegible].[illegible]7	3349.23
甘 肃	Gansu	1336.80	1464.30	1819.60	1855.50	2017.21	2400.[illegible]5	2766.45
青 海	Qinghai	1563.10	1676.40	1976.00	2179.00	2446.50	2896.[illegible]2	3209.41
宁 夏	Ningxia	1637.10	1926.80	2094.50	2247.00	2528.76	309[illegible].[illegible]6	3347.94
新 疆	Xinjiang	1465.30	1689.90	1924.40	2032.40	2350.58	2691.[illegible]9	2950.63
内蒙古	Inner Mongolia	1770.60	2082.60	2446.20	2772.00	3256.15	361[illegible].[illegible]1	3968.42
广 西	Guangxi	1751.20	1928.60	2349.60	2413.90	2747.47	2985[illegible]	3231.14

2-68 全国各地区农村居民生活消费支出及其构成（2009 年）
Consumption Expenditure of Rural Households and Its Composition by Region of the Nation (2009)

单位：元 / 人　　yuan/person

地区	Region	生活消费总支出 Consumption Expenditure	食品支出 Food	衣着支出 Clothing	居住支出 Residence	家庭设备用品及服务支出 Household Facilities, Articles and Services
全　国	**National Total**	**3993.45**	**1636.04**	**232.5**	**805.01**	**204.81**
东部地区	**Eastern Region**					
北 京	Beijing	8897.59	2808.92	654.36	1798.88	528
天 津	Tianjin	4273.15	1848.11	324.63	674.67	187.83
河 北	Hebei	3349.74	1195.65	217.82	796.62	170.4
辽 宁	Liaoning	4254.03	1563.33	335.93	793.91	185.5
上 海	Shanghai	9804.37	3639.14	496.14	2102.96	480.62
江 苏	Jiangsu	5804.45	2275.28	306.62	969.76	286.37
浙 江	Zhejiang	7731.7	2812.39	473.11	1488.95	374.31
福 建	Fujian	5015.72	2304.14	291.72	821.21	260.68
山 东	Shandong	4417.18	1618.66	265.59	945.81	273.77
广 东	Guangdong	5019.81	2425.55	192.68	946.14	206.36
海 南	Hainan	3088.56	1639.34	108.03	348.5	132.19
中部地区	**Central Region**					
山 西	Shanxi	3304.76	1224.6	283.2	584.07	156.27
吉 林	Jilin	3902.9	1371.12	286.97	737.07	168.36
黑龙江	Heilongjiang	4241.27	1331.07	345.69	946.84	161.03
安 徽	Anhui	3655.02	1494.19	203.37	813.12	229.66
江 西	Jiangxi	3532.66	1609.2	162.58	725.11	181.91
河 南	Henan	3388.47	1220.36	225.64	875.83	203.81
湖 北	Hubei	3725.24	1668.35	195.45	702.62	229.32
湖 南	Hunan	4020.87	1967.54	182.46	691.59	203.65
西部地区	**Western Region**					
重 庆	Chongqing	3142.14	1542.12	198.6	406.36	209.37
四 川	Sichuan	4141.4	1740.59	197.06	1138.72	219.63
贵 州	Guizhou	2421.95	1093.94	125.35	588.42	115.39
云 南	Yunnan	2924.85	1410	137.19	496.66	147.8
西 藏	Tibet	2399.47	1190.01	266.73	383.2	148.62
陕 西	Shaanxi	3349.23	1175.29	208	697.43	195.92
甘 肃	Gansu	2766.45	1142.05	157.29	648.63	142.72
青 海	Qinghai	3209.41	1164.07	224.73	820.84	132.54
宁 夏	Ningxia	3347.94	1395.42	256.26	501.75	169.01
新 疆	Xinjiang	2950.63	1225.93	261.26	514.72	107.28
内蒙古	Inner Mongolia	3968.42	1578.57	271.88	609.29	148.03
广 西	Guangxi	3231.14	1572.82	91.82	677.92	157.93

2-68 全国各地区农村居民生活消费支出及其构成（2009 年）
Consumption Expenditure of Rural Households and Its Composition by Region of the Nation (2009)

续表 1(continued) 单位：元 / 人 yuan/person

地区	Region	交通和通讯支出 Transport and Communications	文教娱乐用品及服务支出 Education, Culture and Recreation Services	医疗保健支出 Medicial Care	其他商品及服务支出 Miscellaneous Goods and Services
全　国	**National Total**	**402.91**	**340.56**	**287.54**	**84.1**
东部地区	**Eastern Region**				
北 京	Beijing	1132.09	960.41	867.87	147.06
天 津	Tianjin	481.27	371.85	299.79	85.01
河 北	Hebei	350.92	263.53	289.27	65.55
辽 宁	Liaoning	416.41	437.79	409.64	111.53
上 海	Shanghai	1212.38	942.76	738.94	191.44
江 苏	Jiangsu	691.56	818.45	322.99	133.42
浙 江	Zhejiang	968.17	843.34	609.07	162.36
福 建	Fujian	570.24	421.69	219.02	127.02
山 东	Shandong	533.55	399.95	301.55	78.3
广 东	Guangdong	558.78	296.72	232	161.58
海 南	Hainan	357.29	287.85	129.26	86.1
中部地区	**Central Region**				
山 西	Shanxi	324.89	416.94	240.94	73.85
吉 林	Jilin	355.99	376.76	511.5	95.12
黑龙江	Heilongjiang	427.35	496.42	434.25	98.62
安 徽	Anhui	302.23	312.05	227.1	73.3
江 西	Jiangxi	295.76	254.77	232.78	70.53
河 南	Henan	310.11	234.01	242.87	75.85
湖 北	Hubei	307.22	281.68	236.31	104.29
湖 南	Hunan	341.27	291.01	258.07	85.3
西部地区	**Western Region**				
重 庆	Chongqing	260.33	237.38	242.6	45.38
四 川	Sichuan	324.05	206.67	258.13	56.55
贵 州	Guizhou	175.08	151.59	133.15	39.03
云 南	Yunnan	313.26	177.66	197.55	44.73
西 藏	Tibet	224.83	61.14	71.5	53.45
陕 西	Shaanxi	300.32	380.38	329.26	62.63
甘 肃	Gansu	237.92	217.35	180.09	40.4
青 海	Qinghai	341.13	173.75	291.34	61
宁 夏	Ningxia	365.59	217.21	356.39	86.32
新 疆	Xinjiang	319.39	158.13	316.55	47.37
内蒙古	Inner Mongolia	466.34	390.85	416.87	86.59
广 西	Guangxi	275.57	192.54	205.16	57.37

2-68 全国各地区农村居民生活消费支出及其构成（2009 年）
Consumption Expenditure of Rural Households and Its Composition by Region of the Nation (2009)

续表 2(continued) 单位：元 / 人 yuan/person

地 区	Region	生活消费总支出 Consumption Expenditure	食品支出 Food	衣着支出 Clothing	居住支出 Residence	家庭设备用品及服务支出 Household Facilities, Articles and Services
全 国	**National Total**	**100.00**	**40.97**	**5.82**	**20.16**	**5.13**
东部地区	**Eastern Region**					
北 京	Beijing	100.00	31.57	7.35	20.22	5.93
天 津	Tianjin	100.00	43.25	7.60	15.79	4.40
河 北	Hebei	100.00	35.69	6.50	23.78	5.09
辽 宁	Liaoning	100.00	36.75	7.90	18.66	4.36
上 海	Shanghai	100.00	37.12	5.06	21.45	4.90
江 苏	Jiangsu	100.00	39.20	5.28	16.71	4.93
浙 江	Zhejiang	100.00	36.37	6.12	19.26	4.84
福 建	Fujian	100.00	45.94	5.82	16.37	5.20
山 东	Shandong	100.00	36.64	6.01	21.41	6.20
广 东	Guangdong	100.00	48.32	3.84	18.85	4.11
海 南	Hainan	100.00	53.08	3.50	11.28	4.28
中部地区	**Central Region**					
山 西	Shanxi	100.00	37.06	8.57	17.67	4.73
吉 林	Jilin	100.00	35.13	7.35	18.89	4.31
黑龙江	Heilongjiang	100.00	31.38	8.15	22.32	3.80
安 徽	Anhui	100.00	40.88	5.56	22.25	6.28
江 西	Jiangxi	100.00	45.55	4.60	20.53	5.15
河 南	Henan	100.00	36.02	6.66	25.85	6.01
湖 北	Hubei	100.00	44.79	5.25	18.86	6.16
湖 南	Hunan	100.00	48.93	4.54	17.20	5.06
西部地区	**Western Region**					
重 庆	Chongqing	100.00	49.08	6.32	12.93	6.66
四 川	Sichuan	100.00	42.03	4.76	27.50	5.30
贵 州	Guizhou	100.00	45.17	5.18	24.30	4.76
云 南	Yunnan	100.00	48.21	4.69	16.98	5.05
西 藏	Tibet	100.00	49.59	11.12	15.97	6.19
陕 西	Shaanxi	100.00	35.09	6.21	20.82	5.85
甘 肃	Gansu	100.00	41.28	5.69	23.45	5.16
青 海	Qinghai	100.00	36.27	7.00	25.58	4.13
宁 夏	Ningxia	100.00	41.68	7.65	14.99	5.05
新 疆	Xinjiang	100.00	41.55	8.85	17.44	3.64
内蒙古	Inner Mongolia	100.00	39.78	6.85	15.35	3.73
广 西	Guangxi	100.00	48.68	2.84	20.98	4.89

2-68 全国各地区农村居民生活消费支出及其构成（2009年）
Consumption Expenditure of Rural Households and Its Composition by Region of the Nation (2009)

续表3(continued) 单位：元／人 yuan/person

地区	Region	交通和通讯支出 Transport and Communications	文教娱乐用品及服务支出 Education, Culture and Recreation Services	医疗保健支出 Medicial Care	其他商品及服务支出 Miscellaneous Goods and Services
全国	**National Total**	**10.09**	**8.53**	**7.20**	**2.11**
东部地区	**Eastern Region**				
北京	Beijing	12.72	10.79	9.75	1.65
天津	Tianjin	11.26	8.70	7.02	1.99
河北	Hebei	10.48	7.87	8.64	1.96
辽宁	Liaoning	9.79	10.29	9.63	2.62
上海	Shanghai	12.37	9.62	7.54	1.95
江苏	Jiangsu	11.91	14.10	5.56	2.30
浙江	Zhejiang	12.52	10.91	7.88	2.10
福建	Fujian	11.37	8.41	4.37	2.53
山东	Shandong	12.08	9.05	6.83	1.77
广东	Guangdong	11.13	5.91	4.62	3.22
海南	Hainan	11.57	9.32	4.19	2.79
中部地区	**Central Region**				
山西	Shanxi	9.83	12.62	7.29	2.23
吉林	Jilin	9.12	9.65	13.11	2.44
黑龙江	Heilongjiang	10.08	11.70	10.24	2.33
安徽	Anhui	8.27	8.54	6.21	2.01
江西	Jiangxi	8.37	7.21	6.59	2.00
河南	Henan	9.15	6.91	7.17	2.24
湖北	Hubei	8.25	7.56	6.34	2.80
湖南	Hunan	8.49	7.24	6.42	2.12
西部地区	**Western Region**				
重庆	Chongqing	8.29	7.55	7.72	1.44
四川	Sichuan	7.82	4.99	6.23	1.37
贵州	Guizhou	7.23	6.26	5.50	1.61
云南	Yunnan	10.71	6.07	6.75	1.53
西藏	Tibet	9.37	2.55	2.98	2.23
陕西	Shaanxi	8.97	11.36	9.83	1.87
甘肃	Gansu	8.60	7.86	6.51	1.46
青海	Qinghai	10.63	5.41	9.08	1.90
宁夏	Ningxia	10.92	6.49	10.65	2.58
新疆	Xinjiang	10.82	5.36	10.73	1.61
内蒙古	Inner Mongolia	11.75	9.85	10.50	2.18
广西	Guangxi	8.53	5.96	6.35	1.78

主要指标解释

城市居民家庭就业人口 指城市居民从事社会劳动并取得劳动报酬或经营收入的人口。就业人口包括通过国家统筹规划和指导由劳动部门介绍就业，自愿组织起来就业和自谋职业等方式，在国有、集体所有制、中外合资、中外合作、外资在华独资的企事业单位和私营企业单位工作或从事个体劳动的有固定性职业或临时性职业的人口。被聘用和留用的离退休人员也计入就业人口。本指标可以反映城市居民的就业情况，是计算就业面，负担系数的重要资料。

城市居民家庭总收入 指家庭成员得到的工薪收入、经营净收入、财产性收入、转移性收入之和，不包括出售财物收入和借贷收入。

城市居民家庭可支配收入 指家庭成员得到可用于最终消费支出和其它非义务性支出以及储蓄的总和，即居民家庭可以用来自由支配的收入。它是家庭总收入扣除交纳的所得税、个人交纳的社会保障支出以及记账补贴后的收入。计算公式为：

可支配收入 = 家庭总收入 - 交纳所得税 - 个人交纳的社会保障支出 - 记帐补贴

城市居民家庭总支出 指除借贷支出以外的全部家庭支出。包括消费性支出、购房建房支出、转移性支出、财产性支出、社会保障支出。

城市居民家庭消费性支出 指家庭用于日常生活的支出，包括食品、衣着、家庭设备用品及服务、医疗保健、交通和通信、娱乐教育文化服务、居住、杂项商品和服务等八大类支出。

城市居民家庭人均服务性消费支出 指调查户用于本家庭支付社会提供的各种文化和生活方面的非商品性服务费用。服务性消费的特点在于其劳动过程和消费过程在时间与空间上的统一。在居民家庭八大类消费中，服务性消费支出包括： 1 、食品类中加工服务费和部分在外饮食费用；2 、衣着类中衣着加工服务费； 3 、家庭设备用品及服务类中家庭服务（如家政服务费用）； 4 、医疗保健类中医疗费（如诊疗费、上门出诊费、护工费用）； 5 、交通和通信类中交通工具服务费（如汽车使用、维修费用）、交通费中使用飞机、轮船、火车等交通工具费用、通信服务费（如电信费、邮费）； 6 、教育文化娱乐服务类中文化娱乐服务费（如参观、游览费用、健身活动费、团体旅游、其他文娱活动费）、文娱用品修理服务费、教育费（如义务、非义务教育支出）、成人教育支出、家教费、培训班费用、择校费； 7 、居住类中租赁费用、部分房屋装潢费用（人工费用）、居住服务费（如物业管理、维修费用）； 8 、杂项商品和服务（如美容、洗澡、理发费用，旅馆住宿等费用）。

城市居民家庭收入分组方法 将所有调查户依户人均可支配收入由低到高排队，按 10%，10%，20%，20%，20%，10%，10% 的比例依次分成：最低收入户、低收入户、中等偏下收入户、中等收入户、中等偏上收入户、高收入户、最高收入户等七组。总体中最低 5% 的户为困难户。

恩格尔系数 指食物支出金额在消费性总支出金额中所占的比例。计算公式为：

恩格尔系数 = 食物支出总额 / 消费性总支出总额× 100%

农村居民家庭整半劳动力 整劳动力指男子 18 周岁到 50 周岁，女子 18 周岁到 45 周岁；半劳动力指男子16周岁到17周岁，51周岁到60周岁；女子16周岁到17周岁，46周岁到55周岁，同时具有劳动能力的人。虽然在劳动年龄之内，但已丧失劳动能力的人，不应算为劳动力；超过劳动年龄，但能经常参加劳动，计入半劳动力数内。常住人口中的职工，若这些职工为劳动力，就包括在本户的整半劳动力中。

农村居民家庭总收入 指调查期内农村住户和住户成员从各种来源渠道得到的收入总和。按收入的性质划分为工资性收入、家庭经营收入、财产性收入和转移性收入。

农村居民家庭现金收入 指农村住户和住户成员在调查期内得到以现金形态表现的收入。按来源分成工资性收入、家庭经营现金收入、财产性收入、转移性收入。

农村居民家庭纯收入 指农村住户当年从各个来源得到的总收入相应地扣除所发生的费用后的收入总和。计算方法：

纯收入 = 总收入 - 家庭经营费用支出 - 税费支出 - 生产性固定资产折旧 - 调查补贴 - 赠送农村内部亲友支出

纯收入主要用于再生产投入和当年生活消费支出，也可用于储蓄和各种非义务性支出。“农民人均纯收入”按人口平均的纯收入水平，反映的是一个地区或一个农户农村居民的平均收入水平。

农村居民家庭总支出 指农村住户用于生产、生活和再分配的全部支出。家庭经营费用支出、购置生产性固定资产支出、生产性固定资产折旧、税费支出、生活消费支出、财产性支出和转移性支出。

农村居民家庭生活消费支出 指农村住户用于物质生活和精神生活方面的支出。生活消费支出包括食品、衣着、居住、家庭设备用品及服务、医疗保健、交通和通讯、文化教育娱乐用品及服务、其他商品和服务等消费。

农村居民家庭现金支出 指农村住户用于生产、生活和再分配所支付的现金。包括家庭经营费用支出、缴纳的税费、购买生产性固定资产、生活消费、财产性和转移性支出。

Explanatory Notes on Main Statistical Indicators

Employed Population in Urban Households refers to urban residents engaged in certain work and receiving payment for their labor or income from their business operation, including those who work in state-owned or collective units, joint ventures, foreign-owned units and private units with permanent or temporary jobs. The self - employed individuals and reemployed retirees are also basic data for calculating employment rate and dependency ratio.

Total Income of Urban Households refers to the sum of wage and salary, net business income, income from properties, and income from transfers of members of the households, excluding income from selling of properties and income from borrowings.

Disposable Income of Urban Households refers to the actual income at the disposal of members of the households which can be used for final consumption, other non-compulsory expenditure and savings. This equals to total income minus income tax, personal contribution to social security and sample household subsidy for keeping dairies. Following formula is used:

Disposable income = total household income - income tax - personal contribution to social security – sample household subsidy for keeping dairies

Total expenditure of Urban Households refers to expenditure of households on services of various kinds provided by the society.

Consumption Expenditure of Urban Households refers to total expenditure of the sample households for consumption in daily life, including expenditure on eight categories such as food, clothing, household appliances and services, health care and medical services, transport and communications, recreation, education and cultural services, housing, miscellaneous goods and services.

Expenditure of Urban Households on Consumption of Services refers to expenditure of households on services of various kinds provided by the society. Services are offered and consumed at the same time and place. The service spending for an urban family falls into the following eight types: 1. Money paid for food processing and money spent while eating out; 2. Money paid for clothing processing; 3. Domestic services and services for home amenities; 4. Medical cost (including medical diagnosis and treatment, in-home medical services and nursing cost); 5. Transport tool service fees (such as for the use of a car and maintenance fee thereby arising), transport tools (plane, ship, train) fees, post and telecommunications fees; 6. Fees for culture and entertainment services (such as tour and fitness building), fees for repair of sports and entertainment items, education cost (spending on obligatory and non-obligatory education), adult education cost, tutor fees, training courses fees and extra money paid as sponsorship fee to a school a student outside his or her education community; 7. Housing rents, some interior decoration cost (for labor), residence service fees (such as for property management and repairs); 8. Fees for other services (such as at a beauty salon, bathhouse, hairdresser's and hotels).

Urban Households by Income Group All households in the sample are grouped, by per capita disposable income of the household, into groups of lowest income, low income, lower middle income, middle income, upper middle income, high income and highest income, each group consisting of 10%, 10%, 20%, 20%, 20%, 10% and 10% of all households respectively. The lowest 5% of households are also referred to as poor households.

Engel Coefficient refers to the percentage of expenditure on food in the total consumption expenditure, using the following formula:

Engel Coefficient = (expenditure on food / total consumption expenditure) x 100%

Full/Semi Labour Force Full labor force refers to persons capable of work, aged 18-50 for males and 18-45 for females. Semi labor force refers to persons capable of work, aged 16-17 and 51-60 for males and 16-17 and 46-55 for females. Persons at their working ages but not capable of work are not to be included as labor force. Persons not at working ages but participating regularly in work are included in semi labor force. For staff and workers as resident population of the household, they are included as full or semi labor force of the household if they are in the labor force.

Total Income of Rural Households refers to the sum of income earned from various sources by the rural households and their members during the reference period, and is classified as income from wages and salaries, income from household operations, income from properties and income from transfers.

Cash Income of Rural Households refers to income received by rural households and their members in the form of cash during the reference period. It is classified, by source of income, into income from wages and salaries, cash income from household operations, income from properties and income from transfers.

Net Income of Rural Households refers to the total income of rural households from all sources minus all corresponding expenses. The formula for calculation is as follows:

Net income = total income - household operation expenses - taxes and fees paid - depreciation of fixed assets for production - subsidy for participating in household survey - gifts to rural relatives

Net income is mainly used as input for reproduction and as consumption expenditure of the year, and also used for savings and non-compulsory expenses of various forms. "Per capita net income of farmers" is the level of net income averaged by population which reflects the average income level of rural households in a given area.

Total Expenditure of Rural Households refers to total expenses of rural households on production, consumption and redistribution, including expenditure on household operations, on purchase of productive fixed assets, depreciation of productive fixed assets, taxes and fees, expenses on household consumption, expenses on properties and expenses on transfers

Expenditure on Household Consumption of Rural Households refers to expenditure by rural households on their material and cultural life, including expenditure on food; clothing; housing; household appliances, articles and services; health and medical service; transportation and communications; articles and services on culture, education and recreation; and other goods and services.

Cash Expenditure of Rural Households refers to cash expenditure by rural households for production, consumption and redistribution during the reference period, including cash expenses on household operations, taxes and fees, purchase of productive fixed assets, household consumption, and expenses on properties and transfers.

（三）
市场物价
Market Price

3-1 各种消费价格指数（1951-2009 年）
Price Indices（1951-2009）

上年 =100　　　　preceding year=100

年份 Year	居民消费价格总指数 Consumer Price Index	服务项目价格指数 Price Indices of Service Items	商品零售价格总指数 Retail Price Index
1951	109.1	87.6	111.8
1952	97.3	97.8	97.2
1953	98.7	103.5	97.9
1954	100.2	97.6	100.6
1955	101.4	100.9	101.5
1956	102.4	96.7	103.2
1957	104.6	107.6	103.9
1958	99.3	108.2	98.3
1959	99.8	102.8	99.5
1960	99.9	100.0	99.9
1961	135.6	95.0	146.2
1962	95.2	96.7	95.0
1963	91.9	99.2	90.6
1964	95.3	99.3	94.6
1965	98.0	96.7	98.2
1966	101.5	100.0	101.7
1967	102.1	100.0	102.4
1968	100.3	100.0	100.3
1969	99.7	100.0	99.7
1970	99.6	100.3	99.5
1971	100.5	99.9	100.6
1972	100.1	100.0	100.1
1973	100.4	100.0	100.4
1974	100.3	100.0	100.3
1975	100.3	100.0	100.3
1976	100.2	100.0	100.2
1977	100.1	100.0	100.1

3-1 各种消费价格指数（1951-2009 年）
Price Indices（1951-2009）

续表 (continued) 上年 =100　　　　preceding year=100

年份 Year	居民消费价格总指数 Consumer Price Index	服务项目价格指数 Price Indices of Service Items	商品零售价格总指数 Retail Price Index
1978	102.9	100.0	103.2
1979	101.5	100.1	101.6
1980	107.9	100.2	108.6
1981	101.3	100.5	101.4
1982	102.7	102.6	102.7
1983	102.8	102.6	102.8
1984	102.9	114.6	101.7
1985	109.9	108.5	110.0
1986	104.2	104.2	104.2
1987	109.8	103.9	110.5
1988	122.7	117.6	123.3
1989	117.1	122.2	116.5
1990	101.4	112.8	100.1
1991	107.0	114.0	106.1
1992	111.2	120.8	109.8
1993	118.7	132.4	116.3
1994	129.7	113.6	126.5
1995	119.4	120.2	116.3
1996	109.7	122.8	106.1
1997	103.3	105.3	101.7
1998	96.4	104.8	94.5
1999	99.3	115.0	96.5
2000	96.7	112.3	95.5
2001	101.7	113.6	99.0
2002	99.6	105.7	98.9
2003	100.6	100.6	99.5
2004	103.7	104.3	101.4
2005	100.8	105.0	98.7
2006	102.4	103.8	101.6
2007	104.7	100.7	103.7
2008	105.6	101.4	105.0
2009	98.4	98.4	97.3

3-2 居民消费价格总指数（1951-2009 年）
Consumer Price Indices (1951-2009)

年份 Year	以不同基期计算的价格指数 CPI calculated by different base period			
	上年 =100 Preceding Year = 100	2000 年 =100 2000 Year=100	1978 年 =100 1978 Year=100	1950 年 =100 1950 Year=100
1951	109.1			109.1
1952	97.3			106.2
1953	98.7			104.8
1954	100.2			105.0
1955	101.4			106.5
1956	102.4			109.1
1957	104.6			114.1
1958	99.3			113.3
1959	99.8			113.0
1960	99.9			112.9
1961	135.6			153.1
1962	95.2			145.8
1963	91.9			134.0
1964	95.3			127.7
1965	98.0			125.1
1966	101.5			127.0
1967	102.1			129.7
1968	100.3			130.1
1969	99.7			129.7
1970	99.6			129.2
1971	100.5			129.8
1972	100.1			129.9
1973	100.4			130.4
1974	100.3			130.8
1975	100.3			131.2
1976	100.2			131.5
1977	100.1			131.6

3-2 居民消费价格总指数（1951-2009 年）
Consumer Price Indices (1951-2009)

续表 continued

年份 Year	以不同基期计算的价格指数 CPI calculated by different base period			
	上年=100 Preceding Year = 100	2000 年=100 2000 Year=100	1978 年=100 1978 Year=100	1950 年=100 1950 Year=100
1978	102.9		100.0	135.4
1979	101.5		101.5	137.5
1980	107.9		109.5	148.3
1981	101.3		110.9	150.3
1982	102.7		113.9	154.3
1983	102.8		117.1	158.6
1984	102.9		120.5	163.2
1985	109.9		132.4	179.4
1986	104.2		138.0	186.9
1987	109.8		151.5	205.2
1988	122.7		185.9	251.8
1989	117.1		217.7	294.9
1990	101.4		220.7	299.0
1991	107.0		236.1	319.9
1992	111.2		262.5	355.7
1993	118.7		311.6	422.2
1994	129.7		404.1	547.6
1995	119.4		482.5	653.8
1996	109.7		529.3	717.2
1997	103.3		546.8	741.2
1998	96.4		527.1	714.5
1999	99.3		523.4	709.5
2000	96.7	100.0	506.1	686.1
2001	101.7	101.7	514.7	697.8
2002	99.6	101.3	512.6	695.0
2003	100.6	101.9	515.7	699.2
2004	103.7	105.6	534.8	725.1
2005	100.8	106.5	539.1	730.9
2006	102.4	109.0	552.0	748.4
2007	104.7	114.2	577.9	783.6
2008	105.6	120.6	610.3	827.5
2009	98.4	118.7	600.5	814.3

3-3 商品零售价格总指数（1951-2009 年）
Retail Price Index(1951-2009)

年份 Year	以不同基期计算的价格指数 RPI calculated by different base period			
	上年 =100 Preceding Year = 100	2000 年 =100 2000 Year=100	1978 年 =100 1978 Year=100	1950 年 =100 1950 Year=100
1951	111.8			111.7
1952	97.2			108.6
1953	97.9			106.3
1954	100.6			107.0
1955	101.5			108.6
1956	103.2			112.1
1957	103.9			116.4
1958	98.3			114.4
1959	99.5			113.9
1960	99.9			113.8
1961	146.2			166.3
1962	95.0			158.0
1963	90.6			143.2
1964	94.6			135.4
1965	98.2			133.0
1966	101.7			135.2
1967	102.4			138.5
1968	100.3			138.9
1969	99.7			138.5
1970	99.5			137.8
1971	100.6			138.6
1972	100.1			138.8
1973	100.4			139.3
1974	100.3			139.7
1975	100.3			140.2
1976	100.2			140.4
1977	100.1			140.6

3-3 商品零售价格总指数（1951-2009 年）
Retail Price Index(1951-2009)

续表 continued

年份 Year	以不同基期计算的价格指数 RPI calculated by different base period			
	上年 =100 Preceding Year = 100	2000 年 =100 2000 Year=100	1978 年 =100 1978 Year=100	1950 年 =100 1950 Year=100
1978	103.2		100.0	145.1
1979	101.6		101.6	147.4
1980	108.6		110.3	160.1
1981	101.4		111.9	162.3
1982	102.7		114.9	166.7
1983	102.8		118.1	171.4
1984	101.7		120.1	174.3
1985	110.0		132.0	191.7
1986	104.2		137.5	199.8
1987	110.5		151.9	220.7
1988	123.3		187.3	272.2
1989	116.5		218.2	317.1
1990	100.1		218.4	317.4
1991	106.1		231.7	336.7
1992	109.8		254.4	369.7
1993	116.3		295.9	430.0
1994	126.5		374.3	544.0
1995	116.3		435.3	632.6
1996	106.1		461.9	671.2
1997	101.7		470.4	682.6
1998	94.5		444.5	645.1
1999	96.5		428.9	622.5
2000	95.5	100.0	409.6	594.5
2001	99.0	99.0	405.5	588.6
2002	98.9	97.9	401.0	582.1
2003	99.5	97.4	399.0	579.2
2004	101.4	98.8	404.6	587.3
2005	98.7	97.5	399.3	579.7
2006	101.6	99.1	405.7	589.0
2007	103.7	102.7	420.7	610.8
2008	105.0	107.8	441.7	641.3
2009	97.3	104.9	429.8	624.0

3-4 居民消费价格分类指数（2001-2009 年）
Consumer Price Indices by Category (2001-2009)

上年 =100

preceding year=100

项 目	Item	2001 年	2002 年	2003 年	2004 年	2005 年	2006 年	2007 年	2008 年	2009 年
居民消费价格总指数	**Consumer Price Index**	**101.7**	**99.6**	**100.6**	**103.7**	**100.8**	**102.4**	**104.7**	**105.6**	**98.4**
非食品价格指数	**Non-food Price Index**	**103.1**	**100.0**	**98.5**	**99.5**	**101.1**	**102.0**	**100.0**	**100.1**	**97.5**
服务项目价格指数	**Price Indices of Service Item**	**113.6**	**105.7**	**100.6**	**104.3**	**105.0**	**103.8**	**100.7**	**101.4**	**98.4**
工业品价格指数	**Industrial Price Index**						**100.8**	**99.5**	**99.3**	**96.9**
扣除食品和能源价格指数	**Excluding food and energy Price Index**						**101.6**	**99.7**	**100.0**	**97.5**
消费品价格指数	**Consumer Goods Price Index**	**98.2**	**97.5**	**100.6**	**103.4**	**99.3**	**101.9**	**106.2**	**107.1**	**98.4**
食品	**Food**	**99.2**	**98.7**	**104.3**	**111.0**	**100.1**	**103.1**	**114.1**	**115.7**	**100.0**
粮食	Grain	96.3	103.0	100.5	127.1	102.7	101.3	107.9	112.0	106.2
#大米	Rice	94.4	105.3	101.0	130.3	98.8	101.6	108.5	109.7	108.4
油脂	Oil or Fat	91.7	99.3	114.2	121.4	83.8	98.8	132.3	128.5	80.9
肉禽及其制品	Meal, Poultry and Processed Products	97.8	103.8	99.2	121.5	101.4	99.6	136.7	122.7	86.7
#食用畜肉及副产品	Meat and its	99.2	102.3	98.0	126.1	96.3	99.6	143.5	126.5	80.5
#猪肉	Pork	99.4	104.6	98.5	131.6	93.8	98.7	149.8	122.4	76.4
禽	Poultry	95.1	109.2	103.4	118.1	109.4	98.8	134.3	111.7	92.8
蛋	Eggs	104.2	104.2	98.3	117.2	104.8	97.7	120.5	103.2	98.8
水产品	Aquatic Products	98.4	97.8	104.7	111.6	104.1	98.7	109.8	125.0	102.3
菜	Vegetables	108.9	88.9	120.6	112.6	98.7	114.2	110.5	108.2	115.0
#鲜菜	Fresh Vegetables	110.8	88.3	122.8	114.5	98.7	114.7	111.1	107.4	116.6
调味品	Flavoring	97.1	100.0	97.5	102.5	98.8	101.9	103.5	105.5	104.1
糖	Carbohydrate	102.3	95.3	100.3	103.1	102.9	105.7	104.9	109.6	103.5
茶及饮料	Tea and Beverages	96.3	99.3	98.5	101.9	97.6	100.5	103.2	105.6	100.7
干鲜瓜果	Dried and Fresh Melons and Fruits	103.1	89.7	122.6	99.6	96.0	116.2	99.3	118.1	113.2
糕点饼干	Cake and Biscuit	104.4	100.3	99.5	101.4	101.1	99.6	107.4	111.0	101.6
液体乳及乳制品	Milk and Its Products	95.1	97.9	100.5	100.1	97.0	103.6	101.6	114.2	101.0
在外用膳食品	Dining Out	98.2	98.0	101.3	100.1	101.4	100.9	107.2	110.2	103.9
其他食品	Other Foods and Manufacturing Services	97.7	100.5	102.6	101.2	99.1	102.3	102.1	112.6	98.9
烟酒及用品	**Tobacco, Liquor and Articles**	**96.8**	**98.4**	**98.2**	**100.4**	**101.2**	**100.3**	**102.4**	**102.8**	**101.6**
烟草	Tobacco	95.4	98.0	97.0	98.5	101.8	99.3	99.8	99.4	100.0
酒	Liquor	99.9	99.2	101.1	106.0	99.8	102.6	109.6	112.4	105.3
吸烟、饮酒用品	Articles for Smoking and Drinking	97.1	98.5	98.2	98.6	100.3	100.9	100.3	96.3	100.6

3-4 居民消费价格分类指数（2001-2009 年）
Consumer Price Indices by Category (2001-2009)

续表 (continued) 上年 =100 preceding year=100

项 目	Item	2001 年	2002 年	2003 年	2004 年	2005 年	2006 年	2007 年	2008 年	2009 年
衣着	**Clothing**	**97.4**	**93.5**	**94.2**	**91.2**	**92.1**	**98.2**	**94.2**	**94.2**	**94.7**
服装	Garments	98.2	92.3	93.9	93.4	94.0	100.4	95.7	94.5	98.7
衣着材料	Clothing Material	101.0	98.9	103.1	101.8	96.3	100.0	100.0	100.0	100.3
鞋袜帽	Footgear and Hats	94.8	96.0	94.3	84.4	86.1	91.3	89.0	92.9	82.2
衣着加工服务费	Clothing Manufacturing Services	100.0	101.3	98.9	98.8	101.0	102.5	100.3	102.1	100.0
家庭设备用品及维修服务	**Household Facilities, Articles and Services**	**95.7**	**96.8**	**95.5**	**98.5**	**100.1**	**100.3**	**101.8**	**102.5**	**97.2**
耐用消费品	Durable Consumer Goods	92.6	93.8	94.2	95.6	99.1	99.8	102.5	101.3	94.4
室内装饰品	Interior Decorations	91.5	99.9	99.6	99.1	100.3	98.2	97.0	96.6	96.2
床上用品	Bed Articles	99.7	100.4	99.0	99.1	99.1	92.7	95.0	102.4	96.5
家庭日用杂品	Daily Use Household Articles	98.8	97.4	94.0	103.8	100.3	99.4	102.3	102.8	102.4
家庭服务及加工维修服务	Household Services and Maintenance and Renovation	101.7	105.3	99.8	100.8	104.6	109.5	104.0	108.6	100.5
医疗保健和个人用品	**Health Care and Personal Articles**	**98.9**	**95.6**	**99.3**	**99.4**	**102.5**	**100.8**	**99.1**	**101.9**	**99.4**
医疗保健	Health Care	98.7	94.4	99.2	98.7	104.0	100.1	98.8	101.4	99.8
# 西药	Western Medicine	93.7	89.5	97.7	91.9	101.5	101.1	98.5	101.9	100.9
医疗保健服务	Health Care Services	100.0	101.2	104.3	116.0	107.2	99.8	98.2	100.0	100.3
个人用品及服务	Personal Articles and Services	99.3	99.1	99.8	101.2	98.1	102.8	100.0	103.1	97.9
交通和通信	**Transportation and Communication**	**102.4**	**99.4**	**98.7**	**99.2**	**99.9**	**98.7**	**99.0**	**99.3**	**98.2**
交通	Transportation	106.7	100.7	100.2	100.8	102.3	102.1	100.4	102.7	100.7
# 市区公共交通费	Incity Traffic Fare	120.8	103.6	99.2	100.0	100.0	100.0	100.0	100.0	100.3
城市间交通费	Intercity Traffic Fare	101.4	99.0	102.2	101.1	103.9	98.2	99.6	102.5	109.0
通信	Communication	99.5	98.4	97.7	98.0	98.1	96.6	98.0	97.3	96.5
娱乐教育文化用品及服务	**Recreation, Education and Culture Articles**	**114.8**	**105.5**	**99.6**	**103.2**	**104.1**	**104.3**	**99.4**	**100.3**	**98.5**
文娱用耐用消费品及服务	Durable Consumer Goods for Cultural and Recreational Use and Services	91.2	91.4	93.0	93.0	90.4	94.8	93.4	93.4	88.8
教育	Education	133.5	111.8	102.2	107.2	112.2	106.4	103.6	101.2	102.8
文化娱乐类	Cultural and Recreational Articles	104.0	103.2	98.8	99.0	100.7	102.1	102.0	101.5	102.3
旅游	Touring and Outing	91.4	94.3	98.7	105.5	90.5	109.3	88.4	104.6	88.3
居住	**Residence**	**102.6**	**104.1**	**102.2**	**100.9**	**103.0**	**106.0**	**105.5**	**101.8**	**95.9**
建房及装修材料	Building and Building Decoration Materials	99.1	99.9	100.0	97.6	101.2	107.5	108.2	104.5	100.9
租房	Renting	108.5	115.6	99.9	100.5	100.0	100.0	101.5	103.8	99.9
自有住房	Private Housing	100.0	92.4	98.5	103.1	106.1	102.7	105.5	101.7	81.4
水、电、燃料	Water, Electricity and Fuels	104.4	109.0	106.1	102.1	103.6	108.0	105.1	100.4	100.0
# 水	Water	121.0	149.3	105.4	101.9	107.8	102.6	102.6	100.0	100.0
电	Electricity	103.9	100.7	108.0	102.8	103.9	105.4	105.0	100.0	100.0
管道燃气	Pipeline Gas	100.0	103.7	100.9	100.0	100.0	117.4	107.4	100.0	100.0

3-5 商品零售价格分类指数（2003-2009 年）
Retail Price Index (2003-2009)

上年 =100 | preceding year = 100

项 目	Item	2003 年	2004 年	2005 年	2006 年	2007 年	2008 年	2009 年
商品零售价格总指数	**Retail Price Index**	**99.5**	**101.4**	**98.7**	**101.6**	**103.7**	**105.0**	**97.3**
食品	Food	104.4	111.2	100.2	103.1	114.4	116.0	100.1
饮料烟酒	Beverages, Tobacco and Liquor	98.6	101.4	100.4	100.4	103.0	103.9	101.6
服装鞋帽	Garments, Shoes and Hats	94.0	91.1	92.2	98.4	94.2	94.1	94.7
纺织品	Textiles	100.5	99.8	98.7	93.6	95.8	102.2	96.9
家用电器及音像器材	Household Appliances, Music and Video Equipment	93.5	93.0	95.6	96.3	97.6	97.8	91.0
文化办公用品	Cultural and Office Appliances	98.2	98.2	99.8	100.0	99.3	97.9	96.3
日用品	Articles for Daily Use	94.9	99.9	100.0	101.0	101.7	103.3	100.5
体育娱乐用品	Sports and Recreation Articles	98.9	96.7	94.1	98.1	95.0	98.2	99.1
交通、通信用品	Transportation and Communication Appliances	90.8	89.6	88.9	88.8	88.6	89.4	91.5
家具	Furniture	98.2	99.7	101.3	100.5	101.0	100.4	96.8
化妆品	Cosmetics	97.1	101.8	100.8	98.5	99.0	101.1	100.6
金银珠宝	Gold, Silver and Jewelry	110.5	106.5	104.0	123.5	106.5	119.7	91.0
中西药品及医疗保健用品	Traditional Chinese and Western Medicines and Health Care Articles	97.8	93.2	102.6	100.2	98.9	102.0	99.7
书报杂志及电子出版物	Books, Newspapers, Magazines and Electronic Publications	100.2	101.1	99.7	100.5	100.0	100.4	103.4
燃料	Fuels	105.3	106.2	107.9	116.5	106.0	107.0	95.3
建筑材料及五金电料	Building Materials and Hardware	100.1	99.0	101.3	106.4	109.2	105.1	99.7

3-6 各月居民消费价格指数（2002 年）
Consumer Price Indices by Month (2002)

上年 =100 preceding year=100

类　　别	Item	1 月 January	2 月 February	3 月 March	4 月 April	5 月 May	6 月 June
居民消费价格总指数	**Consumer Price Index**	**101.6**	**102.2**	**101.2**	**99.7**	**98.9**	**99.8**
非食品价格指数	**Non-food Price Index**	**103.3**	**102.2**	**101.3**	**100.9**	**100.6**	**100.9**
服务项目价格指数	**Price Indices of Service Item**	**109.0**	**110.6**	**108.7**	**108.2**	**107.5**	**108.6**
工业品价格指数	**Industrial Price Index**						
扣除食品和能源价格指数	**Excluding food and energy Price Index**						
消费品价格指数	**Consumer Goods Price Index**	**99.2**	**99.5**	**98.7**	**97.0**	**96.2**	**97.0**
食品	**Food**	**98.5**	**102.0**	**100.9**	**97.6**	**95.9**	**97.9**
粮食	Grain	102.6	103.0	103.8	103.7	104.7	106.4
# 大米	Rice	104.6	105.2	107.3	107.3	107.7	110.3
油脂	Oil or Fat	95.6	95.5	96.2	95.8	97.5	97.4
肉禽及其制品	Meal, Poultry and Processed Products	99.8	109.0	106.9	104.7	103.8	106.2
# 食用畜肉及副产品	Meat and its	100.5	108.7	106.0	104.0	103.6	105.5
# 猪肉	Pork	102.4	110.3	108.8	108.0	107.2	109.8
禽	Poultry	96.6	112.4	112.8	108.5	103.9	108.7
蛋	Eggs	106.4	111.9	114.2	107.4	105.6	106.5
水产品	Aquatic Products	90.5	99.6	98.0	94.7	96.3	99.5
菜	Vegetables	95.4	100.4	92.6	80.9	75.0	80.9
# 鲜菜	Fresh Vegetables	95.2	100.5	92.1	79.3	73.4	79.7
调味品	Flavoring	100.5	99.8	100.1	99.4	99.8	100.8
糖	Carbohydrate	103.0	96.2	95.0	94.2	94.4	94.5
茶及饮料	Tea and Beverages	101.7	100.2	99.8	99.0	98.4	98.2
干鲜瓜果	Dried and Fresh Melons and Fruits	100.0	103.1	103.0	91.1	83.2	80.8
糕点饼干	Cake and Biscuit	103.8	101.2	100.0	99.5	100.2	100.3
液体乳及乳制品	Milk and Its Products	97.9	96.7	96.1	96.3	96.4	96.8
在外用膳食品	Dining Out	95.2	95.8	97.1	97.2	96.1	98.1
其他食品	Other Foods and Manufacturing Services	102.2	99.1	99.8	99.5	100.6	99.7
烟酒及用品	**Tobacco, Liquor and Articles**	**96.4**	**96.3**	**97.1**	**97.6**	**98.5**	**99.3**
烟草	Tobacco	96.0	96.3	96.9	97.1	97.6	98.5
酒	Liquor	97.9	96.5	97.4	98.5	101.1	101.0
吸烟、饮酒用品	Articles for Smoking and Drinking	95.6	96.4	97.6	97.6	97.8	99.5

3-6 各月居民消费价格指数（2002 年）
Consumer Price Indices by Month (2002)

续表 1(continued) 上年 =100 preceding year=100

类别	Item	1月 January	2月 February	3月 March	4月 April	5月 May	6月 June
衣着	**Clothing**	**107.1**	**99.3**	**95.1**	**93.1**	**93.5**	**92.2**
服装	Garments	107.6	98.8	93.3	91.8	92.1	91.4
衣着材料	Clothing Material	100.9	100.7	99.8	98.2	98.2	98.2
鞋袜帽	Footgear and Hats	106.7	100.5	99.4	95.9	96.7	93.6
衣着加工服务费	Clothing Manufacturing Services	100.0	100.0	100.0	100.0	100.0	101.6
家庭设备用品及维修服务	**Household Facilities, Articles and Services**	**98.6**	**96.3**	**97.3**	**97.4**	**97.6**	**97.2**
耐用消费品	Durable Consumer Goods	95.8	93.0	94.2	94.5	94.7	94.2
室内装饰品	Interior Decorations	99.5	100.0	100.0	100.0	100.0	100.0
床上用品	Bed Articles	104.0	99.9	99.9	99.9	101.9	99.9
家庭日用杂品	Daily Use Household Articles	100.0	97.7	97.2	97.1	97.1	97.1
家庭服务及加工维修服务	Household Services and Maintenance and Renovation	104.4	104.4	107.7	107.7	107.7	107.7
医疗保健和个人用品	**Health Care and Personal Articles**	**99.0**	**97.6**	**95.2**	**94.6**	**94.9**	**95.5**
医疗保健	Health Care	98.9	97.0	94.0	93.2	93.3	94.0
#西药	Western Medicine	97.2	93.8	88.3	86.3	86.8	88.1
医疗保健服务	Health Care Services	100.0	100.0	101.5	101.5	101.5	101.5
个人用品及服务	Personal Articles and Services	99.6	99.4	98.6	99.0	99.8	100.4
交通和通信	**Transportation and Communication**	**102.7**	**103.4**	**97.7**	**98.1**	**98.1**	**98.1**
交通	Transportation	105.0	108.5	97.6	98.4	98.1	97.8
#市区公共交通费	Incity Traffic Fare	126.3	126.3	100.0	100.0	98.3	98.3
城市间交通费	Intercity Traffic Fare	89.2	101.1	96.1	97.1	97.4	97.3
通信	Communication	101.1	100.0	97.7	97.9	98.1	98.4
娱乐教育文化用品及服务	**Recreation, Education and Culture Articles**	**106.7**	**108.7**	**109.4**	**108.7**	**108.0**	**109.5**
文娱用耐用消费品及服务	Durable Consumer Goods for Cultural and Recreational Use and Services	90.6	90.4	90.4	91.1	91.8	90.9
教育	Education	118.4	117.7	117.7	117.7	117.7	117.7
文化娱乐类	Cultural and Recreational Articles	102.2	102.0	106.3	102.9	103.4	106.8
旅游	Touring and Outing	78.6	98.3	96.7	94.6	87.7	97.7
居住	**Residence**	**104.1**	**103.9**	**106.2**	**106.6**	**105.0**	**105.0**
建房及装修材料	Building and Building Decoration Materials	99.0	99.0	100.1	100.1	100.1	100.1
租房	Renting	125.4	125.4	125.4	125.4	125.4	125.4
自有住房	Private Housing	100.0	98.6	91.0	91.0	91.0	91.0
水、电、燃料	Water, Electricity and Fuels	102.9	102.9	112.3	113.3	109.0	109.0
#水	Water	131.5	131.5	190.6	190.6	144.9	144.9
电	Electricity	100.0	100.0	100.0	100.0	100.0	100.0
管道燃气	Pipeline Gas	100.0	100.0	102.4	104.7	104.7	104.7

3-6 各月居民消费价格指数（2002 年）
Consumer Price Indices by Month (2002)

续表 2(continued) 上年 =100 　　　　preceding year=100

类　　别	Item	7 月 July	8 月 August	9 月 September	10 月 October	11 月 November	12 月 December
居民消费价格总指数	**Consumer Price Index**	**100.0**	**98.8**	**97.5**	**98.0**	[illegible]	**98.7**
非食品价格指数	**Non-food Price Index**	**100.9**	**100.6**	**97.4**	**97.3**	[illegible]	**97.4**
服务项目价格指数	**Price Indices of Service Item**	**108.9**	**108.0**	**101.2**	**100.1**	[illegible]	**100.1**
工业品价格指数	**Industrial Price Index**						
扣除食品和能源价格指数	**Excluding food and energy Price Index**						
消费品价格指数	**Consumer Goods Price Index**	**97.2**	**95.9**	**96.3**	**97.2**	[illegible]	**98.3**
食品	**Food**	**98.5**	**95.6**	**97.5**	**99.0**	[illegible]	**101.0**
粮食	Grain	106.4	105.7	100.7	100.3	[illegible]	100.2
# 大米	Rice	110.0	109.5	101.5	100.8	[illegible]	100.8
油脂	Oil or Fat	97.3	100.2	104.8	104.3	[illegible]	105.0
肉禽及其制品	Meal, Poultry and Processed Products	105.9	103.3	102.6	101.1	[illegible]	101.8
# 食用畜肉及副产品	Meat and its	104.1	100.0	99.6	98.0	[illegible]	100.0
# 猪肉	Pork	106.2	100.6	102.6	101.1	[illegible]	101.7
禽	Poultry	113.0	113.8	112.8	111.3	[illegible]	109.0
蛋	Eggs	105.2	108.0	100.4	95.5	[illegible]	98.5
水产品	Aquatic Products	99.2	100.5	98.4	97.1	[illegible]	101.0
菜	Vegetables	79.6	75.8	85.6	93.0	[illegible]	107.6
# 鲜菜	Fresh Vegetables	78.1	74.2	84.8	93.0	[illegible]	109.0
调味品	Flavoring	100.6	100.5	100.4	100.1	[illegible]	99.0
糖	Carbohydrate	94.2	93.4	94.8	94.8	[illegible]	95.0
茶及饮料	Tea and Beverages	99.3	99.2	98.9	99.3	[illegible]	98.5
干鲜瓜果	Dried and Fresh Melons and Fruits	83.1	63.5	80.9	96.4	[illegible]	97.7
糕点饼干	Cake and Biscuit	100.3	100.2	99.9	99.7	[illegible]	99.1
液体乳及乳制品	Milk and Its Products	96.5	99.8	99.7	99.7	[illegible]	99.6
在外用膳食品	Dining Out	98.7	99.0	98.9	99.7	[illegible]	100.1
其他食品	Other Foods and Manufacturing Services	100.2	100.2	100.6	101.1	[illegible]	101.5
烟酒及用品	**Tobacco, Liquor and Articles**	**99.4**	**99.1**	**99.2**	**99.4**	[illegible]	**98.6**
烟草	Tobacco	98.5	98.6	99.1	99.5	[illegible]	98.3
酒	Liquor	101.0	99.5	98.6	99.3	[illegible]	99.5
吸烟、饮酒用品	Articles for Smoking and Drinking	100.1	100.3	100.3	99.3	[illegible]	98.6

3-6 各月居民消费价格指数（2002 年）
Consumer Price Indices by Month (2002)

续表 3(continued) 上年 =100 preceding year=100

类 别	Item	7 月 July	8 月 August	9 月 September	10 月 October	11 月 November	12 月 December
衣着	**Clothing**	**91.9**	**92.1**	**88.7**	**90.5**	**90.1**	**90.0**
服装	Garments	91.0	91.3	86.5	89.1	88.2	88.5
衣着材料	Clothing Material	98.2	98.2	98.5	98.5	98.5	98.5
鞋袜帽	Footgear and Hats	93.3	93.1	93.5	93.3	94.2	92.9
衣着加工服务费	Clothing Manufacturing Services	101.6	101.6	101.6	101.6	103.8	103.8
家庭设备用品及维修服务	**Household Facilities, Articles and Services**	**96.8**	**96.8**	**96.7**	**96.2**	**95.3**	**95.2**
耐用消费品	Durable Consumer Goods	93.9	93.8	93.4	92.6	92.6	92.2
室内装饰品	Interior Decorations	100.0	100.0	100.0	100.0	99.5	100.0
床上用品	Bed Articles	99.9	99.9	99.8	100.0	100.0	100.0
家庭日用杂品	Daily Use Household Articles	97.1	97.1	97.1	97.1	97.0	97.1
家庭服务及加工维修服务	Household Services and Maintenance and Renovation	105.9	105.9	106.3	106.3	100.0	100.0
医疗保健和个人用品	**Health Care and Personal Articles**	**95.3**	**95.1**	**95.1**	**95.0**	**94.8**	**94.8**
医疗保健	Health Care	93.7	93.8	93.9	93.9	93.7	93.7
# 西药	Western Medicine	88.5	89.0	89.1	89.1	88.9	88.9
医疗保健服务	Health Care Services	101.5	101.5	101.5	101.5	101.5	101.5
个人用品及服务	Personal Articles and Services	100.1	99.0	98.8	98.3	98.1	98.2
交通和通信	**Transportation and Communication**	**99.0**	**99.4**	**99.2**	**98.9**	**98.9**	**99.2**
交通	Transportation	100.7	101.3	100.9	100.2	100.4	100.9
# 市区公共交通费	Incity Traffic Fare	101.4	101.4	101.4	100.0	100.0	100.0
城市间交通费	Intercity Traffic Fare	104.6	105.0	101.8	99.3	100.3	99.9
通信	Communication	97.9	98.0	98.1	98.0	98.0	98.1
娱乐教育文化用品及服务	**Recreation, Education and Culture Articles**	**109.6**	**108.2**	**100.5**	**99.4**	**99.3**	**99.7**
文娱用耐用消费品及服务	Durable Consumer Goods for Cultural and Recreational Use and Services	91.6	91.4	91.3	92.6	92.6	92.5
教育	Education	117.7	117.7	101.5	101.5	101.5	101.5
文化娱乐类	Cultural and Recreational Articles	106.4	101.5	103.0	104.3	100.5	99.9
旅游	Touring and Outing	96.4	92.9	103.9	90.3	96.7	102.7
居住	**Residence**	**105.0**	**105.2**	**101.9**	**101.7**	**101.7**	**103.3**
建房及装修材料	Building and Building Decoration Materials	100.1	100.1	100.1	100.1	100.1	100.1
租房	Renting	125.4	125.4	100.0	100.0	100.0	100.0
自有住房	Private Housing	91.0	91.0	91.0	91.0	91.0	91.0
水、电、燃料	Water, Electricity and Fuels	109.0	109.5	109.5	109.0	109.0	113.0
# 水	Water	144.9	144.9	144.9	144.9	144.9	144.9
电	Electricity	100.0	100.0	100.0	100.0	100.0	108.8
管道燃气	Pipeline Gas	104.7	104.7	104.7	104.7	104.7	104.7

3-6 各月居民消费价格指数（2003 年）
Consumer Price Indices by Month (2003)

上年 =100 preceding year=100

类　　别	Item	1 月 January	2 月 February	3 月 March	4 月 April	5 月 May	6 月 June
居民消费价格总指数	**Consumer Price Index**	**100.6**	**100.7**	**101.0**	**101.2**	**100.9**	**100.3**
非食品价格指数	**Non-food Price Index**	**98.0**	**98.7**	**98.8**	**98.8**	**98.9**	**98.8**
服务项目价格指数	**Price Indices of Service Item**	**101.4**	**100.9**	**101.1**	**100.4**	**101.2**	**101.5**
工业品价格指数	**Industrial Price Index**						
扣除食品和能源价格指数	**Excluding food and energy Price Index**						
消费品价格指数	**Consumer Goods Price Index**	**100.4**	**100.6**	**101.0**	**101.4**	**100.8**	**99.9**
食品	**Food**	**105.4**	**104.1**	**104.9**	**105.5**	**104.6**	**103.0**
粮食	Grain	98.2	98.0	98.3	98.4	98.5	98.0
# 大米	Rice	98.7	98.4	98.4	98.7	98.7	98.1
油脂	Oil or Fat	108.2	110.1	112.7	112.4	111.1	112.3
肉禽及其制品	Meal, Poultry and Processed Products	100.3	96.9	97.6	99.2	97.3	96.6
# 食用畜肉及副产品	Meat and its	98.1	94.4	96.3	98.6	94.8	94.3
# 猪肉	Pork	98.8	95.2	96.5	98.2	93.9	92.2
禽	Poultry	108.8	105.1	101.6	101.9	104.0	101.9
蛋	Eggs	96.7	93.4	90.4	96.1	98.8	97.0
水产品	Aquatic Products	104.6	103.5	106.5	107.0	107.3	106.9
菜	Vegetables	129.3	131.9	139.2	140.4	128.1	116.3
# 鲜菜	Fresh Vegetables	132.6	135.6	144.0	145.5	131.1	118.0
调味品	Flavoring	98.2	96.8	97.3	97.8	97.0	97.2
糖	Carbohydrate	96.3	100.0	99.8	101.3	101.1	100.8
茶及饮料	Tea and Beverages	98.5	99.9	99.1	99.4	99.6	99.5
干鲜瓜果	Dried and Fresh Melons and Fruits	131.6	121.8	119.2	115.3	124.6	123.3
糕点饼干	Cake and Biscuit	98.9	99.8	99.5	99.6	99.7	99.7
液体乳及乳制品	Milk and Its Products	99.7	100.4	100.2	101.1	101.4	102.5
在外用膳食品	Dining Out	101.4	101.2	101.2	101.2	101.2	101.2
其他食品	Other Foods and Manufacturing Services	103.3	103.0	103.5	102.9	104.4	102.1
烟酒及用品	**Tobacco, Liquor and Articles**	**98.6**	**98.8**	**98.1**	**98.1**	**98.2**	**97.7**
烟草	Tobacco	98.3	98.3	97.3	97.4	97.4	96.8
酒	Liquor	98.9	100.1	99.8	99.8	100.0	99.7
吸烟、饮酒用品	Articles for Smoking and Drinking	99.5	98.6	98.4	98.4	98.3	98.3

3-6 各月居民消费价格指数（2003年）
Consumer Price Indices by Month (2003)

续表 1(continued) 上年=100 preceding year=100

类别	Item	1月 January	2月 February	3月 March	4月 April	5月 May	6月 June
衣着	**Clothing**	**90.6**	**93.9**	**94.4**	**94.8**	**94.7**	**94.3**
服装	Garments	89.4	93.8	93.2	94.5	93.9	94.2
衣着材料	Clothing Material	101.5	101.6	102.3	103.4	103.4	103.4
鞋袜帽	Footgear and Hats	92.2	93.3	96.6	95.0	96.3	93.8
衣着加工服务费	Clothing Manufacturing Services	103.8	103.8	103.8	99.0	99.0	97.5
家庭设备用品及维修服务	**Household Facilities, Articles and Services**	**94.6**	**95.0**	**96.7**	**96.6**	**95.8**	**95.1**
耐用消费品	Durable Consumer Goods	94.1	96.3	96.4	96.0	94.8	93.0
室内装饰品	Interior Decorations	100.0	100.0	99.2	98.8	99.2	99.2
床上用品	Bed Articles	99.1	99.1	99.0	99.0	99.0	99.0
家庭日用杂品	Daily Use Household Articles	90.3	86.8	93.7	94.3	93.7	94.8
家庭服务及加工维修服务	Household Services and Maintenance and Renovation	100.6	100.6	100.6	100.6	100.6	100.6
医疗保健和个人用品	**Health Care and Personal Articles**	**94.8**	**96.9**	**98.5**	**100.6**	**101.0**	**100.3**
医疗保健	Health Care	93.7	96.3	97.8	100.8	101.2	100.6
#西药	Western Medicine	88.8	91.9	97.8	100.0	101.0	101.0
医疗保健服务	Health Care Services	105.5	105.5	104.0	104.0	104.0	104.0
个人用品及服务	Personal Articles and Services	98.2	98.6	100.5	99.9	100.5	99.5
交通和通信	**Transportation and Communication**	**99.7**	**99.6**	**99.4**	**99.2**	**98.6**	**98.6**
交通	Transportation	102.2	102.4	101.9	101.5	100.3	100.3
#市区公共交通费	Incity Traffic Fare	100.0	100.0	100.0	100.0	100.0	100.0
城市间交通费	Intercity Traffic Fare	106.1	105.8	104.8	104.2	103.9	103.8
通信	Communication	98.0	97.6	97.8	97.6	97.4	97.4
娱乐教育文化用品及服务	**Recreation, Education and Culture Articles**	**101.2**	**100.3**	**100.1**	**99.4**	**100.1**	**100.6**
文娱用耐用消费品及服务	Durable Consumer Goods for Cultural and Recreational Use and Services	94.6	93.6	93.7	94.3	92.9	93.2
教育	Education	102.5	103.0	102.6	102.6	102.6	102.6
文化娱乐类	Cultural and Recreational Articles	99.0	98.8	100.3	100.8	100.2	99.5
旅游	Touring and Outing	109.4	100.2	97.9	90.0	99.2	105.1
居住	**Residence**	**103.7**	**104.0**	**102.3**	**101.9**	**101.9**	**101.9**
建房及装修材料	Building and Building Decoration Materials	99.9	99.8	99.8	99.8	99.8	99.8
租房	Renting	99.9	99.9	99.9	99.9	99.9	99.9
自有住房	Private Housing	91.0	92.3	100.0	100.0	100.0	100.0
水、电、燃料	Water, Electricity and Fuels	114.2	114.3	105.8	104.9	104.9	104.9
#水	Water	144.9	144.9	100.0	100.0	100.0	100.0
电	Electricity	108.8	108.8	108.8	108.8	108.8	108.8
管道燃气	Pipeline Gas	104.7	104.7	102.3	100.0	100.0	100.0

3-6 各月居民消费价格指数（2003 年）
Consumer Price Indices by Month (2003)

续表 2(continued) 上年 =100 preceding year=100

类　别	Item	7月 July	8月 August	9月 September	10月 October	11月 November	12月 December
居民消费价格总指数	**Consumer Price Index**	**100.4**	**100.4**	**100.1**	**99.9**	**100.5**	**100.9**
非食品价格指数	**Non-food Price Index**	**98.4**	**98.5**	**98.6**	**98.5**	**98.5**	**97.7**
服务项目价格指数	**Price Indices of Service Item**	**100.2**	**100.0**	**100.0**	**100.1**	**100.2**	**100.3**
工业品价格指数	**Industrial Price Index**						
扣除食品和能源价格指数	**Excluding food and energy Price Index**						
消费品价格指数	**Consumer Goods Price Index**	**100.5**	**100.5**	**100.1**	**99.8**	**100.6**	**101.1**
食品	**Food**	**104.2**	**104.0**	**102.9**	**102.3**	**104.[illegible]**	**106.7**
粮食	Grain	97.8	98.0	98.1	101.7	110.1	110.9
#大米	Rice	98.2	98.3	98.4	102.8	110.6	112.0
油脂	Oil or Fat	113.5	111.8	106.0	113.4	128.2	129.0
肉禽及其制品	Meal, Poultry and Processed Products	97.1	98.6	99.8	100.7	102.4	103.9
#食用畜肉及副产品	Meat and its	95.8	98.7	99.6	100.1	101.3	103.9
#猪肉	Pork	95.6	99.6	100.8	101.3	102.7	106.6
禽	Poultry	100.3	99.2	101.4	103.7	106.2	107.0
蛋	Eggs	94.3	94.8	100.6	102.8	108.[illegible]	107.0
水产品	Aquatic Products	105.5	106.0	105.8	102.5	101.2	100.0
菜	Vegetables	124.1	118.3	116.4	105.6	97.[illegible]	111.0
#鲜菜	Fresh Vegetables	126.8	120.2	117.9	105.9	96.6	111.9
调味品	Flavoring	97.5	97.5	97.4	97.5	97.3	98.1
糖	Carbohydrate	101.3	100.7	99.9	100.7	101.1	100.8
茶及饮料	Tea and Beverages	99.2	98.2	97.0	96.6	97.4	98.3
干鲜瓜果	Dried and Fresh Melons and Fruits	138.0	145.7	117.4	110.4	111.2	121.7
糕点饼干	Cake and Biscuit	99.7	99.5	99.7	99.5	99.2	99.6
液体乳及乳制品	Milk and Its Products	102.7	99.4	98.6	98.9	100.4	101.0
在外用膳食品	Dining Out	101.2	100.2	100.3	100.4	103.3	103.0
其他食品	Other Foods and Manufacturing Services	102.5	102.0	101.8	102.0	101.6	102.5
烟酒及用品	**Tobacco, Liquor and Articles**	**97.6**	**98.0**	**97.2**	**97.6**	**98.2**	**99.8**
烟草	Tobacco	96.3	96.3	95.9	96.2	96.2	97.2
酒	Liquor	100.6	102.2	101.5	102.0	102.7	106.4
吸烟、饮酒用品	Articles for Smoking and Drinking	98.5	98.3	95.2	96.2	99.4	99.4

3-6 各月居民消费价格指数（2003 年）
Consumer Price Indices by Month (2003)

续表 3(continued) 上年 =100 preceding year=100

类 别	Item	7 月 July	8 月 August	9 月 September	10 月 October	11 月 November	12 月 December
衣着	**Clothing**	**94.3**	**95.4**	**95.9**	**95.0**	**94.0**	**93.4**
服装	Garments	94.3	95.9	96.4	94.5	93.9	93.0
衣着材料	Clothing Material	103.3	103.3	103.1	103.6	104.3	104.3
鞋袜帽	Footgear and Hats	93.5	93.4	94.4	95.7	93.3	93.7
衣着加工服务费	Clothing Manufacturing Services	97.5	97.5	97.5	97.5	95.4	95.4
家庭设备用品及维修服务	**Household Facilities, Articles and Services**	**95.1**	**95.0**	**94.8**	**95.1**	**95.7**	**96.0**
耐用消费品	Durable Consumer Goods	92.8	92.7	93.1	93.5	93.8	93.9
室内装饰品	Interior Decorations	100.7	100.3	99.4	99.4	99.9	99.4
床上用品	Bed Articles	99.0	99.0	99.1	98.9	98.9	98.9
家庭日用杂品	Daily Use Household Articles	95.0	95.0	94.7	95.0	96.8	98.0
家庭服务及加工维修服务	Household Services and Maintenance and Renovation	100.6	100.6	98.2	98.2	98.2	98.2
医疗保健和个人用品	**Health Care and Personal Articles**	**100.5**	**100.7**	**100.9**	**101.0**	**101.3**	**96.0**
医疗保健	Health Care	100.9	100.9	101.4	101.4	101.5	94.1
# 西药	Western Medicine	100.8	100.6	101.7	101.4	101.8	87.7
医疗保健服务	Health Care Services	104.0	104.0	104.0	104.0	104.0	104.0
个人用品及服务	Personal Articles and Services	99.4	99.9	99.5	100.0	100.8	101.5
交通和通信	**Transportation and Communication**	**97.8**	**97.8**	**97.9**	**98.6**	**98.5**	**98.8**
交通	Transportation	98.0	98.0	98.2	99.6	99.6	100.4
# 市区公共交通费	Incity Traffic Fare	97.0	97.0	97.0	100.0	100.0	100.0
城市间交通费	Intercity Traffic Fare	98.1	98.2	98.7	100.9	101.0	101.8
通信	Communication	97.7	97.7	97.8	97.9	97.8	97.7
娱乐教育文化用品及服务	**Recreation, Education and Culture Articles**	**99.2**	**98.8**	**98.9**	**98.7**	**98.9**	**98.7**
文娱用耐用消费品及服务	Durable Consumer Goods for Cultural and Recreational Use and Services	92.7	92.5	92.6	92.1	92.0	91.2
教育	Education	102.6	102.6	101.3	101.3	101.3	101.3
文化娱乐类	Cultural and Recreational Articles	97.4	97.6	97.7	97.7	98.2	98.8
旅游	Touring and Outing	96.2	93.3	98.3	98.8	99.8	98.5
居住	**Residence**	**101.9**	**101.9**	**101.9**	**101.9**	**102.1**	**100.7**
建房及装修材料	Building and Building Decoration Materials	99.8	99.8	99.8	99.8	100.6	100.6
租房	Renting	99.9	99.9	99.9	99.9	99.9	99.9
自有住房	Private Housing	100.0	100.0	100.0	100.0	100.0	100.0
水、电、燃料	Water, Electricity and Fuels	104.9	104.9	104.9	104.9	104.9	101.3
# 水	Water	100.0	100.0	100.0	100.0	100.0	100.0
电	Electricity	108.8	108.8	108.8	108.8	108.8	100.0
管道燃气	Pipeline Gas	100.0	100.0	100.0	100.0	100.0	100.0

3-6 各月居民消费价格指数（2004 年）
Consumer Price Indices by Month (2004)

上年 =100　　preceding year=100

类　别	Item	1月 January	2月 February	3月 March	4月 April	5月 May	6月 June
居民消费价格总指数	**Consumer Price Index**	**100.4**	**100.4**	**101.0**	**102.4**	**103.[illegible]**	**103.9**
非食品价格指数	**Non-food Price Index**	**98.1**	**98.0**	**97.4**	**97.9**	**98.[illegible]**	**98.6**
服务项目价格指数	**Price Indices of Service Item**	**102.2**	**100.9**	**99.5**	**101.6**	**101.[illegible]**	**101.3**
工业品价格指数	**Industrial Price Index**						
扣除食品和能源价格指数	**Excluding food and energy Price Index**						
消费品价格指数	**Consumer Goods Price Index**	**99.8**	**100.2**	**101.5**	**102.7**	**103.[illegible]**	**104.8**
食品	**Food**	**104.4**	**104.5**	**107.4**	**110.6**	**112.[illegible]**	**113.5**
#大米	Grain	113.0	116.1	132.4	135.4	134.[illegible]	133.6
油脂	Rice	114.5	116.7	137.4	140.8	139.[illegible]	137.8
肉禽及其制品	Oil or Fat	128.1	127.5	128.2	129.8	129.[illegible]	125.5
#食用畜肉及副产品	Meal, Poultry and Processed Products	107.4	103.3	109.4	111.6	115.[illegible]	123.5
#猪肉	Meat and its	105.8	104.3	111.4	113.6	118.[illegible]	128.9
禽	Pork	108.2	107.8	116.1	118.7	124.[illegible]	137.7
蛋	Poultry	115.0	102.1	108.6	111.1	115.[illegible]	119.9
水产品	Eggs	107.2	108.1	111.1	113.4	110.[illegible]	119.6
菜	Aquatic Products	105.6	101.5	107.1	114.5	114.[illegible]	115.2
#鲜菜	Vegetables	104.3	111.9	111.4	123.6	133.[illegible]	121.6
调味品	Fresh Vegetables	105.1	113.9	113.3	126.9	138.[illegible]	124.5
糖	Flavoring	99.0	100.0	99.9	100.0	101.[illegible]	104.6
茶及饮料	Carbohydrate	100.1	104.2	105.0	104.2	103.[illegible]	103.4
干鲜瓜果	Tea and Beverages	99.0	99.2	101.0	101.0	101.[illegible]	102.2
糕点饼干	Dried and Fresh Melons and Fruits	90.4	94.3	94.1	99.3	97.[illegible]	104.2
液体乳及乳制品	Cake and Biscuit	99.8	100.9	100.9	101.3	101.[illegible]	101.1
在外用膳食品	Milk and Its Products	97.3	96.5	97.3	100.5	100.[illegible]	101.4
其他食品	Dining Out	102.5	100.6	100.3	99.8	99.[illegible]	99.8
烟酒及用品	Other Foods and Manufacturing Services	99.5	100.6	101.1	102.0	100.[illegible]	102.3
烟草	**Tobacco, Liquor and Articles**	**99.2**	**99.3**	**100.2**	**100.0**	**100.[illegible]**	**100.6**
酒	Tobacco	96.9	96.9	97.8	97.9	97.[illegible]	98.6
吸烟、饮酒用品	Liquor	106.3	106.1	107.4	106.6	106.[illegible]	107.0
	Articles for Smoking and Drinking	96.7	97.6	97.6	97.6	98.[illegible]	98.4

3-6 各月居民消费价格指数（2004 年）
Consumer Price Indices by Month (2004)

续表 1(continued) 上年 =100

preceding year=100

类别	Item	1月 January	2月 February	3月 March	4月 April	5月 May	6月 June
衣着	**Clothing**	**91.3**	**93.3**	**93.6**	**92.9**	**93.4**	**93.5**
服装	Garments	91.6	95.6	96.4	95.3	96.1	95.4
衣着材料	Clothing Material	101.7	102.8	103.1	102.4	102.4	102.4
鞋袜帽	Footgear and Hats	89.7	86.5	85.6	85.6	85.3	87.5
衣着加工服务费	Clothing Manufacturing Services	95.4	95.4	95.4	100.0	100.0	100.0
家庭设备用品及维修服务	**Household Facilities, Articles and Services**	**96.7**	**97.8**	**96.6**	**96.6**	**97.6**	**99.2**
耐用消费品	Durable Consumer Goods	93.0	92.3	92.6	92.5	93.8	96.8
室内装饰品	Interior Decorations	97.5	98.0	99.3	99.7	99.7	99.7
床上用品	Bed Articles	93.2	97.1	98.3	98.3	101.1	101.9
家庭日用杂品	Daily Use Household Articles	105.0	111.4	103.7	103.5	104.0	103.4
家庭服务及加工维修服务	Household Services and Maintenance and Renovation	99.3	99.3	99.3	99.3	99.3	100.0
医疗保健和个人用品	**Health Care and Personal Articles**	**95.7**	**95.2**	**95.6**	**93.3**	**98.3**	**100.8**
医疗保健	Health Care	93.5	93.0	93.9	90.8	97.4	100.7
# 西药	Western Medicine	88.2	88.4	87.2	87.1	88.0	93.6
医疗保健服务	Health Care Services	99.4	99.4	99.4	99.4	124.4	124.4
个人用品及服务	Personal Articles and Services	101.9	101.4	100.3	100.5	100.6	100.8
交通和通信	**Transportation and Communication**	**99.3**	**98.3**	**98.7**	**99.0**	**99.4**	**99.4**
交通	Transportation	101.2	98.7	99.6	100.0	101.2	101.4
# 市区公共交通费	Incity Traffic Fare	100.0	100.0	100.0	100.0	100.0	100.0
城市间交通费	Intercity Traffic Fare	105.0	96.4	100.0	100.2	101.4	101.5
通信	Communication	97.9	98.0	98.1	98.3	98.1	98.0
娱乐教育文化用品及服务	**Recreation, Education and Culture Articles**	**101.3**	**100.0**	**97.7**	**100.7**	**98.9**	**98.1**
文娱用耐用消费品及服务	Durable Consumer Goods for Cultural and Recreational Use and Services	91.1	91.8	91.6	91.4	92.4	92.8
教育	Education	100.3	100.8	101.1	101.1	101.1	101.1
文化娱乐类	Cultural and Recreational Articles	99.3	99.4	97.1	96.6	97.2	97.8
旅游	Touring and Outing	122.4	108.5	93.2	117.9	101.1	92.9
居住	**Residence**	**100.1**	**100.1**	**100.0**	**100.2**	**100.1**	**100.1**
建房及装修材料	Building and Building Decoration Materials	97.9	97.9	97.8	97.8	97.7	97.7
租房	Renting	100.5	100.5	100.5	100.5	100.5	100.5
自有住房	Private Housing	102.5	102.5	102.5	102.5	102.5	102.5
水、电、燃料	Water, Electricity and Fuels	100.4	100.3	100.3	100.6	100.6	100.6
# 水	Water	100.0	100.0	100.0	101.7	101.7	101.7
电	Electricity	100.0	100.0	100.0	100.0	100.0	100.0
管道燃气	Pipeline Gas	100.0	100.0	100.0	100.0	100.0	100.0

3-6 各月居民消费价格指数（2004 年）
Consumer Price Indices by Month (2004)

续表 2(continued) 上年 =100 preceding year=100

类 别	Item	7 月 July	8 月 August	9 月 September	10 月 October	11 月 November	12 月 December
居民消费价格总指数	**Consumer Price Index**	**104.6**	**105.5**	**107.3**	**106.0**	**104.4**	**104.9**
非食品价格指数	**Non-food Price Index**	**99.4**	**99.6**	**101.7**	**102.0**	**101.4**	**102.2**
服务项目价格指数	**Price Indices of Service Item**	**103.0**	**103.6**	**109.4**	**110.4**	**109.2**	**108.9**
工业品价格指数	**Industrial Price Index**						
扣除食品和能源价格指数	**Excluding food and energy Price Index**						
消费品价格指数	**Consumer Goods Price Index**	**105.2**	**106.2**	**106.6**	**104.6**	**102.7**	**103.6**
食品	**Food**	**114.2**	**116.4**	**117.5**	**113.2**	**109.5**	**109.8**
粮食	Grain	133.5	132.6	133.3	128.3	118.3	117.2
# 大米	Rice	136.9	135.7	136.8	130.5	120.8	119.4
油脂	Oil or Fat	127.1	125.0	126.1	117.2	102.5	99.6
肉禽及其制品	Meal, Poultry and Processed Products	131.4	135.2	139.1	133.1	125.2	123.7
# 食用畜肉及副产品	Meat and its	140.7	144.4	148.9	140.5	130.0	127.6
# 猪肉	Pork	149.6	151.4	155.0	145.7	134.7	130.5
禽	Poultry	121.6	125.9	130.0	125.9	120.9	120.5
蛋	Eggs	125.5	126.9	129.6	123.2	113.2	117.0
水产品	Aquatic Products	113.6	113.9	112.8	115.7	111.6	113.4
菜	Vegetables	109.5	112.1	109.8	94.5	106.1	113.6
# 鲜菜	Fresh Vegetables	111.1	113.9	111.5	94.7	107.4	115.7
调味品	Flavoring	103.3	103.7	103.1	104.6	105.8	105.5
糖	Carbohydrate	103.5	103.5	103.6	102.8	101.4	102.2
茶及饮料	Tea and Beverages	101.8	102.6	104.0	104.5	103.7	102.8
干鲜瓜果	Dried and Fresh Melons and Fruits	99.9	107.5	107.9	106.0	100.0	97.0
糕点饼干	Cake and Biscuit	101.1	101.7	101.5	101.6	102.9	102.6
液体乳及乳制品	Milk and Its Products	101.5	101.9	102.4	101.8	100.3	100.0
在外用膳食品	Dining Out	99.8	100.8	100.8	100.6	97.9	98.2
其他食品	Other Foods and Manufacturing Services	101.9	101.7	102.2	101.8	101.5	100.2
烟酒及用品	**Tobacco, Liquor and Articles**	**100.8**	**100.6**	**101.4**	**101.2**	**101.1**	**100.3**
烟草	Tobacco	99.2	98.9	99.2	99.2	99.5	99.7
酒	Liquor	106.1	105.7	106.6	106.0	105.9	102.2
吸烟、饮酒用品	Articles for Smoking and Drinking	98.4	98.4	101.5	101.5	99.0	99.0

3-6 各月居民消费价格指数（2004 年）
Consumer Price Indices by Month (2004)

续表 3(continued) 上年=100 preceding year=100

类 别	Item	7 月 July	8 月 August	9 月 September	10 月 October	11 月 November	12 月 December
衣着	**Clothing**	**92.9**	**89.9**	**88.3**	**87.9**	**88.2**	**88.8**
服装	Garments	95.5	91.6	90.3	90.2	90.6	91.5
衣着材料	Clothing Material	102.5	101.7	101.4	100.8	100.1	100.1
鞋袜帽	Footgear and Hats	84.9	84.3	81.7	80.5	80.4	80.6
衣着加工服务费	Clothing Manufacturing Services	100.0	100.0	100.0	100.0	100.0	100.0
家庭设备用品及维修服务	**Household Facilities, Articles and Services**	**99.5**	**99.5**	**100.0**	**100.2**	**99.5**	**99.1**
耐用消费品	Durable Consumer Goods	97.8	97.8	98.0	98.1	97.6	97.3
室内装饰品	Interior Decorations	98.3	98.7	99.5	99.5	99.5	99.5
床上用品	Bed Articles	101.4	98.9	98.6	100.1	100.5	100.1
家庭日用杂品	Daily Use Household Articles	103.2	103.3	103.9	103.2	101.4	100.1
家庭服务及加工维修服务	Household Services and Maintenance and Renovation	100.0	100.0	102.4	103.9	103.9	103.9
医疗保健和个人用品	**Health Care and Personal Articles**	**101.0**	**101.8**	**101.6**	**101.5**	**101.3**	**107.0**
医疗保健	Health Care	100.8	101.7	101.2	101.3	101.2	109.2
#西药	Western Medicine	93.6	94.0	92.8	92.6	92.1	106.8
医疗保健服务	Health Care Services	124.4	124.4	124.4	124.4	124.4	124.4
个人用品及服务	Personal Articles and Services	101.4	101.8	102.2	101.6	101.0	100.7
交通和通信	**Transportation and Communication**	**99.6**	**99.5**	**99.4**	**99.4**	**99.3**	**99.1**
交通	Transportation	101.7	101.4	101.4	101.4	101.4	100.9
#市区公共交通费	Incity Traffic Fare	100.0	100.0	100.0	100.0	100.0	100.0
城市间交通费	Intercity Traffic Fare	102.5	101.4	101.3	101.5	101.3	100.9
通信	Communication	98.1	98.0	98.0	98.0	97.8	97.8
娱乐教育文化用品及服务	**Recreation, Education and Culture Articles**	**100.8**	**101.7**	**109.9**	**111.3**	**109.1**	**108.9**
文娱用耐用消费品及服务	Durable Consumer Goods for Cultural and Recreational Use and Services	94.2	94.1	94.3	94.4	93.9	94.3
教育	Education	101.1	101.1	119.6	119.6	119.6	119.6
文化娱乐类	Cultural and Recreational Articles	100.3	100.5	100.0	100.0	99.8	99.8
旅游	Touring and Outing	108.7	116.7	102.6	112.7	95.6	93.2
居住	**Residence**	**100.1**	**101.6**	**101.7**	**101.7**	**102.2**	**102.8**
建房及装修材料	Building and Building Decoration Materials	97.7	97.7	97.7	97.7	97.0	97.0
租房	Renting	100.5	100.5	100.5	100.5	100.5	100.5
自有住房	Private Housing	102.5	102.5	102.5	102.5	106.2	106.2
水、电、燃料	Water, Electricity and Fuels	100.6	103.9	104.0	104.1	104.2	105.6
#水	Water	101.7	101.7	101.7	101.7	101.7	109.9
电	Electricity	100.0	106.8	106.8	106.8	106.8	106.8
管道燃气	Pipeline Gas	100.0	100.0	100.0	100.0	100.0	100.0

3-6 各月居民消费价格指数（2005年）
Consumer Price Indices by Month (2005)

上年 =100 preceding year=100

类别	Item	1月 January	2月 February	3月 March	4月 April	5月 May	6月 June
居民消费价格总指数	**Consumer Price Index**	**102.6**	**102.9**	**102.0**	**101.0**	**100.7**	**100.4**
非食品价格指数	**Non-food Price Index**	**101.4**	**102.1**	**102.1**	**101.7**	**101.5**	**101.4**
服务项目价格指数	**Price Indices of Service Item**	**105.5**	**108.1**	**108.3**	**107.2**	**107.1**	**107.6**
工业品价格指数	**Industrial Price Index**						
扣除食品和能源价格指数	**Excluding food and energy Price Index**						
消费品价格指数	**Consumer Goods Price Index**	**101.6**	**101.1**	**99.8**	**98.9**	**98.5**	**98.0**
食品	**Food**	**104.6**	**104.3**	**101.6**	**99.8**	**99.3**	**98.6**
粮食	Grain	119.0	115.5	101.3	98.9	99.0	100.1
#大米	Rice	116.5	113.8	96.4	93.9	94.4	95.8
油脂	Oil or Fat	91.3	91.1	87.0	85.9	82.4	82.7
肉禽及其制品	Meal, Poultry and Processed Products	119.0	123.6	115.5	113.2	110.8	102.3
#食用畜肉及副产品	Meat and its	123.9	124.1	113.1	109.7	107.8	96.7
#猪肉	Pork	127.1	126.5	113.1	108.6	106.3	93.9
禽	Poultry	111.0	126.4	121.6	120.6	114.5	110.1
蛋	Eggs	117.4	117.4	111.5	108.0	110.9	107.3
水产品	Aquatic Products	105.5	113.9	106.5	98.1	100.4	100.4
菜	Vegetables	83.2	74.5	82.7	81.1	83.0	95.3
#鲜菜	Fresh Vegetables	82.5	73.0	81.6	79.8	81.9	95.2
调味品	Flavoring	102.6	101.7	101.3	101.4	99.1	95.8
糖	Carbohydrate	104.3	101.7	100.5	100.6	101.6	101.7
茶及饮料	Tea and Beverages	100.1	98.0	98.0	97.8	97.8	96.2
干鲜瓜果	Dried and Fresh Melons and Fruits	96.3	95.1	89.3	88.9	87.5	86.3
糕点饼干	Cake and Biscuit	103.2	100.3	102.1	102.0	102.0	101.1
液体乳及乳制品	Milk and Its Products	101.6	102.0	101.9	97.7	95.9	95.6
在外用膳食品	Dining Out	99.1	100.9	101.2	101.6	101.6	101.6
其他食品	Other Foods and Manufacturing Services	100.8	100.0	98.9	98.4	98.4	98.4
烟酒及用品	**Tobacco, Liquor and Articles**	**101.1**	**101.0**	**101.1**	**101.4**	**101.7**	**101.4**
烟草	Tobacco	101.7	101.9	102.1	102.0	102.2	102.1
酒	Liquor	100.2	99.4	99.2	100.1	100.9	100.2
吸烟、饮酒用品	Articles for Smoking and Drinking	99.7	99.7	99.7	100.6	100.5	100.5

3-6 各月居民消费价格指数（2005 年）
Consumer Price Indices by Month (2005)

续表 1(continued) 上年 =100　　preceding year=100

类　别	Item	1月 January	2月 February	3月 March	4月 April	5月 May	6月 June
衣着	**Clothing**	**90.8**	**89.3**	**88.6**	**87.1**	**86.9**	**87.6**
服装	Garments	92.7	89.8	89.3	88.9	88.3	89.0
衣着材料	Clothing Material	97.0	96.3	96.1	95.7	95.7	95.7
鞋袜帽	Footgear and Hats	84.5	87.1	86.0	81.1	81.8	82.9
衣着加工服务费	Clothing Manufacturing Services	100.0	100.0	100.0	100.0	100.0	100.0
家庭设备用品及维修服务	**Household Facilities, Articles and Services**	**100.3**	**100.3**	**100.9**	**101.5**	**100.0**	**99.9**
耐用消费品	Durable Consumer Goods	99.0	99.4	99.7	100.4	99.8	99.2
室内装饰品	Interior Decorations	101.5	101.0	100.5	100.5	100.0	100.0
床上用品	Bed Articles	105.9	100.6	100.7	101.9	95.7	96.6
家庭日用杂品	Daily Use Household Articles	100.4	100.9	103.1	103.4	99.0	99.1
家庭服务及加工维修服务	Household Services and Maintenance and Renovation	102.1	102.1	102.1	102.1	104.8	105.9
医疗保健和个人用品	**Health Care and Personal Articles**	**107.5**	**106.6**	**107.0**	**108.2**	**102.5**	**100.5**
医疗保健	Health Care	110.8	109.6	110.2	111.7	104.1	101.3
# 西药	Western Medicine	106.8	104.9	106.2	106.6	104.9	98.3
医疗保健服务	Health Care Services	125.1	125.1	125.1	125.1	100.0	100.0
个人用品及服务	Personal Articles and Services	98.3	98.3	98.1	98.3	98.0	98.2
交通和通信	**Transportation and Communication**	**98.5**	**100.0**	**99.6**	**99.2**	**99.6**	**99.9**
交通	Transportation	99.4	102.8	102.1	101.2	101.6	102.4
# 市区公共交通费	Incity Traffic Fare	100.0	100.0	100.0	100.0	100.0	100.0
城市间交通费	Intercity Traffic Fare	94.3	106.5	103.8	100.5	102.4	106.1
通信	Communication	97.8	97.9	97.8	97.7	98.1	98.1
娱乐教育文化用品及服务	**Recreation, Education and Culture Articles**	**104.3**	**107.2**	**107.2**	**105.8**	**107.9**	**108.4**
文娱用耐用消费品及服务	Durable Consumer Goods for Cultural and Recreational Use and Services	90.7	90.0	89.4	89.9	90.6	90.4
教育	Education	119.6	118.5	118.5	118.5	118.5	118.5
文化娱乐类	Cultural and Recreational Articles	100.0	99.9	100.1	100.6	100.5	100.6
旅游	Touring and Outing	71.1	91.6	90.4	82.7	94.1	97.4
居住	**Residence**	**103.0**	**103.2**	**103.4**	**103.6**	**103.7**	**103.7**
建房及装修材料	Building and Building Decoration Materials	99.8	100.5	100.2	100.2	100.8	100.8
租房	Renting	100.0	100.0	100.0	100.0	100.0	100.0
自有住房	Private Housing	103.6	103.6	105.5	107.6	107.6	107.6
水、电、燃料	Water, Electricity and Fuels	105.4	105.4	105.4	105.0	105.0	105.0
# 水	Water	109.9	109.9	109.9	108.1	108.1	108.1
电	Electricity	106.8	106.8	106.8	106.8	106.8	106.8
管道燃气	Pipeline Gas	100.0	100.0	100.0	100.0	100.0	100.0

3-6 各月居民消费价格指数（2005 年）
Consumer Price Indices by Month (2005)

续表 2(continued) 上年 =100　　　　preceding year=100

类　别	Item	7 月 July	8 月 August	9 月 September	10 月 October	11 月 November	12 月 December
居民消费价格总指数	**Consumer Price Index**	**100.6**	**100.4**	**98.7**	**99.4**	**100.4**	**100.2**
非食品价格指数	**Non-food Price Index**	**101.6**	**101.7**	**99.7**	**99.5**	**100.2**	**100.2**
服务项目价格指数	**Price Indices of Service Item**	**107.6**	**107.5**	**100.5**	**99.8**	**101.0**	**101.2**
工业品价格指数	**Industrial Price Index**						
扣除食品和能源价格指数	**Excluding food and energy Price Index**						
消费品价格指数	**Consumer Goods Price Index**	**98.1**	**97.9**	**98.0**	**99.3**	**100.2**	**99.8**
食品	**Food**	**98.7**	**98.2**	**96.9**	**99.2**	**100.6**	**100.2**
粮食	Grain	99.9	100.8	100.3	100.6	100.5	101.1
# 大米	Rice	96.0	97.2	96.2	96.6	97.0	96.9
油脂	Oil or Fat	79.7	80.6	79.7	80.2	81.8	83.2
肉禽及其制品	Meal, Poultry and Processed Products	95.6	90.6	86.7	89.6	92.3	91.3
# 食用畜肉及副产品	Meat and its	88.6	81.9	78.0	81.7	86.3	85.4
# 猪肉	Pork	85.1	77.7	73.9	77.7	82.5	81.1
禽	Poultry	106.9	105.8	100.7	102.1	100.5	99.6
蛋	Eggs	105.7	100.7	94.4	97.5	99.1	95.7
水产品	Aquatic Products	103.5	103.7	105.0	103.6	105.5	104.5
菜	Vegetables	104.8	114.4	114.2	130.3	122.9	119.3
# 鲜菜	Fresh Vegetables	105.6	115.8	115.3	132.9	124.6	120.7
调味品	Flavoring	97.6	97.5	98.1	96.9	96.7	97.5
糖	Carbohydrate	102.2	103.0	103.4	104.9	105.6	104.9
茶及饮料	Tea and Beverages	97.5	97.5	96.6	97.2	97.7	97.1
干鲜瓜果	Dried and Fresh Melons and Fruits	100.2	99.9	99.2	95.6	106.2	108.8
糕点饼干	Cake and Biscuit	100.7	100.6	100.9	100.8	99.9	99.8
液体乳及乳制品	Milk and Its Products	95.0	94.7	95.8	94.6	94.7	94.7
在外用膳食品	Dining Out	101.6	101.6	101.6	101.5	102.3	102.4
其他食品	Other Foods and Manufacturing Services	98.5	98.0	98.3	99.1	99.8	100.2
烟酒及用品	**Tobacco, Liquor and Articles**	**101.4**	**101.6**	**101.0**	**100.8**	**100.7**	**100.6**
烟草	Tobacco	102.1	102.3	101.5	101.5	101.5	101.3
酒	Liquor	100.3	100.5	100.0	99.4	98.8	99.0
吸烟、饮酒用品	Articles for Smoking and Drinking	100.5	100.5	100.5	100.5	100.5	100.5

3-6 各月居民消费价格指数（2005 年）
Consumer Price Indices by Month (2005)

续表 3(continued) 上年 =100

preceding year=100

类别	Item	7 月 July	8 月 August	9 月 September	10 月 October	11 月 November	12 月 December
衣着	**Clothing**	**88.3**	**91.3**	**98.3**	**99.2**	**100.2**	**99.8**
服装	Garments	89.1	93.1	101.7	102.3	103.2	102.7
衣着材料	Clothing Material	95.7	96.4	96.8	96.8	96.8	96.8
鞋袜帽	Footgear and Hats	85.2	85.7	88.3	90.0	91.3	91.3
衣着加工服务费	Clothing Manufacturing Services	100.0	100.0	100.0	103.9	103.9	103.9
家庭设备用品及维修服务	**Household Facilities, Articles and Services**	**99.7**	**99.7**	**99.7**	**99.9**	**99.7**	**100.1**
耐用消费品	Durable Consumer Goods	98.6	98.6	98.3	98.5	98.6	99.0
室内装饰品	Interior Decorations	100.0	100.0	100.0	100.0	100.0	100.0
床上用品	Bed Articles	97.0	99.5	99.9	98.3	96.6	97.7
家庭日用杂品	Daily Use Household Articles	99.7	99.0	99.3	100.1	99.5	99.5
家庭服务及加工维修服务	Household Services and Maintenance and Renovation	105.9	105.9	105.9	105.7	105.7	107.0
医疗保健和个人用品	**Health Care and Personal Articles**	**100.5**	**99.7**	**99.6**	**99.8**	**99.8**	**99.9**
医疗保健	Health Care	101.3	100.4	100.2	100.4	100.4	100.5
# 西药	Western Medicine	98.3	97.9	98.2	99.1	99.1	99.3
医疗保健服务	Health Care Services	100.0	100.0	100.0	100.0	100.0	100.0
个人用品及服务	Personal Articles and Services	98.2	97.8	97.7	97.9	98.0	98.3
交通和通信	**Transportation and Communication**	**99.9**	**100.3**	**100.4**	**100.1**	**100.5**	**100.6**
交通	Transportation	102.1	103.0	103.1	102.9	103.2	103.3
# 市区公共交通费	Incity Traffic Fare	100.0	100.0	100.0	100.0	100.0	100.0
城市间交通费	Intercity Traffic Fare	103.8	105.5	107.1	106.1	105.6	105.6
通信	Communication	98.3	98.3	98.4	98.0	98.4	98.4
娱乐教育文化用品及服务	**Recreation, Education and Culture Articles**	**108.4**	**108.2**	**98.3**	**97.2**	**99.3**	**99.6**
文娱用耐用消费品及服务	Durable Consumer Goods for Cultural and Recreational Use and Services	89.9	90.2	90.8	90.4	91.1	91.5
教育	Education	118.5	118.5	101.4	101.4	101.4	101.4
文化娱乐类	Cultural and Recreational Articles	100.1	99.5	100.4	102.1	102.1	102.2
旅游	Touring and Outing	100.0	99.3	90.8	81.1	96.0	98.6
居住	**Residence**	**104.0**	**102.6**	**102.5**	**102.5**	**102.0**	**101.4**
建房及装修材料	Building and Building Decoration Materials	102.0	102.0	102.0	102.1	102.1	102.3
租房	Renting	100.0	100.0	100.0	100.0	100.0	100.0
自有住房	Private Housing	107.6	107.6	107.6	107.6	103.9	103.9
水、电、燃料	Water, Electricity and Fuels	105.0	101.8	101.7	101.7	101.9	100.4
# 水	Water	108.1	108.1	108.1	108.1	108.1	100.0
电	Electricity	106.8	100.0	100.0	100.0	100.0	100.0
管道燃气	Pipeline Gas	100.0	100.0	100.0	100.0	100.0	100.0

3-6 各月居民消费价格指数（2006 年）
Consumer Price Indices by Month (2006)

上年 =100　　　　preceding year=100

类　别	Item	1月 January	2月 February	3月 March	4月 April	5月 May	6月 June
居民消费价格总指数	**Consumer Price Index**	**102.7**	**101.7**	**101.8**	**102.1**	**102.8**	**101.9**
非食品价格指数	**Non-food Price Index**	**101.4**	**100.8**	**101.1**	**101.4**	**102.3**	**102.0**
服务项目价格指数	**Price Indices of Service Item**	**103.6**	**102.3**	**103.0**	**103.2**	**104.0**	**103.0**
工业品价格指数	**Industrial Price Index**	**99.8**	**99.7**	**99.8**	**100.2**	**101.1**	**101.4**
扣除食品和能源价格指数	**Excluding food and energy Price Index**	**101.3**	**100.7**	**101.0**	**101.3**	**101.7**	**101.4**
消费品价格指数	**Consumer Goods Price Index**	**102.4**	**101.5**	**101.4**	**101.8**	**102.3**	**101.6**
食品	**Food**	**105.4**	**103.5**	**103.2**	**103.5**	**103.7**	**101.8**
粮食	Grain	101.7	101.9	100.1	101.0	100.0	99.7
#大米	Rice	102.7	103.3	100.1	101.3	99.5	99.7
油脂	Oil or Fat	91.0	90.1	90.2	90.4	94.6	96.7
肉禽及其制品	Meal, Poultry and Processed Products	99.3	97.0	95.8	93.2	92.5	92.5
#食用畜肉及副产品	Meat and its	98.5	97.7	94.6	91.5	91.1	89.3
#猪肉	Pork	95.7	95.2	92.5	89.1	88.4	86.3
禽	Poultry	100.2	94.0	95.9	93.4	91.7	94.8
蛋	Eggs	94.9	92.2	94.2	93.6	92.2	90.6
水产品	Aquatic Products	102.6	95.0	97.3	103.6	99.5	99.6
菜	Vegetables	151.4	135.3	126.7	125.7	132.4	115.0
#鲜菜	Fresh Vegetables	158.3	138.4	128.5	127.2	133.9	115.1
调味品	Flavoring	101.0	101.4	102.6	102.2	103.0	102.8
糖	Carbohydrate	102.0	104.0	108.9	108.7	106.8	107.2
茶及饮料	Tea and Beverages	99.0	99.8	99.4	100.1	100.2	100.7
干鲜瓜果	Dried and Fresh Melons and Fruits	115.2	116.7	121.9	130.7	131.8	124.6
糕点饼干	Cake and Biscuit	98.4	99.1	98.7	98.9	98.7	99.9
液体乳及乳制品	Milk and Its Products	97.7	97.2	103.1	104.4	105.[illegible]	104.7
在外用膳食品	Dining Out	100.6	100.5	100.6	100.7	100.7	100.7
其他食品	Other Foods and Manufacturing Services	102.3	102.7	101.8	101.4	102.[illegible]	102.8
烟酒及用品	**Tobacco, Liquor and Articles**	**100.2**	**99.9**	**100.1**	**99.7**	**99.2**	**99.5**
烟草	Tobacco	99.6	99.5	99.3	99.0	98.8	98.8
酒	Liquor	101.1	100.4	101.6	101.0	99.9	100.8
吸烟、饮酒用品	Articles for Smoking and Drinking	101.5	101.5	102.0	101.1	100.4	100.4

3-6 各月居民消费价格指数（2006 年）
Consumer Price Indices by Month (2006)

续表 1(continued) 上年=100 preceding year=100

类　别	Item	1月 January	2月 February	3月 March	4月 April	5月 May	6月 June
衣着	**Clothing**	**99.9**	**98.9**	**99.3**	**101.0**	**100.3**	**100.5**
服装	Garments	103.2	101.9	102.3	102.6	103.2	103.4
衣着材料	Clothing Material	100.0	100.0	100.0	100.0	100.0	100.0
鞋袜帽	Footgear and Hats	90.6	90.0	90.6	96.0	91.4	91.7
衣着加工服务费	Clothing Manufacturing Services	103.8	103.8	103.8	108.7	108.7	108.7
家庭设备用品及维修服务	**Household Facilities, Articles and Services**	**99.8**	**99.9**	**99.4**	**99.1**	**100.4**	**100.4**
耐用消费品	Durable Consumer Goods	98.2	97.6	97.5	97.6	98.4	99.3
室内装饰品	Interior Decorations	100.0	100.0	99.3	98.7	98.7	98.7
床上用品	Bed Articles	100.1	92.6	93.2	93.1	93.5	93.2
家庭日用杂品	Daily Use Household Articles	99.5	99.4	97.4	96.1	101.0	100.3
家庭服务及加工维修服务	Household Services and Maintenance and Renovation	106.8	115.1	115.1	115.1	112.3	110.4
医疗保健和个人用品	**Health Care and Personal Articles**	**100.8**	**101.2**	**101.3**	**101.3**	**101.5**	**101.4**
医疗保健	Health Care	100.7	100.8	100.9	100.8	100.6	100.7
# 西药	Western Medicine	100.9	101.0	101.0	101.0	101.0	101.2
医疗保健服务	Health Care Services	100.0	100.0	100.0	100.0	100.0	100.0
个人用品及服务	Personal Articles and Services	101.0	102.3	102.3	102.8	104.0	103.5
交通和通信	**Transportation and Communication**	**99.8**	**98.8**	**98.9**	**99.4**	**99.2**	**99.1**
交通	Transportation	104.2	101.6	101.9	103.5	103.0	103.0
# 市区公共交通费	Incity Traffic Fare	100.0	100.0	100.0	100.0	100.0	100.0
城市间交通费	Intercity Traffic Fare	107.9	97.1	98.6	104.0	101.2	95.5
通信	Communication	97.0	97.1	97.0	96.8	96.8	96.6
娱乐教育文化用品及服务	**Recreation, Education and Culture Articles**	**103.7**	**102.2**	**103.4**	**103.3**	**104.4**	**103.3**
文娱用耐用消费品及服务	Durable Consumer Goods for Cultural and Recreational Use and Services	95.5	97.0	97.3	97.0	95.4	95.5
教育	Education	101.1	103.4	103.4	103.4	103.4	103.4
文化娱乐类	Cultural and Recreational Articles	102.4	102.5	103.0	102.4	101.8	101.6
旅游	Touring and Outing	128.6	102.7	112.0	111.7	122.9	114.8
居住	**Residence**	**101.6**	**101.8**	**101.8**	**102.1**	**105.4**	**105.6**
建房及装修材料	Building and Building Decoration Materials	103.5	104.2	104.8	106.6	106.9	107.1
租房	Renting	100.0	100.0	100.0	100.0	100.0	100.0
自有住房	Private Housing	103.3	103.5	102.2	100.9	102.8	102.8
水、电、燃料	Water, Electricity and Fuels	100.3	100.3	100.4	100.5	106.9	107.2
# 水	Water	100.0	100.0	100.0	100.0	100.0	100.0
电	Electricity	100.0	100.0	100.0	100.0	100.0	100.7
管道燃气	Pipeline Gas	100.0	100.0	100.0	100.0	126.1	126.1

3-6 各月居民消费价格指数（2006年）
Consumer Price Indices by Month (2006)

续表 2(continued) 上年=100 preceding year=100

类 别	Item	7月 July	8月 August	9月 September	10月 October	11月 November	12月 December
居民消费价格总指数	**Consumer Price Index**	**102.1**	**102.4**	**103.4**	**103.5**	**102.0**	**102.0**
非食品价格指数	**Non-food Price Index**	**102.7**	**102.3**	**103.1**	**103.8**	**101.8**	**101.3**
服务项目价格指数	**Price Indices of Service Item**	**103.5**	**103.1**	**106.9**	**108.4**	**102.9**	**101.5**
工业品价格指数	**Industrial Price Index**	**102.2**	**101.8**	**100.6**	**100.7**	**101.1**	**101.1**
扣除食品和能源价格指数	**Excluding food and energy Price Index**	**102.1**	**101.7**	**102.6**	**103.3**	**101.2**	**100.7**
消费品价格指数	**Consumer Goods Price Index**	**101.6**	**102.1**	**102.1**	**101.8**	**101.6**	**102.2**
食品	**Food**	**101.0**	**102.5**	**103.8**	**103.0**	**102.2**	**103.4**
粮食	Grain	100.2	100.1	101.6	102.3	102.7	104.8
#大米	Rice	99.8	99.3	101.7	103.2	103.3	105.2
油脂	Oil or Fat	99.1	100.5	104.2	106.0	107.7	118.5
肉禽及其制品	Meal, Poultry and Processed Products	96.4	100.3	104.9	106.3	107.6	110.0
#食用畜肉及副产品	Meat and its	94.6	101.1	107.9	109.3	108.7	111.5
#猪肉	Pork	92.9	100.8	108.6	110.8	110.8	113.8
禽	Poultry	97.7	98.0	100.3	102.4	107.7	110.3
蛋	Eggs	91.5	93.7	101.1	106.7	108.4	112.6
水产品	Aquatic Products	97.9	97.7	95.9	95.4	100.3	100.7
菜	Vegetables	103.5	111.5	110.5	99.8	90.2	84.8
#鲜菜	Fresh Vegetables	102.2	111.6	110.8	99.0	88.6	82.9
调味品	Flavoring	102.0	102.0	102.2	101.8	101.3	100.8
糖	Carbohydrate	106.8	106.0	106.2	104.3	103.5	104.6
茶及饮料	Tea and Beverages	100.4	100.8	101.5	101.5	101.4	101.8
干鲜瓜果	Dried and Fresh Melons and Fruits	115.5	110.2	110.9	107.4	107.1	105.3
糕点饼干	Cake and Biscuit	100.8	100.3	100.0	100.4	100.1	100.3
液体乳及乳制品	Milk and Its Products	104.7	105.4	103.9	106.1	105.8	105.0
在外用膳食品	Dining Out	100.7	100.7	100.8	100.9	100.0	103.9
其他食品	Other Foods and Manufacturing Services	102.9	104.0	103.0	102.1	100.7	101.4
烟酒及用品	**Tobacco, Liquor and Articles**	**99.5**	**100.3**	**101.2**	**101.4**	**101.4**	**101.6**
烟草	Tobacco	98.8	98.8	99.8	99.8	99.8	99.8
酒	Liquor	101.0	103.6	104.7	105.5	105.5	106.3
吸烟、饮酒用品	Articles for Smoking and Drinking	100.4	100.8	100.8	100.8	100.8	100.8

3-6 各月居民消费价格指数（2006年）
Consumer Price Indices by Month (2006)

续表3(continued) 上年=100 preceding year=100

类　别	Item	7月 July	8月 August	9月 September	10月 October	11月 November	12月 December
衣着	**Clothing**	**100.2**	**99.8**	**94.2**	**94.0**	**95.3**	**95.7**
服装	Garments	103.1	102.5	95.1	95.5	96.4	97.0
衣着材料	Clothing Material	100.0	100.0	100.0	100.0	100.0	100.0
鞋袜帽	Footgear and Hats	91.0	91.5	90.5	88.5	92.0	91.9
衣着加工服务费	Clothing Manufacturing Services	108.7	108.7	108.7	104.7	81.4	81.4
家庭设备用品及维修服务	**Household Facilities, Articles and Services**	**100.6**	**100.8**	**101.2**	**101.2**	**100.1**	**100.5**
耐用消费品	Durable Consumer Goods	100.3	100.9	101.7	101.7	102.2	102.3
室内装饰品	Interior Decorations	98.3	97.5	97.5	97.5	97.5	95.3
床上用品	Bed Articles	90.8	88.2	90.8	90.9	90.9	96.8
家庭日用杂品	Daily Use Household Articles	100.0	100.7	99.5	99.6	99.9	99.9
家庭服务及加工维修服务	Household Services and Maintenance and Renovation	110.4	110.4	110.4	110.2	99.8	98.6
医疗保健和个人用品	**Health Care and Personal Articles**	**101.3**	**100.5**	**100.5**	**100.4**	**100.2**	**99.2**
医疗保健	Health Care	100.6	99.5	99.4	99.4	99.3	98.3
#西药	Western Medicine	100.9	100.9	102.0	101.8	102.0	99.5
医疗保健服务	Health Care Services	100.0	100.0	100.0	100.0	99.2	98.0
个人用品及服务	Personal Articles and Services	103.4	103.5	103.4	103.3	102.8	102.0
交通和通信	**Transportation and Communication**	**99.3**	**98.6**	**98.1**	**98.6**	**97.5**	**97.7**
交通	Transportation	103.3	102.2	101.1	101.0	100.4	100.4
#市区公共交通费	Incity Traffic Fare	100.0	100.0	100.0	100.0	100.0	100.0
城市间交通费	Intercity Traffic Fare	99.9	98.4	93.8	93.7	93.9	94.8
通信	Communication	96.7	96.3	96.2	97.1	95.6	95.8
娱乐教育文化用品及服务	**Recreation, Education and Culture Articles**	**103.6**	**102.8**	**108.5**	**111.0**	**103.9**	**101.9**
文娱用耐用消费品及服务	Durable Consumer Goods for Cultural and Recreational Use and Services	94.4	93.3	92.7	93.2	92.8	92.7
教育	Education	103.4	103.4	114.1	114.1	112.0	112.0
文化娱乐类	Cultural and Recreational Articles	101.6	102.9	102.9	101.3	101.5	101.7
旅游	Touring and Outing	115.8	110.4	109.5	131.2	82.2	65.5
居住	**Residence**	**109.0**	**109.0**	**109.1**	**109.0**	**109.1**	**109.2**
建房及装修材料	Building and Building Decoration Materials	108.8	109.0	109.3	109.3	109.9	110.7
租房	Renting	100.0	100.0	100.0	100.0	100.0	100.0
自有住房	Private Housing	102.8	102.9	103.0	103.0	102.7	102.7
水、电、燃料	Water, Electricity and Fuels	113.6	113.5	113.5	113.4	113.2	113.2
#水	Water	105.3	105.3	105.3	105.3	105.3	105.3
电	Electricity	110.6	110.6	110.6	110.6	110.6	110.6
管道燃气	Pipeline Gas	126.1	126.1	126.1	126.1	126.1	126.1

3-6 各月居民消费价格指数（2007 年）
Consumer Price Indices by Month (2007)

上年 =100　　　　preceding year=100

类　别	Item	1 月 January	2 月 February	3 月 March	4 月 April	5 月 May	6 月 June
居民消费价格总指数	**Consumer Price Index**	**100.9**	**101.9**	**102.2**	**103.1**	**103[illegible]**	**104.1**
非食品价格指数	**Non-food Price Index**	**99.6**	**100.9**	**100.4**	**100.0**	**99[illegible]**	**99.9**
服务项目价格指数	**Price Indices of Service Item**	**98.8**	**101.8**	**100.6**	**99.8**	**99[illegible]**	**100.7**
工业品价格指数	**Industrial Price Index**	**100.1**	**100.3**	**100.3**	**100.2**	**99[illegible]**	**99.3**
扣除食品和能源价格指数	**Excluding food and energy Price Index**	**98.9**	**100.3**	**99.8**	**99.4**	**99[illegible]**	**99.9**
消费品价格指数	**Consumer Goods Price Index**	**101.7**	**102.0**	**102.8**	**104.3**	**104[illegible]**	**105.4**
食品	**Food**	**103.5**	**103.9**	**105.7**	**109.2**	**110[illegible]**	**112.6**
# 大米	Grain	103.3	104.0	107.2	105.4	108[illegible]	108.7
油脂	Rice	102.5	103.5	109.0	106.4	111[illegible]	109.1
肉禽及其制品	Oil or Fat	119.2	121.0	122.8	124.3	126[illegible]	134.9
# 食用畜肉及副产品	Meal, Poultry and Processed Products	114.4	117.7	118.6	123.2	125[illegible]	132.1
# 猪肉	Meat and its	117.3	118.9	118.5	124.1	126[illegible]	137.5
禽	Pork	121.1	124.1	122.0	128.8	132[illegible]	145.4
蛋	Poultry	113.3	121.8	126.0	131.4	135[illegible]	136.1
水产品	Eggs	113.7	118.6	126.3	130.2	131[illegible]	131.1
菜	Aquatic Products	98.1	102.9	101.6	102.8	105[illegible]	108.2
# 鲜菜	Vegetables	80.8	78.4	89.5	114.3	116[illegible]	121.9
调味品	Fresh Vegetables	78.7	76.6	87.9	115.0	118[illegible]	124.8
糖	Flavoring	101.7	102.1	101.2	101.4	102[illegible]	102.7
茶及饮料	Carbohydrate	105.5	105.0	101.4	101.0	101[illegible]	100.0
干鲜瓜果	Tea and Beverages	101.9	100.9	101.4	102.5	102[illegible]	104.8
糕点饼干	Dried and Fresh Melons and Fruits	103.2	99.0	101.4	93.5	90[illegible]	90.7
液体乳及乳制品	Cake and Biscuit	105.1	106.5	104.5	104.6	104[illegible]	104.3
在外用膳食品	Milk and Its Products	103.9	103.7	98.1	96.8	97[illegible]	98.0
其他食品	Dining Out	105.2	105.3	105.3	105.2	105[illegible]	105.2
烟酒及用品	Other Foods and Manufacturing Services	99.1	99.5	99.0	101.1	100[illegible]	97.5
烟草	**Tobacco, Liquor and Articles**	**102.2**	**102.3**	**102.2**	**102.5**	**102[illegible]**	**102.7**
酒	Tobacco	99.7	99.7	99.7	99.9	99[illegible]	99.9
吸烟、饮酒用品	Liquor	108.7	109.5	108.9	109.8	110[illegible]	110.5
	Articles for Smoking and Drinking	101.4	101.4	100.8	100.8	100[illegible]	100.8

3-6 各月居民消费价格指数（2007 年）
Consumer Price Indices by Month (2007)

续表 1(continued) 上年=100 preceding year=100

类　别	Item	1月 January	2月 February	3月 March	4月 April	5月 May	6月 June
衣着	**Clothing**	**92.9**	**95.0**	**94.8**	**94.8**	**94.9**	**94.1**
服装	Garments	94.7	97.4	96.9	96.9	96.6	95.9
衣着材料	Clothing Material	100.0	100.0	100.0	100.0	100.0	100.0
鞋袜帽	Footgear and Hats	87.1	87.1	88.0	87.8	89.3	88.2
衣着加工服务费	Clothing Manufacturing Services	81.4	101.2	101.2	96.6	96.6	96.6
家庭设备用品及维修服务	**Household Facilities, Articles and Services**	**100.6**	**100.8**	**101.0**	**101.0**	**101.7**	**101.5**
耐用消费品	Durable Consumer Goods	101.9	102.6	102.7	102.4	103.5	103.3
室内装饰品	Interior Decorations	95.3	95.3	96.0	96.5	96.5	96.5
床上用品	Bed Articles	96.1	92.8	92.9	93.0	92.6	92.9
家庭日用杂品	Daily Use Household Articles	101.6	101.8	102.0	102.6	102.0	101.7
家庭服务及加工维修服务	Household Services and Maintenance and Renovation	98.6	100.3	100.3	100.3	102.1	102.1
医疗保健和个人用品	**Health Care and Personal Articles**	**98.8**	**98.1**	**98.0**	**97.9**	**97.9**	**98.2**
医疗保健	Health Care	97.9	97.4	97.3	97.5	97.6	97.9
#西药	Western Medicine	99.3	98.3	98.4	98.5	97.9	98.2
医疗保健服务	Health Care Services	98.0	98.0	98.0	98.0	98.0	98.0
个人用品及服务	Personal Articles and Services	101.3	100.1	100.0	99.1	98.8	99.0
交通和通信	**Transportation and Communication**	**97.0**	**98.4**	**100.0**	**99.7**	**98.9**	**98.2**
交通	Transportation	99.0	99.7	103.4	102.4	100.9	99.0
#市区公共交通费	Incity Traffic Fare	100.0	100.0	100.0	100.0	100.0	100.0
城市间交通费	Intercity Traffic Fare	90.3	92.9	108.0	105.2	100.1	97.9
通信	Communication	95.7	97.4	97.8	98.0	97.7	97.7
娱乐教育文化用品及服务	**Recreation, Education and Culture Articles**	**98.1**	**101.8**	**99.1**	**98.0**	**97.7**	**99.4**
文娱用耐用消费品及服务	Durable Consumer Goods for Cultural and Recreational Use and Services	92.0	91.2	91.8	91.8	92.7	92.3
教育	Education	111.9	111.9	105.7	105.7	105.7	105.7
文化娱乐类	Cultural and Recreational Articles	101.4	101.4	102.1	102.3	102.4	102.8
旅游	Touring and Outing	50.4	74.2	76.3	71.3	70.4	79.5
居住	**Residence**	**108.5**	**108.2**	**108.3**	**108.1**	**105.7**	**106.2**
建房及装修材料	Building and Building Decoration Materials	109.2	108.2	108.0	106.3	110.2	110.6
租房	Renting	98.1	98.1	98.1	98.1	98.1	101.5
自有住房	Private Housing	102.2	102.0	103.1	104.5	103.0	103.7
水、电、燃料	Water, Electricity and Fuels	113.2	113.1	113.1	113.1	106.3	105.9
#水	Water	105.3	105.3	105.3	105.3	105.3	105.3
电	Electricity	110.6	110.6	110.6	110.6	110.6	109.9
管道燃气	Pipeline Gas	126.1	126.1	126.1	126.1	100.0	100.0

3-6 各月居民消费价格指数（2007 年）
Consumer Price Indices by Month (2007)

续表 2(continued) 上年=100 preceding year=100

类　别	Item	7 月 July	8 月 August	9 月 September	10 月 October	11 月 November	12 月 December
居民消费价格总指数	**Consumer Price Index**	**105.8**	**106.8**	**106.0**	**105.9**	**107.9**	**108.8**
非食品价格指数	**Non-food Price Index**	**99.6**	**100.0**	**99.3**	**98.8**	**100.5**	**101.2**
服务项目价格指数	**Price Indices of Service Item**	**101.0**	**101.6**	**99.6**	**98.5**	**103.0**	**104.4**
工业品价格指数	**Industrial Price Index**	**98.6**	**99.0**	**99.2**	**99.1**	**98.7**	**99.0**
扣除食品和能源价格指数	**Excluding food and energy Price Index**	**99.6**	**100.0**	**99.3**	**98.7**	**100.4**	**101.1**
消费品价格指数	**Consumer Goods Price Index**	**107.6**	**108.8**	**108.4**	**108.7**	**109.7**	**110.4**
食品	**Food**	**118.6**	**120.4**	**119.1**	**120.0**	**122.7**	**123.7**
粮食	Grain	109.8	110.5	109.1	109.9	109.6	109.3
#大米	Rice	111.1	111.4	109.2	109.8	109.2	109.6
油脂	Oil or Fat	136.7	142.4	136.6	136.8	143.9	140.5
肉禽及其制品	Meal, Poultry and Processed Products	143.7	154.5	152.0	148.2	150.1	154.0
#食用畜肉及副产品	Meat and its	153.5	168.5	162.1	157.4	160.2	167.7
#猪肉	Pork	163.3	180.1	171.0	162.8	162.8	172.1
禽	Poultry	140.4	143.8	142.6	140.6	140.5	137.1
蛋	Eggs	125.7	126.3	116.6	113.4	112.3	108.5
水产品	Aquatic Products	115.3	121.8	120.1	117.2	113.7	110.9
菜	Vegetables	140.1	118.5	109.3	117.5	133.8	128.3
#鲜菜	Fresh Vegetables	145.7	120.2	109.3	118.3	136.5	130.3
调味品	Flavoring	103.1	104.0	104.8	105.1	106.8	106.2
糖	Carbohydrate	100.3	104.4	106.5	109.7	111.3	112.6
茶及饮料	Tea and Beverages	103.8	103.7	104.4	103.6	104.2	104.5
干鲜瓜果	Dried and Fresh Melons and Fruits	98.0	97.3	101.5	106.0	104.2	109.7
糕点饼干	Cake and Biscuit	107.1	109.7	110.3	109.6	109.4	113.0
液体乳及乳制品	Milk and Its Products	98.4	97.9	100.5	104.5	108.8	111.8
在外用膳食品	Dining Out	106.4	108.9	109.5	110.2	110.2	110.1
其他食品	Other Foods and Manufacturing Services	99.3	101.7	102.2	104.5	108.5	112.6
烟酒及用品	**Tobacco, Liquor and Articles**	**102.6**	**101.8**	**101.8**	**102.3**	**102.5**	**103.1**
烟草	Tobacco	99.9	99.9	99.9	99.9	99.7	99.9
酒	Liquor	110.2	107.4	107.5	109.4	110.4	112.5
吸烟、饮酒用品	Articles for Smoking and Drinking	100.2	99.4	99.4	99.4	99.4	99.4

3-6 各月居民消费价格指数（2007年）
Consumer Price Indices by Month (2007)

续表3(continued) 上年=100　　preceding year=100

类　别	Item	7月 July	8月 August	9月 September	10月 October	11月 November	12月 December
衣着	**Clothing**	**94.6**	**94.8**	**95.0**	**94.3**	**92.5**	**92.5**
服装	Garments	95.8	95.9	96.1	95.2	93.7	93.4
衣着材料	Clothing Material	100.0	100.0	100.0	100.0	100.0	100.0
鞋袜帽	Footgear and Hats	90.4	91.1	91.5	91.3	87.7	88.7
衣着加工服务费	Clothing Manufacturing Services	97.5	97.5	97.5	97.5	125.3	125.3
家庭设备用品及维修服务	**Household Facilities, Articles and Services**	**102.1**	**102.3**	**101.6**	**101.4**	**103.0**	**104.2**
耐用消费品	Durable Consumer Goods	103.3	102.9	101.7	101.9	102.0	102.4
室内装饰品	Interior Decorations	96.9	97.7	97.7	97.7	98.0	100.3
床上用品	Bed Articles	95.4	98.2	95.5	95.4	95.6	100.2
家庭日用杂品	Daily Use Household Articles	101.9	102.4	102.9	102.3	103.0	103.9
家庭服务及加工维修服务	Household Services and Maintenance and Renovation	104.2	104.2	104.2	103.1	113.9	116.0
医疗保健和个人用品	**Health Care and Personal Articles**	**98.7**	**99.5**	**100.1**	**100.4**	**100.5**	**101.2**
医疗保健	Health Care	98.5	99.7	100.1	100.2	100.2	101.0
#西药	Western Medicine	98.9	98.9	97.7	98.1	98.2	99.7
医疗保健服务	Health Care Services	98.0	98.0	98.0	98.0	98.7	100.0
个人用品及服务	Personal Articles and Services	99.0	98.8	100.1	100.8	101.5	101.7
交通和通信	**Transportation and Communication**	**98.1**	**98.6**	**99.1**	**99.3**	**100.4**	**99.9**
交通	Transportation	98.8	98.9	100.0	100.7	101.7	100.9
#市区公共交通费	Incity Traffic Fare	100.0	100.0	100.0	100.0	100.0	100.0
城市间交通费	Intercity Traffic Fare	97.1	97.0	102.0	105.0	103.2	98.5
通信	Communication	97.7	98.5	98.6	98.4	99.7	99.4
娱乐教育文化用品及服务	**Recreation, Education and Culture Articles**	**100.0**	**100.9**	**97.7**	**95.7**	**101.1**	**103.1**
文娱用耐用消费品及服务	Durable Consumer Goods for Cultural and Recreational Use and Services	93.8	94.8	95.6	94.9	95.3	95.4
教育	Education	105.7	105.7	96.1	96.1	97.9	97.9
文化娱乐类	Cultural and Recreational Articles	102.8	102.2	102.0	101.4	101.5	101.5
旅游	Touring and Outing	88.2	93.6	108.4	94.2	137.6	173.3
居住	**Residence**	**102.9**	**103.2**	**103.8**	**104.2**	**104.1**	**104.1**
建房及装修材料	Building and Building Decoration Materials	107.7	107.5	107.5	108.1	107.5	107.6
租房	Renting	102.9	102.9	105.1	105.1	105.1	105.1
自有住房	Private Housing	104.4	106.0	108.2	109.3	109.7	109.8
水、电、燃料	Water, Electricity and Fuels	100.0	100.1	100.1	100.1	100.2	100.2
#水	Water	100.0	100.0	100.0	100.0	100.0	100.0
电	Electricity	100.0	100.0	100.0	100.0	100.0	100.0
管道燃气	Pipeline Gas	100.0	100.0	100.0	100.0	100.0	100.0

3-6 年各月居民消费价格指数（2008 年）
Consumer Price Indices by Month (2008)

上年 =100 preceding year=100

类　别	Item	1月 January	2月 February	3月 March	4月 April	5月 May	6月 June
居民消费价格总指数	**Consumer Price Index**	**109.5**	**110.3**	**109.9**	**108.8**	**108.0**	**107.0**
非食品价格指数	**Non-food Price Index**	**101.8**	**101.2**	**101.3**	**101.2**	**100.7**	**100.4**
服务项目价格指数	**Price Indices of Service Item**	**105.7**	**103.3**	**103.7**	**103.5**	**102.5**	**101.8**
工业品价格指数	**Industrial Price Index**	**99.2**	**99.7**	**99.7**	**99.7**	**99.4**	**99.4**
扣除食品和能源价格指数	**Excluding food and energy Price Index**	**101.8**	**101.1**	**101.3**	**101.2**	**100.6**	**100.2**
消费品价格指数	**Consumer Goods Price Index**	**110.8**	**112.9**	**112.2**	**110.7**	**110.0**	**108.9**
食品	**Food**	**124.3**	**128.3**	**126.8**	**123.4**	**122.1**	**119.7**
粮食	Grain	111.3	110.5	110.6	112.5	113.4	114.2
#大米	Rice	108.5	107.1	106.0	108.1	109.7	113.4
油脂	Oil or Fat	142.2	142.5	152.5	155.0	150.5	138.6
肉禽及其制品	Meal, Poultry and Processed Products	151.3	148.3	147.2	147.6	146.0	138.9
#食用畜肉及副产品	Meat and its	164.1	164.0	164.3	163.7	163.1	151.8
#猪肉	Pork	167.0	164.1	163.6	163.3	162.2	148.7
禽	Poultry	133.7	125.1	121.8	123.1	118.4	113.1
蛋	Eggs	105.1	107.3	105.2	103.0	102.0	101.4
水产品	Aquatic Products	122.7	124.6	122.6	129.6	133.4	134.4
菜	Vegetables	121.9	164.0	143.7	108.3	97.5	93.3
#鲜菜	Fresh Vegetables	122.7	168.9	147.5	107.6	95.0	89.8
调味品	Flavoring	104.3	104.1	104.7	106.7	105.9	106.7
糖	Carbohydrate	110.6	110.5	110.0	110.5	110.4	111.7
茶及饮料	Tea and Beverages	107.0	108.4	108.2	106.5	106.0	104.0
干鲜瓜果	Dried and Fresh Melons and Fruits	117.9	115.3	111.2	115.9	123.1	119.5
糕点饼干	Cake and Biscuit	109.2	110.1	113.0	113.1	112.6	112.8
液体乳及乳制品	Milk and Its Products	117.7	119.7	120.6	121.9	119.7	117.7
在外用膳食品	Dining Out	110.1	110.9	113.1	112.9	113.0	112.7
其他食品	Other Foods and Manufacturing Services	114.9	114.8	117.3	114.9	114.8	117.8
烟酒及用品	**Tobacco, Liquor and Articles**	**102.8**	**102.7**	**102.8**	**103.3**	**103.4**	**103.2**
烟草	Tobacco	100.0	100.0	100.0	100.0	99.9	99.2
酒	Liquor	110.9	111.5	111.7	113.2	113.6	114.9
吸烟、饮酒用品	Articles for Smoking and Drinking	99.0	95.6	95.6	95.6	95.6	95.6

3-6 各月居民消费价格指数（2008 年）
Consumer Price Indices by Month (2008)

续表 1(continued) 上年 =100 preceding year=100

类 别	Item	1月 January	2月 February	3月 March	4月 April	5月 May	6月 June
衣着	**Clothing**	**93.7**	**94.1**	**93.9**	**93.6**	**94.2**	**94.1**
服装	Garments	93.4	93.7	93.5	93.3	93.6	93.6
衣着材料	Clothing Material	100.0	100.0	100.0	100.0	100.0	100.0
鞋袜帽	Footgear and Hats	93.5	94.9	94.8	94.3	96.0	95.3
衣着加工服务费	Clothing Manufacturing Services	125.3	100.9	100.9	100.9	100.9	100.9
家庭设备用品及维修服务	**Household Facilities, Articles and Services**	**103.8**	**103.1**	**103.1**	**103.5**	**102.6**	**102.6**
耐用消费品	Durable Consumer Goods	102.4	102.7	102.5	102.7	102.0	101.6
室内装饰品	Interior Decorations	96.0	96.0	96.9	96.9	93.4	97.3
床上用品	Bed Articles	97.5	98.7	98.7	101.3	100.5	100.8
家庭日用杂品	Daily Use Household Articles	102.5	103.1	102.9	102.8	102.8	103.1
家庭服务及加工维修服务	Household Services and Maintenance and Renovation	118.7	109.9	110.7	110.7	108.7	108.7
医疗保健和个人用品	**Health Care and Personal Articles**	**101.4**	**102.4**	**102.8**	**102.7**	**102.2**	**102.4**
医疗保健	Health Care	101.0	101.9	102.1	101.9	101.8	101.7
# 西药	Western Medicine	99.6	101.7	101.9	101.9	101.9	102.1
医疗保健服务	Health Care Services	100.0	100.0	100.0	100.0	100.0	100.0
个人用品及服务	Personal Articles and Services	102.8	104.0	105.0	105.1	103.7	104.5
交通和通信	**Transportation and Communication**	**100.0**	**99.3**	**98.0**	**97.9**	**98.4**	**99.1**
交通	Transportation	101.9	102.8	99.4	99.2	100.1	102.3
# 市区公共交通费	Incity Traffic Fare	100.0	100.0	100.0	100.0	100.0	100.0
城市间交通费	Intercity Traffic Fare	102.0	107.2	93.5	93.6	95.8	100.3
通信	Communication	99.0	97.3	97.1	97.2	97.4	97.3
娱乐教育文化用品及服务	**Recreation, Education and Culture Articles**	**105.0**	**102.1**	**103.3**	**103.1**	**101.5**	**100.3**
文娱用耐用消费品及服务	Durable Consumer Goods for Cultural and Recreational Use and Services	95.5	95.2	95.1	94.9	94.7	94.1
教育	Education	97.8	95.6	101.2	101.2	101.2	101.3
文化娱乐类	Cultural and Recreational Articles	101.9	102.6	101.3	101.7	102.3	101.8
旅游	Touring and Outing	192.1	151.4	135.9	131.0	114.7	105.7
居住	**Residence**	**104.4**	**104.6**	**104.5**	**104.2**	**103.1**	**102.5**
建房及装修材料	Building and Building Decoration Materials	107.5	107.9	108.6	108.4	104.0	103.2
租房	Renting	107.2	107.2	107.2	107.2	107.2	103.9
自有住房	Private Housing	110.0	110.0	108.8	107.1	106.6	106.4
水、电、燃料	Water, Electricity and Fuels	100.2	100.4	100.4	100.4	100.4	100.4
# 水	Water	100.0	100.0	100.0	100.0	100.0	100.0
电	Electricity	100.0	100.0	100.0	100.0	100.0	100.0
管道燃气	Pipeline Gas	100.0	100.0	100.0	100.0	100.0	100.0

3-6 各月居民消费价格指数（2008 年）
Consumer Price Indices by Month (2008)

续表 2(continued) 上年 =100　　　　preceding year=100

类　别	Item	7 月 July	8 月 August	9 月 September	10 月 October	11 月 November	12 月 December
居民消费价格总指数	**Consumer Price Index**	**105.1**	**102.9**	**102.7**	**102.4**	[illegible]	**100.2**
非食品价格指数	**Non-food Price Index**	**100.2**	**99.6**	**99.4**	**99.2**	[illegible]	**98.0**
服务项目价格指数	**Price Indices of Service Item**	**101.3**	**100.1**	**99.8**	**99.4**	[illegible]	**97.7**
工业品价格指数	**Industrial Price Index**	**99.5**	**99.3**	**99.2**	**99.1**	[illegible]	**98.2**
扣除食品和能源价格指数	**Excluding food and energy Price Index**	**100.0**	**99.4**	**99.2**	**99.0**	[illegible]	**97.8**
消费品价格指数	**Consumer Goods Price Index**	**106.5**	**103.9**	**103.7**	**103.4**	[illegible]	**101.2**
食品	**Food**	**114.1**	**108.9**	**108.5**	**108.1**	[illegible]	**104.5**
粮食	Grain	113.3	113.2	113.6	111.1	[illegible]	109.4
# 大米	Rice	111.7	112.3	112.9	109.7	[illegible]	107.9
油脂	Oil or Fat	134.6	124.7	119.9	114.9	[illegible]	91.1
肉禽及其制品	Meal, Poultry and Processed Products	121.6	107.1	104.3	102.1	[illegible]	98.1
# 食用畜肉及副产品	Meat and its	124.9	105.9	101.7	97.7	[illegible]	93.4
# 猪肉	Pork	118.9	99.0	94.8	91.4	[illegible]	88.8
禽	Poultry	108.4	102.3	102.5	102.4	[illegible]	101.2
蛋	Eggs	107.1	103.2	105.9	103.2	[illegible]	96.7
水产品	Aquatic Products	127.2	120.0	121.2	122.6	[illegible]	121.1
菜	Vegetables	93.3	91.6	97.0	96.4	[illegible]	111.8
# 鲜菜	Fresh Vegetables	90.2	88.9	95.7	95.3	[illegible]	112.5
调味品	Flavoring	105.8	105.2	106.0	105.9	[illegible]	106.3
糖	Carbohydrate	113.9	110.3	108.8	106.9	[illegible]	105.1
茶及饮料	Tea and Beverages	104.8	105.1	103.9	105.4	[illegible]	103.5
干鲜瓜果	Dried and Fresh Melons and Fruits	112.4	115.9	116.8	130.2	[illegible]	115.7
糕点饼干	Cake and Biscuit	111.4	111.3	110.4	110.8	[illegible]	107.4
液体乳及乳制品	Milk and Its Products	113.0	113.1	113.4	108.9	[illegible]	102.0
在外用膳食品	Dining Out	111.4	109.4	108.7	108.0	[illegible]	104.2
其他食品	Other Foods and Manufacturing Services	115.2	111.7	111.9	109.0	[illegible]	103.8
烟酒及用品	**Tobacco, Liquor and Articles**	**102.3**	**102.5**	**103.0**	**102.6**	[illegible]	**102.1**
烟草	Tobacco	98.9	98.9	98.9	98.9	[illegible]	98.9
酒	Liquor	111.8	112.6	114.0	112.3	[illegible]	110.1
吸烟、饮酒用品	Articles for Smoking and Drinking	96.2	96.6	96.6	96.6	[illegible]	96.6

3-6 各月居民消费价格指数（2008 年）
Consumer Price Indices by Month (2008)

续表 3(continued) 上年 =100 preceding year=100

类别	Item	7月 July	8月 August	9月 September	10月 October	11月 November	12月 December
衣着	**Clothing**	**94.2**	**94.0**	**94.1**	**94.7**	**94.8**	**94.9**
服装	Garments	94.1	95.2	95.3	95.8	96.2	96.5
衣着材料	Clothing Material	100.0	100.0	100.0	100.0	100.0	100.2
鞋袜帽	Footgear and Hats	94.2	90.0	90.1	91.4	90.4	90.0
衣着加工服务费	Clothing Manufacturing Services	100.0	100.0	100.0	100.0	100.0	100.0
家庭设备用品及维修服务	**Household Facilities, Articles and Services**	**102.6**	**102.2**	**102.5**	**102.3**	**101.7**	**100.5**
耐用消费品	Durable Consumer Goods	101.5	100.9	101.2	100.7	99.8	97.5
室内装饰品	Interior Decorations	97.3	97.3	97.3	97.3	97.0	97.0
床上用品	Bed Articles	104.7	105.1	105.1	105.5	104.8	106.7
家庭日用杂品	Daily Use Household Articles	102.6	102.2	102.7	103.3	103.0	103.2
家庭服务及加工维修服务	Household Services and Maintenance and Renovation	106.5	106.5	106.5	106.5	106.5	104.5
医疗保健和个人用品	**Health Care and Personal Articles**	**102.2**	**102.2**	**101.7**	**101.3**	**100.6**	**100.5**
医疗保健	Health Care	101.5	101.4	101.3	101.0	100.9	100.8
# 西药	Western Medicine	102.4	102.6	102.8	102.3	102.1	102.1
医疗保健服务	Health Care Services	100.0	100.0	100.0	100.0	100.0	100.0
个人用品及服务	Personal Articles and Services	104.1	104.3	103.1	102.2	99.6	99.5
交通和通信	**Transportation and Communication**	**100.3**	**99.9**	**100.0**	**99.9**	**99.6**	**99.3**
交通	Transportation	105.7	104.3	104.9	105.2	103.9	103.3
# 市区公共交通费	Incity Traffic Fare	100.0	100.0	100.0	100.0	100.0	100.0
城市间交通费	Intercity Traffic Fare	108.7	102.8	105.0	107.0	106.0	109.5
通信	Communication	97.2	97.3	97.0	96.7	97.0	96.9
娱乐教育文化用品及服务	**Recreation, Education and Culture Articles**	**99.7**	**98.0**	**97.8**	**97.7**	**97.7**	**97.5**
文娱用耐用消费品及服务	Durable Consumer Goods for Cultural and Recreational Use and Services	94.2	93.4	92.2	91.3	90.5	89.4
教育	Education	101.3	101.3	103.4	103.4	103.4	103.4
文化娱乐类	Cultural and Recreational Articles	101.4	100.9	100.5	101.3	100.9	101.3
旅游	Touring and Outing	95.4	85.4	79.4	79.0	80.2	79.6
居住	**Residence**	**102.3**	**102.0**	**101.2**	**100.0**	**97.5**	**95.6**
建房及装修材料	Building and Building Decoration Materials	103.1	103.0	102.9	102.7	102.0	100.8
租房	Renting	102.5	102.5	100.3	100.3	100.3	100.3
自有住房	Private Housing	105.6	104.0	101.2	96.4	86.7	80.2
水、电、燃料	Water, Electricity and Fuels	100.6	100.6	100.6	100.6	100.3	100.3
# 水	Water	100.0	100.0	100.0	100.0	100.0	100.0
电	Electricity	100.0	100.0	100.0	100.0	100.0	100.0
管道燃气	Pipeline Gas	100.0	100.0	100.0	100.0	100.0	100.0

3-6 各月居民消费价格指数（2009年）
Consumer Price Indices by Month (2009)

上年=100 preceding year=100

类别	Item	1月 January	2月 February	3月 March	4月 April	5月 May	6月 June
居民消费价格总指数	**Consumer Price Index**	**100.0**	**97.0**	**97.8**	**97.3**	**97.3**	**97.7**
非食品价格指数	**Non-food Price Index**	**97.6**	**96.5**	**97.2**	**97.1**	**97.0**	**97.5**
服务项目价格指数	**Price Indices of Service Item**	**97.9**	**95.7**	**97.6**	**97.6**	**98.1**	**99.1**
工业品价格指数	**Industrial Price Index**	**97.6**	**97.1**	**96.9**	**96.8**	**96.4**	**96.6**
扣除食品和能源价格指数	**Excluding food and energy Price Index**	**97.6**	**96.5**	**97.2**	**97.1**	**97.0**	**97.5**
消费品价格指数	**Consumer Goods Price Index**	**100.7**	**97.4**	**97.8**	**97.3**	**97.1**	**97.2**
食品	**Food**	**104.5**	**97.9**	**99.0**	**97.9**	**97.9**	**98.0**
粮食	Grain	107.1	107.4	106.3	108.2	106.1	105.8
#大米	Rice	108.3	108.9	108.5	112.5	108.4	107.9
油脂	Oil or Fat	88.7	87.8	79.6	72.7	74.5	77.8
肉禽及其制品	Meal, Poultry and Processed Products	94.5	91.0	89.4	83.9	79.3	76.7
#食用畜肉及副产品	Meat and its	90.5	85.4	82.5	75.4	69.2	66.7
#猪肉	Pork	85.7	81.5	78.5	70.1	63.3	60.7
禽	Poultry	95.5	94.2	95.1	92.7	91.7	88.9
蛋	Eggs	100.0	94.8	98.2	99.9	101.1	99.4
水产品	Aquatic Products	112.0	107.5	109.9	101.5	96.8	93.9
菜	Vegetables	127.3	85.4	99.9	106.9	121.8	129.7
#鲜菜	Fresh Vegetables	130.0	84.4	99.9	108.0	125.3	134.5
调味品	Flavoring	106.2	106.3	105.9	103.4	104.3	103.7
糖	Carbohydrate	105.5	105.5	105.5	104.8	104.7	106.0
茶及饮料	Tea and Beverages	102.2	101.1	101.2	101.1	101.4	100.4
干鲜瓜果	Dried and Fresh Melons and Fruits	112.0	109.4	111.6	110.3	109.6	112.8
糕点饼干	Cake and Biscuit	107.2	105.6	102.7	101.2	102.8	103.2
液体乳及乳制品	Milk and Its Products	98.8	95.9	98.4	99.5	100.3	101.5
在外用膳食品	Dining Out	105.6	104.7	102.8	103.4	103.3	103.5
其他食品	Other Foods and Manufacturing Services	106.3	104.6	102.3	101.4	96.7	96.7
烟酒及用品	**Tobacco, Liquor and Articles**	**101.9**	**102.1**	**101.8**	**101.1**	**101.1**	**101.4**
烟草	Tobacco	98.9	98.9	98.9	98.9	99.7	100.4
酒	Liquor	109.3	109.2	108.2	106.0	104.3	103.1
吸烟、饮酒用品	Articles for Smoking and Drinking	96.3	99.7	99.7	99.7	99.7	101.8

3-6 各月居民消费价格指数（2009 年）
Consumer Price Indices by Month (2009)

续表 1(continued) 上年 =100 preceding year=100

类别	Item	1月 January	2月 February	3月 March	4月 April	5月 May	6月 June
衣着	**Clothing**	**93.8**	**93.3**	**93.5**	**94.1**	**93.7**	**94.5**
服装	Garments	98.5	98.0	98.5	98.8	98.2	98.9
衣着材料	Clothing Material	100.3	100.3	100.3	100.3	100.3	100.3
鞋袜帽	Footgear and Hats	79.9	79.1	78.8	80.1	80.2	81.3
衣着加工服务费	Clothing Manufacturing Services	100.0	100.0	100.0	100.0	100.0	100.0
家庭设备用品及维修服务	**Household Facilities, Articles and Services**	**99.5**	**98.1**	**97.9**	**97.2**	**97.1**	**96.7**
耐用消费品	Durable Consumer Goods	96.6	95.1	95.6	94.2	93.4	93.2
室内装饰品	Interior Decorations	94.5	97.6	94.6	95.8	99.3	95.4
床上用品	Bed Articles	106.4	102.6	98.6	97.7	98.7	97.3
家庭日用杂品	Daily Use Household Articles	102.8	102.1	102.6	103.0	103.1	103.0
家庭服务及加工维修服务	Household Services and Maintenance and Renovation	102.2	100.7	100.0	100.0	100.0	100.0
医疗保健和个人用品	**Health Care and Personal Articles**	**100.3**	**99.8**	**99.4**	**99.5**	**99.3**	**99.1**
医疗保健	Health Care	100.8	100.4	100.3	100.5	100.0	99.9
# 西药	Western Medicine	102.0	101.2	100.9	101.7	101.5	101.2
医疗保健服务	Health Care Services	100.0	100.0	100.0	100.0	100.0	100.3
个人用品及服务	Personal Articles and Services	98.9	97.9	96.6	96.4	97.3	96.9
交通和通信	**Transportation and Communication**	**98.3**	**98.4**	**98.8**	**98.9**	**98.3**	**98.4**
交通	Transportation	100.4	100.3	101.5	101.8	101.9	101.7
# 市区公共交通费	Incity Traffic Fare	100.0	100.0	100.0	100.0	100.0	100.0
城市间交通费	Intercity Traffic Fare	108.1	107.8	112.6	112.0	114.8	115.2
通信	Communication	97.1	97.3	97.2	97.1	96.0	96.2
娱乐教育文化用品及服务	**Recreation, Education and Culture Articles**	**98.5**	**94.9**	**97.9**	**97.3**	**97.9**	**99.7**
文娱用耐用消费品及服务	Durable Consumer Goods for Cultural and Recreational Use and Services	89.7	90.2	90.0	87.1	86.5	87.3
教育	Education	103.5	103.5	103.5	103.5	103.5	103.4
文化娱乐类	Cultural and Recreational Articles	102.2	100.8	99.9	101.1	101.7	102.1
旅游	Touring and Outing	85.0	66.6	82.7	81.5	84.6	96.1
居住	**Residence**	**95.4**	**95.1**	**95.0**	**95.1**	**95.1**	**95.1**
建房及装修材料	Building and Building Decoration Materials	101.3	100.8	99.8	100.2	100.5	100.8
租房	Renting	100.3	99.1	100.2	100.2	100.2	99.9
自有住房	Private Housing	79.0	79.0	79.0	79.0	79.0	78.7
水、电、燃料	Water, Electricity and Fuels	100.3	100.1	100.1	100.1	100.1	100.1
# 水	Water	100.0	100.0	100.0	100.0	100.0	100.0
电	Electricity	100.0	100.0	100.0	100.0	100.0	100.0
管道燃气	Pipeline Gas	100.0	100.0	100.0	100.0	100.0	100.0

3-6 各月居民消费价格指数（2009 年）
Consumer Price Indices by Month (2009)

续表 2(continued) 上年 =100 preceding year=100

类 别	Item	7 月 July	8 月 August	9 月 September	10 月 October	11 月 November	12 月 December
居民消费价格总指数	**Consumer Price Index**	**97.6**	**98.4**	**98.5**	**98.9**	**99.6**	**100.4**
非食品价格指数	**Non-food Price Index**	**97.0**	**97.1**	**97.1**	**97.7**	**98.7**	**99.3**
服务项目价格指数	**Price Indices of Service Item**	**98.0**	**98.3**	**97.6**	**98.8**	**100.7**	**101.7**
工业品价格指数	**Industrial Price Index**	**96.5**	**96.4**	**96.8**	**97.1**	**97.4**	**97.8**
扣除食品和能源价格指数	**Excluding food and energy Price Index**	**97.1**	**97.2**	**97.1**	**97.8**	**98.8**	**99.3**
消费品价格指数	**Consumer Goods Price Index**	**97.5**	**98.5**	**98.8**	**98.9**	**99.3**	**99.9**
食品	**Food**	**98.7**	**100.9**	**101.1**	**101.1**	**101.4**	**102.5**
粮食	Grain	105.9	105.1	103.9	105.8	106.6	106.5
#大米	Rice	108.4	107.4	105.5	108.1	108.7	108.8
油脂	Oil or Fat	78.6	78.3	80.6	80.1	83.6	91.6
肉禽及其制品	Meal, Poultry and Processed Products	78.0	85.4	88.2	91.6	92.8	90.0
#食用畜肉及副产品	Meat and its	69.1	79.1	84.8	89.7	90.6	84.4
#猪肉	Pork	63.6	75.2	82.0	87.6	89.1	81.5
禽	Poultry	88.0	91.9	91.5	92.2	95.3	97.3
蛋	Eggs	96.9	96.9	96.9	98.2	101.8	102.6
水产品	Aquatic Products	94.5	96.4	103.4	103.9	105.2	106.5
菜	Vegetables	122.5	127.9	123.6	120.4	113.7	119.5
#鲜菜	Fresh Vegetables	126.3	131.7	125.9	122.3	114.1	120.1
调味品	Flavoring	104.2	104.4	103.0	103.3	102.7	102.0
糖	Carbohydrate	103.9	103.3	102.5	101.5	99.4	99.8
茶及饮料	Tea and Beverages	100.4	99.4	100.5	99.6	100.3	101.4
干鲜瓜果	Dried and Fresh Melons and Fruits	125.7	124.2	117.4	104.2	111.5	112.3
糕点饼干	Cake and Biscuit	101.2	98.8	99.5	99.1	99.8	99.2
液体乳及乳制品	Milk and Its Products	105.1	104.8	102.1	102.9	100.3	102.5
在外用膳食品	Dining Out	103.7	103.6	103.6	103.7	103.4	105.5
其他食品	Other Foods and Manufacturing Services	96.1	96.5	97.0	97.5	96.4	95.2
烟酒及用品	**Tobacco, Liquor and Articles**	**102.3**	**102.2**	**101.6**	**101.4**	**101.6**	**101.5**
烟草	Tobacco	100.7	100.7	100.7	100.7	100.7	100.7
酒	Liquor	105.6	105.4	103.3	102.7	103.6	103.3
吸烟、饮酒用品	Articles for Smoking and Drinking	101.8	101.8	101.8	101.8	101.4	101.8

3-6 各月居民消费价格指数（2009 年）
Consumer Price Indices by Month (2009)

续表 3(continued) 上年 =100 preceding year=100

类 别	Item	7 月 July	8 月 August	9 月 September	10 月 October	11 月 November	12 月 December
衣着	**Clothing**	**94.6**	**94.4**	**96.0**	**96.3**	**96.1**	**96.1**
服装	Garments	98.9	98.5	99.6	99.4	99.0	98.7
衣着材料	Clothing Material	100.3	100.3	100.3	100.3	100.3	100.1
鞋袜帽	Footgear and Hats	81.6	81.6	84.5	86.4	86.9	87.6
衣着加工服务费	Clothing Manufacturing Services	100.0	100.0	100.0	100.0	100.0	100.0
家庭设备用品及维修服务	**Household Facilities, Articles and Services**	**96.3**	**96.6**	**96.3**	**96.2**	**96.7**	**97.5**
耐用消费品	Durable Consumer Goods	93.4	94.0	93.5	93.5	93.8	96.1
室内装饰品	Interior Decorations	96.2	96.2	96.2	96.2	96.2	96.2
床上用品	Bed Articles	93.7	93.3	93.2	92.8	93.2	91.6
家庭日用杂品	Daily Use Household Articles	102.6	102.4	102.1	101.8	102.4	101.5
家庭服务及加工维修服务	Household Services and Maintenance and Renovation	100.0	100.0	100.0	100.0	101.4	101.4
医疗保健和个人用品	**Health Care and Personal Articles**	**98.7**	**98.4**	**98.5**	**98.9**	**99.7**	**100.8**
医疗保健	Health Care	99.1	98.8	98.7	99.1	99.6	100.9
# 西药	Western Medicine	100.5	100.3	100.1	100.4	100.2	100.2
医疗保健服务	Health Care Services	100.3	100.3	100.3	100.3	100.3	101.3
个人用品及服务	Personal Articles and Services	97.2	97.0	97.6	98.2	100.3	100.7
交通和通信	**Transportation and Communication**	**97.2**	**97.5**	**97.5**	**97.5**	**98.2**	**99.0**
交通	Transportation	98.9	99.9	99.6	98.9	100.6	103.0
# 市区公共交通费	Incity Traffic Fare	100.0	100.0	100.0	100.0	101.0	102.7
城市间交通费	Intercity Traffic Fare	103.3	109.6	106.4	103.9	107.7	108.5
通信	Communication	96.1	95.8	96.1	96.5	96.4	96.2
娱乐教育文化用品及服务	**Recreation, Education and Culture Articles**	**98.6**	**98.8**	**97.8**	**99.5**	**100.6**	**100.6**
文娱用耐用消费品及服务	Durable Consumer Goods for Cultural and Recreational Use and Services	87.6	87.7	88.5	89.5	90.0	91.2
教育	Education	103.4	103.4	101.4	101.4	101.4	101.4
文化娱乐类	Cultural and Recreational Articles	103.2	105.2	103.2	102.9	103.1	101.8
旅游	Touring and Outing	87.3	86.4	88.4	99.3	108.3	109.0
居住	**Residence**	**95.1**	**95.2**	**95.2**	**96.0**	**98.5**	**99.8**
建房及装修材料	Building and Building Decoration Materials	101.4	101.7	101.3	100.9	101.7	100.7
租房	Renting	99.9	99.9	99.9	99.9	99.9	99.9
自有住房	Private Housing	78.7	78.7	79.1	82.1	91.3	98.6
水、电、燃料	Water, Electricity and Fuels	99.9	99.9	99.9	99.9	100.0	100.0
# 水	Water	100.0	100.0	100.0	100.0	100.0	100.0
电	Electricity	100.0	100.0	100.0	100.0	100.0	100.0
管道燃气	Pipeline Gas	100.0	100.0	100.0	100.0	100.0	100.0

3-7 各月商品零售价格分类指数（2003 年）
Retail Price Index by Month (2003)

上年 =100 preceding year = 100

项 目	Item	1 月 January	2 月 February	3 月 March	4 月 April	5 月 May	6 月 June
商品零售价格总指数	**Retail Price Index**	**99.6**	**99.7**	**100.0**	**100.3**	**99.5**	**98.8**
食品	Food	105.6	104.3	105.0	105.5	104.5	103.0
饮料烟酒	Beverages, Tobacco and Liquor	98.6	99.2	98.5	98.6	98.7	98.3
服装鞋帽	Garments, Shoes and Hats	90.6	93.6	94.0	94.6	94.4	94.1
纺织品	Textiles	99.7	99.7	100.3	100.7	100.7	100.7
家用电器及音像器材	Household Appliances, Music and Video Equipment	94.4	95.5	95.2	95.2	93.9	92.8
文化办公用品	Cultural and Office Appliances	98.2	97.8	98.0	98.0	98.1	97.8
日用品	Articles for Daily Use	95.9	95.3	95.8	95.6	95.2	94.9
体育娱乐用品	Sports and Recreation Articles	99.8	99.6	99.6	99.6	98.3	98.8
交通、通信用品	Transportation and Communication Appliances	93.4	92.2	91.5	91.1	89.7	89.7
家具	Furniture	96.3	96.7	98.5	98.7	98.7	98.7
化妆品	Cosmetics	98.8	98.3	96.6	96.6	97.1	97.1
金银珠宝	Gold, Silver and Jewelry	110.3	111.4	111.4	110.0	109.0	107.1
中西药品及医疗保健用品	Traditional Chinese and Western Medicines and Health Care Articles	90.8	93.9	96.0	99.9	100.5	99.7
书报杂志及电子出版物	Books, Newspapers, Magazines and Electronic Publications	98.9	99.9	100.4	100.4	100.4	100.4
燃料	Fuels	111.5	113.5	111.2	107.1	102.5	103.1
建筑材料及五金电料	Building Materials and Hardware	99.9	99.9	99.9	99.9	99.9	99.9

3-7 各月商品零售价格分类指数（2003 年）
Retail Price Index by Month (2003)

续表 (continued) 上年=100

preceding year = 100

项目	Item	7月 July	8月 August	9月 September	10月 October	11月 November	12月 December
商品零售价格总指数	**Retail Price Index**	**99.3**	**99.4**	**99.1**	**98.7**	**99.3**	**99.6**
食品	Food	104.1	104.0	103.0	102.5	104.3	106.9
饮料烟酒	Beverages, Tobacco and Liquor	98.2	98.5	97.8	98.0	98.4	100.1
服装鞋帽	Garments, Shoes and Hats	94.1	95.4	95.9	94.7	93.7	93.0
纺织品	Textiles	100.6	100.6	100.4	100.6	100.8	100.7
家用电器及音像器材	Household Appliances, Music and Video Equipment	92.6	92.5	92.6	92.9	92.4	92.3
文化办公用品	Cultural and Office Appliances	97.1	97.6	98.9	98.8	99.0	98.7
日用品	Articles for Daily Use	94.2	94.6	94.4	94.1	94.2	94.3
体育娱乐用品	Sports and Recreation Articles	98.8	98.9	99.0	98.4	98.4	97.7
交通、通信用品	Transportation and Communication Appliances	90.4	90.5	90.4	90.7	89.9	89.9
家具	Furniture	98.7	98.7	98.7	97.1	98.7	98.7
化妆品	Cosmetics	96.5	97.9	97.9	96.5	96.1	96.1
金银珠宝	Gold, Silver and Jewelry	111.5	111.8	111.8	111.8	108.9	111.1
中西药品及医疗保健用品	Traditional Chinese and Western Medicines and Health Care Articles	100.2	100.1	100.8	100.7	100.9	91.3
书报杂志及电子出版物	Books, Newspapers, Magazines and Electronic Publications	100.4	100.4	100.0	100.0	100.4	100.4
燃料	Fuels	103.8	104.0	102.9	101.2	101.4	103.2
建筑材料及五金电料	Building Materials and Hardware	99.9	99.9	99.9	99.9	100.8	100.8

3-7 各月商品零售价格分类指数（2004 年）
Retail Price Index by Month (2004)

上年 =100　　　　preceding year = 100

项　目	Item	1 月 January	2 月 February	3 月 March	4 月 April	5 月 May	6 月 June
商品零售价格总指数	**Retail Price Index**	**98.7**	**98.8**	**100.0**	**100.9**	**101.8**	**102.8**
食品	Food	104.5	104.6	107.5	110.8	112.4	113.8
饮料烟酒	Beverages, Tobacco and Liquor	100.0	100.0	101.2	101.0	101.2	101.7
服装鞋帽	Garments, Shoes and Hats	91.1	93.3	93.5	92.7	93.2	93.2
纺织品	Textiles	94.9	98.4	99.5	99.2	101.6	102.2
家用电器及音像器材	Household Appliances, Music and Video Equipment	90.8	90.4	90.5	90.3	91.5	93.9
文化办公用品	Cultural and Office Appliances	98.7	98.5	97.9	97.6	97.6	97.6
日用品	Articles for Daily Use	98.1	98.8	98.6	99.4	99.9	100.7
体育娱乐用品	Sports and Recreation Articles	97.5	97.9	97.9	97.9	98.3	96.1
交通、通信用品	Transportation and Communication Appliances	90.5	90.0	91.2	92.4	91.5	91.1
家具	Furniture	100.0	100.0	100.0	100.0	100.0	99.4
化妆品	Cosmetics	98.0	100.1	101.8	101.9	101.9	101.6
金银珠宝	Gold, Silver and Jewelry	107.1	105.9	108.3	109.5	110.1	109.3
中西药品及医疗保健用品	Traditional Chinese and Western Medicines and Health Care Articles	91.8	91.3	92.3	88.4	88.0	93.2
书报杂志及电子出版物	Books, Newspapers, Magazines and Electronic Publications	101.5	101.5	101.3	101.3	101.3	101.5
燃料	Fuels	102.6	100.9	100.5	102.4	106.1	107.1
建筑材料及五金电料	Building Materials and Hardware	99.3	99.2	99.2	99.2	99.1	99.1

3-7 各月商品零售价格分类指数（2004 年）
Retail Price Index by Month (2004)

续表 (continued) 上年 =100　　preceding year = 100

项 目	Item	7月 July	8月 August	9月 September	10月 October	11月 November	12月 December
商品零售价格总指数	**Retail Price Index**	**102.9**	**103.3**	**103.4**	**102.1**	**100.7**	**101.3**
食品	Food	114.4	116.6	117.6	113.2	109.6	109.9
饮料烟酒	Beverages, Tobacco and Liquor	101.7	101.6	102.3	102.2	102.2	101.0
服装鞋帽	Garments, Shoes and Hats	93.0	89.9	88.4	88.0	88.2	89.0
纺织品	Textiles	101.8	99.6	99.2	100.4	100.4	100.1
家用电器及音像器材	Household Appliances, Music and Video Equipment	95.1	95.0	95.0	94.8	94.6	94.6
文化办公用品	Cultural and Office Appliances	98.2	98.3	98.2	98.3	98.5	98.8
日用品	Articles for Daily Use	100.9	100.4	100.6	100.9	100.8	100.5
体育娱乐用品	Sports and Recreation Articles	95.3	96.0	95.6	96.5	95.3	95.7
交通、通信用品	Transportation and Communication Appliances	89.7	88.6	88.3	88.1	86.7	86.2
家具	Furniture	99.4	99.4	99.4	101.1	98.8	98.8
化妆品	Cosmetics	102.3	101.7	101.7	103.1	103.6	103.6
金银珠宝	Gold, Silver and Jewelry	105.0	104.8	104.8	102.6	105.3	105.4
中西药品及医疗保健用品	Traditional Chinese and Western Medicines and Health Care Articles	93.3	94.6	94.0	94.1	94.0	103.7
书报杂志及电子出版物	Books, Newspapers, Magazines and Electronic Publications	101.5	101.5	100.5	100.5	100.2	100.2
燃料	Fuels	107.2	108.2	110.0	110.2	111.0	108.9
建筑材料及五金电料	Building Materials and Hardware	99.1	99.1	99.1	99.1	98.3	98.3

3-7 各月商品零售价格分类指数（2005年）
Retail Price Index by Month (2005)

上年=100　　　　preceding year = 100

项　目	Item	1月 January	2月 February	3月 March	4月 April	5月 May	6月 June
商品零售价格总指数	**Retail Price Index**	**100.3**	**99.8**	**98.8**	**98.2**	**97.[illegible]**	**97.5**
食品	Food	104.8	104.5	101.8	99.9	99.[illegible]	98.7
饮料烟酒	Beverages, Tobacco and Liquor	101.0	100.4	100.5	100.6	100.[illegible]	100.3
服装鞋帽	Garments, Shoes and Hats	90.9	89.3	88.6	87.1	86.[illegible]	87.6
纺织品	Textiles	104.4	99.9	99.9	100.9	95.[illegible]	96.4
家用电器及音像器材	Household Appliances, Music and Video Equipment	95.5	95.5	95.0	95.9	96.[illegible]	95.6
文化办公用品	Cultural and Office Appliances	99.9	98.8	99.3	99.8	99.[illegible]	99.9
日用品	Articles for Daily Use	100.3	101.0	101.0	100.5	99.[illegible]	99.9
体育娱乐用品	Sports and Recreation Articles	95.4	93.9	93.0	92.8	92.[illegible]	94.2
交通、通信用品	Transportation and Communication Appliances	86.1	86.6	86.2	86.1	88.[illegible]	88.3
家具	Furniture	100.2	100.2	101.1	101.1	101.[illegible]	101.7
化妆品	Cosmetics	101.9	100.7	100.4	100.6	100.[illegible]	100.9
金银珠宝	Gold, Silver and Jewelry	106.1	104.5	103.9	102.8	102.[illegible]	102.2
中西药品及医疗保健用品	Traditional Chinese and Western Medicines and Health Care Articles	105.5	103.9	104.7	106.7	105.[illegible]	101.7
书报杂志及电子出版物	Books, Newspapers, Magazines and Electronic Publications	100.4	99.4	99.4	99.4	99.[illegible]	99.3
燃料	Fuels	108.9	108.9	109.1	107.9	107.[illegible]	106.0
建筑材料及五金电料	Building Materials and Hardware	100.0	100.3	100.1	100.1	100.[illegible]	100.5

3-7 各月商品零售价格分类指数（2005 年）
Retail Price Index by Month (2005)

续表 (continued) 上年=100 preceding year = 100

项 目	Item	7月 July	8月 August	9月 September	10月 October	11月 November	12月 December
商品零售价格总指数	**Retail Price Index**	**97.9**	**98.0**	**98.2**	**98.9**	**99.7**	**99.6**
食品	Food	98.8	98.3	97.0	99.2	100.7	100.3
饮料烟酒	Beverages, Tobacco and Liquor	100.7	100.8	100.1	100.0	100.0	99.8
服装鞋帽	Garments, Shoes and Hats	88.2	91.4	98.5	99.4	100.4	100.0
纺织品	Textiles	96.8	99.0	99.4	98.1	96.6	97.5
家用电器及音像器材	Household Appliances, Music and Video Equipment	94.9	95.1	95.2	95.5	96.1	96.4
文化办公用品	Cultural and Office Appliances	100.1	100.1	100.1	100.1	100.0	99.9
日用品	Articles for Daily Use	100.3	99.7	99.0	99.4	99.9	100.2
体育娱乐用品	Sports and Recreation Articles	95.0	94.3	94.6	94.3	94.7	95.1
交通、通信用品	Transportation and Communication Appliances	90.2	90.9	91.8	89.7	91.9	92.5
家具	Furniture	101.7	101.7	101.7	101.7	101.6	101.8
化妆品	Cosmetics	100.9	101.1	101.1	101.1	101.1	99.8
金银珠宝	Gold, Silver and Jewelry	102.2	102.2	102.2	105.1	105.1	109.7
中西药品及医疗保健用品	Traditional Chinese and Western Medicines and Health Care Articles	101.7	100.4	100.2	100.5	100.5	100.6
书报杂志及电子出版物	Books, Newspapers, Magazines and Electronic Publications	99.3	99.3	100.2	100.3	100.2	100.2
燃料	Fuels	108.0	109.4	107.4	107.5	107.3	107.2
建筑材料及五金电料	Building Materials and Hardware	102.3	102.3	102.3	102.3	102.4	102.4

3-7 各月商品零售价格分类指数（2006 年）
Retail Price Index by Month (2006)

上年 =100 preced[illegible]g year = 100

项 目	Item	1 月 January	2 月 February	3 月 March	4 月 April	5 月 May	6 月 June
商品零售价格总指数	**Retail Price Index**	**101.3**	**100.7**	**100.8**	**101.1**	**102.[illegible]**	**102.2**
食品	Food	105.5	103.5	103.2	103.6	103.[illegible]	101.8
饮料烟酒	Beverages, Tobacco and Liquor	99.9	99.8	99.9	99.8	99.[illegible]	99.7
服装鞋帽	Garments, Shoes and Hats	100.3	99.2	99.6	101.1	100.[illegible]	100.8
纺织品	Textiles	99.7	93.4	94.1	93.8	94.[illegible]	93.9
家用电器及音像器材	Household Appliances, Music and Video Equipment	96.0	96.3	96.7	96.7	96.[illegible]	96.7
文化办公用品	Cultural and Office Appliances	98.6	100.7	100.7	100.2	100.[illegible]	100.0
日用品	Articles for Daily Use	100.2	100.3	100.2	99.9	101.[illegible]	100.2
体育娱乐用品	Sports and Recreation Articles	96.4	97.3	97.1	97.4	98.[illegible]	98.6
交通、通信用品	Transportation and Communication Appliances	90.4	90.6	89.9	89.2	89.[illegible]	88.5
家具	Furniture	100.6	100.6	99.7	99.7	99.[illegible]	99.7
化妆品	Cosmetics	99.3	98.9	99.3	98.3	98.[illegible]	98.2
金银珠宝	Gold, Silver and Jewelry	110.3	117.4	117.2	121.3	131.[illegible]	129.5
中西药品及医疗保健用品	Traditional Chinese and Western Medicines and Health Care Articles	100.9	101.0	101.2	101.1	100.[illegible]	101.0
书报杂志及电子出版物	Books, Newspapers, Magazines and Electronic Publications	100.5	100.5	100.5	100.4	100.[illegible]	100.4
燃料	Fuels	105.8	105.6	105.7	106.1	122.[illegible]	125.0
建筑材料及五金电料	Building Materials and Hardware	101.9	101.5	105.0	106.1	106.[illegible]	106.6

3-7 各月商品零售价格分类指数（2006年）
Retail Price Index by Month (2006)

续表 (continued) 上年=100 preceding year = 100

项 目	Item	7月 July	8月 August	9月 September	10月 October	11月 November	12月 December
商品零售价格总指数	**Retail Price Index**	**101.7**	**101.7**	**101.7**	**101.7**	**101.5**	**101.9**
食品	Food	101.0	102.6	103.9	103.0	102.2	103.4
饮料烟酒	Beverages, Tobacco and Liquor	99.7	100.5	101.4	101.6	101.6	101.9
服装鞋帽	Garments, Shoes and Hats	100.4	100.1	94.2	94.1	95.5	96.0
纺织品	Textiles	91.8	89.6	91.8	92.0	92.0	97.3
家用电器及音像器材	Household Appliances, Music and Video Equipment	96.4	96.0	96.3	96.3	96.1	96.3
文化办公用品	Cultural and Office Appliances	100.0	100.0	99.7	99.9	99.9	99.9
日用品	Articles for Daily Use	100.6	101.6	102.5	102.4	102.0	101.5
体育娱乐用品	Sports and Recreation Articles	98.6	98.6	98.6	98.2	98.7	98.7
交通、通信用品	Transportation and Communication Appliances	88.8	86.7	85.9	88.8	88.8	88.3
家具	Furniture	100.3	100.3	100.9	100.9	102.6	101.4
化妆品	Cosmetics	98.2	98.2	98.2	98.2	98.2	98.1
金银珠宝	Gold, Silver and Jewelry	128.3	128.3	128.3	126.2	126.2	117.9
中西药品及医疗保健用品	Traditional Chinese and Western Medicines and Health Care Articles	100.8	99.3	99.2	99.2	99.4	98.4
书报杂志及电子出版物	Books, Newspapers, Magazines and Electronic Publications	100.5	100.5	100.5	100.5	100.5	100.5
燃料	Fuels	123.4	120.8	120.8	120.6	120.1	120.1
建筑材料及五金电料	Building Materials and Hardware	106.1	106.2	108.5	108.2	108.8	112.0

3-7 各月商品零售价格分类指数（2007 年）
Retail Price Index by Month (2007)

上年 =100 | preceding year = 100

项 目	Item	1 月 January	2 月 February	3 月 March	4 月 April	5 月 May	6 月 June
商品零售价格总指数	**Retail Price Index**	**101.3**	**101.4**	**101.9**	**102.9**	**101[illegible]**	**102.2**
食品	Food	103.5	104.0	105.8	109.4	110[illegible]	112.8
饮料烟酒	Beverages, Tobacco and Liquor	102.4	102.4	102.4	103.0	103[illegible]	103.6
服装鞋帽	Garments, Shoes and Hats	93.0	95.1	94.9	94.9	94[illegible]	94.1
纺织品	Textiles	96.6	93.9	94.0	94.1	93[illegible]	94.0
家用电器及音像器材	Household Appliances, Music and Video Equipment	95.5	95.7	96.2	95.9	97[illegible]	97.0
文化办公用品	Cultural and Office Appliances	99.9	99.3	99.3	99.6	99[illegible]	99.4
日用品	Articles for Daily Use	101.3	101.2	101.7	101.8	101[illegible]	101.3
体育娱乐用品	Sports and Recreation Articles	95.7	96.2	97.0	95.8	95[illegible]	94.0
交通、通信用品	Transportation and Communication Appliances	87.6	87.5	89.2	89.0	87[illegible]	87.3
家具	Furniture	101.5	101.7	101.5	101.5	101[illegible]	101.5
化妆品	Cosmetics	98.1	98.1	98.0	98.8	98[illegible]	98.8
金银珠宝	Gold, Silver and Jewelry	116.1	111.3	109.6	107.4	101[illegible]	103.4
中西药品及医疗保健用品	Traditional Chinese and Western Medicines and Health Care Articles	97.8	97.2	97.0	97.3	97[illegible]	97.8
书报杂志及电子出版物	Books, Newspapers, Magazines and Electronic Publications	100.0	100.0	100.0	100.1	100[illegible]	100.1
燃料	Fuels	119.6	119.2	118.8	117.5	101[illegible]	99.6
建筑材料及五金电料	Building Materials and Hardware	111.0	111.5	107.7	107.9	110[illegible]	110.0

3-7 各月商品零售价格分类指数（2007 年）
Retail Price Index by Month (2007)

续表 (continued) 上年 =100 preceding year = 100

项 目	Item	7 月 July	8 月 August	9 月 September	10 月 October	11 月 November	12 月 December
商品零售价格总指数	**Retail Price Index**	**104.1**	**105.3**	**105.0**	**105.3**	**106.1**	**106.7**
食品	Food	118.9	120.8	119.5	120.4	123.1	124.1
饮料烟酒	Beverages, Tobacco and Liquor	103.3	102.5	102.7	103.0	103.3	104.0
服装鞋帽	Garments, Shoes and Hats	94.6	94.8	95.0	94.2	92.3	92.3
纺织品	Textiles	96.1	98.5	96.2	96.1	96.3	100.1
家用电器及音像器材	Household Appliances, Music and Video Equipment	98.6	99.0	98.6	98.9	99.3	99.5
文化办公用品	Cultural and Office Appliances	99.4	99.4	99.3	98.8	98.8	98.8
日用品	Articles for Daily Use	102.2	102.3	101.5	101.6	101.7	102.1
体育娱乐用品	Sports and Recreation Articles	94.1	94.1	94.1	94.6	94.5	94.5
交通、通信用品	Transportation and Communication Appliances	87.2	90.0	90.5	90.1	88.3	88.5
家具	Furniture	100.9	100.9	100.3	100.3	99.6	100.3
化妆品	Cosmetics	98.8	98.8	99.7	99.7	99.7	100.9
金银珠宝	Gold, Silver and Jewelry	99.6	97.0	102.1	107.4	111.8	113.3
中西药品及医疗保健用品	Traditional Chinese and Western Medicines and Health Care Articles	98.7	100.3	100.8	100.9	100.7	101.2
书报杂志及电子出版物	Books, Newspapers, Magazines and Electronic Publications	100.0	100.0	100.0	100.0	100.0	100.0
燃料	Fuels	99.3	99.5	99.5	99.5	102.7	103.0
建筑材料及五金电料	Building Materials and Hardware	109.0	109.1	108.8	108.1	108.5	108.2

3-7 各月商品零售价格分类指数（2008年）
Retail Price Index by Month (2008)

上年 =100 preceding year = 100

项 目	Item	1月 January	2月 February	3月 March	4月 April	5月 May	6月 June
商品零售价格总指数	**Retail Price Index**	**107.1**	**108.9**	**108.4**	**107.5**	**107.1**	**106.6**
食品	Food	124.7	129.1	127.4	123.9	122.5	120.1
饮料烟酒	Beverages, Tobacco and Liquor	104.1	104.4	104.5	104.5	104.6	104.1
服装鞋帽	Garments, Shoes and Hats	93.5	94.0	93.8	93.5	94.1	94.0
纺织品	Textiles	97.8	98.8	98.8	101.2	100.4	100.7
家用电器及音像器材	Household Appliances, Music and Video Equipment	99.5	99.3	99.5	99.5	98.9	98.5
文化办公用品	Cultural and Office Appliances	98.9	98.9	98.5	98.5	98.7	98.7
日用品	Articles for Daily Use	102.8	102.5	102.6	103.2	103.7	103.9
体育娱乐用品	Sports and Recreation Articles	97.3	96.7	96.6	97.7	98.4	99.8
交通、通信用品	Transportation and Communication Appliances	87.8	88.2	87.2	87.8	89.5	90.6
家具	Furniture	100.9	100.7	100.7	100.7	100.7	100.7
化妆品	Cosmetics	101.1	101.5	101.5	101.5	101.5	101.5
金银珠宝	Gold, Silver and Jewelry	120.4	127.6	133.7	132.0	125.4	124.7
中西药品及医疗保健用品	Traditional Chinese and Western Medicines and Health Care Articles	101.2	102.6	102.8	102.6	102.4	102.3
书报杂志及电子出版物	Books, Newspapers, Magazines and Electronic Publications	100.0	100.0	100.0	100.0	100.0	100.7
燃料	Fuels	103.4	104.5	104.5	104.5	104.5	106.7
建筑材料及五金电料	Building Materials and Hardware	107.0	107.9	109.4	108.4	106.4	106.5

3-7 各月商品零售价格分类指数（2008 年）
Retail Price Index by Month (2008)

续表 (continued) 上年 =100 preceding year = 100

项 目	Item	7 月 July	8 月 August	9 月 September	10 月 October	11 月 November	12 月 December
商品零售价格总指数	**Retail Price Index**	**105.2**	**103.4**	**103.1**	**102.6**	**101.1**	**100.2**
食品	Food	114.3	109.1	108.7	108.3	106.0	104.8
饮料烟酒	Beverages, Tobacco and Liquor	103.3	103.6	103.7	103.6	103.6	102.7
服装鞋帽	Garments, Shoes and Hats	94.1	94.0	94.1	94.7	94.8	95.0
纺织品	Textiles	104.1	104.5	104.5	104.8	104.3	106.0
家用电器及音像器材	Household Appliances, Music and Video Equipment	98.3	97.3	97.2	96.5	95.3	93.7
文化办公用品	Cultural and Office Appliances	97.8	97.9	97.5	96.6	96.5	96.3
日用品	Articles for Daily Use	102.8	102.0	103.5	104.2	104.2	104.7
体育娱乐用品	Sports and Recreation Articles	99.8	98.9	98.7	98.3	98.2	98.4
交通、通信用品	Transportation and Communication Appliances	90.4	90.6	90.7	89.0	90.8	90.8
家具	Furniture	100.7	100.7	100.7	100.7	100.7	97.1
化妆品	Cosmetics	101.5	101.5	100.6	100.6	100.1	100.1
金银珠宝	Gold, Silver and Jewelry	128.7	130.5	120.7	113.4	93.0	92.9
中西药品及医疗保健用品	Traditional Chinese and Western Medicines and Health Care Articles	102.1	102.0	101.8	101.4	101.3	101.1
书报杂志及电子出版物	Books, Newspapers, Magazines and Electronic Publications	100.7	100.7	100.7	100.7	100.7	100.7
燃料	Fuels	111.3	111.2	111.2	111.2	106.9	104.1
建筑材料及五金电料	Building Materials and Hardware	106.0	105.4	103.0	102.1	100.6	99.7

3-7 各月商品零售价格分类指数（2009 年）
Retail Price Index by Month (2009)

上年 =100 preceding year = 100

项 目	Item	1月 January	2月 February	3月 March	4月 April	5月 May	6月 June
商品零售价格总指数	**Retail Price Index**	**99.3**	**96.7**	**96.9**	**96.5**	**96.2**	**96.3**
食品	Food	104.7	97.8	99.0	97.9	97.9	98.0
饮料烟酒	Beverages, Tobacco and Liquor	102.3	102.1	101.9	101.3	101.3	101.2
服装鞋帽	Garments, Shoes and Hats	93.8	93.3	93.5	94.1	93.7	94.5
纺织品	Textiles	105.7	102.4	98.8	98.0	98.9	97.7
家用电器及音像器材	Household Appliances, Music and Video Equipment	93.2	92.5	92.2	90.3	89.5	89.6
文化办公用品	Cultural and Office Appliances	96.2	96.2	96.7	94.6	94.4	94.5
日用品	Articles for Daily Use	103.6	103.2	101.3	101.1	100.7	100.3
体育娱乐用品	Sports and Recreation Articles	98.3	98.7	98.9	98.9	98.9	98.5
交通、通信用品	Transportation and Communication Appliances	91.1	91.6	92.1	92.7	90.[illegible]	90.5
家具	Furniture	96.4	96.4	96.4	96.4	96.4	96.4
化妆品	Cosmetics	100.9	100.5	100.5	100.5	100.5	100.5
金银珠宝	Gold, Silver and Jewelry	87.8	86.9	83.3	81.6	84.[illegible]	85.3
中西药品及医疗保健用品	Traditional Chinese and Western Medicines and Health Care Articles	101.1	100.6	100.4	100.8	100.[illegible]	99.7
书报杂志及电子出版物	Books, Newspapers, Magazines and Electronic Publications	103.3	103.3	103.3	103.3	103.[illegible]	102.6
燃料	Fuels	95.7	94.6	94.9	95.8	95.[illegible]	95.8
建筑材料及五金电料	Building Materials and Hardware	100.5	99.4	98.0	98.0	97.[illegible]	98.2

3-7 各月商品零售价格分类指数（2009年）
Retail Price Index by Month (2009)

续表 (continued) 上年=100 preceding year = 100

项 目	Item	7月 July	8月 August	9月 September	10月 October	11月 November	12月 December
商品零售价格总指数	**Retail Price Index**	**96.4**	**97.1**	**97.4**	**97.7**	**98.4**	**99.3**
食品	Food	98.7	101.0	101.2	101.1	101.4	102.5
饮料烟酒	Beverages, Tobacco and Liquor	102.0	101.8	101.4	101.1	101.4	101.5
服装鞋帽	Garments, Shoes and Hats	94.6	94.4	95.9	96.3	96.1	96.0
纺织品	Textiles	94.4	94.1	94.0	93.6	94.0	92.5
家用电器及音像器材	Household Appliances, Music and Video Equipment	89.8	90.5	90.3	90.3	90.9	92.4
文化办公用品	Cultural and Office Appliances	95.9	95.9	96.6	98.1	98.0	98.2
日用品	Articles for Daily Use	100.4	100.9	99.4	98.6	98.5	98.2
体育娱乐用品	Sports and Recreation Articles	98.7	100.1	100.3	99.6	99.3	98.5
交通、通信用品	Transportation and Communication Appliances	90.7	90.4	90.5	92.8	92.7	92.4
家具	Furniture	96.4	96.4	96.4	96.4	96.4	101.1
化妆品	Cosmetics	100.5	100.5	100.5	100.5	101.0	101.0
金银珠宝	Gold, Silver and Jewelry	85.9	87.1	91.9	95.8	114.0	118.2
中西药品及医疗保健用品	Traditional Chinese and Western Medicines and Health Care Articles	98.7	98.2	98.0	98.6	99.2	100.7
书报杂志及电子出版物	Books, Newspapers, Magazines and Electronic Publications	103.5	103.5	103.5	103.5	103.5	103.5
燃料	Fuels	94.3	93.5	94.7	93.9	95.8	99.1
建筑材料及五金电料	Building Materials and Hardware	99.0	100.4	99.8	101.4	102.2	101.3

3-8 全国各地区居民消费价格指数（2005-2009 年）
Consumer Price Indices by Region of the Nation (2005-2009)

上年 =100　　　　preceding year=100

地区	Region	2005 年	2006 年	2007 年	2008 年	2009 年
全 国	**National Total**	**101.8**	**101.5**	**104.8**	**105.9**	**99.3**
东部地区	**Eastern Region**					
北 京	Beijing	101.5	100.9	102.4	105.1	98.5
天 津	Tianjin	101.5	101.5	104.2	105.4	99.0
河 北	Hebei	101.8	101.7	104.7	106.2	99.3
辽 宁	Liaoning	101.4	101.2	105.1	104.6	100.0
上 海	Shanghai	101.0	101.2	103.2	105.8	99.6
江 苏	Jiangsu	102.1	101.6	104.3	105.4	99.6
浙 江	Zhejiang	101.3	101.1	104.2	105.0	98.5
福 建	Fujian	102.2	100.8	105.2	104.6	98.2
山 东	Shandong	101.7	101.0	104.4	105.3	100.0
广 东	Guangdong	102.3	101.8	103.7	105.6	97.7
海 南	Hainan	101.5	101.5	105.0	106.9	99.3
中部地区	**Central Region**					
山 西	Shanxi	102.3	102.0	104.6	107.2	99.6
吉 林	Jilin	101.5	101.4	104.8	105.1	100.1
黑龙江	Heilongjiang	101.2	101.9	105.4	105.6	100.2
安 徽	Anhui	101.4	101.2	105.3	106.2	99.1
江 西	Jiangxi	101.7	101.2	104.8	106.0	99.3
河 南	Henan	102.1	101.3	105.4	107.0	99.4
湖 北	Hubei	102.9	101.6	104.8	106.3	99.6
湖 南	Hunan	102.3	101.4	105.6	106.0	99.6
西部地区	**Western Region**					
重 庆	Chongqing	100.8	102.4	104.7	105.6	98.4
四 川	Sichuan	101.7	102.3	105.9	105.1	100.8
贵 州	Guizhou	101.0	101.7	106.4	107.6	98.7
云 南	Yunnan	101.4	101.9	105.9	105.7	100.4
西 藏	Tibet	101.5	102.0	103.4	105.7	101.4
陕 西	Shaanxi	101.2	101.5	105.1	106.4	100.5
甘 肃	Gansu	101.7	101.3	105.5	108.2	101.3
青 海	Qinghai	100.8	101.6	106.6	110.1	102.6
宁 夏	Ningxia	101.5	101.9	105.4	108.5	100.7
新 疆	Xinjiang	100.7	101.3	105.5	108.1	100.7
内蒙古	Inner Mongolia	102.4	101.5	104.6	105.7	99.7
广 西	Guangxi	102.4	101.3	106.1	107.8	97.9

3-9 全国各地区商品零售价格指数（2005-2009 年）
Retail Price Indices by Region of the Nation (2005-2009)

上年 =100 preceding year=100

地区	Region	2005 年	2006 年	2007 年	2008 年	2009 年
全 国	**National Total**	**100.8**	**101.0**	**103.8**	**105.9**	**98.8**
东部地区	**Eastern Region**					
北 京	Beijing	99.7	100.2	100.8	104.4	97.8
天 津	Tianjin	99.9	100.4	103.2	105.1	98.9
河 北	Hebei	101.1	101.5	104.1	106.7	99.0
辽 宁	Liaoning	100.1	101.3	104.4	105.3	99.8
上 海	Shanghai	99.4	100.2	102.4	105.3	99.4
江 苏	Jiangsu	100.3	100.8	102.9	104.9	98.9
浙 江	Zhejiang	100.9	100.8	103.8	106.3	98.8
福 建	Fujian	100.6	100.5	104.3	105.7	97.9
山 东	Shandong	100.6	100.6	103.6	104.9	99.4
广 东	Guangdong	101.8	101.5	103.4	106.0	96.8
海 南	Hainan	100.9	101.3	103.8	106.7	98.5
中部地区	**Central Region**					
山 西	Shanxi	100.3	101.2	104.2	107.2	99.1
吉 林	Jilin	101.1	101.5	103.3	106.2	99.3
黑龙江	Heilongjiang	100.4	101.5	105.6	105.8	98.9
安 徽	Anhui	100.6	100.8	104.5	106.3	99.0
江 西	Jiangxi	100.9	101.2	104.0	106.1	99.1
河 南	Henan	101.7	100.9	104.4	107.5	99.4
湖 北	Hubei	102.1	101.1	104.2	106.3	98.6
湖 南	Hunan	102.3	101.3	104.3	105.6	98.5
西部地区	**Western Region**					
重 庆	Chongqing	98.7	101.6	103.7	105.0	97.3
四 川	Sichuan	100.6	101.7	105.3	105.3	100.1
贵 州	Guizhou	101.3	100.9	104.2	107.2	97.6
云 南	Yunnan	100.1	100.8	104.4	106.1	100.1
西 藏	Tibet	100.8	100.2	101.7	103.9	99.5
陕 西	Shaanxi	100.1	101.8	105.0	106.9	99.9
甘 肃	Gansu	99.9	101.2	104.4	107.9	101.8
青 海	Qinghai	100.7	102.0	106.0	110.6	101.6
宁 夏	Ningxia	100.4	101.3	104.1	108.5	99.5
新 疆	Xinjiang	99.4	101.8	105.1	108.5	100.4
内蒙古	Inner Mongolia	101.5	101.4	103.6	104.7	99.5
广 西	Guangxi	101.1	100.3	104.8	107.6	98.0

3-10 全国 36 个大中城市居民消费价格指数（2006-2009 年）
Consumer Price Indices in Thirty-Six Large and Medium Cities of the Nation (2006-2009)

上年 =100 preceding year=100

地 区	Region	2006 年	2007 年	2008 年	2009 年
北 京	Beijing	100.9	102.4	105.1	98.5
天 津	Tianjin	101.5	104.2	105.4	99.0
石家庄	Shijiazhuang	101.8	104.3	106.7	100.3
太 原	Taiyuan	101.6	104.1	107.4	99.9
呼和浩特	Hohhot	101.7	103.7	104.6	100.1
沈 阳	Shenyang	101.8	104.5	104.4	99.9
大 连	Dalian	101.4	104.0	104.4	100.2
长 春	Changchun	101.3	103.7	104.4	99.8
哈尔滨	Harbin	101.1	104.1	104.7	100.2
上 海	Shanghai	101.2	103.2	105.8	99.6
南 京	Nanjing	101.7	103.7	106.2	100.1
杭 州	Hangzhou	101.2	103.5	104.9	98.6
宁 波	Ningbo	101.9	103.9	105.0	99.4
合 肥	Hefei	100.9	105.6	106.4	99.1
福 州	Fuzhou	100.3	104.1	104.2	98.7
厦 门	Xiamen	100.8	104.6	104.9	97.3
南 昌	Nanchang	101.9	104.3	106.1	99.7
济 南	Jinan	100.9	103.9	105.7	100.3
青 岛	Qingdao	100.9	104.5	104.7	100.5
郑 州	Zhengzhou	101.4	105.6	106.1	99.8
武 汉	Wuhan	101.4	104.1	105.7	99.4
长 沙	Changsha	101.1	104.9	105.2	99.4
广 州	Guangzhou	102.3	103.4	105.9	97.5
深 圳	Shenzhen	102.2	104.1	105.9	98.7
南 宁	Nanning	102.5	104.4	108.4	98.2
海 口	Haikou	101.3	104.4	105.8	99.9
重 庆	Chongqing	102.4	104.7	105.6	98.4
成 都	Chengdu	101.8	105.2	104.3	100.3
贵 阳	Guiyang	101.1	105.1	107.0	97.7
昆 明	Kunming	101.6	105.8	105.8	100.8
拉 萨	Lhasa	100.6	103.2	106.4	101.7
西 安	Xi'an	101.6	104.7	106.0	99.7
兰 州	Lanzhou	101.7	105.3	107.2	99.6
西 宁	Xining	101.8	106.4	108.2	102.2
银 川	Yinchuan	101.6	105.3	107.6	99.7
乌鲁木齐	Urumqi	100.1	104.6	107.0	100.4

3-11 全国36个大中城市商品零售价格指数（2006-2009年）
Retail Price Indices in Thirty-Six Large and Medium Cities of the Nation (2006-2009)

上年=100 preceding year=100

地区	Region	2006年	2007年	2008年	2009年
北京	Beijing	100.2	100.8	104.4	97.8
天津	Tianjin	100.4	103.2	105.1	98.9
石家庄	Shijiazhuang	101.8	104.4	107.7	100.1
太原	Taiyuan	100.6	102.9	107.9	99.1
呼和浩特	Hohhot	101.6	102.7	105.4	99.9
沈阳	Shenyang	101.9	103.2	105.0	97.9
大连	Dalian	101.4	101.9	106.0	99.4
长春	Changchun	101.5	102.1	105.6	99.6
哈尔滨	Harbin	100.3	103.7	105.3	98.5
上海	Shanghai	100.2	102.4	105.3	99.4
南京	Nanjing	98.9	99.9	103.7	98.7
杭州	Hangzhou	100.2	103.1	106.0	98.6
宁波	Ningbo	101.8	103.3	107.1	98.8
合肥	Hefei	100.6	104.6	106.3	99.8
福州	Fuzhou	99.9	103.1	104.4	99.1
厦门	Xiamen	100.3	103.9	104.5	97.8
南昌	Nanchang	101.9	103.5	106.2	99.4
济南	Jinan	100.3	102.2	104.5	98.7
青岛	Qingdao	99.7	102.7	103.9	98.6
郑州	Zhengzhou	100.9	102.7	106.0	100.3
武汉	Wuhan	100.7	103.0	105.1	98.4
长沙	Changsha	101.1	102.3	103.9	97.7
广州	Guangzhou	101.2	102.9	105.7	96.8
深圳	Shenzhen	101.8	103.5	106.5	97.5
南宁	Nanning	101.0	103.1	107.9	98.5
海口	Haikou	100.6	103.4	105.6	99.2
重庆	Chongqing	101.6	103.7	105.0	97.3
成都	Chengdu	101.2	104.2	104.5	99.0
贵阳	Guiyang	100.3	102.8	105.4	98.2
昆明	Kunming	99.7	103.4	105.4	100.0
拉萨	Lhasa	99.6	101.2	104.6	100.1
西安	Xi'an	101.5	103.7	105.4	99.5
兰州	Lanzhou	100.3	103.1	107.2	100.5
西宁	Xining	102.6	105.7	110.1	102.3
银川	Yinchuan	101.3	103.6	105.9	98.5
乌鲁木齐	Urumqi	99.9	104.6	108.7	100.1

3-12 农产品生产价格指数（2003-2009 年）
Producers' Price Indices of Farm Products（2003-2009）

上年 =100 preceding year=100

指数	Index	2003 年	2004 年	2005 年	2006 年	2007 年	2008 年	2009 年
农产品生产价格指数	**Producers' Price Indices of Farm Products**	**103.80**	**125.53**	**100.03**	**93.58**	**121.77**	**120.4[illegible]**	**88.99**
种植业产品	**Planting Products**	**105.54**	**120.26**	**102.16**	**100.39**	**108.61**	**108.[illegible]**	**104.15**
# 谷物（原粮）	Cereal (Raw Grain)	105.42	129.50	101.29	97.29	108.19	108.[illegible]	100.4
# 小麦	Wheat	102.34	131.58	102.71	95.14	103.86	106.4[illegible]	103.51
稻谷	Rice	106.02	141.46	101.18	97.79	108.15	109.2[illegible]	100.78
玉米	Corn	102.33	130.43	101.71	94.86	108.99	106.2[illegible]	97.88
薯类	Tubers	78.05	102.21	101.58	101.06	104.24	109.[illegible]	109.89
油料	Oil-bearing Crops	116.91	123.22	93.07	102.77	120.09	118.[illegible]	80.29
# 油菜籽	Rapeseeds	117.26	117.90	86.63	104.02	123.68	119.2[illegible]	70.77
大豆	Beans	118.70	122.07	97.40	100	107.86	115[illegible]	98.92
烟叶	Tobacco	109.38	116.98	104.26	101.82	106.75	107.7[illegible]	110.44
蔬菜	Vegetables	104.31	106.01	103.82	102.47	109.8	106.5[illegible]	110.51
# 叶菜类	Leafy Vegetables	107.82	105.89	102.93	102.92	108.04	108.3[illegible]	110.65
瓜菜类	Melons as Vegetables	103.23	110.12	103.09	108.12	114.19	105.1[illegible]	111.02
块根、块茎菜类	Root, Tuber Vegetables	104.73	105.61	104.53	100.6	108.71	109.8[illegible]	106.82
茄果菜类	Eggplant Fruit	99.40	101.92	104.32	103.32	113.7	98.3[illegible]	121.39
葱蒜类	Garlic & Chives Kind	105.85	105.93	102.30	101.69	107.42	109.3[illegible]	108.76
菜用豆类	Vegetable Bean	96.51	114.48	102.30	106.05	111.74	104.0[illegible]	115.16
水生菜类	Water Lettuce	110.40	106.90	104.76	101.68	108.82	110.0[illegible]	109.66
水果	Fruits	94.34	103.40	103.36	101.26	104.49	109.2[illegible]	106.96
# 柑桔	Citrus	94.29	100.02	102.38	100.64	105.6	100.6[illegible]	102.7
林业产品	**Forestry Products**			**100.60**	**106.38**	**110.69**	**116.[illegible]**	**111.36**
畜牧业产品	**Animal Husbandry Products**	**103.18**	**128.83**	**98.76**	**89.79**	**128.77**	**126.1**	**80.84**
# 活牛（毛重）	Cattle and Buffaloes (gross weight)	104.56	101.75	103.85	101.56	120.6	115.9	104.24
活羊（毛重）	Sheep and Goats (gross weight)	102.31	111.09	102.80	101.17	107.96	128.8	100.74
活猪（毛重）	Pig (gross weight)	103.65	131.18	97.53	86.9	132.15	127.2[illegible]	77.12
肉禽（毛重）	Poultry (gross weight)	98.55	117.21	104.34	100.17	116.17	111.7[illegible]	102.8
禽蛋	Eggs	103.01	111.95	103.85	98.88	110.11	112.1[illegible]	101.91
渔业产品	**Fishery Products**	**100.86**	**107.83**	**105.72**	**101.73**	**105.87**	**110.2[illegible]**	**104.74**
# 淡水鱼	Freshwater Fish	100.86	107.83	105.72	101.73	105.87	110.2[illegible]	104.74

3-13 农产品生产价格分季度指数（2008-2009 年）
Producers' Price Indices of Farm Products by Quarter（2008-2009）

上年同期=100 same time of preceding year=100

指数	Index	2008 年				2009 年			
		1 季度 1st Quarter	2 季度 2nd Quarter	3 季度 3rd Quarter	4 季度 4th Quarter	1 季度 1st Quarter	2 季度 2nd Quarter	3 季度 3rd Quarter	4 季度 4th Quarter
农产品生产价格指数	**Producers' Price Indices of Farm Products**	**148.02**	**128.44**	**110.48**	**97.40**	**91.72**	**82.78**	**87.63**	**94.82**
种植业产品	**Planting Products**	**112.27**	**109.84**	**108.02**	**104.43**	**101.46**	**101.93**	**109.2**	**108.16**
#谷物（原粮）	Cereal (Raw Grain)	112.10	111.53	108.35	106.14	103	100.25	99.6	100.42
#小麦	Wheat	111.69	114.67	101.87	0.00		100	107.14	
稻谷	Rice	111.40	111.17	109.44	107.01	103.72	102.91	100.47	100.14
玉米	Corn	113.51	111.96	104.00	102.25	100	93.68	95.17	103
薯类	Tubers	106.78	113.17	106.40	109.49	105.84	111.06	97.9	143.94
油料	Oil-bearing Crops	131.17	107.76	119.16	103.01	98.18	74.19	71.97	90.87
#油菜籽	Rapeseeds	135.14	106.66	120.67	102.49	89.27	72.79	68.58	82.3
大豆	Beans	115.55	123.08	110.29	108.33	102	98	98.42	103.2
烟叶	Tobacco	111.92	100.00	0.00	108.07	100		126.77	118.13
蔬菜	Vegetables	120.12	109.93	101.54	98.30	102.75	114.73	114.48	115.09
#叶菜类	Leafy Vegetables	120.27	113.30	97.70	98.17	99.22	117.85	124.42	116.74
瓜菜类	Melons as Vegetables	123.16	112.86	103.17	100.65		123.49	114.3	117.07
块根、块茎菜类	Root, Tuber Vegetables	120.61	110.60	104.27	103.50	105.7	103.89	107.58	113.36
茄果菜类	Eggplant Fruit	121.20	104.99	96.72	87.31	101.5	121.61	122.92	115.66
葱蒜类	Garlic & Chives Kind	109.73	111.17	130.67	112.34	95.29	110.82	101.46	114.73
菜用豆类	Vegetable Bean		107.49	96.12	102.06		120.59	111.48	133.33
水生菜类	Water Lettuce		107.50	108.22	105.85		113.23	103.9	
水果	Fruits	101.05	102.64	112.08	100.00	97.7	110.43	125.4	106.43
#柑桔	Citrus	101.05	101.83			97.7	109.58		104.94
林业产品	**Forestry Products**		**117.92**	**111.46**	**104.48**	**100**	**100**	**92.75**	**127.6**
畜牧业产品	**Animal Husbandry Products**	**161.86**	**138.55**	**111.91**	**93.19**	**87.8**	**71.74**	**75.44**	**86.28**
#活牛（毛重）	Cattle and Buffaloes (gross weight)	128.06	136.67		108.54	104.14			104.28
活羊（毛重）	Sheep and Goats (gross weight)	128.88				100.42			101.06
活猪（毛重）	Pig (gross weight)	170.62	149.55	110.82	88.76	86.73	63.8	70.32	84.15
肉禽（毛重）	Poultry (gross weight)	125.91	114.32	106.57	105.49	103.06	104.21	103.43	101.64
禽蛋	Eggs	125.95	111.57	106.56	106.13	99.94	102.11	105.43	100.73
渔业产品	**Fishery Products**	**112.99**	**115.46**	**107.07**	**105.79**	**102.19**	**109.65**	**102.3**	**107.8**
#淡水鱼	Freshwater Fish	112.99	115.46	107.07	105.79	102.19	109.65	102.3	107.8

3-14 全国各地区农产品生产价格指数（2002-2009 年）
Producers' Price Indices of Farm Products by Region of the Nation (2002-2009)

上年 =100 | preceding year=100

地区	Region	2002 年	2003 年	2004 年	2005 年	2006 年	2007 年	2008 年	2009 年
全 国	**National Total**	**99.65**	**104.37**	**113.09**	**101.39**	**101.20**	**118.49**	**114.0[illegible]**	**97.60**
东部地区	**Eastern Region**								
北 京	Beijing	104.10	102.46	105.76	103.53	99.13	114.38	112.2[illegible]	98.27
天 津	Tianjin	104.17	104.44	108.06	103.38	103.41	107.79	107.0[illegible]	103.03
河 北	Hebei	97.70	107.48	110.09	102.45	100.22	116.15	108.9[illegible]	99.70
辽 宁	Liaoning	99.41	103.33	120.41	101.50	105.84	116.61	109.8[illegible]	102.90
上 海	Shanghai	100.00	102.15	110.84	105.71	101.86	110.24	109.7[illegible]	102.23
江 苏	Jiangsu	97.28	107.21	122.68	100.32	99.92	112.55	114.3[illegible]	99.92
浙 江	Zhejiang	101.22	101.88	116.77	105.88	102.70	108.59	112.9[illegible]	100.25
福 建	Fujian	99.10	101.72	106.80	103.90	102.70	112.60	110.6[illegible]	98.04
山 东	Shandong	102.15	108.55	112.31	102.93	103.35	113.98	112.4[illegible]	101.23
广 东	Guangdong	98.45	101.30	110.70	103.47	102.56	109.69	113.8[illegible]	94.95
海 南	Hainan	100.00	104.26	106.36	102.20	105.59	104.70	112.4[illegible]	101.91
中部地区	**Central Region**								
山 西	Shanxi	94.74	103.94	110.61	103.50	100.18	112.95	109.1[illegible]	100.43
吉 林	Jilin	98.60	136.86	118.11	100.29	104.64	114.01	104.5[illegible]	103.77
黑龙江	Heilongjiang	102.39	110.23	117.27	101.01	99.97	119.90	117.0[illegible]	98.07
安 徽	Anhui	99.85	106.42	117.78	98.71	99.33	114.13	114.6[illegible]	99.08
江 西	Jiangxi	100.00	105.09	119.48	100.45	101.40	114.98	114.2[illegible]	96.81
河 南	Henan	99.70	111.84	121.95	100.74	100.85	117.70	114.9[illegible]	99.07
湖 北	Hubei	100.90	106.94	121.66	100.30	99.47	116.98	117.0[illegible]	96.30
湖 南	Hunan	99.91	111.69	127.31	99.54	100.74	130.59	126.6[illegible]	90.61
西部地区	**Western Region**								
重 庆	Chongqing	101.10	103.80	125.53	100.03	93.58	121.77	120.4[illegible]	88.99
四 川	Sichuan	101.82	103.54	120.38	103.18	102.73	120.79	118.3[illegible]	96.94
贵 州	Guizhou	103.89	101.93	111.14	101.82	101.35	113.03	115.5[illegible]	96.11
云 南	Yunnan	108.12	100.33	112.91	103.99	106.64	117.51	115.5[illegible]	96.50
西 藏	Tibet								
陕 西	Shaanxi	101.12	105.48	111.66	104.85	103.23	115.40	111.2[illegible]	95.83
甘 肃	Gansu	97.81	103.36	113.06	103.06	102.63	111.42	113.9[illegible]	100.22
青 海	Qinghai	101.16	105.75	108.75	103.28	104.54	118.95	114.9[illegible]	94.61
宁 夏	Ningxia	93.40	104.40	114.23	103.26	101.20	114.95	118.5[illegible]	99.39
新 疆	Xinjiang	100.91	126.16	100.80	108.29	98.43	114.67	119.7[illegible]	92.87
内蒙古	Inner Mongolia	99.34	106.45	112.00	103.17	103.55	114.90	110.9[illegible]	99.83
广 西	Guangxi	100.00	104.51	118.93	100.02	106.76	121.49	112.9[illegible]	89.25

3-15 工业品出厂价格指数（2000-2009 年）
Ex-Factory Price Indices of Industrial Products (2000-2009 年)

上年 =100 preceding year=100

类别	Item	2000 年	2001 年	2002 年	2003 年	2004 年	2005 年	2006 年	2007 年	2008 年	2009 年
全部工业品	**Total Industry Products**	**98.6**	**97.8**	**97.6**	**100.6**	**103.3**	**103.0**	**102.2**	**103.5**	**105.8**	**95.5**
按工业部类分	**By Category**										
生产资料	Means of Production	99.5	101.5	98.6	101.9	104.6	104.0	102.8	103.7	106.7	94.2
采掘	Mining & Quarrying Industry	93.4	105.7	104.3	102.7	122.5	127.7	103.6	107.1	130.4	97.5
原料	Raw Materials Industry	102.3	104.0	99.2	103.0	107.8	106.1	104.1	106.0	105.9	91.5
加工	Processing Industry	97.7	98.9	97.8	101.6	103.3	102.2	102.3	102.8	105.6	94.7
生活资料	Consumer Goods	97.5	91.4	95.2	97.7	99.1	100.5	100.7	102.8	103.3	99.0
食品	Food	97.9	97.6	99.6	102.0	104.1	101.6	101.3	107.8	110.3	98.8
衣着	Clothing	106.6	99.1	96.3	96.9	100.2	103.5	103.4	100.6	103.6	101.4
一般日用品	Articles for Daily Use	98.9	99.2	97.3	99.6	100.3	101.6	100.9	101.4	102.2	101.5
耐用消费品	Durable Consumer Goods	95.1	88.4	92.7	93.9	96.1	99.7	100.1	100.4	99.6	98.6
按工业部门分	**By Sector**										
冶金工业	Metallurgical Industry	106.0	98.8	95.8	110.2	114.9	105.8	105.5	108.9	107.9	83.5
电力工业	Power Industry	101.2	106.1	100.6	103.3	101.0	102.7	103.6	103.7	102.2	102.1
煤炭及炼焦工业	Coal Industry	93.2	108.6	105.1	101.4	118.3	137.2	104.1	104.8	136.8	97.0
石油工业	Petroleum Industry	100.9	99.7	99.4	105.4	102.6	102.9	114.9	107.4	109.1	98.9
化学工业	Chemical Industry	101.8	102.8	100.6	100.6	106.9	110.8	100.6	105.1	111.3	90.7
机械工业	Machine Manufacturing Industry	96.5	94.0	95.4	96.7	99.0	99.8	101.1	100.9	101.5	97.6
建筑材料工业	Building Materials Industry	92.6	103.0	100.3	100.8	100.7	103.6	101.6	106.0	116.0	99.9
森林工业	Timber Industry		91.9	93.0	101.7	99.5	102.2	103.3	104.7	103.0	104.3
食品工业	Food Industry	97.6	97.5	99.3	101.6	106.3	100.9	101.5	108.6	113.3	97.9
纺织工业	Textile Industry	107.2	92.4	90.0	106.0	112.9	103.4	107.4	96.5	96.8	99.0
缝纫工业	Tailoring Industry	90.5	98.3	93.2	96.3	100.6	108.9	106.7	99.0	111.3	102.2
皮革工业	Leather Industry	100.0	101.6	98.7	98.5	97.1	99.4	99.9	100.4	96.8	100.5
造纸工业	Paper Industry	82.5	100.1	95.5	99.4	100.6	100.2	100.7	101.2	104.2	97.2
文教艺术用品工业	Cultural, Educational& Handicrafts Articles		94.9	104.7	99.8	99.4	99.9	99.7	99.7	99.7	99.5
其它工业	Others	103.2	114.0	126.1	106.9	104.4	107.7	103.2	103.0	104.0	99.4

3-16 分行业工业品出厂价格指数（2002-2009 年）
Ex-Factory Price Indices of Industrial Products by Sector (2002-2009)

上年 =100 preceding year=100

行业	Sector	2002 年	2003 年	2004 年	2005 年
工业品出厂价格指数	**Ex-Factory Price Indices of Industrial Products**	**97.6**	**100.6**	**10[illegible].3**	**103.0**
煤炭开采和洗选产品	Mining and Washing of Coal	105.1	101.4	11[illegible].9	138.1
石油和天然气开采产品	Extraction of Petroleum and Natural Gas	101.5	102.3	10[illegible].1	101.4
黑色金属矿采选产品	Mining and Processing of Ferrous Metal Ores	98.8	159.0	20[illegible].0	110.9
有色金属矿采选产品	Mining and Processing of Non-Ferrous Metal Ores	100.0	156.5	11[illegible].5	100.0
非金属矿采选产品	Mining and Processing of Nonmetal Ores	100.6	100.0	10[illegible].1	103.3
其他采矿产品	Mining and Processing of Others	0.0			
农副食品加工产品	Processing of Food from Agricultural Products	98.6	106.8	11[illegible].2	100.2
食品	Processing of Foodstuff	100.1	99.5	11[illegible].9	102.5
饮料	Manufacture of Beverages	97.9	99.8	10[illegible].6	101.9
烟草制品	Manufacture of Tobacco	100.0	101.8	10[illegible].1	100.9
纺织产品	Manufacture of Textile	90.7	106.0	11[illegible].9	103.4
纺织服装、鞋、帽制品	Manufacture of Textile Wearing Apparel, Footware, and Caps	92.6	99.8	10[illegible].8	107.5
皮革、毛皮、羽毛（绒）及其制品	Manufacture of Leather, Fur, Feather and Related Products	97.6	96.6	10[illegible].3	103.8
木材加工及木、竹、藤、棕、草制品	Processing of Timber, Manufacture of Wood, Bamboo, Rattan, Palm and Straw Products	94.0	103.1	9[illegible].7	101.5
家俱制品	Manufacture of Furniture	96.6	99.9	10[illegible].7	104.4
造纸及纸制品	Manufacture of Paper and Paper Products	92.5	99.4	10[illegible].6	100.2
印刷业和记录媒介的复制	Printing, Reproduction of Recording Media	98.6	98.3	9[illegible].2	99.8
文教体育用品	Manufacture of Articles for Culture, Education and Sport Activities	100.0	100.0	10[illegible].0	103.3
石油加工、炼焦及核燃料加工产品	Processing of Petroleum, Coking, Processing of Nuclear Fuel	99.3	107.1	11[illegible].2	115.2
化学原料及化学制品	Manufacture of Raw Chemical Materials and Chemical Products	102.0	100.2	10[illegible].3	114.3
药品	Manufacture of Medicines	97.2	101.7	9[illegible].4	101.6
化学纤维产品	Manufacture of Chemical Fibers	102.0	98.4	9[illegible].1	103.2
橡胶制品	Manufacture of Rubber	94.5	97.9	10[illegible].9	106.4
塑料制品	Manufacture of Plastics	95.0	99.4	10[illegible].9	104.8
非金属矿物制品	Manufacture of Non-metallic Mineral Products	100.7	100.8	10[illegible].5	103.7
黑色金属冶炼及压延加工产品	Smelting and Pressing of Ferrous Metals	96.9	114.8	12[illegible].6	108.1
有色金属冶炼及压延加工产品	Smelting and Pressing of Non-ferrous Metals	95.0	100.2	11[illegible].0	102.8
金属制品	Manufacture of Metal Products	96.0	100.7	10[illegible].0	104.4
通用设备	Manufacture of General Purpose Machinery	96.3	102.7	10[illegible].1	99.8
专用设备	Manufacture of Special Purpose Machinery	100.6	108.1	10[illegible].4	101.2
交通运输设备	Manufacture of Transport Equipment	95.1	96.0	9[illegible].1	99.3
电器机械及器材	Manufacture of Electrical Machinery and Equipment	0.0	98.4	10[illegible].7	107.1
通信设备、计算机及其他电子设备	Manufacture of Communication Equipment, Computers and Other Electronic Equipment	96.5	95.6	9[illegible]4	96.9
仪器仪表及文化、办公用机械	Manufacture of Measuring Instruments and Machinery for Cultural Activity and Office Work	89.5	98.1	9[illegible]3	100.3
工艺品及其他制品	Manufacture of Artwork and Other Manufacturing	99.3	108.5	10[illegible]5	103.4
废弃资源和废旧材料回收加工	Recycling and Disposal of Waste	103.4			
电力、热力的生产和供应产品	Production and Supply of Electric Power and Heat Power	100.5	103.3	10[illegible]0	102.7
燃气生产和供应产品	Production and Supply of Gas	100.0	105.0	10[illegible]2	101.4
水的生产和供应产品	Production and Supply of Water	130.1	109.5	10[illegible]1	108.4

3-16 分行业工业品出厂价格指数（2002-2009 年）
Ex-Factory Price Indices of Industrial Products by Sector (2002-2009)

续表 (continued) 上年 =100 preceding year=100

行 业	Sector	2006 年	2007 年	2008 年	2009 年
工业品出厂价格指数	**Ex-Factory Price Indices of Industrial Products**	**102.2**	**103.5**	**105.8**	**95.5**
煤炭开采和洗选产品	Mining and Washing of Coal	104.0	104.6	135.9	98.3
石油和天然气开采产品	Extraction of Petroleum and Natural Gas	114.3	111.3	114.1	100.0
黑色金属矿采选产品	Mining and Processing of Ferrous Metal Ores	88.0	130.9	112.4	94.9
有色金属矿采选产品	Mining and Processing of Non-Ferrous Metal Ores	94.1	102.5	97.0	81.1
非金属矿采选产品	Mining and Processing of Nonmetal Ores	99.5	103.2	106.6	93.4
其他采矿产品	Mining and Processing of Others				
农副食品加工产品	Processing of Food from Agricultural Products	100.1	118.1	123.1	95.7
食品	Processing of Foodstuff	105.1	104.6	110.6	101.4
饮料	Manufacture of Beverages	103.3	102.5	103.4	100.0
烟草制品	Manufacture of Tobacco	100.6	100.3	101.4	99.2
纺织产品	Manufacture of Textile	107.4	96.6	96.9	98.8
纺织服装、鞋、帽制品	Manufacture of Textile Wearing Apparel, Footware, and Caps	102.8	97.6	111.7	101.1
皮革、毛皮、羽毛（绒）及其制品	Manufacture of Leather, Fur, Feather and Related Products	103.3	100.4	95.1	98.7
木材加工及木、竹、藤、棕、草制品	Processing of Timber, Manufacture of Wood, Bamboo, Rattan, Palm and Straw Products	105.0	105.6	105.4	104.5
家俱制品	Manufacture of Furniture	101.1	102.9	103.1	102.9
造纸及纸制品	Manufacture of Paper and Paper Products	100.7	101.2	104.2	97.2
印刷业和记录媒介的复制	Printing, Reproduction of Recording Media	99.7	99.7	99.4	99.5
文教体育用品	Manufacture of Articles for Culture, Education and Sport Activities	100.0	100.0	100.0	100.0
石油加工、炼焦及核燃料加工产品	Processing of Petroleum, Coking, Processing of Nuclear Fuel	111.7	105.0	130.0	87.5
化学原料及化学制品	Manufacture of Raw Chemical Materials and Chemical Products	100.2	105.3	116.2	84.7
药品	Manufacture of Medicines	99.2	105.4	104.1	101.8
化学纤维产品	Manufacture of Chemical Fibers	102.7	109.9	115.5	80.6
橡胶制品	Manufacture of Rubber	104.5	103.9	103.4	97.0
塑料制品	Manufacture of Plastics	103.6	102.8	104.4	95.4
非金属矿物制品	Manufacture of Non-metallic Mineral Products	101.7	106.1	116.3	100.1
黑色金属冶炼及压延加工产品	Smelting and Pressing of Ferrous Metals	98.8	109.9	125.2	81.5
有色金属冶炼及压延加工产品	Smelting and Pressing of Non-ferrous Metals	114.3	108.3	96.2	82.1
金属制品	Manufacture of Metal Products	102.2	100.7	106.0	97.3
通用设备	Manufacture of General Purpose Machinery	101.0	102.6	109.5	99.2
专用设备	Manufacture of Special Purpose Machinery	101.4	100.6	103.1	102.0
交通运输设备	Manufacture of Transport Equipment	100.0	100.2	100.3	98.2
电器机械及器材	Manufacture of Electrical Machinery and Equipment	111.8	106.7	103.4	88.9
通信设备、计算机及其他电子设备	Manufacture of Communication Equipment, Computers and Other Electronic Equipment	98.7	96.4	98.0	99.0
仪器仪表及文化、办公用机械	Manufacture of Measuring Instruments and Machinery for Cultural Activity and Office Work	100.7	98.7	102.9	101.6
工艺品及其他制品	Manufacture of Artwork and Other Manufacturing	105.1	104.6	110.1	96.5
废弃资源和废旧材料回收加工	Recycling and Disposal of Waste		102.7		
电力、热力的生产和供应产品	Production and Supply of Electric Power and Heat Power	103.6	103.7	102.2	102.1
燃气生产和供应产品	Production and Supply of Gas	110.7	106.7	107.2	100.9
水的生产和供应产品	Production and Supply of Water	102.6	102.6	104.1	100.3

3-17 工业品出厂价格分月指数（2000 年）
Ex-Factory Price Indices of Industrial Products by Month（2000）

上年同期 =100 preceding year=100

类 别	Item	1 月 January	2 月 February	3 月 March	4 月 April	5 月 May	6 月 June
全部工业品	**Total Industry Products**	**100.2**	**96.7**	**99.5**	**98.6**	**99.1**	**100.0**
按工业部类分	**By Category**						
生产资料	Means of Production	97.4	98.4	101.2	95.8	99.7	101.5
采　掘	Mining & Quarrying Industry	98.2	93.7	97.3	86.8	91.4	92.6
原　料	Raw Materials Industry	98.3	98.8	100.2	101.5	101.2	102.9
加　工	Processing Industry	96.4	98.6	102.3	91.1	97.7	101.0
生活资料	Consumer Goods	106.1	93.5	96.5	103.9	98.0	96.7
食　品	Food	101.8	96.7	97.1	97.0	93.5	98.4
衣　着	Clothing	96.1	91.4		110.4	103.7	120.0
一般日用品	Articles for Daily Use	96.2	96.2	97.0	98.2	99.3	102.8
耐用消费品	Durable Consumer Goods	114.1	92.5	96.1	106.4	95.3	89.8
按工业部门分	**By Sector**						
冶金工业	Metallurgical Industry	101.6	102.8	103.4	106.2	107.1	110.5
电力工业	Power Industry	99.8	100.7		97.8	99.1	98.4
煤炭及炼焦工业	Coal Industry	98.8	94.4	93.8	89.4	93.5	90.5
石油工业	Petroleum Industry	99.6	96.6	98.4	98.4	102.5	102.7
化学工业	Chemical Industry	96.7	96.9	99.3	100.9	98.3	98.3
机械工业	Machine Manufacturing Industry	103.3	96.3	100.0	96.2	97.0	97.4
建筑材料工业	Building Materials Industry	92.0	89.1	95.3	96.0	95.4	92.8
森林工业	Timber Industry						
食品工业	Food Industry	99.8	96.7	97.1	97.0	93.5	98.4
纺织工业	Textile Industry	95.0	90.4	105.5	110.0	104.1	119.7
缝纫工业	Tailoring Industry						
皮革工业	Leather Industry						
造纸工业	Paper Industry	90.1					
文教艺术用品工业	Cultural, Educational& Handicrafts Articles						
其它工业	Others	112.8	106.9	105.7	105.7		100.0

3-17 工业品出厂价格分月指数（2000 年）
Ex-Factory Price Indices of Industrial Products by Month（2000）

续表 (continued) 上年同期 =100

preceding year=100

类别	Item	7 月 July	8 月 August	9 月 September	10 月 October	11 月 November	12 月 December
全部工业品	**Total Industry Products**	**98.8**	**101.7**	**99.0**	**97.9**	**98.5**	**93.7**
按工业部类分	**By Category**						
生产资料	Means of Production	97.5	102.2	99.9	102.8	100.0	97.7
采　掘	Mining & Quarrying Industry	89.3	97.2	94.4	97.5	85.5	97.6
原　料	Raw Materials Industry	106.1	107.9	104.8	105.9	104.1	96.4
加　工	Processing Industry	90.2	99.8	98.1	100.7	98.6	98.1
生活资料	Consumer Goods	101.4	100.0	97.0	90.7	95.9	90.4
食　品	Food	96.5	99.1	99.4	99.2	97.8	97.9
衣　着	Clothing	118.9	112.8	88.3	102.1	112.9	116.5
一般日用品	Articles for Daily Use	102.0	100.5	98.1	100.3	96.3	99.7
耐用消费品	Durable Consumer Goods	97.6	91.1	93.2	86.5	91.6	86.5
按工业部门分	**By Sector**						
冶金工业	Metallurgical Industry	109.7	112.9	105.0	106.2	102.6	103.6
电力工业	Power Industry	105.8			106.8		
煤炭及炼焦工业	Coal Industry	90.9	97.0	94.0	97.5	81.6	97.6
石油工业	Petroleum Industry	104.1	100.1	100.9	99.2	110.6	98.1
化学工业	Chemical Industry	99.9	108.4	103.7	108.1	109.0	101.9
机械工业	Machine Manufacturing Industry	92.8	99.9	97.5	92.8	94.2	90.3
建筑材料工业	Building Materials Industry	94.7	89.8	92.7	91.0	90.5	92.4
森林工业	Timber Industry						
食品工业	Food Industry	95.8	99.1	99.4	99.2	97.8	97.9
纺织工业	Textile Industry	118.1	107.7	114.8	108.3	100.7	111.5
缝纫工业	Tailoring Industry		90.6	88.6	91.3	91.5	90.6
皮革工业	Leather Industry		100.0				
造纸工业	Paper Industry			74.9			
文教艺术用品工业	Cultural, Educational& Handicrafts Articles						
其它工业	Others	100.6	100.0	100.0	100.0	100.0	

3-17 工业品出厂价格分月指数（2001 年）
Ex-Factory Price Indices of Industrial Products by Month（2001）

上年同期 =100　　　　preceding year=100

类 别	Item	1月 January	2月 February	3月 March	4月 April	5月 May	6月 June
全部工业品	**Total Industry Products**	**98.3**	**100.1**	**98.0**	**99.0**	**99.5**	**99.1**
按工业部类分	**By Category**						
生产资料	Means of Production	102.4	104.3	103.5	103.3	104.4	104.0
采　掘	Mining & Quarrying Industry	107.5	94.6	115.0	106.2	117.1	114.8
原　料	Raw Materials Industry	109.8	108.4	107.4	107.0	107.6	106.0
加　工	Processing Industry	95.2	100.9	99.6	99.8	100.[illegible]	101.5
生活资料	Consumer Goods	90.5	93.3	89.0	91.6	89.[illegible]	90.9
食　品	Food	98.0	90.8	91.4	99.1	97.[illegible]	99.7
衣　着	Clothing	99.1	98.8	98.2	96.3	96.[illegible]	100.9
一般日用品	Articles for Daily Use	99.5	100.4	100.8	100.3	99.[illegible]	100.7
耐用消费品	Durable Consumer Goods	86.3	93.6	86.8	88.0	87.[illegible]	86.5
按工业部门分	**By Sector**						
冶金工业	Metallurgical Industry	106.7	106.8	105.6	103.7	99.[illegible]	98.1
电力工业	Power Industry	114.0	108.2	107.3	107.7	112.[illegible]	111.8
煤炭及炼焦工业	Coal Industry	110.0	98.6	133.4	107.6	119.[illegible]	117.8
石油工业	Petroleum Industry	100.1	96.0	95.8	101.5	101.[illegible]	100.8
化学工业	Chemical Industry	103.3	105.4	104.7	102.7	102.[illegible]	103.2
机械工业	Machine Manufacturing Industry	90.9	97.6	93.4	93.7	93.[illegible]	94.1
建筑材料工业	Building Materials Industry	94.6	98.4	97.7	103.4	111.[illegible]	101.5
森林工业	Timber Industry	101.9	98.3	75.6	99.4	108.[illegible]	
食品工业	Food Industry	98.0	91.5	92.1	99.4	97.[illegible]	99.9
纺织工业	Textile Industry	94.9	96.9	95.5	98.1	103.[illegible]	92.9
缝纫工业	Tailoring Industry	96.3	96.4	96.6	93.4	96.[illegible]	101.6
皮革工业	Leather Industry	101.5	102.9	102.9	100.0		
造纸工业	Paper Industry	96.6	99.2	99.7	101.8	101.[illegible]	101.8
文教艺术用品工业	Cultural, Educational& Handicrafts Articles	95.9	95.8		100.0	100.[illegible]	
其它工业	Others	108.9	104.9	108.9	125.1	116.[illegible]	117.2

3-17 工业品出厂价格分月指数（2001 年）
Ex-Factory Price Indices of Industrial Products by Month（2001）

续表 (continued) 上年同期 =100 preceding year=100

类 别	Item	7 月 July	8 月 August	9 月 September	10 月 October	11 月 November	12 月 December
全部工业品	**Total Industry Products**	**99.3**	**96.5**	**95.9**	**95.3**	**96.8**	**95.4**
按工业部类分	**By Category**						
生产资料	Means of Production	100.8	100.4	99.1	98.4	99.0	98.0
采 掘	Mining & Quarrying Industry	108.6	98.5	103.2	101.4	102.2	99.7
原 料	Raw Materials Industry	101.3	102.6	100.1	99.8	99.3	98.6
加 工	Processing Industry	99.8	98.4	97.8	97.0	98.6	97.4
生活资料	Consumer Goods	96.8	90.2	90.9	90.2	93.1	91.2
食 品	Food	99.2	99.3	98.5	99.5	99.0	99.2
衣 着	Clothing	100.4	96.7	97.1	102.5	102.6	99.7
一般日用品	Articles for Daily Use	98.0	98.5	96.8	99.2	98.6	98.1
耐用消费品	Durable Consumer Goods	95.8	85.8	86.8	85.7	90.3	87.7
按工业部门分	**By Sector**						
冶金工业	Metallurgical Industry	97.0	96.2	94.5	96.6	91.6	91.5
电力工业	Power Industry	102.3	106.1	100.6	100.0	100.5	100.0
煤炭及炼焦工业	Coal Industry	110.0	96.8	102.9	102.4	102.9	99.6
石油工业	Petroleum Industry	100.7	99.9	99.9	100.0	99.8	100.0
化学工业	Chemical Industry	103.0	100.9	100.3	102.6	101.5	101.1
机械工业	Machine Manufacturing Industry	98.4	92.0	92.4	91.1	94.4	92.2
建筑材料工业	Building Materials Industry	98.1	106.3	107.6	99.5	100.6	112.6
森林工业	Timber Industry	82.7		78.4	89.3	92.9	
食品工业	Food Industry	98.9	98.8	98.2	99.4	98.6	99.0
纺织工业	Textile Industry	83.1	81.0	84.0	76.2	75.5	80.6
缝纫工业	Tailoring Industry	107.3	96.2	97.0	100.6	106.2	98.0
皮革工业	Leather Industry		93.8			104.8	
造纸工业	Paper Industry	93.7	99.1	100.3	99.2	99.9	99.3
文教艺术用品工业	Cultural, Educational& Handicrafts Articles	91.5	92.4	90.8		88.5	98.3
其它工业	Others	114.7	114.3	114.7	114.4	131.7	99.9

3-17 工业品出厂价格分月指数（2002 年）
Ex-Factory Price Indices of Industrial Products by Month（2002）

上年同期 =100 preceding year=100

类 别	Item	1 月 January	2 月 February	3 月 March	4 月 April	5 月 May	6 月 June
全部工业品	**Total Industry Products**	**96.8**	**96.7**	**96.7**	**96.5**	**97.7**	**97.8**
按工业部类分	**By Category**						
生产资料	Means of Production	97.6	98.2	97.5	97.4	98.2	98.4
采　掘	Mining & Quarrying Industry	102.0	100.5	98.7	106.8	100.6	104.4
原　料	Raw Materials Industry	97.7	98.3	98.1	97.4	98.2	99.0
加　工	Processing Industry	97.3	97.9	96.9	96.8	98.1	97.5
生活资料	Consumer Goods	95.5	93.6	95.2	94.4	96.5	96.5
食　品	Food	98.9	98.8	98.5	98.9	95.8	99.9
衣　着	Clothing	96.5	99.5	100.2	97.4	93.6	94.7
一般日用品	Articles for Daily Use	96.6	95.4	94.8	98.2	97.6	97.4
耐用消费品	Durable Consumer Goods	94.1	92.9	93.8	91.2	94.5	94.5
按工业部门分	**By Sector**						
冶金工业	Metallurgical Industry	91.1	92.3	93.4	93.8	94.7	96.0
电力工业	Power Industry	100.0	100.0	100.0	101.2	101.1	101.0
煤炭及炼焦工业	Coal Industry	102.9	101.0	98.8	107.9	100.6	105.1
石油工业	Petroleum Industry	100.0	95.9	95.9	99.2	100.2	99.0
化学工业	Chemical Industry	101.9	100.6	100.9	100.1	100.3	100.2
机械工业	Machine Manufacturing Industry	95.5	95.1	95.1	94.1	96.5	96.0
建筑材料工业	Building Materials Industry	101.6	102.9	103.8	100.0	98.9	99.2
森林工业	Timber Industry	0.0	74.7	88.2	95.9	96.7	96.6
食品工业	Food Industry	98.9	98.5	98.3	98.5	99.5	99.6
纺织工业	Textile Industry	85.6	88.0	79.5	85.2	87.3	91.5
缝纫工业	Tailoring Industry	86.0	100.3	100.3	94.9	88.0	89.0
皮革工业	Leather Industry	89.7	100.0	100.0	96.8	101.4	98.7
造纸工业	Paper Industry	92.4	96.0	95.1	94.4	96.1	94.1
文教艺术用品工业	Cultural, Educational& Handicrafts Articles	100.0	99.1	101.8	100.7	103.9	106.6
其它工业	Others	114.3	114.8	114.4	116.1	130.7	131.1

3-17 工业品出厂价格分月指数（2002 年）
Ex-Factory Price Indices of Industrial Products by Month（2002）

续表 (continued) 上年同期=100　　preceding year=100

类 别	Item	7月 July	8月 August	9月 September	10月 October	11月 November	12月 December
全部工业品	**Total Industry Products**	**98.4**	**98.0**	**98.4**	**97.4**	**98.1**	**98.2**
按工业部类分	**By Category**						
生产资料	Means of Production	99.3	98.8	99.2	99.2	99.8	100.1
采 掘	Mining & Quarrying Industry	107.7	105.5	107.1	106.5	107.0	104.5
原 料	Raw Materials Industry	100.0	99.4	100.0	100.1	100.6	102.1
加 工	Processing Industry	98.2	97.9	98.0	98.0	98.7	98.3
生活资料	Consumer Goods	96.5	96.4	96.5	93.5	94.4	93.9
食 品	Food	99.5	100.1	100.3	100.1	100.0	100.3
衣 着	Clothing	95.5	96.6	95.5	95.5	95.4	95.5
一般日用品	Articles for Daily Use	97.8	98.0	97.8	97.7	98.3	97.7
耐用消费品	Durable Consumer Goods	94.5	94.0	94.1	88.7	90.3	89.4
按工业部门分	**By Sector**						
冶金工业	Metallurgical Industry	97.6	97.6	98.2	98.9	99.9	101.1
电力工业	Power Industry	101.3	100.7	101.5	100.5	100.0	99.9
煤炭及炼焦工业	Coal Industry	109.0	106.7	108.5	107.6	107.5	105.2
石油工业	Petroleum Industry	97.9	96.5	102.1	102.4	104.2	104.1
化学工业	Chemical Industry	101.0	100.8	100.0	100.4	100.8	101.0
机械工业	Machine Manufacturing Industry	96.2	95.8	96.3	93.8	94.8	94.0
建筑材料工业	Building Materials Industry	101.0	97.6	98.0	98.9	101.4	105.6
森林工业	Timber Industry	94.8	95.2	95.7	96.5	96.2	96.3
食品工业	Food Industry	99.3	99.8	100.1	99.9	99.8	100.0
纺织工业	Textile Industry	92.4	94.9	93.4	95.6	96.7	98.1
缝纫工业	Tailoring Industry	92.2	95.0	92.9	93.2	92.9	92.6
皮革工业	Leather Industry	98.0	100.1	99.9	100.5	100.1	100.7
造纸工业	Paper Industry	95.3	96.6	96.6	96.6	97.3	98.1
文教艺术用品工业	Cultural, Educational& Handicrafts Articles	106.9	107.3	107.8	109.0	109.0	107.7
其它工业	Others	132.8	132.9	132.9	133.7	133.2	133.3

3-17 工业品出厂价格分月指数（2003 年）
Ex-Factory Price Indices of Industrial Products by Month（2003）

上年同期 =100 | preceding year=100

类 别	Item	1 月 January	2 月 February	3 月 March	4 月 April	5 月 May	6 月 June
全部工业品	**Total Industry Products**	**99.9**	**100.8**	**100.5**	**100.8**	**100[illegible]**	**100.6**
按工业部类分	**By Category**						
生产资料	Means of Production	101.0	101.6	101.4	102.1	102[illegible]	101.9
采 掘	Mining & Quarrying Industry	103.1	102.9	101.8	102.8	103.5	102.1
原 料	Raw Materials Industry	102.0	102.9	102.8	103.4	102[illegible]	102.6
加 工	Processing Industry	100.7	101.2	101.0	101.7	102[illegible]	101.6
生活资料	Consumer Goods	97.3	99.1	98.5	97.8	97[illegible]	97.6
食 品	Food	102.5	103.6	102.7	102.7	101[illegible]	102.4
衣 着	Clothing	97.3	97.8	98.2	98.0	95[illegible]	98.0
一般日用品	Articles for Daily Use	99.1	98.9	99.4	99.2	99[illegible]	99.6
耐用消费品	Durable Consumer Goods	92.8	95.6	95.0	93.6	93[illegible]	93.4
按工业部门分	**By Sector**						
冶金工业	Metallurgical Industry	103.4	104.6	105.9	110.0	112[illegible]	111.6
电力工业	Power Industry	102.7	104.1	102.8	103.5	102[illegible]	103.6
煤炭及炼焦工业	Coal Industry	103.2	103.1	101.7	102.7	102[illegible]	101.5
石油工业	Petroleum Industry	108.4	105.3	109.6	110.6	106[illegible]	104.5
化学工业	Chemical Industry	99.8	101.2	101.2	101.4	101[illegible]	100.9
机械工业	Machine Manufacturing Industry	96.2	97.3	96.7	96.3	96[illegible]	96.6
建筑材料工业	Building Materials Industry	104.9	105.7	103.6	103.2	100[illegible]	99.6
森林工业	Timber Industry	99.4	101.3	101.9	103.1	103[illegible]	103.0
食品工业	Food Industry	100.3	100.9	101.0	101.0	101[illegible]	101.8
纺织工业	Textile Industry	100.1	102.4	111.3	104.4	103[illegible]	101.0
缝纫工业	Tailoring Industry	96.7	98.0	98.8	98.1	93[illegible]	98.4
皮革工业	Leather Industry	99.5	99.3	98.4	96.6	99[illegible]	98.3
造纸工业	Paper Industry	98.7	99.0	98.8	98.7	98[illegible]	99.1
文教艺术用品工业	Cultural, Educational& Handicrafts Articles	99.5	99.9	99.9	99.8	99[illegible]	99.9
其它工业	Others	123.1	122.6	111.5	111.9	102[illegible]	102.2

3-17 工业品出厂价格分月指数（2003 年）
Ex-Factory Price Indices of Industrial Products by Month（2003）

续表 (continued) 上年同期 =100

preceding year=100

类别	Item	7 月 July	8 月 August	9 月 September	10 月 October	11 月 November	12 月 December
全部工业品	**Total Industry Products**	**100.1**	**100.5**	**100.7**	**100.8**	**101.0**	**101.2**
按工业部类分	**By Category**						
生产资料	Means of Production	101.2	101.7	101.9	102.3	102.7	103.1
采掘	Mining & Quarrying Industry	101.9	103.7	102.3	102.8	102.4	103.5
原料	Raw Materials Industry	102.7	103.4	102.8	104.1	104.0	103.5
加工	Processing Industry	100.8	101.1	101.7	101.8	102.3	102.9
生活资料	Consumer Goods	97.4	97.8	97.9	97.5	97.3	97.1
食品	Food	102.1	101.9	101.4	100.9	101.4	101.3
衣着	Clothing	97.4	95.0	93.3	94.0	98.7	98.8
一般日用品	Articles for Daily Use	100.5	100.1	99.6	99.6	99.8	100.1
耐用消费品	Durable Consumer Goods	93.1	94.2	95.0	94.6	93.6	93.1
按工业部门分	**By Sector**						
冶金工业	Metallurgical Industry	108.1	109.4	111.8	112.0	114.0	119.3
电力工业	Power Industry	103.2	104.1	102.9	104.0	103.8	102.4
煤炭及炼焦工业	Coal Industry	101.1	101.6	99.2	99.6	99.8	100.7
石油工业	Petroleum Industry	105.1	104.1	104.4	103.8	100.4	101.7
化学工业	Chemical Industry	100.1	100.3	100.4	100.1	100.5	100.1
机械工业	Machine Manufacturing Industry	96.6	97.0	97.3	97.2	96.7	96.5
建筑材料工业	Building Materials Industry	98.5	99.0	100.4	99.2	98.5	96.6
森林工业	Timber Industry	101.0	101.5	101.5	101.6	101.2	101.2
食品工业	Food Industry	101.5	101.7	101.4	101.8	103.4	103.0
纺织工业	Textile Industry	105.5	106.0	103.8	110.7	112.4	111.3
缝纫工业	Tailoring Industry	98.4	92.8	88.8	91.0	100.0	101.6
皮革工业	Leather Industry	96.7	99.0	99.0	97.5	100.7	97.8
造纸工业	Paper Industry	100.3	98.8	99.3	99.9	100.3	101.9
文教艺术用品工业	Cultural, Educational& Handicrafts Articles	100.2	99.6	99.6	99.8	99.7	99.9
其它工业	Others	103.4	102.4	100.3	100.3	101.2	101.2

3-17 工业品出厂价格分月指数（2004 年）
Ex-Factory Price Indices of Industrial Products by Month（2004）

上年同期 =100　　　　preceding year=100

类 别	Item	1月 January	2月 February	3月 March	4月 April	5月 May	6月 June
全部工业品	**Total Industry Products**	**101.7**	**102.3**	**104.0**	**104.3**	**103.4**	**103.1**
按工业部类分	**By Category**						
生产资料	Means of Production	102.9	103.5	105.4	105.8	104.7	104.3
采　掘	Mining & Quarrying Industry	114.2	118.8	125.1	124.4	121.3	121.3
原　料	Raw Materials Industry	104.5	106.6	105.8	106.5	106.5	107.4
加　工	Processing Industry	102.1	102.4	104.6	104.9	103.7	103.1
生活资料	Consumer Goods	97.6	97.8	99.2	99.3	99.4	99.3
食　品	Food	101.7	101.7	104.2	104.3	103.9	104.5
衣　着	Clothing	96.9	99.5	100.4	99.2	97.7	100.1
一般日用品	Articles for Daily Use	99.6	99.9	100.5	99.3	100.2	100.4
耐用消费品	Durable Consumer Goods	95.2	95.4	96.3	96.6	96.9	96.3
按工业部门分	**By Sector**						
冶金工业	Metallurgical Industry	115.1	117.2	121.3	120.1	117.6	113.9
电力工业	Power Industry	100.7	100.8	100.6	100.9	100.8	100.9
煤炭及炼焦工业	Coal Industry	104.2	107.7	110.0	111.1	115.4	116.0
石油工业	Petroleum Industry	99.5	99.6	99.4	102.9	105.2	103.1
化学工业	Chemical Industry	102.5	103.7	102.5	102.8	103.1	105.0
机械工业	Machine Manufacturing Industry	97.9	97.9	99.6	100.4	99.4	99.0
建筑材料工业	Building Materials Industry	97.5	98.8	99.6	99.1	97.8	100.5
森林工业	Timber Industry	100.5	99.6	99.0	99.1	99.0	99.2
食品工业	Food Industry	103.1	102.8	106.7	106.9	107.0	107.2
纺织工业	Textile Industry	115.0	114.6	116.8	115.9	116.9	117.5
缝纫工业	Tailoring Industry	96.0	99.3	101.3	101.1	99.4	101.8
皮革工业	Leather Industry	93.9	96.8	97.7	95.5	92.0	94.9
造纸工业	Paper Industry	100.8	100.8	101.9	101.9	101.4	100.2
文教艺术用品工业	Cultural, Educational& Handicrafts Articles	98.4	98.1	100.1	98.2	98.7	99.7
其它工业	Others	103.0	104.1	103.9	102.8	103.2	104.0

3-17 工业品出厂价格分月指数（2004 年）
Ex-Factory Price Indices of Industrial Products by Month（2004）

续表(continued) 上年同期=100

preceding year=100

类 别	Item	7 月 July	8 月 August	9 月 September	10 月 October	11 月 November	12 月 December
全部工业品	**Total Industry Products**	**103.6**	**102.9**	**103.5**	**103.8**	**103.6**	**103.9**
按工业部类分	**By Category**						
生产资料	Means of Production	105.3	104.0	104.8	105.3	105.0	105.3
采 掘	Mining & Quarrying Industry	126.3	121.5	123.1	123.0	124.7	131.1
原 料	Raw Materials Industry	107.3	108.8	109.4	109.7	109.7	110.9
加 工	Processing Industry	103.6	102.5	103.3	103.8	103.3	103.3
生活资料	Consumer Goods	99.1	99.2	99.4	99.1	99.5	99.6
食 品	Food	102.8	104.7	105.2	105.3	105.1	104.4
衣 着	Clothing	98.6	100.9	102.0	102.5	101.5	101.1
一般日月品	Articles for Daily Use	99.8	100.8	101.0	101.4	100.4	100.1
耐用消费品	Durable Consumer Goods	97.4	96.0	96.0	95.4	96.3	96.9
按工业部门分	**By Sector**						
冶金工业	Metallurgical Industry	117.5	111.7	112.2	113.7	113.5	109.1
电力工业	Power Industry	101.4	102.2	101.1	100.5	101.1	101.2
煤炭及炼焦工业	Coal Industry	119.3	120.8	124.9	125.1	128.1	139.1
石油工业	Petroleum Industry	102.4	105.0	103.2	103.4	105.6	101.5
化学工业	Chemical Industry	105.1	107.3	110.3	113.3	112.7	114.3
机械工业	Machine Manufacturing Industry	98.8	98.5	98.9	98.7	98.7	99.9
建筑材料工业	Building Materials Industry	104.6	101.8	102.1	102.6	103.0	103.9
森林工业	Timber Industry	100.3	99.2	100.0	99.5	99.7	99.9
食品工业	Food Industry	107.3	107.8	108.1	107.7	106.4	105.4
纺织工业	Textile Industry	116.1	113.0	113.5	109.5	103.2	103.5
缝纫工业	Tailoring Industry	102.6	99.8	101.2	102.8	101.6	101.0
皮革工业	Leather Industry	94.6	99.1	100.0	100.1	99.9	98.7
造纸工业	Paper Industry	100.2	100.6	100.4	100.2	99.4	99.0
文教艺术用品工业	Cultural, Educational& Handicrafts Articles	99.9	100.0	101.4	101.0	99.1	98.5
其它工业	Others	102.1	103.0	105.1	107.3	107.1	106.2

3-17 工业品出厂价格分月指数（2005 年）
Ex-Factory Price Indices of Industrial Products by Month （2005）

上年同期 =100 preceding year=100

类 别	Item	1 月 January	2 月 February	3 月 March	4 月 April	5 月 May	6 月 June
全部工业品	**Total Industry Products**	**103.8**	**103.6**	**103.6**	**103.5**	**10[illegible]0**	**103.8**
按工业部类分	**By Category**						
生产资料	Means of Production	105.0	104.6	104.7	104.6	10[illegible]2	105.0
采 掘	Mining & Quarrying Industry	129.3	129.8	132.5	127.5	13[illegible]8	134.9
原 料	Raw Materials Industry	111.4	108.6	106.5	106.4	10[illegible]5	107.6
加 工	Processing Industry	103.0	102.9	102.6	102.8	10[illegible]0	102.6
生活资料	Consumer Goods	100.2	100.5	100.6	100.8	10[illegible]8	100.7
食 品	Food	104.4	103.5	102.8	102.3	10[illegible]2	101.4
衣 着	Clothing	103.2	107.6	106.2	105.9	10[illegible]7	102.2
一般日用品	Articles for Daily Use	102.5	101.5	101.4	102.1	10[illegible]2	101.9
耐用消费品	Durable Consumer Goods	97.5	98.4	99.2	99.8	10[illegible]1	100.1
按工业部门分	**By Sector**						
冶金工业	Metallurgical Industry	110.4	107.8	107.2	108.9	10[illegible]2	108.9
电力工业	Power Industry	103.0	100.5	101.2	101.8	10[illegible]7	104.1
煤炭及炼焦工业	Coal Industry	135.5	137.6	143.9	137.3	14[illegible]3	147.4
石油工业	Petroleum Industry	103.8	101.7	101.5	101.0	10[illegible]3	103.8
化学工业	Chemical Industry	115.2	114.5	115.0	114.3	11[illegible]2	113.4
机械工业	Machine Manufacturing Industry	99.3	99.7	99.2	99.1	9[illegible]5	99.5
建筑材料工业	Building Materials Industry	104.3	105.1	105.2	105.8	10[illegible]6	103.4
森林工业	Timber Industry	102.3	102.8	103.1	100.9	10[illegible]0	101.7
食品工业	Food Industry	104.7	104.0	102.8	102.1	10[illegible]4	100.8
纺织工业	Textile Industry	99.5	101.1	100.5	103.1	10[illegible]7	100.7
缝纫工业	Tailoring Industry	107.8	119.2	116.0	114.4	10[illegible]0	105.7
皮革工业	Leather Industry	98.3	97.9	99.0	99.6	10[illegible]4	99.8
造纸工业	Paper Industry	99.9	100.5	100.2	100.6	10[illegible]9	100.7
文教艺术用品工业	Cultural, Educational& Handicrafts Articles	101.5	101.2	99.1	99.7	9[illegible]5	99.5
其它工业	Others	111.9	109.0	109.5	109.5	10[illegible]1	107.8

3-17 工业品出厂价格分月指数（2005 年）
Ex-Factory Price Indices of Industrial Products by Month（2005）

续表 (continued) 上年同期 =100 preceding year=100

类 别	Item	7 月 July	8 月 August	9 月 September	10 月 October	11 月 November	12 月 December
全部工业品	**Total Industry Products**	**103.5**	**103.1**	**102.2**	**102.0**	**101.8**	**101.5**
按工业部类分	**By Category**						
生产资料	Means of Production	104.6	104.0	103.0	102.6	102.4	101.9
采 掘	Mining & Quarrying Industry	136.0	126.2	124.4	124.8	121.5	113.3
原 料	Raw Materials Industry	106.3	105.3	103.7	103.2	103.1	103.6
加 工	Processing Industry	102.3	102.4	101.6	101.2	101.1	100.8
生活资料	Consumer Goods	100.6	100.7	100.1	100.4	100.1	100.5
食 品	Food	101.5	100.7	100.5	100.2	99.9	99.9
衣 着	Clothing	101.5	102.6	102.3	103.2	102.7	102.3
一般日用品	Articles for Daily Use	101.4	101.8	100.8	101.2	101.5	101.4
耐用消费品	Durable Consumer Goods	100.0	100.5	99.7	100.3	99.9	100.5
按工业部门分	**By Sector**						
冶金工业	Metallurgical Industry	106.5	104.9	103.3	101.8	101.3	99.5
电力工业	Power Industry	103.5	103.7	103.6	103.2	102.7	101.9
煤炭及炼焦工业	Coal Industry	147.1	135.5	132.6	133.7	130.3	120.8
石油工业	Petroleum Industry	104.3	103.6	103.8	103.3	103.4	103.4
化学工业	Chemical Industry	112.3	109.8	106.0	105.0	104.5	105.4
机械工业	Machine Manufacturing Industry	99.7	100.5	100.0	100.2	100.1	100.3
建筑材料工业	Building Materials Industry	102.6	102.1	102.7	102.1	102.2	101.8
森林工业	Timber Industry	102.8	103.6	102.8	102.7	102.0	100.1
食品工业	Food Industry	100.5	99.2	99.1	98.6	98.6	99.1
纺织工业	Textile Industry	102.3	102.9	103.4	106.5	108.9	111.2
缝纫工业	Tailoring Industry	106.0	106.0	106.0	107.3	106.5	105.7
皮革工业	Leather Industry	98.2	100.1	99.7	100.0	99.9	99.7
造纸工业	Paper Industry	100.7	100.0	99.8	99.9	99.7	99.6
文教艺术用品工业	Cultural, Educational& Handicrafts Articles	99.4	99.8	99.4	100.1	99.3	100.0
其它工业	Others	109.0	108.9	106.0	103.9	103.8	103.6

3-17 工业品出厂价格分月指数（2006 年）
Ex-Factory Price Indices of Industrial Products by Month（2006）

上年同期 =100 | preceding year=100

类 别	Item	1 月 January	2 月 February	3 月 March	4 月 April	5 月 May	6 月 June
全部工业品	**Total Industry Products**	**101.3**	**101.3**	**101.0**	**100.7**	**101.[illegible]**	**101.7**
按工业部类分	**By Category**						
生产资料	Means of Production	101.6	101.8	101.6	101.4	101.[illegible]	102.4
采　掘	Mining & Quarrying Industry	106.5	105.0	103.2	102.2	101.[illegible]	101.3
原　料	Raw Materials Industry	103.2	102.2	102.3	102.4	101.[illegible]	102.7
加　工	Processing Industry	100.9	101.5	101.2	101.1	101.[illegible]	102.4
生活资料	Consumer Goods	100.5	100.0	99.5	98.7	98.[illegible]	99.6
食　品	Food	100.0	100.0	99.9	99.5	100.[illegible]	100.3
衣　着	Clothing	103.6	100.5	102.3	101.0	101.[illegible]	102.3
一般日用品	Articles for Daily Use	101.7	101.0	100.7	100.3	100.[illegible]	100.3
耐用消费品	Durable Consumer Goods	100.5	99.9	99.0	97.8	97.[illegible]	98.8
按工业部门分	**By Sector**						
冶金工业	Metallurgical Industry	101.6	104.9	103.6	102.8	105.[illegible]	105.1
电力工业	Power Industry	103.6	102.5	102.2	102.4	102.[illegible]	101.5
煤炭及炼焦工业	Coal Industry	109.6	107.8	104.7	102.2	101.[illegible]	101.8
石油工业	Petroleum Industry	105.8	105.3	115.6	118.5	117.[illegible]	116.0
化学工业	Chemical Industry	101.6	100.0	100.1	99.4	98.[illegible]	100.7
机械工业	Machine Manufacturing Industry	100.1	99.9	99.7	99.7	100.[illegible]	100.8
建筑材料工业	Building Materials Industry	99.8	99.9	100.4	100.3	101.[illegible]	102.8
森林工业	Timber Industry	100.5	100.7	100.8	101.5	103.[illegible]	103.2
食品工业	Food Industry	99.9	99.9	99.6	99.0	99.[illegible]	100.0
纺织工业	Textile Industry	111.3	111.3	110.9	108.6	107.[illegible]	105.8
缝纫工业	Tailoring Industry	108.9	99.2	104.2	102.9	103.[illegible]	103.8
皮革工业	Leather Industry	99.7	100.7	100.6	98.9	99.5	100.1
造纸工业	Paper Industry	100.2	100.0	100.7	100.0	100.[illegible]	100.4
文教艺术用品工业	Cultural, Educational& Handicrafts Articles	101.3	100.6	98.3	98.9	98.6	99.0
其它工业	Others	102.7	102.4	102.3	102.4	102.9	103.6

3-17 工业品出厂价格分月指数（2006 年）
Ex-Factory Price Indices of Industrial Products by Month（2006）

续表 (continued) 上年同期 =100　　preceding year=100

类 别	Item	7 月 July	8 月 August	9 月 September	10 月 October	11 月 November	12 月 December
全部工业品	**Total Industry Products**	**102.1**	**102.6**	**103.2**	**103.5**	**104.2**	**103.7**
按工业部类分	**By Category**						
生产资料	Means of Production	102.9	103.1	103.8	104.2	104.6	103.8
采　掘	Mining & Quarrying Industry	101.4	103.1	104.2	104.6	104.5	105.2
原　料	Raw Materials Industry	104.0	105.4	105.6	106.2	107.0	106.5
加　工	Processing Industry	102.7	102.5	103.3	103.6	103.9	103.0
生活资料	Consumer Goods	99.8	101.3	101.7	101.8	102.9	103.4
食　品	Food	101.0	101.8	102.8	102.6	103.5	103.6
衣　着	Clothing	104.8	104.6	105.1	105.1	105.2	104.2
一般日用品	Articles for Daily Use	100.8	100.3	100.6	101.8	101.6	101.4
耐用消费品	Durable Consumer Goods	98.7	100.9	100.9	101.1	102.5	103.6
按工业部门分	**By Sector**						
冶金工业	Metallurgical Industry	104.8	104.1	108.1	108.4	108.6	109.0
电力工业	Power Industry	103.6	104.9	105.0	105.3	104.7	105.0
煤炭及炼焦工业	Coal Industry	101.3	102.9	104.2	104.2	104.0	104.6
石油工业	Petroleum Industry	115.5	117.9	118.2	117.5	115.7	115.5
化学工业	Chemical Industry	100.5	100.6	99.9	100.6	102.5	101.8
机械工业	Machine Manufacturing Industry	101.2	102.0	102.0	102.3	103.2	102.3
建筑材料工业	Building Materials Industry	102.4	101.6	101.8	101.7	103.2	103.6
森林工业	Timber Industry	106.0	107.9	104.5	104.8	102.9	103.5
食品工业	Food Industry	101.2	102.7	103.3	103.7	103.9	104.4
纺织工业	Textile Industry	106.4	105.1	106.6	107.3	105.6	102.5
缝纫工业	Tailoring Industry	108.3	109.7	110.7	111.2	109.7	109.1
皮革工业	Leather Industry	101.1	99.5	100.1	100.0	100.1	99.3
造纸工业	Paper Industry	101.5	102.0	101.4	100.6	100.6	101.0
文教艺术用品工业	Cultural, Educational& Handicrafts Articles	100.2	99.6	100.5	100.0	99.4	99.9
其它工业	Others	102.7	103.2	103.5	103.8	105.3	103.8

3-17 工业品出厂价格分月指数（2007 年）
Ex-Factory Price Indices of Industrial Products by Month（2007）

上年同期 =100 preceding year=100

类 别	Item	1 月 January	2 月 February	3 月 March	4 月 April	5 月 May	6 月 June
全部工业品	**Total Industry Products**	**103.4**	**103.2**	**103.6**	**102.9**	**102.[illegible]**	**103.2**
按工业部类分	**By Category**						
生产资料	Means of Production	104.3	103.7	104.2	103.4	102.[illegible]	103.5
采　掘	Mining & Quarrying Industry	105.5	106.3	106.7	106.0	104.[illegible]	108.0
原　料	Raw Materials Industry	107.8	105.9	106.9	105.6	105.[illegible]	106.9
加　工	Processing Industry	103.2	102.9	103.2	102.6	101.[illegible]	102.2
生活资料	Consumer Goods	100.9	101.8	101.9	101.7	100.[illegible]	102.3
食　品	Food	103.5	103.6	103.5	103.6	103.[illegible]	105.1
衣　着	Clothing	102.8	103.3	102.7	102.1	100.[illegible]	98.1
一般日用品	Articles for Daily Use	102.6	101.6	102.5	102.6	100.[illegible]	100.9
耐用消费品	Durable Consumer Goods	99.1	100.7	100.9	100.6	98.[illegible]	101.1
按工业部门分	**By Sector**						
冶金工业	Metallurgical Industry	107.0	107.4	108.2	105.9	104.[illegible]	110.0
电力工业	Power Industry	105.3	104.7	106.3	105.8	106.[illegible]	107.0
煤炭及炼焦工业	Coal Industry	103.8	103.7	103.3	104.4	103.[illegible]	104.6
石油工业	Petroleum Industry	117.2	115.4	113.3	108.6	104.[illegible]	105.5
化学工业	Chemical Industry	104.7	103.1	103.6	103.6	102.[illegible]	103.3
机械工业	Machine Manufacturing Industry	101.5	101.5	101.7	101.1	100.[illegible]	100.7
建筑材料工业	Building Materials Industry	103.7	104.3	105.1	105.0	103.[illegible]	103.1
森林工业	Timber Industry	106.8	108.5	108.3	107.3	105.[illegible]	103.1
食品工业	Food Industry	105.1	104.7	104.9	105.0	105.[illegible]	105.4
纺织工业	Textile Industry	97.4	96.5	96.7	97.0	97.[illegible]	98.5
缝纫工业	Tailoring Industry	103.3	103.0	102.6	100.4	99.[illegible]	98.1
皮革工业	Leather Industry	99.7	101.2	101.1	101.5	100.[illegible]	96.4
造纸工业	Paper Industry	101.2	101.3	101.5	102.6	101.[illegible]	100.9
文教艺术用品工业	Cultural, Educational& Handicrafts Articles	99.3	99.8	99.3	100.2	100.[illegible]	99.6
其它工业	Others	103.3	103.0	103.0	102.9	102.[illegible]	101.0

3-17 工业品出厂价格分月指数（2007 年）
Ex-Factory Price Indices of Industrial Products by Month (2007)

续表 (continued) 上年同期 =100　　preceding year=100

类 别	Item	7月 July	8月 August	9月 September	10月 October	11月 November	12月 December
全部工业品	**Total Industry Products**	**103.2**	**103.7**	**104.0**	**103.8**	**104.1**	**104.6**
按工业部类分	**By Category**						
生产资料	Means of Production	103.3	103.5	103.5	103.5	104.1	105.0
采 掘	Mining & Quarrying Industry	106.0	106.9	106.6	107.7	109.3	111.1
原 料	Raw Materials Industry	105.3	105.6	104.8	105.1	106.2	106.7
加 工	Processing Industry	102.6	102.6	102.9	102.7	103.1	104.1
生活资料	Consumer Goods	102.9	104.3	105.3	104.7	104.0	103.7
食 品	Food	107.3	111.2	114.7	113.0	112.9	111.2
衣 着	Clothing	97.1	100.1	101.2	101.9	96.7	100.2
一般日用品	Articles for Daily Use	101.5	101.7	102.0	100.4	100.4	100.5
耐用消费品	Durable Consumer Goods	101.0	101.0	100.8	100.8	99.9	100.1
按工业部门分	**By Sector**						
冶金工业	Metallurgical Industry	109.0	110.2	110.5	110.7	112.3	111.4
电力工业	Power Industry	103.5	101.7	101.0	100.7	101.1	100.8
煤炭及炼焦工业	Coal Industry	103.4	104.8	105.3	105.8	107.0	107.9
石油工业	Petroleum Industry	106.0	101.4	98.4	102.1	104.6	111.4
化学工业	Chemical Industry	104.7	106.0	106.0	106.3	107.9	109.2
机械工业	Machine Manufacturing Industry	101.0	100.9	100.9	100.5	100.1	100.7
建筑材料工业	Building Materials Industry	103.7	103.9	108.1	107.7	109.0	114.2
森林工业	Timber Industry	103.2	101.9	104.6	99.9	100.6	105.8
食品工业	Food Industry	107.1	111.8	114.2	113.9	113.7	112.3
纺织工业	Textile Industry	98.6	97.8	95.8	94.0	94.0	94.0
缝纫工业	Tailoring Industry	94.0	99.3	95.9	93.6	99.1	98.9
皮革工业	Leather Industry	98.4	99.8	105.2	108.1	93.4	100.4
造纸工业	Paper Industry	100.8	100.4	100.4	100.8	101.0	101.9
文教艺术用品工业	Cultural, Educational& Handicrafts Articles	99.8	100.2	100.1	99.1	99.2	100.0
其它工业	Others	101.1	101.2	104.8	104.2	104.2	104.7

3-17 工业品出厂价格分月指数（2008 年）
Ex-Factory Price Indices of Industrial Products by Month（2008）

上年同期=100　　　　preceding year=100

类 别	Item	1月 January	2月 February	3月 March	4月 April	5月 May	6月 June
全部工业品	**Total Industry Products**	**105.4**	**106.2**	**106.7**	**106.9**	**106.9**	**107.0**
按工业部类分	**By Category**	**105.5**	**105.7**	**106.2**	**106.5**	**106.5**	**106.4**
生产资料	Means of Production	105.7	106.7	107.6	107.5	107.7	108.2
采　掘	Mining & Quarrying Industry	119.0	121.1	125.9	125.1	127.4	133.3
原　料	Raw Materials Industry	109.0	109.3	108.3	107.1	107.3	106.9
加　工	Processing Industry	104.2	105.3	106.5	106.7	106.5	107.1
生活资料	Consumer Goods	104.4	104.6	104.3	105.0	104.7	103.8
食　品	Food	115.0	114.9	114.8	116.4	114.4	111.3
衣　着	Clothing	102.4	102.7	101.9	100.9	104.1	102.5
一般日用品	Articles for Daily Use	100.8	100.0	99.7	101.8	102.2	101.2
耐用消费品	Durable Consumer Goods	99.3	99.8	99.5	99.6	99.9	100.2
按工业部门分	**By Sector**						
冶金工业	Metallurgical Industry	111.5	113.6	114.9	112.7	111.0	110.0
电力工业	Power Industry	101.6	100.7	100.7	100.8	100.9	101.1
煤炭及炼焦工业	Coal Industry	119.5	122.2	129.7	131.6	134.2	140.9
石油工业	Petroleum Industry	108.5	109.1	110.3	109.6	112.2	111.1
化学工业	Chemical Industry	109.3	111.1	111.7	112.0	113.8	113.9
机械工业	Machine Manufacturing Industry	101.0	101.4	101.6	101.8	101.9	102.1
建筑材料工业	Building Materials Industry	112.7	114.1	114.8	116.2	116.5	116.9
森林工业	Timber Industry	102.4	103.5	103.7	103.5	103.3	103.0
食品工业	Food Industry	116.6	116.9	117.2	119.1	118.0	116.5
纺织工业	Textile Industry	94.7	95.2	96.0	98.3	98.1	99.4
缝纫工业	Tailoring Industry	106.3	104.1	109.5	112.9	110.8	111.2
皮革工业	Leather Industry	100.2	101.6	95.3	89.5	97.0	94.0
造纸工业	Paper Industry	102.7	103.6	103.5	106.1	106.0	105.7
文教艺术用品工业	Cultural, Educational& Handicrafts Articles	99.6	100.1	97.9	97.6	100.2	100.3
其它工业	Others	103.6	103.9	103.1	105.3	104.2	106.6

3-17 工业品出厂价格分月指数（2008 年）
Ex-Factory Price Indices of Industrial Products by Month（2008）

续表 (continued) 上年同期 =100 preceding year=100

类 别	Item	7 月 July	8 月 August	9 月 September	10 月 October	11 月 November	12 月 December
全部工业品	**Total Industry Products**	**107.6**	**107.7**	**107.0**	**105.7**	**102.5**	**99.8**
按工业部类分	**By Category**	**106.2**	**105.7**	**104.9**	**104.6**	**103.4**	**101.8**
生产资料	Means of Production	109.2	109.5	108.8	106.8	102.9	99.4
采 掘	Mining & Quarrying Industry	137.7	146.4	146.2	140.2	126.4	115.8
原 料	Raw Materials Industry	109.1	109.3	107.9	104.2	97.3	94.6
加 工	Processing Industry	107.7	107.6	107.0	105.7	103.0	99.7
生活资料	Consumer Goods	103.1	102.7	102.0	102.5	101.3	100.9
食 品	Food	109.1	107.7	106.7	106.6	104.1	103.2
衣 着	Clothing	101.6	103.2	104.0	106.9	106.6	106.7
一般日用品	Articles for Daily Use	103.3	103.4	104.4	104.4	103.6	102.1
耐用消费品	Durable Consumer Goods	99.9	99.9	99.0	99.8	99.2	99.2
按工业部门分	**By Sector**						
冶金工业	Metallurgical Industry	113.0	111.2	109.2	104.8	94.1	88.7
电力工业	Power Industry	102.7	103.0	103.5	104.1	104.1	103.5
煤炭及炼焦工业	Coal Industry	145.6	156.5	156.6	150.0	133.7	120.7
石油工业	Petroleum Industry	111.1	111.1	110.6	108.9	104.8	102.1
化学工业	Chemical Industry	115.4	116.9	116.6	112.0	103.5	99.3
机械工业	Machine Manufacturing Industry	101.9	102.0	101.4	101.5	101.3	100.0
建筑材料工业	Building Materials Industry	118.4	118.2	118.3	117.4	117.2	110.6
森林工业	Timber Industry	102.8	103.2	103.0	103.3	102.2	102.7
食品工业	Food Industry	114.0	111.8	110.4	108.8	106.5	104.0
纺织工业	Textile Industry	98.9	99.3	98.7	98.1	92.4	92.7
缝纫工业	Tailoring Industry	111.2	112.3	113.4	113.8	115.7	114.7
皮革工业	Leather Industry	91.7	95.0	95.9	101.2	99.1	100.8
造纸工业	Paper Industry	105.8	105.6	105.3	104.2	103.0	98.7
文教艺术用品工业	Cultural, Educational& Handicrafts Articles	99.4	100.0	100.0	100.3	100.5	100.5
其它工业	Others	107.4	105.9	104.8	102.6	100.3	99.9

3-17 工业品出厂价格分月指数（2009 年）
Ex-Factory Price Indices of Industrial Products by Month（2009）

上年同期=100　　　　preceding year=100

类 别	Item	1 月 January	2 月 February	3 月 March	4 月 April	5 月 May	6 月 June
全部工业品	**Total Industry Products**	**98.8**	**97.1**	**95.8**	**95.3**	**94.[illegible]**	**93.6**
按工业部类分	**By Category**						
生产资料	Means of Production	98.0	96.2	94.5	94.2	93.[illegible]	92.0
采　掘	Mining & Quarrying Industry	111.6	109.5	105.1	103.0	100.[illegible]	97.1
原　料	Raw Materials Industry	92.6	90.7	89.5	89.6	89.[illegible]	88.4
加　工	Processing Industry	98.5	96.9	95.1	94.8	93.[illegible]	92.6
生活资料	Consumer Goods	101.1	99.6	99.2	98.5	98.[illegible]	98.1
食　品	Food	101.5	101.2	99.7	97.9	97.[illegible]	97.1
衣　着	Clothing	104.3	104.5	103.0	102.6	101.[illegible]	102.3
一般日用品	Articles for Daily Use	103.4	102.1	101.5	100.3	101.[illegible]	100.2
耐用消费品	Durable Consumer Goods	100.3	98.0	98.4	98.3	98.[illegible]	98.1
按工业部门分	**By Sector**						
冶金工业	Metallurgical Industry	86.7	83.7	81.5	82.4	78.[illegible]	77.3
电力工业	Power Industry	103.9	103.8	103.7	103.0	103.[illegible]	102.3
煤炭及炼焦工业	Coal Industry	114.5	111.7	105.6	103.5	99.[illegible]	96.7
石油工业	Petroleum Industry	99.8	99.3	98.2	97.6	96.[illegible]	96.6
化学工业	Chemical Industry	95.4	92.5	91.4	91.4	90.[illegible]	88.3
机械工业	Machine Manufacturing Industry	100.1	98.8	97.8	97.4	96.[illegible]	96.8
建筑材料工业	Building Materials Industry	108.4	105.2	104.0	101.7	102.[illegible]	99.2
森林工业	Timber Industry	105.1	105.1	105.0	104.6	105.[illegible]	101.6
食品工业	Food Industry	101.9	100.4	98.6	96.3	95.[illegible]	95.0
纺织工业	Textile Industry	94.3	94.1	91.9	92.3	94.[illegible]	96.1
缝纫工业	Tailoring Industry	109.1	101.0	101.7	101.5	102.[illegible]	102.0
皮革工业	Leather Industry	99.8	106.3	103.2	102.7	101.[illegible]	103.0
造纸工业	Paper Industry	100.2	99.3	97.0	95.4	95.[illegible]	95.0
文教艺术用品工业	Cultural, Educational& Handicrafts Articles	100.4	99.5	99.0	99.0	99.[illegible]	98.7
其它工业	Others	101.2	99.5	98.4	99.2	99.[illegible]	98.2

3-17 工业品出厂价格分月指数（2009 年）
Ex-Factory Price Indices of Industrial Products by Month（2009）

续表 (continued) 上年同期 =100 preceding year=100

类别	Item	7月 July	8月 August	9月 September	10月 October	11月 November	12月 December
全部工业品	**Total Industry Products**	**92.9**	**93.0**	**93.6**	**94.4**	**97.3**	**99.5**
按工业部类分	**By Category**						
生产资料	Means of Production	91.0	91.1	91.8	92.8	96.5	99.3
采掘	Mining & Quarrying Industry	93.6	90.5	89.6	89.6	87.0	93.2
原料	Raw Materials Industry	87.2	87.9	88.6	91.8	99.3	103.4
加工	Processing Industry	91.8	91.9	92.7	93.2	96.3	98.6
生活资料	Consumer Goods	98.1	98.2	98.7	98.8	99.7	100.1
食品	Food	96.1	97.1	98.2	99.0	100.3	100.8
衣着	Clothing	101.9	100.8	101.2	100.4	99.5	94.3
一般日用品	Articles for Daily Use	99.9	102.0	101.0	101.5	101.1	103.1
耐用消费品	Durable Consumer Goods	98.7	98.1	98.4	98.2	99.1	99.7
按工业部门分	**By Sector**	**0.0**	**0.0**	**0.0**	**0.0**	**0.0**	**0.0**
冶金工业	Metallurgical Industry	76.9	78.8	80.7	82.8	93.9	99.1
电力工业	Power Industry	101.3	100.1	99.8	100.9	100.0	103.2
煤炭及炼焦工业	Coal Industry	92.2	88.5	87.2	87.4	85.1	92.0
石油工业	Petroleum Industry	97.6	98.7	99.1	100.2	100.7	102.0
化学工业	Chemical Industry	85.3	84.9	85.9	87.3	95.1	100.4
机械工业	Machine Manufacturing Industry	96.4	96.4	96.9	97.2	97.9	98.8
建筑材料工业	Building Materials Industry	98.1	96.1	96.0	95.1	97.0	95.7
森林工业	Timber Industry	105.2	103.8	102.8	101.8	105.2	106.1
食品工业	Food Industry	94.9	96.3	96.7	98.4	100.3	100.7
纺织工业	Textile Industry	97.8	99.0	100.5	100.8	110.7	115.6
缝纫工业	Tailoring Industry	101.4	101.7	101.7	101.8	100.7	101.4
皮革工业	Leather Industry	102.6	100.3	101.2	99.4	98.9	87.7
造纸工业	Paper Industry	95.3	95.4	95.5	96.3	98.0	102.9
文教艺术用品工业	Cultural, Educational& Handicrafts Articles	99.5	100.0	100.0	100.0	99.6	99.2
其它工业	Others	98.0	98.8	98.5	99.8	99.8	102.0

3-18 各行业工业品出厂价格分月指数（2003 年）
Ex-Factory Price Indices of Industrial Products by Sector and Month (2003)

上年 =100 preceding year=100

行 业	Sector	1月 January	2月 February	3月 March	4月 April	5月 May	6月 June
工业品出厂价格指数	**Ex-Factory Price Indices of Industrial Products**	**99.9**	**100.8**	**100.5**	**100.8**	**100.6**	**100.6**
煤炭开采和洗选产品	Mining and Washing of Coal	103.2	103.1	101.6	102.8	102.9	101.6
石油和天然气开采产品	Extraction of Petroleum and Natural Gas	102.9	103.4	103.5	102.7	109.1	102.6
黑色金属矿采选产品	Mining and Processing of Ferrous Metal Ores	106.2	103.5	107.8	114.6	113.5	123.5
有色金属矿采选产品	Mining and Processing of Non-Ferrous Metal Ores	139.1	139.1	139.1	139.1	139.1	139.1
非金属矿采选产品	Mining and Processing of Nonmetal Ores	100.1	99.8	99.7	99.8	99.9	99.9
其他采矿产品	Mining and Processing of Others						
农副食品加工产品	Processing of Food from Agricultural Products	102.3	100.8	102.0	104.7	105.8	107.0
食品	Processing of Foodstuff	100.0	100.1	100.0	99.6	99.8	100.1
饮料	Manufacture of Beverages	99.5	99.9	100.3	99.1	99.7	98.7
烟草制品	Manufacture of Tobacco	100.0	101.9	101.9	101.9	101.9	102.7
纺织产品	Manufacture of Textile	100.1	102.4	111.3	104.3	103.4	100.9
纺织服装、鞋、帽制品	Manufacture of Textile Wearing Apparel, Footware, and Caps	99.3	101.3	100.2	99.3	99.3	99.2
皮革、毛皮、羽毛(绒)及其制品	Manufacture of Leather, Fur, Feather and Related Products	97.6	97.6	98.0	97.4	94.9	99.1
木材加工及木、竹、藤、棕、草制品	Processing of Timber, Manufacture of Wood, Bamboo, Rattan, Palm and Straw Products	99.5	102.6	103.3	105.2	105.6	105.5
家俱制品	Manufacture of Furniture	99.7	99.7	100.1	100.4	100.0	99.9
造纸及纸制品	Manufacture of Paper and Paper Products	98.7	99.0	98.8	98.7	98.5	99.1
印刷业和记录媒介的复制	Printing, Reproduction of Recording Media	98.2	98.3	98.2	98.2	98.1	98.8
文教体育用品	Manufacture of Articles for Culture, Education and Sport Activities	100.0	100.0	100.0	100.0	100.0	100.0
石油加工、炼焦及核燃料加工产品	Processing of Petroleum, Coking, Processing of Nuclear Fuel	108.9	98.8	112.4	115.7	101.1	107.6
化学原料及化学制品	Manufacture of Raw Chemical Materials and Chemical Products	100.5	101.8	100.9	101.0	100.5	99.6
药品	Manufacture of Medicines	98.4	99.8	101.6	102.4	103.1	105.1
化学纤维产品	Manufacture of Chemical Fibers	99.4	100.7	100.2	98.9	97.8	97.8
橡胶制品	Manufacture of Rubber	98.7	99.0	98.6	100.3	95.5	94.5
塑料制品	Manufacture of Plastics	101.0	101.9	101.9	100.8	97.6	99.7
非金属矿物制品	Manufacture of Non-metallic Mineral Products	104.5	105.2	103.3	102.9	100.1	99.8
黑色金属冶炼及压延加工产品	Smelting and Pressing of Ferrous Metals	105.0	106.7	108.7	115.0	117.6	117.6
有色金属冶炼及压延加工产品	Smelting and Pressing of Non-ferrous Metals	100.1	100.0	100.2	100.5	100.4	99.4
金属制品	Manufacture of Metal Products	99.6	102.9	101.3	97.7	105.1	100.6
通用设备	Manufacture of General Purpose Machinery	100.5	97.3	98.4	99.4	105.1	105.0
专用设备	Manufacture of Special Purpose Machinery	100.7	100.7	103.6	104.2	113.7	115.1
交通运输设备	Manufacture of Transport Equipment	95.5	96.8	96.2	95.7	95.5	95.6
电器机械及器材	Manufacture of Electrical Machinery and Equipment	96.9	101.2	97.5	98.1	98.1	97.7
通信设备、计算机及其他电子设备	Manufacture of Communication Equipment, Computers and Other Electronic Equipment	101.5	102.1	101.8	100.3	97.1	96.8
仪器仪表及文化、办公用机械	Manufacture of Measuring Instruments and Machinery for Cultural Activity and Office Work	99.5	98.5	97.7	98.3	98.0	97.5
工艺品及其他制品	Manufacture of Artwork and Other Manufacturing	120.5	109.0	108.4	109.6	103.6	105.7
废弃资源和废旧材料回收加工	Recycling and Disposal of Waste						
电力、热力的生产和供应产品	Production and Supply of Electric Power and Heat Power	102.7	104.1	102.8	103.5	102.7	103.6
燃气生产和供应产品	Production and Supply of Gas	109.1	109.1	109.1	109.1	100.1	103.2
水的生产和供应产品	Production and Supply of Water	134.7	134.7	117.0	118.0	102.5	102.5

3-18 各行业工业品出厂价格分月指数（2003 年）
Ex-Factory Price Indices of Industrial Products by Sector and Month (2003)

续表 (continued) 上年同期 =100 preceding year=100

行 业	Sector	7月 July	8月 August	9月 September	10月 October	11月 November	12月 December
工业品出厂价格指数	**Ex-Factory Price Indices of Industrial Products**	**100.1**	**100.5**	**100.7**	**100.8**	**101.0**	**101.2**
煤炭开采和洗选产品	Mining and Washing of Coal	101.2	101.6	99.2	99.6	99.8	100.7
石油和天然气开采产品	Extraction of Petroleum and Natural Gas	100.0	101.8	100.7	100.7	100.1	100.0
黑色金属矿采选产品	Mining and Processing of Ferrous Metal Ores	132.7	199.9	227.8	235.4	208.6	223.9
有色金属矿采选产品	Mining and Processing of Non-Ferrous Metal Ores	173.9	173.9	173.9	173.9	173.9	173.9
非金属矿采选产品	Mining and Processing of Nonmetal Ores	100.2	100.0	100.1	100.2	100.3	100.4
其他采矿产品	Mining and Processing of Others						
农副食品加工产品	Processing of Food from Agricultural Products	107.6	108.1	106.6	107.9	115.9	112.6
食品	Processing of Foodstuff	100.0	99.8	98.3	98.7	98.8	98.8
饮料	Manufacture of Beverages	99.6	99.6	100.3	100.7	100.4	100.0
烟草制品	Manufacture of Tobacco	101.8	101.8	101.8	101.9	101.9	101.9
纺织产品	Manufacture of Textile	105.5	106.0	103.8	110.6	112.4	111.3
纺织服装、鞋、帽制品	Manufacture of Textile Wearing Apparel, Footware, and Caps	99.2	103.3	99.4	99.3	99.1	99.3
皮革、毛皮、羽毛(绒)及其制品	Manufacture of Leather, Fur, Feather and Related Products	97.7	92.5	90.8	91.8	101.4	100.5
木材加工及木、竹、藤、棕、草制品	Processing of Timber, Manufacture of Wood, Bamboo, Rattan, Palm and Straw Products	102.2	102.6	102.6	103.0	102.3	102.5
家俱制品	Manufacture of Furniture	99.6	99.9	100.0	100.0	99.7	99.6
造纸及纸制品	Manufacture of Paper and Paper Products	100.3	98.8	99.3	99.9	100.3	101.9
印刷业和记录媒介的复制	Printing, Reproduction of Recording Media	99.4	97.9	97.9	98.1	98.0	98.2
文教体育用品	Manufacture of Articles for Culture, Education and Sport Activities	100.0	100.0	100.0	100.0	100.0	100.0
石油加工、炼焦及核燃料加工产品	Processing of Petroleum, Coking, Processing of Nuclear Fuel	110.3	109.3	110.6	109.1	98.1	103.8
化学原料及化学制品	Manufacture of Raw Chemical Materials and Chemical Products	98.6	99.4	99.3	100.1	100.8	100.3
药品	Manufacture of Medicines	104.3	102.9	103.3	99.2	99.9	100.2
化学纤维产品	Manufacture of Chemical Fibers	97.4	97.8	97.8	97.7	97.1	98.0
橡胶制品	Manufacture of Rubber	94.2	98.4	99.0	99.0	99.0	99.2
塑料制品	Manufacture of Plastics	98.5	97.5	98.9	99.3	98.2	97.2
非金属矿物制品	Manufacture of Non-metallic Mineral Products	99.0	99.2	100.5	99.2	98.8	97.0
黑色金属冶炼及压延加工产品	Smelting and Pressing of Ferrous Metals	112.2	113.8	117.0	117.0	119.3	127.8
有色金属冶炼及压延加工产品	Smelting and Pressing of Non-ferrous Metals	99.1	99.4	99.9	99.8	102.1	101.2
金属制品	Manufacture of Metal Products	100.7	99.0	99.3	102.4	100.6	98.7
通用设备	Manufacture of General Purpose Machinery	104.8	104.6	104.0	104.3	104.7	104.8
专用设备	Manufacture of Special Purpose Machinery	110.7	109.7	110.1	109.6	110.6	108.3
交通运输设备	Manufacture of Transport Equipment	95.5	96.4	96.6	96.4	95.8	95.6
电器机械及器材	Manufacture of Electrical Machinery and Equipment	97.6	96.4	99.8	99.3	100.4	97.5
通信设备、计算机及其他电子设备	Manufacture of Communication Equipment, Computers and Other Electronic Equipment	98.6	89.6	89.2	89.7	89.2	91.1
仪器仪表及文化、办公用机械	Manufacture of Measuring Instruments and Machinery for Cultural Activity and Office Work	98.1	97.8	97.6	97.8	98.2	98.3
工艺品及其他制品	Manufacture of Artwork and Other Manufacturing	107.3	106.2	99.4	110.1	110.7	111.3
废弃资源和废旧材料回收加工	Recycling and Disposal of Waste						
电力、热力的生产和供应产品	Production and Supply of Electric Power and Heat Power	103.2	104.1	102.9	104.0	103.8	102.4
燃气生产和供应产品	Production and Supply of Gas	103.2	101.9	101.9	101.6	101.6	100.9
水的生产和供应产品	Production and Supply of Water	102.5	102.5	100.0	100.0	100.0	100.0

3-18 各行业工业品出厂价格分月指数（2004 年）
Ex-Factory Price Indices of Industrial Products by Sector and Month (2004)

上年 =100 　　　　preceding year=100

行 业	Sector	1月 January	2月 February	3月 March	4月 April	5月 May	6月 June
工业品出厂价格指数	**Ex-Factory Price Indices of Industrial Products**	**101.7**	**102.3**	**104.0**	**104.3**	**103.4**	**103.1**
煤炭开采和洗选产品	Mining and Washing of Coal	103.4	106.7	109.7	110.8	114.5	115.1
石油和天然气开采产品	Extraction of Petroleum and Natural Gas	100.1	100.1	100.1	101.4	101.4	101.4
黑色金属矿采选产品	Mining and Processing of Ferrous Metal Ores	219.5	243.8	286.2	268.3	[illegible]	205.1
有色金属矿采选产品	Mining and Processing of Non-Ferrous Metal Ores	125.0	125.0	125.0	125.0	125.0	125.0
非金属矿采选产品	Mining and Processing of Nonmetal Ores	101.2	101.1	101.8	102.1	101.6	102.4
其他采矿产品	Mining and Processing of Others						
农副食品加工产品	Processing of Food from Agricultural Products	108.4	107.3	113.3	113.0	115.0	114.7
食品	Processing of Foodstuff	100.4	102.1	116.4	116.5	116.5	116.5
饮料	Manufacture of Beverages	102.1	102.5	101.7	102.8	100.4	101.8
烟草制品	Manufacture of Tobacco	101.0	100.0	100.0	100.0	100.0	100.0
纺织产品	Manufacture of Textile	114.9	114.5	116.7	115.8	116.8	117.4
纺织服装、鞋、帽制品	Manufacture of Textile Wearing Apparel, Footware, and Caps	99.1	101.9	102.2	100.5	100.6	102.0
皮革、毛皮、羽毛（绒）及其制品	Manufacture of Leather, Fur, Feather and Related Products	96.5	101.1	104.5	104.9	100.8	102.4
木材加工及木、竹、藤、棕、草制品	Processing of Timber, Manufacture of Wood, Bamboo, Rattan, Palm and Straw Products	101.1	99.5	98.8	99.8	99.0	99.7
家俱制品	Manufacture of Furniture	99.7	100.6	100.7	100.1	100.4	100.0
造纸及纸制品	Manufacture of Paper and Paper Products	100.8	100.8	101.9	101.9	101.4	100.2
印刷业和记录媒介的复制	Printing, Reproduction of Recording Media	98.0	97.8	100.0	97.8	98.5	99.5
文教体育用品	Manufacture of Articles for Culture, Education and Sport Activities	100.0	100.0	100.0	100.0	100.0	100.0
石油加工、炼焦及核燃料加工产品	Processing of Petroleum, Coking, Processing of Nuclear Fuel	104.0	108.6	102.0	117.1	124.7	124.7
化学原料及化学制品	Manufacture of Raw Chemical Materials and Chemical Products	103.2	104.7	103.5	104.0	104.4	107.0
药品	Manufacture of Medicines	98.2	98.7	97.7	97.6	97.7	97.9
化学纤维产品	Manufacture of Chemical Fibers	98.7	99.1	99.4	99.4	99.4	99.2
橡胶制品	Manufacture of Rubber	102.1	102.8	101.9	100.1	100.8	101.4
塑料制品	Manufacture of Plastics	103.2	104.7	103.5	103.7	103.8	104.2
非金属矿物制品	Manufacture of Non-metallic Mineral Products	97.4	98.9	99.3	98.6	97.6	100.2
黑色金属冶炼及压延加工产品	Smelting and Pressing of Ferrous Metals	124.3	122.9	128.2	125.8	122.8	120.1
有色金属冶炼及压延加工产品	Smelting and Pressing of Non-ferrous Metals	104.0	111.1	113.7	114.0	114.5	107.4
金属制品	Manufacture of Metal Products	101.2	101.8	101.8	102.5	101.6	101.6
通用设备	Manufacture of General Purpose Machinery	100.9	99.1	103.4	101.5	99.8	100.6
专用设备	Manufacture of Special Purpose Machinery	120.3	115.3	111.7	111.1	97.7	98.1
交通运输设备	Manufacture of Transport Equipment	97.1	97.2	98.6	99.5	98.9	98.3
电器机械及器材	Manufacture of Electrical Machinery and Equipment	102.6	106.4	109.6	112.6	110.1	110.7
通信设备、计算机及其他电子设备	Manufacture of Communication Equipment, Computers and Other Electronic Equipment	93.0	93.2	95.6	97.6	95.9	97.0
仪器仪表及文化、办公用机械	Manufacture of Measuring Instruments and Machinery for Cultural Activity and Office Work	98.9	99.2	100.1	99.2	99.0	100.3
工艺品及其他制品	Manufacture of Artwork and Other Manufacturing	108.7	107.1	114.2	110.7	112.8	110.2
废弃资源和废旧材料回收加工	Recycling and Disposal of Waste						
电力、热力的生产和供应产品	Production and Supply of Electric Power and Heat Power	100.7	100.8	100.6	100.9	100.8	100.9
燃气生产和供应产品	Production and Supply of Gas	100.9	100.1	100.2	100.1	100.1	100.1
水的生产和供应产品	Production and Supply of Water	101.8	101.7	101.7	100.9	100.7	101.4

3-18 各行业工业品出厂价格分月指数（2004 年）
Ex-Factory Price Indices of Industrial Products by Sector and Month (2004)

续表 (continued) 上年同期 =100 preceding year=100

行 业	Sector	7 月 July	8 月 August	9 月 September	10 月 October	11 月 November	12 月 December
工业品出厂价格指数	**Ex-Factory Price Indices of Industrial Products**	**103.6**	**102.9**	**103.5**	**103.8**	**103.6**	**103.9**
煤炭开采和洗选产品	Mining and Washing of Coal	117.1	120.3	124.6	125.1	128.4	139.5
石油和天然气开采产品	Extraction of Petroleum and Natural Gas	101.4	101.4	101.4	101.4	101.3	101.3
黑色金属矿采选产品	Mining and Processing of Ferrous Metal Ores	205.5	172.5	162.2	151.7	145.0	132.8
有色金属矿采选产品	Mining and Processing of Non-Ferrous Metal Ores	100.0	100.0	100.0	100.0	100.0	100.0
非金属矿采选产品	Mining and Processing of Nonmetal Ores	103.6	101.9	99.1	104.0	104.5	103.9
其他采矿产品	Mining and Processing of Others						
农副食品加工产品	Processing of Food from Agricultural Products	115.5	118.4	120.2	118.1	113.9	110.5
食品	Processing of Foodstuff	109.6	111.1	111.2	110.5	110.4	109.4
饮料	Manufacture of Beverages	100.4	103.8	103.9	104.9	103.1	103.5
烟草制品	Manufacture of Tobacco	99.9	100.0	99.5	99.9	100.6	100.6
纺织产品	Manufacture of Textile	115.9	112.9	113.4	109.5	103.2	103.5
纺织服装、鞋、帽制品	Manufacture of Textile Wearing Apparel, Footware, and Caps	101.8	99.3	99.3	101.2	102.0	101.1
皮革、毛皮、羽毛(绒)及其制品	Manufacture of Leather, Fur, Feather and Related Products	98.3	104.6	105.3	106.4	105.8	103.2
木材加工及木、竹、藤、棕、草制品	Processing of Timber, Manufacture of Wood, Bamboo, Rattan, Palm and Straw Products	101.0	100.3	100.2	99.2	99.8	99.9
家俱制品	Manufacture of Furniture	99.5	99.6	101.0	101.5	103.0	102.4
造纸及纸制品	Manufacture of Paper and Paper Products	100.1	100.6	100.4	100.2	99.4	99.0
印刷业和记录媒介的复制	Printing, Reproduction of Recording Media	99.6	99.8	101.3	100.8	99.0	98.4
文教体育用品	Manufacture of Articles for Culture, Education and Sport Activities	100.0	100.0	100.0	100.0	100.0	100.0
石油加工、炼焦及核燃料加工产品	Processing of Petroleum, Coking, Processing of Nuclear Fuel	138.8	131.9	122.7	120.2	128.6	110.3
化学原料及化学制品	Manufacture of Raw Chemical Materials and Chemical Products	108.0	110.1	114.1	117.7	116.2	118.7
药品	Manufacture of Medicines	95.8	99.1	99.4	100.6	103.8	103.6
化学纤维产品	Manufacture of Chemical Fibers	97.7	98.8	98.0	99.5	99.6	99.2
橡胶制品	Manufacture of Rubber	99.1	102.0	102.2	103.5	102.2	103.2
塑料制品	Manufacture of Plastics	107.0	103.8	106.0	107.4	107.6	106.3
非金属矿物制品	Manufacture of Non-metallic Mineral Products	103.9	101.3	101.9	102.5	102.8	103.6
黑色金属冶炼及压延加工产品	Smelting and Pressing of Ferrous Metals	118.5	115.7	116.4	118.9	118.7	113.9
有色金属冶炼及压延加工产品	Smelting and Pressing of Non-ferrous Metals	110.9	109.2	109.9	110.9	110.8	105.7
金属制品	Manufacture of Metal Products	104.3	101.1	102.1	103.1	103.1	101.5
通用设备	Manufacture of General Purpose Machinery	100.8	100.1	101.5	100.9	101.3	103.9
专用设备	Manufacture of Special Purpose Machinery	98.0	100.9	100.1	98.5	99.5	101.6
交通运输设备	Manufacture of Transport Equipment	97.6	97.7	97.9	97.8	97.9	99.0
电器机械及器材	Manufacture of Electrical Machinery and Equipment	111.5	111.0	110.6	111.0	110.2	109.6
通信设备、计算机及其他电子设备	Manufacture of Communication Equipment, Computers and Other Electronic Equipment	97.9	94.9	99.4	97.3	97.0	97.0
仪器仪表及文化、办公用机械	Manufacture of Measuring Instruments and Machinery for Cultural Activity and Office Work	99.4	99.0	99.1	99.5	99.5	98.8
工艺品及其他制品	Manufacture of Artwork and Other Manufacturing	103.2	109.6	109.0	107.4	106.6	108.8
废弃资源和废旧材料回收加工	Recycling and Disposal of Waste						
电力、热力的生产和供应产品	Production and Supply of Electric Power and Heat Power	101.4	102.2	101.1	100.5	101.1	101.2
燃气生产和供应产品	Production and Supply of Gas	100.1	100.1	100.1	100.1	100.1	100.1
水的生产和供应产品	Production and Supply of Water	101.4	101.4	103.9	107.8	107.0	107.1

3-18 各行业工业品出厂价格分月指数（2005 年）
Ex-Factory Price Indices of Industrial Products by Sector and Month (2005)

上年 =100 preceding year=100

行 业	Sector	1 月 January	2 月 February	3 月 March	4 月 April	5 月 May	6 月 June
工业品出厂价格指数	**Ex-Factory Price Indices of Industrial Products**	**103.8**	**103.6**	**103.6**	**103.5**	**104.0**	**103.8**
煤炭开采和洗选产品	Mining and Washing of Coal	135.9	138.0	145.0	137.9	145.7	149.1
石油和天然气开采产品	Extraction of Petroleum and Natural Gas	101.3	101.3	101.3	100.0	101.3	101.4
黑色金属矿采选产品	Mining and Processing of Ferrous Metal Ores	139.5	130.8	110.1	109.0	108.2	108.3
有色金属矿采选产品	Mining and Processing of Non-Ferrous Metal Ores	100.0	100.0	100.0	100.0	100.0	100.0
非金属矿采选产品	Mining and Processing of Nonmetal Ores	103.7	103.1	103.8	104.3	104.6	102.6
其他采矿产品	Mining and Processing of Others						
农副食品加工产品	Processing of Food from Agricultural Products	108.4	110.0	105.2	103.9	102.0	101.1
食品	Processing of Foodstuff	111.0	104.0	100.2	99.5	98.3	98.2
饮料	Manufacture of Beverages	102.0	100.7	102.7	102.2	102.7	101.5
烟草制品	Manufacture of Tobacco	100.6	101.3	101.3	101.3	101.3	101.3
纺织产品	Manufacture of Textile	99.5	101.1	100.5	103.1	100.7	100.7
纺织服装、鞋、帽制品	Manufacture of Textile Wearing Apparel, Footware, and Caps	101.9	103.4	117.6	115.3	105.4	106.1
皮革、毛皮、羽毛（绒）及其制品	Manufacture of Leather, Fur, Feather and Related Products	116.4	117.1	103.2	102.3	102.1	101.2
木材加工及木、竹、藤、棕、草制品	Processing of Timber, Manufacture of Wood, Bamboo, Rattan, Palm and Straw Products	101.0	100.4	101.6	100.9	101.4	100.4
家俱制品	Manufacture of Furniture	107.5	107.3	104.5	103.5	104.0	104.5
造纸及纸制品	Manufacture of Paper and Paper Products	99.9	100.5	100.2	100.6	100.9	100.7
印刷业和记录媒介的复制	Printing, Reproduction of Recording Media	101.4	101.3	98.9	99.5	99.3	99.4
文教体育用品	Manufacture of Articles for Culture, Education and Sport Activities	103.9	100.0	100.0	103.9	103.9	103.9
石油加工、炼焦及核燃料加工产品	Processing of Petroleum, Coking, Processing of Nuclear Fuel	128.7	114.5	115.9	116.1	112.0	114.4
化学原料及化学制品	Manufacture of Raw Chemical Materials and Chemical Products	120.3	119.4	120.5	119.7	118.4	118.1
药品	Manufacture of Medicines	102.1	102.4	102.0	101.1	101.3	101.4
化学纤维产品	Manufacture of Chemical Fibers	100.9	101.8	101.6	105.4	100.8	101.0
橡胶制品	Manufacture of Rubber	102.4	104.5	104.7	104.1	104.6	105.7
塑料制品	Manufacture of Plastics	104.8	103.6	105.2	105.4	105.3	106.7
非金属矿物制品	Manufacture of Non-metallic Mineral Products	104.1	105.2	105.3	105.8	105.5	103.7
黑色金属冶炼及压延加工产品	Smelting and Pressing of Ferrous Metals	114.4	111.4	110.2	114.3	11[illegible].9	112.3
有色金属冶炼及压延加工产品	Smelting and Pressing of Non-ferrous Metals	105.3	104.0	103.2	102.4	102.5	105.1
金属制品	Manufacture of Metal Products	106.8	104.3	105.4	103.9	10[illegible].0	105.6
通用设备	Manufacture of General Purpose Machinery	99.2	98.0	99.3	99.5	9[illegible].3	98.5
专用设备	Manufacture of Special Purpose Machinery	98.7	98.4	103.7	101.0	10[illegible].5	101.7
交通运输设备	Manufacture of Transport Equipment	98.8	99.5	98.8	98.5	9[illegible].0	99.0
电器机械及器材	Manufacture of Electrical Machinery and Equipment	109.7	109.0	104.7	105.7	10[illegible].7	107.1
通信设备、计算机及其他电子设备	Manufacture of Communication Equipment, Computers and Other Electronic Equipment	96.1	96.9	98.6	98.9	9[illegible].9	98.9
仪器仪表及文化、办公用机械	Manufacture of Measuring Instruments and Machinery for Cultural Activity and Office Work	99.8	99.9	100.2	100.8	10[illegible].6	101.2
工艺品及其他制品	Manufacture of Artwork and Other Manufacturing	117.1	104.7	102.5	102.3	10[illegible].9	103.5
废弃资源和废旧材料回收加工	Recycling and Disposal of Waste						
电力、热力的生产和供应产品	Production and Supply of Electric Power and Heat Power	103.0	100.5	101.2	101.8	10[illegible].7	104.1
燃气生产和供应产品	Production and Supply of Gas	99.9	100.1	99.9	100.1	10[illegible].1	102.7
水的生产和供应产品	Production and Supply of Water	110.3	110.2	109.8	110.5	11[illegible].1	108.0

3-18 各行业工业品出厂价格分月指数（2005 年）
Ex-Factory Price Indices of Industrial Products by Sector and Month (2005)

续表 (continued) 上年同期 =100 preceding year=100

行业	Sector	7月 July	8月 August	9月 September	10月 October	11月 November	12月 December
工业品出厂价格指数	**Ex-Factory Price Indices of Industrial Products**	**103.5**	**103.1**	**102.2**	**102.0**	**101.8**	**101.5**
煤炭开采和洗选产品	Mining and Washing of Coal	148.8	136.6	133.4	134.6	131.4	121.4
石油和天然气开采产品	Extraction of Petroleum and Natural Gas	102.8	101.4	101.4	101.4	101.4	101.4
黑色金属矿采选产品	Mining and Processing of Ferrous Metal Ores	116.7	107.3	108.4	106.5	98.4	88.1
有色金属矿采选产品	Mining and Processing of Non-Ferrous Metal Ores	100.0	100.0	100.0	100.0	100.0	100.0
非金属矿采选产品	Mining and Processing of Nonmetal Ores	102.9	102.7	104.2	102.5	102.5	102.7
其他采矿产品	Mining and Processing of Others						
农副食品加工产品	Processing of Food from Agricultural Products	97.0	95.3	95.5	94.3	94.6	95.5
食品	Processing of Foodstuff	103.5	102.9	102.8	103.3	103.4	103.2
饮料	Manufacture of Beverages	104.8	101.4	100.7	100.9	101.2	102.0
烟草制品	Manufacture of Tobacco	101.3	101.3	101.3	100.6	100.0	100.0
纺织产品	Manufacture of Textile	102.3	102.9	103.5	106.4	108.8	111.1
纺织服装、鞋、帽制品	Manufacture of Textile Wearing Apparel, Footware, and Caps	106.7	107.0	106.1	108.0	106.5	105.4
皮革、毛皮、羽毛(绒)及其制品	Manufacture of Leather, Fur, Feather and Related Products	99.4	101.2	100.4	100.7	100.5	101.0
木材加工及木、竹、藤、棕、草制品	Processing of Timber, Manufacture of Wood, Bamboo, Rattan, Palm and Straw Products	102.9	102.8	102.8	102.7	101.2	100.1
家俱制品	Manufacture of Furniture	104.1	104.7	103.7	103.6	103.7	101.8
造纸及纸制品	Manufacture of Paper and Paper Products	100.7	100.0	99.8	99.9	99.7	99.6
印刷业和记录媒介的复制	Printing, Reproduction of Recording Media	99.3	99.7	99.3	100.0	99.2	99.9
文教体育用品	Manufacture of Articles for Culture, Education and Sport Activities	103.9	103.9	103.9	103.9	103.9	103.9
石油加工、炼焦及核燃料加工产品	Processing of Petroleum, Coking, Processing of Nuclear Fuel	114.9	113.8	116.6	113.5	110.5	111.0
化学原料及化学制品	Manufacture of Raw Chemical Materials and Chemical Products	116.4	112.5	107.0	105.8	105.6	107.1
药品	Manufacture of Medicines	101.4	101.8	101.9	102.1	100.8	100.5
化学纤维产品	Manufacture of Chemical Fibers	104.1	103.0	106.1	105.5	104.1	104.3
橡胶制品	Manufacture of Rubber	109.4	110.1	111.2	108.5	106.3	105.0
塑料制品	Manufacture of Plastics	105.4	106.7	105.0	103.6	102.3	102.7
非金属矿物制品	Manufacture of Non-metallic Mineral Products	103.0	102.5	102.8	102.2	102.3	101.8
黑色金属冶炼及压延加工产品	Smelting and Pressing of Ferrous Metals	108.1	106.1	104.1	102.3	101.7	98.0
有色金属冶炼及压延加工产品	Smelting and Pressing of Non-ferrous Metals	103.7	103.0	101.5	100.3	100.8	101.9
金属制品	Manufacture of Metal Products	104.9	105.2	104.8	103.5	102.3	102.5
通用设备	Manufacture of General Purpose Machinery	100.8	100.4	100.4	100.0	100.7	101.7
专用设备	Manufacture of Special Purpose Machinery	101.4	100.8	101.9	100.9	101.3	102.9
交通运输设备	Manufacture of Transport Equipment	99.2	100.0	99.5	99.9	99.7	99.7
电器机械及器材	Manufacture of Electrical Machinery and Equipment	106.8	108.7	107.8	106.2	106.6	107.2
通信设备、计算机及其他电子设备	Manufacture of Communication Equipment, Computers and Other Electronic Equipment	94.0	94.5	94.9	96.0	96.2	97.7
仪器仪表及文化、办公用机械	Manufacture of Measuring Instruments and Machinery for Cultural Activity and Office Work	100.7	100.6	100.3	100.5	99.6	99.6
工艺品及其他制品	Manufacture of Artwork and Other Manufacturing	101.4	101.4	101.4	101.4	101.5	101.3
废弃资源和废旧材料回收加工	Recycling and Disposal of Waste						
电力、热力的生产和供应产品	Production and Supply of Electric Power and Heat Power	103.5	103.7	103.6	103.2	102.7	101.9
燃气生产和供应产品	Production and Supply of Gas	102.3	102.3	102.3	102.2	102.5	102.2
水的生产和供应产品	Production and Supply of Water	110.6	110.2	107.8	104.5	103.9	103.9

3-18 各行业工业品出厂价格分月指数（2006 年）
Ex-Factory Price Indices of Industrial Products by Sector and Month (2006)

上年 =100 preceding year=100

行 业	Sector	1 月 January	2 月 February	3 月 March	4 月 April	5 月 May	6 月 June
工业品出厂价格指数	**Ex-Factory Price Indices of Industrial Products**	**101.3**	**101.3**	**101.0**	**100.7**	**101.1**	**101.7**
煤炭开采和洗选产品	Mining and Washing of Coal	109.5	107.4	104.3	102.2	101.8	101.7
石油和天然气开采产品	Extraction of Petroleum and Natural Gas	102.2	104.4	104.4	116.1	116.1	111.4
黑色金属矿采选产品	Mining and Processing of Ferrous Metal Ores	77.7	78.6	91.9	87.9	85.4	83.8
有色金属矿采选产品	Mining and Processing of Non-Ferrous Metal Ores	100.0	94.4	85.0	85.0	85.0	90.0
非金属矿采选产品	Mining and Processing of Nonmetal Ores	98.9	98.0	99.1	99.2	99.3	99.8
其他采矿产品	Mining and Processing of Others						
农副食品加工产品	Processing of Food from Agricultural Products	97.1	97.0	96.4	95.3	96.6	97.6
食品	Processing of Foodstuff	101.3	102.3	105.8	105.3	107.2	105.4
饮料	Manufacture of Beverages	104.9	104.9	101.8	101.1	101.1	101.5
烟草制品	Manufacture of Tobacco	100.0	100.0	100.0	100.0	100.2	100.0
纺织产品	Manufacture of Textile	111.2	111.4	110.9	108.4	107.2	105.8
纺织服装、鞋、帽制品	Manufacture of Textile Wearing Apparel, Footware, and Caps	108.9	93.9	103.9	102.7	103.3	102.9
皮革、毛皮、羽毛(绒)及其制品	Manufacture of Leather, Fur, Feather and Related Products	101.3	101.4	100.9	100.2	100.2	101.6
木材加工及木、竹、藤、棕、草制品	Processing of Timber, Manufacture of Wood, Bamboo, Rattan, Palm and Straw Products	101.8	101.0	100.7	101.5	105.6	104.5
家俱制品	Manufacture of Furniture	100.2	100.7	101.1	101.3	101.2	101.5
造纸及纸制品	Manufacture of Paper and Paper Products	100.2	100.0	100.7	100.0	100.3	100.4
印刷业和记录媒介的复制	Printing, Reproduction of Recording Media	101.2	100.6	98.3	98.9	98.5	99.1
文教体育用品	Manufacture of Articles for Culture, Education and Sport Activities	100.0	100.0	100.0	100.0	100.0	100.0
石油加工、炼焦及核燃料加工产品	Processing of Petroleum, Coking, Processing of Nuclear Fuel	110.8	110.0	118.5	115.2	112.0	113.0
化学原料及化学制品	Manufacture of Raw Chemical Materials and Chemical Products	101.8	99.5	99.6	98.7	98.1	100.3
药品	Manufacture of Medicines	99.5	99.5	99.5	99.3	99.0	100.2
化学纤维产品	Manufacture of Chemical Fibers	110.0	108.8	104.4	103.5	103.4	100.0
橡胶制品	Manufacture of Rubber	103.1	103.4	102.8	104.0	104.4	105.0
塑料制品	Manufacture of Plastics	102.6	103.0	102.8	102.4	101.5	102.3
非金属矿物制品	Manufacture of Non-metallic Mineral Products	100.0	100.1	100.5	100.3	101.4	102.9
黑色金属冶炼及压延加工产品	Smelting and Pressing of Ferrous Metals	98.0	98.4	97.8	95.5	96.3	97.3
有色金属冶炼及压延加工产品	Smelting and Pressing of Non-ferrous Metals	106.3	113.5	110.8	111.9	116.3	115.4
金属制品	Manufacture of Metal Products	101.7	101.9	102.5	100.7	101.7	101.3
通用设备	Manufacture of General Purpose Machinery	102.6	101.6	102.7	101.9	100.6	99.0
专用设备	Manufacture of Special Purpose Machinery	101.0	100.7	101.1	103.7	102.9	103.0
交通运输设备	Manufacture of Transport Equipment	99.6	99.5	98.8	98.7	98.7	99.5
电器机械及器材	Manufacture of Electrical Machinery and Equipment	103.0	103.7	105.6	106.5	109.9	114.0
通信设备、计算机及其他电子设备	Manufacture of Communication Equipment, Computers and Other Electronic Equipment	98.0	92.8	95.9	99.5	100.7	99.6
仪器仪表及文化、办公用机械	Manufacture of Measuring Instruments and Machinery for Cultural Activity and Office Work	100.3	99.6	100.3	101.3	100.8	100.4
工艺品及其他制品	Manufacture of Artwork and Other Manufacturing	104.8	103.5	103.4	104.5	106.5	105.9
废弃资源和废旧材料回收加工	Recycling and Disposal of Waste						
电力、热力的生产和供应产品	Production and Supply of Electric Power and Heat Power	103.6	102.5	102.2	102.4	102.2	101.5
燃气生产和供应产品	Production and Supply of Gas	102.2	101.3	109.8	109.1	110.2	112.6
水的生产和供应产品	Production and Supply of Water	102.0	102.4	102.3	102.4	103.1	103.7

3-18 各行业工业品出厂价格分月指数（2006 年）
Ex-Factory Price Indices of Industrial Products by Sector and Month (2006)

续表（continued）上年同期=100　　preceding year=100

行 业	Sector	7月 July	8月 August	9月 September	10月 October	11月 November	12月 December
工业品出厂价格指数	**Ex-Factory Price Indices of Industrial Products**	**102.1**	**102.6**	**103.2**	**103.5**	**104.2**	**103.7**
煤炭开采和洗选产品	Mining and Washing of Coal	101.3	103.0	104.3	104.2	104.1	104.5
石油和天然气开采产品	Extraction of Petroleum and Natural Gas	111.4	118.3	118.3	122.9	122.9	122.9
黑色金属矿采选产品	Mining and Processing of Ferrous Metal Ores	89.8	85.6	88.0	94.1	91.0	102.6
有色金属矿采选产品	Mining and Processing of Non-Ferrous Metal Ores	90.0	100.0	100.0	100.0	100.0	100.0
非金属矿采选产品	Mining and Processing of Nonmetal Ores	100.1	100.5	101.0	99.6	99.7	98.9
其他采矿产品	Mining and Processing of Others						
农副食品加工产品	Processing of Food from Agricultural Products	99.0	101.5	103.6	104.4	105.4	107.1
食品	Processing of Foodstuff	105.7	106.1	106.6	105.8	105.5	103.9
饮料	Manufacture of Beverages	103.8	105.6	103.2	104.2	103.9	103.4
烟草制品	Manufacture of Tobacco	100.6	101.3	101.3	101.3	101.1	101.3
纺织产品	Manufacture of Textile	106.4	105.2	106.7	107.3	105.7	102.5
纺织服装、鞋、帽制品	Manufacture of Textile Wearing Apparel, Footware, and Caps	103.6	103.0	102.8	106.2	101.7	101.1
皮革、毛皮、羽毛（绒）及其制品	Manufacture of Leather, Fur, Feather and Related Products	104.6	104.6	106.1	105.5	106.6	106.5
木材加工及木、竹、藤、棕、草制品	Processing of Timber, Manufacture of Wood, Bamboo, Rattan, Palm and Straw Products	109.3	112.5	106.7	106.9	104.2	105.0
家俱制品	Manufacture of Furniture	101.7	101.4	101.3	101.1	100.7	101.0
造纸及纸制品	Manufacture of Paper and Paper Products	101.5	102.0	101.4	100.7	100.6	101.0
印刷业和记录媒介的复制	Printing, Reproduction of Recording Media	100.2	99.6	100.5	100.1	99.5	99.9
文教体育用品	Manufacture of Articles for Culture, Education and Sport Activities	100.0	100.0	100.0	100.0	100.0	100.0
石油加工、炼焦及核燃料加工产品	Processing of Petroleum, Coking, Processing of Nuclear Fuel	111.7	111.6	112.0	110.3	106.8	108.9
化学原料及化学制品	Manufacture of Raw Chemical Materials and Chemical Products	99.9	100.5	99.3	100.6	102.5	101.3
药品	Manufacture of Medicines	100.2	97.2	98.8	96.8	100.2	100.6
化学纤维产品	Manufacture of Chemical Fibers	100.3	100.2	100.2	101.8	98.9	100.7
橡胶制品	Manufacture of Rubber	106.8	105.1	105.2	104.0	105.4	105.3
塑料制品	Manufacture of Plastics	102.7	104.5	103.8	105.4	105.9	106.4
非金属矿物制品	Manufacture of Non-metallic Mineral Products	102.5	101.7	101.9	101.9	103.3	103.8
黑色金属冶炼及压延加工产品	Smelting and Pressing of Ferrous Metals	98.4	97.9	101.5	101.0	101.1	102.2
有色金属冶炼及压延加工产品	Smelting and Pressing of Non-ferrous Metals	113.2	112.1	117.3	118.2	118.5	117.9
金属制品	Manufacture of Metal Products	101.5	101.6	102.6	103.5	103.6	103.7
通用设备	Manufacture of General Purpose Machinery	99.5	100.4	99.4	101.4	102.8	100.3
专用设备	Manufacture of Special Purpose Machinery	102.2	100.6	100.3	100.4	101.1	100.2
交通运输设备	Manufacture of Transport Equipment	100.1	100.6	100.6	100.8	101.8	101.3
电器机械及器材	Manufacture of Electrical Machinery and Equipment	112.6	117.5	118.6	118.0	117.8	114.1
通信设备、计算机及其他电子设备	Manufacture of Communication Equipment, Computers and Other Electronic Equipment	99.8	99.6	98.6	99.5	98.7	101.6
仪器仪表及文化、办公用机械	Manufacture of Measuring Instruments and Machinery for Cultural Activity and Office Work	100.8	100.4	100.8	101.3	101.4	101.1
工艺品及其他制品	Manufacture of Artwork and Other Manufacturing	104.9	105.3	105.9	107.0	105.5	104.6
废弃资源和废旧材料回收加工	Recycling and Disposal of Waste						
电力、热力的生产和供应产品	Production and Supply of Electric Power and Heat Power	103.6	104.9	105.0	105.3	104.7	105.0
燃气生产和供应产品	Production and Supply of Gas	111.0	114.0	115.6	114.5	115.7	112.9
水的生产和供应产品	Production and Supply of Water	101.8	102.1	102.2	102.2	104.9	102.3

3-18 各行业工业品出厂价格分月指数（2007 年）
Ex-Factory Price Indices of Industrial Products by Sector and Month (2007)

上年 =100　　　　preceding year=100

行 业	Sector	1月 January	2月 February	3月 March	4月 April	5月 May	6月 June
工业品出厂价格指数	**Ex-Factory Price Indices of Industrial Products**	**103.4**	**103.2**	**103.6**	**102.9**	**1[illegible]2.1**	**103.2**
煤炭开采和洗选产品	Mining and Washing of Coal	103.8	103.8	103.2	104.4	1[illegible]3.9	104.4
石油和天然气开采产品	Extraction of Petroleum and Natural Gas	122.9	122.9	122.9	114.5	1[illegible]7.1	111.9
黑色金属矿采选产品	Mining and Processing of Ferrous Metal Ores	101.3	113.0	121.4	119.5	1[illegible]3.9	145.2
有色金属矿采选产品	Mining and Processing of Non-Ferrous Metal Ores	100.0	100.0	105.9	105.9	1[illegible]5.9	105.9
非金属矿采选产品	Mining and Processing of Nonmetal Ores	102.5	102.7	104.4	103.8	1[illegible]3.0	102.8
其他采矿产品	Mining and Processing of Others						
农副食品加工产品	Processing of Food from Agricultural Products	109.8	108.1	109.7	108.5	1[illegible]0.5	110.9
食品	Processing of Foodstuff	101.9	102.6	102.2	102.2	1[illegible]1.8	102.4
饮料	Manufacture of Beverages	104.0	105.2	102.9	104.1	1[illegible]2.2	102.2
烟草制品	Manufacture of Tobacco	100.3	100.3	100.3	101.5	1[illegible]0.9	100.9
纺织产品	Manufacture of Textile	97.7	96.8	96.9	97.5	[illegible]7.8	98.5
纺织服装、鞋、帽制品	Manufacture of Textile Wearing Apparel, Footware, and Caps	99.8	100.4	101.3	99.4	[illegible]8.2	96.5
皮革、毛皮、羽毛（绒）及其制品	Manufacture of Leather, Fur, Feather and Related Products	103.3	103.6	102.6	102.9	1[illegible]1.3	97.2
木材加工及木、竹、藤、棕、草制品	Processing of Timber, Manufacture of Wood, Bamboo, Rattan, Palm and Straw Products	107.8	110.5	110.3	108.8	1[illegible]7.2	103.2
家俱制品	Manufacture of Furniture	102.7	102.8	102.6	102.5	1[illegible]2.3	103.2
造纸及纸制品	Manufacture of Paper and Paper Products	101.2	101.3	101.5	101.9	1[illegible]1.3	100.9
印刷业和记录媒介的复制	Printing, Reproduction of Recording Media	99.3	99.8	99.3	100.3	1[illegible]0.2	99.6
文教体育用品	Manufacture of Articles for Culture, Education and Sport Activities	100.0	100.0	100.0	100.0	1[illegible]0.0	100.0
石油加工、炼焦及核燃料加工产品	Processing of Petroleum, Coking, Processing of Nuclear Fuel	108.8	106.1	105.0	103.5	1[illegible]2.9	101.9
化学原料及化学制品	Manufacture of Raw Chemical Materials and Chemical Products	105.2	103.3	104.2	104.7	1[illegible]2.9	103.1
药品	Manufacture of Medicines	101.0	100.1	100.2	99.9	1[illegible]0.0	104.3
化学纤维产品	Manufacture of Chemical Fibers	99.9	99.8	100.3	101.1	1[illegible]0.7	104.7
橡胶制品	Manufacture of Rubber	106.6	106.3	106.4	106.6	1[illegible]5.6	103.6
塑料制品	Manufacture of Plastics	108.8	107.0	105.0	104.4	1[illegible]2.1	102.7
非金属矿物制品	Manufacture of Non-metallic Mineral Products	103.9	104.3	105.1	104.9	1[illegible]4.0	103.1
黑色金属冶炼及压延加工产品	Smelting and Pressing of Ferrous Metals	102.4	105.9	107.3	105.6	1[illegible]6.3	112.8
有色金属冶炼及压延加工产品	Smelting and Pressing of Non-ferrous Metals	114.3	110.5	109.8	106.7	1[illegible]2.6	106.7
金属制品	Manufacture of Metal Products	102.0	101.2	101.3	102.4	1[illegible]1.0	100.4
通用设备	Manufacture of General Purpose Machinery	101.1	101.6	102.1	102.5	1[illegible]1.7	101.7
专用设备	Manufacture of Special Purpose Machinery	100.5	100.4	101.0	103.5	1[illegible]0.6	100.0
交通运输设备	Manufacture of Transport Equipment	100.2	100.3	100.6	100.0	[illegible]9.4	100.4
电器机械及器材	Manufacture of Electrical Machinery and Equipment	113.3	111.9	111.2	109.0	1[illegible]5.0	103.8
通信设备、计算机及其他电子设备	Manufacture of Communication Equipment, Computers and Other Electronic Equipment	97.7	97.2	96.8	96.0	[illegible]7.6	95.5
仪器仪表及文化、办公用机械	Manufacture of Measuring Instruments and Machinery for Cultural Activity and Office Work	99.9	99.9	100.3	101.8	1[illegible]0.0	99.2
工艺品及其他制品	Manufacture of Artwork and Other Manufacturing	103.3	104.8	104.9	105.5	1[illegible]3.6	103.4
废弃资源和废旧材料回收加工	Recycling and Disposal of Waste	100.0	103.7	107.7		1[illegible]7.4	106.5
电力、热力的生产和供应产品	Production and Supply of Electric Power and Heat Power	105.3	104.7	106.3	105.7	1[illegible]6.1	107.0
燃气生产和供应产品	Production and Supply of Gas	115.7	113.1	108.7	108.7	1[illegible]5.5	104.9
水的生产和供应产品	Production and Supply of Water	101.8	101.3	101.5	101.1	1[illegible]0.6	100.2

3-18 各行业工业品出厂价格分月指数（2007 年）
Ex-Factory Price Indices of Industrial Products by Sector and Month (2007)

续表 (continued) 上年同期 =100 preceding year=100

行 业	Sector	7 月 July	8 月 August	9 月 September	10 月 October	11 月 November	12 月 December
工业品出厂价格指数	**Ex-Factory Price Indices of Industrial Products**	**103.2**	**103.7**	**104.0**	**103.8**	**104.1**	**104.6**
煤炭开采和洗选产品	Mining and Washing of Coal	103.2	104.5	104.8	105.3	106.8	107.4
石油和天然气开采产品	Extraction of Petroleum and Natural Gas	111.9	104.9	100.0	101.1	100.0	115.1
黑色金属矿采选产品	Mining and Processing of Ferrous Metal Ores	130.0	138.1	139.9	148.1	155.8	152.1
有色金属矿采选产品	Mining and Processing of Non-Ferrous Metal Ores	105.9	100.0	100.0	100.0	100.0	100.0
非金属矿采选产品	Mining and Processing of Nonmetal Ores	102.8	103.3	102.4	102.2	104.1	103.6
其他采矿产品	Mining and Processing of Others						
农副食品加工产品	Processing of Food from Agricultural Products	115.2	126.3	131.0	130.4	129.8	125.9
食品	Processing of Foodstuff	104.0	104.3	107.6	107.5	108.5	109.5
饮料	Manufacture of Beverages	101.6	102.1	101.9	101.9	100.8	101.8
烟草制品	Manufacture of Tobacco	100.0	99.8	100.0	100.0	100.3	100.0
纺织产品	Manufacture of Textile	98.6	97.8	95.9	94.1	94.1	94.1
纺织服装、鞋、帽制品	Manufacture of Textile Wearing Apparel, Footware, and Caps	94.1	101.9	98.2	93.8	95.1	92.8
皮革、毛皮、羽毛(绒)及其制品	Manufacture of Leather, Fur, Feather and Related Products	97.0	97.8	101.1	103.2	94.7	100.9
木材加工及木、竹、藤、棕、草制品	Processing of Timber, Manufacture of Wood, Bamboo, Rattan, Palm and Straw Products	103.6	101.7	105.4	99.6	100.6	107.4
家俱制品	Manufacture of Furniture	103.5	103.5	103.5	102.8	102.5	102.6
造纸及纸制品	Manufacture of Paper and Paper Products	100.8	100.4	100.5	100.8	101.0	101.9
印刷业和记录媒介的复制	Printing, Reproduction of Recording Media	99.8	100.2	100.1	99.1	99.2	100.0
文教体育用品	Manufacture of Articles for Culture, Education and Sport Activities	100.0	100.0	100.0	100.0	100.0	100.0
石油加工、炼焦及核燃料加工产品	Processing of Petroleum, Coking, Processing of Nuclear Fuel	102.1	101.4	101.1	106.2	110.2	111.3
化学原料及化学制品	Manufacture of Raw Chemical Materials and Chemical Products	103.9	105.4	104.2	106.5	108.8	111.2
药品	Manufacture of Medicines	108.2	109.4	115.3	109.5	109.5	107.8
化学纤维产品	Manufacture of Chemical Fibers	110.2	116.1	119.4	120.0	126.0	121.1
橡胶制品	Manufacture of Rubber	104.2	106.1	100.3	100.3	100.0	100.5
塑料制品	Manufacture of Plastics	102.5	101.5	101.4	98.6	99.5	98.9
非金属矿物制品	Manufacture of Non-metallic Mineral Products	103.7	103.9	108.4	107.9	109.2	114.6
黑色金属冶炼及压延加工产品	Smelting and Pressing of Ferrous Metals	110.2	109.8	111.7	113.7	116.6	116.7
有色金属冶炼及压延加工产品	Smelting and Pressing of Non-ferrous Metals	108.9	111.9	109.3	106.9	107.1	104.9
金属制品	Manufacture of Metal Products	99.7	100.8	100.0	100.2	100.0	99.9
通用设备	Manufacture of General Purpose Machinery	102.8	102.4	104.7	103.3	104.2	103.1
专用设备	Manufacture of Special Purpose Machinery	100.0	100.1	102.5	100.5	99.7	100.4
交通运输设备	Manufacture of Transport Equipment	100.6	100.7	100.2	100.0	99.5	100.3
电器机械及器材	Manufacture of Electrical Machinery and Equipment	104.6	104.3	105.2	104.1	103.5	104.4
通信设备、计算机及其他电子设备	Manufacture of Communication Equipment, Computers and Other Electronic Equipment	95.9	97.6	96.4	97.4	93.9	94.4
仪器仪表及文化、办公用机械	Manufacture of Measuring Instruments and Machinery for Cultural Activity and Office Work	99.9	95.1	95.9	97.3	98.9	97.3
工艺品及其他制品	Manufacture of Artwork and Other Manufacturing	103.4	104.0	105.5	104.5	104.8	107.0
废弃资源和废旧材料回收加工	Recycling and Disposal of Waste	93.3	93.3				
电力、热力的生产和供应产品	Production and Supply of Electric Power and Heat Power	103.5	101.7	101.0	100.7	101.1	100.8
燃气生产和供应产品	Production and Supply of Gas	106.2	103.8	103.2	103.2	102.8	105.1
水的生产和供应产品	Production and Supply of Water	100.6	100.3	106.0	106.0	105.9	105.8

3-18 各行业工业品出厂价格分月指数（2008 年）
Ex-Factory Price Indices of Industrial Products by Sector and Month (2008)

上年 =100 preceding year=100

行业	Sector	1月 January	2月 February	3月 March	4月 April	5月 May	6月 June
工业品出厂价格指数	**Ex-Factory Price Indices of Industrial Products**	**105.4**	**106.2**	**106.7**	**106.9**	**[illegible]6.9**	**107.0**
煤炭开采和洗选产品	Mining and Washing of Coal	120.0	121.9	129.8	129.9	[illegible]2.0	139.7
石油和天然气开采产品	Extraction of Petroleum and Natural Gas	115.1	116.7	115.1	116.7	[illegible]5.1	115.1
黑色金属矿采选产品	Mining and Processing of Ferrous Metal Ores	131.1	139.3	120.8	106.6	[illegible]9.7	107.3
有色金属矿采选产品	Mining and Processing of Non-Ferrous Metal Ores	90.0	100.0	100.0	100.0	[illegible]0.0	100.0
非金属矿采选产品	Mining and Processing of Nonmetal Ores	102.5	102.4	103.1	104.5	[illegible]9.3	109.5
其他采矿产品	Mining and Processing of Others						
农副食品加工产品	Processing of Food from Agricultural Products	129.5	130.1	130.7	134.7	[illegible]3.1	130.1
食品	Processing of Foodstuff	112.0	112.5	112.2	112.4	[illegible]0.2	110.2
饮料	Manufacture of Beverages	103.6	103.6	103.9	103.6	[illegible]3.2	103.1
烟草制品	Manufacture of Tobacco	101.4	101.4	101.4	101.4	[illegible]1.4	101.4
纺织产品	Manufacture of Textile	94.9	95.4	96.1	98.4	[illegible]8.1	99.5
纺织服装、鞋、帽制品	Manufacture of Textile Wearing Apparel, Footware, and Caps	104.9	104.6	107.7	111.0	[illegible]1.8	112.2
皮革、毛皮、羽毛(绒)及其制品	Manufacture of Leather, Fur, Feather and Related Products	97.7	97.6	94.3	90.3	[illegible]5.4	94.5
木材加工及木、竹、藤、棕、草制品	Processing of Timber, Manufacture of Wood, Bamboo, Rattan, Palm and Straw Products	105.2	104.9	104.5	104.3	[illegible]5.8	105.3
家俱制品	Manufacture of Furniture	102.2	103.0	103.5	104.2	[illegible]3.1	103.8
造纸及纸制品	Manufacture of Paper and Paper Products	102.7	103.6	103.5	106.1	[illegible]6.0	105.7
印刷业和记录媒介的复制	Printing, Reproduction of Recording Media	99.6	99.5	97.4	97.2	[illegible]9.6	99.7
文教体育用品	Manufacture of Articles for Culture, Education and Sport Activities	100.0	100.0	100.0	100.0	[illegible]0.0	100.0
石油加工、炼焦及核燃料加工产品	Processing of Petroleum, Coking, Processing of Nuclear Fuel	112.8	119.5	124.9	130.9	[illegible]9.3	138.3
化学原料及化学制品	Manufacture of Raw Chemical Materials and Chemical Products	111.3	115.5	116.2	117.0	[illegible]0.7	121.6
药品	Manufacture of Medicines	109.4	107.4	107.3	106.5	[illegible]4.1	99.7
化学纤维产品	Manufacture of Chemical Fibers	120.5	118.9	120.5	123.1	[illegible]7.4	119.2
橡胶制品	Manufacture of Rubber	101.7	100.4	102.9	103.2	[illegible]4.2	104.3
塑料制品	Manufacture of Plastics	100.9	99.9	100.2	100.5	[illegible]1.7	109.1
非金属矿物制品	Manufacture of Non-metallic Mineral Products	112.8	114.3	115.1	116.6	[illegible]6.9	117.4
黑色金属冶炼及压延加工产品	Smelting and Pressing of Ferrous Metals	123.1	125.1	130.0	131.9	[illegible]8.5	131.2
有色金属冶炼及压延加工产品	Smelting and Pressing of Non-ferrous Metals	104.4	107.0	106.4	101.0	[illegible]9.9	95.8
金属制品	Manufacture of Metal Products	103.8	102.7	104.3	106.4	[illegible]7.2	108.7
通用设备	Manufacture of General Purpose Machinery	103.7	104.3	107.1	107.6	[illegible]0.0	112.3
专用设备	Manufacture of Special Purpose Machinery	97.5	97.7	102.7	102.7	[illegible]3.2	103.2
交通运输设备	Manufacture of Transport Equipment	100.9	100.8	100.5	100.5	[illegible]0.5	100.5
电器机械及器材	Manufacture of Electrical Machinery and Equipment	102.4	105.8	104.5	105.5	[illegible]5.4	105.5
通信设备、计算机及其他电子设备	Manufacture of Communication Equipment, Computers and Other Electronic Equipment	96.4	99.7	99.2	100.1	[illegible]7.3	98.3
仪器仪表及文化、办公用机械	Manufacture of Measuring Instruments and Machinery for Cultural Activity and Office Work	100.0	100.3	104.3	105.2	[illegible]3.6	103.6
工艺品及其他制品	Manufacture of Artwork and Other Manufacturing	114.9	116.5	117.6	114.1	[illegible]2.8	111.4
废弃资源和废旧材料回收加工	Recycling and Disposal of Waste						
电力、热力的生产和供应产品	Production and Supply of Electric Power and Heat Power	101.6	100.7	100.7	100.8	[illegible]0.9	101.1
燃气生产和供应产品	Production and Supply of Gas	107.3	107.2	107.2	108.0	[illegible]9.3	107.6
水的生产和供应产品	Production and Supply of Water	104.7	104.7	104.5	105.8	[illegible]5.8	105.8

3-18 各行业工业品出厂价格分月指数（2008 年）
Ex-Factory Price Indices of Industrial Products by Sector and Month (2008)

续表 (continued) 上年同期 =100　　preceding year=100

行业	Sector	7月 July	8月 August	9月 September	10月 October	11月 November	12月 December
工业品出厂价格指数	**Ex-Factory Price Indices of Industrial Products**	**107.6**	**107.7**	**107.0**	**105.7**	**102.5**	**99.8**
煤炭开采和洗选产品	Mining and Washing of Coal	144.3	156.0	155.5	148.9	132.3	120.5
石油和天然气开采产品	Extraction of Petroleum and Natural Gas	115.1	115.1	115.1	115.1	115.1	100.0
黑色金属矿采选产品	Mining and Processing of Ferrous Metal Ores	114.9	110.6	110.4	103.7	97.2	97.7
有色金属矿采选产品	Mining and Processing of Non-Ferrous Metal Ores	100.0	100.0	100.0	100.0	91.1	83.3
非金属矿采选产品	Mining and Processing of Nonmetal Ores	111.2	109.7	111.3	109.5	106.9	98.8
其他采矿产品	Mining and Processing of Others						
农副食品加工产品	Processing of Food from Agricultural Products	124.3	119.4	116.6	113.9	109.3	105.4
食品	Processing of Foodstuff	110.3	110.4	110.7	110.3	109.4	106.6
饮料	Manufacture of Beverages	104.0	104.8	104.4	102.9	102.6	101.5
烟草制品	Manufacture of Tobacco	101.5	101.7	101.5	101.5	101.5	101.5
纺织产品	Manufacture of Textile	99.0	99.4	98.8	98.1	92.6	92.9
纺织服装、鞋、帽制品	Manufacture of Textile Wearing Apparel, Footware, and Caps	112.5	113.5	115.5	115.5	115.5	115.4
皮革、毛皮、羽毛(绒)及其制品	Manufacture of Leather, Fur, Feather and Related Products	92.5	93.8	93.8	97.2	96.6	97.4
木材加工及木、竹、藤、棕、草制品	Processing of Timber, Manufacture of Wood, Bamboo, Rattan, Palm and Straw Products	105.2	105.5	104.2	107.7	105.7	106.0
家俱制品	Manufacture of Furniture	103.7	104.1	104.0	103.4	100.4	101.9
造纸及纸制品	Manufacture of Paper and Paper Products	105.8	105.6	105.3	104.2	103.0	98.7
印刷业和记录媒介的复制	Printing, Reproduction of Recording Media	98.8	100.0	100.0	100.3	100.4	100.4
文教体育用品	Manufacture of Articles for Culture, Education and Sport Activities	100.0	100.0	100.0	100.0	100.0	100.0
石油加工、炼焦及核燃料加工产品	Processing of Petroleum, Coking, Processing of Nuclear Fuel	140.8	142.3	146.3	138.2	119.6	107.6
化学原料及化学制品	Manufacture of Raw Chemical Materials and Chemical Products	122.9	125.3	125.2	116.9	104.6	97.4
药品	Manufacture of Medicines	101.8	102.4	101.4	104.5	101.3	103.1
化学纤维产品	Manufacture of Chemical Fibers	122.1	116.7	113.4	114.5	100.8	99.0
橡胶制品	Manufacture of Rubber	105.0	105.2	105.5	104.6	103.5	100.5
塑料制品	Manufacture of Plastics	111.1	110.8	110.2	105.5	101.4	100.9
非金属矿物制品	Manufacture of Non-metallic Mineral Products	118.8	118.8	118.6	117.7	117.5	111.1
黑色金属冶炼及压延加工产品	Smelting and Pressing of Ferrous Metals	134.2	132.3	129.8	126.4	109.9	100.4
有色金属冶炼及压延加工产品	Smelting and Pressing of Non-ferrous Metals	99.1	97.3	95.1	89.7	81.2	77.7
金属制品	Manufacture of Metal Products	109.1	108.3	107.9	106.6	103.9	102.4
通用设备	Manufacture of General Purpose Machinery	111.2	112.2	111.5	110.9	112.1	110.3
专用设备	Manufacture of Special Purpose Machinery	103.7	103.9	103.9	104.4	107.7	106.1
交通运输设备	Manufacture of Transport Equipment	100.7	100.7	100.0	100.0	99.9	98.9
电器机械及器材	Manufacture of Electrical Machinery and Equipment	104.3	104.2	102.8	103.4	100.2	96.7
通信设备、计算机及其他电子设备	Manufacture of Communication Equipment, Computers and Other Electronic Equipment	98.5	97.4	97.1	96.6	97.8	97.4
仪器仪表及文化、办公用机械	Manufacture of Measuring Instruments and Machinery for Cultural Activity and Office Work	100.9	101.4	102.0	106.2	103.9	104.0
工艺品及其他制品	Manufacture of Artwork and Other Manufacturing	113.8	112.9	110.8	102.5	98.1	95.8
废弃资源和废旧材料回收加工	Recycling and Disposal of Waste						
电力、热力的生产和供应产品	Production and Supply of Electric Power and Heat Power	102.7	103.0	103.5	104.1	104.1	103.5
燃气生产和供应产品	Production and Supply of Gas	107.6	107.6	106.5	106.5	106.8	104.7
水的生产和供应产品	Production and Supply of Water	105.8	105.8	105.8	100.1	100.1	100.0

3-18 各行业工业品出厂价格分月指数（2009年）
Ex-Factory Price Indices of Industrial Products by Sector and Month (2009)

上年=100 preceding year=100

行业	Sector	1月 January	2月 February	3月 March	4月 April	5月 May	6月 June
工业品出厂价格指数	**Ex-Factory Price Indices of Industrial Products**	**98.8**	**97.1**	**95.8**	**95.3**	**94.4**	**93.6**
煤炭开采和洗选产品	Mining and Washing of Coal	115.3	112.9	107.7	105.3	102.1	98.3
石油和天然气开采产品	Extraction of Petroleum and Natural Gas	100.0	100.0	100.0	100.0	100.0	100.0
黑色金属矿采选产品	Mining and Processing of Ferrous Metal Ores	100.4	98.2	95.8	92.1	90.6	91.4
有色金属矿采选产品	Mining and Processing of Non-Ferrous Metal Ores	83.3	83.3	83.3	77.8	77.8	77.8
非金属矿采选产品	Mining and Processing of Nonmetal Ores	96.2	95.5	94.8	95.9	92.0	92.3
其他采矿产品	Mining and Processing of Others						
农副食品加工产品	Processing of Food from Agricultural Products	103.0	100.5	96.8	92.4	91.1	90.9
食品	Processing of Foodstuff	103.5	103.3	102.7	102.6	101.5	100.7
饮料	Manufacture of Beverages	99.5	99.6	100.1	99.1	99.2	99.9
烟草制品	Manufacture of Tobacco	100.5	99.1	99.1	99.1	98.6	96.7
纺织产品	Manufacture of Textile	94.4	94.2	91.8	92.3	94.4	95.9
纺织服装、鞋、帽制品	Manufacture of Textile Wearing Apparel, Footware, and Caps	108.9	101.1	101.2	100.7	101.0	100.9
皮革、毛皮、羽毛（绒）及其制品	Manufacture of Leather, Fur, Feather and Related Products	96.8	100.4	99.0	98.8	97.8	101.6
木材加工及木、竹、藤、棕、草制品	Processing of Timber, Manufacture of Wood, Bamboo, Rattan, Palm and Straw Products	105.9	104.9	105.4	104.8	105.9	101.5
家俱制品	Manufacture of Furniture	104.1	104.8	101.4	101.7	101.9	98.4
造纸及纸制品	Manufacture of Paper and Paper Products	100.2	99.3	97.0	95.4	95.4	95.0
印刷业和记录媒介的复制	Printing, Reproduction of Recording Media	100.4	99.5	99.1	99.1	99.1	98.8
文教体育用品	Manufacture of Articles for Culture, Education and Sport Activities						
石油加工、炼焦及核燃料加工产品	Processing of Petroleum, Coking, Processing of Nuclear Fuel	98.2	96.3	86.0	84.5	78.5	80.9
化学原料及化学制品	Manufacture of Raw Chemical Materials and Chemical Products	91.9	86.6	85.6	85.8	84.2	81.0
药品	Manufacture of Medicines	102.1	103.3	102.2	102.1	102.5	102.9
化学纤维产品	Manufacture of Chemical Fibers	83.6	77.5	78.2	79.1	81.3	78.8
橡胶制品	Manufacture of Rubber	99.7	98.4	96.8	96.2	95.9	94.8
塑料制品	Manufacture of Plastics	98.3	98.0	98.0	97.0	98.1	91.8
非金属矿物制品	Manufacture of Non-metallic Mineral Products	108.9	105.5	104.2	101.9	103.0	99.4
黑色金属冶炼及压延加工产品	Smelting and Pressing of Ferrous Metals	92.8	89.8	86.9	84.1	76.9	73.3
有色金属冶炼及压延加工产品	Smelting and Pressing of Non-ferrous Metals	79.3	76.0	73.6	77.9	75.8	76.1
金属制品	Manufacture of Metal Products	101.3	100.8	101.7	99.3	97.6	97.2
通用设备	Manufacture of General Purpose Machinery	107.6	106.4	103.7	101.1	98.3	97.9
专用设备	Manufacture of Special Purpose Machinery	107.4	107.9	106.6	104.0	103.9	102.6
交通运输设备	Manufacture of Transport Equipment	99.6	98.8	98.1	97.9	97.8	97.6
电器机械及器材	Manufacture of Electrical Machinery and Equipment	93.7	88.2	86.0	87.2	84.8	86.4
通信设备、计算机及其他电子设备	Manufacture of Communication Equipment, Computers and Other Electronic Equipment	97.8	97.9	98.8	98.0	99.0	99.4
仪器仪表及文化、办公用机械	Manufacture of Measuring Instruments and Machinery for Cultural Activity and Office Work	105.2	102.7	101.6	100.8	100.8	99.8
工艺品及其他制品	Manufacture of Artwork and Other Manufacturing	98.8	92.2	89.2	97.4	92.8	92.7
废弃资源和废旧材料回收加工	Recycling and Disposal of Waste						
电力、热力的生产和供应产品	Production and Supply of Electric Power and Heat Power	103.9	103.8	103.7	103.0	103.3	102.3
燃气生产和供应产品	Production and Supply of Gas	102.2	101.0	101.0	101.0	100.8	100.4
水的生产和供应产品	Production and Supply of Water	100.1	100.2	100.2	100.0	100.4	100.1

3-18 各行业工业品出厂价格分月指数（2009 年）
Ex-Factory Price Indices of Industrial Products by Sector and Month (2009)

续表 (continued) 上年同期 =100　　preceding year=100

行 业	Sector	7月 July	8月 August	9月 September	10月 October	11月 November	12月 December
工业品出厂价格指数	**Ex-Factory Price Indices of Industrial Products**	**92.9**	**93.0**	**93.6**	**94.4**	**97.3**	**99.5**
煤炭开采和洗选产品	Mining and Washing of Coal	94.1	90.0	88.8	88.5	84.8	91.8
石油和天然气开采产品	Extraction of Petroleum and Natural Gas	100.0	100.0	100.0	100.0	100.0	100.0
黑色金属矿采选产品	Mining and Processing of Ferrous Metal Ores	91.1	93.7	94.6	96.4	97.1	96.9
有色金属矿采选产品	Mining and Processing of Non-Ferrous Metal Ores	77.8	77.8	77.8	77.8	85.4	93.3
非金属矿采选产品	Mining and Processing of Nonmetal Ores	90.1	90.0	89.4	91.1	93.3	100.7
其他采矿产品	Mining and Processing of Others						
农副食品加工产品	Processing of Food from Agricultural Products	90.7	93.0	92.9	96.1	100.0	100.8
食品	Processing of Foodstuff	100.6	100.0	99.7	100.6	100.8	100.6
饮料	Manufacture of Beverages	99.5	99.9	100.6	100.6	101.0	101.0
烟草制品	Manufacture of Tobacco	96.9	98.6	100.2	100.5	100.5	100.9
纺织产品	Manufacture of Textile	97.6	98.7	100.2	100.5	110.2	114.9
纺织服装、鞋、帽制品	Manufacture of Textile Wearing Apparel, Footware, and Caps	100.0	100.0	100.0	100.0	100.0	100.0
皮革、毛皮、羽毛(绒)及其制品	Manufacture of Leather, Fur, Feather and Related Products	100.1	99.7	99.4	99.1	98.8	92.1
木材加工及木、竹、藤、棕、草制品	Processing of Timber, Manufacture of Wood, Bamboo, Rattan, Palm and Straw Products	105.4	102.0	108.1	102.8	101.1	106.1
家俱制品	Manufacture of Furniture	101.1	101.4	100.8	103.2	106.4	109.6
造纸及纸制品	Manufacture of Paper and Paper Products	95.3	95.4	95.5	96.3	98.0	102.9
印刷业和记录媒介的复制	Printing, Reproduction of Recording Media	99.5	100.0	100.0	100.0	99.7	99.3
文教体育用品	Manufacture of Articles for Culture, Education and Sport Activities						
石油加工、炼焦及核燃料加工产品	Processing of Petroleum, Coking, Processing of Nuclear Fuel	80.5	81.8	81.4	86.7	94.1	100.9
化学原料及化学制品	Manufacture of Raw Chemical Materials and Chemical Products	77.9	77.0	77.2	79.0	91.4	99.1
药品	Manufacture of Medicines	98.3	98.7	101.4	101.5	102.0	104.0
化学纤维产品	Manufacture of Chemical Fibers	82.3	81.2	83.2	79.7	81.1	81.2
橡胶制品	Manufacture of Rubber	95.0	95.2	96.5	97.5	98.4	99.8
塑料制品	Manufacture of Plastics	90.6	91.8	91.1	93.3	98.1	98.2
非金属矿物制品	Manufacture of Non-metallic Mineral Products	98.3	96.2	96.2	95.2	97.0	95.6
黑色金属冶炼及压延加工产品	Smelting and Pressing of Ferrous Metals	73.1	72.3	74.1	75.5	85.4	94.0
有色金属冶炼及压延加工产品	Smelting and Pressing of Non-ferrous Metals	75.5	79.7	82.6	85.4	99.6	103.3
金属制品	Manufacture of Metal Products	96.6	96.3	93.8	93.8	94.5	95.3
通用设备	Manufacture of General Purpose Machinery	96.5	95.9	95.5	95.5	95.8	96.0
专用设备	Manufacture of Special Purpose Machinery	99.2	96.9	98.8	98.9	99.2	99.1
交通运输设备	Manufacture of Transport Equipment	97.5	97.4	97.9	97.9	98.6	99.4
电器机械及器材	Manufacture of Electrical Machinery and Equipment	85.5	86.0	87.5	90.6	93.4	97.1
通信设备、计算机及其他电子设备	Manufacture of Communication Equipment, Computers and Other Electronic Equipment	97.8	100.4	100.2	100.4	99.5	98.8
仪器仪表及文化、办公用机械	Manufacture of Measuring Instruments and Machinery for Cultural Activity and Office Work	99.8	103.0	102.8	103.5	99.3	99.4
工艺品及其他制品	Manufacture of Artwork and Other Manufacturing	94.1	97.8	96.4	102.4	99.2	104.8
废弃资源和废旧材料回收加工	Recycling and Disposal of Waste						
电力、热力的生产和供应产品	Production and Supply of Electric Power and Heat Power	101.3	100.1	99.8	100.9	100.0	103.2
燃气生产和供应产品	Production and Supply of Gas	99.9	100.8	101.0	101.0	101.0	101.0
水的生产和供应产品	Production and Supply of Water	100.1	100.4	100.4	100.4	100.4	100.6

3-19 全国各地区工业品出厂价格指数（2001-2009 年）
Ex-Factory Price Indices of Industrial Products by Region of the Nation (2001-2009)

上年=100 | preceding year=100

地区	Region	2001 年	2002 年	2003 年	2004 年	2005 年	2006 年	2007 年	2008 年	2009 年
全 国	**National Total**	**98.7**	**97.7**	**102.4**	**106.1**	**104.9**	**103.0**	**103.0**	**10[illegible].9**	**94.6**
东部地区	**Eastern Region**									
北 京	Beijing	99.4	96.6	101.5	103.0	101.3	99.0	99.6	10[illegible].3	94.4
天 津	Tianjin	95.8	95.4	102.5	104.1	100.1	100.6	101.2	104.1	92.5
河 北	Hebei	99.8	99.4	107.1	111.6	104.4	100.8	106.7	11[illegible].7	89.1
辽 宁	Liaoning	100.5	97.8	103.6	107.1	105.1	104.1	104.3	11[illegible].9	94.0
上 海	Shanghai	96.8	96.4	101.4	103.6	101.7	100.6	101.1	10[illegible].2	93.8
江 苏	Jiangsu	99.1	97.6	102.1	106.5	102.6	101.5	102.6	104.6	95.2
浙 江	Zhejiang	98.3	96.9	100.8	104.9	102.3	103.8	102.4	104.3	94.9
福 建	Fujian	98.1	97.2	100.7	102.6	100.2	99.2	100.8	10[illegible].7	95.5
山 东	Shandong	99.2	98.7	103.5	106.4	103.7	102.3	103.1	10[illegible].6	94.1
广 东	Guangdong	98.5	96.4	99.3	101.7	101.5	101.4	101.3	10[illegible].1	95.8
海 南	Hainan		98.7	99.2	100.0	99.4	100.8	102.6	104.5	90.6
中部地区	**Central Region**									
山 西	Shanxi	100.3	102.5	112.2	116.1	110.2	101.0	107.4	12[illegible].4	92.0
吉 林	Jilin	100.3	98.6	102.5	105.0	104.3	101.7	102.5	10[illegible].9	96.1
黑龙江	Heilongjiang	96.0	98.8	111.9	113.1	116.7	109.9	104.4	11[illegible].0	87.4
安 徽	Anhui	98.6	99.8	103.5	108.1	103.3	103.1	103.6	10[illegible].4	92.8
江 西	Jiangxi	98.1	98.5	104.0	109.7	108.8	109.7	106.1	10[illegible].4	93.0
河 南	Henan	100.5	98.6	105.0	110.2	106.1	104.3	105.1	11[illegible].1	94.9
湖 北	Hubei	98.9	98.2	103.5	105.6	104.5	102.9	103.8	10[illegible].1	95.6
湖 南	Hunan	99.7	99.5	102.6	108.0	106.0	104.3	106.0	10[illegible].3	94.3
西部地区	**Western Region**									
重 庆	Chongqing	97.8	97.6	100.6	103.3	103.0	102.2	103.5	10[illegible].8	95.5
四 川	Sichuan	99.3	97.7	100.5	105.4	104.0	101.9	103.9	10[illegible].3	96.5
贵 州	Guizhou	101.8	99.3	103.4	108.0	107.2	104.3	104.8	11[illegible].4	95.1
云 南	Yunnan	99.6	98.2	101.4	108.8	104.5	104.6	105.7	10[illegible].8	91.5
西 藏	Tibet								10[illegible].6	98.2
陕 西	Shaanxi	100.4	100.6	105.6	107.5	110.4	109.6	102.8	10[illegible].4	96.1
甘 肃	Gansu	98.5	97.9	110.0	114.3	109.6	109.8	105.2	10[illegible].9	91.0
青 海	Qinghai	93.7	97.6	105.9	111.2	110.2	110.0	103.9	10[illegible].6	91.3
宁 夏	Ningxia	100.3	99.7	105.4	109.7	106.2	106.2	103.6	11[illegible].9	93.9
新 疆	Xinjiang	96.3	97.4	115.1	116.4	116.6	114.4	105.4	11[illegible].4	85.5
内蒙古	Inner Mongolia	101.1	99.3	103.2	105.1	105.1	103.0	105.6	11[illegible].5	96.2
广 西	Guangxi	106.5	95.6	102.8	109.7	104.9	109.7	104.5	10[illegible].0	93.5

3-20 原材料、燃料、动力购进价格指数（2000-2009 年）
Purchasing Price Indices for Raw Materials,Fuels and Power (2000-2009)

上年 =100

preceding year=100

类 别	Item	2000 年	2001 年	2002 年	2003 年	2004 年
原材料、燃料、动力购进价格指数	**Purchasing Price Indices for Raw Materials, Fuels and Power**	**105.6**	**99.7**	**99.1**	**104.9**	**113.0**
燃料、动力类	Fuel and Power	101.8	102.3	102.0	103.6	109.4
黑色金属材料类	Ferrous Metals	104.4	98.6	97.5	109.3	125.1
钢材	Rolled Steel	105.4	98.9	98.2	107.2	122.6
其它	Others			97.3	111.8	128.1
有色金属材料和电线类	Nonferrous Metals and Electric Wire	118.8	93.9	96.5	106.8	128.4
化工原料类	Raw Chemical Materials	105.3	101.3	97.5	104.5	111.1
木材及纸浆类	Timber and Paper Pulp		100.3	99.1	100.5	104.6
建筑材料及非金属矿类	Building Materials and Non-metal Ore	101.0	97.1	98.7	101.2	102.3
其它工业原材料及半成品类	Other Industrial Raw Materials and Semi-finished Category	103.0	98.6	100.1	102.0	104.5
农副产品类	Agricultural Produces	104.1	102.0	97.4	108.1	116.3
纺织原料类	Textile Materials	108.0	102.5	94.2	100.7	101.9

3-20 原材料、燃料、动力购进价格指数（2000-2009 年）
Purchasing Price Indices for Raw Materials,Fuels and Power (2000-2009)

续表 (continued) 上年 =100

preceding year=100

类 别	Item	2005 年	2006 年	2007 年	2008 年	2009 年
原材料、燃料、动力购进价格指数	**Purchasing Price Indices for Raw Materials, Fuels and Power**	**108.2**	**104.8**	**106.2**	**112.2**	**95.0**
燃料、动力类	Fuel and Power	113.8	106.8	104.9	116.1	100.5
黑色金属材料类	Ferrous Metals	110.8	97.5	106.1	121.4	86.3
钢材	Rolled Steel	110.5	96.5	105.3	121.2	85.4
其它	Others	111.1	99.9	107.6	121.8	89.6
有色金属材料和电线类	Nonferrous Metals and Electric Wire	109.5	127.9	109.3	95.6	84.7
化工原料类	Raw Chemical Materials	109.6	103.9	104.3	106.7	89.6
木材及纸浆类	Timber and Paper Pulp	101.8	103.5	103.7	107.8	101.1
建筑材料及非金属矿类	Building Materials and Non-metal Ore	110.2	99.4	105.3	122.3	98.9
其它工业原材料及半成品类	Other Industrial Raw Materials and Semi-finished Category	100.6	102.1	107.8	112.3	97.3
农副产品类	Agricultural Produces	102.4	104.4	109.3	113.1	101.1
纺织原料类	Textile Materials	105.7	104.3	105.2	102.9	98.5

3-21 原材料、燃料、动力购进价格分月指数（2000 年）
Purchasing Price Indices for Raw Materials, Fuels and Power by Month (2000)

上年 =100 | preceding year=100

类 别	Item	1 月 January	2 月 February	3 月 March	4 月 April	5 月 May	6 月 June
原材料、燃料、动力购进价格指数	**Purchasing Price Indices for Raw Materials, Fuels and Power**	**98.9**	**106.6**	**105.9**	**106.8**	**[illegible]**	**109.3**
燃料、动力类	Fuel and Power	99.2	103.1	101.6	104.4	[illegible]	100.1
黑色金属材料类	Ferrous Metals	92.2	101.8	102.1	101.1	[illegible]	107.3
钢材	Rolled Steel	89.5	102.5	103.5	104.0	[illegible]	110.8
其它	Others						
有色金属材料和电线类	Nonferrous Metals and Electric Wire	111.6	131.7	131.8	124.8	[illegible]	132.8
化工原料类	Raw Chemical Materials	101.7	110.1	101.2	110.2	[illegible]	117.3
木材及纸浆类	Timber and Paper Pulp						
建筑材料及非金属矿类	Building Materials and Non-metal Ore	103.7	104.3	104.0	99.8	[illegible]	102.1
其它工业原材料及半成品类	Other Industrial Raw Materials and Semi-finished Category	89.3	112.9	91.5	97.8	[illegible]	111.5
农副产品类	Agricultural Produces	72.2	79.3	104.2	88.0	[illegible]	105.9
纺织原料类	Textile Materials	129.8	127.7		123.1	[illegible]	112.2

3-21 原材料、燃料、动力购进价格分月指数（2000 年）
Purchasing Price Indices for Raw Materials, Fuels and Power by Month (2000)

续表 (continued) 上年 =100 | preceding year=100

类 别	Item	7 月 July	8 月 August	9 月 September	10 月 October	11 月 November	12 月 December
原材料、燃料、动力购进价格指数	**Purchasing Price Indices for Raw Materials, Fuels and Power**	**107.9**	**107.3**	**106.1**	**103.0**	**[illegible]**	**102.0**
燃料、动力类	Fuel and Power	101.2	102.6	102.9	99.7	[illegible]	100.3
黑色金属材料类	Ferrous Metals	106.4	108.9	109.1	107.0	[illegible]	106.0
钢材	Rolled Steel	109.5	108.8	107.6	107.7	[illegible]	106.2
其它	Others						
有色金属材料和电线类	Nonferrous Metals and Electric Wire	130.2	133.9	113.2	100.0	[illegible]	91.1
化工原料类	Raw Chemical Materials	98.9	106.0	100.4	106.1	[illegible]	101.8
木材及纸浆类	Timber and Paper Pulp		129.4	146.8	147.3	[illegible]	109.7
建筑材料及非金属矿类	Building Materials and Non-metal Ore	104.8	102.9	100.6	98.4	[illegible]	96.7
其它工业原材料及半成品类	Other Industrial Raw Materials and Semi-finished Category	104.8	99.1	102.3	102.2	[illegible]	104.2
农副产品类	Agricultural Produces	117.8	116.1	117.3	116.9	[illegible]	118.8
纺织原料类	Textile Materials	92.1	86.5	106.5	93.8	[illegible]	97.2

3-21 原材料、燃料、动力购进价格分月指数（2001 年）
Purchasing Price Indices for Raw Materials, Fuels and Power by Month (2001)

上年 =100 preceding year=100

类 别	Item	1月 January	2月 February	3月 March	4月 April	5月 May	6月 June
原材料、燃料、动力购进价格指数	**Purchasing Price Indices for Raw Materials, Fuels and Power**	**101.5**	**100.8**	**100.6**	**100.9**	**100.6**	**100.0**
燃料、动力类	Fuel and Power	102.9	102.9	102.7	103.0	103.4	102.0
黑色金属材料类	Ferrous Metals	103.3	102.1	101.6	101.3	99.5	97.8
钢材	Rolled Steel	100.2	102.7	100.5	100.8	102.0	99.6
其它	Others						
有色金属材料和电线类	Nonferrous Metals and Electric Wire	97.6	93.4	95.2	99.2	93.4	93.3
化工原料类	Raw Chemical Materials	107.8	104.2	102.9	103.0	102.7	100.8
木材及纸浆类	Timber and Paper Pulp	100.0	97.7	100.5	101.2	99.5	100.2
建筑材料及非金属矿类	Building Materials and Non-metal Ore	105.0	101.8	99.4	93.5	90.4	94.8
其它工业原材料及半成品类	Other Industrial Raw Materials and Semi-finished Category	99.1	99.5	98.1	99.0	100.4	99.9
农副产品类	Agricultural Produces	96.7	101.6	105.3	103.6	104.9	107.8
纺织原料类	Textile Materials	107.4	101.7	101.7	104.2	102.3	105.3

3-21 原材料、燃料、动力购进价格分月指数（2001 年）
Purchasing Price Indices for Raw Materials, Fuels and Power by Month (2001)

续表 (continued) 上年 =100 preceding year=100

类 别	Item	7月 July	8月 August	9月 September	10月 October	11月 November	12月 December
原材料、燃料、动力购进价格指数	**Purchasing Price Indices for Raw Materials, Fuels and Power**	**99.1**	**99.1**	**99.0**	**98.6**	**98.3**	**98.1**
燃料、动力类	Fuel and Power	101.8	102.5	100.8	101.2	101.7	102.6
黑色金属材料类	Ferrous Metals	98.5	96.3	95.4	96.1	96.5	95.4
钢材	Rolled Steel	100.5	98.1	97.1	95.1	96.4	94.4
其它	Others						
有色金属材料和电线类	Nonferrous Metals and Electric Wire	90.2	93.7	95.9	92.5	93.5	88.8
化工原料类	Raw Chemical Materials	100.6	99.9	100.3	100.6	96.9	96.0
木材及纸浆类	Timber and Paper Pulp	101.2	100.6	101.1	100.0	100.9	100.8
建筑材料及非金属矿类	Building Materials and Non-metal Ore	93.3	94.0	101.5	94.0	95.5	102.5
其它工业原材料及半成品类	Other Industrial Raw Materials and Semi-finished Category	98.0	97.6	98.8	98.4	97.2	97.2
农副产品类	Agricultural Produces	104.1	105.5	101.3	98.7	98.3	96.1
纺织原料类	Textile Materials	102.8	102.7	99.6	102.0	103.1	96.7

3-21 原材料、燃料、动力购进价格分月指数（2002 年）
Purchasing Price Indices for Raw Materials, Fuels and Power by Month (2002)

上年 =100 preceding year=100

类 别	Item	1 月 January	2 月 February	3 月 March	4 月 April	5 月 May	6 月 June
原材料、燃料、动力购进价格指数	**Purchasing Price Indices for Raw Materials, Fuels and Power**	**98.3**	**99.9**	**98.2**	**97.0**	**[illegible].9**	**97.2**
燃料、动力类	Fuel and Power	102.0	105.1	102.2	100.7	1[illegible].5	100.9
黑色金属材料类	Ferrous Metals	95.4	97.3	94.6	95.8	[illegible].3	96.3
钢材	Rolled Steel	94.3	97.2	94.4	96.0	[illegible].8	96.9
其它	Others	100.1	97.8	95.4	95.6	[illegible].9	95.7
有色金属材料和电线类	Nonferrous Metals and Electric Wire	94.2	96.7	93.3	94.4	[illegible].7	95.9
化工原料类	Raw Chemical Materials	94.9	95.9	94.0	96.1	[illegible].2	97.2
木材及纸浆类	Timber and Paper Pulp	100.6	103.5	100.6	98.4	[illegible].9	95.4
建筑材料及非金属矿类	Building Materials and Non-metal Ore	93.5	101.0	97.0	98.6	[illegible].9	98.7
其它工业原材料及半成品类	Other Industrial Raw Materials and Semi-finished Category	98.8	98.0	98.9	99.8	[illegible].3	100.4
农副产品类	Agricultural Produces	94.8	96.3	94.2	93.3	[illegible].3	93.1
纺织原料类	Textile Materials	100.0	86.2	88.0	91.8	[illegible].6	92.5

3-21 原材料、燃料、动力购进价格分月指数（2002 年）
Purchasing Price Indices for Raw Materials, Fuels and Power by Month (2002)

续表 (continued) 上年 =100 preceding year=100

类 别	Item	7 月 July	8 月 August	9 月 September	10 月 October	11 月 November	12 月 December
原材料、燃料、动力购进价格指数	**Purchasing Price Indices for Raw Materials, Fuels and Power**	**98.2**	**99.3**	**99.7**	**100.5**	**1[illegible].6**	**101.8**
燃料、动力类	Fuel and Power	101.0	101.5	102.0	102.3	1[illegible].1	102.7
黑色金属材料类	Ferrous Metals	97.6	98.3	98.2	99.4	1[illegible].2	100.9
钢材	Rolled Steel	98.1	99.0	99.0	100.7	1[illegible].4	103.6
其它	Others	97.0	97.7	97.3	98.2	[illegible].1	98.4
有色金属材料和电线类	Nonferrous Metals and Electric Wire	96.8	97.3	96.4	97.3	[illegible].2	100.6
化工原料类	Raw Chemical Materials	97.3	98.2	98.8	100.3	1[illegible].7	100.2
木材及纸浆类	Timber and Paper Pulp	95.8	96.7	100.5	100.3	1[illegible]	99.8
建筑材料及非金属矿类	Building Materials and Non-metal Ore	99.0	97.2	99.2	100.5	1[illegible].2	101.1
其它工业原材料及半成品类	Other Industrial Raw Materials and Semi-finished Category	100.5	101.2	101.0	100.9	10[illegible]	100.9
农副产品类	Agricultural Produces	95.4	99.5	99.8	100.6	10[illegible].7	104.6
纺织原料类	Textile Materials	94.7	93.0	94.9	98.3	9[illegible].5	99.8

3-21 原材料、燃料、动力购进价格分月指数（2003 年）
Purchasing Price Indices for Raw Materials, Fuels and Power by Month (2003)

上年 =100　　preceding year=100

类 别	Item	1月 January	2月 February	3月 March	4月 April	5月 May	6月 June
原材料、燃料、动力购进价格指数	**Purchasing Price Indices for Raw Materials, Fuels and Power**	**102.1**	**102.7**	**104.1**	**104.8**	**105.2**	**104.9**
燃料、动力类	Fuel and Power	103.0	103.0	103.6	104.1	104.0	103.2
黑色金属材料类	Ferrous Metals	103.7	104.6	107.1	108.8	109.2	108.6
钢材	Rolled Steel	103.1	104.2	106.6	107.6	107.3	106.4
其它	Others	104.6	105.0	107.7	110.2	111.4	111.2
有色金属材料和电线类	Nonferrous Metals and Electric Wire	100.9	101.0	103.3	103.9	104.2	107.0
化工原料类	Raw Chemical Materials	103.2	106.7	107.4	106.0	103.5	102.3
木材及纸浆类	Timber and Paper Pulp	100.1	99.5	98.5	102.7	104.4	101.0
建筑材料及非金属矿类	Building Materials and Non-metal Ore	101.2	102.4	101.2	101.3	102.0	101.4
其它工业原材料及半成品类	Other Industrial Raw Materials and Semi-finished Category	101.1	99.4	100.7	101.9	103.9	104.2
农副产品类	Agricultural Produces	101.3	101.3	106.7	104.1	108.9	110.1
纺织原料类	Textile Materials	96.1	99.7	97.2	103.5	101.9	101.8

3-21 原材料、燃料、动力购进价格分月指数（2003 年）
Purchasing Price Indices for Raw Materials, Fuels and Power by Month (2003)

续表 (continued) 上年 =100　　preceding year=100

类 别	Item	7月 July	8月 August	9月 September	10月 October	11月 November	12月 December
原材料、燃料、动力购进价格指数	**Purchasing Price Indices for Raw Materials, Fuels and Power**	**104.2**	**104.5**	**104.9**	**105.5**	**107.4**	**108.0**
燃料、动力类	Fuel and Power	103.5	103.2	103.2	103.6	104.1	104.0
黑色金属材料类	Ferrous Metals	108.2	108.9	110.2	111.5	114.6	116.4
钢材	Rolled Steel	106.8	107.5	107.6	108.2	110.1	111.4
其它	Others	110.0	110.6	113.3	115.4	119.9	122.5
有色金属材料和电线类	Nonferrous Metals and Electric Wire	105.8	106.3	107.4	110.4	114.5	117.0
化工原料类	Raw Chemical Materials	103.3	103.8	103.7	103.4	105.0	105.2
木材及纸浆类	Timber and Paper Pulp	98.3	98.9	100.1	99.4	101.0	101.8
建筑材料及非金属矿类	Building Materials and Non-metal Ore	101.3	100.8	101.2	101.4	100.1	99.9
其它工业原材料及半成品类	Other Industrial Raw Materials and Semi-finished Category	100.6	101.5	100.8	100.8	103.6	104.8
农副产品类	Agricultural Produces	109.0	109.7	110.5	110.5	113.3	112.0
纺织原料类	Textile Materials	101.3	101.0	101.4	102.9	101.4	99.8

3-21 原材料、燃料、动力购进价格分月指数（2004 年）
Purchasing Price Indices for Raw Materials, Fuels and Power by Month (2004)

上年 =100　　preceding year=100

类 别	Item	1 月 January	2 月 February	3 月 March	4 月 April	5 月 May	6 月 June
原材料、燃料、动力购进价格指数	**Purchasing Price Indices for Raw Materials, Fuels and Power**	**109.0**	**111.9**	**113.6**	**112.9**	**11[illegible].9**	**112.4**
燃料、动力类	Fuel and Power	104.6	105.1	105.1	106.1	10[illegible].5	107.8
黑色金属材料类	Ferrous Metals	121.7	127.4	133.6	127.7	12[illegible].6	124.6
钢材	Rolled Steel	113.9	120.6	128.0	125.7	12[illegible].1	124.5
其它	Others	130.8	135.2	140.0	129.9	12[illegible].9	124.8
有色金属材料和电线类	Nonferrous Metals and Electric Wire	120.4	129.4	134.5	134.6	13[illegible].8	128.7
化工原料类	Raw Chemical Materials	104.9	106.9	106.8	107.5	10[illegible].2	110.2
木材及纸浆类	Timber and Paper Pulp	101.5	104.4	104.1	103.7	10[illegible].4	103.9
建筑材料及非金属矿类	Building Materials and Non-metal Ore	99.8	99.7	99.7	101.0	10[illegible].1	101.5
其它工业原材料及半成品类	Other Industrial Raw Materials and Semi-finished Category	101.2	105.2	105.0	104.7	10[illegible].7	103.6
农副产品类	Agricultural Produces	114.2	116.3	117.6	118.3	11[illegible].7	118.9
纺织原料类	Textile Materials	101.0	100.8	102.3	104.7	10[illegible].7	100.9

3-21 原材料、燃料、动力购进价格分月指数（2004 年）
Purchasing Price Indices for Raw Materials, Fuels and Power by Month (2004)

续表 (continued) 上年 =100　　preceding year=100

类 别	Item	7 月 July	8 月 August	9 月 September	10 月 October	11 月 November	12 月 December
原材料、燃料、动力购进价格指数	**Purchasing Price Indices for Raw Materials, Fuels and Power**	**113.0**	**114.1**	**114.9**	**114.3**	**11[illegible].0**	**112.9**
燃料、动力类	Fuel and Power	110.6	112.0	112.6	112.4	11[illegible].7	114.8
黑色金属材料类	Ferrous Metals	124.2	124.2	124.5	123.3	12[illegible].1	119.9
钢材	Rolled Steel	122.1	122.3	121.9	122.4	12[illegible].4	119.7
其它	Others	126.6	126.4	127.4	124.2	12[illegible].0	120.0
有色金属材料和电线类	Nonferrous Metals and Electric Wire	130.2	130.3	128.0	128.0	12[illegible].6	121.0
化工原料类	Raw Chemical Materials	109.9	113.0	116.4	117.0	11[illegible].9	115.1
木材及纸浆类	Timber and Paper Pulp	105.5	106.1	105.9	106.2	10[illegible].4	103.7
建筑材料及非金属矿类	Building Materials and Non-metal Ore	101.2	103.5	103.7	105.5	10[illegible].1	105.5
其它工业原材料及半成品类	Other Industrial Raw Materials and Semi-finished Category	103.6	104.9	106.1	104.6	10[illegible].8	105.1
农副产品类	Agricultural Produces	118.2	118.0	118.7	116.4	11[illegible].4	110.5
纺织原料类	Textile Materials	101.2	102.1	102.0	101.7	10[illegible].6	101.5

3-21 原材料、燃料、动力购进价格分月指数（2005年）
Purchasing Price Indices for Raw Materials, Fuels and Power by Month (2005)

上年=100　　preceding year=100

类 别	Item	1月 January	2月 February	3月 March	4月 April	5月 May	6月 June
原材料、燃料、动力购进价格指数	**Purchasing Price Indices for Raw Materials, Fuels and Power**	**112.2**	**110.3**	**111.3**	**109.6**	**109.9**	**109.3**
燃料、动力类	Fuel and Power	117.2	116.7	118.8	114.3	117.3	114.9
黑色金属材料类	Ferrous Metals	115.8	111.8	113.6	113.5	113.3	112.5
钢材	Rolled Steel	118.8	114.7	112.7	112.3	114.0	110.8
其它	Others	112.1	108.4	114.8	114.8	112.6	114.5
有色金属材料和电线类	Nonferrous Metals and Electric Wire	115.6	111.2	108.2	105.6	108.6	110.9
化工原料类	Raw Chemical Materials	116.4	113.7	114.5	114.3	114.2	111.6
木材及纸浆类	Timber and Paper Pulp	103.6	103.3	103.3	102.5	104.5	102.4
建筑材料及非金属矿类	Building Materials and Non-metal Ore	108.3	110.8	113.9	114.3	112.2	112.7
其它工业原材料及半成品类	Other Industrial Raw Materials and Semi-finished Category	104.5	101.8	101.2	100.8	99.0	100.9
农副产品类	Agricultural Produces	106.6	105.5	106.1	104.5	102.8	102.0
纺织原料类	Textile Materials	105.1	106.5	109.6	104.6	102.3	105.5

3-21 原材料、燃料、动力购进价格分月指数（2005年）
Purchasing Price Indices for Raw Materials, Fuels and Power by Month (2005)

续表 (continued) 上年=100　　preceding year=100

类 别	Item	7月 July	8月 August	9月 September	10月 October	11月 November	12月 December
原材料、燃料、动力购进价格指数	**Purchasing Price Indices for Raw Materials, Fuels and Power**	**108.1**	**107.6**	**106.3**	**105.4**	**104.8**	**103.9**
燃料、动力类	Fuel and Power	112.5	113.5	111.3	110.9	109.5	108.5
黑色金属材料类	Ferrous Metals	112.6	110.5	109.6	107.9	105.2	102.6
钢材	Rolled Steel	111.2	109.2	108.7	105.6	105.2	102.1
其它	Others	114.3	112.1	110.5	110.6	105.1	103.2
有色金属材料和电线类	Nonferrous Metals and Electric Wire	108.4	108.4	108.9	109.5	107.9	110.3
化工原料类	Raw Chemical Materials	108.6	108.2	105.3	104.0	102.8	101.8
木材及纸浆类	Timber and Paper Pulp	101.1	99.9	99.5	99.4	101.3	100.7
建筑材料及非金属矿类	Building Materials and Non-metal Ore	110.9	112.1	109.1	107.4	106.0	104.4
其它工业原材料及半成品类	Other Industrial Raw Materials and Semi-finished Category	100.8	99.5	99.5	98.6	100.3	100.3
农副产品类	Agricultural Produces	101.4	101.7	100.6	99.3	98.8	99.7
纺织原料类	Textile Materials	106.5	105.6	103.9	103.8	108.4	106.2

3-21 原材料、燃料、动力购进价格分月指数（2006年）
Purchasing Price Indices for Raw Materials, Fuels and Power by Month (2006)

上年 =100　　preceding year=100

类 别	Item	1月 January	2月 February	3月 March	4月 April	5月 May	6月 June
原材料、燃料、动力购进价格指数	**Purchasing Price Indices for Raw Materials, Fuels and Power**	**103.6**	**104.1**	**103.0**	**103.1**	**104.4**	**104.4**
燃料、动力类	Fuel and Power	106.5	107.0	106.2	105.9	105.3	105.5
黑色金属材料类	Ferrous Metals	101.5	98.7	95.5	95.3	95.0	95.7
钢材	Rolled Steel	98.3	95.2	94.9	94.5	94.5	94.8
其它	Others	109.4	107.2	96.8	97.3	95.4	97.9
有色金属材料和电线类	Nonferrous Metals and Electric Wire	114.0	120.2	118.8	121.0	134.3	132.1
化工原料类	Raw Chemical Materials	102.4	102.2	100.3	100.1	101.7	104.0
木材及纸浆类	Timber and Paper Pulp	102.4	103.2	103.3	103.4	104.1	103.8
建筑材料及非金属矿类	Building Materials and Non-metal Ore	99.8	100.1	98.7	98.4	100.2	99.0
其它工业原材料及半成品类	Other Industrial Raw Materials and Semi-finished Category	100.0	102.0	100.7	101.0	102.0	102.3
农副产品类	Agricultural Produces	102.3	103.3	104.1	104.1	103.5	103.6
纺织原料类	Textile Materials	104.9	103.7	105.4	106.4	104.0	102.7

3-21 原材料、燃料、动力购进价格分月指数（2006年）
Purchasing Price Indices for Raw Materials, Fuels and Power by Month (2006)

续表 (continued) 上年 =100　　preceding year=100

类 别	Item	7月 July	8月 August	9月 September	10月 October	11月 November	12月 December
原材料、燃料、动力购进价格指数	**Purchasing Price Indices for Raw Materials, Fuels and Power**	**104.7**	**105.3**	**106.2**	**106.3**	**1[illegible]6.5**	**105.9**
燃料、动力类	Fuel and Power	107.2	107.3	107.7	107.1	1[illegible]7.2	107.0
黑色金属材料类	Ferrous Metals	96.1	97.4	96.9	98.9	[illegible]9.3	99.3
钢材	Rolled Steel	95.4	97.0	96.2	99.2	[illegible]9.1	99.3
其它	Others	97.5	98.5	98.6	98.2	[illegible]9.8	101.0
有色金属材料和电线类	Nonferrous Metals and Electric Wire	131.7	132.5	135.8	131.5	1[illegible]5.3	127.7
化工原料类	Raw Chemical Materials	104.1	106.1	107.7	106.7	1[illegible]5.8	105.9
木材及纸浆类	Timber and Paper Pulp	104.0	104.3	101.4	104.5	1[illegible]3.9	104.0
建筑材料及非金属矿类	Building Materials and Non-metal Ore	97.7	97.9	99.6	100.2	1[illegible]0.7	100.8
其它工业原材料及半成品类	Other Industrial Raw Materials and Semi-finished Category	102.0	102.2	103.0	102.9	1[illegible]3.5	103.5
农副产品类	Agricultural Produces	103.5	102.7	106.1	107.3	1[illegible]6.8	105.9
纺织原料类	Textile Materials	104.3	103.1	104.2	104.8	1[illegible]4.5	103.9

3-21 原材料、燃料、动力购进价格分月指数（2007 年）
Purchasing Price Indices for Raw Materials, Fuels and Power by Month (2007)

上年 =100 preceding year=100

类 别	Item	1 月 January	2 月 February	3 月 March	4 月 April	5 月 May	6 月 June
原材料、燃料、动力购进价格指数	**Purchasing Price Indices for Raw Materials, Fuels and Power**	**106.0**	**105.6**	**106.7**	**104.8**	**104.4**	**105.1**
燃料、动力类	Fuel and Power	106.3	105.6	105.8	105.3	105.4	105.0
黑色金属材料类	Ferrous Metals	101.9	102.3	103.5	103.8	103.9	106.6
钢材	Rolled Steel	103.0	103.3	103.6	104.1	104.1	105.3
其它	Others	99.7	100.5	103.4	103.4	103.5	109.2
有色金属材料和电线类	Nonferrous Metals and Electric Wire	120.7	117.7	122.5	112.7	104.0	104.9
化工原料类	Raw Chemical Materials	105.8	107.0	105.4	105.2	104.3	104.5
木材及纸浆类	Timber and Paper Pulp	105.2	102.6	106.1	101.3	102.4	102.6
建筑材料及非金属矿类	Building Materials and Non-metal Ore	102.4	103.2	104.2	103.6	103.6	103.7
其它工业原材料及半成品类	Other Industrial Raw Materials and Semi-finished Category	106.2	105.0	106.2	103.5	103.3	104.0
农副产品类	Agricultural Produces	106.4	106.8	107.3	104.0	105.4	107.6
纺织原料类	Textile Materials	100.9	100.9	104.4	103.4	106.5	103.5

3-21 原材料、燃料、动力购进价格分月指数（2007 年）
Purchasing Price Indices for Raw Materials, Fuels and Power by Month (2007)

续表 (continued) 上年 =100 preceding year=100

类 别	Item	7 月 July	8 月 August	9 月 September	10 月 October	11 月 November	12 月 December
原材料、燃料、动力购进价格指数	**Purchasing Price Indices for Raw Materials, Fuels and Power**	**105.6**	**106.5**	**106.9**	**107.1**	**107.3**	**108.8**
燃料、动力类	Fuel and Power	104.1	104.4	103.4	103.5	104.0	106.1
黑色金属材料类	Ferrous Metals	104.9	106.8	108.5	108.7	109.9	112.5
钢材	Rolled Steel	103.1	105.1	106.4	106.3	108.5	111.3
其它	Others	108.4	109.8	112.6	113.2	112.4	114.7
有色金属材料和电线类	Nonferrous Metals and Electric Wire	106.1	106.7	104.4	106.7	102.1	102.7
化工原料类	Raw Chemical Materials	104.2	103.2	101.7	102.7	103.0	104.3
木材及纸浆类	Timber and Paper Pulp	103.4	103.0	103.9	104.2	104.4	105.4
建筑材料及非金属矿类	Building Materials and Non-metal Ore	105.1	104.3	106.1	106.5	109.3	111.3
其它工业原材料及半成品类	Other Industrial Raw Materials and Semi-finished Category	107.2	107.9	112.5	112.1	112.9	112.7
农副产品类	Agricultural Produces	108.9	113.7	111.4	112.3	112.9	114.8
纺织原料类	Textile Materials	108.1	108.8	108.8	106.5	104.3	106.1

3-21 原材料、燃料、动力购进价格分月指数（2008 年）
Purchasing Price Indices for Raw Materials, Fuels and Power by Month (2008)

上年 =100 preceding year=100

类 别	Item	1 月 January	2 月 February	3 月 March	4 月 April	5 月 May	6 月 June
原材料、燃料、动力购进价格指数	**Purchasing Price Indices for Raw Materials, Fuels and Power**	**110.4**	**111.0**	**112.6**	**113.2**	**114.3**	**115.2**
燃料、动力类	Fuel and Power	107.7	110.0	112.8	113.8	11[illegible].3	116.2
黑色金属材料类	Ferrous Metals	116.4	117.9	121.1	121.1	124.0	129.1
钢材	Rolled Steel	115.1	116.4	120.4	120.8	12[illegible].9	129.6
其它	Others	119.9	121.8	122.9	122.1	124.1	127.9
有色金属材料和电线类	Nonferrous Metals and Electric Wire	104.7	107.1	108.4	104.5	10[illegible].5	96.6
化工原料类	Raw Chemical Materials	105.1	105.4	106.7	107.5	108.8	110.0
木材及纸浆类	Timber and Paper Pulp	106.4	105.5	105.1	107.7	10[illegible].5	110.7
建筑材料及非金属矿类	Building Materials and Non-metal Ore	115.3	117.9	121.2	124.0	124.6	125.8
其它工业原材料及半成品类	Other Industrial Raw Materials and Semi-finished Category	113.9	113.5	113.4	114.0	11[illegible].0	114.8
农副产品类	Agricultural Produces	115.8	114.1	115.3	116.5	118.0	117.2
纺织原料类	Textile Materials	104.4	101.4	102.7	103.2	10[illegible].8	103.2

3-21 原材料、燃料、动力购进价格分月指数（2008 年）
Purchasing Price Indices for Raw Materials, Fuels and Power by Month (2008)

续表 (continued) 上年 =100 preceding year=100

类 别	Item	7 月 July	8 月 August	9 月 September	10 月 October	11 月 November	12 月 December
原材料、燃料、动力购进价格指数	**Purchasing Price Indices for Raw Materials, Fuels and Power**	**116.6**	**116.7**	**115.6**	**112.4**	**106.6**	**102.2**
燃料、动力类	Fuel and Power	118.4	123.0	124.1	121.4	118.0	112.3
黑色金属材料类	Ferrous Metals	131.8	131.5	128.1	121.9	110.2	103.3
钢材	Rolled Steel	131.9	132.1	129.3	122.8	110.4	101.8
其它	Others	131.6	129.8	124.8	119.3	10[illegible].9	107.5
有色金属材料和电线类	Nonferrous Metals and Electric Wire	97.7	96.1	93.8	84.2	78.9	73.8
化工原料类	Raw Chemical Materials	112.6	112.0	111.6	107.9	98.3	94.8
木材及纸浆类	Timber and Paper Pulp	109.4	108.4	108.9	108.3	107.7	106.1
建筑材料及非金属矿类	Building Materials and Non-metal Ore	128.8	130.7	128.9	124.9	116.6	108.9
其它工业原材料及半成品类	Other Industrial Raw Materials and Semi-finished Category	115.8	113.3	111.1	111.3	106.7	104.7
农副产品类	Agricultural Produces	115.7	113.3	111.9	109.4	106.1	103.4
纺织原料类	Textile Materials	104.0	103.5	104.2	104.0	102.2	99.0

3-21 原材料、燃料、动力购进价格分月指数（2009 年）
Purchasing Price Indices for Raw Materials, Fuels and Power by Month (2009)

上年 =100 preceding year=100

类 别	Item	1 月 January	2 月 February	3 月 March	4 月 April	5 月 May	6 月 June
原材料、燃料、动力购进价格指数	**Purchasing Price Indices for Raw Materials, Fuels and Power**	**97.7**	**96.9**	**95.4**	**94.5**	**93.0**	**92.1**
燃料、动力类	Fuel and Power	106.2	106.1	104.0	102.8	100.8	99.8
黑色金属材料类	Ferrous Metals	94.1	93.7	90.0	86.5	82.2	80.0
钢材	Rolled Steel	92.8	92.5	87.9	84.8	80.9	78.3
其它	Others	98.8	97.7	97.2	92.1	86.9	85.6
有色金属材料和电线类	Nonferrous Metals and Electric Wire	73.5	73.7	72.4	76.8	76.5	78.5
化工原料类	Raw Chemical Materials	90.6	88.2	88.2	88.7	87.8	86.7
木材及纸浆类	Timber and Paper Pulp	104.8	105.0	103.4	102.1	100.5	99.5
建筑材料及非金属矿类	Building Materials and Non-metal Ore	106.8	104.3	103.8	103.7	101.6	97.4
其它工业原材料及半成品类	Other Industrial Raw Materials and Semi-finished Category	101.1	99.7	98.3	97.2	96.1	95.7
农副产品类	Agricultural Produces	101.4	101.5	100.4	98.4	97.1	97.0
纺织原料类	Textile Materials	97.5	96.2	97.3	95.4	98.2	97.4

3-21 原材料、燃料、动力购进价格分月指数（2009 年）
Purchasing Price Indices for Raw Materials, Fuels and Power by Month (2009)

续表 (continued) 上年 =100 preceding year=100

类 别	Item	7 月 July	8 月 August	9 月 September	10 月 October	11 月 November	12 月 December
原材料、燃料、动力购进价格指数	**Purchasing Price Indices for Raw Materials, Fuels and Power**	**91.6**	**91.9**	**92.6**	**93.8**	**98.1**	**102.2**
燃料、动力类	Fuel and Power	98.6	96.7	96.1	96.0	97.8	101.1
黑色金属材料类	Ferrous Metals	78.3	80.1	81.5	84.0	90.3	95.1
钢材	Rolled Steel	77.3	79.8	80.4	83.0	90.5	96.1
其它	Others	81.8	81.2	85.0	87.5	89.6	91.7
有色金属材料和电线类	Nonferrous Metals and Electric Wire	79.9	83.1	89.1	94.6	102.2	115.9
化工原料类	Raw Chemical Materials	84.9	86.5	86.7	88.3	96.9	101.8
木材及纸浆类	Timber and Paper Pulp	99.2	98.5	98.7	99.2	100.2	101.8
建筑材料及非金属矿类	Building Materials and Non-metal Ore	98.0	93.5	93.0	91.2	95.1	98.0
其它工业原材料及半成品类	Other Industrial Raw Materials and Semi-finished Category	95.8	95.6	95.1	95.4	98.2	99.7
农副产品类	Agricultural Produces	97.5	99.2	100.6	102.5	106.9	111.1
纺织原料类	Textile Materials	98.1	98.5	99.5	99.8	101.5	102.6

3-22 全国各地区原材料、燃料、动力购进价格指数（2001-2009 年）

Purchasing Price Indices for Raw Materials, Fuels and Power by Region of the Nation (2001-2009)

上年 =100 | pre[illegible]ding year=100

地区	Region	2001 年	2002 年	2003 年	2004 年	2005 年	2006 年	2007 年	2008 [illegible]	2009 年
全 国	**National Total**	**99.8**	**97.7**	**104.8**	**111.4**	**108.3**	**106.0**	**104.4**	**1[illegible]5**	**92.1**
东部地区	**Eastern Region**									
北 京	Beijing	100.4	97.1	104.7	114.2	111.4	105.5	105.0	1[illegible]8	88.6
天 津	Tianjin	98.8	95.9	108.7	115.4	104.9	104.7	105.7	1[illegible]9	90.2
河 北	Hebei	101.0	97.2	109.4	118.4	107.0	105.0	107.8	1[illegible]9	93.5
辽 宁	Liaoning	100.0	98.4	105.1	112.1	108.1	104.2	104.8	1[illegible]5	93.3
上 海	Shanghai	98.7	97.7	106.4	116.4	106.8	104.7	104.1	1[illegible]3	89.8
江 苏	Jiangsu	99.5	98.6	106.5	116.3	107.6	106.4	105.0	1[illegible]0	91.9
浙 江	Zhejiang	99.6	97.3	105.8	113.4	105.4	105.6	105.3	1[illegible]6	92.6
福 建	Fujian	96.6	97.6	106.3	113.3	108.1	103.9	104.3	1[illegible]2	93.2
山 东	Shandong	100.0	98.2	105.8	113.4	105.9	104.3	104.8	1[illegible]1	95.5
广 东	Guangdong	99.1	96.3	104.1	110.7	105.0	103.6	103.3	10[illegible]9	93.8
海 南	Hainan		101.5	102.2	105.9	104.2	101.5	105.0	1[illegible]6	85.3
中部地区	**Central Region**									
山 西	Shanxi	101.8	102.7	107.8	114.5	108.2	102.6	105.3	1[illegible]3	96.6
吉 林	Jilin	101.8	97.8	104.8	110.5	107.0	103.8	105.2	1[illegible]3	95.3
黑龙江	Heilongjiang	99.5	99.3	107.6	115.2	111.8	105.6	105.0	1[illegible]1	93.4
安 徽	Anhui	100.2	98.2	106.7	115.0	107.1	103.9	105.1	1[illegible]4	95.3
江 西	Jiangxi	99.3	98.6	106.5	114.5	110.0	108.6	107.9	1[illegible]2	90.7
河 南	Henan	101.8	97.6	107.8	115.7	108.3	105.3	106.4	1[illegible]9	97.1
湖 北	Hubei	100.2	97.7	108.2	113.1	107.0	104.9	104.5	1[illegible]9	93.4
湖 南	Hunan	101.1	99.3	106.7	114.4	109.4	106.5	106.1	1[illegible]0	92.6
西部地区	**Western Region**									
重 庆	Chongqing	99.7	99.1	104.9	113.0	108.2	104.8	106.2	1[illegible]2	95.0
四 川	Sichuan	100.2	99.2	101.6	110.3	109.3	104.5	105.7	1[illegible]4	95.3
贵 州	Guizhou	100.2	97.5	106.0	112.0	107.4	107.3	107.5	1[illegible]5	93.5
云 南	Yunnan	99.4	97.6	102.7	109.6	106.5	107.6	108.2	1[illegible]6	95.0
西 藏	Tibet									
陕 西	Shaanxi	100.5	98.6	104.8	110.4	107.5	106.7	106.3	1[illegible]2	98.4
甘 肃	Gansu	101.4	98.4	105.6	112.5	109.9	108.8	104.3	1[illegible]2	90.5
青 海	Qinghai	99.1	102.8	102.0	108.5	105.3	102.8	104.4	1[illegible]4	99.8
宁 夏	Ningxia	102.5	97.8	106.2	117.3	109.7	108.5	107.1	12[illegible]8	94.7
新 疆	Xinjiang	99.0	94.9	114.8	118.2	110.7	111.1	103.8	1[illegible]8	90.6
内蒙古	Inner Mongolia	101.3	99.4	102.9	109.2	109.8	105.9	104.8	1[illegible]7	99.1
广 西	Guangxi	103.7	95.6	101.2	116.3	108.2	111.4	106.1	1[illegible]5	95.1

3-23 固定资产投资价格指数（1994-2009 年）
Price Indices for Investment in Fixed Assets (1994-2009)

上年 =100 | preceding year=100

年分 Year	固定资产投资价格指数 Price Indices for Investment in Fixed Assets	建筑安装、装饰工程 Construction and Installation	设备、工器具 Equipment and Instruments	其他费用 Others
1994	108.9	109.4	107.4	109.8
1995	104.2	101.2	107.8	114.0
1996	108.1	108.5	100.4	129.1
1997	101.7	103.2	97.6	103.4
1998	98.7	100.0	94.9	99.5
1999	100.5	100.7	97.7	104.4
2000	102.5	103.1	97.0	108.7
2001	100.8	101.4	96.8	103.3
2002	100.7	101.9	96.2	100.4
2003	102.9	104.7	96.7	101.3
2004	105.1	107.0	98.8	102.7
2005	102.3	102.2	99.7	104.6
2006	101.7	101.1	100.7	104.3
2007	105.5	106.0	100.2	107.8
2008	110.2	113.7	100.6	106.6
2009	97.8	97.0	97.7	100.2

3-24 房地产价格指数 (2000-2009 年)
Price Indices for Real Estate (2000-2009)

上年 =100 preceding year=100

项 目	Item	2000 年	2001 年	2002 年	2003 年	2004 年
房屋销售价格指数	**Sales Price Indices of Houses**	**101.8**	**101.4**	**102.1**	**107.3**	**113.9**
商品房	Commercialized Houses	102.7	102.1	102.5	107.9	115.4
住宅	Residential Buildings	102.5	102.5	102.9	108.5	114.7
经济适用房	Economically Affordable Housing	108.4	104.9	98.8	108.6	118.2
普通住宅	General Residential Buildings	101.9	102.8	103.0	108.5	115.6
多层住宅	Multi-storey Buildings	101.6	105.2	104.7	108.3	118.6
高层住宅	High-layer Buildings	101.8	102.5	102.5	108.5	115.2
其他住宅	Other Buildings					
高档住宅	Luxury Residential Buildings	102.0	101.0	103.1	109.3	113.4
别墅	Villas	92.1	98.1	102.5	104.9	106.1
高档公寓	High-grade Apartment	105.4	101.0	103.3	111.2	116.7
非住宅	Non-Residential Buildings	103.0	101.5	102.0	107.0	116.9
办公楼	Office Buildings					
工业仓储用房	Industry and Storage					
商业娱乐用房	Business and Entertainment	103.7	101.4	103.0	109.5	118.7
其他用房	Others	107.2	102.1	103.8	106.9	110.3
二手房	Second-hand House					
住宅	Residential Buildings					
非住宅	Non-residential Buildings					
土地交易价格指数	**Transactions Price Indices of Land**	**100.0**	**100.9**	**101.7**	**114.8**	**105.3**
居民用地	Land for Residential Building Use	100.0	101.3	100.8	116.0	105.4
经济适用房用地	Economically Affordable Housing					
普通住宅用地	General Residential Buildings	100.0	102.3	100.9	121.4	108.4
高档住宅用地	Luxury Residential Buildings	100.0	100.0	100.0	110.0	100.0
工业仓储用地	Land for Industry and Storage Use	100.0	100.0	101.3	100.0	102.3
商业、旅游、娱乐用地	Land for Business, Tourism and Entertainment	100.0	100.0	107.8	100.0	108.6
其他用地	Land for Other Uses	100.0		100.0	100.0	
房屋租赁价格指数	**Renting Price Indices of Houses**	**95.1**	**95.4**	**97.5**	**101.8**	**105.9**
住宅	Residential Buildings	103.8	91.1	97.2	106.7	101.1
廉租房	Tenement House					
经济适用房	Economically Affordable Housing					
普通住宅	General Residential Buildings	127.9	99.2	99.6	109.3	100.0
高档住宅	Luxury Residential Buildings	100.0	88.5	96.2	105.7	101.5
办公楼	Office Buildings	92.6	96.2	95.2	97.4	103.7
写字楼	High-grade Office Buildings	84.6	84.7	87.9	101.1	104.5
普通办公用房	General Office Buildings	96.1	101.1	98.6	89.5	101.3
工业仓库用房	Industry and Storage Buildings	99.6	96.4	100.1	100.6	100.2
商业娱乐用房	Business and Entertainment Buildings	93.9	96.7	97.9	102.6	107.6
其他用房	Other Buildings					
物业管理价格指数	**Property Management Price Indices**					
住宅	Residential Buildings					
办公楼	Office Buildings					
工业仓储用房	Industry and Storage Buildings					
商业娱乐用房	Business and Entertainment Buildings					

3-24 房地产价格指数(2000-2009 年)
Price Indices for Real Estate (2000-2009)

续表 (continued) 上年=100 preceding year=100

项目	Item	2005 年	2006 年	2007 年	2008 年	2009 年
房屋销售价格指数	**Sales Price Indices of Houses**	**107.2**	**103.1**	**106.9**	**106.3**	**101.1**
商品房	Commercialized Houses	107.4	103.3	107.6	106.7	100.5
住宅	Residential Buildings	107.0	103.2	108.0	107.2	101.3
经济适用房	Economically Affordable Housing	106.0	103.6	103.6	104.1	100.4
普通住宅	General Residential Buildings	107.1	103.1	108.3	107.5	100.2
多层住宅	Multi-storey Buildings	108.2	104.1	109.0	105.3	103.0
高层住宅	High-layer Buildings	106.9	102.9	108.3	107.4	99.8
其他住宅	Other Buildings					100.8
高档住宅	Luxury Residential Buildings	106.0	103.8	107.4	105.7	105.0
别墅	Villas	106.2	101.7	109.5	106.5	96.5
高档公寓	High-grade Apartment	105.4	106.2	106.7	105.7	109.7
非住宅	Non-Residential Buildings	109.1	103.7	105.6	101.1	98.0
办公楼	Office Buildings	105.3	105.2	104.2	105.8	101.4
工业仓储用房	Industry and Storage	103.6	99.1			
商业娱乐用房	Business and Entertainment	110.1	103.7	106.1	100.4	98.0
其他用房	Others	104.0	101.9	101.8	99.3	94.9
二手房	Second-hand House	106.3	102.0	104.2	103.5	103.3
住宅	Residential Buildings	106.1	101.9	104.5	103.8	103.7
非住宅	Non-residential Buildings	108.3	102.2	101.2	101.0	100.9
土地交易价格指数	**Transactions Price Indices of Land**	**102.9**	**100.6**	**109.7**	**109.5**	**101.7**
居民用地	Land for Residential Building Use	104.7	100.5	112.7	115.7	101.7
经济适用房用地	Economically Affordable Housing	100.0			100.0	100.0
普通住宅用地	General Residential Buildings	102.6	100.5	112.6	115.7	102.8
高档住宅用地	Luxury Residential Buildings	110.2	100.0		100.9	100.0
工业仓储用地	Land for Industry and Storage Use		98.0	100.0	100.0	101.3
商业、旅游、娱乐用地	Land for Business, Tourism and Entertainment	100.0	101.6	100.0	101.9	102.6
其他用地	Land for Other Uses		100.0			99.9
房屋租赁价格指数	**Renting Price Indices of Houses**	**103.5**	**102.8**	**104.2**	**104.2**	**100.5**
住宅	Residential Buildings	102.9	101.6	103.0	101.4	100.4
廉租房	Tenement House	100.0	100.0	100.0	100.0	100.0
经济适用房	Economically Affordable Housing	101.7	101.9	100.5	100.9	100.1
普通住宅	General Residential Buildings	103.5	102.0	103.6	101.6	100.3
高档住宅	Luxury Residential Buildings	102.8	99.9	101.9	100.1	100.8
办公楼	Office Buildings	102.9	104.3	104.0	106.2	98.7
写字楼	High-grade Office Buildings	100.0	104.7	104.9		
普通办公用房	General Office Buildings	111.9	101.3	98.3		
工业仓库用房	Industry and Storage Buildings	108.6	111.1	103.7		
商业娱乐用房	Business and Entertainment Buildings	103.5	101.6	104.9	104.3	101.1
其他用房	Other Buildings	105.5	101.7	98.6	105.7	104.5
物业管理价格指数	**Property Management Price Indices**	**100.1**	**100.7**	**99.7**	**100.3**	**103.2**
住宅	Residential Buildings	99.8	101.9	99.5	100.1	101.3
办公楼	Office Buildings	98.0	100.3	98.7	99.9	99.6
工业仓储用房	Industry and Storage Buildings	100.0	100.0	99.6	100.0	100.0
商业娱乐用房	Business and Entertainment Buildings	101.9	98.9	100.6	101.7	108.8

主要指标解释

居民消费价格指数 居民消费价格指数是度量一组代表性消费商品及服务项目价格水平随着时间而变动的相对数，反映居民家庭购买的消费品及服务价格水平的变动情况。它是宏观经济分析和决策、价格总水平监测和调控以及国民经济核算的重要指标。其按年度计算的变动率通常被用来作为反映通货膨胀（或紧缩）程度的指标。

商品零售价格指数 商品的零售价格是商品在流通过程中最后一个环节的价格，是工业、商业、餐饮业和其他零售企业向城乡居民、机关团体出售生活消费品和办公用品的价格。通过系统地调查、搜集和整理市场商品零售价格资料，编制商品零售价格指数，以此反映市场商品零售价格的变动趋势和变动程度。其目的在于掌握商品价格的变动趋势，为国家宏观调控和国民经济核算提供参考依据。

原材料、燃料和动力购进价格指数 是反映工业企业作为生产投入，而从物资交易市场和能源、原材料生产企业购买原材料、燃料和动力产品时，所支付的价格水平变动趋势和程度的统计指标，是扣除工业企业物质消耗成本中的价格变动影响的重要依据。

工业品出厂价格指数 是反映一定时期内全部工业产品出厂价格总水平的变动趋势和程度的相对数，包括工业企业售给本企业以外所有单位的各种产品和直接售给居民用于生活消费的产品。该指数可以观察出厂价格变动对工业总产值及增加值的影响。

固定资产投资价格指数 是反映一定时期内全社会及各类工程固定资产投资中涉及的各类投资品和取费项目价格的变动趋势和变动幅度的相对数。该指数可以观察按现价计算的固定资产投资指标中的价格变动因素。

房屋销售价格指数 是反映一定时期内房产所有权转移时买卖双方实际成交价格（合同价格）的变化趋势和变化幅度的相对数。

Explanatory Notes on Main Statistical Indicators

Consumer Price Index reflects the relative change in prices of consumer goods and services in a certain period of time, Formation of consumer price index aims to study the impact of consumer price changes on the actual living cost of urban and rural residents and to provide scientific basis for central government and relevant departments in drawing up consumer up consumer policy, price policy, wage policy and monetary policy and in accounting the nation economy. It is also a key index reflecting the fluctuation of inflation.

Retail Price Index refers to the prices at which industrial, commercial, catering and other retail enterprises sell daily consumer goods and products for office use to urban and rural residents and institutions and social organizations. It reflects the general change in prices of retail commodities in a certain period of time. Formation of retail price index aims to keep abreast of price fluctuation of retail commodities and provide the reference basis for the central government in working out economic policies.

Indices of Purchasing Prices of Raw Materials, Fuels and Power reflect changes in the level and degree of prices paid by industrial enterprises when they purchase production input such as raw materials, fuels and power from the market or from other energy or raw materials producing enterprises. These indices provide important basis for measuring the material consumption of industrial enterprises after removing influence of price changes.

Ex-factory Price Indices of Industrial Products reflect the trend and degree of changes in general ex-factory prices of all industrial products during a given period, including sales of industrial products by an industrial enterprise to all units outside the enterprise, as well as sales of consumer goods to residents. It can be used to analyze the impact of ex-factory prices on gross output value and value-added of the industrial sector.

Price Indices of Investment in Fixed Assets reflect the trend and degree of changes in prices of investment goods and projects in fixed assets during a given period., This indicator is used to observe the removing the factor of price change in the aggregates of investment at current prices.

Housing sales price index reflect the transfer of ownership of a certain period of time when buyers and sellers real estate price trends and changes in the rate of change.

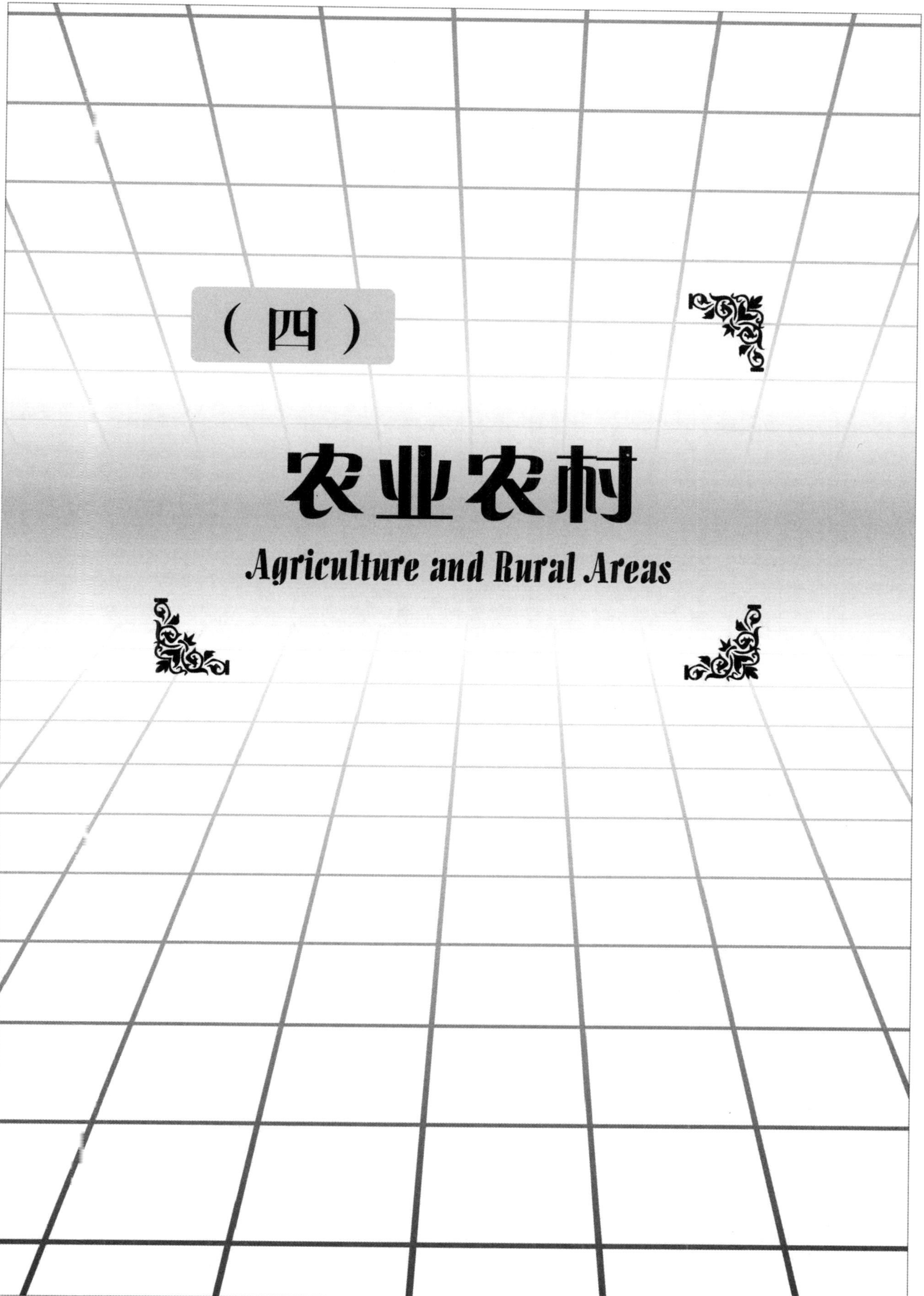

（四）

农业农村

Agriculture and Rural Areas

4-1 农村基层组织及人口（1978-2009 年）
Rural Primary-level Organizations, Population (1978-2009)

年份 Year	乡镇个数（个） Number of Township and Town Governments (unit)	镇个数 Towns	村委会个数 Number of Villagers' Committees (unit)	乡村户数（万户） Number of Rural Households (10 000 households)	乡村人口（万人） Rural Population (10 000 persons)
1978	2072	71	21013	530.01	2316.54
1979	2071	72	21018	529.53	2307.28
1980	2100	111	21084	534.19	2294.08
1981	2100	74	21099	542.44	2336.67
1982	2100	74	21099	551.24	2351.77
1983	2107	78	21091	555.96	2276.10
1984	2096	82	21084	564.08	2276.50
1985	2088	123	21092	573.00	2355.39
1986	2085	143	21090	596.13	2365.34
1987	2081	147	21091	626.70	2391.29
1988	2081	151	21093	650.27	2412.04
1989	2073	167	21095	671.51	2427.70
1990	2069	171	21086	686.26	2446.38
1991	2069	180	21089	697.61	2471.48
1992	1683	360	21093	699.94	2476.10
1993	1477	521	21095	700.88	2463.53
1994	1415	574	21060	710.34	2482.05
1995	1452	623	20864	706.86	2454.17
1996	1268	636	20877	709.86	2464.23
1997	1440	649	20853	708.64	2452.75
1998	1483	653	20647	709.84	2445.12
1999	1452	624	20630	710.99	2442.47
2000	1472	650	20589	710.28	2440.32
2001	1237	663	18264	714.67	2438.79
2002	1233	664	16453	718.31	2443.21
2003	1183	642	14357	718.65	2436.47
2004	1035	614	10143	714.99	2425.25
2005	958	594	10015	718.84	2430.93
2006	905	586	9718	714.86	2418.40
2007	891	580	9035	717.49	2413.95
2008	872	569	8964	724.06	2405.64
2009	862	571	8743	731.05	2400.85

4-2 乡村从业人员及行业分布（1978-2009 年）
Rural Employed Persons and Its Distribution of Industry (1978-2009)

单位：万人 10 000 person

年份 Year	从业人员数 Number of Employment	按主要行业分 By Main Industry					
		农林牧渔业 Farming, Forestry, Animal Husbandry and Fishery	工业 Industry	建筑业 Construction Industry	交运仓储和邮政业 Transport, Storage and Telecommunica-tions Industry	批发零售住宿餐饮业 Wholesales and Retail Trades, Hotels and Catering Services	其他 Others
1978	926.32	867.59	23.18	9.76	1.76	3.24	20.78
1979	949.52	892.74	23.34	9.10	1.89	3.38	19.07
1980	980.75	923.73	22.66	8.69	2.14	3.43	20.10
1981	1006.17	947.93	22.94	9.70	2.38	4.24	18.99
1982	1031.39	967.78	24.03	10.19	2.63	4.73	22.02
1983	1063.45	989.45	24.30	11.37	3.29	6.51	28.52
1984	1087.42	990.59	28.02	17.43	4.45	10.25	36.68
1985	1114.34	980.05	45.50	29.11	6.01	10.91	42.76
1986	1154.26	1001.27	48.53	34.43	6.76	12.34	50.93
1987	1184.92	1014.10	51.91	40.49	7.57	13.80	57.03
1988	1218.03	1038.31	53.95	42.60	7.85	14.75	60.58
1989	1249.12	1065.43	52.17	42.45	8.68	14.47	65.92
1990	1273.06	1085.57	50.09	42.93	9.07	15.39	70.00
1991	1314.79	1107.06	51.25	45.58	9.23	17.06	84.62
1992	1350.71	1107.18	53.99	49.78	9.82	19.26	110.67
1993	1352.26	1062.48	59.82	60.65	11.16	20.89	137.25
1994	1356.59	1039.95	56.89	62.62	12.25	22.36	162.53
1995	1349.34	1014.47	55.78	65.80	13.42	23.73	176.14
1996	1330.44	991.66	56.07	65.27	14.02	24.07	179.36
1997	1320.91	962.55	56.06	65.78	14.95	26.32	195.26
1998	1316.95	943.66	51.87	68.42	15.77	27.88	209.35
1999	1342.99	955.09	57.68	71.77	17.87	30.77	209.80
2000	1352.60	921.50	59.25	75.58	18.53	33.46	244.27
2001	1345.15	884.62	57.93	78.35	18.99	34.85	270.42
2002	1342.17	852.72	68.00	92.67	21.34	41.49	265.94
2003	1340.25	813.19	78.29	102.52	22.57	36.00	287.68
2004	1361.54	800.83	94.78	112.05	21.71	34.78	297.39
2005	1366.91	775.88	109.79	124.98	23.99	36.91	295.36
2006	1382.62	741.67	130.89	145.43	26.46	40.32	297.85
2007	1378.29	699.28	156.14	165.14	28.07	44.33	285.33
2008	1379.90	676.10	171.39	168.29	29.15	47.84	287.13
2009	1379.94	649.69	183.90	178.04	30.39	50.54	287.38

注：此表批发零售住宿餐饮业栏 2003 年以后未包含住宿餐饮业人员数据。

Note：From 2003 data of 'Sales and Retail Sales Trade and Catering Industry' does not contain hotels and catering services .

4-3 乡村从业人员从业结构（1978-2009 年）
Composition of Rural Employed Persons by Distribution of Industry（1978-2009）

单位：%　　　　%

年份 Year	从业人员数 Number of Employment	按主要行业分 By Main Industry					
		农林牧渔业 Farming, Forestry, Animal Husbandry and Fishery	工业 Industry	建筑业 Construction Industry	交运仓储和邮政业 Transport, Storage and Telecommunications Industry	批发零售住宿餐饮业 Wholesales and Retail Trades, Hotels and Catering Services	其他 Others
1978	100.00	93.66	2.50	1.05	0.19	0.35	2.24
1979	100.00	94.02	2.46	0.96	0.20	0.36	2.01
1980	100.00	94.19	2.31	0.89	0.22	0.35	2.05
1981	100.00	94.21	2.28	0.96	0.24	0.42	1.89
1982	100.00	93.83	2.33	0.99	0.26	0.46	2.13
1983	100.00	93.04	2.29	1.07	0.31	0.61	2.68
1984	100.00	91.10	2.58	1.60	0.41	0.94	3.37
1985	100.00	87.95	4.08	2.61	0.54	0.98	3.84
1986	100.00	86.75	4.20	2.98	0.59	1.07	4.41
1987	100.00	85.58	4.38	3.42	0.64	1.16	4.81
1988	100.00	85.24	4.43	3.50	0.64	1.21	4.97
1989	100.00	85.29	4.18	3.40	0.69	1.16	5.28
1990	100.00	85.27	3.93	3.37	0.71	1.21	5.50
1991	100.00	84.20	3.90	3.47	0.70	1.30	6.44
1992	100.00	81.97	4.00	3.69	0.73	1.43	8.19
1993	100.00	78.57	4.42	4.49	0.83	1.55	10.15
1994	100.00	76.66	4.19	4.62	0.90	1.65	11.98
1995	100.00	75.18	4.13	4.88	0.99	1.76	13.05
1996	100.00	74.54	4.21	4.91	1.05	1.81	13.48
1997	100.00	72.87	4.24	4.98	1.13	1.99	14.78
1998	100.00	71.65	3.94	5.20	1.20	2.12	15.90
1999	100.00	71.12	4.29	5.34	1.33	2.29	15.62
2000	100.00	68.13	4.38	5.59	1.37	2.47	18.06
2001	100.00	65.76	4.31	5.82	1.41	2.59	20.10
2002	100.00	63.53	5.07	6.90	1.59	3.09	19.81
2003	100.00	60.67	5.84	7.65	1.68	2.69	21.46
2004	100.00	58.82	6.96	8.23	1.59	2.55	21.84
2005	100.00	56.76	8.03	9.14	1.76	2.70	21.61
2006	100.00	53.64	9.47	10.52	1.91	2.92	21.54
2007	100.00	50.74	11.33	11.98	2.04	3.22	20.70
2008	100.00	49.00	12.42	12.20	2.11	3.47	20.81
2009	100.00	47.08	13.33	12.90	2.20	3.66	20.83

注：此表批发零售住宿餐饮业栏 2003 年以后未包含住宿餐饮业人员数据。

Note：From 2003 data of 'Sales and Retail Sales Trade and Catering Industry' does not contain hotels and catering services.

4-4 农村基础设施情况（1996-2009 年）
Information of Rural Infrastructure（1996-2009）

单位：个、%　　　　unit,%

年份 Year	行政村个数 Number of Administrative Villages	自来水受益村 Villages Benefited from Tap-water		通汽车村 Villages Accessible to Auto Vehicles		通电话村 Number of Village Accessible to Telephones	
		数量 Number	比重 Proportion	数量 Number	比重 Proportion	数量 Number	比重 Proportion
1996	20877	5912	28.3	14497	69.4	2976	14.3
1997	20853	6051	29.0	15830	75.9	5050	24.2
1998	20647	7077	34.3	16550	80.2	8710	42.2
1999	20630	7721	37.4	17348	84.1	13190	63.9
2000	20589	7866	38.2	17993	87.4	16610	80.7
2001	18264	6556	35.9	16280	89.1	15586	85.3
2002	16453	6804	41.4	14990	91.1	14684	89.2
2003	14357	6690	46.6	13450	93.7	13213	92.0
2004	10143	5064	49.9	9755	96.2	9853	97.1
2005	10015	4982	49.7	9691	96.8	9688	96.7
2006	9718	5015	51.6	9512	97.9	9582	98.6
2007	9035	4991	55.2	8871	98.2	8965	99.2
2008	8964	5100	56.9	8872	99.0	8947	99.8
2009	8743	5379	61.5	8655	99.0	8726	99.8

4-5 农村经济总量（1996-2009 年）
Rural Economic Aggregate (1996-2009)

单位：亿元 100 million yuan

年 份 Year	农村经济总量 Rural Economic Aggregate				乡村人口人均农村经济总量 Rural Economic Aggregate Per Rural Person			
	合计 Total	一产业 Primary Industry	二产业 Primary Industry	三产业 Primary Industry	合计 Total	一产业 Primary Industry	二产业 Primary Industry	三产业 Primary Industry
1996	491.0	285.0	105.0	101.0	1992.5	1156.5	426.1	409.9
1997	534.0	304.0	120.0	110.0	2177.1	1239.4	489.2	448.5
1998	569.0	299.0	140.0	130.0	2327.1	1222.8	572.6	531.7
1999	582.0	284.0	160.0	138.0	2382.8	1162.8	655.1	565.0
2000	616.0	283.0	186.0	147.0	2524.3	1159.7	762.2	602.4
2001	667.0	293.0	210.0	164.0	2735.0	1201.4	861.1	672.5
2002	730.5	315.8	229.2	185.6	2989.9	1292.5	937.9	759.5
2003	802.1	343.1	260.7	198.3	3292.1	1408.2	1070.0	813.9
2004	986.0	431.4	326.8	227.8	4065.6	1778.8	1347.5	939.3
2005	1110.0	463.5	390.2	256.3	4566.2	1906.7	1605.1	1054.3
2006	1159.3	386.3	473.6	299.3	4793.5	1597.3	1958.4	1237.7
2007	1375.7	482.4	557.5	335.8	5699.2	1998.4	2309.5	1391.3
2008	1627.2	575.4	668.2	383.6	6764.1	2391.8	2777.6	1594.6
2009	1819.8	606.8	776.4	436.6	7579.9	2527.4	3233.9	1818.6

注：本表按当年价格计算。
Note:Data in this table are calculated at current prices.

4-6 农林牧渔业总产值（1978-2009 年）
Gross Output Value of Farming, Forestry, Animal Husbandry and Fishery (1978-2009)

单位：亿元 | 10 million yuan

年份 Year	农林牧渔业总产值 Gross Output Value					
	合计 Total	农业 Farming	林业 Forestry	牧业 Animal Husbandry	渔业 Fishery	农林牧渔服务业 Serivces in Support of Agriculture, Forestry, Animal Husbandry and Fishery
1978	36.25	26.29	2.12	7.57	0.27	
1979	41.92	29.22	2.80	9.53	0.36	
1980	43.36	29.68	2.93	10.25	0.49	
1981	49.62	33.37	3.85	11.71	0.69	
1982	55.84	37.33	4.35	13.25	0.90	
1983	60.69	39.59	4.20	15.72	1.19	
1984	67.31	44.36	4.09	17.43	1.43	
1985	75.56	47.76	4.97	20.88	1.96	
1986	82.18	51.70	4.93	23.11	2.44	
1987	93.00	56.41	5.53	28.28	2.78	
1988	112.69	64.18	6.00	39.34	3.17	
1989	127.64	70.68	7.10	46.33	3.53	
1990	150.30	85.81	7.75	51.88	4.86	
1991	165.53	93.84	8.70	56.52	6.48	
1992	180.26	99.50	10.67	61.25	8.84	
1993	216.94	119.77	11.33	74.98	10.86	
1994	292.39	155.27	11.63	112.74	12.76	
1995	384.69	227.89	12.28	130.42	14.10	
1996	424.99	271.38	11.55	131.17	10.89	
1997	439.35	267.89	11.73	146.89	12.84	
1998	428.88	254.94	15.09	144.48	14.38	
1999	416.88	249.62	11.56	140.95	14.74	
2000	412.63	244.74	10.82	141.99	15.08	
2001	431.17	250.40	11.20	154.40	15.16	
2002	460.98	264.08	13.51	166.20	17.19	
2003	488.57	270.12	14.58	177.64	18.33	7.90
2004	612.77	332.95	18.48	230.94	21.25	9.16
2005	662.19	358.30	19.97	249.50	23.80	10.63
2006	575.24	323.01	22.31	204.22	15.91	9.80
2007	720.73	401.48	25.92	264.48	18.44	10.40
2008	871.39	465.47	29.34	344.15	21.15	11.28
2009	913.11	522.84	34.14	319.42	24.27	12.44

注：1. 本表按当年价格计算。2.2006 年及以后使用的是农普衔接数。

Note:1.Data in this table are calculated at current prices. 2.Data after 2006 are adjusted according to the Second National Agricultural Census.

4-7 农林牧渔业总产值指数（1979-2009 年）Gross Output Indices of Agriculture, Forestry, Animal Husbandry and Fishery（1979-2009）

上年 =100

preceding year=100

年 份 Year	农林牧渔业总产值指数 Indices of Gross Output					
	合计 Total	农业 Farming	林业 Forestry	牧业 Animal Husbandry	渔业 Fishery	农林牧渔服务业 Serivces in Support of Agriculture, Forestry, Animal Husbandry and Fishery
1979	115.6	111.2	132.3	125.9	132.7	
1980	103.4	101.6	104.7	107.5	137.7	
1981	114.4	112.4	131.3	114.2	140.4	
1982	112.5	111.9	113.1	113.2	130.8	
1983	108.7	106.0	96.6	118.6	131.2	
1984	110.9	112.1	97.4	110.9	120.2	
1985	112.3	107.7	121.3	119.8	137.2	
1986	108.8	108.3	99.3	110.7	124.8	
1987	113.2	109.1	112.1	122.4	113.9	
1988	121.2	113.8	108.6	139.1	114.0	
1989	113.3	110.1	118.2	117.8	111.5	
1990	117.8	121.4	109.2	112.0	137.4	
1991	110.1	109.3	112.2	109.0	133.4	
1992	108.9	106.0	122.7	108.4	136.4	
1993	120.3	120.4	106.2	122.4	122.8	
1994	134.8	129.6	102.6	150.4	117.5	
1995	131.6	146.8	105.5	115.7	110.5	
1996	110.5	119.1	94.1	100.6	77.3	
1997	103.4	98.7	101.6	112.0	117.9	
1998	97.6	95.2	128.7	98.4	112.0	
1999	97.2	97.9	76.6	97.6	102.5	
2000	99.0	98.0	93.6	100.7	102.3	
2001	104.5	102.3	103.5	108.7	100.6	
2002	106.9	105.5	120.6	107.6	113.4	
2003	106.0	102.3	107.9	106.9	106.6	
2004	125.4	123.3	126.7	130.0	115.9	115.8
2005	108.1	107.6	108.1	108.0	112.0	116.1
2006	86.9	90.1	111.7	81.9	66.9	92.2
2007	125.3	124.3	116.2	129.5	115.9	106.1
2008	120.9	115.9	113.2	130.1	114.7	108.5
2009	104.8	112.3	116.4	92.8	114.8	110.3

注：1. 本表按当年价格计算。2.2006 年及以后使用农普衔接数计算。

Note:1.Data in this table are calculated at current prices. 2.Data after 2006 are adjusted according to the Second National Agricultural Census.

4-8 农林牧渔业总产值结构（1978-2009 年）
Composition of Gross Output Value of Farming, Forestry, Animal Husbandry and Fishery (1978-2009)

单位：%　　　　　　　　　　　　　　　　　　　　　　　　%

年 份 Year	农林牧渔业总产值构成 Composition of Gross Output					
	合计 Total	农业 Farming	林业 Forestry	牧业 Animal Husbandry	渔业 Fishery	农林牧渔服务业 Serivces in Support of Agriculture, Forestry, Animal Husbandry and Fishery
1978	100.0	72.5	5.8	20.9	0.7	
1979	100.0	69.7	6.7	22.7	0.9	
1980	100.0	68.5	6.8	23.6	1.1	
1981	100.0	67.2	7.8	23.6	1.4	
1982	100.0	66.9	7.8	23.7	1.6	
1983	100.0	65.2	6.9	25.9	2.0	
1984	100.0	65.9	6.1	25.9	2.1	
1985	100.0	63.2	6.6	27.6	2.6	
1986	100.0	62.9	6.0	28.1	3.0	
1987	100.0	60.7	5.9	30.4	3.0	
1988	100.0	56.9	5.3	34.9	2.8	
1989	100.0	55.4	5.6	36.3	2.8	
1990	100.0	57.1	5.2	34.5	3.2	
1991	100.0	56.7	5.3	34.1	3.9	
1992	100.0	55.2	5.9	34.0	4.9	
1993	100.0	55.2	5.2	34.6	5.0	
1994	100.0	53.1	4.0	38.6	4.4	
1995	100.0	59.2	3.2	33.9	3.7	
1996	100.0	63.9	2.7	30.9	2.6	
1997	100.0	61.0	2.7	33.4	2.9	
1998	100.0	59.4	3.5	33.7	3.4	
1999	100.0	59.9	2.8	33.8	3.5	
2000	100.0	59.3	2.6	34.4	3.7	
2001	100.0	58.1	2.6	35.8	3.5	
2002	100.0	57.3	2.9	36.1	3.7	
2003	100.0	55.3	3.0	36.4	3.8	1.6
2004	100.0	54.3	3.0	37.7	3.5	1.5
2005	100.0	54.1	3.0	37.7	3.6	1.6
2006	100.0	56.2	3.9	35.5	2.8	1.7
2007	100.0	55.7	3.6	36.7	2.6	1.4
2008	100.0	53.4	3.4	39.5	2.4	1.3
2009	100.0	57.3	3.7	35.0	2.7	1.3

注：1. 本表按当年价格计算。2.2006 年及以后使用的是农普衔接数。

Note:1.Data in this table are calculated at current prices. 2.Data after 2006 are adjusted according to the Second National Agricultural Census.

4-9 农林牧渔业增加值（1996-2009 年）
Value Added of Farming, Forestry, Animal Husbandry and Fishery（1996-2009）

单位：亿元 | 100 million yuan

年份 Year	农林牧渔业增加值 Value Added					
	合计 Total	农业 Farming	林业 Forestry	牧业 Animal Husbandry	渔业 Fishery	农林牧渔服务业 Serivces in Support of Agriculture, Forestry, Animal Husbandry and Fishery
1996	284.89					
1997	304.51					
1998	298.67					
1999	284.28					
2000	283.00					
2001	293.03					
2002	315.78	204.31	10.78	86.66	14.04	
2003	336.36	209.95	11.62	94.37	14.99	5.42
2004	431.40	265.69	14.59	126.60	16.82	7.68
2005	459.83	280.88	15.19	136.83	18.69	8.25
2006	386.40	243.80	16.30	107.20	12.40	6.70
2007	482.40	303.10	18.90	138.80	14.40	7.20
2008	575.39	351.41	21.38	178.05	16.51	8.04
2009	606.80	390.50	24.59	164.00	18.93	8.78

注：1. 本表按当年价格计算。2.2006 年及以后使用的是农普衔接数。

Note:1.Data in this table are calculated at current prices. 2.Data after 2006 are adjusted according to the Second National Agricultural Census.

4-10 农林牧渔业增加值指数（1997-2009年）
Indices of Value Added of Farming, Forestry, Animal Husbandry and Fishery（1997-2009）

上年=100　　　　preceding year=100

年份 Year	农林牧渔业增加值指数 Indices of Value Added					
	合计 Total	农业 Farming	林业 Forestry	牧业 Animal Husbandry	渔业 Fishery	农林牧渔服务业 Serivces in Support of Agriculture, Forestry, Animal Husbandry and Fishery
1997	106.9					
1998	98.1					
1999	95.2					
2000	99.5					
2001	103.5					
2002	107.8					
2003	106.5	102.8	107.8	108.9	106.8	
2004	128.3	126.5	125.6	134.1	112.2	141.7
2005	106.6	105.7	104.1	108.1	111.2	107.4
2006	84.0	86.8	107.3	78.3	66.3	81.2
2007	124.8	124.3	116.0	129.5	116.1	107.5
2008	119.3	115.9	113.1	128.3	114.7	111.6
2009	105.5	111.1	115.0	92.1	114.7	109.2

注：1. 本表按当年价格计算。2.2006年及以后使用的是农普衔接数。

Note:1.Data in this table are calculated at current prices. 2.Data after 2006 are adjusted according to the Second National Agricultural Census.

4-11 农林牧渔业增加值构成(2002-2009)
Composition of Value Added of Farming, Forestry, Animal Husbandry and Fishery（2002-2009）

单位：%　　　　%

年份 Year	农林牧渔业增加值构成 Composition of Value Added					
	合计 Total	农业 Farming	林业 Forestry	牧业 Animal Husbandry	渔业 Fishery	农林牧渔服务业 Serivces in Support of Agriculture, Forestry, Animal Husbandry and Fishery
2002	100.00	64.70	3.41	27.44	4.45	
2003	100.00	62.42	3.45	28.06	4.46	1.61
2004	100.00	61.59	3.38	29.35	3.90	1.78
2005	100.00	61.08	3.30	29.76	4.07	1.79
2006	100.00	63.10	4.22	27.74	3.21	1.73
2007	100.00	62.83	3.92	28.77	2.99	1.49
2008	100.00	61.07	3.72	30.94	2.87	1.40
2009	100.00	64.35	4.05	27.03	3.12	1.45

注：1. 本表按当年价格计算。2.2006年及以后使用的是农普衔接数。

Note:1.Data in this table are calculated at current prices. 2.Data after 2006 are adjusted according to the Second National Agricultural Census.

4-12 农林牧渔业劳动生产率与增加值率（1978-2009年）
Labor productivity and Rate of Value Added of Farming, Forestry, Animal Husbandry and Fishery (1978-2009)

年份 Year	农林牧渔业总产值(亿元) Gross Output Value of Farming, Forestry, Animal Husbandry and Fishery(100 million yuan)	农林牧渔业中间消耗（亿元） Mid-consumption of Farming, Forestry, Animal Husbandry and Fishery(100 million yuan)	农林牧渔业 增加值（亿元） Value Added of Farming, Forestry, Animal Husbandry and Fishery(100 million yuan)	农林牧渔业 增加值指数（上年=100）Indices of Value Added of Farming, Forestry, Animal Husbandry and Fishery(preceding year=100)	农林牧渔业增加值率（%） Rate of Value Added of Farming, Forestry, Animal Husbandry and Fishery(%)	农林牧渔业 从业人员人均增加值（元） Per Employee Value Added of Farming, Forestry, Animal Husbandry and Fishery(yuan)
1978	36.25	11.44	24.81		68.4	286
1979	41.92	13.16	28.76	115.9	68.6	322
1980	43.36	10.86	32.50	113.0	75.0	352
1981	49.62	13.42	36.20	111.4	73.0	382
1982	55.84	15.38	40.46	111.8	72.5	418
1983	60.69	15.46	45.23	111.8	74.5	457
1984	67.31	16.92	50.39	111.4	74.9	509
1985	75.56	22.17	53.39	106.0	70.7	545
1986	82.18	22.54	59.64	111.7	72.6	596
1987	93.00	30.76	62.24	104.4	66.9	614
1988	112.69	38.29	74.40	119.5	66.0	717
1989	127.64	46.32	81.32	109.3	63.7	763
1990	150.30	50.72	99.58	122.5	66.3	917
1991	165.53	56.93	108.60	109.1	65.6	981
1992	180.26	63.91	116.35	107.1	64.5	1051
1993	216.94	76.30	140.64	120.9	64.8	1324
1994	292.39	98.28	194.11	138.0	66.4	1867
1995	384.69	123.17	261.52	134.7	68.0	2578
1996	424.99	140.10	284.89	108.9	67.0	2873
1997	439.35	134.84	304.51	106.9	69.3	3164
1998	428.88	130.21	298.67	98.1	69.6	3165
1999	416.88	132.60	284.28	95.2	68.2	2976
2000	412.63	129.63	283.00	99.5	68.6	3071
2001	431.17	138.14	293.03	103.5	68.0	3312
2002	460.98	145.20	315.78	107.8	68.5	3703
2003	488.57	152.21	336.36	106.5	68.8	4136
2004	612.77	181.37	431.40	128.3	70.4	5387
2005	662.19	202.39	459.80	106.6	69.4	5926
2006	575.24	188.84	386.40	92.6	67.2	5210
2007	720.73	238.33	482.40	124.8	66.9	6898
2008	871.39	295.99	575.39	120.9	66.0	8511
2009	913.11	306.31	606.80	104.8	66.5	9340

注：1. 本表按当年价格计算。2.2006年及以后使用的是农普衔接数。

Note:1.Data in this table are calculated at current prices. 2.Data after 2006 are adjusted according to the Second National Agricultural Census.

4-13 农林牧渔业商品产值（1996-2009 年）
Output Value of Farming, Forestry, Animal Husbandry and Fishery Commodities (1996-2009)

单位：亿元 | 100 million yuan

年份 Year	农林牧渔业商品产值 Output Value of Farming, Forestry, Animal Husbandry and Fishery Commodities				
	合计 Total	农业 Farming	林业 Forestry	牧业 Animal Husbandry	渔业 Fishery
1996	198.22	96.40	4.51	88.41	8.89
1997	212.00	98.18	4.87	98.31	10.64
1998	207.65	94.33	6.04	95.50	11.79
1999	203.01	93.61	4.55	92.75	12.10
2000	224.27	101.59	4.75	106.38	11.55
2001	232.03	100.24	4.74	115.37	11.68
2002	251.07	111.88	6.94	120.05	12.20
2003	272.05	118.97	7.70	132.19	13.19
2004	342.68	149.49	12.55	164.53	16.11
2005	369.68	164.70	13.05	173.55	18.37
2006	367.64	161.15	16.21	173.11	17.17
2007	468.69	193.40	15.19	240.15	19.96
2008	518.66	218.68	17.60	265.61	16.77
2009	553.39	264.83	21.85	247.41	19.30

注：本表按当年价格计算。

Note:Data in this table are calculated at current prices.

4-14 农林牧渔业商品率（1996-2009年）
Corresponding Commodity Rate of Farming, Forestry, Animal Husbandry and Fishery (1996-2009)

单位：%　　　　%

年份 Year	农林牧渔业商品率 Corresponding Commodity Rate of Farming, Forestry, Animal Husbandry and Fishery				
	合计 Total	农业 Farming	林业 Forestry	牧业 Animal Husbandry	渔业 Fishery
1996	47.9	35.5	39.1	67.4	81.6
1997	47.6	36.6	41.5	66.9	82.9
1998	48.4	37.0	40.0	66.1	82.0
1999	48.7	37.5	39.4	65.8	82.1
2000	49.7	38.8	38.4	65.4	82.6
2001	50.7	38.7	47.6	66.6	75.6
2002	54.5	42.4	51.3	72.2	70.7
2003	56.6	44.0	52.8	74.4	72.0
2004	57.0	45.0	68.0	71.0	76.0
2005	56.7	46.0	65.3	69.6	77.2
2006	57.7	47.3	72.6	72.0	78.5
2007	58.6	45.6	58.7	77.1	76.8
2008	59.5	47.0	60.0	77.2	79.3
2009	60.6	50.7	64.0	77.5	79.5

4-15 农业生产条件 (1978-2009 年)
Conditions for Agricultural Production (1978-2009)

年份 Year	有效灌溉面积 (万亩) Effective Irrigated Area (10 000 mu)	农业机械总动力 (万千瓦) Total Power of Agricultural Machinery (10 000 kw)	农村用电量 (万千瓦小时) Electricity Consumption in Rural Areas (10 000 kwh)	化肥施用量 (折纯)(吨) Chemical Fertilizer (net) (10 000 tons)	农膜使用量(吨) Farm Plastic Film (tons)	农药使用量(吨) Consumption of Chemical Pesticides (tons)
1978	844.1	101	28542	216278	3371	6357
1979	878.4	124	33122	255515	3371	7027
1980	906.3	155	37953	292101	3718	7062
1981	908.0	172	45636	304544	3926	7226
1982	909.7	176	51322	303319	4285	7823
1983	911.3	192	56838	314770	4595	7542
1984	913.0	204	52804	315511	4683	7194
1985	914.7	219	63309	317583	5029	7275
1986	901.9	240	71471	366913	5121	7867
1987	889.0	259	83229	382551	5668	7785
1988	876.2	278	79637	382889	6111	8060
1989	863.4	291	89611	447162	6507	8078
1990	870.3	300	97091	481255	8028	8723
1991	878.3	316	104430	520805	9727	10105
1992	884.4	324	115831	527472	10672	10489
1993	888.9	343	134027	545141	11822	12709
1994	892.9	366	160197	585547	12828	12910
1995	896.9	386	174847	620165	14289	14628
1996	901.3	410	196788	655535	15314	16936
1997	917.1	454	227302	696375	15909	16831
1998	921.2	506	242934	711802	17712	18221
1999	930.7	558	260029	710327	18620	18418
2000	939.0	586	278728	720017	19575	18514
2001	947.9	628	301140	725794	19444	19065
2002	961.7	666	338717	733727	25337	19336
2003	974.5	696	366535	715935	24245	19540
2004	925.2	728	384627	770183	26834	19466
2005	927.2	776	428943	791951	27472	19541
2006	932.0	820	460291	805929	28226	19579
2007	950.6	860	484478	843203	30053	20372
2008	988.3	903	550949	881429	30914	20972
2009	1008.0	967	614832	911657	34712	22004

4-16 农作物播种面积及结构（1978-2009 年）
Sown Areas of Farm Crops and Its Composition (1978-2009)

单位：公顷、%、次 hectares,%,times

年份 Year	农作物播种面积 Sown Areas of Farm Crops			农作物播种面积构成 Composition of Sown Areas of Farm Crops		耕地复种指数 Resown Index of Cultivated Areas
		粮食作物 Grain Crops	经济作物 Cash Crops	粮食作物 Grain Crops	经济作物 Cash Crops	
1978	3498061	3177221	219746	90.83	6.28	2.00
1979	3503427	3182736	216639	90.85	6.18	2.02
1980	3345304	3048196	195745	91.12	5.85	1.93
1981	3426283	3051138	263106	89.05	7.68	1.98
1982	3420431	3002794	309551	87.79	9.05	1.99
1983	3274572	2921223	243651	89.21	7.44	1.91
1984	3219810	2849537	273357	88.50	8.49	1.90
1985	3214717	2748498	360776	85.50	11.22	1.93
1986	3232433	2710205	421376	83.84	13.04	1.95
1987	3241258	2697509	439056	83.22	13.55	1.96
1988	3287399	2727164	446491	82.96	13.58	1.99
1989	3381959	2788700	472185	82.46	13.96	2.05
1990	3438950	2847370	473968	82.80	13.78	2.08
1991	3526637	2889404	519796	81.93	14.74	2.14
1992	3522037	2874889	522116	81.63	14.82	2.14
1993	3513064	2870480	510493	81.71	14.53	2.14
1994	3493884	2877837	487821	82.37	13.96	2.14
1995	3526684	2876853	512996	81.57	14.55	2.16
1996	3585745	2889834	558473	80.59	15.57	2.21
1997	3605420	2881902	578753	79.93	16.05	2.24
1998	3614446	2900656	558301	80.25	15.45	2.26
1999	3592496	2862143	580264	79.67	16.15	2.25
2000	3590815	2773404	647366	77.24	18.03	2.27
2001	3555871	2714600	672125	76.34	18.90	2.29
2002	3464566	2606866	697285	75.24	20.13	2.50
2003	3307179	2410369	733363	72.88	22.17	2.44
2004	3435957	2516507	746014	73.24	21.71	2.45
2005	3444733	2501263	770145	72.61	22.36	2.46
2006	3073880	2155500	730710	70.12	23.77	2.22
2007	3134700	2195800	751200	70.05	23.96	2.26
2008	3215064	2215407	836466	68.91	26.02	—
2009	3308300	2229493	942060	67.39	28.48	—

4-17 粮食播种面积（1978-2009 年）
Sown Areas of Grain Crops (1978-2009)

单位：公顷 hectares

年份 Year	粮食播种面积 Sown Areas of Grain Crops	1. 谷物 Cereal	稻谷 Rice	玉米 Corn	小麦 Wheat	2. 薯类 Tubers	红苕 Sweet potato	3. 豆类 Soybeans
1978	**3177221**	1996228	849243	529908	499371	907719	499988	273274
1979	**3182736**	2036531	813766	558676	571185	872027	504295	274178
1980	**3048196**	2011466	828317	563021	548898	798054	483016	238676
1981	**3051138**	2036370	823186	582184	565063	786727	485645	228041
1982	**3002794**	2018351	812376	574167	568073	760521	476244	223922
1983	**2921223**	1973780	820755	549742	537813	737417	453573	210026
1984	**2849537**	1939272	824188	536836	512576	698867	430140	211398
1985	**2748498**	1881141	820140	509473	484987	658549	411822	208808
1986	**2710205**	1854051	819858	498179	474509	650827	409666	205327
1987	**2697509**	1840617	807797	497082	469040	656006	421156	200886
1988	**2727164**	1865190	821305	495840	480098	668028	420377	193946
1989	**2788700**	1914782	836231	496121	510960	686688	433931	187230
1990	**2847370**	1951433	821986	514534	541069	710665	440660	185272
1991	**2889404**	1972589	816684	519094	564016	730941	451382	185874
1992	**2874889**	1950332	819262	507808	560724	736846	448311	187711
1993	**2870480**	1934683	804560	506843	558338	756482	455085	179315
1994	**2877837**	1938787	800342	517136	545076	752030	467243	187020
1995	**2876853**	1923230	799482	514595	550291	767418	462391	186205
1996	**2889834**	1929946	802279	514835	555130	765959	460824	193929
1997	**2881902**	1918793	797955	510877	556235	770452	463488	192657
1998	**2900656**	1921857	794636	526068	548282	780473	469749	198326
1999	**2862143**	1892908	788576	519898	531598	774842	462575	194393
2000	**2773404**	1793481	776636	500658	466175	760801	451929	219122
2001	**2714600**	1722159	763964	488690	422131	773517	471069	218924
2002	**2606866**	1666042	757195	472433	388148	721823	414963	219001
2003	**2410369**	1539598	738486	429966	322734	666801	383808	203970
2004	**2516507**	1566568	749300	460415	280528	725660	419621	224279
2005	**2501263**	1537094	747949	460342	279667	729629	410369	234540
2006	**2155500**	1293270	672300	440500	164800	676000	361350	186230
2007	**2195800**	1322090	652130	453670	199700	680390	373540	193340
2008	**2215407**	1336239	673538	455553	188950	682038	371895	197130
2009	**2229493**	1331208	682041	459116	168210	693824	366664	204461

4-18 粮食产量（1978-2009 年）
Output of Grain Crops (1978-2009)

单位：万吨 10000 tons

年份 Year	粮食产量 Output of Grain Crops	1. 谷物 Cereal	稻谷 Rice	玉米 Corn	小麦 Wheat	2. 薯类 Tubers	红苕 Sweet potato	3. 豆类 Soybeans
1978	**814.71**	600.07	345.07	131.43	94.92	185.57	134.80	29.07
1979	**871.71**	629.47	341.30	153.42	114.45	216.22	169.20	26.01
1980	**835.43**	634.35	341.59	158.28	111.65	178.87	130.03	22.20
1981	**883.87**	679.97	387.40	177.41	115.15	179.28	127.17	24.61
1982	**974.02**	756.56	409.75	182.37	138.72	191.96	141.76	25.49
1983	**998.30**	780.64	455.23	162.57	138.62	191.21	145.97	26.45
1984	**1048.36**	843.50	500.30	186.78	132.98	180.57	133.57	24.28
1985	**948.97**	761.20	461.73	158.99	118.93	165.51	122.29	22.26
1986	**1004.92**	809.69	493.41	168.83	125.10	170.20	127.18	25.02
1987	**1004.51**	786.35	499.56	144.24	120.39	195.82	152.74	22.34
1988	**958.02**	770.84	503.00	144.01	105.56	166.64	126.43	20.53
1989	**1044.88**	831.67	541.81	165.14	107.30	195.96	149.34	17.25
1990	**1085.07**	888.08	550.40	192.59	130.81	177.05	123.19	19.93
1991	**1115.28**	881.49	535.90	192.23	142.28	212.25	155.17	21.53
1992	**1050.24**	835.57	509.07	168.35	150.17	196.18	137.46	18.48
1993	**1052.72**	816.19	479.90	180.87	153.66	214.63	146.87	21.90
1994	**1134.10**	882.09	523.13	192.13	148.50	226.06	157.03	25.94
1995	**1153.68**	888.21	532.63	185.74	156.86	235.09	165.72	30.38
1996	**1172.14**	900.41	542.64	197.91	143.85	251.63	167.09	20.10
1997	**1184.63**	920.57	552.44	208.87	144.49	242.17	157.81	21.90
1998	**1155.36**	876.07	519.38	196.64	145.65	257.11	171.57	22.17
1999	**1143.05**	871.04	533.01	202.73	121.49	250.07	169.82	21.93
2000	**1131.21**	850.39	525.43	196.24	121.38	256.23	171.31	24.60
2001	**1035.35**	768.03	466.45	190.20	99.97	244.00	164.59	23.32
2002	**1082.15**	790.45	484.42	202.48	93.83	263.92	188.61	27.78
2003	**1087.20**	796.17	494.30	206.26	83.84	258.82	184.17	32.21
2004	**1144.57**	828.26	509.55	227.80	78.38	278.20	185.36	38.11
2005	**1168.19**	845.77	521.43	233.13	78.65	282.36	180.47	40.06
2006	**808.40**	596.06	344.90	200.50	47.60	183.10	97.87	29.24
2007	**1088.00**	790.68	491.59	234.18	61.05	262.20	172.20	35.12
2008	**1153.21**	838.81	529.39	246.03	58.20	276.62	174.90	37.78
2009	**1137.20**	812.97	511.30	244.45	51.68	284.40	177.38	39.83

4-19 主要粮食作物单位面积产量（1978-2009 年）
Output of Grain Crops Per Mu (1978-2009)

单位：公斤 / 亩 kg/mu

年份 Year	粮食产量 **Output of Grain Crops**	1. 谷物 Cereal	稻谷 Rice	玉米 Corn	小麦 Wheat	2. 薯类 Tubers	红苕 Sweet potato	3. 豆类 Soybeans
1978	**170.95**	200.40	270.89	165.35	126.72	136.29	179.74	70.92
1979	**182.59**	206.06	279.60	183.08	133.59	165.30	223.68	63.25
1980	**182.72**	210.25	274.93	187.42	135.61	149.42	179.47	62.01
1981	**193.12**	222.61	313.74	203.16	135.86	151.92	174.58	71.95
1982	**216.25**	249.89	336.26	211.75	162.80	168.27	198.44	75.90
1983	**227.83**	263.67	369.77	197.15	171.84	172.87	214.55	83.97
1984	**245.27**	289.97	404.68	231.95	172.96	172.25	207.02	76.57
1985	**230.18**	269.76	375.33	208.05	163.48	167.55	197.97	71.08
1986	**247.19**	291.14	401.22	225.93	175.76	174.35	206.97	81.24
1987	**248.26**	284.81	412.28	193.45	171.12	199.00	241.78	74.14
1988	**234.19**	275.52	408.29	193.63	146.59	166.30	200.51	70.57
1989	**249.79**	289.56	431.95	221.91	140.00	190.25	229.44	61.43
1990	**254.05**	303.39	446.40	249.54	161.18	166.09	186.38	71.73
1991	**257.33**	297.91	437.46	246.88	168.18	193.59	229.18	77.23
1992	**243.54**	285.62	414.25	221.02	178.55	177.50	204.42	65.64
1993	**244.49**	281.25	397.65	237.91	183.48	189.15	215.16	81.43
1994	**262.72**	303.31	435.76	247.69	181.63	200.40	224.05	92.48
1995	**267.35**	307.89	444.15	240.63	190.03	204.23	238.94	108.77
1996	**270.41**	311.03	450.91	256.28	172.75	219.01	241.73	69.08
1997	**274.04**	319.84	461.54	272.56	173.18	209.54	226.99	75.77
1998	**265.54**	303.90	435.74	249.19	177.10	219.62	243.49	74.53
1999	**266.24**	306.77	450.61	259.96	152.36	215.16	244.75	75.22
2000	**271.92**	316.10	451.03	261.31	173.58	224.53	252.70	74.83
2001	**254.27**	297.31	407.04	259.47	157.88	210.30	232.93	71.03
2002	**276.74**	316.30	426.50	285.72	161.15	243.75	303.01	84.56
2003	**300.70**	344.75	446.23	319.80	173.19	258.77	319.89	105.28
2004	**303.22**	352.47	453.35	329.85	186.27	255.59	294.49	113.28
2005	**311.36**	366.83	464.76	337.62	187.48	257.99	293.18	113.86
2006	**250.03**	307.26	342.01	303.44	192.56	180.57	180.56	104.67
2007	**330.33**	398.70	502.55	344.13	203.81	256.91	307.33	121.10
2008	**347.03**	418.49	523.99	360.05	205.35	270.39	313.53	127.77
2009	**340.05**	407.13	499.77	354.96	204.82	273.27	322.51	129.86

4-20 主要经济作物播种面积（1978-2009 年）
Sown Areas of Major Cash Crops (1978-2009)

单位：公顷　　hectares

年份 Year	油料 Oil-bearing Crops	油菜籽 Rapeseeds	麻类 Fiber Crops	糖料 Sugar Crops	烟叶 Tobacco	烤烟 Flue-cured Tobacco	蔬菜 Vegetables
1978	92351	71374	3671	11149	26582		95954
1979	108335	81265	5129	10969	14782		90678
1980	116577	89369	5751	9907	10416		78400
1981	148986	118422	7100	9972	17635		105589
1982	162114	130770	4549	10678	30682		117805
1983	130527	102713	3852	10375	19449		114323
1984	130945	98232	3983	8292	22592		126918
1985	176866	137367	16396	8681	30956		140569
1986	183859	143792	29591	8195	40897		159811
1987	180579	143292	44245	7855	41729		160867
1988	185171	150612	30722	7774	54056		171444
1989	188593	154505	18923	7242	75726		177979
1990	203171	168751	12107	6628	66607		183873
1991	224412	188989	9316	6962	70859		197049
1992	215622	179402	7750	4969	81258		200686
1993	184964	147692	7154	4198	82461		222621
1994	174643	135505	8105	3396	54997		225902
1995	201550	162572	7539	3067	58939		236283
1996	202483	159584	7174	2784	77657	63859	257106
1997	191800	152222	6826	2145	99482	82561	267203
1998	192330	148896	5314	2009	56603	41648	290397
1999	197151	151801	4737	2096	63969	49650	301389
2000	226384	173185	6128	2332	70775	55212	327094
2001	225046	167911	6796	2481	55210	40056	366330
2002	236325	173930	6859	2881	56012	43463	373072
2003	236724	176836	7108	2829	57237	46605	386990
2004	244129	173815	7573	2800	52995	41361	390235
2005	252421	187333	8456	2789	51508	41530	399972
2006	187290	133680	10515	2791	48879	38500	417414
2007	192920	135370	11353	2892	43553	33415	432906
2008	215531	150170	11476	2981	47749	39453	503673
2009	237025	173643	11329	3069	52579	43890	552233

4-21 主要经济作物产量（1978-2009 年）
Output of Major Cash Crops (1978-2009)

单位：吨 ton

年份 Year	油料 Oil-bearing Crops	油菜籽 Rapeseeds	麻类 Fiber Crops	糖料 Sugar Crops	烟叶 Tobacco	烤烟 Flue-cured Tobacco	蔬菜 Vegetables
1978	77118	60310	1659	312034	22528	6855	2439529
1979	91314	70294	3433	406432	10239	5127	2344061
1980	115738	92841	6172	366448	8098	2992	2298578
1981	159868	124422	8530	291337	20686	4137	2922414
1982	220378	183808	7126	405414	37239	13626	3387654
1983	145813	115822	4931	310043	19628	8281	3376951
1984	145217	102829	8438	294537	24134	8396	3586734
1985	181214	136319	25787	302414	36239	20360	3908601
1986	209114	158537	21719	314239	46724	29183	4219393
1987	208934	161365	35995	294315	44992	25124	4390009
1988	192527	149418	31013	293233	68928	45585	4609285
1989	187824	143842	18932	244115	62093	52041	4693117
1990	220215	177399	12707	205543	74393	48868	4996119
1991	269213	228099	11487	260714	98156	74498	5330009
1992	251814	213975	9716	143328	124705	95961	5413806
1993	217034	172246	9257	123034	113208	86345	5582304
1994	192613	153138	11471	93947	68904	50168	5698265
1995	251217	205415	11092	87634	77981	57436	5939064
1996	236044	186629	10898	82660	132355	110446	6370253
1997	233414	183367	11175	80765	164736	134195	6684420
1998	251129	190331	7541	72824	79970	57522	7113007
1999	240859	173302	6826	75883	95653	72005	7371081
2000	310559	226055	8406	90557	104082	76921	7754156
2001	299617	219097	8857	100818	80064	53200	7799590
2002	350444	258443	12139	120586	87052	64355	8083098
2003	382742	285101	9620	113460	86048	68365	8401712
2004	417501	309876	10209	117734	85036	64470	8635651
2005	427121	318138	12362	114608	90173	71665	8904721
2006	289431	234687	11846	101574	91945	72576	7998819
2007	306773	231918	15399	112633	71513	48643	8553338
2008	357605	265430	16982	111844	85513	68992	9945191
2009	405388	309515	15869	115667	99905	82252	11774486

4-22 主要经济作物单位面积产量（1978-2009 年）
Output of Major Cash Crops Per Mu (1978-2009)

单位：公斤 / 亩 kg/mu

年份 Year	油料 Oil-bearing Crops	油菜籽 Rapeseeds	麻类 Fiber Crops	糖料 Sugar Crops	烟叶 Tobacco	烤烟 Flue-cured Tobacco	蔬菜 Vegetables
1978	55.7	56.3	30.1	1865.8	56.5		1694.9
1979	56.2	57.7	44.6	2470.2	46.2		1723.4
1980	66.2	69.3	71.5	2465.9	51.8		1954.6
1981	71.5	70.0	80.1	1947.7	78.2		1845.2
1982	90.6	93.7	104.4	2531.1	80.9		1917.1
1983	74.5	75.2	85.3	1992.2	67.3		1969.2
1984	73.9	69.8	141.2	2368.0	71.2		1884.0
1985	68.3	66.2	104.9	2322.4	78.0		1853.7
1986	75.8	73.5	48.9	2556.3	76.2		1760.2
1987	77.1	75.1	54.2	2497.9	71.9		1819.3
1988	69.3	66.1	67.3	2514.6	85.0		1792.3
1989	66.4	62.1	66.7	2247.2	54.7		1757.9
1990	72.3	70.1	70.0	2067.4	74.5		1811.4
1991	80.0	80.5	82.2	2496.5	92.3		1803.3
1992	77.9	79.5	83.6	1923.0	102.3		1798.4
1993	78.2	77.8	86.3	1953.9	91.5		1671.7
1994	73.5	75.3	94.4	1844.3	83.5		1681.6
1995	83.1	84.2	98.1	1904.9	88.2		1675.7
1996	77.7	78.0	101.3	1979.4	113.6	115.3	1651.8
1997	81.1	80.3	109.1	2510.2	110.4	108.4	1667.8
1998	87.0	85.2	94.6	2416.6	94.2	92.1	1632.9
1999	81.4	76.1	96.1	2413.6	99.7	96.7	1630.5
2000	91.5	87.0	91.4	2588.8	98.0	92.9	1580.4
2001	88.8	87.0	86.9	2709.1	96.7	88.5	1419.4
2002	98.9	99.1	118.0	2790.4	103.6	98.7	1444.4
2003	107.8	107.5	90.2	2673.7	100.2	97.8	1447.4
2004	114.0	118.9	89.9	2803.2	107.0	103.9	1475.3
2005	112.8	113.2	97.5	2739.5	116.7	115.0	1484.2
2006	103.0	117.0	75.1	2426.2	125.4	125.7	1277.5
2007	106.0	114.2	90.4	2596.4	109.5	97.0	1317.2
2008	110.6	117.8	98.7	2501.3	119.4	116.6	1316.4
2009	114.0	118.8	93.4	2512.6	126.7	124.9	1421.4

4-23 茶、桑、果生产情况（1978-2009 年）
Production of Tea, Silkworm Cocoons and Fruit (1978-2009)

单位：万吨、万亩 10 000 tons,10 000 mu

年份 Year	茶叶产量 Tea	蚕茧产量 Silkworm Cocoons	水果产量 Fruit	柑桔 Citrus	果园面积 Area of Orchards	柑桔园 Citrus	茶园面积 Area of Tea Plantations
1978	0.80	1.5	7.9	5.4	20.5	14.4	47.5
1979	0.90	2.1	10.2	7.2	23.0	16.0	47.7
1980	0.92	2.6	15.7	12.4	27.0	19.0	48.5
1981	1.19	2.6	15.2	10.5	29.2	21.4	50.1
1982	1.20	3.1	13.2	9.4	33.2	25.8	48.4
1983	1.38	3.1	21.3	17.3	34.2	27.0	47.7
1984	1.53	3.3	23.0	18.0	41.7	34.0	46.5
1985	1.62	3.3	24.7	19.9	48.7	39.6	47.5
1986	1.69	3.3	28.6	22.1	58.8	48.4	46.3
1987	1.83	3.6	29.6	23.9	63.0	49.9	47.3
1988	1.87	4.2	20.5	14.1	68.0	53.0	47.7
1989	1.86	4.2	37.2	29.7	71.6	56.0	46.4
1990	1.81	4.4	35.1	27.9	70.5	55.3	43.9
1991	1.83	4.8	40.8	31.1	79.7	65.1	44.8
1992	1.72	5.1	41.4	33.5	84.0	68.6	42.5
1993	1.95	5.5	56.9	42.7	91.3	71.2	44.8
1994	2.19	5.7	52.9	42.2	94.3	73.0	41.1
1995	1.75	2.7	59.3	45.2	99.1	76.8	38.6
1996	1.55	2.7	56.6	43.3	106.7	81.7	38.9
1997	1.50	2.8	60.7	45.7	113.0	84.4	36.9
1998	1.53	2.9	74.1	54.6	133.5	90.3	34.7
1999	1.44	2.4	71.7	52.7	135.3	90.0	34.7
2000	1.45	2.9	81.7	58.4	146.4	94.7	35.7
2001	1.41	3.2	82.6	59.9	166.9	103.2	34.8
2002	1.41	3.4	91.0	65.7	221.1	138.9	36.2
2003	1.42	2.8	105.8	75.2	247.1	144.4	35.1
2004	1.61	2.9	137.2	80.0	247.1	147.1	36.0
2005	1.65	3.1	154.6	90.9	268.9	163.4	38.7
2006	1.71	2.7	145.7	84.7	284.0	164.9	40.3
2007	1.89	2.9	175.9	104.4	309.3	170.8	41.2
2008	2.17	2.4	193.28	113.7	325.1	180.4	42.7
2009	2.26	1.9	212.87	126.3	346.3	189.5	44.9

4-24 畜禽存栏情况（1978-2009 年）
Production Condition of Livestock and Fowl in Stock (1978-2009)

单位：万头、万只　　10 000 heads

年份 Year	大牲畜年末存栏头数 Large Animals (year-end)	牛 Cattle and Buffaloes	生猪 Hogs	能繁殖母猪 sow	羊 Sheep and Goats	家禽 Poultry	兔 Rabbits
1978	142.1	141.6	915.0		108.4	1212.1	171.9
1979	146.0	145.4	1088.8		115.5	1296.9	200.9
1980	141.8	141.2	1165.0		105.9	1421.4	137.8
1981	139.3	138.8	1160.4		99.4	1422.4	109.2
1982	136.7	136.0	1231.2		92.6	1493.5	114.0
1983	133.0	131.9	1275.5		78.0	1774.3	115.7
1984	131.0	129.7	1327.8		67.8	1866.6	157.1
1985	128.9	127.6	1353.0		57.6	1952.4	406.4
1986	129.4	128.1	1377.4		56.4	2069.6	385.3
1987	128.2	127.0	1418.7		62.6	2193.8	293.1
1988	128.4	127.1	1448.5		67.4	2226.7	243.3
1989	127.9	126.6	1471.7		71.2	2333.6	249.2
1990	129.2	127.6	1429.1		70.8	2370.9	242.2
1991	129.8	128.2	1440.6		70.2	2631.7	306.5
1992	130.8	128.8	1444.2		71.3	2842.2	409.9
1993	130.5	129.2	1439.0		75.4	2887.7	452.1
1994	132.5	132.4	1476.0		86.4	3404.6	433.6
1995	136.6	135.7	1489.6		104.0	3499.9	404.8
1996	140.4	137.9	1477.1	124.7	114.2	3912.9	454.6
1997	144.0	141.0	1475.3	131.5	131.3	4652.5	501.6
1998	152.5	149.2	1493.0	128.4	129.6	4657.1	587.8
1999	163.9	160.6	1512.2	123.2	149.6	4936.5	609.2
2000	167.5	164.1	1509.9	117.8	160.6	5171.4	675.5
2001	168.6	165.0	1533.6	120.7	177.2	5391.9	726.9
2002	170.5	166.8	1548.9	128.0	228.7	6328.0	746.0
2003	172.6	169.3	1583.0	131.6	233.2	7813.4	949.9
2004	173.6	170.1	1640.7	141.6	365.1	10560.4	995.5
2005	174.5	170.7	1708.8	140.6	378.3	10653.3	1030.4
2006	97.5	94.0	1377.4	128.8	121.9	8218.8	1059.7
2007	98.1	94.4	1422.9	145.5	121.3	9230.5	1073.0
2008	107.4	103.6	1566.5	153.5	129.5	9966.9	937.6
2009	122.9	119.4	1604.1	154.5	142.3	10813.3	1054.8

注：本表除兔存栏以外，其余数据从 2006 年始根据农普数据衔接。
Note:.Data except for rabbits after 2006 are adjusted according to the Second National Agricultural Census.

4-25 畜禽出栏情况（1978-2009 年）
Production Condition of Livestock and Fowl out Stock (1978-2009)

单位：万头、万只 10 000 heads

年份 Year	牛 Cattle and Buffaloes	生猪 Hogs	羊 Sheep and Goats	家禽 Poultry	兔 Rabbits
1978	6.5	531.6	54.4	1124.3	86.6
1979	6.6	716.7	66.6	1214.3	108.8
1980	7.6	797.6	87.3	1347.9	80.2
1981	8.6	868.4	79.9	1369.4	76.0
1982	7.8	894.4	80.0	1437.9	89.9
1983	7.8	972.3	68.3	1619.1	93.1
1984	7.4	1036.4	54.4	1732.4	104.9
1985	6.1	1140.1	54.0	1966.3	213.7
1986	6.8	1190.2	41.0	2512.9	328.8
1987	7.6	1243.8	37.4	2540.6	407.9
1988	8.3	1345.8	41.5	2794.6	332.1
1989	9.5	1375.4	44.8	3074.1	307.7
1990	10.6	1375.8	46.4	3197.0	352.2
1991	12.5	1429.4	51.5	3603.1	356.7
1992	14.2	1469.5	53.3	4129.1	399.5
1993	17.0	1493.0	56.7	4496.6	428.3
1994	20.9	1555.7	63.9	6062.5	469.9
1995	24.3	1610.1	79.9	6232.3	494.7
1996	27.7	1637.5	97.8	7167.1	523.7
1997	31.6	1699.7	113.7	8557.5	566.3
1998	32.2	1720.1	13.0	8968.3	587.0
1999	36.3	1703.2	151.3	9452.3	646.[illegible]
2000	38.5	1725.0	167.9	10209.1	716.3
2001	41.3	1746.9	182.6	10821.9	767.6
2002	43.9	1781.7	209.0	11492.1	869.0
2003	48.9	1828.5	235.9	12731.6	1057.7
2004	51.8	1909.3	284.5	13737.4	1220.9
2005	53.8	2006.4	306.2	15087.6	1575.5
2006	34.8	1732.7	127.3	12328.2	1769.3
2007	36.5	1783.2	131.5	12997.5	1992.9
2008	41.0	1898.7	149.6	16363.7	2170.3
2009	46.9	2003.1	166.6	17918.3	2559.6

注：本表 2006 年始数据是农普衔接数。

Note:Data after 2006 are adjusted according to the Second National Agricultural Census.

4-26 畜禽产品产量（1978-2009 年）
Output of Livestock and Fowl Products (1978-2009)

单位：万吨 10 000 tons

年份 Year	肉类总产量 Output of Meat	其中:					禽蛋产量 Poultry Eggs	牛奶产量 Cow Milk
		猪肉 Pork	牛肉 Beef	羊肉 Mutton	禽肉 Meat of Poultry	兔肉 Meat of Rabbit		
1978	40.51	37.38	0.72	0.61	1.70	0.10	4.46	1.59
1979	53.83	50.38	0.73	0.75	1.83	0.13	4.98	1.66
1980	59.89	55.92	0.85	0.98	2.03	0.10	5.51	1.73
1981	64.93	60.90	0.96	0.90	2.06	0.10	5.97	1.96
1982	66.91	62.73	0.87	0.90	2.17	0.11	6.69	2.22
1983	72.53	68.19	0.87	0.77	2.46	0.12	7.57	2.40
1984	77.04	72.69	0.82	0.61	2.63	0.14	8.31	2.62
1985	84.45	79.95	0.68	0.61	2.77	0.26	8.77	2.97
1986	88.56	83.15	0.75	0.46	3.53	0.46	9.44	3.27
1987	92.76	86.89	0.85	0.42	3.57	0.53	9.98	3.65
1988	99.85	94.02	0.92	0.47	3.93	0.44	10.17	3.91
1989	102.41	96.09	1.06	0.50	4.32	0.39	11.24	4.03
1990	102.92	96.12	1.18	0.52	4.49	0.46	12.01	4.63
1991	107.45	99.87	1.39	0.58	5.06	0.46	12.94	5.20
1992	111.47	102.66	1.58	0.60	5.80	0.52	14.61	5.66
1993	113.73	104.30	1.90	0.64	6.32	0.57	15.71	5.49
1994	121.61	108.48	2.33	0.72	8.52	0.57	17.32	4.85
1995	127.22	112.27	2.70	0.90	8.76	0.59	19.18	3.92
1996	133.22	114.18	3.08	1.10	10.07	0.61	20.85	4.03
1997	141.86	119.66	3.54	1.29	11.98	0.73	23.50	4.51
1998	140.00	121.61	3.50	1.52	12.56	0.79	24.46	4.66
1999	140.50	120.61	3.97	1.80	13.23	0.87	26.29	4.66
2000	143.91	122.45	4.40	1.88	14.19	0.95	27.89	5.60
2001	147.88	124.87	4.73	2.05	15.15	1.02	29.79	6.78
2002	152.40	127.48	5.03	2.37	16.09	1.26	31.58	8.06
2003	159.51	131.82	5.30	2.75	17.92	1.52	35.36	9.06
2004	167.01	136.43	5.91	3.39	19.36	1.68	36.55	8.51
2005	178.39	144.46	6.32	3.69	21.44	2.19	39.15	8.61
2006	151.50	124.80	3.90	1.50	18.70	2.34	30.30	8.35
2007	159.30	130.30	4.20	1.60	20.10	2.79	32.30	8.61
2008	177.59	140.65	5.19	1.94	26.12	3.05	33.11	7.78
2009	187.72	146.52	5.93	2.06	28.54	3.90	35.97	7.94

注：本表 2006 年始数据是农普衔接数。

Note:Data after 2006 in this table are adjusted according to the Second National Agricultural Census.

4-27 水产品养殖面积与产量（1978-2009 年）
Aquatic Culture Area and Products (1978-2009)

单位：万亩、万吨 | 10 000 mu,10 000 tons

年份 Year	水产品养殖面积 Culture Area				水产品产量 Aquatic Products		
	合计 Total	池塘 Ponds	水库 Reservoirs	河沟 Brooks	合计 Total	养殖产量 Cultured Output	捕捞产量 Halieutics Output
1978	51.45	20.97	24.33	0.47	1.44	1.25	0.18
1979	52.44	20.96	25.29	0.66	1.59	1.43	0.16
1980	56.16	21.56	25.75	0.83	1.77	1.57	0.20
1981	56.67	20.45	25.68	0.84	1.98	1.74	0.24
1982	60.29	23.00	26.15	0.66	2.42	2.13	0.29
1983	64.77	25.75	25.39	1.07	2.98	2.68	0.30
1984	69.01	27.40	25.95	1.37	3.52	3.15	0.35
1985	85.00	30.39	39.29	1.35	4.28	3.88	0.40
1986	86.81	32.40	26.78	1.42	4.78	4.37	0.41
1987	85.22	32.45	27.16	1.36	5.19	4.71	0.48
1988	88.99	32.28	27.10	1.48	5.84	5.29	0.55
1989	94.17	33.86	27.61	1.73	6.57	5.99	0.58
1990	94.52	34.38	27.63	1.75	6.55	5.94	0.61
1991	100.21	33.34	27.28	1.86	7.18	6.53	0.65
1992	100.44	34.42	28.26	1.82	7.45	6.79	0.66
1993	107.55	36.36	26.54	2.01	8.92	8.20	0.73
1994	105.92	38.28	26.93	1.99	10.35	9.37	0.72
1995	140.26	49.15	30.32	2.42	12.13	11.01	0.86
1996	153.40	52.41	31.96	2.81	14.07	12.91	0.90
1997	143.22	53.17	34.31	2.70	16.07	14.99	1.06
1998	80.76	43.85	32.42	3.12	17.86	16.37	1.49
1999	82.13	44.91	32.45	3.21	19.13	17.85	1.28
2000	84.75	44.45	35.90	3.29	20.03	18.75	1.28
2001	102.59	45.18	32.37	21.77	19.70	18.44	1.26
2002	103.82	46.07	32.37	21.89	21.16	19.93	1.23
2003	102.84	47.54	34.82	18.20	22.49	21.27	1.22
2004	103.32	48.59	34.71	18.18	23.93	22.63	1.29
2005	104.52	49.25	35.24	18.21	25.06	23.76	1.30
2006	52.29	27.45	24.60	0.15	16.40	15.50	0.90
2007	55.71	29.33	24.86	0.78	18.52	17.54	0.98
2008	49.39	26.95	16.22	0.53	19.06	18.07	0.99
2009	79.29	43.01	24.47	3.07	20.39	19.40	0.99

4-28 主要农副产品产量（1978-2009 年）
Output of Major Agricultural and Subsidiary Products (1978-2009)

单位：吨　　　　ton

年份 Year	粮食 Grain	稻谷 Rice	蔬菜 Vegetables	油料 Oil-bearing Crops	水果 Fruits	肉类 Meat	猪肉 Pork	禽肉 Poultry Meat	水产品 Aquatic Products	禽蛋 Poultry Eggs	牛奶 Cow Milk
1978	8147124	3450743	2439529	77118	79148	405098	373754	16954	14362	44594	15891
1979	8717105	3412959	2344061	91314	102035	538257	503821	18310	15877	49793	16560
1980	8354304	3415928	2298578	115738	156943	598882	559241	20324	17734	55073	17277
1981	8338562	3874043	2922414	159868	151724	649250	609013	20649	19841	59737	19566
1982	9740178	4097533	3387654	220378	131617	669122	627283	21681	24233	66874	22214
1983	9933024	4552317	3376951	145813	212635	725299	681857	24615	29773	75669	24025
1984	10433598	5003031	3586734	145217	230047	770366	726860	26338	35152	83086	26156
1985	9439734	4617324	3908601	181214	247034	844483	799546	27655	42838	87735	29677
1986	10049167	4934142	4219393	209114	286134	885631	831528	35343	47805	94402	32665
1987	10045128	4995618	4390009	208934	295728	927631	868947	35732	51854	99787	36474
1988	9580177	5030015	4609285	192527	205033	998541	940201	39305	58419	101708	39126
1989	10448847	5418132	4693117	187824	371924	1024092	960885	43196	65707	112361	40308
1990	10850650	5504018	4996119	220215	350842	1029216	961173	44924	65482	120098	46293
1991	11152754	5359013	5330009	269213	407533	1074536	998659	50629	71813	129412	51988
1992	10502382	5090735	5413806	251814	413834	1114681	1026621	58021	74459	146138	56579
1993	10527245	4799036	5582304	217034	568527	1137296	1043047	63185	89227	157056	54880
1994	11340991	5231338	5698265	192613	528743	1216106	1084769	85173	103492	173154	48514
1995	11536828	5326334	5939064	251217	592936	1272212	1122736	87558	121289	191837	39153
1996	11721384	5426385	6370253	236044	566177	1332212	1141823	100692	140656	208460	40297
1997	11346286	5524370	6684420	233414	607242	1418622	1196634	119824	160692	234996	45129
1998	11553604	5193805	7113007	251129	740977	1399958	1216096	125576	178607	244581	46587
1999	11430451	5330086	7371081	240859	717046	1405025	1206142	132269	191313	262866	46614
2000	11312145	5254279	7754156	310559	816841	1439102	1224544	141906	200345	278919	55989
2001	10353518	4664508	7799590	299617	826121	1478788	1248734	151498	196967	297922	67791
2002	10821456	4844176	8083098	350444	1134114	1523969	1274843	160891	211568	315797	80592
2003	10872037	4942970	8401712	382742	1285880	1595097	1318198	179242	224893	353554	90608
2004	11445661	5095471	8635651	417501	1372247	1670064	1364335	193581	239255	365516	85143
2005	11681864	5214283	8904721	427121	1546266	1783896	1444599	214393	250568	391482	86076
2006	8084000	3449000	7998819	289431	1457446	1515000	1248000	187000	164046	303000	83456
2007	10880000	4915900	8553338	306773	1758938	1593000	1303000	201000	185260	323000	86095
2008	11532076	5293898	9945191	357605	1932800	1775876	1406538	261209	190600	331076	77842
2009	11372000	5112954	11774486	405388	2128709	1877226	1465247	285368	203900	359661	79422

注：本表 2006 年始畜牧业数据根据农普数据衔接。
Note:Data of animal husbandry after 2006 in this table are adjusted according to the Second National Agricultural Census.

4-29 主要农副产品年增长率（1978-2009 年）
Yearly Growth Rate of Major Agricultural and Subsidiary Products (1978-2009)

单位：上年 =100　　　　preceding year=100

年份 Year	粮食 Grain	稻谷 Rice	蔬菜 Vegetables	油料 Oil-bearing Crops	水果 Fruits	肉类 Meat	猪肉 Pork	禽肉 Poultry Meat	水产品 Aquatic Products	禽蛋 Poultry Eggs	牛奶 Cow Milk
1978	100.00	100.00	100.00	100.00	100.00	100.00	100.00	100.00	100.00	100.00	100.00
1979	107.00	98.91	96.09	118.41	128.92	132.87	134.80	108.00	110.55	11[illegible].66	104.21
1980	95.84	100.09	98.06	126.75	153.81	111.26	111.00	111.00	111.70	110.60	104.33
1981	105.80	113.41	127.14	138.13	96.67	108.41	108.90	101.60	111.88	10[illegible].47	113.25
1982	110.20	105.77	115.92	137.85	86.75	103.06	103.00	105.00	122.14	11[illegible].95	113.53
1983	102.49	111.10	99.68	66.16	161.56	108.40	108.70	113.53	122.86	11[illegible].15	108.15
1984	105.01	109.90	106.21	99.59	108.19	106.21	106.60	107.00	118.07	109.80	108.87
1985	90.52	92.29	108.97	124.79	107.38	109.62	110.00	105.00	121.87	105.60	113.46
1986	105.90	106.86	107.95	115.40	115.83	104.87	104.00	127.80	111.59	107.60	110.07
1987	99.96	101.25	104.04	99.91	103.35	104.74	104.50	101.10	108.47	105.70	111.66
1988	95.37	100.69	104.99	92.15	69.33	107.64	108.20	110.00	112.66	101.93	107.27
1989	109.07	107.72	101.82	97.56	181.40	102.56	102.20	109.90	112.48	110.47	103.02
1990	103.85	101.59	106.46	117.25	94.33	100.50	100.03	104.00	99.66	106.39	114.85
1991	102.78	97.37	106.68	122.25	116.16	104.40	103.90	112.70	109.67	107.76	112.30
1992	94.17	94.99	101.57	93.54	101.55	103.74	102.80	114.60	103.68	112.92	108.83
1993	100.24	94.27	103.11	86.19	137.38	102.03	101.60	108.90	119.83	107.47	97.00
1994	107.73	109.01	102.08	88.75	93.00	106.93	104.00	134.80	115.99	110.25	88.40
1995	101.73	101.82	104.23	130.43	112.14	104.61	103.50	102.80	117.20	110.79	80.70
1996	101.60	101.88	107.26	93.96	95.49	104.72	101.70	115.00	115.97	108.[illegible]7	102.92
1997	101.07	101.81	104.93	98.89	107.25	106.49	104.80	119.00	114.24	112.73	111.99
1998	97.53	94.02	106.41	107.59	122.02	98.68	101.63	104.80	111.15	104.[illegible]8	103.23
1999	98.93	102.62	103.63	95.91	96.77	100.36	99.18	105.33	107.11	107.[illegible]8	100.06
2000	98.96	98.58	105.20	128.94	113.92	102.43	101.53	107.29	104.72	106.11	120.11
2001	91.53	88.78	100.59	96.48	101.14	102.76	101.98	106.76	98.31	106.[illegible]1	121.08
2002	104.52	103.85	103.63	116.96	137.28	103.06	102.09	106.20	107.41	106.[illegible]0	118.88
2003	100.47	102.04	103.94	109.22	113.38	104.67	103.40	111.41	106.30	111.[illegible]6	112.43
2004	105.28	103.09	102.78	109.08	106.72	104.70	103.50	108.00	106.39	103.[illegible]8	93.97
2005	102.06	102.33	103.12	102.30	112.68	106.82	105.88	110.75	104.73	107.[illegible]	101.10
2006	69.20	66.15	89.83	67.76	94.26	84.93	86.39	87.22	65.47	77.40	96.96
2007	134.59	142.53	106.93	105.99	120.69	105.15	104.41	107.49	112.93	106.[illegible]	103.16
2008	105.99	107.69	116.27	116.57	109.88	111.48	107.95	129.95	102.88	102.[illegible]	90.41
2009	98.61	96.58	118.39	113.36	110.14	105.71	104.17	109.25	106.98	108.[illegible]3	102.03

4-30 主要农副产品人均占有量（1978-2009 年）
Per Capita Major Agricultural and Subsidiary Products (1978-2009)

单位：公斤　　kg

年份 Year	粮食 Grain	稻谷 Rice	蔬菜 Vegetables	油料 Oil-bearing Crops	水果 Fruits	肉类 Meat	猪肉 Pork	禽肉 Poultry Meat	水产品 Aquatic Products	禽蛋 Poultry Eggs	牛奶 Cow Milk
1978	309.1	130.9	92.6	2.9	3.0	15.4	14.2	0.6	0.5	1.7	0.6
1980	313.5	128.2	86.3	4.3	5.9	22.5	21.0	0.8	0.7	2.1	0.6
1985	342.8	166.8	141.2	6.5	8.9	30.5	28.9	1.0	1.5	3.2	1.1
1986	357.9	175.7	150.3	7.4	10.2	31.5	29.6	1.3	1.7	3.4	1.2
1987	353.1	175.6	154.3	7.3	10.4	32.6	30.5	1.3	1.8	3.5	1.3
1988	333.4	175.1	160.4	6.7	7.1	34.8	32.7	1.4	2.0	3.5	1.4
1989	360.7	187.0	162.0	6.5	12.8	35.3	33.2	1.5	2.3	3.9	1.4
1990	371.5	188.4	171.0	7.5	12.0	35.2	32.9	1.5	2.2	4.1	1.6
1991	379.5	182.3	181.4	9.2	13.9	36.6	34.0	1.7	2.4	4.4	1.8
1992	355.9	172.5	183.5	8.5	14.0	37.8	34.8	2.0	2.5	5.0	1.9
1993	355.1	161.9	188.3	7.3	19.2	38.4	35.2	2.1	3.0	5.3	1.9
1994	379.9	175.2	190.9	6.5	17.7	40.7	36.3	2.9	3.5	5.8	1.6
1995	384.3	177.4	197.9	8.4	19.8	42.4	37.4	2.9	4.0	6.4	1.3
1996	387.8	179.5	210.7	7.8	18.7	44.1	37.8	3.3	4.7	6.9	1.3
1997	389.3	181.5	219.7	7.7	20.0	46.6	39.3	3.9	5.3	7.7	1.5
1998	377.6	169.7	232.5	8.2	24.2	45.8	39.7	4.1	5.8	8.0	1.5
1999	372.0	173.5	239.9	7.8	23.3	45.7	39.3	4.3	6.2	8.6	1.5
2000	366.0	170.0	250.9	10.0	26.4	46.6	39.6	4.6	6.5	9.0	1.8
2001	334.2	150.6	251.8	9.7	26.7	47.7	40.3	4.9	6.4	9.6	2.2
2002	347.5	155.6	259.6	11.3	36.4	48.9	40.9	5.2	6.8	10.1	2.6
2003	347.3	157.9	268.4	12.2	41.1	51.0	42.1	5.7	7.2	11.3	2.9
2004	364.0	162.1	274.7	13.3	43.6	53.1	43.4	6.2	7.6	11.6	2.7
2005	368.6	164.5	281.0	13.5	48.8	56.3	45.6	6.8	7.9	12.4	2.7
2006	252.7	107.8	250.1	9.0	45.6	47.4	39.0	5.8	5.1	9.5	2.6
2007	336.3	151.9	264.4	9.5	54.4	49.2	40.3	6.2	5.7	10.0	2.7
2008	354.1	162.5	305.3	11.0	59.3	54.5	43.2	8.0	5.8	10.2	2.4
2009	347.2	156.1	359.5	12.4	65.0	57.3	44.7	8.7	6.2	11.0	2.4

注：1. 本表人均产量按户籍人口计算。2.2006 年始粮食、油料、肉类、水产品、禽蛋采用农普衔接数计算。
Note:1.Per capita output in this table are calculated by the household population.2.Data of grain,oil-bearing crops,meat,aquatic products and poultry eggs after 2006 are adjusted according to the Second National Agricultural Census.

4-31 各区县基层组织及人口（2008 年）
Primary-level Organizations and Population by Region of Chongqing (2008)

地 区	Region	乡镇个数（个）Number of Township and Town Governments (unit)	行政村个数（个）Number of Villagers' Committees (unit)	乡村人口（万人）Rural Population (10 000 persons)	乡村从业人员（万人）Rural Employees (10 000persons)	#第一产业 Primary Industry
重庆市	**Chongqing**	**872**	**8964**	**2405.64**	**1379.90**	**676.10**
一小时经济圈	**One Hour Economic Sphere**	**346**	**3985**	**1172.45**	**697.81**	**321.95**
渝中区	Yuzhong District					
大渡口区	Dadukou District	3	32	4.62	2.92	1.09
江北区	Jiangbei District	3	51	6.85	4.67	2.27
沙坪坝区	Shapingba District	12	87	18.42	10.92	3.69
九龙坡区	Jiulongpo District	11	105	20.78	12.73	5.16
南岸区	Nan'an District	8	67	21.96	6.57	2.67
北碚区	Beibei District	12	119	32.92	21.03	8.49
渝北区	Yubei District	12	234	51.98	33.56	18.77
巴南区	Banan District	19	200	57.71	34.83	14.93
万盛区	Wansheng District	8	57	13.91	8.67	4.20
双桥区	Shuangqiao District	2	13	2.09	1.19	0.63
涪陵区	Fuling District	25	340	82.29	53.13	23.85
长寿区	Changshou District	16	226	67.57	41.43	16.12
江津区	Jiangjin District	22	189	123.23	74.49	29.63
合川区	Hechuan District	27	516	119.95	74.19	37.93
永川区	Yongchuan District	22	208	76.75	39.40	15.86
南川区	Nanchuan District	31	192	57.92	33.57	14.41
綦江县	Qijiang County	20	314	78.42	41.80	18.90
潼南县	Tongnan County	20	281	81.75	47.22	29.90
铜梁县	Tongliang County	25	269	66.80	40.27	15.91
大足县	Dazu County	22	242	75.68	41.58	26.52
荣昌县	Rongchang County	15	92	64.51	41.17	18.57
璧山县	Bishan County	11	151	46.35	32.48	12.40
渝东北翼	**Northeast of Chongqing**	**334**	**3632**	**914.79**	**488.82**	**233.43**
万州区	Wanzhou District	41	448	129.16	74.49	35.54
梁平县	Liangping County	32	315	79.25	46.85	23.17
城口县	Chengkou County	23	188	21.20	11.27	5.45
丰都县	Fengdu County	29	285	68.45	39.53	23.16
垫江县	Dianjiang County	25	253	96.18	48.05	24.61
忠县	Zhongxian County	27	321	80.45	44.52	18.46
开县	Kaixian County	34	440	139.60	75.01	31.92
云阳县	Yunyang County	40	437	109.32	55.18	25.17
奉节县	Fengjie County	29	332	92.85	41.93	21.62
巫山县	Wushan County	25	315	51.09	27.28	13.80
巫溪县	Wuxi County	29	298	47.22	24.71	10.51
渝东南翼	**Southeast of Chongqing**	**192**	**1347**	**318.40**	**193.27**	**120.72**
黔江区	Qianjiang District	27	166	47.75	28.32	19.81
武隆县	Wulong County	26	187	37.79	22.11	11.92
石柱县	Shizhu County	31	213	44.43	28.20	20.16
秀山县	Xiushan County	32	237	57.86	35.49	20.48
酉阳县	Youyang County	38	270	71.37	44.17	29.92
彭水县	Pengshui County	38	274	59.20	34.97	18.42

4-31 各区县基层组织及人口(2009年)
Primary-level Organizations and Population by Region of Chongqing (2009)

续表 continued

地 区	Region	乡镇个数(个) Number of Township and Town Governments (unit)	行政村个数(个) Number of Villagers' Committees (unit)	乡村人口(万人) Rural Population (10000 persons)	乡村从业人员(万人) Rural Employees (10000 persons)	#第一产业 Primary Industry
重庆市	**Chongqing**	**862**	**8743**	**2400.85**	**1379.94**	**649.69**
一小时经济圈	**One Hour Economic Sphere**	**339**	**3789**	**1169.08**	**696.56**	**305.56**
渝中区	Yuzhong District					
大渡口区	Dadukou District	3	32	4.28	2.73	1.03
江北区	Jiangbei District	3	51	6.74	4.65	2.03
沙坪坝区	Shapingba District	11	87	17.32	10.21	3.38
九龙坡区	Jiulongpo District	11	102	20.81	12.53	4.93
南岸区	Nan'an District	8	63	23.67	6.51	2.54
北碚区	Beibei District	12	119	32.32	21.12	8.02
渝北区	Yubei District	12	234	51.31	33.28	17.64
巴南区	Banan District	14	198	57.12	35.25	14.46
万盛区	Wansheng District	8	57	13.78	8.61	3.86
双桥区	Shuangqiao District	2	13	2.04	1.18	0.60
涪陵区	Fuling District	25	338	83.47	52.79	23.68
长寿区	Changshou District	14	226	67.76	41.76	16.00
江津区	Jiangjin District	22	185	121.32	73.10	28.57
合川区	Hechuan District	27	331	119.56	74.54	36.10
永川区	Yongchuan District	23	212	76.43	38.73	13.63
南川区	Nanchuan District	31	192	58.45	33.63	14.01
綦江县	Qijiang County	20	314	78.03	42.57	18.55
潼南县	Tongnan County	20	281	81.93	48.21	24.54
铜梁县	Tongliang County	25	269	66.98	40.16	15.14
大足县	Dazu County	22	242	74.38	40.86	26.03
荣昌县	Rongchang County	15	92	64.26	41.39	18.58
璧山县	Bishan County	11	151	47.09	32.78	12.26
渝东北翼	**Northeast of Chongqing**	**333**	**3618**	**910.44**	**489.30**	**225.16**
万州区	Wanzhou District	41	448	129.08	73.76	34.76
梁平县	Liangping County	32	315	78.58	46.74	22.17
城口县	Chengkou County	23	188	22.41	11.29	5.36
丰都县	Fengdu County	29	280	67.96	38.47	20.75
垫江县	Dianjiang County	25	253	94.22	49.27	24.59
忠县	Zhongxian County	27	321	80.25	44.44	18.12
开县	Kaixian County	34	440	139.94	76.50	31.20
云阳县	Yunyang County	40	433	106.62	54.02	24.18
奉节县	Fengjie County	29	332	92.56	41.77	18.19
巫山县	Wushan County	24	310	52.02	28.29	13.86
巫溪县	Wuxi County	29	298	46.79	24.75	11.99
渝东南翼	**Southeast of Chongqing**	**190**	**1336**	**321.34**	**194.08**	**118.97**
黔江区	Qianjiang District	24	156	48.52	28.38	18.40
武隆县	Wulong County	26	187	38.03	22.61	11.90
石柱县	Shizhu County	31	214	44.19	28.05	20.05
秀山县	Xiushan County	32	235	58.13	35.67	20.57
酉阳县	Youyang County	39	270	72.80	44.68	30.13
彭水县	Pengshui County	38	274	59.67	34.69	17.91

4-32 各区县主要农副产品产量(2008年)
Output of Major Agricultural and Subsidiary Products by Region of Chongqing (2008)

单位：吨 tons

地区	Region	粮食 Grain	稻谷 Rice	蔬菜 Vegetables	油料 Oil-bearing Crops	水果 Fruits	肉类 Meat	猪肉 Pork
重庆市	**Chongqing**	**11532076**	**5293898**	**9945191**	**357605**	**1932778**	**1775[illegible]6**	**1406538**
一小时经济圈	**One Hour Economic Sphere**	**5934546**	**3255904**	**6372297**	**142267**	**852404**	**937[illegible]4**	**700748**
渝中区	Yuzhong District							
大渡口区	Dadukou District	1576	456	98180	0	640	27[illegible]0	2507
江北区	Jiangbei District	13970	6917	25418	111	4614	33[illegible]0	2434
沙坪坝区	Shapingba District	27924	16077	137815	49	4653	42[illegible]3	2433
九龙坡区	Jiulongpo District	35512	23768	134026	510	14897	81[illegible]2	5926
南岸区	Nan'an District	14210	6412	79936	0	4114	31[illegible]9	2792
北碚区	Beibei District	95715	45194	158111	988	13472	116[illegible]0	9383
渝北区	Yubei District	231583	93379	360372	4547	51257	339[illegible]8	25597
巴南区	Banan District	377963	199718	455021	2295	40316	555[illegible]2	46129
万盛区	Wansheng District	52657	24043	137240	1303	3714	69[illegible]2	5904
双桥区	Shuangqiao District	6490	4337	3900	155	729	7[illegible]1	670
涪陵区	Fuling District	435303	209957	613518	5557	89805	623[illegible]0	51278
长寿区	Changshou District	370505	199471	218912	7095	95354	581[illegible]1	46295
江津区	Jiangjin District	661370	387528	508283	7846	136520	788[illegible]3	64252
合川区	Hechuan District	711151	337138	462786	11549	32178	857[illegible]3	75091
永川区	Yongchuan District	493708	335041	435000	14085	102297	1156[illegible]5	67565
南川区	Nanchuan District	344859	202130	250309	14759	41949	533[illegible]5	43789
綦江县	Qijiang County	388858	177722	401143	6868	24212	560[illegible]5	47922
潼南县	Tongnan County	394890	201639	695500	24088	45845	494[illegible]8	45380
铜梁县	Tongliang County	355519	223295	304764	4892	25549	805[illegible]	43589
大足县	Dazu County	443097	255146	219799	17940	26470	529[illegible]	43698
荣昌县	Rongchang County	297350	183950	334282	15592	23108	615[illegible]	48782
璧山县	Bishan County	180336	122586	337982	2038	70711	524[illegible]4	19332
渝东北翼	**Northeast of Chongqing**	**3964574**	**1497112**	**2555748**	**135772**	**959652**	**5861[illegible]**	**495323**
万州区	Wanzhou District	514830	245184	599975	13299	171054	681[illegible]	60114
梁平县	Liangping County	372110	217265	325231	8763	63299	5421[illegible]	43225
城口县	Chengkou County	89500	7668	30276	2122	1754	189[illegible]	14715
丰都县	Fengdu County	337836	138133	184806	13550	21864	4903[illegible]	32610
垫江县	Dianjiang County	380524	195853	221477	11922	46318	5881[illegible]	52017
忠县	Zhongxian County	410481	219638	172301	22507	122448	5116[illegible]	43564
开县	Kaixian County	579413	204956	268518	20349	213507	8707[illegible]	72388
云阳县	Yunyang County	429288	140500	277975	12150	81652	6490[illegible]	55490
奉节县	Fengjie County	435269	79926	182934	15565	203997	6098[illegible]	55255
巫山县	Wushan County	222152	29876	152605	8425	28317	3208[illegible]	29372
巫溪县	Wuxi County	193171	18113	139650	7120	5442	4072[illegible]	36573
渝东南翼	**Southeast of Chongqing**	**1632956**	**540882**	**1017146**	**79566**	**120722**	**25207[illegible]**	**210467**
黔江区	Qianjiang District	244028	72943	123900	10911	33558	5008[illegible]	45041
武隆县	Wulong County	165400	44980	163368	4386	16183	3581[illegible]	26303
石柱县	Shizhu County	258499	97586	187678	9038	10942	3124[illegible]	24350
秀山县	Xiushan County	312249	137388	188270	23002	44089	3545[illegible]	31584
酉阳县	Youyang County	362304	121884	143376	17638	11284	5475[illegible]	45209
彭水县	Pengshui County	290476	66101	210554	14591	4666	4472[illegible]	37980

4-32 各区县主要农副产品产量(2009 年)
Output of Major Agricultural and Subsidiary Products by Region of Chongqing (2009)

续表 (continued) 单位：吨 tons

地 区	Region	粮食 Grain	稻谷 Rice	蔬菜 Vegetables	油料 Oil-bearing Crops	水果 Fruits	肉类 Meat	猪肉 Pork	水产品 Aquatic Products
重庆市	**Chongqing**	**11372000**	**5112954**	**11774486**	**405388**	**2128709**	**1877226**	**1465247**	**203900**
一小时经济圈	**One Hour Economic Sphere**	**5800476**	**3131094**	**7795269**	**160142**	**942769**	**980600**	**723380**	**151539**
渝中区	Yuzhong District								
大渡口区	Dadukou District	472	472	70800	0	698	2814	2510	856
江北区	Jiangbei District	15169	6991	21722	92	4382	3535	2510	812
沙坪坝区	Shapingba District	28627	15351	131310	66	4553	4829	2620	3571
九龙坡区	Jiulongpo District	36894	23408	128747	720	15131	8784	6258	3907
南岸区	Nan'an District	12619	5332	70068	0	5547	3143	2701	2076
北碚区	Beibei District	94288	43027	165863	1216	14510	11947	9631	3557
渝北区	Yubei District	227085	90938	394132	2492	68337	37939	26061	5069
巴南区	Banan District	366053	186117	456050	1746	41099	56564	46754	10555
万盛区	Wansheng District	52932	23183	138113	1052	3571	7411	6232	1412
双桥区	Shuangqiao District	6843	4530	3604	149	693	753	674	307
涪陵区	Fuling District	429233	203046	1419069	5425	93970	66677	54732	12335
长寿区	Changshou District	360530	184774	227090	7527	112444	60524	47655	14833
江津区	Jiangjin District	650024	369154	564410	10029	151974	84764	67459	12606
合川区	Hechuan District	704047	334082	497257	14344	45065	90034	77253	14849
永川区	Yongchuan District	490000	336257	445000	14608	112944	106716	68580	14145
南川区	Nanchuan District	338948	197845	284365	16483	43150	57671	45428	4799
綦江县	Qijiang County	377176	163870	435758	6673	23016	58003	48982	5980
潼南县	Tongnan County	372659	194792	988600	28886	46689	52361	47567	7509
铜梁县	Tongliang County	355199	223363	357107	8043	27379	83569	44767	9225
大足县	Dazu County	418501	237400	248600	20945	28250	54719	44846	8309
荣昌县	Rongchang County	288064	171148	347231	16859	25145	63933	50150	5674
璧山县	Bishan County	175113	116014	400373	2787	74222	63910	20010	9153
渝东北翼	**Northeast of Chongqing**	**3936719**	**1452444**	**2776837**	**155912**	**1062628**	**629125**	**518632**	**46335**
万州区	Wanzhou District	510011	235397	695770	13933	194544	71802	61997	13160
梁平县	Liangping County	373978	213495	346623	12814	65486	59459	45760	4493
城口县	Chengkou County	92757	7940	32395	2646	2142	21100	15842	316
丰都县	Fengdu County	336802	136680	211767	16088	26584	53036	33415	4084
垫江县	Dianjiang County	370112	191851	227712	12702	47733	61863	54080	7059
忠县	Zhongxian County	404163	212500	173881	26018	147268	55066	46419	3987
开县	Kaixian County	575733	198509	283092	20829	232754	94538	75496	7905
云阳县	Yunyang County	421876	136366	298680	13110	94839	70877	58872	2171
奉节县	Fengjie County	432063	74924	192825	17078	213780	62368	55887	2079
巫山县	Wushan County	225124	26997	163742	12347	31718	36978	33830	458
巫溪县	Wuxi County	194100	17785	150350	8347	5780	42038	37034	623
渝东南翼	**Southeast of Chongqing**	**1634805**	**529416**	**1202380**	**89334**	**123312**	**267501**	**223235**	**6026**
黔江区	Qianjiang District	244394	70980	138259	12244	33185	56058	50561	920
武隆县	Wulong County	168118	45391	259526	5225	13660	33617	28812	1603
石柱县	Shizhu County	254652	90952	215385	9498	11198	33767	25461	1442
秀山县	Xiushan County	307587	140472	203332	25294	47572	38207	32312	998
酉阳县	Youyang County	365032	118606	163610	20476	12894	58268	47054	882
彭水县	Pengshui County	295022	63015	222268	16597	4803	47584	39035	181

4-33 各区县主要农副产品人均产量(2008 年)
Per Capita Output of Major Agricultural and Subsidiary Products by Region of Chongqing (2008)

单位：公斤 / 人 kg/person

地 区	Region	粮食 Grain	稻谷 Rice	蔬菜 Vegetables	油料 Oil-bearing Crops	水果 Fruits	肉类 Meat	猪肉 Pork
重庆市	**Chongqing**	**479.4**	**220.1**	**413.4**	**14.9**	**80.3**	**7[illegible].8**	**58.5**
一小时经济圈	**One Hour Economic Sphere**	**506.2**	**277.7**	**543.5**	**12.1**	**72.7**	**80.0**	**59.8**
渝中区	Yuzhong District	0.0	0.0	0.0	0.0	0.0	0.0	0.0
大渡口区	Dadukou District	34.1	9.9	2123.4	0.0	13.8	60.3	54.2
江北区	Jiangbei District	203.9	101.0	371.0	1.6	67.3	4[illegible].2	35.5
沙坪坝区	Shapingba District	151.6	87.3	748.0	0.3	25.3	2[illegible].1	13.2
九龙坡区	Jiulongpo District	170.9	114.4	644.9	2.5	71.7	39.4	28.5
南岸区	Nan'an District	64.7	29.2	364.0	0.0	18.7	14.3	12.7
北碚区	Beibei District	290.8	137.3	480.3	3.0	40.9	3[illegible].3	28.5
渝北区	Yubei District	445.5	179.6	693.3	8.7	98.6	6[illegible].4	49.2
巴南区	Banan District	655.0	346.1	788.5	4.0	69.9	9[illegible].2	79.9
万盛区	Wansheng District	378.7	172.9	986.9	9.4	26.7	50.2	42.5
双桥区	Shuangqiao District	311.3	208.0	187.0	7.4	35.0	3[illegible].5	32.1
涪陵区	Fuling District	529.0	255.2	745.6	6.8	109.1	7[illegible].8	62.3
长寿区	Changshou District	548.3	295.2	324.0	10.5	141.1	8[illegible].1	68.5
江津区	Jiangjin District	536.7	314.5	412.5	6.4	110.8	63.9	52.1
合川区	Hechuan District	592.9	281.1	385.8	9.6	26.8	71.5	62.6
永川区	Yongchuan District	643.2	436.5	566.7	18.4	133.3	150.6	88.0
南川区	Nanchuan District	595.4	349.0	432.2	25.5	72.4	92.0	75.6
綦江县	Qijiang County	495.9	226.6	511.6	8.8	30.9	71.5	61.1
潼南县	Tongnan County	483.0	246.6	850.7	29.5	56.1	60.5	55.5
铜梁县	Tongliang County	532.2	334.3	456.3	7.3	38.2	120.6	65.3
大足县	Dazu County	585.5	337.1	290.4	23.7	35.0	69.9	57.7
荣昌县	Rongchang County	461.0	285.2	518.2	24.2	35.8	95.4	75.6
璧山县	Bishan County	389.1	264.5	729.3	4.4	152.6	113.2	41.7
渝东北翼	**Northeast of Chongqing**	**433.4**	**163.7**	**279.4**	**14.8**	**104.9**	**64.[illegible]**	**54.1**
万州区	Wanzhou District	398.6	189.8	464.5	10.3	132.4	52.3	46.5
梁平县	Liangping County	469.5	274.1	410.4	11.1	79.9	68.[illegible]	54.5
城口县	Chengkou County	422.1	36.2	142.8	10.0	8.3	89.5	69.4
丰都县	Fengdu County	493.5	201.8	270.0	19.8	31.9	71.5	47.6
垫江县	Dianjiang County	395.6	203.6	230.3	12.4	48.2	61.[illegible]	54.1
忠县	Zhongxian County	510.2	273.0	214.2	28.0	152.2	63.[illegible]	54.1
开县	Kaixian County	415.1	146.8	192.3	14.6	152.9	62.[illegible]	51.9
云阳县	Yunyang County	392.7	128.5	254.3	11.1	74.7	59.[illegible]	50.8
奉节县	Fengjie County	468.8	86.1	197.0	16.8	219.7	65.[illegible]	59.5
巫山县	Wushan County	434.8	58.5	298.7	16.5	55.4	62.[illegible]	57.5
巫溪县	Wuxi County	409.1	38.4	295.7	15.1	11.5	86.[illegible]	77.4
渝东南翼	**Southeast of Chongqing**	**512.9**	**169.9**	**319.5**	**25.0**	**37.9**	**79.[illegible]**	**66.1**
黔江区	Qianjiang District	511.1	152.8	259.5	22.9	70.3	104.[illegible]	94.3
武隆县	Wulong County	437.7	119.0	432.3	11.6	42.8	94.[illegible]	69.6
石柱县	Shizhu County	581.9	219.7	422.5	20.3	24.6	70.[illegible]	54.8
秀山县	Xiushan County	539.6	237.4	325.4	39.8	76.2	61.[illegible]	54.6
酉阳县	Youyang County	507.6	170.8	200.9	24.7	15.8	76.[illegible]	63.3
彭水县	Pengshui County	490.7	111.7	355.7	24.6	7.9	75.[illegible]	64.2

注：本表数据按乡村人口计算。

Note: Data in this table are calculated by rural population.

4-33 各区县主要农副产品人均产量(2009 年)
Per Capita Output of Major Agricultural and Subsidiary Products by Region of Chongqing (2009)

续表 (continued) 单位：公斤 / 人 kg/person

地 区	Region	粮食 Grain	稻谷 Rice	蔬菜 Vegetables	油料 Oil-bearing Crops	水果 Fruits	肉类 Meat	猪肉 Pork	水产品 Aquatic Products
重庆市	**Chongqing**	**473.7**	**213.0**	**490.4**	**16.9**	**88.7**	**78.2**	**61.0**	**8.49**
一小时经济圈	**One Hour Economic Sphere**	**241.6**	**130.4**	**324.7**	**6.7**	**39.3**	**83.9**	**61.9**	**6.31**
渝中区	Yuzhong District	0.0	0.0	0.0	0.0	0.0	0.0	0.0	0.00
大渡口区	Dadukou District	0.0	0.0	2.9	0.0	0.0	65.7	58.6	0.04
江北区	Jiangbei District	0.6	0.3	0.9	0.0	0.2	52.4	37.2	0.03
沙坪坝区	Shapingba District	1.2	0.6	5.5	0.0	0.2	27.9	15.1	0.15
九龙坡区	Jiulongpo District	1.5	1.0	5.4	0.0	0.6	42.2	30.1	0.16
南岸区	Nan'an District	0.5	0.2	2.9	0.0	0.2	13.3	11.4	0.09
北碚区	Beibei District	3.9	1.8	6.9	0.1	0.6	37.0	29.8	0.15
渝北区	Yubei District	9.5	3.8	16.4	0.1	2.8	73.9	50.8	0.21
巴南区	Banan District	15.2	7.8	19.0	0.1	1.7	99.0	81.9	0.44
万盛区	Wansheng District	2.2	1.0	5.8	0.0	0.1	53.8	45.2	0.06
双桥区	Shuangqiao District	0.3	0.2	0.2	0.0	0.0	36.8	33.0	0.01
涪陵区	Fuling District	17.9	8.5	59.1	0.2	3.9	79.9	65.6	0.51
长寿区	Changshou District	15.0	7.7	9.5	0.3	4.7	89.3	70.3	0.62
江津区	Jiangjin District	27.1	15.4	23.5	0.4	6.3	69.9	55.6	0.53
合川区	Hechuan District	29.3	13.9	20.7	0.6	1.9	75.3	64.6	0.62
永川区	Yongchuan District	20.4	14.0	18.5	0.6	4.7	139.6	89.7	0.59
南川区	Nanchuan District	14.1	8.2	11.8	0.7	1.8	98.7	77.7	0.20
綦江县	Qijiang County	15.7	6.8	18.2	0.3	1.0	74.3	62.8	0.25
潼南县	Tongnan County	15.5	8.1	41.2	1.2	1.9	63.9	58.1	0.31
铜梁县	Tongliang County	14.8	9.3	14.9	0.3	1.1	124.8	66.8	0.38
大足县	Dazu County	17.4	9.9	10.4	0.9	1.2	73.6	60.3	0.35
荣昌县	Rongchang County	12.0	7.1	14.5	0.7	1.0	99.5	78.0	0.24
璧山县	Bishan County	7.3	4.8	16.7	0.1	3.1	135.7	42.5	0.38
渝东北翼	**Northeast of Chongqing**	**164.0**	**60.5**	**115.7**	**6.5**	**44.3**	**69.1**	**57.0**	**1.93**
万州区	Wanzhou District	21.2	9.8	29.0	0.6	8.1	55.6	48.0	0.55
梁平县	Liangping County	15.6	8.9	14.4	0.5	2.7	75.7	58.2	0.19
城口县	Chengkou County	3.9	0.3	1.3	0.1	0.1	94.2	70.7	0.01
丰都县	Fengdu County	14.0	5.7	8.8	0.7	1.1	78.0	49.2	0.17
垫江县	Dianjiang County	15.4	8.0	9.5	0.5	2.0	65.7	57.4	0.29
忠县	Zhongxian County	16.8	8.9	7.2	1.1	6.1	68.6	57.8	0.17
开县	Kaixian County	24.0	8.3	11.8	0.9	9.7	67.6	53.9	0.33
云阳县	Yunyang County	17.6	5.7	12.4	0.5	4.0	66.5	55.2	0.09
奉节县	Fengjie County	18.0	3.1	8.0	0.7	8.9	67.4	60.4	0.09
巫山县	Wushan County	9.4	1.1	6.8	0.5	1.3	71.1	65.0	0.02
巫溪县	Wuxi County	8.1	0.7	6.3	0.3	0.2	89.8	79.2	0.03
渝东南翼	**Southeast of Chongqing**	**68.1**	**22.1**	**50.1**	**3.7**	**5.1**	**83.2**	**69.5**	**0.25**
黔江区	Qianjiang District	10.2	3.0	5.8	0.5	1.4	115.5	104.2	0.04
武隆县	Wulong County	7.0	1.9	10.8	0.2	0.6	88.4	75.8	0.07
石柱县	Shizhu County	10.6	3.8	9.0	0.4	0.5	76.4	57.6	0.06
秀山县	Xiushan County	12.8	5.9	8.5	1.1	2.0	65.7	55.6	0.04
酉阳县	Youyang County	15.2	4.9	6.8	0.9	0.5	80.0	64.6	0.04
彭水县	Pengshui County	12.3	2.6	9.3	0.7	0.2	79.7	65.4	0.01

注：本表数据按乡村人口计算。

Note:Data in this table are calculated by rural population.

主要指标解释

农林牧渔业总产值 指以货币表现的农、林、牧、渔业全部产品和对农林牧渔业生产活动进行的各种支持性服务活动的价值总量，它反映一定时期内农林牧渔业生产总规模和总成果。1957年以前的农林牧渔业总产值中包括了厩肥和农民自给性手工业（如农民自制衣服、鞋、袜，自己从事粮食初步加工等）。1958年及以后，林业中增加了村及村以下竹木采伐产值；牧业中取消了厩肥产值；副业中取消了农民自给性手工业产值，增加了村及村以下办的工业产值；渔业中增加了海洋捕捞水产品产值。1980年及以后，在副业中增加了农民家庭兼营工业商品部分的产值。从1984年起村及村以下工业产值划归工业。从1993年起取消副业，将野生动物的捕猎划入牧业、野生植物采集和农民家庭兼营商品性工业划归农业。从2003年起，执行新的国民经济行业分类标准，农林牧渔业总产值中包括了农林牧渔服务业产值。林业中增加了森林采运业产值。农业中取消了家庭兼营商品性工业产值，将野生林产品的采集划归林业。第一次农业普查以后，由于畜牧业产品年报数据与普查数据之间存在一定的差距，国家统计局农调总队对畜牧业年报数据与普查数据进行衔接，相应的畜牧业产值进行调整。

农林牧渔业总产值的计算方法通常是按农、林、牧、渔业产品及其副产品的产量分别乘以各自单位产品价格求得；少数生产周期较长，当年没有产品或产品产量不易统计的，则采用间接方法匡算其产值；然后将四业产品产值相加即为农林牧渔业总产值。

粮食产量 指全社会的产量。包括国有经济经营的、集体统一经营的和农民家庭经营的粮食产量，还包括工矿企业办的农场和其他生产单位的产量。粮食除包括稻谷、小麦、玉米、高粱、谷子及其他杂粮外，还包括薯类和豆类。其产量计算方法，豆类按去豆荚后的干豆计算；薯类（包括甘薯和马铃薯，不包括芋头和木薯）1963年以前按每4公斤鲜薯折1公斤粮食计算，从1964年开始及以后改为按5公斤鲜薯折1公斤粮食计算。城市郊区作为蔬菜的薯类（如：马铃薯等）按鲜品计算，并且不作粮食统计。其他粮食一律按脱粒后的原粮计算。1989年以前全国粮食产量数据主要靠全面报表取得，1989年开始使用抽样调查数据。

油料产量 指全部油料作物的生产量。包括花生、油菜籽、芝麻、向日葵籽，胡麻籽（亚麻籽）和其他油料。不包括大豆，也不包括木本油料和野生油料。花生以带壳干花生计算。

水产品产量 指人工养殖的水产品和天然生长的水产品的捕捞量。包括海水的鱼类、虾蟹类、贝类和藻类以及内陆水域的鱼类、虾蟹类和贝类，不包括淡水生植物。水产品产量是通过各级水产和统计部门逐级上报取得数据。1995年及以前，贝类中牡蛎按鲜肉计算；蚶、蛤、蛏按5斤鲜品折1斤计算。1996年以后则统一按鲜品计算。

猪、牛、羊肉产量 指当年出栏并已屠宰后除去头蹄下水后带骨肉（即胴体重）的重量。

期初（末）畜禽存栏头（只）数 指报告期初（末）农村各种合作经济组织和国营农场、农民个人、机关、团体、学校、工矿企业，部队等单位以及城镇居民饲养的大牲畜、猪、羊、家禽等畜禽的存栏头（只）数。

农作物播种面积 指实际播种或移植有农作物的面积，凡是实际种植有农作物的面积，不论种植在耕地上还是种植在非耕地上，均包括在农作物播种面积中。在播种季节基本结束后，因遭灾而重新改种和补种的农作物面积，也包括在内。它是反映我国耕地面积利用情况的一个重要指标。目前，农作物播种面积主要包括粮食、棉花、油料、糖料、麻类、烟叶、蔬菜和瓜类、药材和其它农作物九大类。

常用耕地 指耕地总资源中专门种植农作物并经常进行耕种、能够正常收获的土地。包括当地实际耕种的熟地；弃耕、休闲不满三年，随时可以复耕的地；开荒利用三年以上的地。不包括临时种植农作物的坡度在25度以上的陡坡地；在河套、湖畔、库区临时开发的成片或零星土地；也不包括已列为国家和省（区、市）退耕计划但临时耕种的土地。

有效灌溉面积 指具有一定的水源，地块比较平整，灌溉工程或设备已经配套，在一般年景下当年能够进行正常灌溉的耕地面积。在一般情况下，有效灌溉面积应等于灌溉工程或设备已经配备，能够进行正常灌溉的水田和水浇地面积之和。它是反映我国耕地抗旱能力的一个重要指标。

农用化肥施用量 指本年内实际用于农业生产的化肥数量，包括氮肥、磷肥，钾肥和复合肥。化肥施用量要求按折纯量计算数量。折纯法化肥施用量是把氮肥、磷肥和钾肥分别按含氮、含五氧化二磷、含氧化钾的百分之一百成份折算后的数量。复合肥按其所含主要成分折算。公式为：

折纯量 = 实物量 × 某种化肥有效成份含量的百分比

农业机械总动力 指主要用于农、林、牧、渔业的各种动力机械的动力总和。包括耕作机械、排灌机械、收获机械、农用运输机械、植物保护机械、牧业机械、林业机械、渔业机械和其他农业机械［内燃机按引擎马力折成瓦（特）计算，电动机按功率折成瓦（特）计算］。不包括专门用于乡、镇、村、组办工业、基本建设、非农业运输、科学试验和教学等非农业生产方面用的动力机械与作业机械。

乡村从业人员 指乡村人口中劳动年龄在16周岁以上实际参加生产经营活动并取得实物或货币收入的人员，包括劳动年龄内经常参加劳动的人员，也包括超过劳动年龄但经常参加劳动的人员，但不包括户口在家的在外学生、现役军人和丧失劳动能力的人，也不包括待业人员和家务劳动者。从业人员按从事主业时间最长（时间相同按收入）分为农业从业人员、工业从业人员、建筑业从业人员、交通运输业、仓储及邮电通信业从业人员、批零贸易及餐饮业从业人员、其他非农行业从业人员。

Explanatory Notes on Main Statistical Indicators

Gross Output Value of Farming Forestry, Animal Husbandry and Fishery refers to the total value of products of farming, forestry, animal husbandry and fishery, and total value of services rendered to support farming, forestry, animal husbandry and fishery activities. It reflects the total scale and results of agricultural production during a given period. Prior to 1957, Chinas gross agricultural output value included barnyard manure and handicraft products for self-consumption (clothes, shoes, stockings, and initial grain processing undertaken by peasants). Since 1958, cutting and felling of bamboo and trees by villages and other cooperative organizations under villages have been included in forestry; value of barnyard manure has been excluded from animal husbandry; self consumed handicrafts has been excluded from sideline occupations, while the output value of industries run by villages and cooperative organizations under village had been included in sideline occupations and the output value of fish catches by motor fishing boats has been added to fishery. Since 1980, the value of handicraft products made for sale by individuals in households had been added to sideline occupations. Since 1984, industries run by villages and under villages have been included in the sector of industry. Since 1993, the subdivision of sideline occupations has been canceled, and the hunting of wild animals has been classified into animal husbandry, and the gathering of wild plants and commodity industry run by rural household have been included in farming. A new industrial classification of economic activities was introduced in 2003. Under the new classification, value of services to farming, forestry, animal husbandry and fishery is included in the gross output value of agriculture, value of wood felling and transport is included in forestry, value of industrial output by rural households is not included in agriculture, and the collection of wild forest products is taken from agriculture and included in the forestry. The first agriculture census of China revealed some discrepancy between the production of animal products from the annual reports and that from the census. Efforts were made by the Rural Socio-economic Survey Organization of NBS to adjust the output value of animal husbandry to make the figures from the annual reports consistent with the census data.

Gross output value of agriculture is obtained by first multiplying the output of each product or by product by its price, resulting in the output value of each single item. For a small number of products, annual output of which is not available or difficult to get due to the long production (growing) process involved, the output value is estimated through an indirect approach. The sum of output value of all products of farming, forestry, animal husbandry and fishery is then equal to the gross output value of agriculture.

Grain Yield refers to the total output in the whole country including grains produced by state farms, collective units, rural households, as well as by farms affiliated to industrial and mining enterprises and other production units. Grain includes rice, wheat, corn, sorghum, millet and other miscellaneous grains as well as tubers and bean. Output of beans refers to dry beans without pods. The output of tubers (sweet potatoes and potatoes, not including taros and cassava) was converted into that of grain at the ratio 4:1, i.e. 4 kilograms of fresh tubers was equivalent to 1 kilogram of grain up to 1963. Since 1964 the ratio for conversion has been 5:1. Tubers supplied as vegetables (such as potatoes) in cities and suburbs are calculated as fresh vegetables and their output is not included in the output of grain. Output of all other grains refers to husked grain. Data on grain production before 1989 were obtained through Comprehensive Statistical Reporting System. Since 1989, data from sample surveys are used.

Yield of Oil-bearing Crops refers to the total yield of oil-bearing crops of various kinds, including peanuts, (dry, in shell) rapeseeds, sesame, sunflower seeds, flax seeds, and other oil-bearing crops. Soybeans, oil-bearing woody plants, and oil-bearing crops are not included.

Output of Aquatic Products refers to catches of both artificially cultured and naturally grown aquatic products, including fish, shrimps, crabs and shellfish in sea and inland water as well as seaweed. Freshwater plants are not included. Data on output of aquatic products are reported by aquatic product and statistical agencies level by level. Before 1995, among the shellfish, the oyster was counted as fresh meat; 5 kilograms of ark shell, clams and frogs are equivalent to 1 kilogram of fresh aquatic products; they are all counted as fresh aquatic products since 1996.

Output of Pork, Beef and Mutton refers to the meat of slaughtered hogs, cattle, sheep and goats with head, feet, and offal taken away.

Number of Livestock or Poultry in Hand at the Beginning (or End) of the Reference Period refers to the total number of large animals, pigs, sheep, fowls, etc., raised by rural cooperative organizations, state farms, rural individuals, government agencies, schools, industrial and mining enterprises, army, and urban residents at the beginning (or end) of the reference period.

Sown Area of Crops refers to area of land sown or trans-planted with crops regardless of being in cultivated area or non-cultivated area. Area of land resown due to natural disasters is also included. At present, the sown area of crops mainly include the following 9 categories of crops: grain, cotton, oil-bearing crops, sugar crops, fiber crops, Tobacco, Vegetables and melons, medicinal materials and other farm crops.

Regularly Cultivated Land refers to farmland among the total land resources which is exclusively used for farming and is under regular cultivation with harvest in normal years. Included are currently cultivated land, land that has been abandoned or put in idle for less than 3 years and could be re-used for cultivation at any time, and new-claimed land that has been put into cultivation for more than 3 years. Excluded under temporary cultivation, land (large or small plots) that is claimed along river bends, lake sides or banks of reservoirs, as well as land that has been designated under the “Green for Grain” programs of the state and provincial governments but is still temporarily under cultivation.

Irrigated Area refers to areas that are effectively irrigated, i.e. level land, which has water source and complete sets of irrigation facilities to lift and move adequate water for irrigation purpose under normal conditions. Under normal conditions, irrigated area is the sum of watered fields and irrigated fields where irrigation systems or equipment have been installed for regular irrigation purpose. This important indicator reflects drought resistance capacity of the cultivated land in China.

Consumption of Chemical Fertilizers for Farming refers to the quantity of chemical fertilizers applied in agriculture in the year, including nitrogenous fertilizer, phosphate fertilizer, potash fertilizer, and compound fertilizer. The consumption of chemical fertilizers is required in calculation to convert the gross weight into weight containing 100% effective component (e.g. 100% nitrogen content in nitrogenous fertilizer, 100% phosphorous pentoxide content in phosphate fertilizer, 100% potassium oxide content in potash fertilizer). Compound fertilizer is converted with its major component. The formula is:

Volume of effective component= physical quantity × effective component of certain chemical fertilizer (%)

Total Power of Farm Machinery refers to total mechanical power of machinery used in farming, forestry, animal husbandry, and fishery, including sloughing, irrigation and drainage, harvesting, transport, plant protection, stockbreeding, forestry and fishery. The power of internal combustion engines is required to convert horsepower into watts and the power of electric motors is required to be converted into watts. Machinery employed for non-agricultural purposes, such as the machines used in township-run and village-run industry, construction, non-agricultural transport, scientific experiments and teaching, is excluded.

Rural Employed Persons refer to rural labor forces aged over 16 years old who are engaged in real production and management activities and receive payment in kind or wages, including those covered within the age frame and regularly participating in production activities, and those who are out of the range of age frame and also participating in production activities regularly. Excluding students studying in other places with their permanent residence registered in local areas, servicemen and persons incapable of working; also excluding those who are waiting for jobs and those engaged in household work. Persons employed are classified as rural employed persons; industrial employed persons; construction industry employed persons; transport, storage and telecommunications industries employed persons; whole sales and retail sales trade and catering industry employed persons and other non-agricalture employed persons according to the longest period of employment in major activities (or using income indicator when period of employment is the same).

（五）

企业景气

Enterprise Survey Index

5-1 企业生产经营景气指数（1999-2009 年）
Business Survey Index of Production and Management (1999-2009)

季度	Quarter	企业家信心指数 **Entrepreneur Expectation Index**	企业景气指数 **Business Survey Index**	生产总量 Total Production Quantity	盈亏变化 Changes in Profits (Losses)	流动资金 Circulating Funds
1999 年 1 季度	1st. Quarter of 1999	**87.1**	**87.4**	93.5	71.9	48.3
1999 年 2 季度	2nd. Quarter of 1999	**75.4**	**83.8**	92.4	65.1	40.1
1999 年 3 季度	3rd. Quarter of 1999	**77.7**	**79.2**	81.9	60.8	39.4
1999 年 4 季度	4th. Quarter of 1999	**84.3**	**86.8**	102.7	73.2	44.8
2000 年 1 季度	1st. Quarter of 2000	**97.0**	**101.5**	101.0	85.1	52.5
2000 年 2 季度	2nd. Quarter of 2000	**98.5**	**102.5**	114.7	82.3	49.4
2000 年 3 季度	3rd. Quarter of 2000	**99.8**	**97.9**	112.4	82.5	52.4
2000 年 4 季度	4th. Quarter of 2000	**99.4**	**103.4**	121.5	94.9	56.7
2001 年 1 季度	1st. Quarter of 2001	**107.1**	**104.8**	96.6	94.4	58.3
2001 年 2 季度	2nd. Quarter of 2001	**100.9**	**105.3**	119.3	105.5	60.3
2001 年 3 季度	3rd. Quarter of 2001	**101.2**	**100.5**	107.6	93.5	57.1
2001 年 4 季度	4th. Quarter of 2001	**101.3**	**106.8**	116.4	112.0	59.9
2002 年 1 季度	1st. Quarter of 2002	**108.7**	**102.0**	103.2	89.5	68.7
2002 年 2 季度	2nd. Quarter of 2002	**105.6**	**105.6**	121.2	107.2	68.7
2002 年 3 季度	3rd. Quarter of 2002	**113.2**	**112.0**	116.7	110.4	70.6
2002 年 4 季度	4th. Quarter of 2002	**113.7**	**118.1**	125.8	120.1	69.0
2003 年 1 季度	1st. Quarter of 2003	**122.4**	**115.6**	106.1	106.4	75.0
2003 年 2 季度	2nd. Quarter of 2003	**108.3**	**103.5**	103.1	101.0	73.1
2003 年 3 季度	3rd. Quarter of 2003	**116.0**	**119.8**	125.2	119.8	75.6
2003 年 4 季度	4th. Quarter of 2003	**126.8**	**125.7**	130.3	127.0	80.1
2004 年 1 季度	1st. Quarter of 2004	**125.0**	**117.5**	112.4	108.4	81.2
2004 年 2 季度	2nd. Quarter of 2004	**119.6**	**119.3**	121.6	117.0	80.6
2004 年 3 季度	3rd. Quarter of 2004	**119.3**	**118.9**	116.1	112.3	73.8
2004 年 4 季度	4th. Quarter of 2004	**121.1**	**124.2**	124.8	120.8	72.4
2005 年 1 季度	1st. Quarter of 2005	**123.4**	**120.7**	99.1	98.5	74.8
2005 年 2 季度	2nd. Quarter of 2005	**119.4**	**118.9**	122.0	107.0	70.2
2005 年 3 季度	3rd. Quarter of 2005	**120.5**	**117.0**	113.4	106.2	73.5
2005 年 4 季度	4th. Quarter of 2005	**121.8**	**126.2**	129.4	119.2	76.4
2006 年 1 季度	1st. Quarter of 2006	**128.6**	**120.2**	102.7	103.8	81.6
2006 年 2 季度	2nd. Quarter of 2006	**125.6**	**128.1**	124.2	123.9	82.6
2006 年 3 季度	3rd. Quarter of 2006	**124.5**	**121.7**	108.8	110.7	78.7
2006 年 4 季度	4th. Quarter of 2006	**132.1**	**138.6**	133.2	126.0	81.8
2007 年 1 季度	1st. Quarter of 2007	**134.7**	**130.0**	109.0	109.2	86.6
2007 年 2 季度	2nd. Quarter of 2007	**139.0**	**134.8**	131.7	121.1	86.8
2007 年 3 季度	3rd. Quarter of 2007	**137.3**	**135.7**	129.5	117.3	89.4
2007 年 4 季度	4th. Quarter of 2007	**136.2**	**140.0**	130.7	122.7	87.6
2008 年 1 季度	1st. Quarter of 2008	**133.9**	**127.1**	103.5	100.1	83.1
2008 年 2 季度	2nd. Quarter of 2008	**130.5**	**128.5**	120.4	110.4	83.7
2008 年 3 季度	3rd. Quarter of 2008	**118.1**	**120.5**	107.5	100.0	77.4
2008 年 4 季度	4th. Quarter of 2008	**92.0**	**100.5**	83.5	79.8	73.0
2009 年 1 季度	1st. Quarter of 2009	**103.1**	**105.8**	87.9	92.4	80.7
2009 年 2 季度	2nd. Quarter of 2009	**114.7**	**116.9**	119.8	114.3	85.1
2009 年 3 季度	3rd. Quarter of 2009	**125.6**	**126.6**	121.8	119.5	93.8
2009 年 4 季度	4th. Quarter of 2009	**130.6**	**133.3**	127.7	125.8	93.2

5-1 企业生产经营景气指数（1999-2009 年）
Business Survey Index of Production and Management (1999-2009)

续表 continued

季 度	Quarter	货款拖欠 Payment Delinquent	劳动力需求 Labor Demand	固定资产投资 Investment in Fixed Assets	产品订货 Production Order	企业融资 Fundraising
1999 年 1 季度	1st. Quarter of 1999	87.2	73.4	102.4		
1999 年 2 季度	2nd. Quarter of 1999	82.1	69.0	90.3		
1999 年 3 季度	3rd. Quarter of 1999	84.9	61.4	95.6		
1999 年 4 季度	4th. Quarter of 1999	83.8	65.9	91.3		
2000 年 1 季度	1st. Quarter of 2000	97.2	73.5	98.8		
2000 年 2 季度	2nd. Quarter of 2000	92.5	71.4	107.7		
2000 年 3 季度	3rd. Quarter of 2000	99.9	79.2	109.4		
2000 年 4 季度	4th. Quarter of 2000	97.6	79.6	110.7		
2001 年 1 季度	1st. Quarter of 2001	99.5	80.2	102.8		
2001 年 2 季度	2nd. Quarter of 2001	98.9	85.2	108.4		
2001 年 3 季度	3rd. Quarter of 2001	98.3	85.8	103.7		
2001 年 4 季度	4th. Quarter of 2001	104.9	91.7	113.8		
2002 年 1 季度	1st. Quarter of 2002	98.2	89.8	98.5		
2002 年 2 季度	2nd. Quarter of 2002	92.9	95.1	114.0		
2002 年 3 季度	3rd. Quarter of 2002	92.8	98.2	116.9		
2002 年 4 季度	4th. Quarter of 2002	99.2	98.5	114.3		
2003 年 1 季度	1st. Quarter of 2003	104.2	95.2	107.0		
2003 年 2 季度	2nd. Quarter of 2003	97.1	89.4	110.4		
2003 年 3 季度	3rd. Quarter of 2003	97.7	106.9	116.8		
2003 年 4 季度	4th. Quarter of 2003	105.3	106.2	117.9		
2004 年 1 季度	1st. Quarter of 2004	102.5	100.5	108.3	114.5	80.1
2004 年 2 季度	2nd. Quarter of 2004	102.4	101.6	117.2	112.8	72.2
2004 年 3 季度	3rd. Quarter of 2004	101.8	103.6	115.5	110.0	72.0
2004 年 4 季度	4th. Quarter of 2004	108.0	102.3	117.0	110.5	73.5
2005 年 1 季度	1st. Quarter of 2005	103.0	100.6	99.5	108.3	72.6
2005 年 2 季度	2nd. Quarter of 2005	97.7	106.4	115.0	106.1	69.9
2005 年 3 季度	3rd. Quarter of 2005	98.9	103.8	115.9	105.7	71.5
2005 年 4 季度	4th. Quarter of 2005	103.8	108.4	113.2	113.1	69.3
2006 年 1 季度	1st. Quarter of 2006	104.8	99.4	98.6	104.0	76.8
2006 年 2 季度	2nd. Quarter of 2006	102.0	103.4	113.0	114.7	79.5
2006 年 3 季度	3rd. Quarter of 2006	105.2	103.8	106.8	112.2	75.6
2006 年 4 季度	4th. Quarter of 2006	108.0	103.7	115.4	121.9	81.7
2007 年 1 季度	1st. Quarter of 2007	101.9	107.3	98.2	116.4	79.9
2007 年 2 季度	2nd. Quarter of 2007	102.9	113.7	116.5	121.4	83.1
2007 年 3 季度	3rd. Quarter of 2007	98.8	110.7	120.8	121.9	81.0
2007 年 4 季度	4th. Quarter of 2007	104.0	112.1	122.1	127.2	77.3
2008 年 1 季度	1st. Quarter of 2008	98.2	105.8	106.5	109.4	75.9
2008 年 2 季度	2nd. Quarter of 2008	98.4	105.9	116.2	112.1	76.8
2008 年 3 季度	3rd. Quarter of 2008	99.5	99.2	110.9	102.5	75.9
2008 年 4 季度	4th. Quarter of 2008	100.3	76.3	99.3	77.2	71.8
2009 年 1 季度	1st. Quarter of 2009	94.6	87.3	95.8	88.9	75.4
2009 年 2 季度	2nd. Quarter of 2009	92.3	102.0	110.9	102.2	79.6
2009 年 3 季度	3rd. Quarter of 2009	91.3	112.2	112.1	113.1	83.6
2009 年 4 季度	4th. Quarter of 2009	101.5	115.6	115.9	117.7	87.0

5-2 不同行业的企业家信心指数 (1999-2009 年)
Entrepreneur Expectation Index by Sector (1999-2009)

季 度	Quarter	企业家信心指数 **Entrepreneur Expectation Index**	工业 Industry	建筑业 Construction	交通运输、仓储及邮电通信业 Transportation, Storage, Posts and Telecommunications	批发和零售业 Wholesale and Retail Trade
1999 年 1 季度	1st. Quarter of 1999	**87.1**	84.3	107.0	86.7	65.9
1999 年 2 季度	2nd. Quarter of 1999	**75.4**	75.7	85.5	65.6	56.9
1999 年 3 季度	3rd. Quarter of 1999	**77.7**	79.8	80.1	67.6	55.3
1999 年 4 季度	4th. Quarter of 1999	**84.3**	86.0	81.8	75.2	62.5
2000 年 1 季度	1st. Quarter of 2000	**97.0**	100.7	99.6	78.6	72.3
2000 年 2 季度	2nd. Quarter of 2000	**98.5**	103.1	91.0	76.6	78.9
2000 年 3 季度	3rd. Quarter of 2000	**99.8**	105.0	98.5	74.7	72.2
2000 年 4 季度	4th. Quarter of 2000	**99.4**	104.1	95.2	74.1	74.7
2001 年 1 季度	1st. Quarter of 2001	**107.1**	108.4	103.3	100.8	82.5
2001 年 2 季度	2nd. Quarter of 2001	**100.9**	103.2	88.0	77.3	79.6
2001 年 3 季度	3rd. Quarter of 2001	**101.2**	104.0	98.1	67.1	76.3
2001 年 4 季度	4th. Quarter of 2001	**101.3**	103.7	105.1	78.1	66.5
2002 年 1 季度	1st. Quarter of 2002	**108.7**	111.1	110.8	79.8	86.9
2002 年 2 季度	2nd. Quarter of 2002	**105.6**	107.0	108.1	85.2	81.2
2002 年 3 季度	3rd. Quarter of 2002	**113.2**	115.5	108.4	88.6	89.9
2002 年 4 季度	4th. Quarter of 2002	**113.7**	117.0	112.8	88.0	85.5
2003 年 1 季度	1st. Quarter of 2003	**122.4**	127.7	128.0	87.5	94.8
2003 年 2 季度	2nd. Quarter of 2003	**108.3**	119.1	124.2	52.6	78.1
2003 年 3 季度	3rd. Quarter of 2003	**116.0**	121.8	123.0	70.0	89.4
2003 年 4 季度	4th. Quarter of 2003	**126.8**	134.6	126.0	88.3	96.0
2004 年 1 季度	1st. Quarter of 2004	**125.0**	128.3	131.7	98.7	95.4
2004 年 2 季度	2nd. Quarter of 2004	**119.6**	118.0	131.0	93.9	96.9
2004 年 3 季度	3rd. Quarter of 2004	**119.3**	123.7	125.5	93.7	93.1
2004 年 4 季度	4th. Quarter of 2004	**121.1**	123.2	133.9	98.8	91.9
2005 年 1 季度	1st. Quarter of 2005	**123.4**	120.7	133.0	103.5	110.3
2005 年 2 季度	2nd. Quarter of 2005	**119.4**	115.8	135.7	96.2	104.3
2005 年 3 季度	3rd. Quarter of 2005	**120.5**	116.4	136.5	98.5	111.1
2005 年 4 季度	4th. Quarter of 2005	**121.8**	121.1	127.5	95.6	108.3
2006 年 1 季度	1st. Quarter of 2006	**128.6**	128.2	137.5	108.8	110.5
2006 年 2 季度	2nd. Quarter of 2006	**125.6**	125.5	132.2	105.0	108.3
2006 年 3 季度	3rd. Quarter of 2006	**124.5**	126.2	129.8	97.4	105.7
2006 年 4 季度	4th. Quarter of 2006	**132.1**	134.8	133.0	97.4	111.8
2007 年 1 季度	1st. Quarter of 2007	**134.7**	136.4	139.9	118.5	125.0
2007 年 2 季度	2nd. Quarter of 2007	**139.0**	140.2	148.3	131.3	121.3
2007 年 3 季度	3rd. Quarter of 2007	**137.3**	137.8	139.5	125.8	121.7
2007 年 4 季度	4th. Quarter of 2007	**136.2**	137.9	136.9	124.3	124.0
2008 年 1 季度	1st. Quarter of 2008	**133.9**	135.4	139.9	134.5	122.7
2008 年 2 季度	2nd. Quarter of 2008	**130.5**	133.7	125.9	134.4	127.0
2008 年 3 季度	3rd. Quarter of 2008	**118.1**	120.5	121.5	118.2	111.1
2008 年 4 季度	4th. Quarter of 2008	**92.0**	90.6	98.0	76.2	95.7
2009 年 1 季度	1st. Quarter of 2009	**103.1**	103.7	113.7	86.2	94.6
2009 年 2 季度	2nd. Quarter of 2009	**114.7**	114.3	124.0	98.6	106.3
2009 年 3 季度	3rd. Quarter of 2009	**125.6**	125.0	130.7	110.3	115.9
2009 年 4 季度	4th. Quarter of 2009	**130.6**	132.9	136.1	115.2	118.3

5-2 不同行业的企业家信心指数(1999-2009年)
Entrepreneur Expectation Index by Sector (1999-2009)

续表　continued

季 度	Quarter	房地产业 Real Estate	社会服务业 Social Services	信息传输、计算机服务和软件 Data Transmission, Computer Service and Softwares	住宿和餐饮业 Hotels and Restaurants
1999年1季度	1st. Quarter of 1999	115.4	97.6	100.0	85.3
1999年2季度	2nd. Quarter of 1999	94.9	78.6	125.0	66.3
1999年3季度	3rd. Quarter of 1999	91.6	100.0	133.3	56.3
1999年4季度	4th. Quarter of 1999	101.2	92.7	166.7	78.0
2000年1季度	1st. Quarter of 2000	115.1	100.0	175.0	87.4
2000年2季度	2nd. Quarter of 2000	125.1	107.7	125.0	105.5
2000年3季度	3rd. Quarter of 2000	121.8	116.0	125.0	108.4
2000年4季度	4th. Quarter of 2000	136.0	100.0	166.7	99.3
2001年1季度	1st. Quarter of 2001	138.2	123.9	125.5	106.3
2001年2季度	2nd. Quarter of 2001	137.3	136.1	125.5	97.5
2001年3季度	3rd. Quarter of 2001	140.0	135.9	125.5	90.7
2001年4季度	4th. Quarter of 2001	130.8	127.9	125.5	107.6
2002年1季度	1st. Quarter of 2002	134.7	126.1	124.6	113.1
2002年2季度	2nd. Quarter of 2002	137.9	117.4	130.8	106.8
2002年3季度	3rd. Quarter of 2002	142.5	127.5	130.8	134.8
2002年4季度	4th. Quarter of 2002	149.5	122.6	145.1	117.3
2003年1季度	1st. Quarter of 2003	158.1	132.0	131.6	115.4
2003年2季度	2nd. Quarter of 2003	157.7	95.1	130.3	58.3
2003年3季度	3rd. Quarter of 2003	152.6	112.2	130.5	128.8
2003年4季度	4th. Quarter of 2003	169.1	121.2	136.2	140.0
2004年1季度	1st. Quarter of 2004	177.9	114.5	142.4	120.6
2004年2季度	2nd. Quarter of 2004	162.2	122.1	142.4	123.8
2004年3季度	3rd. Quarter of 2004	149.6	109.8	134.1	120.7
2004年4季度	4th. Quarter of 2004	156.2	112.0	135.1	125.2
2005年1季度	1st. Quarter of 2005	158.7	122.0	144.0	121.7
2005年2季度	2nd. Quarter of 2005	133.0	118.5	142.2	140.9
2005年3季度	3rd. Quarter of 2005	145.0	114.6	147.0	122.3
2005年4季度	4th. Quarter of 2005	139.8	124.5	145.3	132.7
2006年1季度	1st. Quarter of 2006	159.5	128.0	134.1	129.7
2006年2季度	2nd. Quarter of 2006	145.2	129.4	125.5	143.2
2006年3季度	3rd. Quarter of 2006	155.2	130.1	125.9	120.9
2006年4季度	4th. Quarter of 2006	153.6	139.1	145.7	140.3
2007年1季度	1st. Quarter of 2007	150.9	138.1	130.7	147.1
2007年2季度	2nd. Quarter of 2007	157.2	133.7	141.4	152.5
2007年3季度	3rd. Quarter of 2007	167.7	142.9	144.4	141.5
2007年4季度	4th. Quarter of 2007	156.3	132.8	151.0	140.5
2008年1季度	1st. Quarter of 2008	132.7	131.7	138.1	134.8
2008年2季度	2nd. Quarter of 2008	133.7	109.7	140.9	109.6
2008年3季度	3rd. Quarter of 2008	100.5	114.4	139.8	109.6
2008年4季度	4th. Quarter of 2008	77.7	83.2	143.9	105.8
2009年1季度	1st. Quarter of 2009	92.3	102.5	147.6	111.8
2009年2季度	2nd. Quarter of 2009	123.9	119.9	133.3	123.5
2009年3季度	3rd. Quarter of 2009	139.4	132.5	155.6	128.9
2009年4季度	4th. Quarter of 2009	150.0	132.5	131.6	121.6

5-3 不同行业的企业景气指数 (1999-2009 年)
Business Survey Index by Sector (1999-2009)

季 度	Quarter	企业景气指数 **Business Survey Index**	工业 Industry	建筑业 Construction	交通运输、仓储及邮电通信业 Transportation, Storage, Posts and Telecommunications	批发和零售业 Wholesale and Retail Trade
1999 年 1 季度	1st. Quarter of 1999	**87.4**	85.8	102.0	96.3	71.6
1999 年 2 季度	2nd. Quarter of 1999	**83.8**	88.4	80.0	85.7	62.3
1999 年 3 季度	3rd. Quarter of 1999	**79.2**	81.8	78.8	87.4	62.8
1999 年 4 季度	4th. Quarter of 1999	**86.8**	90.3	89.7	81.7	71.6
2000 年 1 季度	1st. Quarter of 2000	**101.5**	103.6	95.1	115.9	82.7
2000 年 2 季度	2nd. Quarter of 2000	**102.5**	107.7	88.6	87.5	87.9
2000 年 3 季度	3rd. Quarter of 2000	**97.9**	102.4	90.9	79.2	94.0
2000 年 4 季度	4th. Quarter of 2000	**103.4**	109.2	88.9	79.9	94.5
2001 年 1 季度	1st. Quarter of 2001	**104.8**	106.7	88.1	118.4	86.6
2001 年 2 季度	2nd. Quarter of 2001	**105.3**	108.5	89.6	96.5	89.8
2001 年 3 季度	3rd. Quarter of 2001	**100.5**	103.0	95.4	78.6	81.3
2001 年 4 季度	4th. Quarter of 2001	**106.8**	107.7	104.4	89.6	86.4
2002 年 1 季度	1st. Quarter of 2002	**102.0**	104.1	94.7	79.1	90.0
2002 年 2 季度	2nd. Quarter of 2002	**105.6**	108.9	104.5	86.0	84.7
2002 年 3 季度	3rd. Quarter of 2002	**112.0**	118.1	106.9	88.7	87.1
2002 年 4 季度	4th. Quarter of 2002	**118.1**	127.2	114.3	81.9	93.9
2003 年 1 季度	1st. Quarter of 2003	**115.6**	119.4	108.1	92.1	105.8
2003 年 2 季度	2nd. Quarter of 2003	**103.5**	118.5	107.0	52.5	89.9
2003 年 3 季度	3rd. Quarter of 2003	**119.8**	126.7	113.8	97.7	95.1
2003 年 4 季度	4th. Quarter of 2003	**125.7**	132.6	123.8	89.0	100.9
2004 年 1 季度	1st. Quarter of 2004	**117.5**	118.2	110.2	93.8	107.7
2004 年 2 季度	2nd. Quarter of 2004	**119.3**	119.8	121.7	96.0	108.8
2004 年 3 季度	3rd. Quarter of 2004	**118.9**	122.0	126.9	94.1	106.1
2004 年 4 季度	4th. Quarter of 2004	**124.2**	129.3	131.0	102.1	109.0
2005 年 1 季度	1st. Quarter of 2005	**120.7**	121.0	121.3	108.7	121.6
2005 年 2 季度	2nd. Quarter of 2005	**118.9**	118.0	126.5	104.0	114.0
2005 年 3 季度	3rd. Quarter of 2005	**117.0**	114.4	124.9	101.7	113.5
2005 年 4 季度	4th. Quarter of 2005	**126.2**	128.5	125.4	105.8	114.7
2006 年 1 季度	1st. Quarter of 2006	**120.2**	119.1	118.7	97.2	127.1
2006 年 2 季度	2nd. Quarter of 2006	**128.1**	131.5	127.7	83.4	130.0
2006 年 3 季度	3rd. Quarter of 2006	**121.7**	121.0	125.3	95.2	123.8
2006 年 4 季度	4th. Quarter of 2006	**138.6**	145.7	128.9	90.3	139.8
2007 年 1 季度	1st. Quarter of 2007	**130.0**	129.2	128.5	116.9	135.0
2007 年 2 季度	2nd. Quarter of 2007	**134.8**	135.3	134.6	119.3	134.7
2007 年 3 季度	3rd. Quarter of 2007	**135.7**	137.4	135.8	116.9	133.1
2007 年 4 季度	4th. Quarter of 2007	**140.0**	142.0	151.7	116.3	138.1
2008 年 1 季度	1st. Quarter of 2008	**127.1**	126.4	125.7	119.2	133.5
2008 年 2 季度	2nd. Quarter of 2008	**128.5**	134.6	122.8	113.7	133.6
2008 年 3 季度	3rd. Quarter of 2008	**120.5**	121.0	124.6	112.3	121.9
2008 年 4 季度	4th. Quarter of 2008	**100.5**	95.4	116.6	80.3	110.3
2009 年 1 季度	1st. Quarter of 2009	**105.8**	105.4	113.2	82.5	119.8
2009 年 2 季度	2nd. Quarter of 2009	**116.9**	116.6	125.1	100.9	125.6
2009 年 3 季度	3rd. Quarter of 2009	**126.6**	124.7	133.7	104.1	140.8
2009 年 4 季度	4th. Quarter of 2009	**133.3**	130.1	149.5	117.2	143.0

5-3 不同行业的企业景气指数 (1999-2009 年)
Business Survey Index by Sector (1999-2009)

续表 continued

季 度	Quarter	房地产业 Real Estate	社会服务业 Social Services	信息传输、计算机服务和软件 Data Transmission, Computer Service and Softwares	住宿和餐饮业 Hotels and Restaurants
1999 年 1 季度	1st. Quarter of 1999	109.3	77.8	100.0	83.8
1999 年 2 季度	2nd. Quarter of 1999	90.8	83.3	125.0	69.3
1999 年 3 季度	3rd. Quarter of 1999	91.9	62.5	133.3	61.1
1999 年 4 季度	4th. Quarter of 1999	98.7	72.5	133.3	71.1
2000 年 1 季度	1st. Quarter of 2000	105.7	99.2	150.0	96.5
2000 年 2 季度	2nd. Quarter of 2000	110.0	115.4	125.0	107.6
2000 年 3 季度	3rd. Quarter of 2000	113.1	96.0	100.0	94.0
2000 年 4 季度	4th. Quarter of 2000	120.7	104.0	133.3	107.6
2001 年 1 季度	1st. Quarter of 2001	124.4	108.1	125.5	113.9
2001 年 2 季度	2nd. Quarter of 2001	124.7	124.1	125.5	105.4
2001 年 3 季度	3rd. Quarter of 2001	129.2	112.1	125.5	105.4
2001 年 4 季度	4th. Quarter of 2001	134.4	124.1	125.5	115.8
2002 年 1 季度	1st. Quarter of 2002	132.1	124.5	108.0	96.1
2002 年 2 季度	2nd. Quarter of 2002	136.8	112.3	107.3	113.1
2002 年 3 季度	3rd. Quarter of 2002	136.0	124.3	116.5	115.3
2002 年 4 季度	4th. Quarter of 2002	139.9	108.8	157.1	108.4
2003 年 1 季度	1st. Quarter of 2003	140.8	118.8	125.6	119.3
2003 年 2 季度	2nd. Quarter of 2003	142.1	69.6	118.1	39.8
2003 年 3 季度	3rd. Quarter of 2003	150.0	114.8	129.1	128.8
2003 年 4 季度	4th. Quarter of 2003	162.6	120.4	146.3	130.3
2004 年 1 季度	1st. Quarter of 2004	156.8	117.7	145.2	118.7
2004 年 2 季度	2nd. Quarter of 2004	149.2	123.7	130.7	114.6
2004 年 3 季度	3rd. Quarter of 2004	152.5	103.3	130.0	102.2
2004 年 4 季度	4th. Quarter of 2004	134.8	102.1	135.5	128.7
2005 年 1 季度	1st. Quarter of 2005	147.3	102.8	118.8	120.4
2005 年 2 季度	2nd. Quarter of 2005	143.1	107.0	123.5	117.2
2005 年 3 季度	3rd. Quarter of 2005	140.5	109.8	132.3	115.5
2005 年 4 季度	4th. Quarter of 2005	135.5	120.4	135.3	145.2
2006 年 1 季度	1st. Quarter of 2006	154.8	117.3	121.2	109.3
2006 年 2 季度	2nd. Quarter of 2006	152.8	119.3	122.3	125.4
2006 年 3 季度	3rd. Quarter of 2006	137.1	135.7	129.5	104.7
2006 年 4 季度	4th. Quarter of 2006	154.8	138.7	134.3	127.0
2007 年 1 季度	1st. Quarter of 2007	144.8	134.2	126.4	137.3
2007 年 2 季度	2nd. Quarter of 2007	146.5	133.7	141.4	148.3
2007 年 3 季度	3rd. Quarter of 2007	161.2	127.3	140.4	134.9
2007 年 4 季度	4th. Quarter of 2007	154.2	115.8	151.0	146.8
2008 年 1 季度	1st. Quarter of 2008	144.2	114.4	138.1	112.5
2008 年 2 季度	2nd. Quarter of 2008	126.8	97.2	141.0	115.9
2008 年 3 季度	3rd. Quarter of 2008	125.0	114.4	135.2	99.8
2008 年 4 季度	4th. Quarter of 2008	94.3	96.4	149.2	108.0
2009 年 1 季度	1st. Quarter of 2009	100.4	99.1	108.6	116.0
2009 年 2 季度	2nd. Quarter of 2009	118.5	113.6	103.9	121.6
2009 年 3 季度	3rd. Quarter of 2009	120.8	137.3	143.4	124.8
2009 年 4 季度	4th. Quarter of 2009	131.5	143.1	136.8	127.5

5-4 不同注册类型的企业家信心指数 (1999-2009 年)
Entrepreneur Expectation Index by Registration (1999-2009)

季 度	Quarter	国有企业 State-owned Enterprises	集体企业 Collective-owned Enterprises	有限责任公司 Limited-liability Corporations	股份有限公司 Share-holding Limited Companies	私营企业 Private Enterprises	外商及港、澳、台投资企业 Enterprises Funded by Overseas Entrepreneurs
1999 年 1 季度	1st. Quarter of 1999	74.7	77.3	95.9	104.9	123.8	94.6
1999 年 2 季度	2nd. Quarter of 1999	64.9	65.1	86.5	75.4	101.8	81.6
1999 年 3 季度	3rd. Quarter of 1999	67.9	62.4	82.7	89.2	98.1	84.3
1999 年 4 季度	4th. Quarter of 1999	72.5	71.1	90.6	88.1	105.6	90.3
2000 年 1 季度	1st. Quarter of 2000	88.6	73.4	108.9	103.4	146.3	130.2
2000 年 2 季度	2nd. Quarter of 2000	93.0	79.0	107.4	100.0	146.6	128.6
2000 年 3 季度	3rd. Quarter of 2000	89.5	70.9	110.9	115.1	130.2	144.0
2000 年 4 季度	4th. Quarter of 2000	92.2	61.4	104.8	103.6	136.1	150.8
2001 年 1 季度	1st. Quarter of 2001	98.0	81.7	105.1	109.3	143.5	135.9
2001 年 2 季度	2nd. Quarter of 2001	88.5	78.9	106.0	107.9	119.4	128.6
2001 年 3 季度	3rd. Quarter of 2001	85.9	82.3	103.8	105.3	132.9	132.6
2001 年 4 季度	4th. Quarter of 2001	91.4	74.5	99.4	112.2	118.2	119.3
2002 年 1 季度	1st. Quarter of 2002	98.6	88.3	115.8	105.8	121.7	133.8
2002 年 2 季度	2nd. Quarter of 2002	93.0	76.6	112.0	117.6	117.4	136.7
2002 年 3 季度	3rd. Quarter of 2002	103.0	88.3	122.4	118.1	121.9	141.5
2002 年 4 季度	4th. Quarter of 2002	102.8	89.9	118.7	124.4	132.8	142.7
2003 年 1 季度	1st. Quarter of 2003	105.2	92.3	124.0	142.3	144.4	156.5
2003 年 2 季度	2nd. Quarter of 2003	93.5	87.0	111.7	108.5	128.6	146.9
2003 年 3 季度	3rd. Quarter of 2003	105.5	89.1	118.8	126.2	130.3	144.7
2003 年 4 季度	4th. Quarter of 2003	116.6	98.4	126.8	141.3	144.9	153.2
2004 年 1 季度	1st. Quarter of 2004	112.3	98.8	121.9	142.2	143.1	152.1
2004 年 2 季度	2nd. Quarter of 2004	114.4	104.8	123.0	117.9	126.3	144.8
2004 年 3 季度	3rd. Quarter of 2004	113.3	97.6	121.0	128.2	127.9	131.2
2004 年 4 季度	4th. Quarter of 2004	119.0	104.8	116.5	124.1	131.6	143.2
2005 年 1 季度	1st. Quarter of 2005	111.8	100.0	127.8	130.8	122.7	138.8
2005 年 2 季度	2nd. Quarter of 2005	118.3	100.3	121.1	125.0	116.4	131.3
2005 年 3 季度	3rd. Quarter of 2005	108.2	93.3	123.4	122.0	125.9	136.4
2005 年 4 季度	4th. Quarter of 2005	117.0	95.4	122.4	127.2	117.8	144.5
2006 年 1 季度	1st. Quarter of 2006	129.3	90.2	124.2	123.9	142.7	147.5
2006 年 2 季度	2nd. Quarter of 2006	121.3	87.4	124.0	119.2	131.4	148.4
2006 年 3 季度	3rd. Quarter of 2006	121.2	85.3	124.0	129.3	125.6	142.4
2006 年 4 季度	4th. Quarter of 2006	123.3	74.3	127.5	139.1	141.9	152.5
2007 年 1 季度	1st. Quarter of 2007	132.6	97.4	133.7	150.0	134.6	159.2
2007 年 2 季度	2nd. Quarter of 2007	133.9	87.9	138.8	160.3	130.4	163.4
2007 年 3 季度	3rd. Quarter of 2007	129.2	92.4	135.3	158.5	142.3	161.1
2007 年 4 季度	4th. Quarter of 2007	138.4	99.9	133.0	146.2	145.3	162.7
2008 年 1 季度	1st. Quarter of 2008	132.8	90.9	132.2	153.0	133.1	153.4
2008 年 2 季度	2nd. Quarter of 2008	134.4	96.4	132.2	143.3	121.7	133.9
2008 年 3 季度	3rd. Quarter of 2008	118.2	88.5	119.0	135.2	109.0	125.6
2008 年 4 季度	4th. Quarter of 2008	97.8	63.4	90.5	108.3	86.5	104.9
2009 年 1 季度	1st. Quarter of 2009	94.9	69.3	101.9	118.2	106.5	108.4
2009 年 2 季度	2nd. Quarter of 2009	102.5	64.9	115.3	136.4	118.7	124.8
2009 年 3 季度	3rd. Quarter of 2009	124.7	66.1	125.1	137.0	126.0	141.9
2009 年 4 季度	4th. Quarter of 2009	120.5	93.5	132.1	136.9	135.6	145.4

5-6 不同注册类型的企业景气指数 (1999-2008 年)
Business Survey Index by Registration(1999-2008)

季度	Quarter	国有企业 State-owned Enterprises	集体企业 Collective-owned Enterprises	有限责任公司 Limited-liability Corporations	股份有限公司 Share-holding Limited Companies	私营企业 Private Enterprises	外商及港、澳、台投资企业 Enterprises Funded by Overseas Entrepreneurs
1999 年 1 季度	1st. Quarter of 1999	78.9	79.0	93.2	117.8	131.0	100.7
1999 年 2 季度	2nd. Quarter of 1999	73.3	66.5	93.8	107.6	112.7	100.4
1999 年 3 季度	3rd. Quarter of 1999	68.7	66.0	87.1	102.3	96.2	102.0
1999 年 4 季度	4th. Quarter of 1999	78.5	75.4	91.5	110.3	113.0	101.1
2000 年 1 季度	1st. Quarter of 2000	93.1	80.9	108.8	121.2	144.3	107.7
2000 年 2 季度	2nd. Quarter of 2000	92.9	97.1	113.6	114.9	137.5	124.2
2000 年 3 季度	3rd. Quarter of 2000	90.6	86.4	105.8	120.2	129.8	114.9
2000 年 4 季度	4th. Quarter of 2000	95.3	86.0	110.2	125.8	135.7	131.6
2001 年 1 季度	1st. Quarter of 2001	90.3	80.0	108.8	122.4	138.9	117.3
2001 年 2 季度	2nd. Quarter of 2001	91.7	84.1	111.8	124.8	125.5	124.1
2001 年 3 季度	3rd. Quarter of 2001	92.9	79.6	100.6	109.4	128.1	121.4
2001 年 4 季度	4th. Quarter of 2001	104.5	94.0	106.2	118.8	99.9	131.9
2002 年 1 季度	1st. Quarter of 2002	94.9	86.8	104.5	117.6	110.4	122.1
2002 年 2 季度	2nd. Quarter of 2002	91.0	85.0	114.1	125.6	114.1	119.9
2002 年 3 季度	3rd. Quarter of 2002	100.7	88.6	119.3	128.5	122.2	134.5
2002 年 4 季度	4th. Quarter of 2002	105.7	96.3	122.9	134.4	135.1	134.0
2003 年 1 季度	1st. Quarter of 2003	109.3	87.7	117.6	133.9	131.1	143.9
2003 年 2 季度	2nd. Quarter of 2003	88.0	75.0	105.4	126.0	121.7	121.3
2003 年 3 季度	3rd. Quarter of 2003	111.7	95.3	119.7	140.5	134.1	142.9
2003 年 4 季度	4th. Quarter of 2003	114.3	103.1	124.9	144.3	142.8	149.2
2004 年 1 季度	1st. Quarter of 2004	109.8	93.9	118.2	140.7	130.5	139.7
2004 年 2 季度	2nd. Quarter of 2004	106.3	99.8	123.3	141.4	121.5	137.6
2004 年 3 季度	3rd. Quarter of 2004	111.5	93.9	121.0	137.2	122.2	132.5
2004 年 4 季度	4th. Quarter of 2004	114.2	98.5	125.4	144.7	128.2	143.0
2005 年 1 季度	1st. Quarter of 2005	109.9	98.4	125.1	142.0	117.6	130.0
2005 年 2 季度	2nd. Quarter of 2005	117.8	97.1	118.8	134.0	110.3	141.8
2005 年 3 季度	3rd. Quarter of 2005	117.7	86.7	121.9	124.3	115.4	121.0
2005 年 4 季度	4th. Quarter of 2005	126.5	101.9	125.9	138.4	123.7	137.0
2006 年 1 季度	1st. Quarter of 2006	135.8	86.1	109.7	135.3	142.3	143.3
2006 年 2 季度	2nd. Quarter of 2006	136.4	89.7	125.9	134.1	133.9	145.7
2006 年 3 季度	3rd. Quarter of 2006	132.1	93.5	118.4	125.2	122.0	145.6
2006 年 4 季度	4th. Quarter of 2006	138.3	95.9	131.3	157.7	157.5	164.2
2007 年 1 季度	1st. Quarter of 2007	130.8	94.7	129.1	145.3	135.0	149.7
2007 年 2 季度	2nd. Quarter of 2007	131.7	92.9	132.8	170.2	130.0	159.8
2007 年 3 季度	3rd. Quarter of 2007	131.4	89.9	131.4	174.8	142.7	156.3
2007 年 4 季度	4th. Quarter of 2007	135.7	105.2	137.9	160.9	151.3	159.3
2008 年 1 季度	1st. Quarter of 2008	127.4	90.9	122.1	152.5	136.0	146.8
2008 年 2 季度	2nd. Quarter of 2008	131.9	85.3	128.9	155.3	125.5	134.2
2008 年 3 季度	3rd. Quarter of 2008	126.7	65.0	118.7	151.4	116.1	123.1
2008 年 4 季度	4th. Quarter of 2008	98.9	53.4	102.0	121.0	95.0	123.4
2009 年 1 季度	1st. Quarter of 2009	104.9	69.3	105.8	126.4	102.6	110.3
2009 年 2 季度	2nd. Quarter of 2009	109.9	97.0	117.5	143.3	106.4	124.1
2009 年 3 季度	3rd. Quarter of 2009	120.1	79.9	129.0	143.8	117.9	136.1
2009 年 4 季度	4th. Quarter of 2009	123.9	112.2	134.8	147.0	131.3	138.0

5-6 不同企业规模及特殊分组的企业家信心指数 (1999-2009 年)
Entrepreneur Expectation Index by Enterprise-size and Special Group (1999-2009)

季 度	Quarter	大型及特大型 Large and Extra Large-size Enterprises	中小型 Medium and Small-size Enterprises	中型 Medium-size Enterprises	小型 Small-size Enterprises	上市公司 Share Listed Companies	国有控股企业 State Holding Enterprises
1999 年 1 季度	1st. Quarter of 1999	80.7	81.3	80.9	81.6	80.3	100.0
1999 年 2 季度	2nd. Quarter of 1999	74.2	70.1	71.8	68.6	84.2	100.0
1999 年 3 季度	3rd. Quarter of 1999	90.8	68.9	69.0	68.9	119.8	100.0
1999 年 4 季度	4th. Quarter of 1999	89.6	77.0	78.6	75.6	116.8	100.0
2000 年 1 季度	1st. Quarter of 2000	103.1	95.4	93.7	100.0	91.9	100.0
2000 年 2 季度	2nd. Quarter of 2000	104.7	96.3	97.3	93.9	105.3	100.0
2000 年 3 季度	3rd. Quarter of 2000	116.1	93.0	91.9	95.9	128.3	100.0
2000 年 4 季度	4th. Quarter of 2000	107.3	95.6	98.1	89.2	120.5	100.0
2001 年 1 季度	1st. Quarter of 2001	113.7	101.6	107.5	90.4	108.3	100.0
2001 年 2 季度	2nd. Quarter of 2001	107.2	96.7	103.7	83.7	106.5	100.0
2001 年 3 季度	3rd. Quarter of 2001	112.1	95.0	99.1	87.0	107.3	100.0
2001 年 4 季度	4th. Quarter of 2001	108.6	94.1	98.1	86.6	108.6	100.0
2002 年 1 季度	1st. Quarter of 2002	116.3	106.4	112.5	98.7	109.0	102.1
2002 年 2 季度	2nd. Quarter of 2002	110.2	104.2	112.5	93.9	107.5	102.6
2002 年 3 季度	3rd. Quarter of 2002	119.9	111.5	116.3	105.5	119.1	111.1
2002 年 4 季度	4th. Quarter of 2002	118.9	112.2	118.4	104.4	116.6	107.5
2003 年 1 季度	1st. Quarter of 2003	146.3	117.5	125.8	107.7	153.9	121.4
2003 年 2 季度	2nd. Quarter of 2003	119.7	106.4	115.8	95.4	82.1	102.9
2003 年 3 季度	3rd. Quarter of 2003	134.3	113.2	120.9	104.2	116.9	118.5
2003 年 4 季度	4th. Quarter of 2003	153.1	121.8	131.2	110.8	165.2	128.7
2004 年 1 季度	1st. Quarter of 2004	150.8	119.6	127.9	109.9	162.5	123.8
2004 年 2 季度	2nd. Quarter of 2004	133.3	117.2	123.5	109.7	111.9	121.3
2004 年 3 季度	3rd. Quarter of 2004	140.1	114.2	122.7	104.0	132.4	119.6
2004 年 4 季度	4th. Quarter of 2004	130.4	118.1	125.9	108.7	112.1	119.6
2005 年 1 季度	1st. Quarter of 2005	135.3	119.8	126.0	111.9	127.9	121.5
2005 年 2 季度	2nd. Quarter of 2005	127.2	116.2	119.9	111.4	123.6	120.9
2005 年 3 季度	3rd. Quarter of 2005	124.9	118.4	122.4	113.2	113.1	117.2
2005 年 4 季度	4th. Quarter of 2005	125.6	120.1	124.0	114.9	128.0	121.9
2006 年 1 季度	1st. Quarter of 2006	134.8	118.4	118.5	116.0	114.7	127.9
2006 年 2 季度	2nd. Quarter of 2006	136.8	109.8	109.4	116.7	115.6	128.5
2006 年 3 季度	3rd. Quarter of 2006	137.5	120.4	129.6	108.3	132.1	127.2
2006 年 4 季度	4th. Quarter of 2006	140.2	117.8	117.5	122.7	147.1	132.4
2007 年 1 季度	1st. Quarter of 2007	151.5	129.2	131.6	122.6	138.7	139.7
2007 年 2 季度	2nd. Quarter of 2007	160.2	131.0	133.4	124.2	157.0	145.0
2007 年 3 季度	3rd. Quarter of 2007	156.7	130.3	132.8	123.2	156.8	140.0
2007 年 4 季度	4th. Quarter of 2007	158.9	128.2	129.5	124.4	131.1	140.3
2008 年 1 季度	1st. Quarter of 2008	152.9	127.1	129.6	120.2	156.9	140.9
2008 年 2 季度	2nd. Quarter of 2008	151.5	122.7	124.3	118.2	143.4	139.5
2008 年 3 季度	3rd. Quarter of 2008	133.7	112.4	115.0	105.0	119.5	124.8
2008 年 4 季度	4th. Quarter of 2008	93.3	91.8	94.4	84.1	78.1	98.1
2009 年 1 季度	1st. Quarter of 2009	103.2	102.1	107.4	96.3	132.1	100.5
2009 年 2 季度	2nd. Quarter of 2009	122.1	113.7	121.1	105.8	129.2	112.8
2009 年 3 季度	3rd. Quarter of 2009	135.2	124.0	132.0	115.6	123.1	127.8
2009 年 4 季度	4th. Quarter of 2009	150.9	127.6	135.1	119.4	131.3	132.2

5-7 不同企业规模及特殊分组的企业景气指数(1999-2009 年)
Business Survey Index by Enterprise-size and Special Group (1999-2009)

季 度	Quarter	大型及特大型 Large and Extra Large-size Enterprises	中小型 Medium and Small-size Enterprises	中型 Medium-size Enterprises	小型 Small-size Enterprises	上市公司 Share Listed Companies	国有控股企业 State Holding Enterprises
1999 年 1 季度	1st. Quarter of 1999	99.4	80.7	80.3	81.0	71.6	100.0
1999 年 2 季度	2nd. Quarter of 1999	103.8	75.4	77.7	73.3	109.8	100.0
1999 年 3 季度	3rd. Quarter of 1999	101.3	71.1	71.8	70.6	109.4	100.0
1999 年 4 季度	4th. Quarter of 1999	104.9	80.4	82.5	78.5	114.2	100.0
2000 年 1 季度	1st. Quarter of 2000	117.4	94.7	95.0	93.8	108.5	100.0
2000 年 2 季度	2nd. Quarter of 2000	123.3	95.7	93.9	100.0	137.1	100.0
2000 年 3 季度	3rd. Quarter of 2000	120.8	90.5	88.4	95.9	128.8	100.0
2000 年 4 季度	4th. Quarter of 2000	119.1	98.9	98.4	100.0	138.5	100.0
2001 年 1 季度	1st. Quarter of 2001	119.8	97.5	100.9	91.0	136.6	100.0
2001 年 2 季度	2nd. Quarter of 2001	131.3	95.7	100.0	87.6	142.6	100.0
2001 年 3 季度	3rd. Quarter of 2001	125.2	90.5	95.1	81.6	130.2	100.0
2001 年 4 季度	4th. Quarter of 2001	123.7	98.8	101.9	93.0	120.9	100.0
2002 年 1 季度	1st. Quarter of 2002	108.3	100.8	107.2	92.8	110.8	98.1
2002 年 2 季度	2nd. Quarter of 2002	118.4	102.5	109.9	93.3	121.8	100.1
2002 年 3 季度	3rd. Quarter of 2002	131.2	106.9	112.3	100.3	146.3	109.2
2002 年 4 季度	4th. Quarter of 2002	148.7	109.6	115.0	102.8	153.4	116.2
2003 年 1 季度	1st. Quarter of 2003	154.2	108.2	116.1	99.0	161.1	118.7
2003 年 2 季度	2nd. Quarter of 2003	137.5	96.2	104.6	86.4	152.6	106.0
2003 年 3 季度	3rd. Quarter of 2003	151.8	113.2	120.0	105.4	157.5	122.9
2003 年 4 季度	4th. Quarter of 2003	150.7	121.0	128.1	112.8	158.1	126.1
2004 年 1 季度	1st. Quarter of 2004	155.3	111.4	120.4	100.7	170.1	125.3
2004 年 2 季度	2nd. Quarter of 2004	159.7	110.9	120.3	99.8	163.4	128.6
2004 年 3 季度	3rd. Quarter of 2004	154.7	111.2	118.7	102.3	162.9	125.9
2004 年 4 季度	4th. Quarter of 2004	162.3	115.7	121.8	108.5	158.4	127.8
2005 年 1 季度	1st. Quarter of 2005	161.3	111.1	118.4	101.8	165.0	128.5
2005 年 2 季度	2nd. Quarter of 2005	142.9	112.1	118.5	103.9	157.1	123.5
2005 年 3 季度	3rd. Quarter of 2005	131.7	113.6	119.1	106.4	132.0	118.4
2005 年 4 季度	4th. Quarter of 2005	146.1	120.9	124.3	116.5	174.8	128.6
2006 年 1 季度	1st. Quarter of 2006	136.1	104.6	104.9	100.0	138.3	124.9
2006 年 2 季度	2nd. Quarter of 2006	147.2	106.7	106.3	112.5	127.1	135.1
2006 年 3 季度	3rd. Quarter of 2006	136.8	117.5	124.8	108.0	126.1	124.7
2006 年 4 季度	4th. Quarter of 2006	156.6	118.6	118.6	118.2	188.7	144.0
2007 年 1 季度	1st. Quarter of 2007	154.5	122.2	125.7	112.8	138.7	137.9
2007 年 2 季度	2nd. Quarter of 2007	160.7	126.4	130.0	116.4	179.7	143.4
2007 年 3 季度	3rd. Quarter of 2007	164.3	126.2	129.0	118.3	181.3	145.4
2007 年 4 季度	4th. Quarter of 2007	172.8	128.6	132.5	117.7	162.5	147.1
2008 年 1 季度	1st. Quarter of 2008	153.3	117.9	121.6	107.7	152.5	133.3
2008 年 2 季度	2nd. Quarter of 2008	165.7	115.1	119.1	104.2	167.9	140.8
2008 年 3 季度	3rd. Quarter of 2008	145.2	111.0	114.2	101.9	153.2	128.5
2008 年 4 季度	4th. Quarter of 2008	114.0	96.9	100.2	87.3	102.7	108.0
2009 年 1 季度	1st. Quarter of 2009	118.4	103.8	110.9	96.3	116.6	106.4
2009 年 2 季度	2nd. Quarter of 2009	127.9	114.7	122.5	106.3	146.7	115.7
2009 年 3 季度	3rd. Quarter of 2009	152.1	122.0	129.1	114.5	141.7	130.9
2009 年 4 季度	4th. Quarter of 2009	159.1	128.7	135.6	121.1	134.3	134.6

5-8 生产总量景气指数 (1999-2009 年)
Total Production Quantity Survey Index (1999-2009)

季 度	Quarter	总体 Comprehensive Index	工业 Industry	建筑业 Construction	交通运输、仓储及邮电通信业 Transportation, Storage, Posts and Telecommunications	批发和零售业 Wholesale and Retail Trade
1999 年 1 季度	1st. Quarter of 1999	**93.5**	94.5	104.9	110.9	68.2
1999 年 2 季度	2nd. Quarter of 1999	**92.4**	100.3	85.9	76.7	66.0
1999 年 3 季度	3rd. Quarter of 1999	**81.9**	82.4	84.4	77.9	69.2
1999 年 4 季度	4th. Quarter of 1999	**102.7**	111.0	95.8	105.7	80.2
2000 年 1 季度	1st. Quarter of 2000	**101.0**	98.7	81.2	131.8	101.0
2000 年 2 季度	2nd. Quarter of 2000	**114.7**	123.1	111.3	71.1	104.8
2000 年 3 季度	3rd. Quarter of 2000	**112.4**	114.5	122.8	95.0	107.6
2000 年 4 季度	4th. Quarter of 2000	**121.5**	126.6	131.9	106.0	98.2
2001 年 1 季度	1st. Quarter of 2001	**96.6**	88.8	94.7	137.6	91.2
2001 年 2 季度	2nd. Quarter of 2001	**119.3**	129.4	115.4	91.5	83.9
2001 年 3 季度	3rd. Quarter of 2001	**107.6**	102.7	122.7	116.1	93.3
2001 年 4 季度	4th. Quarter of 2001	**116.4**	108.5	142.4	109.1	93.4
2002 年 1 季度	1st. Quarter of 2002	**103.2**	99.8	95.8	107.5	94.3
2002 年 2 季度	2nd. Quarter of 2002	**121.2**	126.8	133.2	94.9	95.2
2002 年 3 季度	3rd. Quarter of 2002	**116.7**	118.1	127.5	109.4	96.0
2002 年 4 季度	4th. Quarter of 2002	**125.8**	132.7	129.8	105.1	105.3
2003 年 1 季度	1st. Quarter of 2003	**106.1**	106.3	98.2	111.5	104.1
2003 年 2 季度	2nd. Quarter of 2003	**103.1**	115.4	127.9	62.2	91.3
2003 年 3 季度	3rd. Quarter of 2003	**125.2**	123.2	134.5	120.0	109.8
2003 年 4 季度	4th. Quarter of 2003	**130.3**	139.9	134.1	93.8	116.1
2004 年 1 季度	1st. Quarter of 2004	**112.4**	113.3	102.4	122.7	114.5
2004 年 2 季度	2nd. Quarter of 2004	**121.6**	121.6	140.9	100.2	96.8
2004 年 3 季度	3rd. Quarter of 2004	**116.1**	112.4	127.5	132.8	102.6
2004 年 4 季度	4th. Quarter of 2004	**124.8**	131.0	136.3	93.7	110.7
2005 年 1 季度	1st. Quarter of 2005	**99.1**	90.8	102.3	138.5	108.7
2005 年 2 季度	2nd. Quarter of 2005	**122.0**	124.9	134.4	103.4	109.3
2005 年 3 季度	3rd. Quarter of 2005	**113.4**	118.5	120.2	111.2	89.7
2005 年 4 季度	4th. Quarter of 2005	**129.4**	132.4	125.5	102.7	134.6
2006 年 1 季度	1st. Quarter of 2006	**102.7**	103.5	85.3	110.1	108.7
2006 年 2 季度	2nd. Quarter of 2006	**124.2**	127.3	141.9	100.3	100.3
2006 年 3 季度	3rd. Quarter of 2006	**108.8**	105.7	127.0	81.2	111.0
2006 年 4 季度	4th. Quarter of 2006	**133.2**	132.2	158.6	94.8	128.1
2007 年 1 季度	1st. Quarter of 2007	**109.0**	101.7	111.5	115.5	127.2
2007 年 2 季度	2nd. Quarter of 2007	**131.7**	134.7	148.2	118.7	128.9
2007 年 3 季度	3rd. Quarter of 2007	**129.5**	133.3	151.0	112.4	132.8
2007 年 4 季度	4th. Quarter of 2007	**130.7**	132.6	149.8	130.9	130.5
2008 年 1 季度	1st. Quarter of 2008	**103.5**	99.2	90.2	109.5	120.3
2008 年 2 季度	2nd. Quarter of 2008	**120.4**	130.5	138.1	94.7	106.1
2008 年 3 季度	3rd. Quarter of 2008	**107.5**	106.6	128.2	109.7	97.3
2008 年 4 季度	4th. Quarter of 2008	**83.5**	65.4	125.8	90.7	81.3
2009 年 1 季度	1st. Quarter of 2009	**87.9**	91.4	75.0	80.1	91.3
2009 年 2 季度	2nd. Quarter of 2009	**119.8**	126.4	128.4	93.5	118.2
2009 年 3 季度	3rd. Quarter of 2009	**121.8**	123.0	138.6	112.4	119.5
2009 年 4 季度	4th. Quarter of 2009	**127.7**	128.3	139.1	113.3	136.5

5-8 生产总量景气指数 (1999-2009 年)
Total Production Quantity Survey Index (1999-2009)

续表 continued

季 度	Quarter	房地产业 Real Estate	社会服务业 Social Services	信息传输、计算机服务和软件 Data Transmission, Computer Service and Softwares	住宿和餐饮业 Hotels and Restaurants
1999 年 1 季度	1st. Quarter of 1999	140.3	75.4	100.0	70.1
1999 年 2 季度	2nd. Quarter of 1999	131.2	81.2	175.0	47.1
1999 年 3 季度	3rd. Quarter of 1999	112.7	72.5	133.3	67.3
1999 年 4 季度	4th. Quarter of 1999	105.3	87.7	100.0	100.4
2000 年 1 季度	1st. Quarter of 2000	113.3	100.0	150.0	89.7
2000 年 2 季度	2nd. Quarter of 2000	120.4	126.9	175.0	76.3
2000 年 3 季度	3rd. Quarter of 2000	131.0	108.0	100.0	98.6
2000 年 4 季度	4th. Quarter of 2000	137.7	104.0	133.3	130.7
2001 年 1 季度	1st. Quarter of 2001	120.5	88.0	133.3	91.6
2001 年 2 季度	2nd. Quarter of 2001	142.4	132.0	133.3	102.5
2001 年 3 季度	3rd. Quarter of 2001	126.0	112.0	133.3	97.0
2001 年 4 季度	4th. Quarter of 2001	138.7	132.0	166.7	121.2
2002 年 1 季度	1st. Quarter of 2002	120.0	122.6	171.4	75.0
2002 年 2 季度	2nd. Quarter of 2002	127.0	113.7	159.4	110.7
2002 年 3 季度	3rd. Quarter of 2002	127.5	127.4	104.5	117.2
2002 年 4 季度	4th. Quarter of 2002	134.0	113.8	145.1	119.3
2003 年 1 季度	1st. Quarter of 2003	123.5	114.8	109.9	87.9
2003 年 2 季度	2nd. Quarter of 2003	126.8	54.0	117.5	24.3
2003 年 3 季度	3rd. Quarter of 2003	129.7	123.7	138.0	156.6
2003 年 4 季度	4th. Quarter of 2003	147.7	98.4	127.7	139.2
2004 年 1 季度	1st. Quarter of 2004	133.2	92.4	136.1	92.1
2004 年 2 季度	2nd. Quarter of 2004	149.0	121.3	129.0	120.1
2004 年 3 季度	3rd. Quarter of 2004	133.6	111.2	147.4	87.7
2004 年 4 季度	4th. Quarter of 2004	127.5	105.6	127.9	128.0
2005 年 1 季度	1st. Quarter of 2005	126.0	99.2	91.5	77.0
2005 年 2 季度	2nd. Quarter of 2005	131.8	114.8	128.4	99.7
2005 年 3 季度	3rd. Quarter of 2005	119.6	118.8	115.8	79.3
2005 年 4 季度	4th. Quarter of 2005	126.0	116.7	127.0	154.4
2006 年 1 季度	1st. Quarter of 2006	119.0	113.5	109.5	86.4
2006 年 2 季度	2nd. Quarter of 2006	144.8	114.3	128.9	98.6
2006 年 3 季度	3rd. Quarter of 2006	124.2	124.6	112.6	76.3
2006 年 4 季度	4th. Quarter of 2006	138.0	109.2	137.2	140.6
2007 年 1 季度	1st. Quarter of 2007	108.0	129.0	80.7	122.0
2007 年 2 季度	2nd. Quarter of 2007	132.9	130.0	117.7	100.5
2007 年 3 季度	3rd. Quarter of 2007	123.7	121.4	101.9	100.3
2007 年 4 季度	4th. Quarter of 2007	130.2	85.2	120.2	121.1
2008 年 1 季度	1st. Quarter of 2008	116.8	87.2	115.3	111.5
2008 年 2 季度	2nd. Quarter of 2008	126.0	99.4	129.8	51.3
2008 年 3 季度	3rd. Quarter of 2008	119.5	111.6	98.7	63.4
2008 年 4 季度	4th. Quarter of 2008	99.9	88.9	135.5	99.6
2009 年 1 季度	1st. Quarter of 2009	89.1	87.4	93.5	73.8
2009 年 2 季度	2nd. Quarter of 2009	113.3	107.8	112.5	96.7
2009 年 3 季度	3rd. Quarter of 2009	109.0	125.0	120.2	105.6
2009 年 4 季度	4th. Quarter of 2009	108.6	120.2	129.6	131.9

5-9 盈利（亏损）变化景气指数 (1999-2009 年)
Survey Index of Changes in Profits(Losses) (1999-2009)

季 度	Quarter	总体 Comprehensive Index	工业 Industry	建筑业 Construction	交通运输、仓储及邮电通信业 Transportation, Storage, Posts and Telecommunications	批发和零售业 Wholesale and Retail Trade
1999 年 1 季度	1st. Quarter of 1999	**71.9**	72.4	72.9	94.4	53.2
1999 年 2 季度	2nd. Quarter of 1999	**65.1**	73.0	63.7	60.8	49.0
1999 年 3 季度	3rd. Quarter of 1999	**60.8**	65.3	46.6	59.4	48.9
1999 年 4 季度	4th. Quarter of 1999	**73.2**	77.0	72.5	75.3	61.9
2000 年 1 季度	1st. Quarter of 2000	**85.1**	73.6	97.1	126.3	91.1
2000 年 2 季度	2nd. Quarter of 2000	**82.3**	94.1	53.4	56.0	76.7
2000 年 3 季度	3rd. Quarter of 2000	**82.5**	88.0	91.1	74.3	82.0
2000 年 4 季度	4th. Quarter of 2000	**94.9**	105.2	94.5	78.3	68.2
2001 年 1 季度	1st. Quarter of 2001	**94.4**	86.5	84.5	134.3	86.4
2001 年 2 季度	2nd. Quarter of 2001	**105.5**	112.7	97.0	77.8	82.0
2001 年 3 季度	3rd. Quarter of 2001	**93.5**	94.0	87.2	96.7	87.7
2001 年 4 季度	4th. Quarter of 2001	**112.0**	105.0	127.0	126.8	93.7
2002 年 1 季度	1st. Quarter of 2002	**89.5**	84.4	97.3	101.5	90.1
2002 年 2 季度	2nd. Quarter of 2002	**107.2**	109.1	114.6	95.6	101.0
2002 年 3 季度	3rd. Quarter of 2002	**110.4**	117.6	101.8	80.8	105.8
2002 年 4 季度	4th. Quarter of 2002	**120.1**	129.1	114.4	108.3	107.8
2003 年 1 季度	1st. Quarter of 2003	**106.4**	107.2	99.9	98.2	113.0
2003 年 2 季度	2nd. Quarter of 2003	**101.0**	118.6	105.2	47.0	96.2
2003 年 3 季度	3rd. Quarter of 2003	**119.8**	127.0	109.7	100.3	104.6
2003 年 4 季度	4th. Quarter of 2003	**127.0**	137.0	116.9	106.0	108.3
2004 年 1 季度	1st. Quarter of 2004	**108.4**	112.9	82.0	113.4	108.5
2004 年 2 季度	2nd. Quarter of 2004	**117.0**	119.3	121.5	92.9	111.7
2004 年 3 季度	3rd. Quarter of 2004	**112.3**	118.3	117.1	100.5	102.6
2004 年 4 季度	4th. Quarter of 2004	**120.8**	122.0	137.9	107.6	108.5
2005 年 1 季度	1st. Quarter of 2005	**98.5**	89.4	108.9	119.1	114.0
2005 年 2 季度	2nd. Quarter of 2005	**107.0**	108.3	124.4	91.5	99.4
2005 年 3 季度	3rd. Quarter of 2005	**106.2**	106.7	111.0	104.3	113.5
2005 年 4 季度	4th. Quarter of 2005	**119.2**	120.9	120.9	92.7	120.3
2006 年 1 季度	1st. Quarter of 2006	**103.8**	109.2	106.1	79.5	109.2
2006 年 2 季度	2nd. Quarter of 2006	**123.9**	132.8	129.0	70.0	128.9
2006 年 3 季度	3rd. Quarter of 2006	**110.7**	115.4	118.5	72.2	114.8
2006 年 4 季度	4th. Quarter of 2006	**126.0**	134.2	125.4	62.2	121.1
2007 年 1 季度	1st. Quarter of 2007	**109.2**	111.8	108.3	92.5	115.6
2007 年 2 季度	2nd. Quarter of 2007	**121.1**	131.1	128.7	98.5	107.5
2007 年 3 季度	3rd. Quarter of 2007	**117.3**	126.5	117.0	84.7	110.4
2007 年 4 季度	4th. Quarter of 2007	**122.7**	134.6	116.7	90.0	114.9
2008 年 1 季度	1st. Quarter of 2008	**100.1**	103.7	92.5	88.0	111.1
2008 年 2 季度	2nd. Quarter of 2008	**110.4**	125.4	97.9	76.8	114.3
2008 年 3 季度	3rd. Quarter of 2008	**100.0**	107.5	89.7	96.4	102.8
2008 年 4 季度	4th. Quarter of 2008	**79.8**	73.9	106.1	65.4	87.4
2009 年 1 季度	1st. Quarter of 2009	**92.4**	94.3	112.5	62.1	100.2
2009 年 2 季度	2nd. Quarter of 2009	**114.3**	124.6	112.8	81.2	102.7
2009 年 3 季度	3rd. Quarter of 2009	**119.5**	122.8	123.2	107.5	122.8
2009 年 4 季度	4th. Quarter of 2009	**125.8**	128.8	139.8	102.1	132.4

5-9 盈利（亏损）变化景气指数(1999-2009年)
Survey Index of Changes in Profits(Losses) (1999-2009)

续表　continued

季 度	Quarter	房地产业 Real Estate	社会服务业 Social Services	信息传输、计算机服务和软件 Data Transmission, Computer Service and Softwares	住宿和餐饮业 Hotels and Restaurants
1999年1季度	1st. Quarter of 1999	72.1	67.3	100.0	69.0
1999年2季度	2nd. Quarter of 1999	58.0	57.4	75.0	36.4
1999年3季度	3rd. Quarter of 1999	56.2	62.5	133.3	43.1
1999年4季度	4th. Quarter of 1999	68.5	69.8	66.7	71.2
2000年1季度	1st. Quarter of 2000	90.9	95.6	73.6	82.8
2000年2季度	2nd. Quarter of 2000	76.0	92.3	100.0	65.8
2000年3季度	3rd. Quarter of 2000	84.0	56.0	50.0	63.8
2000年4季度	4th. Quarter of 2000	101.9	76.0	133.3	80.3
2001年1季度	1st. Quarter of 2001	104.1	87.9	200.0	81.7
2001年2季度	2nd. Quarter of 2001	108.1	128.0	125.5	107.3
2001年3季度	3rd. Quarter of 2001	95.5	116.0	92.2	81.8
2001年4季度	4th. Quarter of 2001	108.0	124.0	158.9	122.7
2002年1季度	1st. Quarter of 2002	114.2	101.7	72.4	67.1
2002年2季度	2nd. Quarter of 2002	109.7	103.5	121.5	91.2
2002年3季度	3rd. Quarter of 2002	115.9	116.9	120.5	92.9
2002年4季度	4th. Quarter of 2002	127.4	96.2	106.3	127.7
2003年1季度	1st. Quarter of 2003	116.8	125.5	96.4	80.7
2003年2季度	2nd. Quarter of 2003	125.6	51.7	132.9	11.6
2003年3季度	3rd. Quarter of 2003	141.6	109.3	123.4	128.4
2003年4季度	4th. Quarter of 2003	148.1	100.9	139.1	134.8
2004年1季度	1st. Quarter of 2004	139.1	98.9	118.0	97.3
2004年2季度	2nd. Quarter of 2004	138.6	116.1	102.8	118.8
2004年3季度	3rd. Quarter of 2004	125.2	96.7	122.2	71.7
2004年4季度	4th. Quarter of 2004	122.6	112.6	115.9	121.8
2005年1季度	1st. Quarter of 2005	118.8	83.8	95.2	96.3
2005年2季度	2nd. Quarter of 2005	103.0	91.3	101.8	108.8
2005年3季度	3rd. Quarter of 2005	99.6	97.2	111.1	85.6
2005年4季度	4th. Quarter of 2005	110.7	95.8	136.8	151.7
2006年1季度	1st. Quarter of 2006	103.4	85.7	93.8	81.9
2006年2季度	2nd. Quarter of 2006	108.9	103.6	110.9	112.1
2006年3季度	3rd. Quarter of 2006	112.6	112.7	116.9	58.7
2006年4季度	4th. Quarter of 2006	123.7	106.8	137.5	136.3
2007年1季度	1st. Quarter of 2007	111.6	113.2	93.0	108.4
2007年2季度	2nd. Quarter of 2007	134.4	117.5	93.4	83.7
2007年3季度	3rd. Quarter of 2007	142.5	123.8	101.9	67.5
2007年4季度	4th. Quarter of 2007	137.4	107.1	115.6	104.2
2008年1季度	1st. Quarter of 2008	102.9	84.7	106.8	74.8
2008年2季度	2nd. Quarter of 2008	103.6	78.7	118.6	63.5
2008年3季度	3rd. Quarter of 2008	83.8	101.8	96.9	49.5
2008年4季度	4th. Quarter of 2008	69.5	54.7	138.7	83.5
2009年1季度	1st. Quarter of 2009	79.7	77.7	87.2	95.8
2009年2季度	2nd. Quarter of 2009	120.1	91.6	106.2	109.8
2009年3季度	3rd. Quarter of 2009	111.5	114.3	112.8	101.7
2009年4季度	4th. Quarter of 2009	115.1	105.3	128.0	111.8

5-10 流动资金景气指数 (1999-2009 年)
Circulating Funds Survey Index (1999-2009)

季度	Quarter	总体 Comprehensive Index	工业 Industry	建筑业 Construction	交通运输、仓储及邮电通信业 Transportation, Storage, Posts and Telecommunications	批发和零售业 Wholesale and Retail Trade
1999 年 1 季度	1st. Quarter of 1999	**48.3**	45.6	43.1	48.2	48.8
1999 年 2 季度	2nd. Quarter of 1999	**40.1**	35.0	39.6	49.6	43.1
1999 年 3 季度	3rd. Quarter of 1999	**39.4**	34.8	23.0	48.2	43.5
1999 年 4 季度	4th. Quarter of 1999	**44.8**	41.5	38.8	46.6	44.3
2000 年 1 季度	1st. Quarter of 2000	**52.5**	46.1	36.7	69.5	54.6
2000 年 2 季度	2nd. Quarter of 2000	**49.4**	45.6	34.4	50.7	53.3
2000 年 3 季度	3rd. Quarter of 2000	**52.4**	48.6	35.1	60.9	54.3
2000 年 4 季度	4th. Quarter of 2000	**56.7**	52.0	49.4	52.5	58.3
2001 年 1 季度	1st. Quarter of 2001	**58.3**	54.0	57.0	49.8	59.2
2001 年 2 季度	2nd. Quarter of 2001	**60.3**	58.7	38.2	49.9	58.8
2001 年 3 季度	3rd. Quarter of 2001	**57.1**	53.6	39.1	46.3	48.6
2001 年 4 季度	4th. Quarter of 2001	**59.9**	58.1	37.6	54.1	49.9
2002 年 1 季度	1st. Quarter of 2002	**68.7**	61.5	56.4	61.3	67.2
2002 年 2 季度	2nd. Quarter of 2002	**68.7**	66.3	50.8	65.2	62.4
2002 年 3 季度	3rd. Quarter of 2002	**70.6**	66.7	50.1	71.7	71.7
2002 年 4 季度	4th. Quarter of 2002	**69.0**	63.4	56.9	68.2	63.6
2003 年 1 季度	1st. Quarter of 2003	**75.0**	72.2	56.9	64.9	70.0
2003 年 2 季度	2nd. Quarter of 2003	**73.1**	73.7	62.3	50.8	72.1
2003 年 3 季度	3rd. Quarter of 2003	**75.6**	74.0	59.7	56.5	74.4
2003 年 4 季度	4th. Quarter of 2003	**80.1**	82.1	59.6	53.1	78.7
2004 年 1 季度	1st. Quarter of 2004	**81.2**	80.0	64.0	56.7	87.7
2004 年 2 季度	2nd. Quarter of 2004	**80.6**	80.3	63.1	65.0	80.8
2004 年 3 季度	3rd. Quarter of 2004	**73.8**	69.6	63.4	61.6	75.7
2004 年 4 季度	4th. Quarter of 2004	**72.4**	68.3	52.9	61.1	71.6
2005 年 1 季度	1st. Quarter of 2005	**74.8**	72.1	65.6	49.9	79.4
2005 年 2 季度	2nd. Quarter of 2005	**70.2**	68.7	58.4	50.3	73.7
2005 年 3 季度	3rd. Quarter of 2005	**73.5**	74.6	56.6	52.9	81.2
2005 年 4 季度	4th. Quarter of 2005	**76.4**	79.8	57.0	50.9	76.0
2006 年 1 季度	1st. Quarter of 2006	**81.6**	87.1	59.0	63.9	91.8
2006 年 2 季度	2nd. Quarter of 2006	**82.6**	86.7	62.6	62.5	90.6
2006 年 3 季度	3rd. Quarter of 2006	**78.7**	79.9	62.2	64.6	76.0
2006 年 4 季度	4th. Quarter of 2006	**81.8**	84.9	50.0	57.9	81.3
2007 年 1 季度	1st. Quarter of 2007	**86.6**	89.9	66.9	58.8	86.3
2007 年 2 季度	2nd. Quarter of 2007	**86.8**	86.5	66.6	67.9	89.7
2007 年 3 季度	3rd. Quarter of 2007	**89.4**	91.6	61.8	70.7	93.7
2007 年 4 季度	4th. Quarter of 2007	**87.6**	89.2	62.5	70.9	89.0
2008 年 1 季度	1st. Quarter of 2008	**83.1**	83.4	65.9	67.3	84.3
2008 年 2 季度	2nd. Quarter of 2008	**83.7**	86.7	60.4	74.9	86.2
2008 年 3 季度	3rd. Quarter of 2008	**77.4**	78.9	57.1	62.9	89.2
2008 年 4 季度	4th. Quarter of 2008	**73.0**	75.7	51.7	62.6	70.1
2009 年 1 季度	1st. Quarter of 2009	**80.7**	82.7	61.2	71.3	97.9
2009 年 2 季度	2nd. Quarter of 2009	**85.1**	85.9	72.4	71.8	100.1
2009 年 3 季度	3rd. Quarter of 2009	**93.8**	95.2	84.8	70.6	102.5
2009 年 4 季度	4th. Quarter of 2009	**93.2**	95.0	83.3	74.6	100.7

5-10 流动资金景气指数（1999-2009 年）
Circulating Funds Survey Index (1999-2009)

续表 continued

季 度	Quarter	房地产业 Real Estate	社会服务业 Social Services	信息传输、计算机服务和软件 Data Transmission, Computer Service and Softwares	住宿和餐饮业 Hotels and Restaurants
1999 年 1 季度	1st. Quarter of 1999	63.5	51.2	75.0	62.6
1999 年 2 季度	2nd. Quarter of 1999	53.0	57.1	25.0	53.5
1999 年 3 季度	3rd. Quarter of 1999	54.5	60.0	100.0	37.0
1999 年 4 季度	4th. Quarter of 1999	58.3	50.0	66.7	69.5
2000 年 1 季度	1st. Quarter of 2000	59.8	67.9	125.0	65.1
2000 年 2 季度	2nd. Quarter of 2000	69.2	61.5	75.0	69.5
2000 年 3 季度	3rd. Quarter of 2000	75.9	60.0	88.2	69.5
2000 年 4 季度	4th. Quarter of 2000	74.2	68.0	84.3	87.0
2001 年 1 季度	1st. Quarter of 2001	82.0	84.0	25.5	84.1
2001 年 2 季度	2nd. Quarter of 2001	78.4	76.2	100.0	88.2
2001 年 3 季度	3rd. Quarter of 2001	87.4	84.1	100.0	80.7
2001 年 4 季度	4th. Quarter of 2001	77.5	84.0	100.0	91.3
2002 年 1 季度	1st. Quarter of 2002	91.8	106.9	114.3	82.3
2002 年 2 季度	2nd. Quarter of 2002	87.1	87.9	118.5	81.8
2002 年 3 季度	3rd. Quarter of 2002	98.6	89.8	107.3	78.6
2002 年 4 季度	4th. Quarter of 2002	99.4	90.0	107.3	85.3
2003 年 1 季度	1st. Quarter of 2003	104.6	101.5	108.9	88.1
2003 年 2 季度	2nd. Quarter of 2003	109.6	86.9	109.5	44.6
2003 年 3 季度	3rd. Quarter of 2003	106.7	91.1	98.6	97.4
2003 年 4 季度	4th. Quarter of 2003	121.2	82.9	95.7	101.6
2004 年 1 季度	1st. Quarter of 2004	117.6	89.8	100.4	94.0
2004 年 2 季度	2nd. Quarter of 2004	110.0	83.9	100.4	100.8
2004 年 3 季度	3rd. Quarter of 2004	107.3	83.1	89.3	96.4
2004 年 4 季度	4th. Quarter of 2004	101.8	95.1	98.4	102.0
2005 年 1 季度	1st. Quarter of 2005	107.7	86.5	78.4	98.5
2005 年 2 季度	2nd. Quarter of 2005	81.5	78.4	80.2	108.1
2005 年 3 季度	3rd. Quarter of 2005	81.0	80.4	83.8	96.3
2005 年 4 季度	4th. Quarter of 2005	87.4	87.8	74.7	110.4
2006 年 1 季度	1st. Quarter of 2006	103.8	82.6	61.7	78.7
2006 年 2 季度	2nd. Quarter of 2006	108.0	80.6	66.2	92.4
2006 年 3 季度	3rd. Quarter of 2006	101.0	85.7	90.2	94.0
2006 年 4 季度	4th. Quarter of 2006	102.5	90.0	103.7	122.0
2007 年 1 季度	1st. Quarter of 2007	112.6	95.9	104.8	103.7
2007 年 2 季度	2nd. Quarter of 2007	118.3	83.7	116.6	111.3
2007 年 3 季度	3rd. Quarter of 2007	116.7	86.8	118.0	103.7
2007 年 4 季度	4th. Quarter of 2007	116.1	88.9	105.5	114.4
2008 年 1 季度	1st. Quarter of 2008	99.5	95.5	102.5	106.1
2008 年 2 季度	2nd. Quarter of 2008	91.4	77.9	108.7	96.6
2008 年 3 季度	3rd. Quarter of 2008	77.3	85.7	88.3	94.4
2008 年 4 季度	4th. Quarter of 2008	75.5	70.1	123.9	82.4
2009 年 1 季度	1st. Quarter of 2009	73.8	73.2	76.8	99.8
2009 年 2 季度	2nd. Quarter of 2009	75.5	94.3	83.9	106.3
2009 年 3 季度	3rd. Quarter of 2009	96.9	103.3	101.7	106.2
2009 年 4 季度	4th. Quarter of 2009	93.6	91.0	95.4	119.4

5-11 货款拖欠景气指数 (1999-2009 年)
Payment Delinquent Survey Index (1999-2009)

季 度	Quarter	总体 Comprehensive Index	工业 Industry	建筑业 Construction	交通运输、仓储及邮电通信业 Transportation, Storage, Posts and Telecommunications	批发和零售业 Wholesale and Retail Trade
1999 年 1 季度	1st. Quarter of 1999	**87.2**	82.4	60.2	81.1	110.7
1999 年 2 季度	2nd. Quarter of 1999	**82.1**	76.5	49.4	93.1	109.6
1999 年 3 季度	3rd. Quarter of 1999	**84.9**	80.5	49.0	97.6	108.9
1999 年 4 季度	4th. Quarter of 1999	**83.8**	80.5	62.2	82.2	111.1
2000 年 1 季度	1st. Quarter of 2000	**97.2**	94.0	68.8	90.3	132.0
2000 年 2 季度	2nd. Quarter of 2000	**92.5**	95.8	58.4	102.1	103.5
2000 年 3 季度	3rd. Quarter of 2000	**99.9**	104.7	68.9	106.4	116.3
2000 年 4 季度	4th. Quarter of 2000	**97.6**	97.1	55.5	101.1	119.0
2001 年 1 季度	1st. Quarter of 2001	**99.5**	100.8	80.3	86.0	113.0
2001 年 2 季度	2nd. Quarter of 2001	**98.9**	101.6	61.4	95.4	106.5
2001 年 3 季度	3rd. Quarter of 2001	**98.3**	104.6	64.6	92.9	111.9
2001 年 4 季度	4th. Quarter of 2001	**104.9**	106.5	82.9	105.0	111.6
2002 年 1 季度	1st. Quarter of 2002	**98.2**	94.2	80.7	92.4	107.4
2002 年 2 季度	2nd. Quarter of 2002	**92.9**	91.7	62.6	83.5	111.0
2002 年 3 季度	3rd. Quarter of 2002	**92.8**	93.1	63.6	92.6	112.0
2002 年 4 季度	4th. Quarter of 2002	**99.2**	105.8	65.8	90.1	106.3
2003 年 1 季度	1st. Quarter of 2003	**104.2**	103.3	83.9	103.0	119.5
2003 年 2 季度	2nd. Quarter of 2003	**97.1**	95.6	80.5	100.7	105.7
2003 年 3 季度	3rd. Quarter of 2003	**97.7**	100.1	73.8	105.9	102.5
2003 年 4 季度	4th. Quarter of 2003	**105.3**	112.8	71.8	98.7	110.1
2004 年 1 季度	1st. Quarter of 2004	**102.5**	104.0	84.5	100.4	107.8
2004 年 2 季度	2nd. Quarter of 2004	**102.4**	103.0	92.8	99.2	104.8
2004 年 3 季度	3rd. Quarter of 2004	**101.8**	98.9	91.9	99.2	115.3
2004 年 4 季度	4th. Quarter of 2004	**108.0**	111.4	87.6	104.7	113.5
2005 年 1 季度	1st. Quarter of 2005	**103.0**	103.7	93.2	95.3	98.8
2005 年 2 季度	2nd. Quarter of 2005	**97.7**	96.5	82.1	98.3	110.1
2005 年 3 季度	3rd. Quarter of 2005	**98.9**	99.0	80.0	87.9	109.3
2005 年 4 季度	4th. Quarter of 2005	**103.8**	106.2	91.9	92.4	112.6
2006 年 1 季度	1st. Quarter of 2006	**104.8**	103.3	104.3	84.0	106.7
2006 年 2 季度	2nd. Quarter of 2006	**102.0**	108.0	74.5	79.4	99.7
2006 年 3 季度	3rd. Quarter of 2006	**105.2**	109.5	88.8	88.2	99.9
2006 年 4 季度	4th. Quarter of 2006	**108.0**	108.7	86.2	105.0	111.5
2007 年 1 季度	1st. Quarter of 2007	**101.9**	101.9	97.9	84.3	101.7
2007 年 2 季度	2nd. Quarter of 2007	**102.9**	106.5	83.6	81.2	103.5
2007 年 3 季度	3rd. Quarter of 2007	**98.8**	97.9	84.4	81.5	106.2
2007 年 4 季度	4th. Quarter of 2007	**104.0**	109.6	68.4	90.7	109.8
2008 年 1 季度	1st. Quarter of 2008	**98.2**	89.1	101.8	94.8	112.1
2008 年 2 季度	2nd. Quarter of 2008	**98.4**	96.2	89.3	95.8	102.9
2008 年 3 季度	3rd. Quarter of 2008	**99.5**	98.0	82.5	89.2	109.7
2008 年 4 季度	4th. Quarter of 2008	**100.3**	98.9	79.4	100.4	102.7
2009 年 1 季度	1st. Quarter of 2009	**94.6**	89.9	91.9	97.8	105.3
2009 年 2 季度	2nd. Quarter of 2009	**92.3**	90.0	81.5	91.5	95.0
2009 年 3 季度	3rd. Quarter of 2009	**91.3**	92.0	79.4	73.5	96.4
2009 年 4 季度	4th. Quarter of 2009	**101.5**	101.9	89.9	85.3	109.8

5-11 货款拖欠景气指数(1999-2009 年)
Payment Delinquent Survey Index (1999-2009)

续表　continued

季度	Quarter	房地产业 Real Estate	社会服务业 Social Services	信息传输、计算机服务和软件 Data Transmission, Computer Service and Softwares	住宿和餐饮业 Hotels and Restaurants
1999 年 1 季度	1st. Quarter of 1999	109.8	100.0	150.0	85.1
1999 年 2 季度	2nd. Quarter of 1999	92.5	100.2	100.0	93.3
1999 年 3 季度	3rd. Quarter of 1999	89.4	85.5	133.3	110.5
1999 年 4 季度	4th. Quarter of 1999	83.8	81.3	100.0	99.4
2000 年 1 季度	1st. Quarter of 2000	98.6	113.6	86.8	104.9
2000 年 2 季度	2nd. Quarter of 2000	106.2	85.7	86.8	97.3
2000 年 3 季度	3rd. Quarter of 2000	111.3	73.7	86.8	102.5
2000 年 4 季度	4th. Quarter of 2000	117.0	100.0	100.0	125.0
2001 年 1 季度	1st. Quarter of 2001	121.6	90.5	100.0	112.8
2001 年 2 季度	2nd. Quarter of 2001	114.8	113.8	100.0	119.1
2001 年 3 季度	3rd. Quarter of 2001	122.3	77.4	100.0	96.1
2001 年 4 季度	4th. Quarter of 2001	106.5	126.3	100.0	100.0
2002 年 1 季度	1st. Quarter of 2002	118.0	104.6	129.4	121.2
2002 年 2 季度	2nd. Quarter of 2002	123.9	97.0	103.0	111.2
2002 年 3 季度	3rd. Quarter of 2002	126.6	103.6	52.9	100.6
2002 年 4 季度	4th. Quarter of 2002	124.3	116.7	64.2	91.6
2003 年 1 季度	1st. Quarter of 2003	124.1	108.8	96.8	111.2
2003 年 2 季度	2nd. Quarter of 2003	134.0	101.6	83.8	94.0
2003 年 3 季度	3rd. Quarter of 2003	132.6	88.3	94.3	90.0
2003 年 4 季度	4th. Quarter of 2003	134.8	106.8	83.4	99.3
2004 年 1 季度	1st. Quarter of 2004	129.0	91.8	111.1	105.2
2004 年 2 季度	2nd. Quarter of 2004	133.4	95.1	105.6	94.4
2004 年 3 季度	3rd. Quarter of 2004	130.0	100.0	99.2	103.4
2004 年 4 季度	4th. Quarter of 2004	131.6	112.6	83.3	111.8
2005 年 1 季度	1st. Quarter of 2005	124.5	112.6	91.6	118.4
2005 年 2 季度	2nd. Quarter of 2005	117.5	102.0	79.5	114.1
2005 年 3 季度	3rd. Quarter of 2005	128.0	102.0	105.7	99.9
2005 年 4 季度	4th. Quarter of 2005	128.9	104.1	89.0	91.0
2006 年 1 季度	1st. Quarter of 2006	134.3	106.4	102.8	108.3
2006 年 2 季度	2nd. Quarter of 2006	135.7	102.7	98.8	114.1
2006 年 3 季度	3rd. Quarter of 2006	132.7	95.2	108.1	114.7
2006 年 4 季度	4th. Quarter of 2006	133.6	110.1	108.4	130.7
2007 年 1 季度	1st. Quarter of 2007	128.8	109.1	95.9	111.7
2007 年 2 季度	2nd. Quarter of 2007	142.4	93.7	99.8	119.7
2007 年 3 季度	3rd. Quarter of 2007	154.7	94.2	78.4	103.0
2007 年 4 季度	4th. Quarter of 2007	138.1	98.7	86.5	120.4
2008 年 1 季度	1st. Quarter of 2008	131.8	107.0	92.0	111.5
2008 年 2 季度	2nd. Quarter of 2008	123.6	105.0	82.8	112.7
2008 年 3 季度	3rd. Quarter of 2008	126.5	97.6	106.0	112.8
2008 年 4 季度	4th. Quarter of 2008	132.6	103.9	101.3	111.6
2009 年 1 季度	1st. Quarter of 2009	101.8	86.9	99.1	121.4
2009 年 2 季度	2nd. Quarter of 2009	112.6	96.3	87.2	119.8
2009 年 3 季度	3rd. Quarter of 2009	113.6	102.7	73.9	109.8
2009 年 4 季度	4th. Quarter of 2009	125.2	102.7	86.8	113.2

5-12 劳动力需求景气指数（1999-2009 年）
Labor Demand Survey Index (1999-2009)

季 度	Quarter	总体 Comprehensive Index	工业 Industry	建筑业 Construction	交通运输、仓储及邮电通信业 Transportation, Storage, Posts and Telecommunications	批发和零售业 Wholesale and Retail Trade
1999 年 1 季度	1st. Quarter of 1999	**73.4**	69.6	92.4	71.8	54.0
1999 年 2 季度	2nd. Quarter of 1999	**69.0**	69.4	83.5	64.9	51.8
1999 年 3 季度	3rd. Quarter of 1999	**61.4**	57.6	65.4	56.7	49.2
1999 年 4 季度	4th. Quarter of 1999	**65.9**	70.1	62.7	36.8	54.5
2000 年 1 季度	1st. Quarter of 2000	**73.5**	70.4	80.4	83.1	43.5
2000 年 2 季度	2nd. Quarter of 2000	**71.4**	70.5	89.1	56.3	51.2
2000 年 3 季度	3rd. Quarter of 2000	**79.2**	79.3	94.9	57.5	59.3
2000 年 4 季度	4th. Quarter of 2000	**79.6**	74.2	94.8	72.8	60.4
2001 年 1 季度	1st. Quarter of 2001	**80.2**	80.0	83.7	77.1	65.8
2001 年 2 季度	2nd. Quarter of 2001	**85.2**	81.6	97.7	69.9	75.7
2001 年 3 季度	3rd. Quarter of 2001	**85.8**	78.0	105.3	67.4	74.9
2001 年 4 季度	4th. Quarter of 2001	**91.7**	80.4	134.8	68.8	79.1
2002 年 1 季度	1st. Quarter of 2002	**89.8**	87.2	97.3	77.1	72.2
2002 年 2 季度	2nd. Quarter of 2002	**95.1**	92.9	116.0	83.5	80.2
2002 年 3 季度	3rd. Quarter of 2002	**98.2**	95.4	114.7	86.9	80.4
2002 年 4 季度	4th. Quarter of 2002	**98.5**	99.2	120.1	70.3	83.2
2003 年 1 季度	1st. Quarter of 2003	**95.2**	96.4	91.8	77.1	84.1
2003 年 2 季度	2nd. Quarter of 2003	**89.4**	96.3	104.9	68.3	74.8
2003 年 3 季度	3rd. Quarter of 2003	**106.9**	104.0	122.5	92.0	95.5
2003 年 4 季度	4th. Quarter of 2003	**106.2**	109.1	119.9	82.8	84.4
2004 年 1 季度	1st. Quarter of 2004	**100.5**	101.0	110.0	84.7	84.0
2004 年 2 季度	2nd. Quarter of 2004	**101.6**	98.2	124.3	96.3	77.7
2004 年 3 季度	3rd. Quarter of 2004	**103.6**	101.8	121.4	99.0	87.2
2004 年 4 季度	4th. Quarter of 2004	**102.3**	101.6	122.3	104.9	82.9
2005 年 1 季度	1st. Quarter of 2005	**100.6**	103.7	98.1	97.0	90.9
2005 年 2 季度	2nd. Quarter of 2005	**106.4**	104.4	127.5	102.7	88.2
2005 年 3 季度	3rd. Quarter of 2005	**103.8**	104.6	112.9	92.7	96.2
2005 年 4 季度	4th. Quarter of 2005	**108.4**	109.3	123.0	92.4	94.7
2006 年 1 季度	1st. Quarter of 2006	**99.4**	99.6	90.7	87.5	101.6
2006 年 2 季度	2nd. Quarter of 2006	**103.4**	96.2	131.2	91.3	97.7
2006 年 3 季度	3rd. Quarter of 2006	**103.8**	100.2	114.2	95.6	97.3
2006 年 4 季度	4th. Quarter of 2006	**103.7**	95.4	125.8	78.7	117.3
2007 年 1 季度	1st. Quarter of 2007	**107.3**	101.4	113.3	105.9	115.3
2007 年 2 季度	2nd. Quarter of 2007	**113.7**	111.4	140.9	109.1	103.8
2007 年 3 季度	3rd. Quarter of 2007	**110.7**	105.3	126.6	109.8	114.6
2007 年 4 季度	4th. Quarter of 2007	**112.1**	112.2	130.0	106.9	107.3
2008 年 1 季度	1st. Quarter of 2008	**105.8**	109.5	99.0	100.8	103.5
2008 年 2 季度	2nd. Quarter of 2008	**105.9**	108.6	122.6	101.3	103.9
2008 年 3 季度	3rd. Quarter of 2008	**99.2**	97.9	113.1	104.1	99.3
2008 年 4 季度	4th. Quarter of 2008	**76.3**	65.7	96.4	101.2	83.9
2009 年 1 季度	1st. Quarter of 2009	**87.3**	90.8	79.1	87.3	90.4
2009 年 2 季度	2nd. Quarter of 2009	**102.0**	101.0	118.1	104.7	99.3
2009 年 3 季度	3rd. Quarter of 2009	**112.2**	114.9	129.7	102.6	99.1
2009 年 4 季度	4th. Quarter of 2009	**115.6**	116.9	133.0	110.0	106.4

5-12 劳动力需求景气指数 (1999-2009 年)
Labor Demand Survey Index (1999-2009)

续表 continued

季 度	Quarter	房地产业 Real Estate	社会服务业 Social Services	信息传输、计算机服务和软件 Data Transmission, Computer Service and Softwares	住宿和餐饮业 Hotels and Restaurants
1999 年 1 季度	1st. Quarter of 1999	121.8	75.6	100.0	66.3
1999 年 2 季度	2nd. Quarter of 1999	102.1	61.9	100.0	44.1
1999 年 3 季度	3rd. Quarter of 1999	97.8	67.7	133.3	59.4
1999 年 4 季度	4th. Quarter of 1999	80.5	72.5	100.0	68.3
2000 年 1 季度	1st. Quarter of 2000	100.7	88.5	113.2	92.3
2000 年 2 季度	2nd. Quarter of 2000	105.3	100.0	75.0	43.1
2000 年 3 季度	3rd. Quarter of 2000	120.5	88.0	75.0	80.0
2000 年 4 季度	4th. Quarter of 2000	113.3	100.0	115.8	87.2
2001 年 1 季度	1st. Quarter of 2001	114.7	92.0	58.9	79.1
2001 年 2 季度	2nd. Quarter of 2001	123.0	100.2	84.4	80.2
2001 年 3 季度	3rd. Quarter of 2001	111.3	112.1	100.0	102.5
2001 年 4 季度	4th. Quarter of 2001	100.9	104.0	141.1	105.6
2002 年 1 季度	1st. Quarter of 2002	116.6	106.9	123.1	81.9
2002 年 2 季度	2nd. Quarter of 2002	102.2	103.5	87.9	102.7
2002 年 3 季度	3rd. Quarter of 2002	110.3	101.8	117.3	113.4
2002 年 4 季度	4th. Quarter of 2002	110.0	96.6	100.0	103.7
2003 年 1 季度	1st. Quarter of 2003	114.4	108.2	108.6	100.2
2003 年 2 季度	2nd. Quarter of 2003	112.2	66.5	102.7	35.6
2003 年 3 季度	3rd. Quarter of 2003	113.6	107.3	122.9	128.1
2003 年 4 季度	4th. Quarter of 2003	122.4	94.2	125.7	115.3
2004 年 1 季度	1st. Quarter of 2004	120.8	95.6	119.4	97.1
2004 年 2 季度	2nd. Quarter of 2004	114.0	104.8	111.1	110.5
2004 年 3 季度	3rd. Quarter of 2004	115.3	98.9	115.9	99.2
2004 年 4 季度	4th. Quarter of 2004	101.6	89.7	100.0	119.2
2005 年 1 季度	1st. Quarter of 2005	113.1	88.5	100.4	99.0
2005 年 2 季度	2nd. Quarter of 2005	104.3	100.0	120.1	109.3
2005 年 3 季度	3rd. Quarter of 2005	103.2	109.8	108.2	91.4
2005 年 4 季度	4th. Quarter of 2005	102.3	100.0	117.1	117.6
2006 年 1 季度	1st. Quarter of 2006	123.8	97.8	103.5	103.3
2006 年 2 季度	2nd. Quarter of 2006	112.8	88.9	118.5	116.6
2006 年 3 季度	3rd. Quarter of 2006	104.9	114.3	114.3	113.9
2006 年 4 季度	4th. Quarter of 2006	104.4	82.7	126.2	131.3
2007 年 1 季度	1st. Quarter of 2007	117.4	113.2	96.6	130.6
2007 年 2 季度	2nd. Quarter of 2007	102.8	120.0	124.9	107.8
2007 年 3 季度	3rd. Quarter of 2007	105.6	111.9	131.4	104.8
2007 年 4 季度	4th. Quarter of 2007	108.4	80.5	132.8	115.4
2008 年 1 季度	1st. Quarter of 2008	97.1	86.0	120.9	126.1
2008 年 2 季度	2nd. Quarter of 2008	89.3	72.5	113.8	103.7
2008 年 3 季度	3rd. Quarter of 2008	88.4	83.6	101.8	98.8
2008 年 4 季度	4th. Quarter of 2008	50.5	55.3	107.1	106.3
2009 年 1 季度	1st. Quarter of 2009	62.8	75.7	92.8	103.4
2009 年 2 季度	2nd. Quarter of 2009	87.7	93.8	110.1	96.1
2009 年 3 季度	3rd. Quarter of 2009	84.6	118.6	123.3	122.9
2009 年 4 季度	4th. Quarter of 2009	100.1	110.1	109.5	133.3

5-13 固定资产投资景气指数（1999-2009 年）
Survey Index of Investment in Fixed Assets (1999-2009)

季 度	Quarter	总体 **Comprehensive Index**	工业 Industry	建筑业 Construction	交通运输、仓储及邮电通信业 Transportation, Storage, Posts and Telecommunications	批发和零售业 Wholesale and Retail Trade
1999 年 1 季度	1st. Quarter of 1999	**102.4**	101.5	89.5	116.8	88.5
1999 年 2 季度	2nd. Quarter of 1999	**90.3**	91.1	77.0	97.4	80.6
1999 年 3 季度	3rd. Quarter of 1999	**95.6**	95.4	82.4	123.6	83.5
1999 年 4 季度	4th. Quarter of 1999	**91.3**	92.3	76.7	91.3	85.2
2000 年 1 季度	1st. Quarter of 2000	**98.8**	103.1	84.9	75.2	85.7
2000 年 2 季度	2nd. Quarter of 2000	**107.7**	118.3	69.7	86.2	92.0
2000 年 3 季度	3rd. Quarter of 2000	**109.4**	115.8	76.9	129.2	88.6
2000 年 4 季度	4th. Quarter of 2000	**110.7**	121.4	71.9	113.1	84.3
2001 年 1 季度	1st. Quarter of 2001	**102.8**	101.3	73.8	87.0	94.6
2001 年 2 季度	2nd. Quarter of 2001	**108.4**	110.6	79.2	112.2	92.7
2001 年 3 季度	3rd. Quarter of 2001	**103.7**	104.5	92.6	95.1	93.6
2001 年 4 季度	4th. Quarter of 2001	**113.8**	114.3	108.9	108.9	96.4
2002 年 1 季度	1st. Quarter of 2002	**98.5**	99.8	92.4	97.2	91.2
2002 年 2 季度	2nd. Quarter of 2002	**114.0**	118.2	102.7	113.1	98.6
2002 年 3 季度	3rd. Quarter of 2002	**116.9**	118.9	109.1	117.8	108.5
2002 年 4 季度	4th. Quarter of 2002	**114.3**	121.0	105.9	110.3	108.2
2003 年 1 季度	1st. Quarter of 2003	**107.0**	115.6	90.6	86.4	99.3
2003 年 2 季度	2nd. Quarter of 2003	**110.4**	116.5	104.7	112.1	104.1
2003 年 3 季度	3rd. Quarter of 2003	**116.8**	128.4	101.2	105.9	99.7
2003 年 4 季度	4th. Quarter of 2003	**117.9**	126.3	103.1	106.8	102.9
2004 年 1 季度	1st. Quarter of 2004	**108.3**	114.4	93.8	91.0	98.6
2004 年 2 季度	2nd. Quarter of 2004	**117.2**	127.1	101.1	125.8	90.4
2004 年 3 季度	3rd. Quarter of 2004	**115.5**	123.3	99.3	120.5	102.9
2004 年 4 季度	4th. Quarter of 2004	**117.0**	125.3	111.9	134.2	101.5
2005 年 1 季度	1st. Quarter of 2005	**99.5**	102.9	91.5	90.7	101.8
2005 年 2 季度	2nd. Quarter of 2005	**115.0**	120.1	108.7	103.8	111.7
2005 年 3 季度	3rd. Quarter of 2005	**115.9**	126.1	101.9	103.7	107.7
2005 年 4 季度	4th. Quarter of 2005	**113.2**	121.2	101.8	112.8	103.4
2006 年 1 季度	1st. Quarter of 2006	**98.6**	96.2	94.0	91.8	105.3
2006 年 2 季度	2nd. Quarter of 2006	**113.0**	118.4	109.0	104.0	105.3
2006 年 3 季度	3rd. Quarter of 2006	**106.8**	108.9	99.8	101.5	99.4
2006 年 4 季度	4th. Quarter of 2006	**115.4**	123.6	91.4	112.3	105.5
2007 年 1 季度	1st. Quarter of 2007	**98.2**	95.8	100.2	102.1	90.8
2007 年 2 季度	2nd. Quarter of 2007	**116.5**	119.5	127.4	118.7	93.1
2007 年 3 季度	3rd. Quarter of 2007	**120.8**	128.7	113.5	114.9	107.9
2007 年 4 季度	4th. Quarter of 2007	**122.1**	131.9	118.0	114.6	99.5
2008 年 1 季度	1st. Quarter of 2008	**106.5**	108.3	91.3	125.9	96.3
2008 年 2 季度	2nd. Quarter of 2008	**116.2**	130.8	104.9	114.6	90.6
2008 年 3 季度	3rd. Quarter of 2008	**110.9**	114.2	109.0	112.1	112.5
2008 年 4 季度	4th. Quarter of 2008	**99.3**	103.6	89.7	103.3	90.2
2009 年 1 季度	1st. Quarter of 2009	**95.8**	94.5	96.1	105.2	95.5
2009 年 2 季度	2nd. Quarter of 2009	**110.9**	117.4	105.0	115.2	98.6
2009 年 3 季度	3rd. Quarter of 2009	**112.1**	116.1	111.1	118.5	104.2
2009 年 4 季度	4th. Quarter of 2009	**115.9**	118.3	115.0	117.7	117.0

5-13 固定资产投资景气指数(1999-2009 年)
Survey Index of Investment in Fixed Assets (1999-2009)

续表　continued

季 度	Quarter	房地产业 Real Estate	社会服务业 Social Services	信息传输、计算机服务和软件 Data Transmission, Computer Service and Softwares	住宿和餐饮业 Hotels and Restaurants
1999 年 1 季度	1st. Quarter of 1999	128.1	107.9	125.0	123.1
1999 年 2 季度	2nd. Quarter of 1999	117.7	85.0	100.0	109.2
1999 年 3 季度	3rd. Quarter of 1999	119.6	79.5	133.3	96.8
1999 年 4 季度	4th. Quarter of 1999	113.5	86.5	133.3	98.3
2000 年 1 季度	1st. Quarter of 2000	123.4	119.9	123.6	97.5
2000 年 2 季度	2nd. Quarter of 2000	121.8	129.2	150.0	100.0
2000 年 3 季度	3rd. Quarter of 2000	122.1	112.5	125.0	121.3
2000 年 4 季度	4th. Quarter of 2000	123.1	100.0	166.7	133.4
2001 年 1 季度	1st. Quarter of 2001	114.2	126.2	200.0	126.5
2001 年 2 季度	2nd. Quarter of 2001	126.6	104.4	200.0	114.6
2001 年 3 季度	3rd. Quarter of 2001	116.1	112.5	141.1	111.4
2001 年 4 季度	4th. Quarter of 2001	102.2	120.6	166.7	138.6
2002 年 1 季度	1st. Quarter of 2002	114.2	98.1	84.2	118.4
2002 年 2 季度	2nd. Quarter of 2002	118.4	109.1	144.6	120.9
2002 年 3 季度	3rd. Quarter of 2002	117.8	110.5	151.9	118.4
2002 年 4 季度	4th. Quarter of 2002	112.4	105.4	84.9	125.7
2003 年 1 季度	1st. Quarter of 2003	102.5	113.9	104.6	111.7
2003 年 2 季度	2nd. Quarter of 2003	122.6	86.9	101.9	99.9
2003 年 3 季度	3rd. Quarter of 2003	128.9	102.4	102.0	115.4
2003 年 4 季度	4th. Quarter of 2003	144.3	110.8	107.2	114.4
2004 年 1 季度	1st. Quarter of 2004	125.6	112.9	104.2	111.5
2004 年 2 季度	2nd. Quarter of 2004	138.6	98.4	109.8	121.6
2004 年 3 季度	3rd. Quarter of 2004	125.6	103.8	116.3	106.6
2004 年 4 季度	4th. Quarter of 2004	108.3	93.4	107.8	107.1
2005 年 1 季度	1st. Quarter of 2005	111.0	98.1	79.9	99.7
2005 年 2 季度	2nd. Quarter of 2005	128.7	105.9	91.8	115.4
2005 年 3 季度	3rd. Quarter of 2005	109.7	109.8	102.0	111.5
2005 年 4 季度	4th. Quarter of 2005	106.7	100.0	106.7	112.9
2006 年 1 季度	1st. Quarter of 2006	113.8	100.0	100.9	111.0
2006 年 2 季度	2nd. Quarter of 2006	122.2	97.3	86.1	125.8
2006 年 3 季度	3rd. Quarter of 2006	112.5	107.1	110.7	117.3
2006 年 4 季度	4th. Quarter of 2006	134.3	96.2	108.7	127.7
2007 年 1 季度	1st. Quarter of 2007	109.2	97.4	97.6	122.8
2007 年 2 季度	2nd. Quarter of 2007	124.4	107.5	117.4	116.8
2007 年 3 季度	3rd. Quarter of 2007	125.0	110.6	110.2	119.2
2007 年 4 季度	4th. Quarter of 2007	124.9	96.2	124.4	137.1
2008 年 1 季度	1st. Quarter of 2008	103.2	107.3	107.9	110.4
2008 年 2 季度	2nd. Quarter of 2008	103.0	87.9	102.8	121.5
2008 年 3 季度	3rd. Quarter of 2008	99.7	93.3	111.8	105.1
2008 年 4 季度	4th. Quarter of 2008	95.9	73.4	107.9	122.9
2009 年 1 季度	1st. Quarter of 2009	83.2	90.3	118.2	99.4
2009 年 2 季度	2nd. Quarter of 2009	93.5	105.8	100.0	111.8
2009 年 3 季度	3rd. Quarter of 2009	99.4	122.9	83.3	107.5
2009 年 4 季度	4th. Quarter of 2009	101.5	121.9	94.7	115.7

5-14 产品订货景气指数(1999-2009 年)
Production Order Survey Index (1999-2009)

季 度	Quarter	总体 Comprehensive Index	工业 Industry	建筑业 Construction	交通运输、仓储及邮电通信业 Transportation, Storage, Posts and Telecommunications	批发和零售业 Wholesale and Retail Trade
1999 年 1 季度	1st. Quarter of 1999		94.9	83.5		
1999 年 2 季度	2nd. Quarter of 1999		94.1	65.0		
1999 年 3 季度	3rd. Quarter of 1999		75.9	66.2		
1999 年 4 季度	4th. Quarter of 1999		103.7	86.6		
2000 年 1 季度	1st. Quarter of 2000		91.3	74.1		
2000 年 2 季度	2nd. Quarter of 2000		86.5	97.3		
2000 年 3 季度	3rd. Quarter of 2000		92.1	107.9		
2000 年 4 季度	4th. Quarter of 2000		94.9	121.7		
2001 年 1 季度	1st. Quarter of 2001		94.4	87.9		
2001 年 2 季度	2nd. Quarter of 2001		93.6	92.3		
2001 年 3 季度	3rd. Quarter of 2001		92.0	100.8		
2001 年 4 季度	4th. Quarter of 2001		90.1	123.5		
2002 年 1 季度	1st. Quarter of 2002		90.4	95.9		
2002 年 2 季度	2nd. Quarter of 2002		95.2	107.9		
2002 年 3 季度	3rd. Quarter of 2002		97.3	114.5		
2002 年 4 季度	4th. Quarter of 2002		104.0	107.8		
2003 年 1 季度	1st. Quarter of 2003		118.6	98.4		
2003 年 2 季度	2nd. Quarter of 2003		106.2	112.5		
2003 年 3 季度	3rd. Quarter of 2003		116.7	115.4		
2003 年 4 季度	4th. Quarter of 2003		129.5	117.0		
2004 年 1 季度	1st. Quarter of 2004	**114.5**	124.6	106.7	114.2	91.1
2004 年 2 季度	2nd. Quarter of 2004	**112.8**	117.9	124.1	103.5	79.0
2004 年 3 季度	3rd. Quarter of 2004	**110.0**	112.0	118.2	123.8	90.1
2004 年 4 季度	4th. Quarter of 2004	**110.5**	118.0	115.1	94.1	86.9
2005 年 1 季度	1st. Quarter of 2005	**108.3**	115.0	101.7	123.1	97.3
2005 年 2 季度	2nd. Quarter of 2005	**106.1**	108.3	118.9	95.0	87.7
2005 年 3 季度	3rd. Quarter of 2005	**105.7**	109.4	106.4	105.4	91.3
2005 年 4 季度	4th. Quarter of 2005	**113.1**	113.7	116.6	99.5	99.1
2006 年 1 季度	1st. Quarter of 2006	**104.0**	113.2	80.4	100.0	101.4
2006 年 2 季度	2nd. Quarter of 2006	**114.7**	115.1	126.2	90.2	103.8
2006 年 3 季度	3rd. Quarter of 2006	**112.2**	120.0	108.0	91.6	100.5
2006 年 4 季度	4th. Quarter of 2006	**121.9**	125.6	123.5	79.3	117.4
2007 年 1 季度	1st. Quarter of 2007	**116.4**	127.8	103.3	108.2	104.9
2007 年 2 季度	2nd. Quarter of 2007	**121.4**	126.2	134.2	115.7	102.0
2007 年 3 季度	3rd. Quarter of 2007	**121.9**	125.8	128.9	117.3	110.5
2007 年 4 季度	4th. Quarter of 2007	**127.2**	134.1	132.8	134.8	122.0
2008 年 1 季度	1st. Quarter of 2008	**109.4**	115.3	104.6	104.0	116.6
2008 年 2 季度	2nd. Quarter of 2008	**112.1**	123.9	127.3	87.7	99.9
2008 年 3 季度	3rd. Quarter of 2008	**102.5**	106.8	113.4	110.2	91.3
2008 年 4 季度	4th. Quarter of 2008	**77.2**	67.2	97.0	84.3	79.2
2009 年 1 季度	1st. Quarter of 2009	**88.9**	91.2	90.0	83.6	93.2
2009 年 2 季度	2nd. Quarter of 2009	**102.2**	99.8	118.2	97.6	111.3
2009 年 3 季度	3rd. Quarter of 2009	**113.1**	112.5	128.0	118.4	101.4
2009 年 4 季度	4th. Quarter of 2009	**117.7**	116.8	125.9	130.3	113.1

5-14 产品订货景气指数 (1999-2009 年)
Production Order Survey Index (1999-2009)

续表 continued

季度	Quarter	房地产业 Real Estate	社会服务业 Social Services	信息传输、计算机服务和软件 Data Transmission, Computer Service and Softwares	住宿和餐饮业 Hotels and Restaurants
1999 年 1 季度	1st. Quarter of 1999	109.0		100.0	
1999 年 2 季度	2nd. Quarter of 1999	100.2		100.0	
1999 年 3 季度	3rd. Quarter of 1999	103.4		100.0	
1999 年 4 季度	4th. Quarter of 1999	115.3		100.0	
2000 年 1 季度	1st. Quarter of 2000	118.5		100.0	
2000 年 2 季度	2nd. Quarter of 2000	124.9		100.0	
2000 年 3 季度	3rd. Quarter of 2000	136.3		100.0	
2000 年 4 季度	4th. Quarter of 2000	141.3		100.0	
2001 年 1 季度	1st. Quarter of 2001	95.8		100.0	
2001 年 2 季度	2nd. Quarter of 2001	124.7		100.0	
2001 年 3 季度	3rd. Quarter of 2001	99.8		100.0	
2001 年 4 季度	4th. Quarter of 2001	122.9		100.0	
2002 年 1 季度	1st. Quarter of 2002	117.2		100.0	
2002 年 2 季度	2nd. Quarter of 2002	113.9		100.0	
2002 年 3 季度	3rd. Quarter of 2002	123.8		100.0	
2002 年 4 季度	4th. Quarter of 2002	108.6		100.0	
2003 年 1 季度	1st. Quarter of 2003	109.4		94.3	
2003 年 2 季度	2nd. Quarter of 2003	123.5		98.6	
2003 年 3 季度	3rd. Quarter of 2003	136.2		116.5	
2003 年 4 季度	4th. Quarter of 2003	140.1		116.3	
2004 年 1 季度	1st. Quarter of 2004	119.4	101.6	113.2	99.9
2004 年 2 季度	2nd. Quarter of 2004	119.7	116.1	110.3	111.8
2004 年 3 季度	3rd. Quarter of 2004	101.2	107.0	118.7	98.9
2004 年 4 季度	4th. Quarter of 2004	99.7	96.2	115.9	130.0
2005 年 1 季度	1st. Quarter of 2005	108.9	104.9	80.8	89.3
2005 年 2 季度	2nd. Quarter of 2005	102.5	111.8	92.9	113.0
2005 年 3 季度	3rd. Quarter of 2005	106.1	112.9	102.2	91.8
2005 年 4 季度	4th. Quarter of 2005	116.5	107.0	120.1	142.8
2006 年 1 季度	1st. Quarter of 2006	99.2	106.5	89.2	101.3
2006 年 2 季度	2nd. Quarter of 2006	120.4	113.4	121.7	116.8
2006 年 3 季度	3rd. Quarter of 2006	118.4	119.9	100.2	81.6
2006 年 4 季度	4th. Quarter of 2006	138.6	98.3	121.8	144.3
2007 年 1 季度	1st. Quarter of 2007	95.5	129.0	84.7	129.6
2007 年 2 季度	2nd. Quarter of 2007	115.9	133.9	109.7	108.3
2007 年 3 季度	3rd. Quarter of 2007	125.6	122.7	114.9	99.5
2007 年 4 季度	4th. Quarter of 2007	102.4	91.4	120.2	119.0
2008 年 1 季度	1st. Quarter of 2008	77.8	94.5	108.0	113.5
2008 年 2 季度	2nd. Quarter of 2008	98.5	89.4	119.4	57.0
2008 年 3 季度	3rd. Quarter of 2008	86.6	101.8	98.7	54.2
2008 年 4 季度	4th. Quarter of 2008	74.9	59.9	124.1	105.7
2009 年 1 季度	1st. Quarter of 2009	94.5	64.9	69.6	81.8
2009 年 2 季度	2nd. Quarter of 2009	102.8	92.2	91.1	88.6
2009 年 3 季度	3rd. Quarter of 2009	108.9	117.6	118.4	99.8
2009 年 4 季度	4th. Quarter of 2009	98.5	109.5	125.3	127.3

5-15 企业融资景气指数(1999-2009 年)
Fundraising Survey Index (1999-2009)

季度	Quarter	总体 Comprehensive Index	工业 Industry	建筑业 Construction	交通运输、仓储及邮电通信业 Transportation, Storage, Posts and Telecommunications	批发和零售业 Wholesale and Retail Trade
1999 年 1 季度	1st. Quarter of 1999					
1999 年 2 季度	2nd. Quarter of 1999					
1999 年 3 季度	3rd. Quarter of 1999					
1999 年 4 季度	4th. Quarter of 1999					
2000 年 1 季度	1st. Quarter of 2000					
2000 年 2 季度	2nd. Quarter of 2000					
2000 年 3 季度	3rd. Quarter of 2000					
2000 年 4 季度	4th. Quarter of 2000					
2001 年 1 季度	1st. Quarter of 2001					
2001 年 2 季度	2nd. Quarter of 2001					
2001 年 3 季度	3rd. Quarter of 2001					
2001 年 4 季度	4th. Quarter of 2001					
2002 年 1 季度	1st. Quarter of 2002					
2002 年 2 季度	2nd. Quarter of 2002					
2002 年 3 季度	3rd. Quarter of 2002					
2002 年 4 季度	4th. Quarter of 2002					
2003 年 1 季度	1st. Quarter of 2003					
2003 年 2 季度	2nd. Quarter of 2003					
2003 年 3 季度	3rd. Quarter of 2003					
2003 年 4 季度	4th. Quarter of 2003					
2004 年 1 季度	1st. Quarter of 2004	**80.1**	86.1	54.9	68.8	77.7
2004 年 2 季度	2nd. Quarter of 2004	**72.2**	76.5	53.5	63.4	64.5
2004 年 3 季度	3rd. Quarter of 2004	**72.0**	75.5	50.7	66.6	65.3
2004 年 4 季度	4th. Quarter of 2004	**73.5**	80.0	50.0	62.6	67.1
2005 年 1 季度	1st. Quarter of 2005	**72.6**	76.7	53.8	63.9	74.9
2005 年 2 季度	2nd. Quarter of 2005	**69.9**	71.8	54.3	54.3	70.3
2005 年 3 季度	3rd. Quarter of 2005	**71.5**	74.8	55.7	61.3	77.0
2005 年 4 季度	4th. Quarter of 2005	**69.3**	76.5	47.3	50.7	76.7
2006 年 1 季度	1st. Quarter of 2006	**76.8**	86.6	47.6	49.4	82.0
2006 年 2 季度	2nd. Quarter of 2006	**79.5**	85.8	60.1	57.1	86.1
2006 年 3 季度	3rd. Quarter of 2006	**75.6**	81.2	61.5	50.4	76.3
2006 年 4 季度	4th. Quarter of 2006	**81.7**	92.8	56.7	41.6	78.9
2007 年 1 季度	1st. Quarter of 2007	**79.9**	85.5	58.8	53.5	84.2
2007 年 2 季度	2nd. Quarter of 2007	**83.1**	89.9	59.4	60.7	83.6
2007 年 3 季度	3rd. Quarter of 2007	**81.0**	88.0	54.8	59.1	78.8
2007 年 4 季度	4th. Quarter of 2007	**77.3**	83.0	49.6	59.4	78.5
2008 年 1 季度	1st. Quarter of 2008	**75.9**	79.3	53.1	72.7	78.4
2008 年 2 季度	2nd. Quarter of 2008	**76.8**	80.1	54.3	79.7	87.9
2008 年 3 季度	3rd. Quarter of 2008	**75.9**	79.8	49.6	69.0	84.6
2008 年 4 季度	4th. Quarter of 2008	**71.8**	76.9	52.5	60.5	76.5
2009 年 1 季度	1st. Quarter of 2009	**75.4**	79.3	50.4	66.6	97.8
2009 年 2 季度	2nd. Quarter of 2009	**79.6**	83.1	62.8	66.9	92.5
2009 年 3 季度	3rd. Quarter of 2009	**83.6**	87.8	67.7	73.7	96.9
2009 年 4 季度	4th. Quarter of 2009	**87.0**	90.6	72.5	81.4	97.6

5-15 企业融资景气指数 (1999-2009 年)
Fundraising Survey Index (1999-2009)

续表 continued

季度	Quarter	房地产业 Real Estate	社会服务业 Social Services	信息传输、计算机服务和软件 Data Transmission, Computer Service and Softwares	住宿和餐饮业 Hotels and Restaurants
1999 年 1 季度	1st. Quarter of 1999				
1999 年 2 季度	2nd. Quarter of 1999				
1999 年 3 季度	3rd. Quarter of 1999				
1999 年 4 季度	4th. Quarter of 1999				
2000 年 1 季度	1st. Quarter of 2000				
2000 年 2 季度	2nd. Quarter of 2000				
2000 年 3 季度	3rd. Quarter of 2000				
2000 年 4 季度	4th. Quarter of 2000				
2001 年 1 季度	1st. Quarter of 2001				
2001 年 2 季度	2nd. Quarter of 2001				
2001 年 3 季度	3rd. Quarter of 2001				
2001 年 4 季度	4th. Quarter of 2001				
2002 年 1 季度	1st. Quarter of 2002				
2002 年 2 季度	2nd. Quarter of 2002				
2002 年 3 季度	3rd. Quarter of 2002				
2002 年 4 季度	4th. Quarter of 2002				
2003 年 1 季度	1st. Quarter of 2003				
2003 年 2 季度	2nd. Quarter of 2003				
2003 年 3 季度	3rd. Quarter of 2003				
2003 年 4 季度	4th. Quarter of 2003				
2004 年 1 季度	1st. Quarter of 2004	88.8	83.6	96.4	81.1
2004 年 2 季度	2nd. Quarter of 2004	88.6	77.8	79.4	79.8
2004 年 3 季度	3rd. Quarter of 2004	91.8	81.1	66.7	90.7
2004 年 4 季度	4th. Quarter of 2004	87.2	73.0	69.7	94.1
2005 年 1 季度	1st. Quarter of 2005	85.9	72.5	52.0	94.6
2005 年 2 季度	2nd. Quarter of 2005	80.0	71.4	71.2	101.0
2005 年 3 季度	3rd. Quarter of 2005	77.1	66.1	72.2	82.1
2005 年 4 季度	4th. Quarter of 2005	77.2	65.3	53.8	74.9
2006 年 1 季度	1st. Quarter of 2006	95.4	56.4	69.4	84.3
2006 年 2 季度	2nd. Quarter of 2006	91.7	68.2	75.9	82.9
2006 年 3 季度	3rd. Quarter of 2006	83.7	64.5	77.9	85.9
2006 年 4 季度	4th. Quarter of 2006	89.1	70.3	90.6	83.8
2007 年 1 季度	1st. Quarter of 2007	100.0	77.2	86.4	89.8
2007 年 2 季度	2nd. Quarter of 2007	104.1	69.9	96.4	92.7
2007 年 3 季度	3rd. Quarter of 2007	101.5	79.1	91.5	92.0
2007 年 4 季度	4th. Quarter of 2007	94.8	69.6	96.1	91.8
2008 年 1 季度	1st. Quarter of 2008	76.0	73.2	87.3	90.4
2008 年 2 季度	2nd. Quarter of 2008	71.4	62.2	82.2	73.9
2008 年 3 季度	3rd. Quarter of 2008	82.2	61.0	91.5	82.2
2008 年 4 季度	4th. Quarter of 2008	73.0	52.6	96.3	69.3
2009 年 1 季度	1st. Quarter of 2009	54.3	75.6	61.6	91.6
2009 年 2 季度	2nd. Quarter of 2009	74.8	77.1	64.1	93.9
2009 年 3 季度	3rd. Quarter of 2009	71.8	75.6	73.9	90.0
2009 年 4 季度	4th. Quarter of 2009	74.3	71.8	80.6	102.4

5-16 工业企业不同观察指标综合经营景气指数(1999-2009 年)
Business Survey Index of Industry (1999-2009)

季度	Quarter	企业家信心指数 Entrepreneur Expectation Index	企业景气指数 Business Survey Index	生产成本 Production Cost	生产总量 Total Production Quantity	产品订货 Production Order	国外订货 From Overseas
1999 年 1 季度	1st. Quarter of 1999	**84.3**	**85.8**	82.9	94.5	94.9	100.0
1999 年 2 季度	2nd. Quarter of 1999	**75.7**	**88.4**	93.5	100.3	94.1	100.0
1999 年 3 季度	3rd. Quarter of 1999	**79.8**	**81.8**	91.8	82.4	75.9	100.0
1999 年 4 季度	4th. Quarter of 1999	**86.0**	**90.3**	88.4	111.0	103.7	100.0
2000 年 1 季度	1st. Quarter of 2000	**100.7**	**103.6**	91.2	98.7	91.3	58.3
2000 年 2 季度	2nd. Quarter of 2000	**103.1**	**107.7**	100.0	123.1	86.5	50.5
2000 年 3 季度	3rd. Quarter of 2000	**105.0**	**102.4**	83.1	114.5	92.1	65.4
2000 年 4 季度	4th. Quarter of 2000	**104.1**	**109.2**	107.9	126.6	94.9	59.1
2001 年 1 季度	1st. Quarter of 2001	**108.4**	**106.7**	98.0	88.8	94.4	74.5
2001 年 2 季度	2nd. Quarter of 2001	**103.2**	**108.5**	106.0	129.4	93.6	70.9
2001 年 3 季度	3rd. Quarter of 2001	**104.0**	**103.0**	102.4	102.7	92.0	70.2
2001 年 4 季度	4th. Quarter of 2001	**103.7**	**107.7**	106.8	108.5	90.1	59.9
2002 年 1 季度	1st. Quarter of 2002	**111.1**	**104.1**	102.0	99.8	90.4	74.5
2002 年 2 季度	2nd. Quarter of 2002	**107.0**	**108.9**	104.0	126.8	95.2	86.0
2002 年 3 季度	3rd. Quarter of 2002	**115.5**	**118.1**	101.9	118.1	97.3	82.7
2002 年 4 季度	4th. Quarter of 2002	**117.0**	**127.2**	90.0	132.7	104.0	88.1
2003 年 1 季度	1st. Quarter of 2003	**127.7**	**119.4**	84.1	106.3	118.6	88.1
2003 年 2 季度	2nd. Quarter of 2003	**119.1**	**118.5**	87.7	115.4	106.2	84.4
2003 年 3 季度	3rd. Quarter of 2003	**121.8**	**126.7**	89.0	123.2	116.7	88.7
2003 年 4 季度	4th. Quarter of 2003	**134.6**	**132.6**	67.9	139.9	129.5	95.4
2004 年 1 季度	1st. Quarter of 2004	**128.3**	**118.2**	53.9	113.3	124.6	86.1
2004 年 2 季度	2nd. Quarter of 2004	**118.0**	**119.8**	64.7	121.6	117.9	87.6
2004 年 3 季度	3rd. Quarter of 2004	**123.7**	**122.0**	59.3	112.4	112.0	91.4
2004 年 4 季度	4th. Quarter of 2004	**123.2**	**129.3**	62.3	131.0	118.0	87.7
2005 年 1 季度	1st. Quarter of 2005	**120.7**	**121.0**	53.1	90.8	115.0	93.9
2005 年 2 季度	2nd. Quarter of 2005	**115.8**	**118.0**	66.8	124.9	108.3	90.8
2005 年 3 季度	3rd. Quarter of 2005	**116.4**	**114.4**	70.2	118.5	109.4	99.6
2005 年 4 季度	4th. Quarter of 2005	**121.1**	**128.5**	81.0	132.4	113.7	98.8
2006 年 1 季度	1st. Quarter of 2006	**128.2**	**119.1**	77.4	103.5	113.2	100.5
2006 年 2 季度	2nd. Quarter of 2006	**125.5**	**131.5**	79.5	127.3	115.1	107.3
2006 年 3 季度	3rd. Quarter of 2006	**126.2**	**121.0**	68.0	105.7	120.0	103.9
2006 年 4 季度	4th. Quarter of 2006	**134.8**	**145.7**	98.8	132.2	125.6	97.6
2007 年 1 季度	1st. Quarter of 2007	**136.4**	**129.2**	75.8	101.7	127.8	98.5
2007 年 2 季度	2nd. Quarter of 2007	**140.2**	**135.3**	76.6	134.7	126.2	104.1
2007 年 3 季度	3rd. Quarter of 2007	**137.8**	**137.4**	68.6	133.3	125.8	102.7
2007 年 4 季度	4th. Quarter of 2007	**137.9**	**142.0**	61.9	132.6	134.1	103.0
2008 年 1 季度	1st. Quarter of 2008	**135.4**	**126.4**	41.5	99.2	115.3	96.4
2008 年 2 季度	2nd. Quarter of 2008	**133.7**	**134.6**	51.7	130.5	123.9	97.4
2008 年 3 季度	3rd. Quarter of 2008	**120.5**	**121.0**	57.6	106.6	106.8	96.1
2008 年 4 季度	4th. Quarter of 2008	**90.6**	**95.4**	103.3	65.4	67.2	70.4
2009 年 1 季度	1st. Quarter of 2009	**103.7**	**105.4**	106.9	91.4	91.2	68.6
2009 年 2 季度	2nd. Quarter of 2009	**114.3**	**116.6**	88.1	126.4	99.8	70.1
2009 年 3 季度	3rd. Quarter of 2009	**125.0**	**124.7**	86.4	123.0	112.5	81.5
2009 年 4 季度	4th. Quarter of 2009	**132.9**	**130.1**	72.6	128.3	116.8	83.0

5-16 工业企业不同观察指标综合经营景气指数(1999-2009 年)

Business Survey Index of Industry (1999-2009)

续表 1 continued

季 度	Quarter	产品销售 Sales of Products	产品销售价格 Selling Price of Products	产成品库存 Inventory of Products	盈利(亏损)变化 Changes in Profits(Losses)	流动资金 Circulating Funds	企业融资 Fundraising
1999 年 1 季度	1st. Quarter of 1999	99.8	67.9	111.1	72.4	45.6	
1999 年 2 季度	2nd. Quarter of 1999	97.0	59.5	101.6	73.0	35.0	
1999 年 3 季度	3rd. Quarter of 1999	81.2	54.8	101.6	65.3	34.8	
1999 年 4 季度	4th. Quarter of 1999	116.0	69.1	105.3	77.0	41.5	
2000 年 1 季度	1st. Quarter of 2000	100.2	81.9	98.2	73.7	46.0	
2000 年 2 季度	2nd. Quarter of 2000	123.6	75.9	100.2	94.1	45.6	
2000 年 3 季度	3rd. Quarter of 2000	116.2	85.0	102.0	88.0	48.6	
2000 年 4 季度	4th. Quarter of 2000	127.9	82.3	107.3	105.2	52.0	
2001 年 1 季度	1st. Quarter of 2001	88.1	75.1	111.9	86.5	54.0	
2001 年 2 季度	2nd. Quarter of 2001	129.3	70.4	115.8	112.7	58.7	
2001 年 3 季度	3rd. Quarter of 2001	97.2	65.8	105.9	94.0	53.6	
2001 年 4 季度	4th. Quarter of 2001	110.8	74.2	106.1	105.0	58.1	
2002 年 1 季度	1st. Quarter of 2002	93.1	70.1	106.6	84.4	61.5	
2002 年 2 季度	2nd. Quarter of 2002	123.7	76.2	107.1	109.1	66.3	
2002 年 3 季度	3rd. Quarter of 2002	118.9	74.4	104.0	117.6	66.7	
2002 年 4 季度	4th. Quarter of 2002	133.6	91.4	100.6	129.1	63.4	
2003 年 1 季度	1st. Quarter of 2003	110.1	81.5	116.3	107.2	72.2	
2003 年 2 季度	2nd. Quarter of 2003	110.6	82.2	105.4	118.6	73.7	
2003 年 3 季度	3rd. Quarter of 2003	126.3	79.0	114.7	127.0	74.0	
2003 年 4 季度	4th. Quarter of 2003	138.9	99.3	119.6	137.0	82.1	
2004 年 1 季度	1st. Quarter of 2004	116.3	108.1	112.8	112.9	80.0	86.1
2004 年 2 季度	2nd. Quarter of 2004	126.2	94.1	101.8	119.3	80.3	76.5
2004 年 3 季度	3rd. Quarter of 2004	118.0	100.2	105.9	118.3	69.6	75.5
2004 年 4 季度	4th. Quarter of 2004	133.9	103.5	113.8	122.0	68.3	80.0
2005 年 1 季度	1st. Quarter of 2005	92.4	101.7	113.8	89.4	72.1	76.7
2005 年 2 季度	2nd. Quarter of 2005	124.9	93.6	106.4	108.3	68.7	71.8
2005 年 3 季度	3rd. Quarter of 2005	116.4	83.6	107.8	106.7	74.6	74.8
2005 年 4 季度	4th. Quarter of 2005	133.8	89.6	110.2	120.9	79.8	76.5
2006 年 1 季度	1st. Quarter of 2006	101.4	97.9	109.1	109.2	87.1	86.6
2006 年 2 季度	2nd. Quarter of 2006	135.7	110.3	116.6	132.8	86.7	85.8
2006 年 3 季度	3rd. Quarter of 2006	113.9	98.1	111.7	115.4	79.9	81.2
2006 年 4 季度	4th. Quarter of 2006	138.7	114.4	116.4	134.2	84.9	92.8
2007 年 1 季度	1st. Quarter of 2007	106.6	99.2	120.9	111.8	89.9	85.5
2007 年 2 季度	2nd. Quarter of 2007	136.4	101.5	127.7	131.1	86.5	89.9
2007 年 3 季度	3rd. Quarter of 2007	131.2	101.7	122.2	126.5	91.6	88.0
2007 年 4 季度	4th. Quarter of 2007	132.2	120.2	127.4	134.6	89.2	83.0
2008 年 1 季度	1st. Quarter of 2008	103.3	116.1	115.8	103.7	83.4	79.3
2008 年 2 季度	2nd. Quarter of 2008	130.9	119.4	124.2	125.4	86.7	80.1
2008 年 3 季度	3rd. Quarter of 2008	110.0	111.3	112.0	107.5	78.9	79.8
2008 年 4 季度	4th. Quarter of 2008	69.0	74.0	104.2	73.9	75.7	76.9
2009 年 1 季度	1st. Quarter of 2009	88.8	77.4	109.4	94.3	82.7	79.3
2009 年 2 季度	2nd. Quarter of 2009	125.8	92.8	113.6	124.6	85.9	83.1
2009 年 3 季度	3rd. Quarter of 2009	125.8	95.5	118.3	122.8	95.2	87.8
2009 年 4 季度	4th. Quarter of 2009	131.4	108.7	117.1	128.8	95.0	90.6

5-16 工业企业不同观察指标综合经营景气指数（1999-2009年）
Business Survey Index of Industry (1999-2009)

续表2 continued

季度	Quarter	货款拖欠 Payment Delinquent	劳动力需求 Labor Demand	固定资产投资 Investment in Fixed Assets	科技创新 Scientific and Technical Innovation	主要原材料及能源购进价格 Bid of Main Raw Materials and Energy	主要原材料及能源供应 Supply of Main Raw Materials and Energy
1999年1季度	1st. Quarter of 1999	82.4	69.6	101.5	104.8	85.7	119.4
1999年2季度	2nd. Quarter of 1999	76.5	69.4	91.1	112.9	87.4	120.1
1999年3季度	3rd. Quarter of 1999	80.5	57.6	95.4	103.1	92.0	126.5
1999年4季度	4th. Quarter of 1999	80.5	70.1	92.3	105.5	76.5	124.0
2000年1季度	1st. Quarter of 2000	94.0	70.5	103.1	123.9	75.1	134.3
2000年2季度	2nd. Quarter of 2000	95.8	70.5	118.3	130.2	69.7	119.5
2000年3季度	3rd. Quarter of 2000	104.7	79.3	115.8	127.7	60.9	125.9
2000年4季度	4th. Quarter of 2000	97.1	74.2	121.4	133.3	81.3	125.8
2001年1季度	1st. Quarter of 2001	100.8	80.0	101.3	116.4	91.7	131.4
2001年2季度	2nd. Quarter of 2001	101.6	81.6	110.6	127.1	86.7	134.0
2001年3季度	3rd. Quarter of 2001	104.6	78.0	104.5	121.1	96.1	135.7
2001年4季度	4th. Quarter of 2001	106.5	80.4	114.3	124.2	92.4	128.0
2002年1季度	1st. Quarter of 2002	94.2	87.2	99.8	116.7	83.5	117.4
2002年2季度	2nd. Quarter of 2002	91.7	92.9	118.2	128.1	70.3	124.3
2002年3季度	3rd. Quarter of 2002	93.1	95.4	118.9	126.8	76.6	123.8
2002年4季度	4th. Quarter of 2002	105.8	99.2	121.0	128.3	67.9	112.2
2003年1季度	1st. Quarter of 2003	103.3	96.4	115.6	111.2	57.1	106.1
2003年2季度	2nd. Quarter of 2003	95.6	96.3	116.5	118.0	71.4	112.9
2003年3季度	3rd. Quarter of 2003	100.1	104.0	128.4	125.2	77.6	115.4
2003年4季度	4th. Quarter of 2003	112.8	109.1	126.3	128.1	47.7	106.8
2004年1季度	1st. Quarter of 2004	104.0	101.0	114.4	119.7	27.6	90.0
2004年2季度	2nd. Quarter of 2004	103.0	98.2	127.1	121.9	56.3	93.7
2004年3季度	3rd. Quarter of 2004	98.9	101.8	123.3	122.4	38.1	87.7
2004年4季度	4th. Quarter of 2004	111.4	101.6	125.3	122.8	45.2	84.3
2005年1季度	1st. Quarter of 2005	103.7	103.7	102.9	110.5	33.4	83.7
2005年2季度	2nd. Quarter of 2005	96.5	104.4	120.1	127.7	56.3	101.8
2005年3季度	3rd. Quarter of 2005	99.0	104.6	126.1	122.5	66.9	101.7
2005年4季度	4th. Quarter of 2005	106.2	109.3	121.2	124.3	85.0	106.4
2006年1季度	1st. Quarter of 2006	103.3	99.6	96.2	116.5	59.5	106.7
2006年2季度	2nd. Quarter of 2006	108.0	96.2	118.4	126.3	46.7	116.3
2006年3季度	3rd. Quarter of 2006	109.5	100.2	108.9	123.1	50.8	95.0
2006年4季度	4th. Quarter of 2006	108.7	95.4	123.6	140.8	52.9	117.0
2007年1季度	1st. Quarter of 2007	101.9	101.4	95.8	102.9	63.1	110.5
2007年2季度	2nd. Quarter of 2007	106.5	111.4	119.5	124.7	47.0	109.5
2007年3季度	3rd. Quarter of 2007	97.9	105.3	128.7	125.7	45.9	120.4
2007年4季度	4th. Quarter of 2007	109.6	112.2	131.9	128.6	35.8	104.3
2008年1季度	1st. Quarter of 2008	89.1	109.5	108.3	113.5	24.0	81.0
2008年2季度	2nd. Quarter of 2008	96.2	108.6	130.8	124.7	29.2	91.7
2008年3季度	3rd. Quarter of 2008	98.0	97.9	114.2	118.2	49.6	100.6
2008年4季度	4th. Quarter of 2008	98.9	65.7	103.6	105.5	126.3	125.7
2009年1季度	1st. Quarter of 2009	89.9	90.8	94.5	108.2	109.8	119.4
2009年2季度	2nd. Quarter of 2009	90.0	101.0	117.4	119.1	84.1	127.0
2009年3季度	3rd. Quarter of 2009	92.0	114.9	116.1	113.8	72.6	124.6
2009年4季度	4th. Quarter of 2009	101.9	116.9	118.3	116.3	56.0	110.8

5-17 建筑业企业不同观察指标综合经营景气指数(1999-2009年)
Business Survey Index of Construction (1999-2009)

季 度	Quarter	企业家信心指数 **Entrepreneur Expectation Index**	企业景气指数 **Business Survey Index**	工程合同 Assignment of Project Contracts	其中:国(境)外工程合同 Foreign Contracts	建筑工程量 Volume of Projects	新开工工程量 Volume of New Projects
1999年1季度	1st. Quarter of 1999	**107.0**	**102.0**	83.5	100.0	104.9	100.0
1999年2季度	2nd. Quarter of 1999	**85.5**	**80.0**	65.0	100.0	85.9	100.0
1999年3季度	3rd. Quarter of 1999	**80.1**	**78.8**	66.2	100.0	84.4	100.0
1999年4季度	4th. Quarter of 1999	**81.8**	**89.7**	86.6	100.0	95.8	100.0
2000年1季度	1st. Quarter of 2000	**99.6**	**95.1**	74.1	93.3	81.2	100.0
2000年2季度	2nd. Quarter of 2000	**91.0**	**88.6**	97.3	76.7	111.3	100.0
2000年3季度	3rd. Quarter of 2000	**98.5**	**90.9**	107.9	125.3	122.8	100.0
2000年4季度	4th. Quarter of 2000	**95.2**	**88.9**	121.7	123.2	131.9	100.0
2001年1季度	1st. Quarter of 2001	**103.3**	**88.1**	87.9	62.8	94.7	100.0
2001年2季度	2nd. Quarter of 2001	**88.0**	**89.6**	92.3	60.1	115.4	100.0
2001年3季度	3rd. Quarter of 2001	**98.1**	**95.4**	100.8	55.8	122.7	100.0
2001年4季度	4th. Quarter of 2001	**105.1**	**104.4**	123.5	90.6	142.4	100.0
2002年1季度	1st. Quarter of 2002	**110.8**	**94.7**	95.9	112.3	95.8	105.8
2002年2季度	2nd. Quarter of 2002	**108.1**	**104.5**	107.9	102.0	133.2	107.0
2002年3季度	3rd. Quarter of 2002	**108.4**	**106.9**	114.5	101.3	127.5	106.5
2002年4季度	4th. Quarter of 2002	**112.8**	**114.3**	107.8	86.4	129.8	100.9
2003年1季度	1st. Quarter of 2003	**128.0**	**108.1**	98.4	85.7	98.2	98.7
2003年2季度	2nd. Quarter of 2003	**124.2**	**107.0**	112.5	100.0	127.9	103.0
2003年3季度	3rd. Quarter of 2003	**123.0**	**113.8**	115.4	96.0	134.5	118.7
2003年4季度	4th. Quarter of 2003	**126.0**	**123.8**	117.0	112.1	134.1	112.2
2004年1季度	1st. Quarter of 2004	**131.7**	**110.2**	106.7	88.1	102.4	101.8
2004年2季度	2nd. Quarter of 2004	**131.0**	**121.7**	124.1	118.0	140.9	115.4
2004年3季度	3rd. Quarter of 2004	**125.5**	**126.9**	118.2	124.3	127.5	117.0
2004年4季度	4th. Quarter of 2004	**133.9**	**131.0**	115.1	80.4	136.3	120.9
2005年1季度	1st. Quarter of 2005	**133.0**	**121.3**	101.7	94.3	102.3	102.0
2005年2季度	2nd. Quarter of 2005	**135.7**	**126.5**	118.9	100.1	134.4	129.7
2005年3季度	3rd. Quarter of 2005	**136.5**	**124.9**	106.4	88.1	120.2	109.6
2005年4季度	4th. Quarter of 2005	**127.5**	**125.4**	116.6	99.5	125.5	96.0
2006年1季度	1st. Quarter of 2006	**137.5**	**118.7**	80.4	75.3	85.3	95.4
2006年2季度	2nd. Quarter of 2006	**132.2**	**127.7**	126.2	81.0	141.9	123.2
2006年3季度	3rd. Quarter of 2006	**129.8**	**125.3**	108.0	117.3	127.0	115.0
2006年4季度	4th. Quarter of 2006	**133.0**	**128.9**	123.5	78.0	158.6	134.9
2007年1季度	1st. Quarter of 2007	**139.9**	**128.5**	103.3	86.0	111.5	111.6
2007年2季度	2nd. Quarter of 2007	**148.3**	**134.6**	134.2	96.2	148.2	134.7
2007年3季度	3rd. Quarter of 2007	**139.5**	**135.8**	128.9	93.0	151.0	140.6
2007年4季度	4th. Quarter of 2007	**136.9**	**151.7**	132.8	114.8	149.8	128.9
2008年1季度	1st. Quarter of 2008	**139.9**	**125.7**	104.6	98.6	90.2	94.5
2008年2季度	2nd. Quarter of 2008	**125.9**	**122.8**	127.3	106.4	138.1	121.9
2008年3季度	3rd. Quarter of 2008	**121.5**	**124.6**	113.4	109.0	128.2	111.3
2008年4季度	4th. Quarter of 2008	**98.0**	**116.6**	97.0	81.2	125.8	96.1
2009年1季度	1st. Quarter of 2009	**113.7**	**113.2**	90.0	78.6	75.0	71.9
2009年2季度	2nd. Quarter of 2009	**124.0**	**125.1**	118.2	104.5	128.4	105.6
2009年3季度	3rd. Quarter of 2009	**130.7**	**133.7**	128.0	63.8	138.6	124.0
2009年4季度	4th. Quarter of 2009	**136.1**	**149.5**	125.9	87.6	139.1	118.8

5-17 建筑业企业不同观察指标综合经营景气指数(1999-2009年)
Business Survey Index of Construction (1999-2009)

续表1 continued

季度	Quarter	技术设备能力 Capacity of Technique and Facilities	工程进度 Progress of Projects	工程结算收入 Income from Project Settlement	建筑材料购进价格 Bid of Construction Materials	工程结算成本 Cost of Project Settlement	盈利(亏损)变化 Changes in Profits (Losses)
1999年1季度	1st. Quarter of 1999			95.1	85.8	70.8	72.9
1999年2季度	2nd. Quarter of 1999			78.2	107.0	77.5	63.7
1999年3季度	3rd. Quarter of 1999			78.0	115.2	73.6	46.6
1999年4季度	4th. Quarter of 1999			97.0	105.5	102.7	72.5
2000年1季度	1st. Quarter of 2000			90.5	108.4	98.8	97.1
2000年2季度	2nd. Quarter of 2000			83.1	44.0	68.5	53.4
2000年3季度	3rd. Quarter of 2000			111.8	69.1	68.0	91.1
2000年4季度	4th. Quarter of 2000			138.9	67.6	69.3	94.5
2001年1季度	1st. Quarter of 2001			84.4	92.9	89.2	84.5
2001年2季度	2nd. Quarter of 2001			133.1	94.0	57.9	97.0
2001年3季度	3rd. Quarter of 2001			137.0	90.2	80.5	87.2
2001年4季度	4th. Quarter of 2001			159.1	97.3	78.7	127.0
2002年1季度	1st. Quarter of 2002			85.6	90.5	100.5	97.3
2002年2季度	2nd. Quarter of 2002			108.1	95.2	89.4	114.6
2002年3季度	3rd. Quarter of 2002			111.8	85.1	88.6	101.8
2002年4季度	4th. Quarter of 2002			127.9	58.6	75.3	114.4
2003年1季度	1st. Quarter of 2003			84.7	65.2	88.2	99.9
2003年2季度	2nd. Quarter of 2003			120.5	59.1	68.3	105.2
2003年3季度	3rd. Quarter of 2003			120.4	70.5	79.5	109.7
2003年4季度	4th. Quarter of 2003			148.5	23.9	42.5	116.9
2004年1季度	1st. Quarter of 2004	134.6	138.6	91.9	15.3	56.3	82.0
2004年2季度	2nd. Quarter of 2004	144.5	144.4	118.7	92.4	89.6	121.5
2004年3季度	3rd. Quarter of 2004	132.3	144.2	124.3	55.8	65.2	117.1
2004年4季度	4th. Quarter of 2004	140.5	155.3	140.8	62.0	67.9	137.9
2005年1季度	1st. Quarter of 2005	146.3	122.1	85.2	48.2	79.4	108.9
2005年2季度	2nd. Quarter of 2005	155.6	143.4	108.1	85.1	86.1	124.4
2005年3季度	3rd. Quarter of 2005	149.9	131.8	104.0	97.0	93.7	111.0
2005年4季度	4th. Quarter of 2005	142.8	145.8	128.2	89.1	84.2	120.9
2006年1季度	1st. Quarter of 2006	145.8	123.8	78.1	90.1	104.9	106.1
2006年2季度	2nd. Quarter of 2006	155.0	141.6	137.1	52.4	59.7	129.0
2006年3季度	3rd. Quarter of 2006	145.1	131.3	114.3	77.5	83.2	118.5
2006年4季度	4th. Quarter of 2006	147.6	152.4	135.4	74.4	83.0	125.4
2007年1季度	1st. Quarter of 2007	143.4	117.7	104.8	65.6	83.2	108.3
2007年2季度	2nd. Quarter of 2007	150.1	150.4	133.9	36.2	61.3	128.7
2007年3季度	3rd. Quarter of 2007	145.6	153.6	133.0	29.1	45.4	117.0
2007年4季度	4th. Quarter of 2007	146.3	163.7	151.2	16.3	39.8	116.7
2008年1季度	1st. Quarter of 2008	144.2	111.2	94.0	19.6	53.0	92.5
2008年2季度	2nd. Quarter of 2008	150.8	140.1	119.1	28.7	47.0	97.9
2008年3季度	3rd. Quarter of 2008	143.9	131.6	111.8	87.3	70.7	89.7
2008年4季度	4th. Quarter of 2008	155.2	137.2	127.1	154.7	95.4	106.1
2009年1季度	1st. Quarter of 2009	151.9	105.4	81.7	102.3	98.7	112.5
2009年2季度	2nd. Quarter of 2009	148.5	124.9	115.1	99.0	98.5	112.8
2009年3季度	3rd. Quarter of 2009	147.8	138.1	132.5	75.5	73.0	123.2
2009年4季度	4th. Quarter of 2009	144.1	151.1	143.8	68.1	66.4	139.8

5-17 建筑业企业不同观察指标综合经营景气指数 (1999-2009 年)
Business Survey Index of Construction （1999-2009）

续表 2 continued

季 度	Quarter	流动资金 Circulating Funds	企业融资 Fundraising	工程款拖欠 Payment Delinquent	劳动力需求 Labor Demand	固定资产投资 Investment in Fixed Assets
1999 年 1 季度	1st. Quarter of 1999	43.1		60.2	92.4	89.5
1999 年 2 季度	2nd. Quarter of 1999	39.6		49.4	83.5	77.0
1999 年 3 季度	3rd. Quarter of 1999	23.0		49.0	65.4	82.4
1999 年 4 季度	4th. Quarter of 1999	38.8		62.2	62.7	76.7
2000 年 1 季度	1st. Quarter of 2000	36.7		68.8	80.4	84.9
2000 年 2 季度	2nd. Quarter of 2000	34.4		58.4	89.1	69.7
2000 年 3 季度	3rd. Quarter of 2000	35.1		68.9	94.9	76.9
2000 年 4 季度	4th. Quarter of 2000	49.4		55.5	94.8	71.9
2001 年 1 季度	1st. Quarter of 2001	57.0		80.3	83.7	73.8
2001 年 2 季度	2nd. Quarter of 2001	38.2		61.4	97.7	79.2
2001 年 3 季度	3rd. Quarter of 2001	39.1		64.6	105.3	92.6
2001 年 4 季度	4th. Quarter of 2001	37.6		82.9	134.8	108.9
2002 年 1 季度	1st. Quarter of 2002	56.4		80.7	97.3	92.4
2002 年 2 季度	2nd. Quarter of 2002	50.8		62.6	116.0	102.7
2002 年 3 季度	3rd. Quarter of 2002	50.1		63.6	114.7	109.1
2002 年 4 季度	4th. Quarter of 2002	56.9		65.8	120.1	105.9
2003 年 1 季度	1st. Quarter of 2003	56.9		83.9	91.8	90.6
2003 年 2 季度	2nd. Quarter of 2003	62.3		80.5	104.9	104.7
2003 年 3 季度	3rd. Quarter of 2003	59.7		73.8	122.5	101.2
2003 年 4 季度	4th. Quarter of 2003	59.6		71.8	119.9	103.1
2004 年 1 季度	1st. Quarter of 2004	64.0	54.9	84.5	110.0	93.8
2004 年 2 季度	2nd. Quarter of 2004	63.1	53.5	92.8	124.3	101.1
2004 年 3 季度	3rd. Quarter of 2004	63.4	50.7	91.9	121.4	99.3
2004 年 4 季度	4th. Quarter of 2004	52.9	50.0	87.6	122.3	111.9
2005 年 1 季度	1st. Quarter of 2005	65.6	53.8	93.2	98.1	91.5
2005 年 2 季度	2nd. Quarter of 2005	58.4	54.3	82.1	127.5	108.7
2005 年 3 季度	3rd. Quarter of 2005	56.6	55.7	80.0	112.9	101.9
2005 年 4 季度	4th. Quarter of 2005	57.0	47.3	91.9	123.0	101.8
2006 年 1 季度	1st. Quarter of 2006	59.0	47.6	104.3	90.7	94.0
2006 年 2 季度	2nd. Quarter of 2006	62.6	60.1	74.5	131.2	109.0
2006 年 3 季度	3rd. Quarter of 2006	62.2	61.5	88.8	114.2	99.8
2006 年 4 季度	4th. Quarter of 2006	50.0	56.7	86.2	125.8	91.4
2007 年 1 季度	1st. Quarter of 2007	66.9	58.8	97.9	113.3	100.2
2007 年 2 季度	2nd. Quarter of 2007	66.6	59.4	83.6	140.9	127.4
2007 年 3 季度	3rd. Quarter of 2007	61.8	54.8	84.4	126.6	113.5
2007 年 4 季度	4th. Quarter of 2007	62.5	49.6	68.4	130.0	118.0
2008 年 1 季度	1st. Quarter of 2008	65.9	53.1	101.8	99.0	91.3
2008 年 2 季度	2nd. Quarter of 2008	60.4	54.3	89.3	122.6	104.9
2008 年 3 季度	3rd. Quarter of 2008	57.1	49.6	82.5	113.1	109.0
2008 年 4 季度	4th. Quarter of 2008	51.7	52.5	79.4	96.4	89.7
2009 年 1 季度	1st. Quarter of 2009	61.2	50.4	91.9	79.1	96.1
2009 年 2 季度	2nd. Quarter of 2009	72.4	62.8	81.5	118.1	105.0
2009 年 3 季度	3rd. Quarter of 2009	84.8	67.7	79.4	129.7	111.1
2009 年 4 季度	4th. Quarter of 2009	83.3	72.5	89.9	133.0	115.0

5-18 交通运输、仓储和邮电通信企业不同观察指标综合经营景气指数（1999-2009 年）
Business Survey Index of Transportation, Storage, Posts and Telecommunications (1999-2009)

季 度	Quarter	企业家信心指数 **Entrepreneur Expectation Index**	企业景气指数 **Business Survey Index**	业务预订 Ordered Business	业务量 Business Volume	业务收费价格 Business Charges	业务成本 Business Cost
1999 年 1 季度	1st. Quarter of 1999	**86.7**	**96.3**			103.2	
1999 年 2 季度	2nd. Quarter of 1999	**65.6**	**85.7**			84.5	
1999 年 3 季度	3rd. Quarter of 1999	**67.6**	**87.4**			80.5	
1999 年 4 季度	4th. Quarter of 1999	**75.2**	**81.7**			80.2	
2000 年 1 季度	1st. Quarter of 2000	**78.6**	**115.9**			125.3	
2000 年 2 季度	2nd. Quarter of 2000	**76.6**	**87.5**			71.1	
2000 年 3 季度	3rd. Quarter of 2000	**74.7**	**79.2**			79.3	
2000 年 4 季度	4th. Quarter of 2000	**74.1**	**79.9**			87.8	
2001 年 1 季度	1st. Quarter of 2001	**100.8**	**118.4**			115.7	
2001 年 2 季度	2nd. Quarter of 2001	**77.3**	**96.5**			90.0	
2001 年 3 季度	3rd. Quarter of 2001	**67.1**	**78.6**			87.6	
2001 年 4 季度	4th. Quarter of 2001	**78.1**	**89.6**			88.5	
2002 年 1 季度	1st. Quarter of 2002	**79.8**	**79.1**			88.4	
2002 年 2 季度	2nd. Quarter of 2002	**85.2**	**86.0**			91.6	
2002 年 3 季度	3rd. Quarter of 2002	**88.6**	**88.7**			102.6	
2002 年 4 季度	4th. Quarter of 2002	**88.0**	**81.9**			94.9	
2003 年 1 季度	1st. Quarter of 2003	**87.5**	**92.1**			113.1	
2003 年 2 季度	2nd. Quarter of 2003	**52.6**	**52.5**			72.3	
2003 年 3 季度	3rd. Quarter of 2003	**70.0**	**97.7**			95.2	
2003 年 4 季度	4th. Quarter of 2003	**88.3**	**89.0**			101.9	
2004 年 1 季度	1st. Quarter of 2004	**98.7**	**93.8**	114.2	122.7	119.6	83.0
2004 年 2 季度	2nd. Quarter of 2004	**93.9**	**96.0**	103.5	100.2	95.2	37.7
2004 年 3 季度	3rd. Quarter of 2004	**93.7**	**94.1**	123.8	132.8	102.4	53.7
2004 年 4 季度	4th. Quarter of 2004	**98.8**	**102.1**	94.1	93.7	91.5	58.3
2005 年 1 季度	1st. Quarter of 2005	**103.5**	**108.7**	123.1	138.5	119.7	75.8
2005 年 2 季度	2nd. Quarter of 2005	**96.2**	**104.0**	95.0	103.4	90.4	64.0
2005 年 3 季度	3rd. Quarter of 2005	**98.5**	**101.7**	105.4	111.2	92.0	58.7
2005 年 4 季度	4th. Quarter of 2005	**95.6**	**105.8**	99.5	102.7	87.0	68.9
2006 年 1 季度	1st. Quarter of 2006	**108.8**	**97.2**	100.0	110.1	104.0	47.4
2006 年 2 季度	2nd. Quarter of 2006	**105.0**	**83.4**	90.2	100.3	93.7	38.7
2006 年 3 季度	3rd. Quarter of 2006	**97.4**	**95.2**	91.6	81.2	95.4	51.9
2006 年 4 季度	4th. Quarter of 2006	**97.4**	**90.3**	79.3	94.8	91.1	59.0
2007 年 1 季度	1st. Quarter of 2007	**118.5**	**116.9**	108.2	115.5	99.7	46.9
2007 年 2 季度	2nd. Quarter of 2007	**131.3**	**119.3**	115.7	118.7	87.9	54.9
2007 年 3 季度	3rd. Quarter of 2007	**125.8**	**116.9**	117.3	112.4	87.4	40.5
2007 年 4 季度	4th. Quarter of 2007	**124.3**	**116.3**	134.8	130.9	89.5	36.4
2008 年 1 季度	1st. Quarter of 2008	**134.5**	**119.2**	104.0	109.5	99.1	58.4
2008 年 2 季度	2nd. Quarter of 2008	**134.4**	**113.7**	87.7	94.7	85.9	50.8
2008 年 3 季度	3rd. Quarter of 2008	**118.2**	**112.3**	110.2	109.7	99.3	40.4
2008 年 4 季度	4th. Quarter of 2008	**76.2**	**80.3**	84.3	90.7	83.4	72.2
2009 年 1 季度	1st. Quarter of 2009	**86.2**	**82.5**	83.6	80.1	97.8	64.8
2009 年 2 季度	2nd. Quarter of 2009	**98.6**	**100.9**	97.6	93.5	94.8	65.4
2009 年 3 季度	3rd. Quarter of 2009	**110.3**	**104.1**	118.4	112.4	96.6	43.8
2009 年 4 季度	4th. Quarter of 2009	**115.2**	**117.2**	130.3	113.3	99.6	45.8

5-18 交通运输、仓储和邮电通信企业不同观察指标综合经营景气指数(1999-2009年)

Business Survey Index of Transportation, Storage, Posts and Telecommunications (1999-2009)

续表 continued

季度	Quarter	盈利(亏损)变化 Changes in Profits (losses)	流动资金 Circulating Funds	企业融资 Fundraising	货款拖欠 Payment Delinquent	劳动力需求 Labor Demand	固定资产投资 Investment in Fixed Assets
1999年1季度	1st. Quarter of 1999	94.4	48.2		81.1	71.8	116.8
1999年2季度	2nd. Quarter of 1999	60.8	49.6		93.1	64.9	97.4
1999年3季度	3rd. Quarter of 1999	59.4	48.2		97.6	56.7	123.6
1999年4季度	4th. Quarter of 1999	75.3	46.6		82.2	36.8	91.3
2000年1季度	1st. Quarter of 2000	126.3	69.5		90.3	83.1	75.2
2000年2季度	2nd. Quarter of 2000	56.0	50.7		102.1	56.3	86.2
2000年3季度	3rd. Quarter of 2000	74.3	60.9		106.4	57.5	129.2
2000年4季度	4th. Quarter of 2000	78.3	52.5		101.1	72.8	113.1
2001年1季度	1st. Quarter of 2001	134.3	49.8		86.0	77.1	87.0
2001年2季度	2nd. Quarter of 2001	77.8	49.9		95.4	69.9	112.2
2001年3季度	3rd. Quarter of 2001	96.7	46.3		92.9	67.4	95.1
2001年4季度	4th. Quarter of 2001	126.8	54.1		105.0	68.8	108.9
2002年1季度	1st. Quarter of 2002	101.5	61.3		92.4	77.1	97.2
2002年2季度	2nd. Quarter of 2002	95.6	65.2		83.5	83.5	113.1
2002年3季度	3rd. Quarter of 2002	80.8	71.7		92.6	86.9	117.8
2002年4季度	4th. Quarter of 2002	108.3	68.2		90.1	70.3	110.3
2003年1季度	1st. Quarter of 2003	98.2	64.9		103.0	77.1	86.4
2003年2季度	2nd. Quarter of 2003	47.0	50.8		100.7	68.3	112.1
2003年3季度	3rd. Quarter of 2003	100.3	56.5		105.9	92.0	105.9
2003年4季度	4th. Quarter of 2003	106.0	53.1		98.7	82.8	106.8
2004年1季度	1st. Quarter of 2004	113.4	56.7	68.8	100.4	84.7	91.0
2004年2季度	2nd. Quarter of 2004	92.9	65.0	63.4	99.2	96.3	125.8
2004年3季度	3rd. Quarter of 2004	100.5	61.6	66.6	99.2	99.0	120.5
2004年4季度	4th. Quarter of 2004	107.6	61.1	62.6	104.7	104.9	134.2
2005年1季度	1st. Quarter of 2005	119.1	49.9	63.9	95.3	97.0	90.7
2005年2季度	2nd. Quarter of 2005	91.5	50.3	54.3	98.3	102.7	103.8
2005年3季度	3rd. Quarter of 2005	104.3	52.9	61.3	87.9	92.7	103.7
2005年4季度	4th. Quarter of 2005	92.7	50.9	50.7	92.4	92.4	112.8
2006年1季度	1st. Quarter of 2006	79.5	63.9	49.4	84.0	87.5	91.3
2006年2季度	2nd. Quarter of 2006	70.0	62.5	57.1	79.4	91.3	104.0
2006年3季度	3rd. Quarter of 2006	72.2	64.6	50.4	88.2	95.6	101.5
2006年4季度	4th. Quarter of 2006	62.2	57.9	41.6	105.0	78.7	112.3
2007年1季度	1st. Quarter of 2007	92.5	58.8	53.5	84.3	105.9	102.1
2007年2季度	2nd. Quarter of 2007	98.5	67.9	60.7	81.2	109.1	118.7
2007年3季度	3rd. Quarter of 2007	84.7	70.7	59.1	81.5	109.8	114.9
2007年4季度	4th. Quarter of 2007	90.0	70.9	59.4	90.7	106.9	114.6
2008年1季度	1st. Quarter of 2008	88.0	67.3	72.7	94.8	100.8	125.9
2008年2季度	2nd. Quarter of 2008	76.8	74.9	79.7	95.8	101.3	114.6
2008年3季度	3rd. Quarter of 2008	96.4	62.9	69.0	89.2	104.1	112.1
2008年4季度	4th. Quarter of 2008	65.4	62.6	60.5	100.4	101.2	103.3
2009年1季度	1st. Quarter of 2009	62.1	71.3	66.6	97.8	87.3	105.2
2009年2季度	2nd. Quarter of 2009	81.2	71.8	66.9	91.5	104.7	115.2
2009年3季度	3rd. Quarter of 2009	107.5	70.6	73.7	73.5	102.6	118.5
2009年4季度	4th. Quarter of 2009	102.1	74.6	81.4	85.3	110.0	117.7

5-19 批发和零售业企业不同观察指标综合经营景气指数（1999-2009 年）
Business Survey Index of Wholesale and Retail Trade (1999-2009)

季度	Quarter	企业家信心指数 Entrepreneur Expectation Index	企业景气指数 Business Survey Index	购货合同 Purchasing Contracts	商品购进价格 Bid of Commodities	商品销售 Sales of Commodities	出口 Export
1999 年 1 季度	1st. Quarter of 1999	**65.9**	**71.6**		101.8	68.2	100.0
1999 年 2 季度	2nd. Quarter of 1999	**56.9**	**62.3**		112.8	66.0	100.0
1999 年 3 季度	3rd. Quarter of 1999	**55.3**	**62.8**		117.5	69.2	100.0
1999 年 4 季度	4th. Quarter of 1999	**62.5**	**71.6**		104.3	80.2	100.0
2000 年 1 季度	1st. Quarter of 2000	**72.0**	**82.4**		101.3	101.0	123.5
2000 年 2 季度	2nd. Quarter of 2000	**78.9**	**87.9**		111.9	104.8	138.9
2000 年 3 季度	3rd. Quarter of 2000	**72.2**	**94.0**		95.6	107.6	134.1
2000 年 4 季度	4th. Quarter of 2000	**74.7**	**94.5**		100.2	98.2	125.0
2001 年 1 季度	1st. Quarter of 2001	**82.5**	**86.6**		100.5	91.2	105.0
2001 年 2 季度	2nd. Quarter of 2001	**79.6**	**89.8**		100.7	83.9	93.4
2001 年 3 季度	3rd. Quarter of 2001	**76.3**	**81.3**		100.7	93.3	101.0
2001 年 4 季度	4th. Quarter of 2001	**66.5**	**86.4**		105.1	93.4	100.7
2002 年 1 季度	1st. Quarter of 2002	**86.9**	**90.0**		103.7	94.3	86.1
2002 年 2 季度	2nd. Quarter of 2002	**81.2**	**84.7**		91.0	95.2	108.6
2002 年 3 季度	3rd. Quarter of 2002	**89.9**	**87.1**		112.6	96.0	98.8
2002 年 4 季度	4th. Quarter of 2002	**85.5**	**93.9**		91.9	105.3	101.3
2003 年 1 季度	1st. Quarter of 2003	**94.8**	**105.8**		85.6	104.1	106.8
2003 年 2 季度	2nd. Quarter of 2003	**78.1**	**89.9**		100.9	91.3	121.4
2003 年 3 季度	3rd. Quarter of 2003	**89.4**	**95.1**		95.0	109.8	100.0
2003 年 4 季度	4th. Quarter of 2003	**96.0**	**100.9**		80.3	116.1	109.5
2004 年 1 季度	1st. Quarter of 2004	**95.4**	**107.7**	91.1	75.9	114.5	79.6
2004 年 2 季度	2nd. Quarter of 2004	**96.9**	**108.8**	79.0	94.7	96.8	119.8
2004 年 3 季度	3rd. Quarter of 2004	**93.1**	**106.1**	90.1	88.6	102.6	131.5
2004 年 4 季度	4th. Quarter of 2004	**91.9**	**109.0**	86.9	86.7	110.7	104.5
2005 年 1 季度	1st. Quarter of 2005	**110.3**	**121.6**	97.3	83.9	108.7	96.6
2005 年 2 季度	2nd. Quarter of 2005	**104.3**	**114.0**	87.7	96.2	109.3	114.1
2005 年 3 季度	3rd. Quarter of 2005	**111.1**	**113.5**	91.3	90.6	89.7	106.3
2005 年 4 季度	4th. Quarter of 2005	**108.3**	**114.7**	99.1	96.9	134.6	120.7
2006 年 1 季度	1st. Quarter of 2006	**110.5**	**127.1**	101.4	83.5	108.7	86.0
2006 年 2 季度	2nd. Quarter of 2006	**108.3**	**130.0**	103.8	82.5	100.3	115.5
2006 年 3 季度	3rd. Quarter of 2006	**105.7**	**123.8**	100.5	77.2	111.0	119.0
2006 年 4 季度	4th. Quarter of 2006	**111.8**	**139.8**	117.4	71.6	128.1	108.0
2007 年 1 季度	1st. Quarter of 2007	**125.0**	**135.0**	104.9	79.6	127.2	95.8
2007 年 2 季度	2nd. Quarter of 2007	**121.3**	**134.7**	102.0	71.8	128.9	113.2
2007 年 3 季度	3rd. Quarter of 2007	**121.7**	**133.1**	110.5	61.3	132.8	105.5
2007 年 4 季度	4th. Quarter of 2007	**124.0**	**138.1**	122.0	50.5	130.5	112.2
2008 年 1 季度	1st. Quarter of 2008	**122.7**	**133.5**	116.6	42.6	120.3	89.1
2008 年 2 季度	2nd. Quarter of 2008	**127.0**	**133.6**	99.9	57.7	106.1	98.3
2008 年 3 季度	3rd. Quarter of 2008	**111.1**	**121.9**	91.3	67.9	97.3	95.9
2008 年 4 季度	4th. Quarter of 2008	**95.7**	**110.3**	79.2	114.7	81.3	80.4
2009 年 1 季度	1st. Quarter of 2009	**94.6**	**119.8**	93.2	101.9	91.3	75.5
2009 年 2 季度	2nd. Quarter of 2009	**106.3**	**125.6**	111.3	84.4	118.2	87.0
2009 年 3 季度	3rd. Quarter of 2009	**115.9**	**140.8**	101.4	87.4	119.5	88.4
2009 年 4 季度	4th. Quarter of 2009	**118.3**	**143.0**	113.1	66.4	136.5	95.6

5-19 批发和零售业企业不同观察指标综合经营景气指数(1999-2009 年)
Business Survey Index of Wholesale and Retail Trade (1999-2009)

续表 1　continued

季 度	Quarter	商品销售价格 Selling Price of Commodities	商品库存 Inventory of Commodities	经营费用 Business Cost	竞争能力 Competition Abilities	盈利(亏损)变化 Changes in Profits (losses)
1999 年 1 季度	1st. Quarter of 1999	57.9	124.2	100.0		53.2
1999 年 2 季度	2nd. Quarter of 1999	50.7	126.0	97.8		49.0
1999 年 3 季度	3rd. Quarter of 1999	48.5	126.0	98.5		48.9
1999 年 4 季度	4th. Quarter of 1999	66.2	120.2	110.6		61.9
2000 年 1 季度	1st. Quarter of 2000	75.9	142.3	99.2		91.0
2000 年 2 季度	2nd. Quarter of 2000	70.1	124.8	105.5		76.7
2000 年 3 季度	3rd. Quarter of 2000	82.6	118.9	83.2		82.0
2000 年 4 季度	4th. Quarter of 2000	78.8	131.6	86.2		68.2
2001 年 1 季度	1st. Quarter of 2001	78.0	121.5	85.7		86.4
2001 年 2 季度	2nd. Quarter of 2001	77.0	117.8	94.4		82.0
2001 年 3 季度	3rd. Quarter of 2001	76.9	129.0	94.5		87.7
2001 年 4 季度	4th. Quarter of 2001	72.4	124.5	89.5		93.7
2002 年 1 季度	1st. Quarter of 2002	76.0	123.9	100.2		90.1
2002 年 2 季度	2nd. Quarter of 2002	75.7	125.0	99.6		101.0
2002 年 3 季度	3rd. Quarter of 2002	76.6	111.5	93.7		105.8
2002 年 4 季度	4th. Quarter of 2002	83.8	106.9	80.2		107.8
2003 年 1 季度	1st. Quarter of 2003	98.4	116.5	95.6		113.0
2003 年 2 季度	2nd. Quarter of 2003	72.5	113.8	93.1		96.2
2003 年 3 季度	3rd. Quarter of 2003	92.1	111.0	84.5		104.6
2003 年 4 季度	4th. Quarter of 2003	109.5	110.1	72.2		108.3
2004 年 1 季度	1st. Quarter of 2004	100.5	110.9	95.2	111.0	108.5
2004 年 2 季度	2nd. Quarter of 2004	84.9	100.1	91.0	109.0	111.7
2004 年 3 季度	3rd. Quarter of 2004	98.1	96.2	82.4	106.6	102.6
2004 年 4 季度	4th. Quarter of 2004	89.5	101.8	73.0	106.6	108.5
2005 年 1 季度	1st. Quarter of 2005	90.0	102.3	88.3	114.2	114.0
2005 年 2 季度	2nd. Quarter of 2005	73.0	102.0	89.2	107.1	99.4
2005 年 3 季度	3rd. Quarter of 2005	85.3	96.8	87.2	115.9	113.5
2005 年 4 季度	4th. Quarter of 2005	87.1	110.7	68.9	117.2	120.3
2006 年 1 季度	1st. Quarter of 2006	90.8	110.6	89.6	120.6	109.2
2006 年 2 季度	2nd. Quarter of 2006	93.6	114.9	72.0	123.4	128.9
2006 年 3 季度	3rd. Quarter of 2006	103.3	110.5	65.1	121.9	114.8
2006 年 4 季度	4th. Quarter of 2006	104.5	114.0	63.5	144.0	121.1
2007 年 1 季度	1st. Quarter of 2007	104.7	115.4	72.1	131.3	115.6
2007 年 2 季度	2nd. Quarter of 2007	110.2	113.7	84.2	136.4	107.5
2007 年 3 季度	3rd. Quarter of 2007	113.6	120.3	86.1	132.9	110.4
2007 年 4 季度	4th. Quarter of 2007	131.5	115.7	58.8	133.9	114.9
2008 年 1 季度	1st. Quarter of 2008	138.1	114.4	68.5	131.9	111.1
2008 年 2 季度	2nd. Quarter of 2008	118.6	108.2	67.5	126.3	114.3
2008 年 3 季度	3rd. Quarter of 2008	109.7	113.4	57.5	120.9	102.8
2008 年 4 季度	4th. Quarter of 2008	72.1	95.6	80.0	111.5	87.4
2009 年 1 季度	1st. Quarter of 2009	69.7	116.8	103.6	124.0	100.2
2009 年 2 季度	2nd. Quarter of 2009	88.5	111.2	97.4	121.0	102.7
2009 年 3 季度	3rd. Quarter of 2009	98.1	119.3	76.7	131.4	122.8
2009 年 4 季度	4th. Quarter of 2009	115.5	121.5	66.3	136.9	132.4

5-19 批发和零售业企业不同观察指标综合经营景气指数（1999-2009 年）
Business Survey Index of Wholesale and Retail Trade (1999-2009)

续表 2 continued

季 度	Quarter	流动资金 Circulating Funds	企业融资 Fundraising	货款拖欠 Payment Delinquent	劳动力需求 Labor Demand	固定资产投资 Investment in Fixed Assets
1999 年 1 季度	1st. Quarter of 1999	48.8		110.7	54.0	88.5
1999 年 2 季度	2nd. Quarter of 1999	43.1		109.6	51.8	80.6
1999 年 3 季度	3rd. Quarter of 1999	43.5		108.9	49.2	83.5
1999 年 4 季度	4th. Quarter of 1999	44.3		111.1	54.5	85.2
2000 年 1 季度	1st. Quarter of 2000	55.3		132.5	42.7	85.5
2000 年 2 季度	2nd. Quarter of 2000	53.3		103.5	51.2	92.0
2000 年 3 季度	3rd. Quarter of 2000	54.3		116.3	59.3	88.6
2000 年 4 季度	4th. Quarter of 2000	58.3		119.0	60.4	84.3
2001 年 1 季度	1st. Quarter of 2001	59.2		113.0	65.8	94.6
2001 年 2 季度	2nd. Quarter of 2001	58.8		106.5	75.7	92.7
2001 年 3 季度	3rd. Quarter of 2001	48.6		111.9	74.9	93.6
2001 年 4 季度	4th. Quarter of 2001	49.9		111.6	79.1	96.4
2002 年 1 季度	1st. Quarter of 2002	67.2		107.4	72.2	91.2
2002 年 2 季度	2nd. Quarter of 2002	62.4		111.0	80.2	98.6
2002 年 3 季度	3rd. Quarter of 2002	71.7		112.0	80.4	108.5
2002 年 4 季度	4th. Quarter of 2002	63.6		106.3	83.2	108.2
2003 年 1 季度	1st. Quarter of 2003	70.0		119.5	84.1	99.3
2003 年 2 季度	2nd. Quarter of 2003	72.1		105.7	74.8	104.1
2003 年 3 季度	3rd. Quarter of 2003	74.4		102.5	95.5	99.7
2003 年 4 季度	4th. Quarter of 2003	78.7		110.1	84.4	102.9
2004 年 1 季度	1st. Quarter of 2004	87.7	77.7	107.8	84.0	98.6
2004 年 2 季度	2nd. Quarter of 2004	80.8	64.5	104.8	77.7	90.4
2004 年 3 季度	3rd. Quarter of 2004	75.7	65.3	115.3	87.2	102.9
2004 年 4 季度	4th. Quarter of 2004	71.6	67.1	113.5	82.9	101.5
2005 年 1 季度	1st. Quarter of 2005	79.4	74.9	98.8	90.9	101.8
2005 年 2 季度	2nd. Quarter of 2005	73.7	70.3	110.1	88.2	111.7
2005 年 3 季度	3rd. Quarter of 2005	81.2	77.0	109.3	96.2	107.7
2005 年 4 季度	4th. Quarter of 2005	76.0	76.7	112.6	94.7	103.4
2006 年 1 季度	1st. Quarter of 2006	91.8	82.0	106.7	101.6	105.3
2006 年 2 季度	2nd. Quarter of 2006	90.6	86.1	99.7	97.7	105.3
2006 年 3 季度	3rd. Quarter of 2006	76.0	76.3	99.9	97.3	99.4
2006 年 4 季度	4th. Quarter of 2006	81.3	78.9	111.5	117.3	105.5
2007 年 1 季度	1st. Quarter of 2007	86.3	84.2	101.7	115.3	90.8
2007 年 2 季度	2nd. Quarter of 2007	89.7	83.6	103.5	103.8	93.1
2007 年 3 季度	3rd. Quarter of 2007	93.7	78.8	106.2	114.6	107.9
2007 年 4 季度	4th. Quarter of 2007	89.0	78.5	109.8	107.3	99.5
2008 年 1 季度	1st. Quarter of 2008	84.3	78.4	112.1	103.5	96.3
2008 年 2 季度	2nd. Quarter of 2008	86.2	87.9	102.9	103.9	90.6
2008 年 3 季度	3rd. Quarter of 2008	89.2	84.6	109.7	99.3	112.5
2008 年 4 季度	4th. Quarter of 2008	70.1	76.5	102.7	83.9	90.2
2009 年 1 季度	1st. Quarter of 2009	97.9	97.8	105.3	90.4	95.5
2009 年 2 季度	2nd. Quarter of 2009	100.1	92.5	95.0	99.3	98.6
2009 年 3 季度	3rd. Quarter of 2009	102.5	96.9	96.4	99.1	104.2
2009 年 4 季度	4th. Quarter of 2009	100.7	97.6	109.8	106.4	117.0

5-20 房地产业企业不同观察指标综合经营景气指数(1999-2009 年)
Business Survey Index of Real Estate Trade (1999-2009)

季度	Quarter	企业家信心指数 Entrepreneur Expectation Index	企业景气指数 Business Survey Index	土地开发 Floor Space of Land Development	完成投资 Completed Investment	新开工情况 Floor Space of New Buildings	房屋竣工 Floor Space of Completed Buildings
1999 年 1 季度	1st. Quarter of 1999	**115.4**	**109.3**	113.1	140.3	100.0	125.5
1999 年 2 季度	2nd. Quarter of 1999	**94.9**	**90.8**	105.9	131.2	100.0	114.3
1999 年 3 季度	3rd. Quarter of 1999	**91.6**	**91.9**	98.9	112.7	100.0	106.2
1999 年 4 季度	4th. Quarter of 1999	**101.2**	**98.7**	94.9	105.3	100.0	103.5
2000 年 1 季度	1st. Quarter of 2000	**115.1**	**105.7**	110.4	113.3	100.0	110.5
2000 年 2 季度	2nd. Quarter of 2000	**125.1**	**110.0**	118.6	120.4	100.0	120.6
2000 年 3 季度	3rd. Quarter of 2000	**121.8**	**113.1**	91.8	131.0	100.0	100.7
2000 年 4 季度	4th. Quarter of 2000	**136.0**	**120.7**	110.1	137.7	100.0	113.5
2001 年 1 季度	1st. Quarter of 2001	**138.2**	**124.4**	108.3	120.5	100.0	114.1
2001 年 2 季度	2nd. Quarter of 2001	**137.3**	**124.7**	111.3	142.4	100.0	119.6
2001 年 3 季度	3rd. Quarter of 2001	**140.0**	**129.2**	105.2	126.0	100.0	99.1
2001 年 4 季度	4th. Quarter of 2001	**130.8**	**134.4**	109.2	138.7	100.0	103.2
2002 年 1 季度	1st. Quarter of 2002	**134.7**	**132.1**	114.7	120.0	107.2	104.3
2002 年 2 季度	2nd. Quarter of 2002	**137.9**	**136.8**	113.3	127.0	111.0	96.6
2002 年 3 季度	3rd. Quarter of 2002	**142.5**	**136.0**	112.4	127.5	122.5	112.7
2002 年 4 季度	4th. Quarter of 2002	**149.5**	**139.9**	108.1	134.0	111.8	116.1
2003 年 1 季度	1st. Quarter of 2003	**158.1**	**140.8**	109.3	123.5	110.6	84.5
2003 年 2 季度	2nd. Quarter of 2003	**157.7**	**142.1**	101.3	126.8	110.9	114.9
2003 年 3 季度	3rd. Quarter of 2003	**152.6**	**150.0**	104.1	129.7	105.9	98.6
2003 年 4 季度	4th. Quarter of 2003	**169.1**	**162.6**	123.2	147.7	123.3	125.3
2004 年 1 季度	1st. Quarter of 2004	**177.9**	**156.8**	106.7	133.2	105.0	103.5
2004 年 2 季度	2nd. Quarter of 2004	**162.2**	**149.2**	106.0	149.0	95.3	110.6
2004 年 3 季度	3rd. Quarter of 2004	**149.6**	**152.5**	101.8	133.6	110.0	112.9
2004 年 4 季度	4th. Quarter of 2004	**156.2**	**134.8**	104.6	127.5	106.7	109.6
2005 年 1 季度	1st. Quarter of 2005	**158.7**	**147.3**	110.1	126.0	126.1	110.3
2005 年 2 季度	2nd. Quarter of 2005	**133.0**	**143.1**	104.7	131.8	112.7	113.7
2005 年 3 季度	3rd. Quarter of 2005	**145.0**	**140.5**	101.6	119.6	97.8	121.5
2005 年 4 季度	4th. Quarter of 2005	**139.8**	**135.5**	102.5	126.0	104.0	110.2
2006 年 1 季度	1st. Quarter of 2006	**159.5**	**154.8**	106.7	119.0	121.0	96.4
2006 年 2 季度	2nd. Quarter of 2006	**145.2**	**152.8**	108.3	144.8	109.5	118.6
2006 年 3 季度	3rd. Quarter of 2006	**155.2**	**137.1**	108.2	124.2	103.2	111.4
2006 年 4 季度	4th. Quarter of 2006	**153.6**	**154.8**	113.5	138.0	116.0	136.6
2007 年 1 季度	1st. Quarter of 2007	**150.9**	**144.8**	91.6	108.0	111.4	105.6
2007 年 2 季度	2nd. Quarter of 2007	**157.2**	**146.5**	116.5	132.9	111.7	116.3
2007 年 3 季度	3rd. Quarter of 2007	**167.7**	**161.2**	107.6	123.7	109.7	117.8
2007 年 4 季度	4th. Quarter of 2007	**156.3**	**154.2**	114.8	130.2	107.2	110.3
2008 年 1 季度	1st. Quarter of 2008	**132.7**	**144.2**	114.2	116.8	106.6	85.7
2008 年 2 季度	2nd. Quarter of 2008	**133.7**	**126.8**	112.9	126.0	109.3	113.5
2008 年 3 季度	3rd. Quarter of 2008	**100.5**	**125.0**	85.6	119.5	103.9	107.5
2008 年 4 季度	4th. Quarter of 2008	**77.7**	**94.3**	79.2	99.9	77.5	113.6
2009 年 1 季度	1st. Quarter of 2009	**92.3**	**100.4**	81.9	89.1	77.2	88.2
2009 年 2 季度	2nd. Quarter of 2009	**123.9**	**118.5**	108.8	113.3	104.4	98.5
2009 年 3 季度	3rd. Quarter of 2009	**139.4**	**120.8**	104.8	109.0	107.8	105.5
2009 年 4 季度	4th. Quarter of 2009	**150.0**	**131.5**	103.3	108.6	100.9	111.1

5-20 房地产业企业不同观察指标综合经营景气指数（1999-2009 年）
Business Survey Index of Real Estate Trade (1999-2009)

续表 1　continued

季 度	Quarter	商品房预售 Floor Space of Presold Commercial Buildings	商品房销售 Floor Space of Sold Commercial Buildings	商品房销售价格 Selling Price of Commercial Buildings	空置商品房 Vacant Space of Commercial Buildings	盈利（亏损）变化 Changes in Profits (losses)
1999 年 1 季度	1st. Quarter of 1999	109.0	101.5	97.6	123.4	72.1
1999 年 2 季度	2nd. Quarter of 1999	100.2	99.3	78.5	125.8	58.0
1999 年 3 季度	3rd. Quarter of 1999	103.4	92.6	70.9	132.7	56.2
1999 年 4 季度	4th. Quarter of 1999	115.3	111.6	69.9	129.2	68.5
2000 年 1 季度	1st. Quarter of 2000	118.5	117.2	80.6	138.9	90.9
2000 年 2 季度	2nd. Quarter of 2000	124.9	102.3	84.2	151.7	76.0
2000 年 3 季度	3rd. Quarter of 2000	136.3	102.4	89.3	157.9	84.0
2000 年 4 季度	4th. Quarter of 2000	141.3	140.1	86.5	167.7	101.9
2001 年 1 季度	1st. Quarter of 2001	95.8	110.0	106.3	148.5	104.1
2001 年 2 季度	2nd. Quarter of 2001	124.7	125.3	109.4	151.5	108.1
2001 年 3 季度	3rd. Quarter of 2001	99.8	112.8	101.2	152.6	95.5
2001 年 4 季度	4th. Quarter of 2001	122.9	118.6	104.4	166.0	108.0
2002 年 1 季度	1st. Quarter of 2002	117.2	103.1	103.6	149.6	114.2
2002 年 2 季度	2nd. Quarter of 2002	113.9	109.3	97.8	157.8	109.7
2002 年 3 季度	3rd. Quarter of 2002	123.8	120.5	114.3	150.2	115.9
2002 年 4 季度	4th. Quarter of 2002	108.6	119.3	126.4	153.0	127.4
2003 年 1 季度	1st. Quarter of 2003	109.4	110.4	117.9	163.3	116.8
2003 年 2 季度	2nd. Quarter of 2003	123.5	129.0	122.2	167.5	125.6
2003 年 3 季度	3rd. Quarter of 2003	136.2	129.8	130.9	161.3	141.6
2003 年 4 季度	4th. Quarter of 2003	140.1	120.0	145.6	157.1	148.1
2004 年 1 季度	1st. Quarter of 2004	119.4	117.3	160.5	163.4	139.1
2004 年 2 季度	2nd. Quarter of 2004	119.7	110.1	147.7	164.8	138.6
2004 年 3 季度	3rd. Quarter of 2004	101.2	86.3	125.5	161.0	125.2
2004 年 4 季度	4th. Quarter of 2004	99.7	104.2	122.3	153.6	122.6
2005 年 1 季度	1st. Quarter of 2005	108.9	117.2	124.2	151.5	118.8
2005 年 2 季度	2nd. Quarter of 2005	102.5	103.9	90.4	149.2	103.0
2005 年 3 季度	3rd. Quarter of 2005	106.1	101.7	98.9	137.8	99.6
2005 年 4 季度	4th. Quarter of 2005	116.5	113.2	110.2	145.4	110.7
2006 年 1 季度	1st. Quarter of 2006	99.2	94.0	109.6	151.7	103.4
2006 年 2 季度	2nd. Quarter of 2006	120.4	113.4	113.3	145.2	108.9
2006 年 3 季度	3rd. Quarter of 2006	118.4	110.6	111.4	148.1	112.6
2006 年 4 季度	4th. Quarter of 2006	138.6	119.1	115.1	152.5	123.7
2007 年 1 季度	1st. Quarter of 2007	95.5	84.8	109.7	148.0	111.6
2007 年 2 季度	2nd. Quarter of 2007	115.9	121.0	126.8	146.4	134.4
2007 年 3 季度	3rd. Quarter of 2007	125.6	139.0	150.6	156.4	142.5
2007 年 4 季度	4th. Quarter of 2007	102.4	114.0	150.2	155.8	137.4
2008 年 1 季度	1st. Quarter of 2008	77.8	88.4	99.8	125.8	102.9
2008 年 2 季度	2nd. Quarter of 2008	98.5	98.8	92.9	135.1	103.6
2008 年 3 季度	3rd. Quarter of 2008	86.6	98.3	94.3	138.9	83.8
2008 年 4 季度	4th. Quarter of 2008	74.9	64.5	77.2	107.5	69.5
2009 年 1 季度	1st. Quarter of 2009	94.5	94.6	84.9	115.7	79.7
2009 年 2 季度	2nd. Quarter of 2009	102.8	110.4	108.0	123.6	120.1
2009 年 3 季度	3rd. Quarter of 2009	108.9	101.1	126.1	144.6	111.5
2009 年 4 季度	4th. Quarter of 2009	98.5	104.1	132.3	148.1	115.1

5-20 房地产业企业不同观察指标综合经营景气指数（1999-2009 年）
Business Survey Index of Real Estate Trade (1999-2009)

续表 2　continued

季 度	Quarter	流动资金 Circulating Funds	企业融资 Fundraising	货款拖欠 Payment Delinquent	劳动力需求 Labor Demand	固定资产投资 Investment in Fixed Assets
1999 年 1 季度	1st. Quarter of 1999	63.5		109.8	121.8	123.1
1999 年 2 季度	2nd. Quarter of 1999	53.0		92.5	102.1	117.7
1999 年 3 季度	3rd. Quarter of 1999	54.5		89.4	97.8	119.6
1999 年 4 季度	4th. Quarter of 1999	58.3		83.8	80.5	113.5
2000 年 1 季度	1st. Quarter of 2000	59.8		98.6	100.7	123.4
2000 年 2 季度	2nd. Quarter of 2000	69.2		106.2	105.3	121.8
2000 年 3 季度	3rd. Quarter of 2000	75.9		111.3	120.5	122.1
2000 年 4 季度	4th. Quarter of 2000	74.2		117.0	113.3	123.1
2001 年 1 季度	1st. Quarter of 2001	82.0		121.6	114.7	114.2
2001 年 2 季度	2nd. Quarter of 2001	78.4		114.8	123.0	126.6
2001 年 3 季度	3rd. Quarter of 2001	87.4		122.3	111.3	116.1
2001 年 4 季度	4th. Quarter of 2001	77.5		106.5	100.9	102.2
2002 年 1 季度	1st. Quarter of 2002	91.8		118.0	116.6	114.2
2002 年 2 季度	2nd. Quarter of 2002	87.1		123.9	102.2	118.4
2002 年 3 季度	3rd. Quarter of 2002	98.6		126.6	110.3	117.8
2002 年 4 季度	4th. Quarter of 2002	99.4		124.3	110.0	112.4
2003 年 1 季度	1st. Quarter of 2003	104.6		124.1	114.4	102.5
2003 年 2 季度	2nd. Quarter of 2003	109.6		134.0	112.2	122.6
2003 年 3 季度	3rd. Quarter of 2003	106.7		132.6	113.6	128.9
2003 年 4 季度	4th. Quarter of 2003	121.2		134.8	122.4	144.3
2004 年 1 季度	1st. Quarter of 2004	117.6	88.8	129.0	120.8	125.6
2004 年 2 季度	2nd. Quarter of 2004	110.0	88.6	133.4	114.0	138.6
2004 年 3 季度	3rd. Quarter of 2004	107.3	91.8	130.0	115.3	125.6
2004 年 4 季度	4th. Quarter of 2004	101.8	87.2	131.6	101.6	108.3
2005 年 1 季度	1st. Quarter of 2005	107.7	85.9	124.5	113.1	111.0
2005 年 2 季度	2nd. Quarter of 2005	81.5	80.0	117.5	104.3	128.7
2005 年 3 季度	3rd. Quarter of 2005	81.0	77.1	128.0	103.2	109.7
2005 年 4 季度	4th. Quarter of 2005	87.4	77.2	128.9	102.3	106.7
2006 年 1 季度	1st. Quarter of 2006	103.8	95.4	134.3	123.8	113.8
2006 年 2 季度	2nd. Quarter of 2006	108.0	91.7	135.7	112.8	122.2
2006 年 3 季度	3rd. Quarter of 2006	101.0	83.7	132.7	104.9	112.5
2006 年 4 季度	4th. Quarter of 2006	102.5	89.1	133.6	104.4	134.3
2007 年 1 季度	1st. Quarter of 2007	112.6	100.0	128.8	117.4	109.2
2007 年 2 季度	2nd. Quarter of 2007	118.3	104.1	142.4	102.8	124.4
2007 年 3 季度	3rd. Quarter of 2007	116.7	101.5	154.7	105.6	125.0
2007 年 4 季度	4th. Quarter of 2007	116.1	94.8	138.1	108.4	124.9
2008 年 1 季度	1st. Quarter of 2008	99.5	76.0	131.8	97.1	103.2
2008 年 2 季度	2nd. Quarter of 2008	91.4	71.4	123.6	89.3	103.0
2008 年 3 季度	3rd. Quarter of 2008	77.3	82.2	126.5	88.4	99.7
2008 年 4 季度	4th. Quarter of 2008	75.5	73.0	132.6	50.5	95.9
2009 年 1 季度	1st. Quarter of 2009	73.8	54.3	101.8	62.8	83.2
2009 年 2 季度	2nd. Quarter of 2009	75.5	74.8	112.6	87.7	93.5
2009 年 3 季度	3rd. Quarter of 2009	96.9	71.8	113.6	84.6	99.4
2009 年 4 季度	4th. Quarter of 2009	93.6	74.3	125.2	100.1	101.5

5-21 社会服务业企业不同观察指标综合经营景气指数(1999-2009 年)
Business Survey Index of Social Services (1999-2009)

季度	Quarter	企业家信心指数 **Entrepreneur Expectation Index**	企业景气指数 **Business Survey Index**	服务预订 Service Order	竞争能力 Competition Abilities	旅游客源 Tourists (tourism)
1999 年 1 季度	1st. Quarter of 1999	**97.6**	**77.8**			76.2
1999 年 2 季度	2nd. Quarter of 1999	**78.6**	**83.3**			105.3
1999 年 3 季度	3rd. Quarter of 1999	**100.0**	**62.5**			100.0
1999 年 4 季度	4th. Quarter of 1999	**92.7**	**72.5**			100.0
2000 年 1 季度	1st. Quarter of 2000	**100.0**	**99.2**			83.3
2000 年 2 季度	2nd. Quarter of 2000	**107.7**	**115.4**			170.0
2000 年 3 季度	3rd. Quarter of 2000	**116.0**	**96.0**			136.4
2000 年 4 季度	4th. Quarter of 2000	**100.0**	**104.0**			88.9
2001 年 1 季度	1st. Quarter of 2001	**123.9**	**108.1**			70.0
2001 年 2 季度	2nd. Quarter of 2001	**136.1**	**124.1**			181.6
2001 年 3 季度	3rd. Quarter of 2001	**135.9**	**112.1**			150.0
2001 年 4 季度	4th. Quarter of 2001	**127.9**	**124.1**			100.0
2002 年 1 季度	1st. Quarter of 2002	**126.1**	**124.5**			124.9
2002 年 2 季度	2nd. Quarter of 2002	**117.4**	**112.3**			163.6
2002 年 3 季度	3rd. Quarter of 2002	**127.5**	**124.3**			168.2
2002 年 4 季度	4th. Quarter of 2002	**122.6**	**108.8**			100.0
2003 年 1 季度	1st. Quarter of 2003	**132.0**	**118.8**		138.5	109.1
2003 年 2 季度	2nd. Quarter of 2003	**95.1**	**69.6**		118.0	20.0
2003 年 3 季度	3rd. Quarter of 2003	**112.2**	**114.8**		127.0	172.0
2003 年 4 季度	4th. Quarter of 2003	**121.2**	**120.4**		130.4	60.6
2004 年 1 季度	1st. Quarter of 2004	**114.5**	**117.7**	101.6	129.5	94.4
2004 年 2 季度	2nd. Quarter of 2004	**122.1**	**123.7**	116.1	135.5	155.0
2004 年 3 季度	3rd. Quarter of 2004	**109.8**	**103.3**	107.0	127.8	130.4
2004 年 4 季度	4th. Quarter of 2004	**112.0**	**102.1**	96.2	123.3	60.0
2005 年 1 季度	1st. Quarter of 2005	**122.0**	**102.8**	104.9	134.2	136.8
2005 年 2 季度	2nd. Quarter of 2005	**118.5**	**107.0**	111.8	132.0	113.6
2005 年 3 季度	3rd. Quarter of 2005	**114.6**	**109.8**	112.9	128.3	133.3
2005 年 4 季度	4th. Quarter of 2005	**124.5**	**120.4**	107.0	139.7	93.8
2006 年 1 季度	1st. Quarter of 2006	**128.0**	**117.3**	106.5	134.8	120.8
2006 年 2 季度	2nd. Quarter of 2006	**129.4**	**119.3**	113.4	130.6	133.3
2006 年 3 季度	3rd. Quarter of 2006	**130.1**	**135.7**	119.9	145.5	141.2
2006 年 4 季度	4th. Quarter of 2006	**139.1**	**138.7**	98.3	141.2	89.2
2007 年 1 季度	1st. Quarter of 2007	**138.1**	**134.2**	129.0	135.4	107.1
2007 年 2 季度	2nd. Quarter of 2007	**133.7**	**133.7**	133.9	145.0	157.1
2007 年 3 季度	3rd. Quarter of 2007	**142.9**	**127.3**	122.7	142.9	144.4
2007 年 4 季度	4th. Quarter of 2007	**132.8**	**115.8**	91.4	142.6	66.7
2008 年 1 季度	1st. Quarter of 2008	**131.7**	**114.4**	94.5	148.2	100.0
2008 年 2 季度	2nd. Quarter of 2008	**109.7**	**97.2**	89.4	137.2	35.7
2008 年 3 季度	3rd. Quarter of 2008	**114.4**	**114.4**	101.8	138.7	128.6
2008 年 4 季度	4th. Quarter of 2008	**83.2**	**96.4**	59.9	136.5	27.3
2009 年 1 季度	1st. Quarter of 2009	**102.5**	**99.1**	64.9	135.2	100.0
2009 年 2 季度	2nd. Quarter of 2009	**119.9**	**113.6**	92.2	140.1	115.4
2009 年 3 季度	3rd. Quarter of 2009	**132.5**	**137.3**	117.6	147.9	166.7
2009 年 4 季度	4th. Quarter of 2009	**132.5**	**143.1**	109.5	137.3	108.3

5-21 社会服务业企业不同观察指标综合经营景气指数(1999-2009年)
Business Survey Index of Social Services (1999-2009)

续表 1 continued

季 度	Quarter	收费(服务)价格 Business (services) Charges	业务量 Business Volume	营业成本 Business Cost	盈利(亏损)变化 Changes in Profits (losses)	流动资金 Circulating Funds
1999年1季度	1st. Quarter of 1999	82.5		80.7	67.3	51.2
1999年2季度	2nd. Quarter of 1999	73.8		80.7	57.4	57.1
1999年3季度	3rd. Quarter of 1999	87.7		87.5	62.5	60.0
1999年4季度	4th. Quarter of 1999	75.0		72.7	69.8	50.0
2000年1季度	1st. Quarter of 2000	74.2		84.9	95.6	67.9
2000年2季度	2nd. Quarter of 2000	73.1		53.9	92.3	61.5
2000年3季度	3rd. Quarter of 2000	88.0		60.0	56.0	60.0
2000年4季度	4th. Quarter of 2000	76.0		88.0	76.0	68.0
2001年1季度	1st. Quarter of 2001	87.5		99.9	87.9	84.0
2001年2季度	2nd. Quarter of 2001	111.9		68.0	128.0	76.2
2001年3季度	3rd. Quarter of 2001	111.9		72.0	116.0	84.1
2001年4季度	4th. Quarter of 2001	75.8		55.8	124.0	84.0
2002年1季度	1st. Quarter of 2002	89.5		77.7	101.7	106.9
2002年2季度	2nd. Quarter of 2002	89.5		80.7	103.5	87.9
2002年3季度	3rd. Quarter of 2002	81.0		73.1	116.9	89.8
2002年4季度	4th. Quarter of 2002	85.9		79.8	96.2	90.0
2003年1季度	1st. Quarter of 2003	86.3		86.7	125.5	101.5
2003年2季度	2nd. Quarter of 2003	61.4		92.9	51.7	86.9
2003年3季度	3rd. Quarter of 2003	91.8		76.2	109.3	91.1
2003年4季度	4th. Quarter of 2003	88.5		88.5	100.9	82.9
2004年1季度	1st. Quarter of 2004	82.0	92.4	77.1	98.9	89.8
2004年2季度	2nd. Quarter of 2004	86.4	121.3	78.2	116.1	83.9
2004年3季度	3rd. Quarter of 2004	96.5	111.2	72.2	96.7	83.1
2004年4季度	4th. Quarter of 2004	81.4	105.6	90.7	112.6	95.1
2005年1季度	1st. Quarter of 2005	87.4	99.2	81.9	83.8	86.5
2005年2季度	2nd. Quarter of 2005	88.9	114.8	85.2	91.3	78.4
2005年3季度	3rd. Quarter of 2005	84.5	118.8	72.6	97.2	80.4
2005年4季度	4th. Quarter of 2005	91.7	116.7	82.8	95.8	87.8
2006年1季度	1st. Quarter of 2006	85.4	113.5	90.3	85.7	82.5
2006年2季度	2nd. Quarter of 2006	96.6	114.3	86.8	103.6	80.5
2006年3季度	3rd. Quarter of 2006	104.9	124.6	85.7	112.7	85.7
2006年4季度	4th. Quarter of 2006	95.6	109.2	89.3	106.8	90.0
2007年1季度	1st. Quarter of 2007	119.9	129.0	57.9	113.2	95.9
2007年2季度	2nd. Quarter of 2007	102.5	130.0	70.0	117.5	83.7
2007年3季度	3rd. Quarter of 2007	106.4	121.4	73.8	123.8	86.8
2007年4季度	4th. Quarter of 2007	81.6	85.2	75.6	107.1	88.9
2008年1季度	1st. Quarter of 2008	99.7	87.2	65.6	84.7	95.5
2008年2季度	2nd. Quarter of 2008	94.9	99.4	61.9	78.7	77.9
2008年3季度	3rd. Quarter of 2008	117.1	111.6	65.9	101.8	85.7
2008年4季度	4th. Quarter of 2008	74.1	88.9	84.2	54.7	70.1
2009年1季度	1st. Quarter of 2009	82.1	87.4	87.9	77.7	73.2
2009年2季度	2nd. Quarter of 2009	97.4	107.8	86.0	91.6	94.3
2009年3季度	3rd. Quarter of 2009	100.0	125.0	81.4	114.3	103.3
2009年4季度	4th. Quarter of 2009	93.6	120.2	70.8	105.3	91.0

5-21 社会服务业企业不同观察指标综合经营景气指数(1999-2009年)
Business Survey Index of Social Services (1999-2009)

续表 2　continued

季度	Quarter	企业融资 Fundraising	货款拖欠 Payment Delinquent	劳动力需求 Labor Demand	固定资产投资 Investment in Fixed Assets
1999年1季度	1st. Quarter of 1999		100.0	75.6	107.9
1999年2季度	2nd. Quarter of 1999		100.2	61.9	85.0
1999年3季度	3rd. Quarter of 1999		85.5	67.7	79.5
1999年4季度	4th. Quarter of 1999		81.3	72.5	86.5
2000年1季度	1st. Quarter of 2000		113.6	88.5	119.9
2000年2季度	2nd. Quarter of 2000		85.7	100.0	129.2
2000年3季度	3rd. Quarter of 2000		73.7	88.0	112.5
2000年4季度	4th. Quarter of 2000		100.0	100.0	100.0
2001年1季度	1st. Quarter of 2001		90.5	92.0	126.2
2001年2季度	2nd. Quarter of 2001		113.8	100.2	104.4
2001年3季度	3rd. Quarter of 2001		77.4	112.1	112.5
2001年4季度	4th. Quarter of 2001		126.3	104.0	120.6
2002年1季度	1st. Quarter of 2002		104.6	106.9	98.1
2002年2季度	2nd. Quarter of 2002		97.0	103.5	109.1
2002年3季度	3rd. Quarter of 2002		103.6	101.8	110.5
2002年4季度	4th. Quarter of 2002		116.7	96.6	105.4
2003年1季度	1st. Quarter of 2003		108.8	108.2	113.9
2003年2季度	2nd. Quarter of 2003		101.6	66.5	86.9
2003年3季度	3rd. Quarter of 2003		88.3	107.3	102.4
2003年4季度	4th. Quarter of 2003		106.8	94.2	110.8
2004年1季度	1st. Quarter of 2004	83.6	91.8	95.6	112.9
2004年2季度	2nd. Quarter of 2004	77.8	95.1	104.8	98.4
2004年3季度	3rd. Quarter of 2004	81.1	100.0	98.9	103.8
2004年4季度	4th. Quarter of 2004	73.0	112.6	89.7	93.4
2005年1季度	1st. Quarter of 2005	72.5	112.6	88.5	98.1
2005年2季度	2nd. Quarter of 2005	71.4	102.0	100.0	105.9
2005年3季度	3rd. Quarter of 2005	66.1	102.0	109.8	109.8
2005年4季度	4th. Quarter of 2005	65.3	104.1	100.0	100.0
2006年1季度	1st. Quarter of 2006	56.4	106.4	97.8	100.0
2006年2季度	2nd. Quarter of 2006	68.2	102.7	88.9	97.3
2006年3季度	3rd. Quarter of 2006	64.5	95.2	114.3	107.1
2006年4季度	4th. Quarter of 2006	70.3	110.1	82.7	96.2
2007年1季度	1st. Quarter of 2007	77.2	109.1	113.2	97.4
2007年2季度	2nd. Quarter of 2007	69.9	93.7	120.0	107.5
2007年3季度	3rd. Quarter of 2007	79.1	94.2	111.9	110.6
2007年4季度	4th. Quarter of 2007	69.6	98.7	80.5	96.2
2008年1季度	1st. Quarter of 2008	73.2	107.0	86.0	107.3
2008年2季度	2nd. Quarter of 2008	62.2	105.0	72.5	87.9
2008年3季度	3rd. Quarter of 2008	61.0	97.6	83.6	93.3
2008年4季度	4th. Quarter of 2008	52.6	103.9	55.3	73.4
2009年1季度	1st. Quarter of 2009	75.6	86.9	75.7	90.3
2009年2季度	2nd. Quarter of 2009	77.1	96.3	93.8	105.8
2009年3季度	3rd. Quarter of 2009	75.6	102.7	118.6	122.9
2009年4季度	4th. Quarter of 2009	71.8	102.7	110.1	121.9

5-22 信息传输、计算机服务和软件业企业不同观察指标综合经营景气指数(1999-2009 年)

Business Survey Index of Data Transmission, Computer Service and Software (1999-2009)

季 度	Quarter	企业家信心指数 **Entrepreneur Expectation Index**	企业景气指数 **Business Survey Index**	产品销售(提供服务) Sales of Products (Service)	产品订货 Order of Products	竞争能力 Competition Abilities
1999 年 1 季度	1st. Quarter of 1999	**100.0**	**100.0**	100.0	100.0	100.0
1999 年 2 季度	2nd. Quarter of 1999	**125.0**	**125.0**	175.0	100.0	100.0
1999 年 3 季度	3rd. Quarter of 1999	**133.3**	**133.3**	133.3	100.0	100.0
1999 年 4 季度	4th. Quarter of 1999	**166.7**	**133.3**	100.0	100.0	100.0
2000 年 1 季度	1st. Quarter of 2000	**175.0**	**150.0**	150.0	100.0	100.0
2000 年 2 季度	2nd. Quarter of 2000	**125.0**	**125.0**	175.0	100.0	100.0
2000 年 3 季度	3rd. Quarter of 2000	**125.0**	**100.0**	100.0	100.0	100.0
2000 年 4 季度	4th. Quarter of 2000	**166.7**	**133.3**	133.3	100.0	100.0
2001 年 1 季度	1st. Quarter of 2001	**125.5**	**125.5**	133.3	100.0	100.0
2001 年 2 季度	2nd. Quarter of 2001	**125.5**	**125.5**	133.3	100.0	100.0
2001 年 3 季度	3rd. Quarter of 2001	**125.5**	**125.5**	133.3	100.0	100.0
2001 年 4 季度	4th. Quarter of 2001	**125.5**	**125.5**	166.7	100.0	100.0
2002 年 1 季度	1st. Quarter of 2002	**124.6**	**108.0**	171.4	100.0	100.0
2002 年 2 季度	2nd. Quarter of 2002	**130.8**	**107.3**	159.4	100.0	100.0
2002 年 3 季度	3rd. Quarter of 2002	**130.8**	**116.5**	104.5	100.0	100.0
2002 年 4 季度	4th. Quarter of 2002	**145.1**	**157.1**	145.1	100.0	100.0
2003 年 1 季度	1st. Quarter of 2003	**131.6**	**125.6**	109.9	94.3	154.1
2003 年 2 季度	2nd. Quarter of 2003	**130.3**	**118.1**	117.5	98.6	129.1
2003 年 3 季度	3rd. Quarter of 2003	**130.5**	**129.1**	138.0	116.5	141.9
2003 年 4 季度	4th. Quarter of 2003	**136.2**	**146.3**	127.7	116.3	141.9
2004 年 1 季度	1st. Quarter of 2004	**142.4**	**145.2**	136.1	113.2	161.9
2004 年 2 季度	2nd. Quarter of 2004	**142.4**	**130.7**	129.0	110.3	144.9
2004 年 3 季度	3rd. Quarter of 2004	**134.1**	**130.0**	147.4	118.7	153.2
2004 年 4 季度	4th. Quarter of 2004	**135.1**	**135.5**	127.9	115.9	142.9
2005 年 1 季度	1st. Quarter of 2005	**144.0**	**118.8**	91.5	80.8	139.4
2005 年 2 季度	2nd. Quarter of 2005	**142.2**	**123.5**	128.4	92.9	145.4
2005 年 3 季度	3rd. Quarter of 2005	**147.0**	**132.3**	115.8	102.2	148.1
2005 年 4 季度	4th. Quarter of 2005	**145.3**	**135.3**	127.0	120.1	152.2
2006 年 1 季度	1st. Quarter of 2006	**134.1**	**121.2**	109.5	89.2	139.7
2006 年 2 季度	2nd. Quarter of 2006	**125.5**	**122.3**	128.9	121.7	146.2
2006 年 3 季度	3rd. Quarter of 2006	**125.9**	**129.5**	112.6	100.2	150.8
2006 年 4 季度	4th. Quarter of 2006	**145.7**	**134.3**	137.2	121.8	127.7
2007 年 1 季度	1st. Quarter of 2007	**130.7**	**126.4**	80.7	84.7	136.3
2007 年 2 季度	2nd. Quarter of 2007	**141.4**	**141.4**	117.7	109.7	143.2
2007 年 3 季度	3rd. Quarter of 2007	**144.4**	**140.4**	101.9	114.9	146.4
2007 年 4 季度	4th. Quarter of 2007	**151.0**	**151.0**	120.2	120.2	153.4
2008 年 1 季度	1st. Quarter of 2008	**138.1**	**138.1**	115.3	108.0	156.3
2008 年 2 季度	2nd. Quarter of 2008	**140.9**	**141.0**	129.8	119.4	140.9
2008 年 3 季度	3rd. Quarter of 2008	**139.8**	**135.2**	98.7	98.7	121.4
2008 年 4 季度	4th. Quarter of 2008	**143.9**	**149.2**	135.5	124.1	139.6
2009 年 1 季度	1st. Quarter of 2009	**147.6**	**108.6**	93.5	69.6	125.3
2009 年 2 季度	2nd. Quarter of 2009	**133.3**	**103.9**	112.5	91.1	134.8
2009 年 3 季度	3rd. Quarter of 2009	**155.6**	**143.4**	120.2	118.4	155.6
2009 年 4 季度	4th. Quarter of 2009	**131.6**	**136.8**	129.6	125.3	142.1

5-22 信息传输、计算机服务和软件业企业不同观察指标综合经营景气指数(1999-2009 年)
Business Survey Index of Data Transmission, Computer Service and Software (1999-2009)

续表 1　continued

季 度	Quarter	销售(收费)价格 Business Charges	营业收入 Business Revenue	营业成本 Business Cost	盈利(亏损)变化 Changes in Profits (losses)	流动资金 Circulating Funds
1999 年 1 季度	1st. Quarter of 1999	75.0	100.0	100.0	100.0	75.0
1999 年 2 季度	2nd. Quarter of 1999	100.0	175.0	125.0	75.0	25.0
1999 年 3 季度	3rd. Quarter of 1999	100.0	133.3	133.3	133.3	100.0
1999 年 4 季度	4th. Quarter of 1999	100.0	133.3	133.3	66.7	66.7
2000 年 1 季度	1st. Quarter of 2000	61.8	125.0	86.8	73.6	125.0
2000 年 2 季度	2nd. Quarter of 2000	100.0	125.0	75.0	100.0	75.0
2000 年 3 季度	3rd. Quarter of 2000	100.0	100.0	0.0	50.0	88.2
2000 年 4 季度	4th. Quarter of 2000	100.0	133.3	66.7	133.3	84.3
2001 年 1 季度	1st. Quarter of 2001	58.9	133.3	74.5	200.0	25.5
2001 年 2 季度	2nd. Quarter of 2001	58.9	84.4	0.0	125.5	100.0
2001 年 3 季度	3rd. Quarter of 2001	66.7	84.4	0.0	92.2	100.0
2001 年 4 季度	4th. Quarter of 2001	100.0	158.9	33.3	158.9	100.0
2002 年 1 季度	1st. Quarter of 2002	85.7	113.5	56.2	72.4	114.3
2002 年 2 季度	2nd. Quarter of 2002	100.0	127.8	68.4	121.5	118.5
2002 年 3 季度	3rd. Quarter of 2002	100.0	106.3	45.1	120.5	107.3
2002 年 4 季度	4th. Quarter of 2002	100.0	127.8	23.6	106.3	107.3
2003 年 1 季度	1st. Quarter of 2003	87.8	109.1	109.5	96.4	108.9
2003 年 2 季度	2nd. Quarter of 2003	87.8	131.0	101.4	132.9	109.5
2003 年 3 季度	3rd. Quarter of 2003	75.7	141.4	76.3	123.4	98.6
2003 年 4 季度	4th. Quarter of 2003	84.9	144.8	82.0	139.1	95.7
2004 年 1 季度	1st. Quarter of 2004	100.0	136.1	71.5	118.0	100.4
2004 年 2 季度	2nd. Quarter of 2004	81.3	140.1	66.5	102.8	100.4
2004 年 3 季度	3rd. Quarter of 2004	86.1	139.0	64.5	122.2	89.3
2004 年 4 季度	4th. Quarter of 2004	75.8	138.3	56.2	115.9	98.4
2005 年 1 季度	1st. Quarter of 2005	84.5	95.5	83.8	95.2	78.4
2005 年 2 季度	2nd. Quarter of 2005	75.5	131.6	73.4	101.8	80.2
2005 年 3 季度	3rd. Quarter of 2005	83.3	113.3	61.6	111.1	83.8
2005 年 4 季度	4th. Quarter of 2005	92.4	145.1	71.2	136.8	74.7
2006 年 1 季度	1st. Quarter of 2006	86.2	96.0	80.7	93.8	61.7
2006 年 2 季度	2nd. Quarter of 2006	81.5	123.1	70.4	110.9	66.2
2006 年 3 季度	3rd. Quarter of 2006	96.4	109.7	98.1	116.9	90.2
2006 年 4 季度	4th. Quarter of 2006	62.8	123.6	74.6	137.5	103.7
2007 年 1 季度	1st. Quarter of 2007	74.3	89.1	74.3	93.0	104.8
2007 年 2 季度	2nd. Quarter of 2007	79.3	121.6	71.6	93.4	116.6
2007 年 3 季度	3rd. Quarter of 2007	95.2	101.8	82.2	101.9	118.0
2007 年 4 季度	4th. Quarter of 2007	67.7	133.7	54.0	115.6	105.5
2008 年 1 季度	1st. Quarter of 2008	80.3	106.8	66.5	106.8	102.5
2008 年 2 季度	2nd. Quarter of 2008	87.9	129.8	61.3	118.6	108.7
2008 年 3 季度	3rd. Quarter of 2008	79.3	108.3	74.6	96.9	88.3
2008 年 4 季度	4th. Quarter of 2008	87.7	140.7	71.1	138.7	123.9
2009 年 1 季度	1st. Quarter of 2009	79.5	88.7	100.9	87.2	76.8
2009 年 2 季度	2nd. Quarter of 2009	74.7	117.3	86.6	106.2	83.9
2009 年 3 季度	3rd. Quarter of 2009	76.1	137.9	76.1	112.8	101.7
2009 年 4 季度	4th. Quarter of 2009	82.6	131.6	74.7	128.0	95.4

5-22 信息传输、计算机服务和软件业企业不同观察指标综合经营景气指数（1999-2009年）

Business Survey Index of Data Transmission, Computer Service and Software (1999-2009)

续表 2　continued

季度	Quarter	企业融资 Fundraising	货款拖欠 Payment Delinquent	劳动力需求 Labor Demand	固定资产投资 Investment in Fixed Assets
1999年1季度	1st. Quarter of 1999		150.0	100.0	125.0
1999年2季度	2nd. Quarter of 1999		100.0	100.0	100.0
1999年3季度	3rd. Quarter of 1999		133.3	133.3	133.3
1999年4季度	4th. Quarter of 1999		100.0	100.0	133.3
2000年1季度	1st. Quarter of 2000		86.8	113.2	123.6
2000年2季度	2nd. Quarter of 2000		86.8	75.0	150.0
2000年3季度	3rd. Quarter of 2000		86.8	75.0	125.0
2000年4季度	4th. Quarter of 2000		100.0	115.8	166.7
2001年1季度	1st. Quarter of 2001		100.0	58.9	200.0
2001年2季度	2nd. Quarter of 2001		100.0	84.4	200.0
2001年3季度	3rd. Quarter of 2001		100.0	100.0	141.1
2001年4季度	4th. Quarter of 2001		100.0	141.1	166.7
2002年1季度	1st. Quarter of 2002		129.4	123.1	84.2
2002年2季度	2nd. Quarter of 2002		103.0	87.9	144.6
2002年3季度	3rd. Quarter of 2002		52.9	117.3	151.9
2002年4季度	4th. Quarter of 2002		64.2	100.0	84.9
2003年1季度	1st. Quarter of 2003		96.8	108.6	104.6
2003年2季度	2nd. Quarter of 2003		83.8	102.7	101.9
2003年3季度	3rd. Quarter of 2003		94.3	122.9	102.0
2003年4季度	4th. Quarter of 2003		83.4	125.7	107.2
2004年1季度	1st. Quarter of 2004	96.4	111.1	119.4	104.2
2004年2季度	2nd. Quarter of 2004	79.4	105.6	111.1	109.8
2004年3季度	3rd. Quarter of 2004	66.7	99.2	115.9	116.3
2004年4季度	4th. Quarter of 2004	69.7	83.3	100.0	107.8
2005年1季度	1st. Quarter of 2005	52.0	91.6	100.4	79.9
2005年2季度	2nd. Quarter of 2005	71.2	79.5	120.1	91.8
2005年3季度	3rd. Quarter of 2005	72.2	105.7	108.2	102.0
2005年4季度	4th. Quarter of 2005	53.8	89.0	117.1	106.7
2006年1季度	1st. Quarter of 2006	69.4	102.8	103.5	100.9
2006年2季度	2nd. Quarter of 2006	75.9	98.8	118.5	86.1
2006年3季度	3rd. Quarter of 2006	77.9	108.1	114.3	110.7
2006年4季度	4th. Quarter of 2006	90.6	108.4	126.2	108.7
2007年1季度	1st. Quarter of 2007	86.4	95.9	96.6	97.6
2007年2季度	2nd. Quarter of 2007	96.4	99.8	124.9	117.4
2007年3季度	3rd. Quarter of 2007	91.5	78.4	131.4	110.2
2007年4季度	4th. Quarter of 2007	96.1	86.5	132.8	124.4
2008年1季度	1st. Quarter of 2008	87.3	92.0	120.9	107.9
2008年2季度	2nd. Quarter of 2008	82.2	82.8	113.8	102.8
2008年3季度	3rd. Quarter of 2008	91.5	106.0	101.8	111.8
2008年4季度	4th. Quarter of 2008	96.3	101.3	107.1	107.9
2009年1季度	1st. Quarter of 2009	61.6	99.1	92.8	118.2
2009年2季度	2nd. Quarter of 2009	64.1	87.2	110.1	100.0
2009年3季度	3rd. Quarter of 2009	73.9	73.9	123.3	83.3
2009年4季度	4th. Quarter of 2009	80.6	86.8	109.5	94.7

5-23 住宿和餐饮业企业不同观察指标综合经营景气指数（1999-2009 年）
Business Survey Index of Hotels and Restaurants (1999-2009)

季 度	Quarter	企业家信心指数 Entrepreneur Expectation Index	企业景气指数 Business Survey Index	业务预订 Business Order	业务量 Business Volume	竞争能力 Competition Abilities
1999 年 1 季度	1st. Quarter of 1999	**85.3**	**83.8**			100.0
1999 年 2 季度	2nd. Quarter of 1999	**66.3**	**69.3**			100.0
1999 年 3 季度	3rd. Quarter of 1999	**56.3**	**61.1**			100.0
1999 年 4 季度	4th. Quarter of 1999	**78.0**	**71.1**			100.0
2000 年 1 季度	1st. Quarter of 2000	**87.4**	**96.5**			100.0
2000 年 2 季度	2nd. Quarter of 2000	**105.5**	**107.6**			100.0
2000 年 3 季度	3rd. Quarter of 2000	**108.4**	**94.0**			100.0
2000 年 4 季度	4th. Quarter of 2000	**99.3**	**107.6**			100.0
2001 年 1 季度	1st. Quarter of 2001	**106.3**	**113.9**			100.0
2001 年 2 季度	2nd. Quarter of 2001	**97.5**	**105.4**			100.0
2001 年 3 季度	3rd. Quarter of 2001	**90.7**	**105.4**			100.0
2001 年 4 季度	4th. Quarter of 2001	**107.6**	**115.8**			100.0
2002 年 1 季度	1st. Quarter of 2002	**113.1**	**96.1**			100.0
2002 年 2 季度	2nd. Quarter of 2002	**106.8**	**113.1**			100.0
2002 年 3 季度	3rd. Quarter of 2002	**134.8**	**115.3**			100.0
2002 年 4 季度	4th. Quarter of 2002	**117.3**	**108.4**			100.0
2003 年 1 季度	1st. Quarter of 2003	**115.4**	**119.3**			125.6
2003 年 2 季度	2nd. Quarter of 2003	**58.3**	**39.8**			109.5
2003 年 3 季度	3rd. Quarter of 2003	**128.8**	**128.8**			133.3
2003 年 4 季度	4th. Quarter of 2003	**140.0**	**130.3**			135.0
2004 年 1 季度	1st. Quarter of 2004	**120.6**	**118.7**	99.9	92.1	127.6
2004 年 2 季度	2nd. Quarter of 2004	**123.8**	**114.6**	111.8	120.1	114.6
2004 年 3 季度	3rd. Quarter of 2004	**120.7**	**102.2**	98.9	87.7	125.3
2004 年 4 季度	4th. Quarter of 2004	**125.2**	**128.7**	130.0	128.0	128.3
2005 年 1 季度	1st. Quarter of 2005	**121.7**	**120.4**	89.3	77.0	120.4
2005 年 2 季度	2nd. Quarter of 2005	**140.9**	**117.2**	113.0	99.7	123.6
2005 年 3 季度	3rd. Quarter of 2005	**122.3**	**115.5**	91.8	79.3	116.5
2005 年 4 季度	4th. Quarter of 2005	**132.7**	**145.2**	142.8	154.4	131.4
2006 年 1 季度	1st. Quarter of 2006	**129.7**	**109.3**	101.3	86.4	125.1
2006 年 2 季度	2nd. Quarter of 2006	**143.2**	**125.4**	116.8	98.6	130.4
2006 年 3 季度	3rd. Quarter of 2006	**120.9**	**104.7**	81.6	76.3	116.2
2006 年 4 季度	4th. Quarter of 2006	**140.3**	**127.0**	144.3	140.6	135.5
2007 年 1 季度	1st. Quarter of 2007	**147.1**	**137.3**	129.6	122.0	129.5
2007 年 2 季度	2nd. Quarter of 2007	**152.5**	**148.3**	108.3	100.6	136.9
2007 年 3 季度	3rd. Quarter of 2007	**141.6**	**134.9**	99.5	100.3	131.0
2007 年 4 季度	4th. Quarter of 2007	**140.5**	**146.8**	119.0	121.1	129.4
2008 年 1 季度	1st. Quarter of 2008	**134.8**	**112.5**	113.5	111.5	130.1
2008 年 2 季度	2nd. Quarter of 2008	**109.6**	**115.9**	57.0	51.3	128.6
2008 年 3 季度	3rd. Quarter of 2008	**109.6**	**99.8**	54.2	63.4	122.6
2008 年 4 季度	4th. Quarter of 2008	**105.8**	**108.0**	105.7	99.6	118.6
2009 年 1 季度	1st. Quarter of 2009	**111.8**	**116.0**	81.8	73.8	114.0
2009 年 2 季度	2nd. Quarter of 2009	**123.5**	**121.6**	88.6	96.7	129.4
2009 年 3 季度	3rd. Quarter of 2009	**128.9**	**124.8**	99.8	105.6	125.0
2009 年 4 季度	4th. Quarter of 2009	**121.6**	**127.5**	127.3	131.9	123.5

5-23 住宿和餐饮业企业不同观察指标综合经营景气指数(1999-2009 年)
Business Survey Index of Hotels and Restaurants (1999-2009)

续表 1　continued

季 度	Quarter	客房出租 Rent of Guest Rooms (Hotels)	收费(服务)价格 Business Charge	营业收入 Business Revenue	营业成本 Business Cost	盈利(亏损)变化 Changes in Profits (losses)
1999 年 1 季度	1st. Quarter of 1999	52.9	58.2	73.1	135.1	69.0
1999 年 2 季度	2nd. Quarter of 1999	23.5	34.1	35.3	123.1	36.4
1999 年 3 季度	3rd. Quarter of 1999	35.3	41.2	49.1	127.3	43.1
1999 年 4 季度	4th. Quarter of 1999	76.5	54.7	94.5	118.8	71.2
2000 年 1 季度	1st. Quarter of 2000	33.3	62.9	89.7	68.2	82.8
2000 年 2 季度	2nd. Quarter of 2000	83.3	74.8	85.8	70.5	65.8
2000 年 3 季度	3rd. Quarter of 2000	83.3	62.9	103.2	70.6	63.8
2000 年 4 季度	4th. Quarter of 2000	91.7	76.5	121.6	67.5	80.3
2001 年 1 季度	1st. Quarter of 2001	76.9	80.8	82.9	107.3	81.7
2001 年 2 季度	2nd. Quarter of 2001	66.7	71.1	102.5	56.2	107.3
2001 年 3 季度	3rd. Quarter of 2001	83.3	75.4	92.5	98.7	81.8
2001 年 4 季度	4th. Quarter of 2001	54.6	84.4	126.0	91.2	122.7
2002 年 1 季度	1st. Quarter of 2002	64.2	70.0	65.6	94.1	67.1
2002 年 2 季度	2nd. Quarter of 2002	87.5	86.6	102.3	87.6	91.2
2002 年 3 季度	3rd. Quarter of 2002	87.5	79.1	110.0	95.0	92.9
2002 年 4 季度	4th. Quarter of 2002	89.9	79.3	120.8	96.0	127.7
2003 年 1 季度	1st. Quarter of 2003	90.0	74.2	72.7	93.1	80.7
2003 年 2 季度	2nd. Quarter of 2003	21.0	50.4	9.0	125.6	11.6
2003 年 3 季度	3rd. Quarter of 2003	94.1	97.9	155.3	64.5	128.4
2003 年 4 季度	4th. Quarter of 2003	105.9	92.8	146.1	72.5	134.8
2004 年 1 季度	1st. Quarter of 2004	85.7	96.8	93.8	76.6	97.3
2004 年 2 季度	2nd. Quarter of 2004	96.4	90.6	107.6	65.3	118.8
2004 年 3 季度	3rd. Quarter of 2004	88.4	85.1	87.7	76.7	71.7
2004 年 4 季度	4th. Quarter of 2004	98.1	99.3	128.8	83.6	121.8
2005 年 1 季度	1st. Quarter of 2005	93.9	104.5	91.1	100.1	96.3
2005 年 2 季度	2nd. Quarter of 2005	99.9	101.5	106.8	92.3	108.8
2005 年 3 季度	3rd. Quarter of 2005	94.6	92.7	81.1	92.1	85.6
2005 年 4 季度	4th. Quarter of 2005	120.8	119.3	149.6	75.6	151.7
2006 年 1 季度	1st. Quarter of 2006	100.8	86.6	73.0	96.6	81.9
2006 年 2 季度	2nd. Quarter of 2006	110.5	98.4	121.2	86.0	112.1
2006 年 3 季度	3rd. Quarter of 2006	89.5	100.0	68.0	79.5	58.7
2006 年 4 季度	4th. Quarter of 2006	116.4	102.5	144.0	68.0	136.3
2007 年 1 季度	1st. Quarter of 2007	93.5	95.8	118.1	80.2	108.4
2007 年 2 季度	2nd. Quarter of 2007	102.5	98.5	106.4	75.8	83.7
2007 年 3 季度	3rd. Quarter of 2007	97.5	98.5	92.5	64.8	67.5
2007 年 4 季度	4th. Quarter of 2007	103.9	104.4	131.5	53.6	104.2
2008 年 1 季度	1st. Quarter of 2008	78.4	114.7	96.6	62.3	74.8
2008 年 2 季度	2nd. Quarter of 2008	76.5	99.5	51.3	85.8	63.5
2008 年 3 季度	3rd. Quarter of 2008	72.4	83.4	62.9	101.1	49.5
2008 年 4 季度	4th. Quarter of 2008	84.1	96.9	108.4	84.4	83.5
2009 年 1 季度	1st. Quarter of 2009	79.5	86.0	85.8	90.0	95.8
2009 年 2 季度	2nd. Quarter of 2009	97.5	100.6	100.2	101.8	109.8
2009 年 3 季度	3rd. Quarter of 2009	90.2	90.2	103.7	80.4	101.7
2009 年 4 季度	4th. Quarter of 2009	97.5	98.0	127.5	70.8	111.8

5-23 住宿和餐饮业企业不同观察指标综合经营景气指数(1999-2009年)
Business Survey Index of Hotels and Restaurants (1999-2009)

续表 2 continued

季 度	Quarter	流动资金 Circulating Funds	企业融资 Fundraising	货款拖欠 Payment Delinquent	劳动力需求 Labor Demand	固定资产投资 Investment in Fixed Assets
1999年1季度	1st. Quarter of 1999	62.6		85.1	66.3	123.1
1999年2季度	2nd. Quarter of 1999	53.5		93.3	44.1	109.2
1999年3季度	3rd. Quarter of 1999	37.0		110.5	59.4	96.8
1999年4季度	4th. Quarter of 1999	69.5		99.4	68.3	98.3
2000年1季度	1st. Quarter of 2000	65.1		104.9	92.3	97.5
2000年2季度	2nd. Quarter of 2000	69.5		97.3	43.1	100.0
2000年3季度	3rd. Quarter of 2000	69.6		102.5	80.0	121.3
2000年4季度	4th. Quarter of 2000	87.0		125.0	87.2	133.4
2001年1季度	1st. Quarter of 2001	84.1		112.8	79.1	126.5
2001年2季度	2nd. Quarter of 2001	88.2		119.1	80.2	114.6
2001年3季度	3rd. Quarter of 2001	80.7		96.1	102.5	111.4
2001年4季度	4th. Quarter of 2001	91.3		100.0	105.6	138.6
2002年1季度	1st. Quarter of 2002	82.3		121.2	81.9	118.4
2002年2季度	2nd. Quarter of 2002	81.8		111.2	102.7	120.9
2002年3季度	3rd. Quarter of 2002	78.6		100.6	113.4	118.4
2002年4季度	4th. Quarter of 2002	85.3		91.6	103.7	125.7
2003年1季度	1st. Quarter of 2003	88.1		111.2	100.2	111.7
2003年2季度	2nd. Quarter of 2003	44.6		94.0	35.6	99.9
2003年3季度	3rd. Quarter of 2003	97.4		90.0	128.1	115.4
2003年4季度	4th. Quarter of 2003	101.6		99.3	115.3	114.4
2004年1季度	1st. Quarter of 2004	94.0	81.1	105.2	97.1	111.5
2004年2季度	2nd. Quarter of 2004	100.8	79.8	94.4	110.5	121.6
2004年3季度	3rd. Quarter of 2004	96.4	90.7	103.4	99.2	106.6
2004年4季度	4th. Quarter of 2004	102.0	94.1	111.8	119.2	107.1
2005年1季度	1st. Quarter of 2005	98.5	94.6	118.4	99.0	99.7
2005年2季度	2nd. Quarter of 2005	108.1	101.0	114.1	109.3	115.4
2005年3季度	3rd. Quarter of 2005	96.3	82.1	99.9	91.4	111.5
2005年4季度	4th. Quarter of 2005	110.4	74.9	91.0	117.6	112.9
2006年1季度	1st. Quarter of 2006	78.7	84.3	108.8	103.3	111.0
2006年2季度	2nd. Quarter of 2006	92.4	82.9	114.1	116.6	125.8
2006年3季度	3rd. Quarter of 2006	94.0	85.9	114.7	113.9	117.3
2006年4季度	4th. Quarter of 2006	122.0	83.8	130.7	131.3	127.7
2007年1季度	1st. Quarter of 2007	103.7	89.8	111.7	130.6	122.8
2007年2季度	2nd. Quarter of 2007	111.3	92.7	119.7	107.8	116.8
2007年3季度	3rd. Quarter of 2007	103.7	92.0	103.0	104.8	119.2
2007年4季度	4th. Quarter of 2007	114.4	91.8	120.4	115.4	137.1
2008年1季度	1st. Quarter of 2008	106.1	90.4	111.5	126.1	110.4
2008年2季度	2nd. Quarter of 2008	96.6	73.9	112.7	103.7	121.5
2008年3季度	3rd. Quarter of 2008	94.4	82.2	112.8	98.8	105.1
2008年4季度	4th. Quarter of 2008	82.4	69.3	111.6	106.3	122.9
2009年1季度	1st. Quarter of 2009	99.8	91.6	121.4	103.4	99.4
2009年2季度	2nd. Quarter of 2009	106.3	93.9	119.8	96.1	111.8
2009年3季度	3rd. Quarter of 2009	106.2	90.0	109.8	122.9	107.5
2009年4季度	4th. Quarter of 2009	119.4	102.4	113.2	133.3	115.7

5-24 全国各地区企业家信心指数（2008-2009 年）
Entrepreneur Expectation Index of Wholesale and Retail Trade by Region of the Nation (2008-2009)

地 区	Region	2008 年				2009 年			
		1 季度 1st. Quarter	2 季度 2nd. Quarter	3 季度 3rd. Quarter	4 季度 4th. Quarter	1 季度 1st. Quarter	2 季度 2nd. Quarter	3 季度 3rd. Quarter	4 季度 4th. Quarter
全 国	**National Total**								
东部地区	**Eastern Region**								
北 京	Beijing	152.9	138.7	117.4	85.5	91.5	104.0	121.7	126.2
天 津	Tianjin	132.4	129.0	120.1	96.0	102.6	110.5	124.2	126.5
河 北	Hebei	129.2	130.1	119.0	92.0	91.0	100.0	107.3	116.5
辽 宁	Liaoning	135.5	137.8	124.7	97.6	102.3	112.3	12[illegible]0	124.6
上 海	Shanghai	147.7	141.2	127.7	85.2	78.8	101.6	115.4	125.2
江 苏	Jiangsu	135.0	128.2	117.5	82.3	89.6	106.9	116.5	127.8
浙 江	Zhejiang	135.3	122.4	112.0	88.8	97.9	109.7	118.9	131.2
福 建	Fujian	129.1	122.9	116.0	96.1	97.4	107.7	114.1	121.7
山 东	Shandong	143.0	139.6	129.0	99.0	106.8	115.5	126.5	133.0
广 东	Guangdong	138.5	134.0	125.1	94.3	98.7	112.2	124.2	132.1
海 南	Hainan	136.7	128.3	120.4	96.5	109.2	122.0	130.5	143.2
中部地区	**Central Region**								
山 西	Shanxi	133.7	132.5	124.0	87.1	91.2	99.2	111.1	117.2
吉 林	Jilin	138.5	133.1	126.5	109.8	115.5	129.6	135.4	135.2
黑龙江	Heilongjiang	133.3	132.1	131.0	114.3	108.3	117.7	122.2	126.6
安 徽	Anhui	139.3	135.7	126.9	90.8	109.9	120.8	130.3	136.4
江 西	Jiangxi	136.8	130.3	120.6	103.0	107.1	113.6	121.3	131.6
河 南	Henan	135.0	133.6	122.7	89.7	102.5	109.5	119.2	122.0
湖 北	Hubei	133.1	133.8	124.6	96.7	105.0	106.5	121.7	122.8
湖 南	Hunan	133.5	125.8	119.7	103.5	105.7	114.2	121.3	125.2
西部地区	**Western Region**								
重 庆	Chongqing	133.9	130.5	118.1	92.0	103.1	114.7	125.6	130.6
四 川	Sichuan	138.8	122.5	118.1	94.4	103.9	110.9	119.7	124.9
贵 州	Guizhou	125.6	128.1	125.5	94.3	100.6	106.7	114.9	119.5
云 南	Yunnan	136.1	125.1	122.2	99.4	108.1	109.0	117.9	123.8
西 藏	Tibet								
陕 西	Shaanxi	133.7	132.2	128.2	112.8	116.1	119.9	135.4	134.6
甘 肃	Gansu	138.1	133.3	129.1	104.8	92.8	102.2	116.2	119.3
青 海	Qinghai	134.5	139.2	137.1	112.9	117.2	122.9	129.0	123.3
宁 夏	Ningxia	131.4	125.1	124.8	100.7	106.9	114.9	125.4	127.0
新 疆	Xinjiang	140.5	136.5	135.8	113.0	109.1	116.3	115.2	123.9
内蒙古	Inner Mongolia	162.2	157.6	152.9	128.8	123.8	134.2	148.3	138.3
广 西	Guangxi	130.5	124.7	119.1	95.9	105.3	111.3	121.5	128.1

5-25 全国各地区工业企业家信心指数（2008-2009 年）
Entrepreneur Expectation Index of Industry by Region of the Nation (2008-2009)

地区	Region	2008 年				2009 年			
		1 季度 1st. Quarter	2 季度 2nd. Quarter	3 季度 3rd. Quarter	4 季度 4th. Quarter	1 季度 1st. Quarter	2 季度 2nd. Quarter	3 季度 3rd. Quarter	4 季度 4th. Quarter
全 国	**National Total**								
东部地区	**Eastern Region**								
北 京	Beijing	144.0	141.1	125.5	75.6	83.2	97.8	119.0	125.2
天 津	Tianjin	126.3	122.9	114.5	87.7	100.1	111.7	122.7	123.8
河 北	Hebei	125.3	129.4	113.8	84.4	88.0	95.0	102.3	114.4
辽 宁	Liaoning	131.4	135.9	118.7	89.0	96.6	108.2	119.2	125.4
上 海	Shanghai	152.4	149.0	130.7	82.2	73.0	96.9	112.8	124.5
江 苏	Jiangsu	132.3	127.0	112.6	69.3	88.8	106.4	115.7	127.2
浙 江	Zhejiang	129.5	115.3	107.6	79.7	94.6	105.2	115.9	131.1
福 建	Fujian	130.3	124.4	117.7	93.5	94.3	104.7	109.3	118.8
山 东	Shandong	142.8	139.1	128.5	93.8	105.2	114.8	124.5	132.8
广 东	Guangdong	138.5	138.5	129.2	87.6	94.3	109.6	123.0	131.1
海 南	Hainan	121.3	119.7	120.9	87.8	109.8	117.4	126.8	139.2
中部地区	**Central Region**								
山 西	Shanxi	134.2	133.9	122.3	77.0	84.4	92.0	106.8	115.6
吉 林	Jilin	138.7	133.7	120.3	99.2	111.7	128.1	135.3	137.8
黑龙江	Heilongjiang	139.8	136.2	131.3	115.5	101.0	111.7	119.4	124.3
安 徽	Anhui	136.4	132.0	120.7	73.4	105.3	114.6	126.6	132.3
江 西	Jiangxi	136.0	131.3	118.8	94.0	96.9	108.4	118.6	128.9
河 南	Henan	138.8	136.9	125.6	82.1	102.1	110.3	118.4	122.9
湖 北	Hubei	137.1	137.8	125.3	83.7	97.0	97.9	116.4	117.0
湖 南	Hunan	134.9	129.2	120.4	95.4	93.8	110.3	116.6	125.1
西部地区	**Western Region**								
重 庆	Chongqing	135.4	133.7	120.5	90.6	103.7	114.3	125.0	132.9
四 川	Sichuan	145.6	130.6	123.3	89.0	97.5	106.6	115.5	121.5
贵 州	Guizhou	131.0	130.8	131.4	84.0	94.6	99.1	107.9	115.0
云 南	Yunnan	139.4	127.5	124.5	89.3	100.0	102.9	114.3	121.4
西 藏	Tibet								
陕 西	Shaanxi	152.9	140.2	130.3	104.9	107.4	113.3	129.2	131.1
甘 肃	Gansu	144.1	139.4	130.3	91.1	75.4	87.8	112.6	115.1
青 海	Qinghai	139.3	156.8	146.5	105.7	100.7	101.0	121.2	119.7
宁 夏	Ningxia	138.8	130.2	126.4	93.0	104.4	114.1	115.0	121.7
新 疆	Xinjiang	148.0	143.4	144.5	115.1	106.3	114.2	115.5	122.8
内蒙古	Inner Mongolia	169.3	161.1	155.0	127.5	117.5	128.9	139.2	133.9
广 西	Guangxi	126.0	122.5	113.9	78.3	94.5	101.0	114.3	125.3

5-26 全国各地区建筑业企业家信心指数（2008-2009 年）
Entrepreneur Expectation Index of Construction by Region of the Nation (2008-2009)

地 区	Region	2008 年				2009 年			
		1 季度 1st. Quarter	2 季度 2nd. Quarter	3 季度 3rd. Quarter	4 季度 4th. Quarter	1 季度 1st. Quarter	2 季度 2nd. Quarter	3 季度 3rd. Quarter	4 季度 4th. Quarter
全 国	**National Total**								
东部地区	**Eastern Region**								
北 京	Beijing	161.3	114.7	104.5	102.7	108.4	131.7	126.7	132.3
天 津	Tianjin	141.1	140.3	133.8	129.4	118.6	130.2	146.4	140.5
河 北	Hebei	139.7	130.3	131.4	99.6	88.0	111.2	117.8	122.3
辽 宁	Liaoning	144.4	142.3	143.3	113.0	102.5	117.7	121.5	117.7
上 海	Shanghai	157.1	143.8	148.6	123.3	126.2	128.5	123.7	130.2
江 苏	Jiangsu	152.7	142.8	125.0	107.3	102.8	118.5	132.0	146.0
浙 江	Zhejiang	139.1	136.2	123.0	115.3	105.9	124.7	139.6	143.3
福 建	Fujian	120.0	116.1	115.6	105.4	107.8	111.2	121.0	124.5
山 东	Shandong	140.2	139.6	124.2	111.4	115.1	127.5	132.7	140.0
广 东	Guangdong	133.5	126.3	120.5	104.6	108.2	116.5	126.4	133.6
海 南	Hainan	143.5	127.7	107.5	103.9	116.2	141.2	165.1	165.9
中部地区	**Central Region**								
山 西	Shanxi	134.6	137.1	135.7	127.9	141.9	138.3	138.4	130.3
吉 林	Jilin	117.1	126.5	135.1	132.7	110.0	123.5	125.6	128.4
黑龙江	Heilongjiang	121.9	117.8	120.7	102.5	104.4	118.0	120.7	127.2
安 徽	Anhui	134.6	132.7	125.9	107.1	109.4	109.4	129.8	140.0
江 西	Jiangxi	122.9	119.3	117.9	108.0	118.9	123.8	125.1	134.0
河 南	Henan	135.8	140.1	130.4	118.5	114.6	120.1	132.0	133.7
湖 北	Hubei	148.0	133.4	133.7	125.3	128.4	132.2	135.5	142.7
湖 南	Hunan	130.9	129.8	127.3	115.6	132.0	119.0	126.7	129.6
西部地区	**Western Region**								
重 庆	Chongqing	139.9	125.9	121.5	98.0	113.7	124.0	130.7	136.1
四 川	Sichuan	126.7	114.4	110.0	101.4	111.1	116.0	125.5	130.8
贵 州	Guizhou	103.6	149.9	148.2	137.8	131.1	145.1	150.6	134.3
云 南	Yunnan	113.1	119.3	104.9	93.0	112.5	111.5	114.5	119.1
西 藏	Tibet								
陕 西	Shaanxi	132.9	118.3	119.9	114.3	133.9	141.6	145.9	127.3
甘 肃	Gansu	115.2	117.1	118.3	106.5	110.3	134.8	132.9	136.1
青 海	Qinghai	122.1	151.3	139.0	100.0	109.5	121.8	123.3	109.5
宁 夏	Ningxia	115.7	97.9	99.2	87.2	97.6	100.4	118.3	111.6
新 疆	Xinjiang	128.5	130.8	127.6	114.5	116.9	120.1	131.3	126.7
内蒙古	Inner Mongolia	132.0	139.2	132.1	124.8	114.7	137.4	176.7	141.5
广 西	Guangxi	133.3	129.1	124.2	118.2	121.5	123.6	135.7	135.2

5-27 全国各地区交通运输、仓储和邮电通信业企业家信心指数(2008-2009年)
Entrepreneur Expectation Index of Transportation, Storage, Posts and Telecommunications by Region of the Nation (2008-2009)

地区	Region	2008年				2009年			
		1季度 1st. Quarter	2季度 2nd. Quarter	3季度 3rd. Quarter	4季度 4th. Quarter	1季度 1st. Quarter	2季度 2nd Quarter	3季度 3rd. Quarter	4季度 4th. Quarter
全　国	**National Total**								
东部地区	**Eastern Region**								
北 京	Beijing	146.3	93.8	94.4	84.6	77.3	75.9	108.2	114.9
天 津	Tianjin	137.5	136.8	118.2	77.8	69.1	99.3	76.7	110.0
河 北	Hebei	129.2	136.1	132.0	103.4	77.6	101.0	107.4	109.9
辽 宁	Liaoning	130.6	152.8	119.4	104.8	117.9	111.0	120.9	125.2
上 海	Shanghai	135.6	136.5	116.0	74.4	56.6	80.6	100.3	109.9
江 苏	Jiangsu	119.3	114.6	115.9	77.4	92.0	87.6	113.5	113.4
浙 江	Zhejiang	133.9	125.9	119.2	86.2	77.6	85.5	95.2	98.2
福 建	Fujian	116.5	106.4	93.8	71.6	80.7	91.4	90.7	93.2
山 东	Shandong	143.3	143.5	134.1	94.8	93.9	99.1	117.3	120.1
广 东	Guangdong	140.4	135.6	132.2	93.9	106.0	97.5	110.1	110.2
海 南	Hainan	168.4	156.6	134.4	52.6	113.7	120.0	110.8	117.7
中部地区	**Central Region**								
山 西	Shanxi	126.6	120.8	126.7	79.4	80.4	107.4	109.2	107.5
吉 林	Jilin	122.8	119.0	119.0	115.3	125.0	133.3	125.0	127.8
黑龙江	Heilongjiang	106.9	119.5	129.2	126.9	109.9	116.3	114.5	112.4
安 徽	Anhui	122.5	135.7	129.0	94.4	124.3	129.3	123.8	130.6
江 西	Jiangxi	155.4	141.9	130.5	123.7	137.3	124.9	129.7	143.3
河 南	Henan	102.0	99.8	91.3	81.3	83.1	86.6	96.2	101.3
湖 北	Hubei	130.8	122.5	119.0	107.4	112.1	110.8	123.0	116.5
湖 南	Hunan	112.8	103.1	95.0	92.6	108.3	109.2	116.1	111.9
西部地区	**Western Region**								
重 庆	Chongqing	134.5	134.4	118.2	76.2	86.2	98.6	110.3	115.2
四 川	Sichuan	129.1	111.6	112.1	99.2	113.6	113.5	120.0	120.4
贵 州	Guizhou	113.3	113.3	110.9	93.3	100.0	106.7	106.7	108.6
云 南	Yunnan	149.2	133.8	136.3	137.4	128.3	131.0	132.4	131.4
西 藏	Tibet								
陕 西	Shaanxi	126.1	148.2	127.4	109.0	132.7	135.4	151.3	144.0
甘 肃	Gansu	144.9	127.5	132.2	123.0	127.3	114.5	120.9	128.2
青 海	Qinghai	152.9	141.1	152.7	112.4	135.3	129.4	124.1	129.4
宁 夏	Ningxia	153.3	146.7	140.4	140.4	124.1	133.3	146.7	153.3
新 疆	Xinjiang	108.9	108.7	110.6	105.6	120.6	122.1	102.8	114.6
内蒙古	Inner Mongolia	163.8	156.9	153.0	122.7	156.0	156.0	156.0	152.0
广 西	Guangxi	144.3	137.5	136.9	122.8	130.5	127.1	121.9	124.7

5-28 全国各地区批发和零售业企业家信心指数（2008-2009 年）
Entrepreneur Expectation Index of Wholesale and Retail Trade by Region of the Nation (2008-2009)

地区	Region	2008 年				2009 年			
		1 季度 1st. Quarter	2 季度 2nd. Quarter	3 季度 3rd. Quarter	4 季度 4th. Quarter	1 季度 1st. Quarter	2 季度 2nd. Quarter	3 季度 3rd. Quarter	4 季度 4th. Quarter
全　国	**National Total**								
东部地区	**Eastern Region**								
北 京	Beijing	164.3	151.6	134.4	64.8	95.2	109.6	138.1	117.4
天 津	Tianjin	157.3	153.9	147.5	132.4	137.9	99.4	147.3	142.4
河 北	Hebei	141.2	133.8	124.5	106.8	106.7	107.7	112.0	119.6
辽 宁	Liaoning	146.0	139.9	145.8	126.1	129.0	124.6	132.6	131.1
上 海	Shanghai	149.3	123.6	133.3	80.9	83.7	99.6	111.1	124.8
江 苏	Jiangsu	143.7	134.1	129.7	111.9	109.2	118.1	130.3	138.8
浙 江	Zhejiang	135.0	115.5	102.3	84.8	95.6	96.1	109.5	121.9
福 建	Fujian	135.1	133.3	127.8	118.1	112.0	122.7	[illegible]	136.6
山 东	Shandong	144.0	137.4	134.0	114.2	117.8	124.8	126.3	132.2
广 东	Guangdong	141.4	131.9	127.3	108.9	106.7	117.3	[illegible]	135.4
海 南	Hainan	136.0	137.3	124.5	127.1	128.4	133.7	121.4	144.0
中部地区	**Central Region**								
山 西	Shanxi	140.7	139.8	132.7	114.4	96.9	107.7	[illegible]	122.5
吉 林	Jilin	156.2	146.7	145.6	137.1	127.6	141.2	[illegible]	134.9
黑龙江	Heilongjiang	131.2	143.8	142.5	124.5	115.3	128.1	123.6	131.9
安 徽	Anhui	158.8	157.7	147.3	127.4	115.2	127.8	[illegible]	150.4
江 西	Jiangxi	142.8	131.3	139.5	132.4	123.7	126.9	[illegible]	136.7
河 南	Henan	138.9	136.9	128.2	116.3	117.1	119.0	131.5	129.0
湖 北	Hubei	111.1	126.5	124.9	120.3	114.7	116.4	128.8	135.2
湖 南	Hunan	131.5	124.2	122.6	125.7	123.3	125.8	128.7	126.2
西部地区	**Western Region**								
重 庆	Chongqing	122.7	127.0	111.1	95.7	94.6	106.3	115.9	118.3
四 川	Sichuan	133.8	123.6	121.3	108.6	114.6	118.0	124.5	132.2
贵 州	Guizhou	122.6	109.1	105.7	114.2	125.6	118.7	128.0	129.9
云 南	Yunnan	148.6	139.6	138.7	128.0	131.4	118.5	122.2	128.4
西 藏	Tibet								
陕 西	Shaanxi	164.2	153.2	161.4	117.3	145.6	116.1	153.0	158.6
甘 肃	Gansu	151.7	146.6	144.5	141.4	137.4	137.3	[illegible]	123.7
青 海	Qinghai	136.2	132.5	140.2	127.2	108.5	130.1	116.9	117.5
宁 夏	Ningxia	105.3	97.4	96.3	92.1	114.4	108.0	100.5	123.9
新 疆	Xinjiang	141.6	128.3	124.6	103.9	107.3	114.5	[illegible]	128.0
内蒙古	Inner Mongolia	168.0	171.4	167.9	143.2	147.2	150.0	169.3	168.9
广 西	Guangxi	133.8	123.5	121.6	117.9	115.4	120.3	123.4	127.9

5-29 全国各地区房地产业企业家信心指数（2008-2009 年）
Entrepreneur Expectation Index of Real Estate by Region of the Nation (2008-2009)

地区	Region	2008 年 1 季度 1st. Quarter	2008 年 2 季度 2nd. Quarter	2008 年 3 季度 3rd. Quarter	2008 年 4 季度 4th. Quarter	2009 年 1 季度 1st. Quarter	2009 年 2 季度 2nd. Quarter	2009 年 3 季度 3rd. Quarter	2009 年 4 季度 4th. Quarter
全　国	**National Total**								
东部地区	**Eastern Region**								
北 京	Beijing	137.9	117.8	96.9	81.4	70.3	106.1	123.3	138.5
天 津	Tianjin	126.4	122.0	96.4	79.7	67.0	111.1	128.6	135.0
河 北	Hebei	143.9	128.9	111.0	88.6	103.8	123.8	123.8	124.4
辽 宁	Liaoning	139.5	135.8	111.2	75.4	87.1	121.1	122.8	128.0
上 海	Shanghai	128.9	129.8	105.3	86.0	90.0	132.7	146.7	149.7
江 苏	Jiangsu	118.5	109.5	92.7	75.5	91.2	126.1	138.8	145.3
浙 江	Zhejiang	126.9	110.1	77.5	66.1	86.6	122.5	132.7	145.6
福 建	Fujian	121.2	110.2	90.9	71.7	83.4	108.7	128.6	138.7
山 东	Shandong	136.8	130.1	110.5	86.8	84.2	106.9	129.7	137.2
广 东	Guangdong	120.4	108.6	77.7	85.3	99.2	125.0	129.0	148.1
海 南	Hainan	122.7	100.0	85.0	75.0	68.8	123.1	131.3	146.2
中部地区	**Central Region**								
山 西	Shanxi	114.4	118.8	95.8	75.1	89.9	100.0	110.3	116.2
吉 林	Jilin	131.5	129.0	120.5	76.9	97.5	129.2	132.5	133.2
黑龙江	Heilongjiang	122.2	116.2	101.5	81.0	80.3	97.7	103.4	108.3
安 徽	Anhui	145.4	125.1	101.0	83.3	90.5	124.7	136.9	144.9
江 西	Jiangxi	126.2	109.6	90.3	88.4	88.3	97.0	112.4	124.7
河 南	Henan	129.3	121.4	100.3	74.2	76.4	95.6	119.8	116.8
湖 北	Hubei	140.3	128.5	109.0	81.0	90.8	112.2	122.3	132.2
湖 南	Hunan	139.5	117.8	108.0	78.4	88.4	103.5	115.1	120.5
西部地区	**Western Region**								
重 庆	Chongqing	132.7	133.7	100.5	77.7	92.3	123.9	139.4	150.0
四 川	Sichuan	120.0	96.6	80.1	65.0	94.3	109.7	126.2	138.7
贵 州	Guizhou	112.5	100.0	68.8	62.5	68.8	81.3	100.0	112.5
云 南	Yunnan	121.5	93.2	83.8	82.2	79.8	104.8	122.6	123.8
西 藏	Tibet								
陕 西	Shaanxi	127.4	115.5	131.2	96.7	111.8	141.8	148.2	148.6
甘 肃	Gansu	134.4	121.9	121.9	103.1	86.8	105.0	115.6	131.3
青 海	Qinghai	129.5	143.8	143.8	107.1	116.4	116.4	135.7	135.7
宁 夏	Ningxia	128.6	142.9	142.9	121.4	107.1	150.0	149.3	163.6
新 疆	Xinjiang	152.3	145.0	128.1	95.0	86.5	115.1	133.7	156.3
内蒙古	Inner Mongolia	145.0	139.1	141.6	112.9	91.7	137.5	150.0	133.3
广 西	Guangxi	138.3	123.2	115.1	90.9	104.4	125.5	137.3	142.6

5-30 全国各地区社会服务业企业家信心指数（2008-2009 年）

Entrepreneur Expectation Index of Social Services by Region of the Nation (2008-2009)

地 区	Region	2008 年				2009 年			
		1 季度 1st. Quarter	2 季度 2nd. Quarter	3 季度 3rd. Quarter	4 季度 4th. Quarter	1 季度 1st. Quarter	2 季度 2nd. Quarter	3 季度 3rd. Quarter	4 季度 4th. Quarter
全 国	**National Total**								
东部地区	**Eastern Region**								
北 京	Beijing	140.0	136.8	89.8	78.2	71.1	79.1	[illegible]	112.6
天 津	Tianjin	136.3	118.5	124.6	111.3	102.5	111.5	120.5	113.2
河 北	Hebei	117.2	107.1	114.3	92.9	100.0	93.1	[illegible]	114.3
辽 宁	Liaoning	144.0	122.8	121.0	98.5	84.0	108.7	[illegible]	100.0
上 海	Shanghai	132.1	117.6	112.5	82.8	85.2	104.3	110.8	116.8
江 苏	Jiangsu	148.5	122.2	133.6	112.6	101.2	106.7	129.2	136.0
浙 江	Zhejiang	146.8	142.1	132.6	121.3	113.2	125.5	133.5	137.9
福 建	Fujian	127.0	115.4	111.6	98.1	100.0	105.9	115.7	129.4
山 东	Shandong	140.0	141.1	129.1	113.5	117.8	105.5	139.2	133.7
广 东	Guangdong	141.8	125.2	127.7	111.8	107.4	113.8	132.2	125.5
海 南	Hainan	139.5	108.9	108.3	133.6	141.1	91.9	125.0	157.9
中部地区	**Central Region**								
山 西	Shanxi	131.2	121.0	130.8	120.1	111.3	113.3	[illegible]	114.8
吉 林	Jilin	132.4	115.2	118.8	109.7	112.1	106.1	[illegible]	118.2
黑龙江	Heilongjiang	108.6	94.3	111.4	84.9	102.8	105.6	105.6	111.1
安 徽	Anhui	143.4	128.9	141.6	112.1	113.7	129.4	[illegible]	134.0
江 西	Jiangxi	155.6	138.9	105.6	83.3	95.2	100.0	114.3	123.8
河 南	Henan	129.0	130.0	124.4	113.3	112.9	111.0	124.2	113.3
湖 北	Hubei	117.9	134.5	126.7	127.6	131.0	127.6	137.9	124.1
湖 南	Hunan	142.2	124.6	120.3	120.0	116.7	114.9	125.4	122.6
西部地区	**Western Region**								
重 庆	Chongqing	131.7	109.7	114.4	83.2	102.5	119.9	132.5	132.5
四 川	Sichuan	129.2	95.3	105.8	99.2	107.8	105.1	114.4	114.3
贵 州	Guizhou	129.2	120.8	137.5	104.2	108.0	112.0	136.0	116.0
云 南	Yunnan	126.6	111.0	98.9	102.5	98.0	97.1	104.3	117.4
西 藏	Tibet								
陕 西	Shaanxi	100.9	88.8	66.2	88.9	79.7	84.3	120.7	103.0
甘 肃	Gansu	111.1	100.0	100.0	100.0	80.8	88.5	92.3	84.6
青 海	Qinghai	128.6	115.4	107.7	107.7	100.0	85.7	106.3	127.7
宁 夏	Ningxia	123.1	123.1	130.8	107.7	107.7	115.4	153.9	130.8
新 疆	Xinjiang	139.6	106.4	112.7	119.5	94.1	91.2	85.3	97.1
内蒙古	Inner Mongolia	157.9	150.0	150.0	138.9	142.1	142.1	173.7	150.0
广 西	Guangxi	133.1	123.7	120.2	96.4	114.6	115.6	135.9	138.9

5-31 全国各地区信息传输、计算机服务和软件业企业家信心指数(2008-2009 年)

Entrepreneur Expectation Index of Data Transmission, Computer Service and Software by Region of the Nation (2008-2009)

地 区	Region	2008 年 1 季度 1st. Quarter	2008 年 2 季度 2nd. Quarter	2008 年 3 季度 3rd. Quarter	2008 年 4 季度 4th. Quarter	2009 年 1 季度 1st. Quarter	2009 年 2 季度 2nd. Quarter	2009 年 3 季度 3rd. Quarter	2009 年 4 季度 4th. Quarter
全 国	**National Total**								
东部地区	**Eastern Region**								
北 京	Beijing	177.6	171.5	131.0	131.3	138.6	135.0	150.3	149.8
天 津	Tianjin	148.9	141.8	146.4	146.4	138.3	147.6	140.4	146.3
河 北	Hebei	166.4	162.3	167.5	151.3	158.4	156.6	179.0	174.0
辽 宁	Liaoning	160.8	152.2	147.8	141.8	148.6	150.5	141.0	145.0
上 海	Shanghai	159.3	154.5	137.8	118.1	99.8	120.0	137.0	130.3
江 苏	Jiangsu	154.7	155.4	153.4	133.4	122.9	130.9	140.2	150.2
浙 江	Zhejiang	169.6	161.1	151.3	133.6	131.2	153.0	150.5	156.7
福 建	Fujian	162.3	167.0	165.8	160.1	143.7	146.0	161.7	154.4
山 东	Shandong	169.1	164.2	154.4	148.5	154.5	160.4	168.0	162.6
广 东	Guangdong	163.5	154.5	149.4	128.6	126.3	142.8	150.4	157.0
海 南	Hainan	165.9	149.3	157.6	132.3	137.5	122.2	144.4	144.4
中部地区	**Central Region**								
山 西	Shanxi	161.4	148.7	148.7	148.8	152.3	135.0	149.6	147.2
吉 林	Jilin	180.3	159.0	171.5	168.6	166.8	171.0	166.6	172.5
黑龙江	Heilongjiang	160.5	170.9	166.9	150.9	175.9	178.6	168.5	178.6
安 徽	Anhui	176.2	175.9	181.4	167.8	161.9	171.9	181.5	181.9
江 西	Jiangxi	174.9	173.5	164.7	161.2	165.7	161.2	172.6	167.6
河 南	Henan	154.2	154.5	146.8	140.8	139.4	135.6	135.3	133.2
湖 北	Hubei	115.5	125.4	115.4	109.0	110.7	104.0	121.1	111.5
湖 南	Hunan	147.3	141.0	144.9	140.2	155.8	152.4	161.4	154.0
西部地区	**Western Region**								
重 庆	Chongqing	138.1	140.9	139.8	143.9	147.6	133.3	155.6	131.6
四 川	Sichuan	151.0	163.3	160.2	154.9	157.2	149.8	153.9	149.5
贵 州	Guizhou	160.0	180.0	140.0	140.0	120.0	140.0	140.0	160.0
云 南	Yunnan	140.5	129.3	159.3	133.2	167.3	153.5	153.8	158.3
西 藏	Tibet								
陕 西	Shaanxi	146.4	179.6	179.6	172.7	170.4	170.3	143.9	162.1
甘 肃	Gansu	134.3	132.4	159.2	145.0	120.5	120.2	120.1	139.5
青 海	Qinghai	160.0	180.0	160.0	150.0	160.0	160.0	140.0	140.0
宁 夏	Ningxia	127.6	118.5	127.6	118.5	116.3	116.3	118.3	145.6
新 疆	Xinjiang	125.7	142.8	141.8	138.3	156.7	154.4	133.9	155.4
内蒙古	Inner Mongolia	154.3	163.4	136.1	145.6	163.6	145.5	145.5	136.4
广 西	Guangxi	149.5	145.8	150.7	155.5	139.3	151.5	151.6	142.1

5-32 全国各地区住宿和餐饮业企业家信心指数（2008-2009 年）
Entrepreneur Expectation Index of Hotels and Restaurants by Region of the Nation (2008-2009)

地 区	Region	2008 年				2009 年			
		1 季度 1st. Quarter	2 季度 2nd. Quarter	3 季度 3rd. Quarter	4 季度 4th. Quarter	1 季度 1st. Quarter	2 季度 2nd. Quarter	3 季度 3rd. Quarter	4 季度 4th. Quarter
全 国	**National Total**								
东部地区	**Eastern Region**								
北 京	Beijing	175.2	150.1	141.8	88.5	82.0	95.4	1[illegible]9.4	110.0
天 津	Tianjin	126.3	129.4	120.8	81.6	72.4	74.0	1[illegible]4.5	112.2
河 北	Hebei	116.9	114.8	110.5	132.2	105.0	95.8	1[illegible]0.8	119.2
辽 宁	Liaoning	125.5	132.7	129.6	83.3	79.5	97.3	1[illegible]8.5	104.2
上 海	Shanghai	130.7	119.1	125.3	77.6	68.5	91.4	[illegible]5.6	121.1
江 苏	Jiangsu	127.6	121.9	133.4	97.0	92.3	107.5	1[illegible]3.9	124.0
浙 江	Zhejiang	151.9	141.1	130.5	106.7	102.0	107.9	1[illegible]0.1	124.6
福 建	Fujian	135.1	121.1	129.8	114.0	101.7	109.4	1[illegible]7.5	121.8
山 东	Shandong	145.7	145.0	133.6	112.7	106.2	116.5	13[illegible].2	129.9
广 东	Guangdong	140.6	124.7	123.7	101.3	79.9	88.2	1[illegible].8	113.2
海 南	Hainan	145.8	114.0	113.1	119.0	108.9	80.1	12[illegible].4	157.1
中部地区	**Central Region**								
山 西	Shanxi	127.3	126.8	104.4	101.6	94.4	97.3	12[illegible].7	123.0
吉 林	Jilin	134.9	123.3	134.9	104.7	102.1	110.4	13[illegible].0	112.5
黑龙江	Heilongjiang	117.7	118.3	124.1	100.5	104.6	104.6	13[illegible].6	116.3
安 徽	Anhui	138.5	130.3	131.1	111.5	106.1	112.8	12[illegible].0	139.2
江 西	Jiangxi	107.4	113.3	109.5	100.0	114.7	91.7	11[illegible].7	111.7
河 南	Henan	127.4	130.4	121.6	109.7	102.7	107.0	12[illegible].6	120.2
湖 北	Hubei	141.5	133.8	134.0	113.5	116.3	108.1	12[illegible].6	137.2
湖 南	Hunan	121.0	110.1	118.3	112.5	104.2	102.5	11[illegible].9	116.8
西部地区	**Western Region**								
重 庆	Chongqing	134.8	109.6	109.6	105.8	111.8	123.5	12[illegible].9	121.6
四 川	Sichuan	135.2	90.8	109.9	100.7	101.8	114.0	12[illegible].8	127.4
贵 州	Guizhou	107.7	115.4	138.5	100.0	84.6	107.7	10[illegible].3	125.0
云 南	Yunnan	120.2	106.1	113.4	109.1	104.2	98.9	11[illegible].5	116.9
西 藏	Tibet								
陕 西	Shaanxi	118.5	113.6	109.5	98.3	69.5	102.8	117.7	113.0
甘 肃	Gansu	127.7	119.4	112.6	112.8	108.8	106.3	126.1	117.4
青 海	Qinghai	107.1	92.9	107.1	92.9	107.1	138.5	164.3	107.1
宁 夏	Ningxia	130.0	140.0	140.0	90.0	111.1	100.0	144.4	133.3
新 疆	Xinjiang	116.2	109.2	93.4	94.5	98.1	105.8	50.0	78.9
内蒙古	Inner Mongolia	134.0	138.0	151.2	132.6	115.0	115.0	150.0	120.0
广 西	Guangxi	108.2	104.5	101.7	92.5	83.8	88.8	107.4	108.9

5-33 全国各地区企业景气指数（2008-2009 年）
Business Survey Index by Region of the Nation (2008-2009)

地 区	Region	2008 年				2009 年			
		1 季度 1st. Quarter	2 季度 2nd. Quarter	3 季度 3rd. Quarter	4 季度 4th. Quarter	1 季度 1st. Quarter	2 季度 2nd. Quarter	3 季度 3rd. Quarter	4 季度 4th. Quarter
全 国	**National Total**								
东部地区	**Eastern Region**								
北 京	Beijing	152.0	144.7	128.7	108.9	110.3	115.4	127.9	133.3
天 津	Tianjin	132.0	137.2	134.1	109.0	106.8	117.8	125.9	131.5
河 北	Hebei	127.8	131.1	121.1	99.0	97.4	105.2	109.5	116.7
辽 宁	Liaoning	140.0	145.6	133.8	109.5	104.9	114.9	125.1	125.9
上 海	Shanghai	146.8	148.6	132.4	100.5	101.3	110.5	120.9	126.8
江 苏	Jiangsu	132.5	134.7	126.1	101.9	99.9	122.1	127.8	134.8
浙 江	Zhejiang	133.2	131.5	124.3	107.9	107.5	120.8	126.7	134.6
福 建	Fujian	126.8	126.6	120.2	103.6	102.2	112.1	122.7	125.4
山 东	Shandong	141.3	139.5	130.2	106.1	111.2	119.7	128.7	132.4
广 东	Guangdong	136.7	137.6	132.9	111.0	109.8	118.9	130.1	138.4
海 南	Hainan	137.1	131.4	120.9	113.0	112.4	124.4	120.7	133.3
中部地区	**Central Region**								
山 西	Shanxi	128.1	132.0	126.2	90.0	89.3	102.4	113.8	114.8
吉 林	Jilin	136.6	136.0	137.8	118.6	113.7	128.5	133.4	132.3
黑龙江	Heilongjiang	129.3	140.0	135.4	122.0	110.2	119.8	125.3	126.9
安 徽	Anhui	143.3	145.9	131.9	106.9	115.9	125.5	138.9	140.9
江 西	Jiangxi	128.5	128.9	123.6	111.8	110.7	114.6	125.8	131.4
河 南	Henan	129.6	130.8	123.6	100.9	102.5	112.2	121.0	125.6
湖 北	Hubei	130.6	133.4	129.0	104.9	106.4	115.6	120.2	129.4
湖 南	Hunan	115.9	125.8	118.6	105.3	106.4	111.9	120.9	121.7
西部地区	**Western Region**								
重 庆	Chongqing	127.1	128.5	120.5	100.5	105.8	116.9	126.6	133.3
四 川	Sichuan	134.2	116.7	118.1	100.4	111.8	114.5	121.6	126.1
贵 州	Guizhou	103.4	121.8	122.0	94.3	108.5	109.0	122.9	115.0
云 南	Yunnan	129.1	127.2	123.9	102.2	111.6	109.4	115.1	124.2
西 藏	Tibet								
陕 西	Shaanxi	139.4	119.9	124.4	116.5	104.3	129.8	140.4	135.0
甘 肃	Gansu	129.3	129.7	120.7	106.5	105.3	108.3	121.1	121.4
青 海	Qinghai	113.5	125.3	128.7	114.6	106.6	120.1	123.7	120.2
宁 夏	Ningxia	117.0	124.2	130.8	107.3	105.3	123.6	123.5	118.7
新 疆	Xinjiang	127.9	129.9	134.2	119.7	109.0	115.4	121.1	123.9
内蒙古	Inner Mongolia	152.4	156.1	154.7	126.0	121.6	136.3	144.3	136.2
广 西	Guangxi	120.2	119.0	114.8	99.7	101.4	113.0	118.1	121.6

5-34 全国各地区工业企业景气指数（2008-2009 年）
Business Survey Index of Industry by Region of the Nation (2008-2009)

地 区	Region	2008 年				2009 年			
		1 季度 1st. Quarter	2 季度 2nd. Quarter	3 季度 3rd. Quarter	4 季度 4th. Quarter	1 季度 1st. Quarter	2 季度 2nd. Quarter	3 季度 3rd. Quarter	4 季度 4th. Quarter
全 国	**National Total**								
东部地区	**Eastern Region**								
北 京	Beijing	145.3	133.8	119.1	92.3	93.7	107.1	119.8	130.3
天 津	Tianjin	126.5	132.4	129.6	100.7	99.3	112.8	121.9	129.4
河 北	Hebei	126.6	131.3	118.2	89.6	96.0	102.0	114.8	112.1
辽 宁	Liaoning	139.2	143.8	129.8	101.1	99.4	109.8	121.9	125.5
上 海	Shanghai	148.9	151.4	133.0	92.0	96.6	106.4	119.2	127.2
江 苏	Jiangsu	127.0	131.5	118.6	89.4	98.5	121.7	127.1	134.1
浙 江	Zhejiang	126.3	127.7	120.3	98.2	100.3	116.8	123.2	132.3
福 建	Fujian	121.9	126.0	117.8	95.6	94.1	107.8	113.2	119.9
山 东	Shandong	143.0	140.5	129.4	100.1	110.4	120.5	123.2	132.5
广 东	Guangdong	135.5	137.5	133.8	105.5	103.8	116.3	129.8	138.3
海 南	Hainan	124.1	137.1	121.2	111.5	119.0	128.2	122.8	143.7
中部地区	**Central Region**								
山 西	Shanxi	127.4	132.6	127.0	77.8	81.2	97.3	110.7	113.1
吉 林	Jilin	139.7	135.4	139.6	114.4	111.0	131.1	13[illegible].3	133.1
黑龙江	Heilongjiang	130.8	144.1	138.6	124.9	104.9	117.9	12[illegible].3	126.2
安 徽	Anhui	145.5	149.2	125.8	92.0	109.5	123.2	136.6	135.7
江 西	Jiangxi	123.8	130.0	124.4	103.3	101.9	108.5	12[illegible].5	127.6
河 南	Henan	133.4	134.7	126.9	96.3	102.1	114.3	12[illegible].2	127.7
湖 北	Hubei	131.2	134.7	128.2	91.6	100.0	109.7	11[illegible].5	126.8
湖 南	Hunan	106.2	126.7	115.7	96.8	93.6	106.6	11[illegible].5	117.0
西部地区	**Western Region**								
重 庆	Chongqing	126.4	134.6	121.0	95.4	105.4	116.6	124.7	130.1
四 川	Sichuan	138.4	123.4	124.0	97.0	108.0	112.7	118.7	125.0
贵 州	Guizhou	94.1	121.7	122.4	80.5	101.4	103.3	114.3	113.0
云 南	Yunnan	127.3	129.4	125.7	91.0	100.3	103.0	108.4	119.5
西 藏	Tibet								
陕 西	Shaanxi	146.0	134.5	123.4	92.8	87.4	128.9	140.2	130.9
甘 肃	Gansu	136.2	136.0	115.6	94.6	99.7	100.7	123.9	120.3
青 海	Qinghai	137.5	143.2	130.7	101.8	89.0	108.8	124.9	119.7
宁 夏	Ningxia	120.3	132.3	128.0	96.7	103.8	122.8	115.3	117.9
新 疆	Xinjiang	129.5	131.6	138.6	120.8	104.4	112.6	123.3	122.6
内蒙古	Inner Mongolia	156.9	160.9	154.0	119.2	118.6	133.8	138.9	130.9
广 西	Guangxi	114.9	121.4	112.4	85.3	90.5	107.6	111.3	118.0

5-35 全国各地区建筑业企业景气指数（2008-2009 年）
Business Survey Index of Construction by Region of the Nation (2008-2009)

地 区	Region	2008 年				2009 年			
		1 季度 1st. Quarter	2 季度 2nd. Quarter	3 季度 3rd. Quarter	4 季度 4th. Quarter	1 季度 1st. Quarter	2 季度 2nd. Quarter	3 季度 3rd. Quarter	4 季度 4th. Quarter
全 国	**National Total**								
东部地区	**Eastern Region**								
北 京	Beijing	156.0	163.7	104.7	154.3	114.2	129.4	129.3	141.4
天 津	Tianjin	113.9	145.6	142.5	140.2	140.9	147.1	152.1	141.6
河 北	Hebei	128.0	139.6	138.8	110.2	88.9	123.3	130.0	128.4
辽 宁	Liaoning	128.7	161.0	158.7	119.2	95.6	119.2	129.9	131.6
上 海	Shanghai	155.0	162.3	153.1	139.7	141.0	125.2	123.9	132.3
江 苏	Jiangsu	140.6	149.3	143.0	131.6	119.3	126.6	147.2	156.4
浙 江	Zhejiang	146.5	144.2	151.7	140.2	124.2	141.6	147.8	153.6
福 建	Fujian	121.5	118.6	125.1	114.8	120.3	120.9	126.0	133.8
山 东	Shandong	130.3	133.9	130.4	117.8	106.9	122.9	128.3	139.0
广 东	Guangdong	130.3	130.8	129.2	125.3	113.9	123.6	127.1	136.5
海 南	Hainan	131.2	143.9	138.9	134.6	121.2	153.8	155.2	161.0
中部地区	**Central Region**								
山 西	Shanxi	128.9	138.0	133.2	132.8	110.1	124.3	133.3	128.9
吉 林	Jilin	106.4	142.9	132.9	134.8	110.3	127.0	133.3	131.9
黑龙江	Heilongjiang	128.3	132.6	130.1	119.5	106.2	117.0	123.1	126.3
安 徽	Anhui	126.4	132.6	140.6	137.0	102.6	112.2	129.9	145.1
江 西	Jiangxi	124.0	121.7	117.5	131.5	119.8	126.2	129.1	133.1
河 南	Henan	127.3	127.1	126.3	123.7	110.5	117.7	127.7	135.5
湖 北	Hubei	134.4	134.4	136.9	137.2	128.9	138.5	133.4	142.8
湖 南	Hunan	125.1	131.3	133.3	123.7	126.1	123.2	129.7	133.5
西部地区	**Western Region**								
重 庆	Chongqing	125.7	122.8	124.6	116.6	113.2	125.1	133.7	149.5
四 川	Sichuan	119.4	107.8	108.2	99.3	112.1	112.2	118.7	122.0
贵 州	Guizhou	136.4	153.5	152.0	146.8	140.0	156.4	153.8	117.4
云 南	Yunnan	111.5	116.6	100.1	98.5	118.7	116.5	121.5	130.8
西 藏	Tibet								
陕 西	Shaanxi	139.9	111.1	140.5	110.5	119.3	124.5	140.7	136.1
甘 肃	Gansu	111.0	107.7	124.6	116.7	118.8	139.2	138.5	133.3
青 海	Qinghai	94.7	137.0	148.5	129.3	90.6	119.0	133.3	123.8
宁 夏	Ningxia	86.6	112.1	107.0	78.8	99.4	130.2	112.2	97.1
新 疆	Xinjiang	107.0	136.3	137.3	128.1	110.1	122.7	138.0	134.1
内蒙古	Inner Mongolia	132.0	146.5	154.1	143.1	117.3	135.4	151.2	135.8
广 西	Guangxi	118.3	114.9	109.2	118.5	109.7	115.5	125.8	127.2

5-36 全国各地区交通运输、仓储和邮电通信企业景气指数（2008-2009 年）

Business Survey Index of Transportation, Storage, Posts and Telecommunications by Region of the Nation (2008-2009)

地 区	Region	2008 年				2009 年			
		1 季度 1st. Quarter	2 季度 2nd. Quarter	3 季度 3rd. Quarter	4 季度 4th. Quarter	1 季度 1st. Quarter	2 季度 2nd. Quarter	3 季度 3rd. Quarter	4 季度 4th. Quarter
全 国	**National Total**								
东部地区	**Eastern Region**								
北 京	Beijing	139.0	99.1	100.1	96.1	102.0	87.5	107.4	115.7
天 津	Tianjin	138.1	138.3	127.2	96.0	95.9	102.1	112.5	124.8
河 北	Hebei	123.6	115.6	123.6	113.1	90.5	103.5	109.5	122.1
辽 宁	Liaoning	147.3	149.4	108.1	100.2	115.0	120.3	129.1	119.7
上 海	Shanghai	147.1	151.4	112.2	69.4	60.2	87.7	115.9	111.8
江 苏	Jiangsu	115.2	112.3	121.5	92.6	95.3	103.1	114.0	113.3
浙 江	Zhejiang	126.1	129.0	113.9	94.1	85.7	100.7	107.4	110.6
福 建	Fujian	123.6	105.3	101.0	85.6	102.3	97.1	105.9	108.6
山 东	Shandong	139.8	134.5	124.4	105.0	97.2	102.6	111.3	118.1
广 东	Guangdong	131.0	137.1	143.4	102.4	117.8	105.2	1[illegible]3.7	117.3
海 南	Hainan	163.8	120.9	87.9	58.5	99.2	123.1	99.9	112.6
中部地区	**Central Region**								
山 西	Shanxi	132.3	129.5	122.8	90.2	91.7	102.9	1[illegible]2.6	100.8
吉 林	Jilin	143.4	122.2	128.2	119.1	116.7	122.2	1[illegible]3.3	136.1
黑龙江	Heilongjiang	98.2	117.3	120.0	125.0	104.0	106.1	112.5	108.3
安 徽	Anhui	111.8	126.4	120.4	91.7	109.7	110.0	1[illegible]1.3	116.3
江 西	Jiangxi	144.2	130.7	116.0	110.1	130.7	116.1	127.7	132.0
河 南	Henan	104.3	98.3	96.5	90.1	74.9	84.0	95.5	101.4
湖 北	Hubei	131.8	113.6	115.5	94.3	105.5	114.4	110.8	107.2
湖 南	Hunan	111.8	117.0	102.2	98.8	124.6	111.2	119.8	114.8
西部地区	**Western Region**								
重 庆	Chongqing	119.2	113.7	112.3	80.3	82.5	100.9	10[illegible].1	117.2
四 川	Sichuan	129.8	103.4	102.3	100.0	120.3	113.4	12[illegible].4	118.6
贵 州	Guizhou	97.5	95.0	97.5	86.7	120.0	104.3	12[illegible].0	110.9
云 南	Yunnan	140.2	116.5	135.6	117.2	118.9	109.3	12[illegible].5	122.8
西 藏	Tibet								
陕 西	Shaanxi	131.9	127.5	115.4	115.7	132.0	125.9	140.6	131.2
甘 肃	Gansu	136.7	131.8	124.8	124.7	114.8	116.9	11[illegible].2	120.6
青 海	Qinghai	141.1	141.3	141.1	100.2	123.6	129.2	105.9	117.7
宁 夏	Ningxia	147.0	133.7	127.0	147.0	140.0	144.1	140.0	146.7
新 疆	Xinjiang	120.9	105.8	112.1	113.5	125.8	113.2	100.3	113.2
内蒙古	Inner Mongolia	153.1	144.7	156.7	116.4	132.0	148.0	156.0	160.0
广 西	Guangxi	120.4	120.1	118.3	111.4	116.1	116.4	120.5	119.4

5-37 全国各地区批发和零售业企业景气指数（2008-2009 年）
Business Survey Index of Wholesale and Retail Trade by Region of the Nation (2008-2009)

地 区	Region	2008 年				2009 年			
		1 季度 1st. Quarter	2 季度 2nd. Quarter	3 季度 3rd. Quarter	4 季度 4th. Quarter	1 季度 1st. Quarter	2 季度 2nd. Quarter	3 季度 3rd. Quarter	4 季度 4th. Quarter
全 国	**National Total**								
东部地区	**Eastern Region**								
北 京	Beijing	178.8	167.5	159.7	109.6	118.4	121.1	145.2	138.2
天 津	Tianjin	163.7	154.5	158.1	141.9	141.6	145.2	150.4	147.3
河 北	Hebei	140.8	146.4	130.8	126.5	111.4	106.4	113.8	125.7
辽 宁	Liaoning	158.2	152.6	155.1	147.0	133.9	133.0	137.1	134.7
上 海	Shanghai	155.6	148.1	145.1	116.7	109.4	110.2	120.3	127.9
江 苏	Jiangsu	149.2	149.4	144.7	133.8	133.1	142.7	148.9	157.0
浙 江	Zhejiang	144.9	125.4	119.4	107.4	115.5	120.0	121.0	131.8
福 建	Fujian	142.8	149.8	141.7	135.5	116.4	126.5	142.2	144.8
山 东	Shandong	141.6	141.7	138.7	126.8	127.8	127.1	136.4	140.6
广 东	Guangdong	149.2	143.6	141.2	125.8	123.5	129.4	132.7	145.6
海 南	Hainan	142.6	134.3	141.1	135.1	125.2	127.1	112.8	128.9
中部地区	**Central Region**								
山 西	Shanxi	128.2	138.5	131.0	129.7	111.5	119.2	123.6	126.5
吉 林	Jilin	145.7	144.7	144.1	138.2	131.8	143.6	144.7	144.5
黑龙江	Heilongjiang	131.0	142.4	136.4	138.3	131.7	135.4	135.0	137.6
安 徽	Anhui	171.7	170.9	164.2	150.6	140.2	134.5	147.2	156.8
江 西	Jiangxi	144.6	136.2	136.9	132.5	131.6	133.6	133.7	143.9
河 南	Henan	131.4	128.5	129.2	118.0	126.9	122.9	128.8	133.6
湖 北	Hubei	130.9	145.4	145.8	142.9	124.6	140.1	136.0	148.3
湖 南	Hunan	131.3	126.7	129.0	124.9	131.1	125.8	131.7	130.2
西部地区	**Western Region**								
重 庆	Chongqing	133.5	133.6	121.9	110.3	119.8	125.6	140.8	143.0
四 川	Sichuan	139.4	129.0	131.1	124.1	126.3	125.8	133.2	137.2
贵 州	Guizhou	119.1	115.2	119.1	115.7	124.9	115.2	135.1	118.7
云 南	Yunnan	148.5	140.6	146.6	135.8	141.9	125.5	127.7	139.3
西 藏	Tibet								
陕 西	Shaanxi	151.7	157.7	159.3	158.9	146.9	133.9	150.2	158.6
甘 肃	Gansu	126.9	148.2	131.3	129.8	117.9	134.7	112.3	130.4
青 海	Qinghai	136.8	140.4	139.9	112.8	113.1	107.0	113.0	124.7
宁 夏	Ningxia	111.7	105.9	126.3	124.7	113.1	113.8	115.8	121.9
新 疆	Xinjiang	146.3	126.6	129.7	108.0	123.2	122.4	116.7	130.5
内蒙古	Inner Mongolia	171.0	170.4	169.6	156.1	139.1	154.0	159.7	171.3
广 西	Guangxi	138.3	116.4	124.2	118.0	119.9	122.1	121.0	124.3

5-38 全国各地区房地产业企业景气指数（2008-2009 年）
Business Survey Index of Real Estate Trade by Region of the Nation (2008-2009)

地 区	Region	2008 年				2009 年			
		1 季度 1st. Quarter	2 季度 2nd. Quarter	3 季度 3rd. Quarter	4 季度 4th. Quarter	1 季度 1st. Quarter	2 季度 2nd. Quarter	3 季度 3rd. Quarter	4 季度 4th. Quarter
全 国	**National Total**								
东部地区	**Eastern Region**								
北 京	Beijing	133.4	132.6	125.1	115.2	105.9	113.9	124.3	131.9
天 津	Tianjin	142.9	143.1	137.4	109.1	94.5	114.4	123.8	127.1
河 北	Hebei	133.5	134.3	111.1	95.3	96.8	111.9	114.3	122.0
辽 宁	Liaoning	124.0	128.9	110.2	90.9	86.9	118.2	121.7	119.3
上 海	Shanghai	131.1	144.7	136.0	117.9	115.8	139.6	143.1	149.6
江 苏	Jiangsu	139.2	138.1	128.1	103.4	116.3	129.2	1[illegible]3.1	145.5
浙 江	Zhejiang	119.5	120.3	110.2	91.5	108.3	120.4	129.9	134.4
福 建	Fujian	134.3	126.9	107.4	95.9	90.4	112.2	124.5	134.7
山 东	Shandong	142.1	137.1	123.9	102.9	95.2	115.1	123.3	132.9
广 东	Guangdong	129.2	142.7	110.9	105.0	116.0	131.8	136.3	144.9
海 南	Hainan	122.7	90.5	80.0	68.8	75.0	107.7	106.3	107.7
中部地区	**Central Region**								
山 西	Shanxi	113.2	115.8	102.5	93.4	98.9	102.9	103.8	110.3
吉 林	Jilin	124.5	141.6	126.4	87.9	94.0	110.2	115.2	116.1
黑龙江	Heilongjiang	124.2	111.0	98.1	86.6	80.7	104.9	104.9	107.2
安 徽	Anhui	140.4	130.6	113.9	92.4	98.9	119.5	13[illegible].0	145.8
江 西	Jiangxi	118.8	107.6	107.5	90.1	83.7	98.8	12[illegible].7	129.3
河 南	Henan	126.3	128.9	116.0	88.0	82.0	99.1	11[illegible].2	110.6
湖 北	Hubei	143.5	138.3	122.0	98.2	112.9	108.8	11[illegible].7	135.9
湖 南	Hunan	125.8	116.8	101.9	89.1	84.9	97.2	11[illegible].1	125.7
西部地区	**Western Region**								
重 庆	Chongqing	144.2	126.8	125.0	94.3	100.4	118.5	120.8	131.5
四 川	Sichuan	123.3	97.2	84.5	71.6	91.3	102.8	118.3	122.4
贵 州	Guizhou	87.5	87.5	93.8	62.5	81.3	93.8	100.0	106.3
云 南	Yunnan	127.5	126.1	110.3	107.2	113.8	110.7	111.9	123.8
西 藏	Tibet								
陕 西	Shaanxi	140.1	111.3	115.0	99.2	128.6	173.6	165.0	163.6
甘 肃	Gansu	134.4	125.0	121.9	103.1	104.0	92.5	103.1	115.6
青 海	Qinghai	115.2	115.2	122.4	115.2	90.8	112.2	107.1	114.3
宁 夏	Ningxia	135.7	135.7	150.0	150.0	128.6	157.1	157.3	171.4
新 疆	Xinjiang	148.0	143.8	132.9	120.7	90.6	109.4	122.[illegible]	135.9
内蒙古	Inner Mongolia	147.5	121.9	119.6	96.9	108.3	145.8	125.[illegible]	129.2
广 西	Guangxi	136.1	115.9	117.7	109.1	96.3	116.5	125.[illegible]	125.8

5-39 全国各地区社会服务业企业景气指数（2008-2009 年）
Business Survey Index of Social Services by Region of the Nation (2008-2009)

地 区	Region	2008 年				2009 年			
		1 季度 1st. Quarter	2 季度 2nd. Quarter	3 季度 3rd. Quarter	4 季度 4th. Quarter	1 季度 1st. Quarter	2 季度 2nd. Quarter	3 季度 3rd. Quarter	4 季度 4th. Quarter
全 国	**National Total**								
东部地区	**Eastern Region**								
北 京	Beijing	152.4	151.0	148.0	117.0	105.0	107.0	112.7	123.1
天 津	Tianjin	135.7	124.0	117.7	107.5	120.3	134.1	129.4	134.0
河 北	Hebei	110.3	107.1	107.1	92.9	100.0	96.6	103.5	103.6
辽 宁	Liaoning	123.4	134.2	136.3	127.4	104.0	104.4	108.7	100.0
上 海	Shanghai	133.5	129.3	121.9	113.0	103.6	110.6	112.2	116.1
江 苏	Jiangsu	147.0	132.5	134.1	122.5	121.2	115.3	135.6	143.2
浙 江	Zhejiang	145.4	141.2	128.3	137.2	115.3	133.2	145.5	136.6
福 建	Fujian	128.9	115.4	130.8	115.4	114.0	123.5	139.2	127.5
山 东	Shandong	125.5	129.9	131.5	108.9	111.8	106.1	138.1	119.4
广 东	Guangdong	134.4	121.7	127.2	117.7	115.1	113.3	134.0	129.9
海 南	Hainan	135.5	95.3	103.6	153.9	133.8	86.9	115.0	136.8
中部地区	**Central Region**								
山 西	Shanxi	128.3	118.0	119.8	110.2	110.1	106.7	127.3	112.5
吉 林	Jilin	114.7	118.2	121.9	100.0	97.0	93.9	121.2	106.1
黑龙江	Heilongjiang	114.3	114.3	120.0	81.8	100.0	97.2	111.1	108.3
安 徽	Anhui	152.5	137.8	136.9	115.8	129.4	137.3	156.0	150.0
江 西	Jiangxi	133.3	127.8	116.7	122.2	109.5	109.5	123.8	133.3
河 南	Henan	122.6	133.3	118.9	113.3	109.7	115.4	128.6	108.9
湖 北	Hubei	121.4	127.6	113.3	124.1	100.0	110.3	117.2	124.1
湖 南	Hunan	131.3	120.0	120.3	104.6	109.6	104.5	117.9	115.2
西部地区	**Western Region**								
重 庆	Chongqing	114.4	97.2	114.4	96.4	99.1	113.6	137.3	143.1
四 川	Sichuan	120.2	86.6	100.1	97.4	110.2	110.9	121.0	124.0
贵 州	Guizhou	104.2	120.8	129.2	108.3	116.0	120.0	144.0	108.0
云 南	Yunnan	120.8	110.4	97.8	96.6	104.5	101.4	110.0	113.0
西 藏	Tibet								
陕 西	Shaanxi	91.9	75.9	91.9	76.7	112.3	111.7	112.5	101.6
甘 肃	Gansu	100.0	85.2	96.3	92.6	73.1	69.2	92.3	100.0
青 海	Qinghai	85.7	92.3	92.3	100.0	92.9	85.7	107.1	114.3
宁 夏	Ningxia	107.7	107.7	146.2	115.4	84.6	107.7	138.5	115.4
新 疆	Xinjiang	120.8	115.7	115.6	110.8	97.1	102.9	73.5	94.2
内蒙古	Inner Mongolia	131.6	133.3	155.6	144.4	121.1	142.1	163.2	116.7
广 西	Guangxi	114.7	115.3	113.3	103.9	111.5	113.6	138.0	127.8

5-40 全国各地区信息传输、计算机服务和软件业企业景气指数（2008-2009 年）
Business Survey Index of Data Transmission, Computer Service and Software by Region of the Nation (2008-2009)

地 区	Region	2008 年				2009 年			
		1 季度 1st. Quarter	2 季度 2nd. Quarter	3 季度 3rd. Quarter	4 季度 4th. Quarter	1 季度 1st. Quarter	2 季度 2nd. Quarter	3 季度 3rd. Quarter	4 季度 4th. Quarter
全 国	**National Total**								
东部地区	**Eastern Region**								
北 京	Beijing	164.9	169.0	128.8	119.2	152.1	145.8	153.9	153.5
天 津	Tianjin	140.5	157.3	166.8	157.1	131.3	114.8	133.8	136.7
河 北	Hebei	166.3	167.1	152.5	161.6	154.0	156.3	171.5	173.1
辽 宁	Liaoning	163.0	159.3	149.4	136.5	155.7	156.7	144.7	159.2
上 海	Shanghai	141.1	140.3	124.8	124.2	128.0	134.9	130.5	120.4
江 苏	Jiangsu	153.1	148.6	152.0	130.9	131.7	135.5	[illegible]	149.1
浙 江	Zhejiang	168.1	168.4	160.0	160.1	154.4	150.4	161.2	162.2
福 建	Fujian	163.5	160.1	151.9	161.2	153.4	146.1	150.6	157.3
山 东	Shandong	160.9	159.2	158.7	154.4	160.5	165.3	167.7	163.4
广 东	Guangdong	156.7	156.6	153.8	148.4	139.1	143.1	[illegible]	161.7
海 南	Hainan	174.3	165.9	165.9	154.6	150.0	133.3	155.6	144.4
中部地区	**Central Region**								
山 西	Shanxi	158.3	150.0	146.6	139.3	142.1	129.7	[illegible]	141.1
吉 林	Jilin	166.4	160.3	159.5	158.3	155.9	146.9	161.0	156.3
黑龙江	Heilongjiang	171.4	186.8	166.8	156.0	159.9	171.4	174.1	171.1
安 徽	Anhui	168.4	171.8	173.2	180.4	167.7	171.1	167.5	181.1
江 西	Jiangxi	176.9	171.0	171.0	164.5	173.4	166.4	166.8	175.9
河 南	Henan	153.1	153.5	143.8	148.2	128.7	117.1	124.1	130.0
湖 北	Hubei	108.3	129.1	124.8	117.7	111.2	112.8	130.7	135.0
湖 南	Hunan	148.6	152.1	149.3	156.0	155.6	158.4	156.3	157.3
西部地区	**Western Region**								
重 庆	Chongqing	138.1	141.0	135.2	149.2	108.6	103.9	143.4	136.8
四 川	Sichuan	157.3	156.5	159.0	154.3	153.1	155.0	[illegible]	152.6
贵 州	Guizhou	160.0	200.0	140.0	160.0	140.0	100.0	160.0	160.0
云 南	Yunnan	150.2	147.1	144.9	145.4	152.7	150.6	152.7	157.1
西 藏	Tibet								
陕 西	Shaanxi	142.3	141.6	141.6	154.5	150.9	141.8	[illegible]	162.3
甘 肃	Gansu	134.3	115.3	133.3	122.1	154.4	122.9	121.3	131.2
青 海	Qinghai	140.0	140.0	140.0	150.0	160.0	160.0	120.0	140.0
宁 夏	Ningxia	145.9	138.5	138.5	138.5	139.5	138.2	136.3	113.7
新 疆	Xinjiang	151.5	155.8	152.3	150.1	154.1	150.0	[illegible]	139.8
内蒙古	Inner Mongolia	145.2	154.3	144.0	154.7	154.6	127.3	145.5	136.4
广 西	Guangxi	135.5	132.5	129.9	146.9	143.8	154.4	146.0	150.0

5-41 全国各地区住宿和餐饮业企业景气指数（2008-2009 年）
Business Survey Index of Hotels and Restaurants by Region of the Nation (2008-2009)

地 区	Region	2008 年				2009 年			
		1 季度 1st. Quarter	2 季度 2nd. Quarter	3 季度 3rd. Quarter	4 季度 4th. Quarter	1 季度 1st. Quarter	2 季度 2nd. Quarter	3 季度 3rd. Quarter	4 季度 4th. Quarter
全　国	**National Total**								
东部地区	**Eastern Region**								
北 京	Beijing	135.2	146.3	154.0	119.3	97.4	107.0	122.9	119.4
天 津	Tianjin	107.6	137.6	110.2	86.8	85.1	91.5	84.3	106.0
河 北	Hebei	118.9	129.1	108.7	130.3	97.4	100.0	118.8	121.3
辽 宁	Liaoning	111.8	132.8	143.0	100.1	83.6	95.9	132.4	111.3
上 海	Shanghai	139.4	133.7	120.1	114.4	114.1	106.8	107.6	121.0
江 苏	Jiangsu	132.5	124.9	133.4	131.3	116.5	116.4	117.0	131.8
浙 江	Zhejiang	136.0	135.9	130.3	118.1	110.2	115.6	113.9	137.9
福 建	Fujian	128.6	116.0	114.4	112.8	113.0	104.3	118.3	135.2
山 东	Shandong	138.6	139.1	123.0	117.6	111.8	112.9	127.6	123.6
广 东	Guangdong	129.8	121.9	118.3	113.6	96.0	94.5	107.4	119.5
海 南	Hainan	144.3	111.4	103.1	125.2	134.0	85.2	107.1	147.6
中部地区	**Central Region**								
山 西	Shanxi	118.8	117.7	107.5	105.4	101.2	106.8	121.6	121.6
吉 林	Jilin	125.6	123.3	132.6	102.3	97.9	95.8	138.3	95.8
黑龙江	Heilongjiang	103.4	109.4	127.0	103.6	102.3	93.2	116.3	111.6
安 徽	Anhui	124.9	122.5	118.1	107.0	105.4	113.4	112.1	131.3
江 西	Jiangxi	116.0	114.0	113.0	104.4	115.0	103.3	118.3	125.0
河 南	Henan	112.5	127.0	108.0	109.0	107.8	109.4	110.5	126.8
湖 北	Hubei	123.9	113.8	128.7	113.0	90.9	98.2	113.3	115.5
湖 南	Hunan	113.7	104.4	112.0	110.3	106.2	105.9	118.6	116.8
西部地区	**Western Region**								
重 庆	Chongqing	112.5	115.9	99.8	108.0	116.0	121.6	124.8	127.5
四 川	Sichuan	125.8	80.8	103.4	102.4	110.5	111.1	120.8	127.8
贵 州	Guizhou	107.7	100.0	138.5	123.1	76.9	115.4	141.7	108.3
云 南	Yunnan	118.2	97.7	100.9	106.1	112.9	96.7	109.0	105.6
西 藏	Tibet								
陕 西	Shaanxi	171.1	99.7	108.3	123.8	109.5	114.3	115.0	114.3
甘 肃	Gansu	121.1	115.1	127.5	112.5	98.2	109.1	121.7	113.0
青 海	Qinghai	57.1	92.9	114.3	107.1	92.9	138.5	178.6	107.1
宁 夏	Ningxia	100.0	130.0	130.0	80.0	122.2	133.3	144.4	88.9
新 疆	Xinjiang	87.1	102.8	88.6	79.2	100.0	109.6	57.7	101.9
内蒙古	Inner Mongolia	118.4	156.6	156.7	129.6	125.0	115.0	155.0	135.0
广 西	Guangxi	97.7	96.4	101.8	92.8	86.7	88.1	109.6	108.9

主要指标解释

国有控股企业 是指在企业的全部实收资本中，国有经济成分的出资人拥有的实收资本（股本）所占企业全部实收资本（股本）的比例大于 50% 的国有绝对控股。

在企业的全部实收资本中，国有经济成分的出资人拥有的实收资本（股本）所占比例虽未大于 50%，但相对大于其他任何一方经济成分的出资人所占比例的国有相对控股；或者虽不大于其他经济成分，但根据协议规定拥有企业实际控制权的国有协议控股。

实收资本 指企业投资者实际投入的资本（或股本），包括货币、实物、无形资产等各种形式的投入。实收资本按投资主体可分为国家资本、集体资本、法人资本、个人资本、港澳台资本和外商资本。根据会计“资产负债表”中“实收资本”项的期末数填列。

资产总计 指企业拥有或控制的能以货币计量的经济资源，包括各种财产、债权和其他权利。资产按其流动性（即资产的变现能力和支付能力）划分为：流动资产、长期投资、固定资产、无形资产、递延资产和其他资产。根据会计“资产负债表”中“资产总计”项的期末数填列。

（1）流动资产：指企业可以在一年内或者超过一年的一个生产周期内变现或者耗用的资产，包括现金及各种存款、短期投资，应收及预付款项、存货等。根据会计“资产负债表”中“流动资产合计”项的期末数填列。

（2）固定资产：指企业使用期限超过一年的房屋、建筑物、机器、机械、运输工具以及其他与生产、经营有关的设备、器具、工具等。不属于生产经营主要设备的物品，单位价值在 2000 元以上，并且使用年限超过 2 年的，也应当作为固定资产。“固定资产合计”根据会计“资产负债表”中“固定资产合计”项的期末数填列。

负债合计 指企业所承担的能以货币计量，将以资产或劳务偿付的债务，偿还形式包括货币、资产或提供劳务。

负债一般按偿还期长短分为流动负债和长期负债。根据会计“资产负债表”中“负债合计”的期末数填列。

（1）流动负债：指企业在一年内或超过一年的一个营业周期内需要偿还的债务，包括短期借款、应付票据、应付账款、预收账款、应付工资、应交税金、应付利润、预提费用等。根据企业会计“资产负债表”中“流动负债合计”的期末数填报。

（2）长期负债：指企业偿还期在一年以上或者超过一年的一个营业周期以上的债务，包括长期借款、长期应付款、应付债券等。根据会计“资产负债表”中的“长期负债合计”的期末数填报。

所有者权益 指企业投资人对企业净资产的所有权。企业净资产为企业全部资产与企业全部负债的差额，包括实收资本、资本公积、盈余公积、未分配利润等。根据会计“资产负债表”中“所有者权益”项的期末数填列。

固定资产原价 指企业在建造、购置、安装、改建、扩建、技术改造某项固定资产时所支出的全部货币总额。它一般包括买价、包装费、运杂费和安装费等。

固定资产净值 指固定资产原价减去历年已提折旧额后的净额。

主营业务收入 根据会计“利润表”中对应指标的本年累计数填列。若执行 2006 年《企业会计制度》的企业，用“营业收入”的本期累计数代替。

主营业务成本 根据会计“利润表”中对应指标的本年累计数填列。若执行 2006 年《企业会计制度》的企业，用“营业成本”的本期累计数代替。

主营业务税金及附加 根据会计“利润表”中对应指标的本年累计数填列。若执行 2006 年《企业会计制度》的企业，用“营业税金及附加”的本期累计数代替。

主营业务利润 指企业销售产品和提供劳务等主要经营业务收入扣除其成本、费用、税金后的利润。

利润总额 指企业在一定时期的最终经营成果，是企业的收入减去相关的成本与费用后的差额，收入大于相关的成本费用，企业就盈利，反之则亏损。

应交增值税 指企业按税法规定，从事货物销售或提供加工、修理修配劳务等增加货物价值的活动本期应交纳的税金。指企业在报告期应交增值税额。计算公式为：

本年应交增值税 = 销项税额 -(进项税额 - 进项税额转出)

- 出口抵减内销产品应纳税额 - 减免税款 + 出口退税

利税总额 指企业利润总额、产品销售税金及附加、应交增值税之和。

工业经济效益综合指数 是综合衡量地区工业经济效益总体水平的一种特殊相对数，是反映一定时期工业经济运行质量的主要指标。工业经济效益综合指数由总资产贡献率、资本保值增值率、资产负债率、流动资产周转率、成本费用利润率、全员劳动生产率和产品销售率的实际数值分别除以该项指标的全国标准值，并乘以各自的权数，加总后除以总权数求得。该指标可从静态水平和动态趋势上较为全面地反映各地区工业经济效益的变化情况，并可在一定程度上消除地区对比的不可比因素。

工业增加值率 指在一定时期内工业增加值占同期工业总产值的比重，反映降低中间消耗的经济效益。计算公式为：

工业增加值率（%）＝工业增加值（现价）/ 工业总产值（现价）× 100 %

总资产贡献率 反映企业全部资产的获利能力，是企业经营业绩和管理水平的集中体现，是评价和考核企业盈利能力的核心指标。计算公式为：

总资产贡献率（%）=（利润总额 + 税金总额 + 利息支出）/ 平均资产总额× 100 %

资产负债率 该指标既反映企业经营风险的大小，也反映企业利用债权人提供的资金从事经营活动的能力。计算公式为：资产负债率（%）= 负债总额 / 资产总额× 100 %

流动资产周转次数 指在一定时期内流动资产完成的周转次数，反映流动资产的周转速度。计算公式为：

流动资产周转次数＝产品销售收入 / 全部流动资产平均余额

工业成本费用利润率 指在一定时期内实现的利润与成本费用之比，是反映工业生产成本及费用投入的经济效益指标，同时也是反映降低成本的经济效益的指标。计算公式为：

工业成本费用利润率（%）＝利润总额 / 成本费用总额× 100 %

全员劳动生产率 指根据产品的价值量指标计算的平均每一就业人员在单位时间内的产品生产量。是考核企业经济活动的重要指标，是企业生产技术水平、经营管理水平、职工技术熟练程度和劳动积极性的综合表现。目前，我国的全员劳动生产率是将工业企业的增加值除以同一时期全部就业人员的平均人数来计算的。计算公式为：

全员劳动生产率＝工业增加值／全部从业人员平均人数

产品销售率 指工业销售产值与同期全部工业总产值之比，反映工业产品已实现销售的程度，分析工业产销衔接情况，研究工业产品满足社会需求程度的指标。计算公式为：

产品销售率（%）＝现价工业销售产值／报告期现价工业总产值× 100 %

销售利润率 指企业利润与销售收入的比率。计算公式为：

销售利润率（%）＝利润／销售收入× 100 %

资本积累率 指企业所有者权益增长额与年初所有者权益的比率。计算公式为：

资本积累率（%）＝所有者权益增长额／年初所有者权益× 100 %

流动比率 指流动资产与流动负债的比率，它表明每一元流动负债有多少流动资产作为偿还的保证，反映企业用可在短期内转变为现金的流动资产偿还到期流动负债的能力。计算公式为：

流动比率＝流动资产／流动负债

速动比率 指企业速动资产与流动负债的比率。计算公式为：速动比率＝速动资产／流动负债

产权比率 指企业负债总额与所有者权益的比率，是企业财务结构稳健与否的重要标志，也称资本负债率。计算公式为：产权比率＝负债总额／所有者权益

企业景气指数 也称“企业综合生产经营景气指数”，是根据企业家对本企业综合生产经营情况的判断与预期（通常为对“好”、“一般”、“不佳”的选择）而编制的指数，用以综合反映企业的生产经营状况。为便于直观地反映企业景气指数的涵义，日常生活中，常常表述为“反映企业综合生产经营状况的企业景气指数”。

企业家信心指数 也称“宏观经济景气指数”是根据企业家对企业外部市场经济环境与宏观政策的认识、看法、判断与预期（通常为对“乐观”、“一般”、“不乐观”的选择）而编制的指数，用以综合反映企业家对宏观经济环境的感受与信心。日常生活中，为便于反映企业家信心指数的涵义，常表述为“反映企业家对宏观经济环境的信心与预期的企业家信心指数”。

Explanatory Notes on Main Statistical Indicators

State-holding Enterprises refer to a classification of enterprises of mixed ownership. It means the state-owned asset of total assets is more than that of other owners. The classification shows the status of share held by state-owned economy.

Capital Obtained refers to capital actually received by the enterprise from investors. It can be further classified by investors as state capital, capital from Hong Kong, Macao and Taiwan and foreign Capital. Capital obtained correspond to the summation item of capital obtained shown in the balance sheets of the enterprises

Total Assets refer to all assets which are owned or controlled by enterprises, including circulating assets, long-term investment, fixed assets, intangible assets and deferred assets, other long-term assets, and deferred taxes, etc. The summation of above items is equal to total assets shown in the balance sheets of the enterprises. Total assets correspond to the summation item of total assets shown in the balance sheets of the enterprises

(I) Circulating assets (working capital) refer to assets which can be cashed in or spent or consumed in an operating cycle of one year or over one year, including cash, all kinds of deposits, short term investment, receivables, advance payment, stock, etc. Circulating assets correspond to the summation item of circulation assets shown in the balance sheets of the enterprises.

(II) Fixed assets refer to the assets with high unit value can keep its original body in use and last for a long period. Refers to the use of more than one year of housing, buildings, machines, machinery, transport equipment and other production and business-related equipment, apparatus, tools, etc. Some items which are not belong to the production and operation of major equipment, but the unit value of more than 2,000 yuan, and the use of more than two years, should also be as fixed assets. Fixed assets correspond to the summation item of fixed assets shown in the balance sheets of the enterprises.

(III) Intangible assets refer to the assets without material form used by enterprises over a long time, such as patents, non-patent technologies, trade marks, copyright, land use right, business reputation, etc.

Total Liabilities refer to the debts that enterprises are responsible for repayment, including liquid liabilities and long-term liabilities. The forms of reimbursement are including currency,assets and providing labor services.Total liabilities correspond to the summation item of liabilities shown in the balance sheets of the enterprises.

(I) Liquid liabilities (also called quick liabilities or immediate liabilities) refer to enterprises total debt payable within an operating cycle of one year or over one year, including short term loans, payables and advance payments, wages payable, taxes payable and profit payable, etc. Liquid liabilities correspond to the summation item of liquid liabilities shown in the balance sheets of the enterprises.

(II) Long-term liabilities refers to total debt payable within an operating cycle of one year or over one year, including long-term loans, payable liabilities, long-term payables, etc. Long-term liabilities correspond to the summation item of long-term shown in the balance sheets of the enterprises.

Creditors' Equity refers to investors' ownership of net assets of the enterprise. It is equal to the total assets of the enterprise minus its total liabilities, including the primary input from investors, capital accumulation fund, surplus accumulation fund and undistributed profit.It is the last digital of "creditors' equity" in "balance sheet". Creditors equity correspond to the summation item of creditors' equity shown in the balance sheets of the enterprises.

Original Value of Fixed Assets refers to the original value of all fixed assets owned by industrial enterprises, calculated at the cost paid at the time of purchase, installation, reconstruction, expansion, and technical innovation and transformation of the said assets, which includes expenses on purchase, package, transportation, and installation, etc.

Net Value of Fixed Assets is obtained by deducting depreciation over years from the original value of fixed assets.

Revenue from Principal Business refers to the annual accumulation of the corresponding item in the "profit table" of the accountant. For enterprises that follow the 2006 Enterprise Accounting Standards, the year-end accumulation of Operating income is used as a substitute.

Cost of Principal Business refers to the annual accumulation of the corresponding item in the "profit table" of the accountant. For enterprises that follow the 2006 Enterprise Accounting Standards, the year-end accumulation of Operating costs is used as a substitute.

Tax and Extra Charges from Principal Business refer to the annual accumulation of the corresponding item in the "profit table" of the accountant. For enterprises that follow the 2006 Enterprise Accounting Standards, the year-end accumulation of tax and extra charges from the sales of products is used as a substitute.

Major Business Cost refers to the actual cost of products of industrial enterprises and industrial services provided, etc.

Tax and Extra Charges on Major Business refer to the tax on city maintenance and construction, consumption tax, resources tax and extra charges for education, which should be borne by the enterprises in selling products and providing industrial services.

Major Business Profit refers to the profit gained by the enterprises by deducting cost, charges and taxes from the business income of the enterprises obtained in selling products and providing industrial services.

Total Profits refer to the final results gained by the enterprises. It is got as using the total revenue taking off related costs and fees. Only if the revenue is more than the costs, the enterprises gain the profits.

Value Added Tax Payable refers to the amount of the value-added tax, which should be paid by the enterprises in the reporting period.According to the tax laws, increasing the activities of the current value of the goods,such as the sale of goods or the provision of processing, repair workshop and other services should pay taxes.It is calculated as follows:

Value added tax payable=tax on sales-(tax on purchases-transferred tax on purchases)- Tax credits-tax cut + export rebate

Total Value of Profit and Tax (Pre-tax Profits) refers to the sum of the total profits, products sales tax and surcharges and the value added tax payable of industrial enterprises. It is also called Pre-tax profits.

Industrial Comprehensive Index of Economic Efficiency is a special kind of relative figure to comprehensively measure overall economic efficiency of regional industry, showing the quality of industrial economic efficiency of the reference period. Industrial comprehensive index of economic efficiency is calculated with 7 items of ratio of total assets to industrial output value, ratio of creditors' equity of current year to that of previous year, ratio of liabilities to assets, turnover ratio of output value, circulating funds, ratio of profits to cost, overall labor productivity, ratio of sales to products. The actual figure of every indicator above is divided by responding national standard numerical value, and the results multiply correlative weight coefficients, then the total number is divided by general weight coefficient. The index comprehensively reflects the changes of regional industrial economic efficiency in static and dynamic status, eliminating the incomparable factors at a certain extent.

Value Added Rate of Industry refers to the ratio of value added of industry in a given period to the gross output value in the same period, which reflects the economic efficiency of cutting down the intermediate input and is calculated as follows:

Value Added Rate of Industry (%) =Value Added of Industry (at Current Prices)/Gross Output Value (at Current Prices) × 100%

Ratio of Total Assets to Industrial Output Value reflects the profit-making capability of all assets of the enterprise and is a key indicator manifesting the performance and management and evaluating the profit-making potential of the enterprise. It is calculated as follows:

Ratio of Total Assets to Industrial Output (%) = [(Total profits + Total taxes + Interest payment) / average assets] × 100%

Ratio of Liabilities to Assets reflect both the operation risk and the capability of the enterprise in making use of the capital from the creditors. It is calculated as follows:

Ratio of liabilities to assets (%) = Total liabilities/total assets × 100%

Turnover Ratio of Circulating Funds refers to times of turnover of circulating funds in a given period of time, which reflects the speed of the turnover of working capital and is calculated as follows:

Turnover Ratio of Circulating Funds (%) = Sales Revenue of Products/Average Balance of Total Circulating Funds × 100%

Ratio of Profits to Costs refers to the ratio of profits realized in a given period to the total costs in the same period, which reflects the economic efficiency of input cost and is calculated as follows:

Ratio of Profits to Cost (%) =Total Profits/Total Costs × 100%

Overall Labor Productivity refers to the average output per employed person in industrial enterprises in value terms. At present, the value added and the average number of staff and workers of an industrial enterprises in a given period are used to calculate the overall labor productivity. The formula used is:

Overall Labor Productivity = (Value Added of Industry) / (Average Number of Staff and Workers)

Ratio of Sales to Products refers to the ratio of total sales in a given period to the gross output value in the same period, which reflects the extent of industrial output sold and is calculated as follows:

Ratio of Sales to Products (%) =Total Sales (at Current Prices) / Gross Output Value (at Current Prices) × 100%

Ratio of Profits to Sales **refers to the ratio of total** profits to the sales revenue in a given period and is calculated as follows: Ratio of Profits to Sales (%) =Total Profits /Sales Revenue × 100%

Ratio of Accumulated Capital to Original Capital refers to the ratio of the increased volume of creditors' equity to the creditors' equity at the year's beginning. The formula used is:

Ratio of Accumulated Capital to Original Capital (%) = Increased Volume of Creditors' Equity / Creditors' Equity at Year's Beginning × 100%

Circulating Rate refers to the rate of the circulating funds to the circulating liabilities. It shows the enterprise's guaranteed solvency that the cash changed from circulating funds in a short time to pay for circulating liabilities. The formula is: Circulating Rate = Circulating Funds / Circulating Liabilities

Speed Rate refers to the rate of the speed funds to the circulating liabilities. The formula is:

Speed Rate = Speed Funds / Circulating Liabilities

Ratio of Equity to Production refers to the ratio of total liabilities to creditors' equity. It is the sign of financial stability of the enterprises, and also called ratio of total liabilities to total capital. The formula is:

Ratio of Equity to Production = Total Liabilities / Creditors' Equity

Business Survey Index also called as comprehensive production and management index of enterprises,is compiled basing on entrepreneurs judgment on production situation of their own enterprises and their expectation for the performance(as choices of "Good", "Ordinary" and "Bad").

Enterpreneur Expectation Index also called as macro-economic climate index is compiled basing on entrepreneurs judgment on development situation lf the sector and their expectation for the performance (as choices of "Optimistic", "Ordinary" and "Unoptimistic").

（六）

规下工业及外资企业

Industrial Enterprises below Designated Size and Foreign-funded Enterprises

6-1 规模以下工业主要统计指标（1998-2009 年）
Main Indicators of Industrial Enterprises below Designated Size (1998-2009)

年份 Year	调查单位数（个） Number of Enterprises Surveyed(unit)	年末全部从业人员（人） Number of Employed Persons at Year-end (person)	工业总产值 Industrial Gross Output Value		工业增加值 Value-added of Industry	
			数量（万元） Value (10 000yuan)	指数 （上年 =100） Index (preceding Year=100)	数量（万元） Value (10 000yuan)	指数 （上年 =100） Index (preceding Year=100)
1998	93322	1020723	3193723			
1999	79760	1036569	3740350	117.1		
2000	76406	1083894	4431557	118.5		
2001	93847	1097705	5086780	114.8		
2002	104366	1196461	5827373	114.6		
2003	109318	1111697	6700000	115.0		
2004	106667	1004140	7235161	108.0	2295716	104.1
2005	107709	978342	8097972	111.7	3061400	109.7
2006	87253	951360	9232549	114.3	3059200	111.9
2007	93488	980967	10208150	119.4	3381960	115.1
2008	87366	903200	9836641	124.3	3258879	113.2
2009	101262	868190	11638868	109.6	3856876	112.3

注：工业总产值指数按现价计算，工业增加值指数按可比价计算。

Note:Gross output value index of industry is calculated at current price, whereas value-added of industry index is calculated at constant price.

6-2 规模以下工业产值构成（1998-2009 年）
Gross Output Value's Composition of Industrial Enterprises below Designated Size (1998-2009)

年份 Year	工业总产值（万元）Gross Output Value of Industrial	工业企业 Industrial Enterprises		个体工业 Individually-owned Enterprises	
		产值（万元）Output Value (10 000yuan)	构成（%）Composition(%)	产值（万元）Output Value (10 000yuan)	构成（%）Composition(%)
1998	3193723	1795121	56.2	1398602	43.8
1999	3740350	1941459	51.9	1798891	48.1
2000	4431557	1975110	44.6	2456447	55.4
2001	5086780	2177829	42.8	2908951	57.2
2002	5827373	2390392	41.0	3436981	59.0
2003	6700000	3000000	44.8	3700000	55.2
2004	7235161	3416227	47.2	3818934	52.8
2005	8097972	4212443	52.0	3885529	48.0
2006	9232549	5805565	62.9	3426984	37.1
2007	10208150	6512135	63.8	3696015	36.2
2008	9836641	6401874	65.1	3434767	34.9
2009	11638868	8403722	72.2	3235146	27.8

注：个体工业产值用营业收入代替。

Note: Industrial output values of individually-owned Enterprises are replaced with business revenues.

6-3 规模以下工业企业主要统计指标（1998-2009 年）
Main Indicators of Industrial Enterprises below Designated Size (1998-2009)

年份 Year	调查单位数（个） Number of Enterprises Surveyed(unit)	年末全部从业人员（人） Number of Employed Persons at Year-end(person)	工业总产值（万元） Industrial Gross Output Value (10 000yuan)	产品销售收入（万元） Product Sales Revenue (10 000yuan)
1998	17718	629753	1795121	1674177
1999	17023	595196	1941459	1801190
2000	14064	462381	1975110	1925917
2001	14159	505092	2177829	2053561
2002	14116	479715	2390392	2200729
2003	16838	506457	3000000	2860000
2004	16714	485834	3416227	3316829
2005	18324	519559	4212443	3989797
2006	17532	601729	5805565	5634957
2007	17899	580818	6512135	6244825
2008	16834	508909	6401874	–
2009	21372	482544	8403722	8247589

6-3 规模以下工业企业主要统计指标（1998-2009年）
Main Indicators of Industrial Enterprises below Designated Size (1998-2009)

续表 continued

年份 Year	税金总额(万元) Total Tax (10 000yuan)	#所得税(万元) Income Tax (10 000yuan)	营业利润(万元) Business Profits (10 000yuan)	工资总额(万元) Total Wages (10 000yuan)	折旧(万元) Depreciation (10 000yuan)
1998	110571	53586	11872	128381	85369
1999	89110	8713	24741	228712	76656
2000	105899	15769	-3371	301599	111428
2001	145905	22162	-2294	356405	143344
2002	153293	8669	46345	331481	86714
2003	107000	117700	66200	308000	76600
2004	285606	10321	111371	432442	92129
2005	301188	17718	168400	483975	140848
2006	288510	40094	408206	674731	204503
2007	352932	46888	461819	773570	244678
2008	–	–	–	–	–
2009	205400	19808	374943	1131059	267935

注：1、本表中工资总额1998—2006年的统计口径为货币工资和收入、实物收入以及由企业为劳动者个人支付的社会保险费；2007年的统计口径为货币工资和收入、实物收入，不包括企业为劳动者支付的社会保险。

2、2008以经普数据代替年报，经普数据还没出，因此无部分数据。

Note:1.Total Wages in the table contains monetary wages and income,natural income,and social insurance premium paid by the company during 1998 -2006,while after 2007 it contains monetary wages and income,natural income without social insurance premium paid by the company.

2.Data in the year of 2008 is refer to economic census data,part of table is blank because data of Economic Census (2008) haven't been published.

6-4 个体经营工业主要统计指标（1998-2009 年）
Main Indicators of Individually-owned Industrial Enterprises (1998-2009)

年份 Year	单位数（个） Number of Enterprises (unit)	年末全部从业人员（人） Number of Employed Persons at Year-end(person)	营业收入（万元） Business Revenue(10 000yuan)
1998	75604	390970	1398602
1999	62737	441373	1798891
2000	62342	621513	2456447
2001	79688	592613	2908951
2002	90250	716746	3436981
2003	92480	605240	3700000
2004	89953	518305	3818934
2005	89385	458783	3885529
2006	69721	348641	3426984
2007	75589	400149	3696015
2008	70532	394300	3434767
2009	79890	385646	3244853

6-5 外商投资企业生产经营和财务情况（2002-2003 年）
Statistics on Production, Business and Finance of Foreign-funded Enterprises (2002-2003)

单位：万元 10 000 yuan

指　　标	Item	2002	2003
调查企业数（个）	Number of Surveyed Enterprises (unit)	875	905
第一产业	Primary Industry	10	5
第二产业	Secondary Industry	499	517
第三产业	Tertiary Industry	366	383
# 港澳台商投资企业	Enterprises with Funds from Hong Kong, Macao and Taiwan	471	447
协议总投资额（万美元）	Total Investment on Contracts (USD 10 000)	631235	739758
# 协议外商总投资额	Total Foreign Investment on Contracts	322807	386009
当年外商实际投资额（万美元）	Actual Foreign Investment in Current Year (USD 10 000)	27785	31112
实际现金投资	Cash Investment	26650	29592
实际实物投资	Available Objects as Investment	599	574
无形资产作价投资	Intangible Assets as Investment	576	946
注册资本金总额（万美元）	Total Registered Capital (USD 10 000)	371841	428624
中　方	Chinese Participant	150253	189575
外　方	Foreign Participant	221588	239049
工业总产值	Gross Output Value of Industry	2816711	3509214
主营业务收入	Major Business Revenue	3146642	3847232
销售（营业）成本	Business Cost	2620498	3026739
销售（营业）税金及附加	Business Tax and Extra Charges	44087	61262
其他业务收入	Other Business Revenue	48774	51256
利润总额	Total After-tax Profits	136026	275735
资产总计	Total Assets	7443431	7587154
负债总计	Total Liabilities	4346287	4620336
# 流动负债	Circulating Liabilities	2873917	3020454
长期负债	Long Term Liabilities	1219302	1430995

6-5 外商投资企业生产经营和财务情况（2004-2005 年）
Statistics on Production, Business and Finance of Foreign-funded Enterprises (2004-2005)

续表 1(continued) 单位：万元 10 000 yuan

指 标	Item	2004	2005
调查企业数（个）	Number of Surveyed Enterprises (unit)	929	945
第一产业	Primary Industry	2	3
第二产业	Secondary Industry	515	497
第三产业	Tertiary Industry	412	445
# 港澳台商投资企业	Enterprises with Funds from Hong Kong, Macao and Taiwan	437	428
协议总投资额（万美元）	Total Investment on Contracts (USD 10 000)	791125	966788
# 协议外商总投资额	Total Foreign Investment on Contracts	406848	517371
当年外商实际投资额（万美元）	Actual Foreign Investment in Current Year (USD 10 000)	28069	45952
实际现金投资	Cash Investment	27239	44052
实际实物投资	Available Objects as Investment	636	1745
无形资产作价投资	Intangible Assets as Investment	194	155
注册资本金总额（万美元）	Total Registered Capital (USD 10 000)	497839	458019
中 方	Chinese Participant	214561	178641
外 方	Foreign Participant	283278	279378
工业总产值	Gross Output Value of Industry	4970253	5541162
主营业务收入	Major Business Revenue	5738241	6952094
销售（营业）成本	Business Cost	4462820	5254328
销售（营业）税金及附加	Business Tax and Extra Charges	103427	136635
其他业务收入	Other Business Revenue	59546	115290
利润总额	Total After-tax Profits	457143	480416
资产总计	Total Assets	9737129	12219215
负债总计	Total Liabilities	5768496	7083588
# 流动负债	Circulating Liabilities	4177934	5028233
长期负债	Long Term Liabilities	1528837	1799202

6-5 外商投资企业生产经营和财务情况（2006-2007年）
Statistics on Production, Business and Finance of Foreign-funded Enterprises (2006-2007)

续表 2(continued) 单位：万元　　10 000 yuan

指　　标	Item	2006	2007
调查企业数（个）	Number of Surveyed Enterprises (unit)	957	1045
第一产业	Primary Industry	4	4
第二产业	Secondary Industry	500	529
第三产业	Tertiary Industry	453	512
#港澳台商投资企业	Enterprises with Funds from Hong Kong, Macao and Taiwan	428	450
协议总投资额（万美元）	Total Investment on Contracts (USD 10 000)	1122711	1806477
#协议外商总投资额	Total Foreign Investment on Contracts	754149	1181475
当年外商实际投资额（万美元）	Actual Foreign Investment in Current Year (USD 10 000)	44896	147930
实际现金投资	Cash Investment	44164	146769
实际实物投资	Available Objects as Investment	522	940
无形资产作价投资	Intangible Assets as Investment	210	221
注册资本金总额（万美元）	Total Registered Capital (USD 10 000)	512897	863239
中　方	Chinese Participant	174980	244974
外　方	Foreign Participant	337917	618265
工业总产值	Gross Output Value of Industry	7600145	10776905
主营业务收入	Major Business Revenue	9256050	12991481
销售（营业）成本	Business Cost	7074666	10077244
销售（营业）税金及附加	Business Tax and Extra Charges	175744	255753
其他业务收入	Other Business Revenue	103023	246875
利润总额	Total After-tax Profits	630746	951390
资产总计	Total Assets	13425718	18937379
负债总计	Total Liabilities	7757031	11900496
#流动负债	Circulating Liabilities	5524691	8548012
长期负债	Long Term Liabilities	2082193	2901729

6-5 外商投资企业生产经营和财务情况（2008-2009 年）Statistics on Production, Business and Finance of Foreign-funded Enterprises (2008-2009)

续表 3(continued) 单位：万元 10 000 yuan

指　　标	Item	2008	2009
调查企业数（个）	Number of Surveyed Enterprises (unit)	1067	1144
第一产业	Primary Industry	10	20
第二产业	Secondary Industry	548	531
第三产业	Tertiary Industry	509	593
# 港澳台商投资企业	Enterprises with Funds from Hong Kong, Macao and Taiwan	465	509
协议总投资额（万美元）	Total Investment on Contracts (USD 10 000)	2419282	2666277
# 协议外商总投资额	Total Foreign Investment on Contracts	1489144	1819707
当年外商实际投资额（万美元）	Actual Foreign Investment in Current Year (USD 10 000)	198713	108276
实际现金投资	Cash Investment	197720	107676
实际实物投资	Available Objects as Investment	603	444
无形资产作价投资	Intangible Assets as Investment	245	97
注册资本金总额（万美元）	Total Registered Capital (USD 10 000)	1226926	1359469
中　方	Chinese Participant	350624	422285
外　方	Foreign Participant	876301	937184
工业总产值	Gross Output Value of Industry	14701193	15374170
主营业务收入	Major Business Revenue	16901926	20656720
销售（营业）成本	Business Cost	13592645	16444441
销售（营业）税金及附加	Business Tax and Extra Charges	255963	401548
其他业务收入	Other Business Revenue	305381	1115290
利润总额	Total After-tax Profits	965492	1109434
资产总计	Total Assets	25581198	30330360
负债总计	Total Liabilities	14973909	18466098
# 流动负债	Circulating Liabilities	10174016	13575763
长期负债	Long Term Liabilities	3403965	4461415

主要指标解释

工业 指从事自然资源的开采，对采掘品和农产品进行加工和再加工的物质生产部门。具体包括：（1）对自然资源的开采，如采矿、晒盐、森林采伐等（不包括禽兽捕猎和水产捕捞）；（2）对农副产品的加工、再加工，如粮油加工、食品加工、轧花、缫丝、纺织、制革等；（3）对采掘品的加工、再加工，如炼铁、炼钢、化工生产、石油加工、机器制造、木材加工等，以及电力、自来水、煤气的生产和供应等；（4）对工业品的修理、翻新，如机器设备的修理、交通运输工具（包括小卧车）的修理等。

外商直接投资 指外国企业、经济组织或个人（包括华侨、港澳台胞以及我国在境外注册的企业）按我国有关政策、法规，用现汇、实物、技术等在我国境内开办外商独资企业、与我国境内的企业或经济组织共同举办中外合资经营企业、合作经营企业或合作开发资源的投资（包括外商投资收益的再投资），以及经政府有关部门批准的项目投资总额内企业从境外借入的资金。

外商其他投资 指除对外借款和外商直接投资以外的各种利用外资的形式。包括企业在境内外股票市场公开发行的以外币计价的股票（目前主要是在香港证券市场发行的H股和在境内证券市场发行的B股）发行价总额，国际租赁进口设备的应付款，补偿贸易中外商提供的进口设备、技术、物料的价款，加工装配贸易中外商提供的进口设备、物料的价款。

Explanatory Notes on Main Statistical Indicators

Industry refers to the material production sector which is engaged in extraction of natural resources and processing and reprocessing of minerals and agricultural products, including 1) extraction of natural resources, such as mining, salt production, logging (but not including hunting and fishing); 2) processing and reprocessing of farm and sideline produces, such as rice husking, flour milling, wine making, oil pressing, cotton ginning, silk reeling, spinning and weaving, and leather making; 3) manufacture of industrial products, such as steel making, iron smelting, chemicals manufacturing, petroleum processing, machine building, timber processing; water and gas production and electricity generation and supply; 4) repairing of industrial products such as the repairing of machinery and means of transport (including cars). Prior to 1984, the rural industry run by villages and cooperative organizations under village was classified into agriculture. Since 1984, it has been grouped into industry.

Foreign Direct Investment refers to the investments inside China by foreign enterprises and economic organizations or individuals (including overseas Chinese, compatriots from Hong Kong and Macao, and Chinese enterprises registered abroad), following the relevant policies and laws of China, for the establishment of ventures exclusively with foreign own investment, Sino-foreign joint ventures and cooperative enterprises or for co-operative exploration of resources with enterprises or economic organizations in China. It includes the re-investment of the foreign entrepreneurs with the profits gained from the investment and the funds that enterprises borrow from abroad in the total investment of projects which are approved by the relevant department of the government.

Other Foreign Investment refers to all forms of utilization of foreign capitals other than foreign borrowings and foreign direct investment. It includes the total value of stock shares in foreign currencies issued by enterprises at domestic or foreign stock exchanges (now mainly consisting of K shares issued at Hong Kong Security Market and B shares issued at domestic security markets), rent payable for the imported equipment through international leasing arrangement, cost of imported equipment, technology and materials provided by foreign counterparts in compensation trade and processing and assembly trade.

中国统计出版社最新图书简目

（仅供参考，以最后出书为准）

统计资料

中国统计年鉴-2010
2010中国发展报告
中国劳动统计年鉴-2010
中国建筑业统计年鉴-2010
中国商品交易市场统计年鉴-2010
中国民政统计年鉴-2010
中国科技统计年鉴-2010
中国高技术产业统计年鉴-2010
全国农产品成本收益资料汇编-2010
第二次全国残疾人抽样调查资料系列
中国县（市）社会经济调查年鉴-2010
中国国内生产总值核算历史资料(1952-2004)
大中型批发零售和住宿餐饮企业统计年鉴-2010

中国统计摘要-2010
中国第三产业统计年鉴-2010
中国社会统计年鉴-2010
中国人口和就业统计年鉴-2010
中国房地产统计年鉴-2010
中国贸易外经统计年鉴-2010
中国农村统计年鉴-2010
中国教育经费统计年鉴-2009
中国科学技术协会统计年鉴-2010
中国棉花年鉴-2008/2009
中国农村住户调查年鉴-2010（中、英文）
中国季度国内生产总值核算历史资料(1992-2005)

国际统计年鉴-2010
中国区域经济统计年鉴-2010
中国城市统计年鉴-2009
中国工业经济统计年鉴-2010
中国能源统计年鉴-2010
2010中国地区经济监测报告
中国农产品价格调查年鉴-2010
中国农村贫困监测报告-2010
工业企业科技活动资料-2010
中国城市（镇）生活与价格年鉴-2010
中国农村全面建设小康监测报告-2010
中国零售和餐饮业连锁企业统计年鉴-2010
2005年中国1%人口抽样调查系列资料

2010年省级综合统计年鉴系列

北京 天津 河北 山西 内蒙古
河南 湖北 湖南 广东 广西
新疆 新疆生产建设兵团

辽宁 吉林 黑龙江 上海 江苏
海南 重庆 四川 贵州 云南

浙江 安徽 福建 江西 山东
西藏 陕西 甘肃 青海 宁夏

2010年市（县）级综合统计年鉴系列

天津滨海新区
运城 忻州 临汾 呼和浩特
黑龙江垦区 上海浦东新区
宁波 绍兴 台州 舟山 温州
厦门经济特区 南昌 上饶
十堰 荆州 黄冈 长沙 广州
贵阳 昆明 西安 庆阳 银川

石家庄 唐山 邯郸 太原 大同
包头 沈阳 大连 长春 吉林市
苏州 无锡 常州 徐州 南通
金华 嘉兴 衢州 安庆 福州
济南 青岛 潍坊 东营 郑州
东莞 惠州 深圳 桂林 南宁
乌鲁木齐 吐鲁番

长治 阳泉 晋城 朔州 晋中
四平 延吉 哈尔滨 齐齐哈尔
盐城 镇江 江阴 丹阳 杭州
福州经济技术开发区
洛阳 三门峡 南阳 武汉 宜昌
柳州 来宾 河池 海口 成都

“十一五”规划教材

非参数统计　医学统计学
多元统计分析 经济计量学教程
统计数据处理概论
企业经营管理统计
统计学：从数据到结论

概率论与数理统计　统计学
应用时间序列分析
质量管理统计方法　社会统计学
市场调查与预测
国民经济核算教程（国民经济统计学）

现代金融投资统计分析
统计指数理论及应用
多元统计分析实验
统计学原理（非统计专业用）
概率论与数理统计（经济、管理类专业使用）

重点图书

新中国六十年
挑大学选专业2010—高考志愿填报指南
挑大学选专业2010—考研择校指南